es 1688

edition suhrkamp

Neue Folge Band 688

Sigrid Meuschel untersucht die 45jährige Geschichte der Parteiherrschaft in der DDR. Warum, fragt sie, war die DDR-Gesellschaft relativ stabil in das politische System eingebunden – stabil im Vergleich zu anderen sozialistischen Gesellschaften, in denen soziale Auflehnung oder politische Initiativen immer wieder versuchten, den Sozialismus zu demokratisieren oder gänzlich zu überwinden. Die relative Stabilität in der DDR, so ihre These, schlug in die uns bekannte Form der »Revolution« um, weil die Gesellschaft weder über die Erfahrung einer langjährigen widerständigen Praxis noch über Vorformen von Institutionen verfügte, in deren Rahmen eine allmähliche Veränderung hätte in die Wege geleitet werden können. Aus der Unmündigkeit löste sich die Gesellschaft nur mühsam, angestoßen durch Glasnost, Perestroika und deren Folgen in den Nachbarländern. Die kurze Phase der »Revolution« konnte aber keine selbstbewußte Gesellschaft hervorzaubern.

Sigrid Meuschel ist Privatdozentin für Soziologie an der Freien Universität Berlin. Sie war Mitarbeiterin am Zentralinstitut für Sozialwissenschaftliche Forschungen in Berlin und ist jetzt wissenschaftliche Mitarbeiterin am Institut für Sozialforschung in Frankfurt am Main.

# Sigrid Meuschel
# Legitimation und Parteiherrschaft

*Zum Paradox von Stabilität und Revolution in der DDR 1945-1989*

Suhrkamp

edition suhrkamp 1688
Neue Folge Band 688
Erste Auflage 1992

Erstausgabe

Satz: Hümmer, Waldbüttelbrunn
Druck: Nomos Verlagsgesellschaft, Baden-Baden
Umschlagentwurf: Willy Fleckhaus
Printed in Germany

3 4 5 6 – 97 96 95 94 93

# *Inhalt*

## *III. Im Schatten der Finalitätskrise*



## *Schlußbemerkung: Revolution, Wende und die Frage, was bleibt*

# Vorwort

Dieses Buch ist Ergebnis eines sich langsam entwickelnden Interesses, das sich zunächst weniger auf die DDR als vielmehr auf die desaströsen Wirkungen des Sozialismus sowjetischen Typs im allgemeinen richtete. Ich habe das System, um das es hier geht, nie attraktiv finden können, doch die Aufmerksamkeit blieb merkwürdig abstrakt. So verstand sich das gewaltsame Ende des Prager Frühling sozusagen theoretisch von selbst, reihte sich in die vermeintlich bekannte Spur der Unterdrückung, die das 20. Jahrhundert kennzeichnet. Aus dieser distanzierten Ferne vertrieb mich Eduard Nowak. Seine Erzählungen vom sozialistischen Aufbau, von der Dissidenz, dem Prager Frühling und schließlich der oppositionellen Verweigerung weckten mitsamt seinem Witz und seiner Widerständigkeit meine Neugier. Die Erfahrungen aus mehreren Besuchen in Prag wären ohne Ulrich Rödel und die ihm eigene Verbindung von Wahrheitssuche und Empathie weniger wirksam gewesen. Ein Forschungsaufenthalt in den USA, den György Márkus anregte und der meine Kenntnis allgemeiner Theorien über die sozialistischen Gesellschaften Mittel- und Osteuropas vertiefte, brachte mir zugleich die deutsche Problematik in einer Weise zu Bewußtsein, wie dies nur – oder jedenfalls gerade – in Amerika geschehen kann. Seitdem konzentrierte ich mich auf eine Kombination deutscher Fragen mit sozialistischen Antworten à la DDR. Wenn dieses Interessengemisch eine Form gewonnen hat, so habe ich zuallererst Hartmut Zimmermann zu danken. Er war ein ebenso unerwarteter wie unerschöpflicher Diskussionspartner in buchstäblich allen theoretischen und moralischen, historischen und empirischen Aspekten der Arbeit. Über welche Facette meines Themas ich gerade stolperte, er war schon da, und nicht mit fertigen Antworten, sondern mit Vorschlägen, wo und wie Klärungen zu finden wären. Ihm ist dieses Buch gewidmet.

Selbstverständlich gehen dessen Unzulänglichkeiten allein auf mich zurück. Das Bundesministerium für innerdeutsche Beziehungen hat mein Projekt zwischen 1986 und 1989 großzügig gefördert. In dieser Zeit entstanden eine erste Fassung und die allgemeine Argumentationsstruktur des Buches. Ich möchte Peter Dietrich für seine wertvolle Unterstützung danken. Am Arbeitsbereich DDR-Forschung und -Archiv des Zentralinstituts für sozialwissenschaftliche Forschung der Freien Universität Berlin fand ich vorzügliche Arbeitsbedingungen und einen anregenden Diskussionskontext. Er wurde vor allem von Günter Erbe, Gert-Joachim Glaeßner und Fred Klinger bestimmt. Außerhalb des Instituts verdanke ich Hans Joas und seinem engagierten Interesse sehr viel. Unersetzlich war die Hilfe von Ursel Anders, Gisela Weichert und insbesondere Ursula Böhme: den intelligenten, solidarischen und unter Wert eingesetzten Seelen des wissenschaftlichen Geschäfts.

Berlin, im Juli 1991

# Einleitung

Die Fragestellung dieser Arbeit geht von der Beobachtung aus, daß die Gesellschaft der DDR stabiler integriert war als beispielsweise jene Ungarns, Polens oder der ČSSR. So gab es zwar den Aufstand des 17. Juni, der, wäre er nicht sofort niedergeschlagen worden, wohl erhebliche Auswirkungen hätte haben können. Aber in den folgenden Jahren und Jahrzehnten kam es zu keinen gesellschaftlichen Unruhen und intellektuellen Engagements, die dem polnischen Oktober, der ungarischen Revolution, dem Prager Frühling oder der Solidarność in Reichweite und Intensität glichen oder der Vielzahl weiterer Versuche nahekamen, die in anderen sozialistischen Ländern immer wieder unternommen wurden, um den Sozialismus entweder zu reformieren oder zu überwinden.

Daß in der DDR im Herbst 1989 eine Revolution ausbrach, hängt paradoxerweise mit der relativen Stabilität zusammen, die zuvor herrschte. Eben weil die offensive Gegenwehr gegen das herrschende System vergleichsweise schwach ausgeprägt war, schossen die Potentiale einer widerständigen Praxis erst im Moment der Revolution zusammen. Zuvor engagierte sich weder die etablierte künstlerische oder wissenschaftliche Intelligenz in aller Öffentlichkeit für die Belange der neuen sozialen Bewegungen, noch traten Parteifunktionäre innerhalb oder gar außerhalb der Partei offen für Reformen des Sozialismus auf; die Friedens-, Ökologie- oder Frauengruppen begriffen sich jahrelang nicht als explizit politische Opposition, eine solche entstand erst sehr spät. So gab es zwar ein großes Potential gesellschaftlicher Unzufriedenheit, aber um es – wie in Polen und Ungarn – auf einen allmählichen Prozeß der Transformation des Sozialismus hinzulenken, fehlten in der DDR anerkannte neue Eliten ebenso wie die ersten Ansätze einer kulturellen und politischen Restrukturierung der Gesellschaft.

Um diesen Sachverhalt, der freilich viel komplexer ist, als hier recht zugespitzt formuliert, soll es im folgenden gehen. Mehrere Erklärungsansätze scheinen auf der Hand zu liegen: So fehlt in Diskussionen über die Besonderheiten der DDR selten der Hinweis, daß schon vor ihrer Gründung und während ihres 40jährigen

Bestehens aus welchen Gründen auch immer Unzufriedene das Land verließen, viele ausgebürgert oder an den anderen deutschen Staat schlichtweg verkauft wurden. Eine andere Vermutung: die Rede von den »roten Preußen« unterstellt, Partei und Bürokratie seien in besonderem Maße effizient gewesen, ob das nun die ökonomische Performanz, die sozialen Sicherungssysteme, die Parteidisziplin oder die Rigidität des Staatssicherheitsapparats betrifft. Solche Mutmaßungen über die Gründe relativer Stabilität sind nicht unzutreffend, erfassen jedoch die Vielfalt und das Zusammenspiel einzelner Faktoren nicht, zumal Konstellationen sich mit der Zeit veränderten. Ich möchte in dieser Einleitung die Konturen meiner eigenen Argumentation umreißen.

## 1. »Klassenlose Gesellschaft«

Die gesellschaftspolitischen Strukturen der Gesellschaften sowjetischen Typs lassen sich, ironisch pointiert, als »klassenlos« bezeichnen. Es war das erklärte Ziel aller in Ost- und Mittelosteuropa herrschenden kommunistischen Parteien, eine Gesellschaft der materialen Gleichheit und Gerechtigkeit »aufzubauen«. Auch die SED erklärte, eine solche Gesellschaft sei das Ziel der Menschheitsentwicklung, und reklamierte ein exklusives Wissen um den Weg zu diesem Ziel. Aus ihrem vorgeblich privilegierten Wissen rechtfertigte sie ihr Machtmonopol. Die Durchsetzung des Totalitätsanspruchs der Partei, den gesamtgesellschaftlichen Umwälzungsprozeß zu steuern, veränderte den Charakter der Gesellschaft grundlegend. Denn diese Durchsetzung verlangte, die ökonomischen, politischen und sonstigen gesellschaftlichen Ressourcen zu zentralisieren, Klassen und Interessengruppen, Parteien und Assoziationen in ihrer relativen Unabhängigkeit zu zerschlagen und überdies eigenständige Institutionen und Regelungsmechanismen wie Markt und Recht, Öffentlichkeit und Demokratie abzubauen. Es fand ein machtpolitisch durchgesetzter sozialer Entdifferenzierungsprozeß statt, der die ökonomischen, wissenschaftlichen, rechtlichen oder kulturellen Subsysteme ihrer Eigenständigkeit beraubte, ihre spezifischen Rationalitätskriterien außer Kraft setzte oder politisch-ideologisch überlagerte. Nicht der Staat starb ab im Verlauf der jahrzehntelangen Herrschaft der Partei, es handelte sich vielmehr um einen Prozeß des Absterbens der Gesellschaft.[1]

Wenn die Parteiherrschaft ihr vornehmstes Ziel – die Gleichheit in der klassenlosen Gesellschaft – zu einem wie auch immer fragwürdigen Erfolg führen konnte, so scheiterte sie doch auf anderer Ebene, die sich mit dem Zielverfolg gemeinsam hatte einstellen sollen: Die permanente Entfesselung der Produktivkräfte fand nicht statt. Vielmehr erwies sich die entdifferenzierte und ihrer Eigenständigkeit beraubte Gesellschaft als innovationsschwach, als sinnfälliges Gegenbild parteioffizieller Beschwörung kollektiver Kreativität und technologischer Moderne. Mit ebenso machtbewußtem wie aussichtslosem Voluntarismus rannte die Partei gegen die Folgen der Strukturen an, die sie selbst geschaffen hatte, im Namen des historischen Materialismus zu legitimieren versuchte und die sich ihren ideologischen Erziehungs- und Mobilisierungsanstrengungen zum Trotz nicht »zum Tanzen« bringen ließen.

Das Ideal einer entdifferenzierten Gesellschaft ist selbstverständlich älter als marxistisch-leninistische Zielvorgaben. Es konnte sich auf rousseauistische Konzeptionen von Volkssouveränität und Interessenidentität ebenso stützen wie auf Vorstellungen von Gemeinschaft und Harmonie, die insbesondere der deutschen Tradition einer unpolitischen Kultur nicht fremd waren. Davon wird später die Rede sein. Als die SED ihre Diktatur Schritt für Schritt aufzubauen begann, hatte die deutsche Gesellschaft soeben einen vorläufigen Höhepunkt teils gewaltsamer und teils begrüßter Homogenisierung erfahren. So fand ein auf den ersten Blick widersprüchlicher Prozeß statt. Die Partei schien zur Restituierung der Zivilgesellschaft beizutragen, die der Nazismus zerstört hatte; doch band sie im gleichen Zuge die wiederentstehende Vielfalt in eine neue totalitäre Struktur ein.

Die Metapher der »klassenlosen Gesellschaft« ist in mehrfacher Hinsicht zu präzisieren. Sie soll keineswegs heißen, es hätte kein Machtgefälle in Gesellschaften sowjetischen Typs gegeben. Ganz im Gegenteil wird man sagen können, daß die Macht der Partei und deren Sicherung auf der sozialen Entdifferenzierung beruhten[2]; diese schwand jeweils in dem Moment, in dem die Herrschaft brüchig wurde und vice versa. Überdies war die Klassenlosigkeit *eine Tendenz,* die in den jeweiligen Entwicklungsphasen von Politik und Gesellschaft in der DDR in mehr oder weniger starkem Maße gegeben war; je nachdem ließen sich *Gegentendenzen* ausmachen. Das waren in der DDR – im Gegensatz zu anderen sozialistischen Ländern – *in der Regel* nicht Bewegungen der politischen Opposition oder des sozialen Protests, sondern typischerweise Reformbestrebungen der Parteispitze selbst, die sich darauf richteten, den Zustand der Entdifferenzierung und des Immobilismus aufzubrechen. Dieses Wechselspiel zwischen Entdifferenzierung und Redifferenzierung wird im Verlauf der Arbeit zu zeigen sein.

Schließlich aber setzte sich seit den siebziger Jahren – sozialstrukturell gesehen – eine homogene Gesellschaft der Staatsangestellten, der unmittelbar Abhängigen und ökonomisch Unselbständigen durch; der größte Teil der Nomenklatur bildete da keine Ausnahme. Es bestand zwar noch soziale Ungleichheit entlang der »Achse Arbeitsteilung«[3]; aber dieser Differenzierung fehlten, um sozial wirksam zu werden, die Verankerung in eigenständigen sozialen Subsystemen und der Rückhalt in ihrer spezifischen Rationalität. Überdies waren die Unterschiede der Einkommen eines Großteils der Beschäftigten gering, und es herrschte ein hohes Maß von Statusinkonsistenz. Man kann daher von einer breiten »Mittelschicht« aus qualifizierten Arbeitern, mittleren Angestellten und hochqualifizierten Spezialisten sprechen.[4] Der Zugang zu Machtpositionen war letztlich politisch-ideologisch, nach Kriterien der Kaderauswahl, reguliert[5], und von der politischen Qualifikation hing wiederum der Zugang zu formellen und informellen Privilegien ab. Freilich war die Gesellschaft von Interessen und Interessenkonflikten durchzogen. Sie kristallisierten sich z. B. um berufliche und demographische Merkmale, doch fehlte die Möglichkeit, sie öffentlich zu artikulieren oder selbständig zu organisieren; auch fielen selbstregulative Medien wie Markt, Recht und Geld als Vermittler eines berechenbaren Interessenverfolgs nicht gänzlich, aber weitgehend aus. Die Konflikte blieben daher latent; die Individuen konnten sich nicht zu einheitlichen und interessenpolitisch handlungsfähigen Gruppen zusammenschließen.

Ein weiterer struktureller Konflikt in Gesellschaften sowjetischen Typs war der Art und Weise geschuldet, in der die Partei die heteronomen Interessen zu befriedigen und mit dem »Allgemeininteresse« zu verbinden suchte. Die parteistaatlich angeleitete Interessenpolitik war nicht in der Lage, die material definierten gesellschaftspolitischen Ziele mit formaler Rationalität zu versöhnen; jedoch hätte die Parteiherrschaft, wollte sie im Sinne dieser Ziele effizient sein, formaler Rationalität bedurft. Der Sozialismus sollte zwar eine moderne, aber gleichwohl nicht instrumenteller Vernunft folgende Alternative zum bürgerlich-kapitalistischen Entwicklungspfad finden; er sollte, um die Bedürfnisse aller befriedigen zu können, Anarchie und Krisenhaftigkeit der kapitalistischen Produktionsweise ebenso überwinden wie das formale Recht und die ihm unterworfene Bürokratie. Deshalb entstand ein Typus der Administration, der mit dem Weberschen Idealtyp recht wenige Gemeinsamkeiten aufwies, so wie es sich insgesamt um eine andere Art des Sozialismus handelte, als Max Weber sie sich vorgestellt hatte.[6] Aber obwohl der Parteistaat Ökonomie und Gesellschaft als einen auf das Telos hin planbaren Gesamtzusammenhang dachte und behandelte, waren doch intermediäre Institutionen und ihre sachverständige Leitung notwendig; die Parteibürokratie mußte sich daher auf eine Kooperation mit Fachleuten und auf das Risiko der partiellen Freisetzung teilsystemischer Eigenlogiken einlassen.[7] Sie verzahnte zwar Fach- und ideologische Bürokratien derart miteinander, daß das materiale Moment das formal-rationale stets dominierte, doch der grundsätzliche Widerspruch blieb bestehen und drohte aus folgendem Grund, sich immer erneut zu aktualisieren.

Weil die klassenlose Gesellschaft in jeder Hinsicht abhängig war, hing auch der Interessenverfolg von der jeweiligen bargaining-Position der offiziellen Organisationen – der Gewerkschaften, Verbände oder Betriebe – ab. Diese wiederum verfügten – lassen wir die Spezifika des Planungsprozesses hier außer acht – allenfalls über informellen Einfluß auf die Allokation der Mittel. Da sie Interessen im Rahmen des parteistaatlich Vorgegebenen ausbalancieren und so zur sozialen Befriedung beitragen mußten, standen sie zwischen den Fronten von Partikular- und »Allgemeininteressen«. Obwohl sie sich letztlich immer am übergeordneten Interesse orientierten, war doch – wie sich in der Entwicklung der Gesellschaften sowjetischen Typs gezeigt hat – nicht ausgeschlossen, daß die Fachbürokratien einen größeren Spielraum für den Sachverstand als notwendig erkannten und forderten. Dies um so mehr, als das informelle bargaining und seine Resultate die Entscheidungsspielräume der Partei immer weiter einengten.[8]

Aber der entscheidende Strukturkonflikt entstand – jedenfalls in der DDR – nicht zwischen Technokraten und Ideologen, obwohl erstere gerade in die Reformen der sechziger Jahre große

Erwartungen setzten und in den achtzigern angesichts des Immobilismus der SED schier verzweifeln mochten. Vielmehr brachen soziale Konflikte schließlich entlang einer dritten Linie sozialer Ungleichheit auf: entlang der Linie des Antagonismus zwischen Herrschenden und Beherrschten. Sie nahmen – wie in allen Gesellschaften sowjetischen Typs – die Gestalt der Dichotomie zwischen »Gesellschaft« und »Staat«, zwischen »Sie« und »Wir« an.[9] Doch im Unterschied zu Polen oder Ungarn der achtziger Jahre hatten sich in der DDR keine hinreichend eigenständigen gesellschaftlichen, politischen oder kulturellen Strukturen herausgebildet, die das Aufbrechen des Antagonismus hätten kanalisieren und auf denen eine bewußte Transformation hätte aufruhen können. Die revolutionäre Aktualisierung des Widerspruchs vermochte die »klassenlose Gesellschaft« nicht aus ihrem grundsätzlichen Dilemma zu befreien: War sie im Sozialismus auf zentrale Steuerung verwiesen und reproduzierte sie deshalb ihre Abhängigkeit vom Parteistaat, brauchte und braucht sie, selbst nachdem sie diesen gestürzt hat, eine lange Zeit, um wieder eine eigenständig strukturierte Gestalt anzunehmen. Der Übergang aus der klassenlosen in eine bürgerliche oder in eine zivile Gesellschaft ist daher ein langwieriger und prekärer Prozeß, der seinerseits der Koordination »von oben« bedarf.[10] Weil es in der DDR weder Ansätze der Restrukturierung von unten noch neue und allgemein anerkannte politische Eliten gab, die sich – wie in den Nachbarländern – der Koordination von oben hätten annehmen können, suchte die Bevölkerung den Ausweg aus der Revolution, indem sie sich der Bundesrepublik anschloß.

Aber hatten sich in der DDR nicht doch Ansätze einer bürgerlichen oder zivilen Gesellschaft herausgebildet? Verstehen wir die bürgerliche Gesellschaft im klassischen Sinn, beruht sie also auf privatem Eigentum, ist diese Frage zu verneinen. Was unter einer civil society zu verstehen ist, darf als umstritten gelten. Hier soll sie für ein Konzept stehen, das sowohl zu Gesellschaften sowjetischen wie westlichen Typs kritische Distanz hält – wenn auch aus unterschiedlichen Gründen und keineswegs gleichermaßen. Ihre Chancen steigen mit gesellschaftlicher Redifferenzierung und mithin der Entbindung ökonomischen, rechtlichen, wissenschaftlichen, kulturellen und demokratischen Eigensinns, wobei die Kunst der Zivilgesellschaft darin besteht, insbesondere die ökonomische Rationalität demokratisch einzuhegen, ohne sie politisch zu ersticken. Schließlich ist für das Konzept die Idee eines »Gesellschaftsvertrags« zwischen den Bürgerinnen und Bürgern eines politischen Gemeinwesens konstitutiv. Die Individuen konstituieren das Gemeinwesen, indem sie sich ihre Rechte selbst wechselseitig verbürgen, einen öffentlichen Raum politischer Verständigung schaffen und die politische Gewalt immer nur temporär delegieren.[11] Eine derart verstandene société civile ist kein utopisches, sondern ein unmittelbar praktisches Projekt, dem näherzukommen, das jedoch in keiner irgendwie vollendeten Gestalt zu erreichen ist.

In der Geschichte der DDR sind immer erneut Rudimente, einige Bedingungen der Möglichkeit einer Zivilgesellschaft zu finden: sei es das technokratisch motivierte Vorhaben, Ökonomie, Wissenschaft und »sozialistischen Rechtsstaat« von unmittelbar parteipolitischer Prärogative zu entlasten (wenn auch nicht gänzlich aus ihr zu entlassen); sei es das literarische Engagement für die Rückkehr vom Kollektiv zum Individuum; sei es das Eintreten für subjektive Rechte oder der praktische Schritt, sie sich zu nehmen: sich zu versammeln, zu diskutieren, zu demonstrieren und zu organisieren. Und dennoch ist nicht zu übersehen, daß alle diese Ansätze – bis sie sich in der Revolution des Herbstes 1989 buchstäblich Bahn brachen – vergleichsweise verhalten ausfielen. Sowohl in den fünfziger Jahren: in der ersten Phase der Entstalinisierung, wie auch zur Zeit des Prager Frühling und später hat es immer wieder Kritik und Protest, Repression und Relegation gegeben; eine entsprechende Geschichte der Betriebe, Hochschulen und anderer Institutionen ist noch zu schreiben. Und dennoch liegt es nahe, über Affinitäten zwischen den materialen Systemzielen der Gesellschaften sowjetischen Typs und der deutschen politischen Kultur nachzudenken.

## 2. Reproduktion der politischen Kultur einer unpolitischen Gesellschaft

Die Rede von der »politischen Kultur einer unpolitischen Gesellschaft«[12] in Deutschland impliziert nicht, das angesprochene Phänomen sei unpolitischen Charakters. Das Wörtchen »unpolitisch« steht vielmehr für eine gesellschaftliche Selbstkonzeption, die das staatlich organisierte Gemeinwesen nicht als einen Verband der citoyens begreift, sondern eher unterstellt, historische, kulturelle und ethnische Gemeinsamkeiten konstituierten die nationale und damit auch die staatliche Zusammengehörigkeit. Sofern also die Selbstkonzeption ethnos höher schätzt als demos, kann sie als unpolitisch im Sinne einer undemokratischen, ja antidemokratischen und mithin eminent politischen Auffassung gelten. Soweit sie die Bedeutung kultureller Bindungen über jene der staatsbürgerlichen Partizipation stellt, mag sie sich eher unpolitisch im Sinne von politikabgewandt dünken. Beide Aspekte: die Überhöhung deutscher Kultur und Bildungsbürgerlichkeit ebenso wie die Abwehr der Idee und Praxis des citoyen, sind in dem politisch-kulturellen Selbstverständnis der deutschen »Kulturnation« miteinander verflochten.[13] Friedrich Meineckes klassische Entgegensetzung von Kulturnation und Staatsnation (einer Nation der Staatsbürger also) kontrastierte die universalistischen Normen, für die die französisch-westliche Nationalidee stand, mit dem – wie er meinte: begrüßenswerten – Verlust der kosmopolitischen Orientierung des »deutschen Geistes«.[14] Der Antikosmopolitismus wurde zu einem Kernbestand des deutschen Nationalismus; er wird uns in der nationalistischen Propaganda der SED der frühen Jahre – allem Internationalismus zum Trotz – wiederbegegnen.

Die Dichotomisierung eines deutschen kulturnationalen Partikularismus und eines westlichen staatsnationalen Universalismus läuft Gefahr, grobschlächtig zu geraten, wenn sie den nationalen Dünkel der französischen und anderen westlichen politischen Kulturen ignoriert oder übersieht, daß universalistische Normen auch in Deutschland ihre Bedeutung niemals gänzlich verloren. Ein solcher Vorbehalt gilt ebenso für den Rückgriff auf die Dualismen Kultur und Zivilisation, Gemeinschaft und Gesellschaft, romantizistischer Irrationalismus und aufklärerische Vernunft, traditionsverhafteter Autoritarismus und konfliktorientierte Liberalität. Doch der deutsche »Sonderweg«, so umstritten er unter Sozialhistorikern sein mag, weil eine jede Gesellschaft ihren gesonderten Weg in die Moderne nahm und »Modelle« nicht zur Verfügung stehen, gehörte als Idee unleugbar zur deutschen Selbstdefinition. Er war eine »bedeutende Komponente des Nationalbewußtseins breiter bürgerlicher Schichten seit dem letzten Drittel des 19. Jahrhunderts«.[15] Analysen einer pathetischen »Weltfrömmigkeit«, die auf die lutherische Reformation zurückverweisen[16], des Historismus als »Ersatz der fehlenden bürgerlich-politischen Tradition«[17], einer idealistischen, nahezu religiösen Verehrung der Kultur[18], einer Auffassung von Freiheit, die nicht jene der Gesellschaft, sondern die des Staates als übergesellschaftlicher Ordnungsmacht meint[19], verdeutlichen, wie sich die Trennung von Kultur und Politik, von Macht und Geist in der deutschen Tradition verankerte. Der Rekurs auf die unpolitische kulturelle Tradition, innerhalb derer die Bürger das Gemeinwesen nicht nur eher als kulturelle oder ethnische Gemeinschaft oder als moralische Anstalt denn als eine von formal-rationalen Medien regulierte, konfliktreiche Gesellschaft begreifen, sondern innerhalb derer auch ein Affekt gegen westlich-kapitalistische Zivilisation, Kosmopolitismus, Individualismus und intellektuelle Ratio vorherrscht, ein solcher Rekurs nützt für die Untersuchung der politischen Kultur der DDR-Gesellschaft wenig, sind nicht zumindest plausible Vermutungen darüber anzuführen, wie das Tradierte sich fortsetzen und reproduzieren konnte.

Einer provozierenden These zufolge hat der Nationalsozialismus die traditionalen Institutionen und Bindungen unwiderruflich zerstört, die dem autoritären Illiberalismus des Kaiserreichs zugrundelagen und die zu modernisieren weder der Revolution von 1918 noch der Weimarer Republik gelungen sei. Unintendiert habe die Machterhaltungsstrategie der nazistischen Diktatur eine soziale Revolution in die Wege geleitet, soziale Gleichheit hergestellt. Wenn dies auch die Gleichheit der Volksgenossen war, der Subalternität im Totalitarismus, so bedeutete sie doch den Einzug der Moderne im Sinne eines radikalen Bruchs mit der Tradition des Autoritarismus. Ein Weg zurück habe 1945 nicht mehr offengestanden: die Deutschen hätten nurmehr wählen können zwischen einer anderen totalitären oder aber der liberalen Moderne, zwischen der Rolle des Genossen oder des Bürgers.[20] Doch, so läßt sich einwenden, gerade die machtpolitische Vereinzelung und Atomisierung der unterdrückten Gleichen kam ohne ideologische Verheißung gemeinschaftlicher Größe und überindividuellen Sinns nicht aus, so wie andererseits die »innere Emigration« die Möglichkeit bot, die persönliche Kultiviertheit des Bildungsbürgers, der Macht ungeachtet, zu pflegen. Der nazistische Bruch mit der Tradition – von der Moral zu schweigen – scheint dann eher darin zu liegen, daß es der nazistischen Ideologie gelang, die vormodernen und irrationalen Traditionsbestände der Volksgemeinschaft mit einem Teil der zivilisatorischen Moderne zu versöhnen: mit der Technik.[21]

Das Loslösen aus der Gemeinschaft im Namen der Individualität, der gesellschaftlichen Vielfalt und grundsätzlichen Konflikthaftigkeit einerseits, des ökonomischen und politischen Wettbewerbs wie der formalen Regelungsbedürftigkeit von Interessen und Konflikten andererseits, gehörte niemals zu Programm und Vision kommunistischer Parteien. Die SED konnte jedoch an die nazistische Versöhnung von Gemeinschaft und Technik anknüpfen, wenn auch mit anderer Begründung. Die substantielle Zielbestimmung ihrer Politik verhieß eine konfliktfreie, harmonische und material-gerechte Gesellschaft, die auf der »politisch-moralischen Einheit des Volkes« und einer prinzipiellen Interessenidentität beruhen sollte. Dieses Telos leitete sich zwar von der rationalen Marxschen Kritik kapitalistischer Unterdrückung und Ausbeutung ab; überdies ging der Kampf der deutschen Arbeiterbewegung nicht primär von der Idee einer sozialen Gemeinschaft, sondern vor allem von der Realität einer konfliktgeladenen Klassengesellschaft aus. Dennoch haftete von Anbeginn dem Entwurf, wie die soziale Problematik zu überwinden sei, jene von Plessner benannte Weltfrömmigkeit an. Die Versöhnung mit der Moderne gelang der Arbeiterbewegung im Verhältnis zu Wissenschaft und Technik, aber nicht auf der Ebene des Politikverständnisses. Politik galt als Mittel zur Lösung »letzter Fragen«, welche sodann auch Demokratie als Teil der »Vorgeschichte« obsolet werden ließe; zudem stand politische Praxis unter dem Vorbehalt, historischen Gesetzmäßigkeiten, die wissenschaftlich zu erkennen seien, zum Durchbruch verhelfen zu sollen. Während die Sozialdemokratie spätestens in der Weimarer Republik sich mit einer dauerhaft heterogenen und kompromißbedürftigen Gesellschaft auseinanderzusetzen begann, beantwortete die Kommunistische Partei solchen »Revisionismus« mit revolutionärer Radikalität, um nicht zu sagen: mit der religiösen Emphase des Erlösungswillens. Und auch wenn die KPD/SED, nachdem der Nationalsozialismus zerschlagen war, die kommunistische, harmonische Zukunftsgesellschaft nicht zum Ziel ihrer unmittelbaren Programmatik erhob, präsentierte sie sich doch als Garantin einer irreversiblen Abkehr von der instrumentellen Vernunft und den Katastrophen des 20. Jahrhunderts, die sie ihr anlastete. Sie bot, indem sie den Nationalsozialismus mit Kapitalismus schlechthin gleichsetzte und die nazistische Ideologie souverän mißachtete, einen Weg aus der Verzweiflung über die desaströsen Folgen der Kapitalverwertung und der vermeintlich totalen Manipulierbarkeit der bloß »formalen« Demokratie an. Bereits der Antifaschismus stand mit seiner für ihn konstitutiven Idee der »Einheit« aller sozialen, kulturellen und politischen Kräfte für die alte Sehnsucht nach einer »Epochenschwelle«, für eine alte Hoffnung also, die in den zurückliegenden Jahren auf so grauenvolle Art gestärkt worden war.

Die Verheißung zukünftiger Harmonie paarte sich mit der Verabsolutierung der Wissenschaftsgläubigkeit und der Idee interessenidentitärer Volkssouveränität. Aber vor der Schwelle zur materialen Gleichheit und Identität lag die Strecke des unerbittlichen Kampfes. Die Kampfmetapher durchzieht die Geschichte der DDR selbst noch in jenen Perioden, in denen der Klassenkampf nach innen längst der Vergangenheit angehörte und die Beziehungen zum Umfeld der bürgerlichen »Dekadenz« Formen der friedlichen Koexistenz annahmen. Man kann sich des Eindrucks nicht erwehren, daß es sich bei diesem deutschen Sozialismus um eine politische Kultur der Angst handelte, der Angst vor dem Hauptfeind Heterogenität, vor dem Chaos der Zivilisation, als das die westliche Moderne nach wie vor wahrgenommen wurde. Es mußte gelingen, die Moderne in den Plan zu pressen; er symbolisierte Einheit, und er verlangte die unbedingte Disziplin der Kämpfenden ebenso wie ihren Gehorsam vor der Autorität.

Disziplin und Autoritätshörigkeit, nicht nur des Parteisoldaten, reproduzierten die herkömmliche unpolitische Haltung, und dies gilt ironischerweise für die parteistaatlich induzierte Überpolitisierung des Lebens insgesamt. Die penetrante Politik der Mobilisierung der Massen ließ zwar im Verlauf der 45jährigen SED-Herrschaft deutlich nach, doch entfremdeten die Rituale der sozialistischen Demokratie die Bürger nachhaltig von einem politischen Prozeß, an dem sie nun tatsächlich bloß formal teilhatten. Je mehr die Gesellschaft zu einer klassenlosen wurde, desto deutlicher schälten sich Tendenzen des Privatismus und der gesellschaftlichen Verantwortungslosigkeit heraus. Im selben Zuge erzwungener gesellschaftlicher Homogenisierung gewannen mystifizierende Interpretationen gesellschaftlicher Totalität an suggestiver Kraft. Auch wenn die moralische Gemeinschaft sich nicht mit der Partei oder mit dem Staat in eins setzte, sondern »uns hier unten« von »denen da oben« abgrenzte, verloren die einzelnen doch den Sinn für soziale Heterogenität und gesamtgesellschaftliche Zusammenhänge. Die soziale Integration verlief über Kleingruppen – Familie, Freundeskreise, Arbeitskollektive – und schottete diese von allem Fremden ab. Andererseits lud gerade die gesellschaftliche Entdifferenzierung dazu ein, Identität in Moralität und in bildungsbürgerlicher Kultiviertheit zu suchen.

Zu gesellschaftlichen Auswirkungen dieser Art, die sozialistische Systeme auch in anderen Ländern hatten, kamen in der DDR noch Effekte hinzu, die sich aus ihrer spezifischen Lage ergaben und ebenfalls zur Reproduktion des politisch-kulturell Tradierten beitrugen. Aufgrund der deutschen Teilung verfügte die SED-Herrschaft über keine selbstverständliche, unhinterfragbare nationalstaatliche Basis. Sie suchte diesen Nachteil in den ersten Jahren durch eine »nationale Politik« für ganz Deutschland, sehr viel später dann durch Angebote einer DDR-deutschen »nationalen Identität« zu kompensieren. Knüpfte sie damit an nicht unbekannte kulturelle Topoi an, war diesen doch notwendig zugleich ein sozialistischer Argumentationskern inhärent. Denn nur der Sozialismus konnte aus der Perspektive der Partei als Basis dafür gelten, Deutschland zu vereinen, so wie – später – nur er die Eigenstaatlichkeit der DDR sollte garantieren können. Die SED ließ daher eine besondere Sorgfalt walten, um sozialistische Einstellungen – so wie sie sie verstand – zu fördern.

Die herrschende Ideologie gewann in stärkerem Maße als in anderen sozialistischen Ländern überdies den Charakter einer Staatsräson. Denn der SED war es verwehrt, die DDR gleichsam als nationale Notgemeinschaft gegen das Joch sowjetischer Hegemonie zusammenzuschweißen: Ihre Herrschaft mußte sich auf die – wenn notwendig: unbedingte – Konformität mit dem sowjetsozialistischen Modell stützen.[22] Sie hatte angesichts ihrer prekären nationalstaatlichen Basis ein vitales Interesse daran, die DDR in Übereinstimmung mit den elementaren Strukturen und Funktionsweisen des sozialistischen Blocks zu halten. Nur der Blockzusammenhang konnte die staatliche Existenz gewährleisten; und er mußte auf normativen Definitionen beruhen, die es der SED erlaubten, den distinktiven Gegensatz zwischen der Verfaßtheit ihres Staates und jener seines westlichen Widerparts deutlich zu machen. Der Aspekt der Konformität bezog deshalb ein mehr oder weniger wohldefiniertes, im Block als allgemeinverbindlich anerkanntes und insbesondere ein definitiv anti-westliches Sozialismusmodell in die Bestandsvoraussetzungen – so wie die herrschende Partei sie interpretierte – mit ein. Und nur die Sowjetunion konnte die blockweite Konformität gegen den Westen garantieren, wobei die SED sich in Krisenzeiten immer erneut als zuverlässiger Partner im Kampf gegen »Abweichungen« erwies. Bei allem Bedarf an Konformität suchte sie aber zugleich ihre Eigenständigkeit zu wahren – im eigenen Lager, und gegenüber dem Westen ohnehin. So schickte sie sich wann immer möglich an, ein aus ihrer Sicht musterhaftes Beispiel für die praktische Umsetzung der unter den »Bruder«parteien konsentierten Normen und Strukturen zu liefern. Als Beispiele für die Kombination konformer und eigenständiger Strategien können die insbesondere legitimatorisch motivierte Suche nach einem eigenen »deutschen Weg« zum Sozialismus, die Reformanstrengungen vor allem der sechziger Jahre und anschließend der unter Honecker eingeführte diktatorische Wohlfahrtsstaat gelten. Die letzte Losung der SED, der »Sozialismus in den Farben der DDR«, suggerierte nurmehr eine Kombination aus Eigenständigkeit und Konformität: konform war die Partei in ihrer Abwehr der sowjetischen, ungarischen und polnischen Reformen nur noch mit jenen, die eine Vielfalt im Sozialismus, seine Verwestlichung, ablehnten.

Beide Aspekte – das Streben nach Eigenständigkeit und nach Konformität, die Suche nach einem »Modell DDR« und das Festhalten an dessen unverwechselbar sozialistischem, nicht-westlichem, anti-bürgerlichem Charakter – waren nicht allein Sorge und Ziel einer Parteiführung, die ihre Herrschaft auf Dauer stellen wollte. Der Vorbehalt gegenüber der bürgerlich-kapitalistischen Welt saß auch in Teilen der Gesellschaft tief; die Erfahrung der Katastrophen des 20. Jahrhunderts hatte ihn bestärkt, und ein übriges tat die Interpretation des Nationalsozialismus, die in der DDR dominierte. Der Wunsch, ein »Modell DDR« zu schaffen, stand, wie auch der Antifaschismus, im Zeichen der Hoffnung, eine zwar zur Zeit noch unbefriedigende, aber prinzipiell ausbaufähige Alternative zur formalen Rationalität des Marktes, des Rechts und der Demokratie, kurzum: zur westlichen »Zivilisation« gefunden zu haben. Das permanente deutsch-deutsche Konkurrenz- und Spannungsverhältnis, das die Geschichte der DDR von Anbeginn begleitete, reproduzierte das für die deutsche politische Kultur typische anti-westliche Syndrom. Daß die Intelligenz, bei aller Kritik, die sie der real-existierenden DDR im Verlauf ihrer Entwicklung entgegenbringen mochte, erst sehr spät – wenn überhaupt – auf Demokratisierung drängte, macht deutlich, wie stark gerade sie in moralisch-kulturellen, unpolitischen Traditionen befangen blieb.

## 3. Legitimitätsglaube und Loyalität

Wenn die Annahme zutrifft, daß die sozialistische Ideologie Kernbestandteile der politischen Kultur der unpolitischen deutschen Gesellschaft enthielt und reproduzierte, ist die Vermutung nicht abwegig, die Parteiherrschaft habe die Chance gehabt, als legitim zu gelten und daher Integration und Stabilität zu sichern. Die hier knapp skizzierten Reproduktionschancen der deutschen politischen Kultur nisteten sich in der klassenlosen Gesellschaft ein und wurden von den sozialen (gesellschaftspolitischen) und nationalen (gesamtdeutschen und später DDR-staatlichen) Legitimitätsansprüchen der Parteiherrschaft bestärkt. Die Vermutung, die Legitimitätsansprüche seien nicht ohne positive Resonanz geblieben, ist keineswegs unverträglich mit theoretischen Positionen, die den Begriff der Legitimität an einen in bestimmter Weise substantiierten Wertekatalog oder aber an Verfahrensregeln zur Feststellung der Geltung von Normen gebunden wissen wollen.

Diesen beiden höchst unterschiedlichen Prämissen zufolge ist eine unlimitierte Herrschaft, die die Subjekte ihrer Autonomie beraubt, nicht legitim zu nennen.[23] Doch läßt sich im Theorienstreit nicht darüber entscheiden, ob Herrschaftsunterworfene selbst das politische System für legitim erachten. Max Webers Typologie legitimer Herrschaft sollte dazu dienen, Zusammenhänge zwischen Legitimitätsanspruch, Legitimitätsglauben und Formen der Herrschaftsausübung zu untersuchen, ohne die Richtigkeit legitimierender Normen beurteilen zu müssen.[24] Die Begriffe des Legitimitätsanspruchs und des Legitimitätsglaubens, wie ich sie im folgenden verwende, beziehen sich auf Wertorientierungen bezüglich der Herrschaftsformen und -zwecke, die – im Gegensatz zum normativ bestimmten Konzept der Legitimität – nicht notwendig richtigkeitsbezogen sind, aber von Herrschenden und Beherrschten geteilt werden – freilich nicht von allen oder gleichermaßen. Legitimitätsglaube verlangt, mit dieser Einschränkung, daß in der Gesellschaft dominante Normen auch die Normen des politischen Systems, in diesem Sinne also systemspezifisch sind. Im Falle der Loyalität hingegen orientieren sich die Individuen an subjektiven Interessen oder an Werten, die ungeachtet einer nicht geteilten offiziellen Wert- und Zwecksetzung verfolgt werden können. Beispielsweise dürfen materiale Gleichheit und Gerechtigkeit, Frieden und Solidarität als zentrale systemspezifische Werte in Gesellschaften sowjetischen Typs gelten. Sie wurden immer begleitet von dem Anspruch, sich erst auf einem hohen Niveau des wissenschaftlich-technischen Fortschritts und der Produktivkraftentfaltung voll entwickeln zu können: anderenfalls seien die Bedürfnisse aller nicht zu befriedigen. Die wissenschaftlich-technische Revolution und eine produktivistische Orientierung gehörten nicht zum Wertekanon selbst, obwohl sie in bestimmten Phasen – insbesondere in der Reformphase des Neuen Ökonomischen Systems – fast den Charakter einer »Ersatzlegitimation« (Habermas) annahmen. Ein anders gelagerter Fall ist in den Topoi der Nation und des kulturellen Erbes zu sehen. Nationale und kulturelle Einheit sollten strenggenommen ihre Ziellegitimität nur im sozialistisch prononcierten Kontext bewahren können; jenseits ihrer ideologischen Bestimmung jedoch erfüllten sie – in variierenden Formen und ähnlich wie der Rekurs auf Geschichte und Kultur – ebenfalls »Ersatz«funktionen. Auch Werte oder Zwecke wie Ruhe, Ordnung und Effizienz werden die Herrschenden gern als spezifisch sozialistisch bezeichnen. Doch jene Herrschaftsunterworfenen, die sich am ehesten daran orientieren, werden eine entsprechende Performanz – egal unter welcher Form der Herrschaft – zu schätzen wissen – oder gegebenenfalls vermissen. Herrscht in einer Gesellschaft infolgedessen nicht Legitimitätsglauben, sondern Loyalität vor, also eine vornehmlich strategische, interessengeleitete Hinnahme der Herrschaftsform, darf deren Sicherung als prekär gelten.[25]

Die Grenzen zwischen Legitimitätsglauben und Loyalität sind, mit Weber zu sprechen, »fließend«. Wertorientierte Unterstützung der Herrschaft ist von ihrer interessegeleiteten Hinnahme nicht trennscharf zu unterscheiden; auch die hehrsten normativen Ziele kommen der Überzeugungskraft des Systems nicht entgegen, wenn es sie nicht erfolgreich bearbeitet und umsetzt. Bearbeitung und Umsetzung wiederum bedeuten Funktionstüchtigkeit, die ihrerseits aus Gründen des privaten Interessenverfolgs von Bedeutung sein und von daher primär Loyalität stiften mag. Überdies ging schon Weber davon aus, »eingelebtes Alltagshandeln« gewährleiste Stabilität qua Regelmäßigkeit, so wie Interessenlagen »Gleichartigkeiten, Regelmäßigkeiten und Kontinuitäten« schüfen, »welche sehr oft weit stabiler sind, als wenn Handeln sich an Normen und Pflichten orientiert«.[26] Für Gesellschaften sowjetischen Typs heißt das, daß das politische Regime, selbst wenn es als übergestülpt und fremd, zugleich auch als quasi-natürlicher, vorgefundener Rahmen empfunden wurde, von dessen Gegebenheiten ausgehend die Individuen ihre Pläne, Erwartungen und Wünsche entwickelten.[27] Solches »Einverständnis der Fügsamkeit in das Gewohnte, Eingelebte, Anerzogene, immer sich Wiederholende« unterscheidet sich jedoch in modernen und rationalen von traditionalen Herrschaftsordnungen. Die Individuen wissen: die Ordnung ist Menschenwerk, und sie verlangen, daß die Bedingungen des alltäglichen Handelns »rational, d.h. nach bekannten Regeln (...) funktionieren, daß man, im Prinzip wenigstens, mit ihnen ›rechnen‹, (...) sein eigenes Verhalten an eindeutigen, durch sie geschaffenen Erwartungen orientieren könne«.[28]

Die Besonderheit der Gesellschaften sowjetischen Typs bestand nun aber darin, daß sie zwar modern waren, sich als Antwort auf die Probleme der Moderne verstanden, die verlangte Regelhaftigkeit rationaler Herrschaft aber nur sehr bedingt herstellten: traten sie doch explizit gegen den Formalismus und die instrumentelle Vernunft an.[29] Die mangelnde Regelhaftigkeit lag zuallererst an der Gewaltförmigkeit, mit der die neue Ordnung durchgesetzt wurde und die ihr niemals – und sei es »nur« in Gestalt der glaubhaften Gewaltandrohung und präventiven Überwachung – abhanden kam. Das Selektionskriterium: wen die Staatsgewalt warum träfe, blieb willkürlich. Ein weiterer Grund ist in dem Vorrang materialer Zielbestimmungen und politischer Entscheidungen über formal-rationale Verfahren zu sehen. Um den Typus der Legitimitätsansprüche und der Herrschaftsordnung zu bestimmen, wird man jedoch sagen können, der systemspezifische Anspruch auf materiale Rationalität sei ideologisch gewesen[30] und die spezifische Irrationalität der auf emotionale Bindung und Sendungsgläubigkeit ausgerichteten Legitimitätsansprüche habe charismatische Züge getragen. Dies soll insbesondere für die Phase der direkten »revolutionären« Aktion behauptet werden, die alle Übel der bislang bekannten Formen moderner Gesellschaften im Namen des Telos – das menschheitsgeschichtlich Neue und Unerhörte: die vollkommen gerechte Gesellschaft zu schaffen und alle »Vorgeschichte« zu beenden – zu überwinden beanspruchte.[31] Das revolutionäre Pathos ging auch in den späteren Zeiten nicht verloren; der »Revolutionär des Alltags« (Konrád) hatte sich nicht mehr auf der Barrikade, sondern in Produktionsschlachten oder an der kulturellen Front und in der Wachsamkeit gegenüber dem Klassenfeind zu erweisen. Freilich ist der Idealtypus charismatischer Herrschaft nicht soweit zu verwässern, daß ihm alle nicht rationalen Komponenten moderner Herrschaftsordnungen – vom sex appeal bis zum produzierten image – zu subsumieren sind.[32] Doch scheint es gerade für Gesellschaften sowjetischen Typs plausibel, von einer »charismatischen Verklärung der Vernunft« auszugehen.[33] Zudem kann man beobachten, daß die Versachlichung des Charisma im Zuge der Bewältigung alltäglicher ökonomischer und sonstiger gesellschaftlicher Belange Disziplinierung, Rationalisierung und Bürokratisierung erforderte und insofern Irrationalität und Emotionalisierung zurückdrängte. Hier ist erneut auf den strukturellen Konflikt zwischen Ideologen und Technokraten zu verweisen. Oder anders gesagt: alle Reformbemühungen, die seit der ersten Entstalinisierung in der Folge des XX. Parteitags zu beobachten waren, setzten es sich zum Ziel, die Entdifferenzierung der Gesellschaft zumindest partiell rückgängig zu machen und somit einen Zuwachs formaler Rationalität zu gewinnen.

Die Mischung aus charismatischen und rationalen Legitimitätsansprüchen und ihre jeweiligen Auswirkungen auf die Herrschafts- und Gesellschaftsordnung durchzogen die gesamte Entwicklung der DDR, wenn auch in unterschiedlicher Intensität. Hier soll ein knapper Überblick genügen. Die ersten Jahre der SED-Herrschaft waren von der gewaltsamen Zerstörung der alten Strukturen und dem Aufbau der Parteiherrschaft geprägt. Diese Prozesse wurden von Legitimitätsansprüchen der »Avantgarde«-Partei begleitet, die das Ziel der Zukunftsgesellschaft noch vornehmlich in ein antifaschistisches und in diesem Sinne anti-westliches Gewand kleidete. Insgesamt stand die Abkehr von der Vergangenheit eher im Zentrum legitimatorischer Mühen als die Orientierung an der Zukunft, was den antifaschistischen Stalinismus nicht daran hinderte, auf nationale (gerade auch kulturnationale) Argumentationsfiguren zu rekurrieren. In einer zweiten Phase, die mit dem Tod Stalins begann und sich bis zum Ende der sechziger Jahre zog, setzte sich einerseits die Politik der die Gesellschaft entdifferenzierenden Umstrukturierung fort, insbesondere was die Kollektivierung der Landwirtschaft betrifft; andererseits jedoch waren diese Jahre von Reformüberlegungen und -projekten gekennzeichnet. Die Partei versuchte den nun unmittelbaren Verfolg der Utopie einer sozialistischen Gesellschaft mit der wissenschaftlich-technischen Revolution zu verbinden. Ein moderner, wissenschaftlich, technisch und ökonomisch effizienter Sozialismus sollte entstehen, wozu formal-rationale Verfahren teilrehabilitiert und die Eigenlogiken einiger Subsysteme partiell wieder zugelassen wurden. Vor der politischen Konzeption einer liberalen und demokratischen Moderne machte die Konzeption im Namen der einheitlichen Gemeinschaftlichkeit allerdings halt, leugnete damit den Zusammenhang zwischen ökonomischen und politischen Reformen und ließ so auch die ökonomischen scheitern. Die dritte Phase schließlich, jene des real existierenden Sozialismus, schob die Utopie in eine weite Ferne. Damit gingen die teleologischen Legitimitätsansprüche der Herrschaft verloren, doch nahm die aktuelle Politik, um einer Legitimitätskrise vorzubeugen, Teile der Utopie – soziale Gleichheit, Homogenität und Sicherheit – in die Gegenwart hinein. Deren Legitimität bemaß sich seither nicht länger an ihren Zukunftspotentialen, sondern sollte vor einer schlechteren Vergangenheit und im zeitgenössischen Vergleich mit westlichen Gesellschaftsordnungen bestehen können. Legitimatorische »Ersatz«ansprüche, national und kulturell orientiert, gewannen erneut an Bedeutung. Da aber der sozialpolitische Pragmatismus des real existierenden Sozialismus sich nicht mit einer Wirtschaftspolitik verbinden ließ, die soziale Gleichheit und Sicherheit – auf dem niederen Niveau, das das Scheitern der Bemühungen um eine wissenschaftlich-technische Revolution bedingte – respektierte und dennoch ökonomische und wissenschaftlich-technische Effizienz vorantrieb, drohte ein allmählicher und eher unauffälliger Legitimitätsverfall die Legitimitätsansprüche des Regimes als schiere Fiktion zum Zwecke des Machterhalts bloßzustellen. Selbst in der Spätphase der Parteiherrschaft jedoch wehrten relevante Teile der wissenschaftlichen Intelligenz, sofern sie nicht längst zynisch geworden waren, dem Utopie- und Legitimitätsverlust, indem sie nach systemimmanenten »Erneuerungs«wegen suchten. Systemimmanent heißt in diesem Fall: Die Suche erstreckte sich darauf, die soziale Entdifferenzierung zugunsten wachsender Ungleichheit und zunehmender formaler Rationalität abzubauen, ohne den entscheidenden Schritt zu fordern: nämlich nicht nur Differenzierung in der Gesellschaft zu fördern, sondern auch politischer Pluralität Artikulationschancen einzuräumen.

Lag ein erstes prinzipielles Legitimitätsproblem in Gesellschaften sowjetischen Typs in der Diskrepanz zwischen den charismatischen Projektionen einer Zukunft der Harmonie und des Überflusses einerseits und den enttäuschten Hoffnungen, dieses Ziel in absehbarer Zeit zu erreichen, andererseits, ergab sich ein weiteres Legitimitätsproblem daraus, daß die Diktatur der Partei – wurden die Erwartungshaltungen von der Zukunft auf die Gegenwart verlagert – ohne teleologischen Anspruch im Grunde, selbst ihren eigenen Prämissen zufolge, nicht mehr zu rechtfertigen war. Unter um so höherem Erwartungsdruck stand die SED. Aufgrund der mono-organisatorischen Struktur des Herrschaftssystems richteten sich alle Erwartungen an die Partei resp. an den Parteistaat. Verlieh ihm dieser Umstand eine gewisse Flexibilität, hier Zugeständnisse und dort Einschränkungen zu verfügen, bestand doch grundsätzlich die Gefahr, daß Unzufriedenheit sich unmittelbar an ihn adressierte. Das System war daher einerseits äußerst stabil in seiner Macht- und Kontrollvollkommenheit, andererseits aber extrem verwundbar.

Den Fragen, warum die Parteiherrschaft in der DDR so unvergleichlich lange Zeit stabil war, warum sie sich, anders als die Parteien in der Sowjetunion, in Polen oder Ungarn, so besonders unflexibel zeigte, warum schließlich ihre extreme Verwundbarkeit sie erst so spät zu Fall brachte, soll im folgenden nachgegangen werden. Das Material, auf das sich die Arbeit stützt, stammt überwiegend aus der »alten Zeit«, in der harte Daten über die Befindlichkeit eines Großteils der Gesellschaft fehlten. Nicht zufällig war deshalb die schöne Literatur für viele Wissenschaftler, die sich für die DDR interessierten, relevant. Sie galt als Spiegel des Problembewußtseins der Gesellschaft, infolgedessen sind literaturwissenschaftliche Analysen ein wertvolles Hintergrundmaterial. Überwiegend stützt sich die vorliegende Arbeit jedoch, wenn auch keineswegs ausschließlich, auf legitimatorische Verlautbarungen der Partei und auf wissenschaftliche Texte, die die politischen Legitimitätsansprüche umsetzten und bearbeiteten. Der veröffentlichten Meinung der gesellschaftswissenschaftlichen Intelligenz kommt daher ein hoher Stellenwert zu. Das läßt sich aus der Datenlage begründen, aber auch aus der Fragestellung der Arbeit. Wissenschaftliche Diskurse – ebenso wie ihr Fehlen – sagen viel über den Zustand von Intelligenz und Gesellschaft aus, über ihre Wahrnehmungsfähigkeit und ihre politische Haltung, mithin über ihren Legitimitätsglauben oder ihre Loyalitätsbereitschaft. Eine Herrschaftsordnung ist um so leichter stabil zu halten, je länger die Intelligenz sich den legitimatorischen Ritualen nicht entzieht. Das Ausmaß ihrer Hingabe an das System oder auch nur ihrer Hinnahme desselben reflektiert freilich neben politisch-kulturellen Lagen auch die Repressivität der Herrschaft. Die Schubladen, für die eine reprimierte Intelligenz in schweren Zeiten schreibt, waren allerdings weitgehend leer, als die Revolution 1989 sie öffnete.

Christa Wolf trägt wie folgt zu einer Erklärung bei: »Meine Generation identifizierte sich schon früh mit der entstehenden Gesellschaft, weil wir hier in den vierziger Jahren gezwungen waren, uns intensiv und radikal mit der faschistischen Vergangenheit auseinanderzusetzen, *schärfer als das in der Bundesrepublik der Fall war. Das hat eine starke Bindung an diese Gesellschaft geschaffen, die ja durch Antifaschisten aufgebaut wurde. Diese Bindung blieb so dauerhaft, weil wir keine Alternative sahen.*« Sie fährt fort, indem sie auf die immer wieder belebte und die Selbsttäuschung erhaltende Hoffnung verweist, »daß sich hier Kräfte durchsetzen könnten, *die den Kern des Traums vom Sozialismus bewahren und dafür Verbündete finden würden*«. Nach dem Schock der Zerschlagung des Prager Frühling »ging es mal besser, mal schlechter, aber letzten Endes wurden die alten stalinistischen Strukturen und Denkweisen verfestigt. Zugleich haben sich unter der Decke erstaunlicherweise viele Menschen in der DDR entwikkelt, die sehr gut und frei denken können.«[34]

Diejenigen, die die Parteiherrschaft schließlich zu Fall brachten, gehörten überwiegend einer anderen Generation an. Sie fühlten sich noch, wie die Generation Christa Wolfs, an antifaschistische und sozialistische Werte gebunden, aber nicht an die Herrschaftsform und deren Träger, denen die Legitimitätsansprüche lediglich zur Sicherung ihrer Macht dienten. So suchten auch die meisten der Jungen Verbündete für den moralisch-kulturell intonierten Traum, von dem Wolf spricht, und der die Zählebigkeit der unpolitischen Tradition bezeugt. Aber einige fanden doch eine Alternative: die demokratische Partizipation in einer zivilen Gesellschaft.

# I. Antifaschistischer Stalinismus

## 1. Antifaschismus

Obwohl die ersten Nachkriegsjahre in der sowjetisch besetzten Zone (SBZ) und späteren DDR eine Phase des gewaltsamen Umbruchs, einer »Revolution von oben« waren, ist es der SED zeit ihrer Herrschaft gelungen, den Stalinismus aus der Erinnerung – aus der öffentlichen Diskussion ohnehin – auszugrenzen und den Antifaschismus hervorzuheben. Der Antifaschismus hat insbesondere bei großen Teilen der Intelligenz bis zum Ende der DDR Legitimitätsglauben gestiftet und gefestigt. Die Frage, warum das so war, beantwortet Christa Wolf für ihre Generation so: »Weil wir als sehr junge Menschen, aufgewachsen im Faschismus, erfüllt waren von Schuldgefühlen und denen dankbar waren, die uns da herausgeholt hatten. Das waren Antifaschisten und Kommunisten, die aus Konzentrationslagern, Zuchthäusern und aus der Emigration zurückgekehrt waren und die in der DDR mehr als in der Bundesrepublik das politische Leben prägten. Wir fühlten eine starke Hemmung, gegen Menschen Widerstand zu leisten, die in der Nazizeit im KZ gesessen hatten. Wir haben zwar intellektuellen Widerstand geleistet – das war bei mir seit Anfang der sechziger Jahre ganz klar –, aber eine massenhafte oder nur nennenswerte politische Oppositionsbewegung hat sich nicht formiert – die Leute gingen weg, oder sie wurden verhaftet und dann abgeschoben oder ausgebürgert.«[1]

Zunächst ist genauer zu bestimmen, was Antifaschismus heißen sollte. Die Haltung der KPD/SED leitete sich aus ihrem Verständnis des Faschismus einerseits und aus ihrer Einschätzung der internationalen Konstellation andererseits ab. Faschismus definierten orthodoxe Parteigänger der kommunistischen Weltbewegung seit dem 7. Kongreß der Komintern (1935) als »die offene terroristische Diktatur der reaktionärsten, am meisten chauvinistischen, am meisten imperialistischen Elemente des Finanzkapitals«. Sie unterschieden zwischen Faschismus und Nationalsozialismus nur insofern, als ihnen letzterer als »die reaktionärste Spielart des Faschismus« und »Stoßtrupp der internationalen Konterrevolution« galt.[2] Diesem generalisierten Verständnis zufolge war der Faschismus vor allem eine antisozialistische Konterrevolution, die ihr Ziel, die internationale Arbeiterbewegung und ihre Organisationen, insbesondere die Sowjetunion selbst zu zerstören, nur knapp verfehlt und der auch die Sympathie der imperialistischen Bourgeoisie selbst jener Länder gegolten habe, die demokratische Herrschaftsformen aufrechterhalten hatten. Diese Interpretation unterschlug relevante Züge gerade des Nationalsozialismus, denn sie erfaßte nur einen Teil der nazistischen Intention und Wirklichkeit: die Zerschlagung der Arbeiterbewegung, die Konzentrationslager und den Krieg gegen die Sowjetunion. Der Antisemitismus und die Vernichtung der Juden wurden eher am Rande erwähnt, und selbst diese flüchtige Kenntnisnahme verlor sich, sobald sich die SED den blockweiten Kampagnen gegen Kosmopolitismus und Zionismus anschloß. Der parteioffizielle Antifaschismus bot den politischen und moralischen Vorteil, die der Sowjetunion verbundene Linke als Opfer und zugleich als Sieger zu präsentieren. Aber gerade diese Prämisse hätte es nahe gelegt, daß Kommunisten nach dem Ende des Zweiten Weltkriegs die Leninsche Schlüsselfrage – Wer wen? – mit revolutionärer Dringlichkeit stellten.

Eben dies tat die Führungsspitze der KPD/SED zunächst nicht – aus Gründen der antifaschistisch begründeten Bündnispolitik und der entsprechenden internationalen sowjetischen Politik. Es fällt auf, daß die SED, bis sie auf ihrer Parteikonferenz im Jahre 1952 den »Aufbau des Sozialismus« beschloß, offiziell von einer »antifaschistisch-demokratischen« Ordnung in der SBZ/DDR sprach. Diese Ordnung unterschied sich, so behauptete die Partei, von jener der »Volksdemokratien« Mittel- und Osteuropas. Der behauptete Unterschied siedelte indes vornehmlich auf der Ebene politischer Rhetorik, denn die Transformationspolitik der Partei setzte längst Strukturen durch, die jenen der Länder des sich bildenden sozialistischen Blocks glichen; und das galt ebenso für die Methoden. Doch hatte die SED neben ihrer Politik der Transformation zugleich die Optionen der sowjetischen Deutschlandpolitik zu berücksichtigen. Die antifaschistisch-demokratische Sprachregelung suggerierte, Partei und Sowjetunion verfolgten einen gesellschaftspolitischen Kurs, der dem Desiderat der nationalen Einheit nicht entgegenstehe, der sich im Gegenteil an den Bestimmungen des Potsdamer Abkommens für ganz Deutschland orientiere. Diese verbale Verknüpfung der sozialen (gesellschaftspolitischen) mit der nationalen (deutschlandpolitischen) Frage mag hier als Beispiel dafür stehen, wie antifaschistische Hoffnungen kontrafaktisch genährt wurden, die sich als Illusion erwiesen, aber dennoch legitimatorisch zählebig waren.

Der Antifaschismus wurde zur Alternative zu einer revolutionären Technik des Machterwerbs stilisiert. Die offizielle Argumentation legte den Schwerpunkt auf einen antiimperialistischen Ansatz; anders ausgedrückt: sie richtete sich – wie seit 1935 üblich – gegen die »am meisten imperialistischen Elemente«, also noch nicht gegen den Kapitalismus generell, sondern gegen Großkapital und Militarismus, gegen Preußen- und Junkertum. Sobald eine sozialistische Zukunftsperspektive thematisiert wurde, überwog im Gegenwartsprogramm noch immer die »antifaschistisch-demokratische« Ordnung, die weiterhin bürgerlich-kapitalistische Schichten umfassen werde: sozusagen das »schaffende Kapital«. Weniger die Zukunft als vielmehr die Vergangenheit sollte die Folie zur Rechtfertigung der aktuellen antifaschistischen Politik abgeben; vor dem Hintergrund einer schreckensgesättigten Vergangenheit versprach der Antifaschismus, eine Epochenschwelle zu überschreiten. In diesem Sinne verkündete die KPD/SED, »Lehren aus der Geschichte« zu ziehen, wobei allerdings auffiel, daß als »Fehler« der Vergangenheit neben der Spaltung der Arbeiterbewegung immer auch das Versagen des Bürgertums seit dem 19. Jahrhundert hervorgehoben wurde. Die so interpretierten »Lehren aus der Geschichte« stellten die Argumente bereit, aufgrund derer KPD und SED die Einheit der Arbeiterklasse und die Einheit der Nation forderten und einen historisch-moralischen Führungsanspruch der Arbeiterklasse und »ihrer« Partei in der sozialen und staatlichen Einheit begründeten. Die Einheit aller antiimperialistischen Kräfte, welche die Partei so besonders betonte, enthielt, wie sich später zeigte, allerdings immer schon den Kern einer marxistisch-leninistischen Auffassung von gesellschaftlicher Totalität, ihrer Entwicklungsdynamik und deren Telos.

Sich des politisch-kulturellen Klimas zu vergewissern, das in den Zonen Nachkriegsdeutschlands herrschte, kann helfen, den Antifaschismus in allgemeinen Stimmungslagen zu verorten. Die unmittelbare Nachkriegszeit war überwiegend eine Zeit des Verdrängens und Vergessenwollens, aber auch des Rufes nach Umkehr und politisch-moralischer Erneuerung. Dies brachte die verbreitete Meinung zum Ausdruck, das Volk müsse umerzogen werden. Darüber hinaus gab es eine starke anti-kapitalistische Strömung vom christlichen über den demokratischen bis hin zum stalinistischen Sozialismus; und nicht zuletzt war die tradierte anti-westliche Einstellung keineswegs überwunden. Betrachtet man beispielsweise die programmatischen Diskussionen der sich wieder- und neubildenden Parteien, so schien sie ein zunächst verblüffender Konsens in der Auffassung zu einen, das bürgerliche Zeitalter sei zu Ende und der Sozialismus stehe auf der Tagesordnung. Die Vorstellung von einer »Zeitenwende« war auch nach dem Ersten Weltkrieg zu beobachten gewesen, aber anders als damals hatte nunmehr der Nazismus die Idee eines deutschen oder preußischen Sozialismus, so wie er seinerzeit verstanden worden war, diskreditiert. Jetzt erschien er in den Westzonen, die hier nur kurz thematisiert werden können, vornehmlich in einer christlichen oder aber demokratischen Variante.

Die Frankfurter Christdemokraten formulierten innerhalb des sich umstrukturierenden konservativen Parteienspektrums eine mögliche Kombination von Sozialismus und Demokratie am klarsten und kamen den Vorstellungen eines demokratischen Sozialismus auch insofern nahe, als sie das christliche Menschenbild mit »weltlicher Humanität« und »republikanischen Tugenden« zusammendachten.[3] In der CDU von Köln und Berlin hingegen waren sozialistische Forderungen nach Enteignung, Mitbestimmung und staatlicher Planung und Lenkung der Wirtschaft primär an christliche Definitionen der Person, des Gemeinwohls, des Gemeinschafts- und Privateigentums und der Bedarfsdeckung als Ziel des Wirtschaftens gebunden. Auch das Ahlener Programm, gemeinhin als sozialistische Willensbekundung der Christdemokraten verstanden, band die ausdrückliche Ablehnung privat- wie staatskapitalistischer Ordnungsmodelle an christliche Vorstellungen gemeinwirtschaftlicher Bedarfsdeckung.[4] Es wäre daher ein Mißverständnis, den antikapitalistischen Impuls des christlichen Sozialismus durchwegs als Demokratisierungspotential zu begreifen. Als ganzheitliches Modell einer »christlichen Gesamtlebensordnung« trug er die autoritären Züge einer substantiellen Gesellschafts-, Wirtschafts- und Staatsvorstellung.[5]

Einen demokratischen Sozialismus vertrat in den Westzonen vor allem die SPD, deren antikapitalistische Tradition und Interessenbasis gegen Idealismus und Irrationalismus standen. Ihre Vorstellungen zeigten überdies mehr Liebe für Details als beispielsweise das Ahlener Programm, weil die Sozialdemokratie historische und zeitgenössische sozialistische Modelle mitreflektierte. So unterschied sich ihre Konzeption von den wirtschaftsdemokratischen Entwürfen der späten Weimarer Zeit, die – stärker korporatistisch orientiert – Enteignungen nicht vorgesehen hatten, aber auch von dem englischen und französischen Sozialisierungstypus, dem Mitbestimmungsregelungen fremd waren. Schließlich grenzte die SPD ihren demokratischen Sozialismus vom sowjetischen Modell ab, indem sie zum einen den Fortbestand »vor- und nachkapitalistischer Wirtschaftsformen« des Handwerks, Handels und Bauerntums als mit dem Sozialismus vereinbar erklärte.[6] Zum anderen war Kurt Schumachers Haltung zu Demokratie und Sozialismus »als Aufgabe des Tages«[7] ebenso entscheidend wie seine Ablehnung, eine Einheitspartei mit den Kommunisten zu bilden, und seine Weigerung, »reale« und »formale«, sozialistische und bürgerliche Demokratie auseinanderzudividieren – auch wenn gerade in Deutschland Demokratie »gewisser sozialistischer Voraussetzungen« bedürfe.[8]

Aus der Ablehnung der Unterscheidung von »real« und »formal« folgte auch die Zurückweisung eines organizistischen Gesellschaftsbildes, in dessen Rahmen Mitbestimmung und Partizipation nicht rationale Mittel der Regulierung von Interessenkonflikten sind. Wie immer historisch, moralisch und demokratisch wohlbegründet die Positionen der Schumacherschen SPD also waren, blieb sie dennoch in der Tradition der deutschen politischen Kultur insofern befangen, als sie sich mit Kompromissen schwer tat und ihre Prinzipien nicht flexibel anzuwenden verstand. Das mag mit der nach 1945 verbreiteten Überzeugung zusammengehangen haben, das bürgerliche Zeitalter sei zu Ende, im Fall der Sozialdemokraten also mit noch ungebrochenem evolutionistischem Fortschrittsglauben. Sie beharrten auf einem historisch und moralisch nicht unplausiblen Führungsanspruch gegenüber Bürgertum und KPD, die auf jeweils ihre Weise dem Nazismus zur Macht verholfen hätten.[9] Was die Durchsetzungschancen des demokratischen Sozialismus aber stärker beeinträchtigte, war die mangelnde Flexibilität, die z. B. in der sofortigen und nachhaltigen Verweigerung jeglicher Kooperation mit den Sozialdemokraten der SBZ zum Ausdruck kam. Wie berechtigt Schumachers Mißtrauen gegenüber der sowjetischen Besatzungsmacht und der KPD auch war, zumal die Sozialdemokraten vor und nach dem Zusammenschluß zur

SED verfolgt und marginalisiert wurden, die Ablehnung auch nur des Versuchs, die SPD als »Reichspartei« – wie man damals noch sagte – zu etablieren, vergab die Chance, den relativen Einfluß des demokratischen Sozialismus in allen vier Zonen zu erhöhen.[10] Die Frage der nationalen Einheit betreffend leitete Schumacher den Begriff der Nation aus der Volkssouveränität ab; er stand somit in der besten Tradition der Partei und prinzipiell auf dem Boden der Atlantic Charta, die das Selbstbestimmungsrecht der Völker postuliert hatte.[11] Doch Schumachers Forderung, Deutschland als Ganzes zu erhalten innerhalb eines europäischen Gleichgewichtssystems, von Grenzveränderungen abzusehen und den Friedensvertrag von den Idealen leiten zu lassen, für welche die Alliierten Krieg gegen Nazideutschland geführt hatten, zeigte wiederum eine starke Neigung zur Intransigenz. Sie konnte so verstanden werden, als sei er nicht bereit, Deutschland die Folgen dafür tragen zu lassen, die Welt in einen beispiellosen Krieg gestürzt zu haben.[12]

Ein Resümee aus diesem kurzen Überblick verweist auf sozialistische Vorstellungen in den Westzonen, die Enteignungen, Mitbestimmung und Planung, gemischte Eigentumsformen, ganzheitliche Gemeinwohlkonzeptionen, Ideen einer Epochenschwelle, evolutionistischen Fortschrittsglauben und politisch-moralisch begründete Führungsansprüche thematisierten. Diese Ideen fanden sich auch in der Ostzone; freilich kamen hier besondere Akzente hinzu. So waren den Protagonisten der dortigen SPD und CDU, Otto Grotewohl und Jakob Kaiser, der Zwang, sich mit der sowjetischen Besatzungsmacht zu arrangieren, und der Wunsch, die Verbindung zu den Westzonen nicht zu verlieren, gemeinsam. Sie suchten daher eine in mancherlei Hinsicht ähnliche Lösung: Beide sahen Deutschland als Brücke zwischen Ost und West. Grotewohls Vorstellung zielte ursprünglich auf eine Synthese von Demokratie und Sozialismus, in der illiberale Argumente einerseits keinen Platz hatten.[13] Doch da seine Synthese alle vier Besatzungsmächte ins Spiel bringen mußte, um die Dominanz der einen auszuschließen, konnte sie andererseits den sowjetischen Sozialismus nicht außer acht lassen. Wenn daher Grotewohl mahnte, es gehe »im gegenwärtigen Augenblick (...) nicht darum, eine Entscheidung zwischen dem Osten und dem Westen zu suchen«, da Deutschland von vier Besatzungsmächten kontrolliert werde, und wenn er zwar den Liberalismus als »Bildungsgut des Westens«

retten und mit dem Sozialismus verbinden wollte, so subsumierte er letzteren dem »Bildungsgut des Ostens« und stellte die Frage, »wie wir den Anschluß an jene Welt herstellen, die ihre Lebensfähigkeit erwiesen hat«.[14] Als Antwort auf diese Frage schrieb er der SPD die Funktion zu, als »Sammellinse« für Ost und West zu wirken[15], wobei diese Form einer Brücke-Konzeption eine Ostorientierung aufwies, die Grotewohl keineswegs nur taktisch meinte.[16] Seinen Vorstellungen eines demokratischen Sozialismus waren autoritäre, erziehungsdiktatorische Neigungen keineswegs fremd.[17] Nachdem er unmittelbar nach Kriegsende die Neugründung einer Arbeiterpartei, die auch die Mitglieder der alten KPD umfassen sollte, nicht ausgeschlossen hatte, war indes die Suggestivkraft der Partei der »Einheit« doch nicht so stark, um den Versuch zu unterlassen, diese ganz anders geartete Vereinigung von KPD und SPD zumindest hinauszuzögern.[18]

Kaisers Idee der Synthese wies hingegen deutsch-nationale und die organizistischen Züge des christlichen Sozialismus auf.[19] Wenn er die bürgerliche Gesellschaft für »überlebt« hielt und »die Zeitenwende vom bürgerlichen Zeitalter zum Zeitalter des werktätigen Volkes« gekommen sah, assoziierte er das Ende der Ideen der Französischen Revolution. »Die Ordnung, der die bürgerliche Ordnung nunmehr Platz zu machen hat, wird eine sozialistische Ordnung sein müssen« und weder im bürgerlichen noch im marxistischen Sinne materialistisch, sondern durch »eine ganz bestimmte geistige Grundhaltung«, den »Sozialismus aus christlicher Verantwortung«, geprägt sein.[20] Im »Zeitalter der Massen« komme es darauf an, diese »sinnvoll zu gliedern«, damit die »Freiheit und Würde der gottgeprägten Menschenseele (...) schaffend werde im Volke«. Mit anderen Worten: nicht der Individualismus der Aufklärung, sondern der christliche Personalismus sei das Wesen des »wahrhaften Sozialismus«, und Kaiser zog den Trennungsstrich zum Marxismus, ohne freilich »ehrliche Toleranz« auszuschließen.[21] Verstand Kaiser die Gliederung des »Volkskörpers« zur »organischen Gemeinschaft«[22] als »Deutschlands geschichtliche Aufgabe«, wendete er diese nicht nur innenpolitisch im Sinne einer »Synthese von Persönlichkeit und Gemeinschaft im Leben unseres Volkes«, sondern auch außenpolitisch als »Synthese von Ost und West im Leben Europas« und erhob für die christlichen Sozialisten den Anspruch, diese deutsche Mission zu leiten.[23] Allerdings erwies sich die Behauptung, er strebe eine »Synthese zwischen westlichen und östlichen Ideen« an, deren letztere auf das »vom Willen des werktätigen Volkes geformte Rußland« verwiesen[24], als politisch-pragmatische Rhetorik. Doch die organizistische Sprache, von »Volks«metaphern durchsetzt, hatte ihre politisch-kulturelle Tradition, die uns im Antifaschismus der SED wiederbegegnen wird.

Während den Anhängern eines christlichen oder demokratischen Sozialismus – in den Westzonen und in der SBZ – die Auffassung gemeinsam war, daß der Sozialismus auf der Tagesordnung stehe, wies die Führungsspitze der KPD für die unmittelbare Nachkriegssituation eine sozialistische Perspektive zurück. Der erste Aufruf des ZK an das deutsche Volk erwähnte den Sozialismus nur ex negativo: Der »Weg, Deutschland das Sowjetsystem aufzuzwingen«, sei falsch, weil er den »gegenwärtigen Entwicklungsbedingungen in Deutschland« nicht entspreche. Dies war nicht als Absage an den Sozialismus sowjetischen Typs zu verstehen, sondern als Absage an eine sozialistische Politik zur gegebenen Zeit: Die gegenwärtige Lage, so das ZK, schreibe »den Weg der Aufrichtung eines antifaschistisch-demokratischen Regimes, einer parlamentarisch-demokratischen Republik mit allen demokratischen Rechten und Freiheiten für das Volk« vor. Als die »unmittelbarsten und dringendsten Aufgaben« auf dem Weg zu einer antifaschistisch-demokratischen Ordnung nannte der Aufruf die Entnazifizierung, die Enteignung des großindustriellen und Großgrundbesitzes und des Bankkapitals, den Kampf gegen die ökonomische Not und – in diesem Zusammenhang erwähnt – die »völlig ungehinderte Entfaltung des freien Handels und der privaten Unternehmerinitiative auf der Grundlage des Privateigentums«. Diese Aufgaben sollten »nur durch die feste Einheit aller antifaschistischen, demokratischen und fortschrittlichen Volkskräfte verwirklicht werden« können.

Der Aufruf des ZK der KPD leitete sein Plädoyer für die antifaschistische Einheit aber nicht allein oder primär aus der gegenwärtigen Lage in Deutschland, sondern auch aus dem Verlauf der deutschen Geschichte und vor allem aus der Niederlage vor dem Nazismus ab. Daher sollte die auf Einheit beruhende antifaschistisch-demokratische Ordnung »die Sache der Demokratisierung Deutschlands, die Sache der bürgerlich-demokratischen Umbildung, die 1848 begonnen wurde, zu Ende führen« und die »Fehler von 1918« – die Spaltung der Arbeiterbewegung – vermeiden. Es gelte, um eine »wirkliche Demokratie« zu kämpfen und die »Spaltung des schaffenden Volkes zu beenden«. Wenngleich der Aufruf eine Mitschuld der Kommunisten am Sieg des Nationalsozialismus einräumte, allerdings nur insofern, als die Partei es nicht vermocht habe, eben gerade die »antifaschistische Einheit der Arbeiter, Bauern und Intelligenz entgegen allen Widersachern zu schmieden«, sah er die KPD doch angesichts ihres beharrlichen Kampfes legitimiert, das Programm des Blocks der antifaschistisch-demokratischen Parteien zu formulieren.[25] Wie sich bald herausstellte, schwebte dem ZK eine dreifache Einheit vor: eine Einheitsfront der antifaschistisch-demokratischen Parteien, eine aus KPD und SPD zu bildende sozialistische Einheitspartei und die Einheit der Nation (im Sinne des Volkes, aber auch eines einheitlichen Staates).[26]

Seit die KPD ihren Zusammenschluß mit der SPD vorbereitete, wurde auch ihr der Sozialismus zum Thema, nicht zuletzt weil die SPD auf sozialistische Lösungen drängte. Die SED sollte ihren »Grundsätzen und Zielen« zufolge zunächst die Einheit der Arbeiterklasse herstellen, die antifaschistisch-demokratischen Forderungen in ganz Deutschland durchsetzen und somit die Einheit der Nation in einer »neuen, freien, unteilbaren deutschen Republik« wahren. Von dieser Basis, die die Partei in ihrem Gegenwartsprogramm umriß, wollte sie sodann um den Sozialismus kämpfen, um die Aufhebung allen Privateigentums an Produktionsmitteln und die ganze Macht der Arbeiter im Staat. Aus dieser Sicht erschien der Sozialismus zugleich als »Lösung der nationalen und sozialen Lebensfragen unseres Volkes«; welche Form aber die Befreiung von Ausbeutung und Unterdrückung, Krise und Krieg annehmen sollte, blieb unklar. Obwohl die SED auch an der Diktatur des Proletariats mit der Begründung festhielt, daß sie ein unverzichtbares Prinzip des wissenschaftlichen Sozialismus und des internationalen Klassenkampfes sei, betonte sie doch, der Weg zum Sozialismus könne friedlich und parlamentarisch-demokratisch verlaufen, sofern die kapitalistische Klasse dem Proletariat nicht den revolutionären Kampf aufzwinge.[27] Unmittelbar vor der Gründung der SED gab Anton Ackermann die Losung aus, es könne einen »besonderen deutschen Weg zum Sozialismus« geben.[28] Diese Verheißung eines »dritten Wegs« und eines »dritten Ziels«[29] – adressiert insbesondere an die sozialdemokratischen, aber auch die bürgerlichen Bündnispartner – stützte die SED, indem sie, wie zuvor die KPD, die Besonderheiten der Lage in Deutschland und ihre parteipolitische Unabhängigkeit hervorhob.[30]

Antifaschismus stand, den beiden Aufrufen von KPD und SED zufolge, zuallererst für das, was die Partei fürderhin mit dem Verweis auf das Potsdamer Abkommen forderte: für Entnazifizierung, Entmilitarisierung, Enteignung von Finanz-, großindustriellem Eigentum und Großgrundbesitz und für Demokratisierung. So gesehen konnte der Antifaschismus kaum als strittig gelten; doch der Teufel steckte, wie überall, im Detail. Die vagen Anspielungen auf »wirkliche« Demokratie oder »wahren« Marxismus verwiesen auf die Skepsis gegenüber formal-demokratischen Verfahren; daher die vielfach betonte Forderung nach Einheit und der Führungsanspruch für das »schaffende Volk«, die Arbeiterklasse und deren politische Avantgarde. Einheit des Volkes und der Nation freilich galten kaum als anstößig, und auch andere Parteien meldeten politisch-moralische Führungsansprüche an. Bei der Gründung der SED allerdings, als der Sozialismus in den Horizont ihrer publizierten Programmatik einrückte, wurden Differenzen zu konkurrierenden politischen Vorstellungswelten, die in ihren großen Linien miteinander vereinbar schienen, doch überdeutlich. Aber dennoch blieben selbst noch solche Ziele, wie eine Diktatur des Proletariats anzustreben und den gemischten Formen des Eigentums ein Ende zu machen, geschickt in die Verheißung eines friedlich-parlamentarischen, überdies eines »besonderen deutschen« Weges zum Sozialismus eingebunden. So mochten die Ziele mit dem Weg gemeinsam pazifiziert erscheinen; zudem sollten sie nicht Teil des Gegenwartsprogramms sein.[31] Und schließlich ist bei Überlegungen, ob und warum die parteipolitischen Erklärungen auf Legitimitätsglauben stoßen konnten, in Erinnerung zu rufen, daß selbst der Sozialismus sowjetischer Prägung – von dem sich die SED nicht distanzierte, den sie aber auch nicht propagierte – in der unmittelbaren Nachkriegszeit keineswegs allgemein so beurteilt wurde wie später, als die Kriegskoalition der Alliierten zerbrach.

Das legitimatorische Potential des Antifaschismus lag aber vermutlich weniger in den Details der parteipolitischen Programmatik als vielmehr zum einen in der politisch-moralischen Integrität, die man seinen Protagonisten zuschrieb, und zum anderen in dem Verlangen, einer »neuen Zeit« jenseits nazistischer Katastrophen auf den Weg zu helfen. Diese neue Zeit sollte eine der Einheit sein, selbst um den Preis, deren Gegner umzuerziehen oder auszuschalten. Da der Nationalsozialismus in dem verkürzten Verständnis, das in der DDR bald vorherrschte, als Folge kapitalistischer Entwicklung und formaler Demokratie galt, schien das Plädoyer für die Einheit der Arbeiterklasse und des Volkes einen geeigneten Weg zu weisen, die »Fehler von 1918« zu vermeiden. Dem Argument, Weimar sei an der Zersplitterung der politisch progressiven Kräfte gescheitert, konnten sich viele der politischen Akteure der Nachkriegszeit nicht entziehen. Sie übersahen oder nahmen in Kauf, daß in der Idee der Einheit bereits die marxistisch-leninistische Auffassung von gesellschaftlicher Totalität, ihrer Entwicklungsdynamik und ihres historischen Telos durchschien. Zwar stützte sich der Antifaschismus weniger auf eine sozialistische Zukunftsorientierung als eher auf den Anspruch, die Vergangenheit zu überwinden und »Lehren aus der Geschichte« zu ziehen. Die SED meldete aber einen Führungsanspruch für die Arbeiterklasse an, der einen bloß politisch-moralischen Begründungszusammenhang sprengte.

Einheit verlangte nicht nur nach einem Bündnis der politischen Parteien, sondern auch nach gemeinsamen Anstrengungen für kulturelle »Erneuerung«. Alle, die sich dem Nationalsozialismus widersetzt hatten, sollten es tragen: Christen, bürgerliche Humanisten, Sozialisten und Kommunisten. Die Idee einer Umerziehung im Sinne der Klassik und des Humanismus trat an die Stelle unmittelbarer demokratischer Beteiligung. Sie verlängerte insofern die apolitischen Traditionsbestände der deutschen politischen Kultur, als sie Kultur und Politik weiterhin trennte. Einerseits war die antifaschistische Vorstellung von Demokratie emphatisch: das Volk in seiner Einheit sollte endlich selbst entscheiden; andererseits ließ der erzieherische Vorbehalt sie nicht los: solange das Volk seine nazistischen Neigungen nicht überwunden habe, bedürfe es der Umerziehung. Ein derart substantieller antifaschistischer Vorbehalt stand aber, gerade in der sowjetisch besetzten Zone und angesichts der Vormachtstellung der kommunistischen Partei, in fataler Nähe zu marxistisch-leninistischen Denkfiguren, die postulierten, »falsches Bewußtsein« sei zunächst zu korrigieren, bevor das Volk in der Lage sei, politisch frei zu agieren. Die Idee der Umerziehung – auch in den Westzonen nicht unbekannt – erwies sich in der DDR als das Scharnier, dessen Funktion auszufüllen der engagierten antifaschistischen Intelligenz zukam. In einer Bildung vermittelnden Position stand sie zwischen einer Partei, deren antifaschistischer Führungselite sie traute, und einem Volk, das sich vom Nationalsozialismus nicht selbst befreit hatte und deswegen Mißtrauen verdiente.

Und dennoch: trotz aller Affinität zwischen antifaschistischen und marxistisch-leninistischen Denkfiguren trennten die antinazistische Intention doch Welten von der Praxis, die die SED zwar antifaschistisch-demokratisch nannte, aber in stalinistischer Manier durchsetzte. Je mehr die SED sich, entgegen ihren Beteuerungen, eine unabhängige und eigenständige Politik zu verfolgen, an das sowjetische Modell anlehnte, desto weiter entfernte sie sich von ihren frühen Proklamationen. Noch bevor sie die DDR 1952 als Volksdemokratie bezeichnete, die antifaschistisch-demokratische Phase für abgeschlossen erklärte und den planmäßigen Aufbau des Sozialismus beschloß, hatte sie, wie die Volksdemokratien Mittel- und Osteuropas, den »besonderen Weg zum Sozialismus« längst als nationalistische Abweichung denunziert, sich in eine stalinistische »Partei neuen Typs« transformiert, den sozialen Entdifferenzierungsprozeß gewaltsam vorangetrieben, die politische Justiz installiert, politische Säuberungen gegen vormalige Sozialdemokraten und Kommunisten eingeleitet, die während der Nazizeit in der Westemigration gewesen waren oder die aus früheren Komintern-kritischen Gruppierungen kamen. Und sie begann im Zuge blockweiter antizionistischer Kampagnen, Schauprozesse vornehmlich gegen Juden vorzubereiten.

Der Antifaschismus – als Legitimitätsanspruch – hat das Wunder vollbracht, den Stalinismus in der DDR dem Vergessen anheimzustellen. Der Terror wurde verdrängt, aber die Idee der außergewöhnlichen Sendung in den Zeiten einer Epochenschwelle überlebte. Solange die Herrschenden und ihr – mit Max Weber zu sprechen – »Verwaltungsstab« die von ihnen etablierte politische Ordnung für legitim erachteten und solange dem Legitimitätsglauben keine öffentlich formulierte Konkurrenz entstand, hatte das Herrschaftssystem die Chance der Stabilität. Die Methoden des Machterwerbs und seine Folgen für die Gesellschaft führten zum Absterben konkurrierender Phantasie.

## 2. Machterwerb und gesellschaftliche Entdifferenzierung

Die KPD/SED und die Sowjetische Militäradministration in Deutschland (SMAD) setzten in der SBZ in wenigen Jahren einen sozioökonomischen und politischen Umbruch durch, der gesellschaftlich eigenständige Institutionen zugunsten einer zugleich vielgliedrigen wie mono-organisatorischen Struktur abbaute. Sie beriefen sich dabei auf das Potsdamer Abkommen, das den gemeinsamen Willen der Alliierten ausdrückte, Deutschland zu entnazifizieren, zu demokratisieren, zu entmilitarisieren und die industriellen Großstrukturen aufzulösen. Die verbal auf antifaschistische, de facto jedoch sehr bald auf sowjetsozialistische Umstrukturierung ausgerichtete Transformationspolitik hatte dabei immer auf die sowjetische Deutschlandpolitik Rücksicht zu nehmen.[32] Zunächst eine Vorbemerkung zu letzterer.

Die sowjetische Deutschlandpolitik verfolgte ebensowenig wie die amerikanische ein einziges und gar wohldefiniertes Ziel. Die Politik beider Staaten entwickelte sich vielmehr als Funktion der Politik des anderen. Beide waren sich 1945/46 über die Machtkonstellation in Europa noch im unklaren, lösten sich nur zögernd aus der Zusammenarbeit in der Kriegsallianz, gewannen aber spätestens 1947 die Überzeugung, ihre Deutschlandpolitik auf die Erfordernisse des Kalten Kriegs einstellen zu müssen. Für die sowjetische Politik lassen sich vier Optionen unterscheiden[33]: erstens ein Arrangement mit dem Deutschen Reich oder dem postnazistischen Deutschland, das eine antiwestliche, womöglich sowjetfreundliche, jedenfalls aber nicht feindliche Haltung Deutschlands voraussetzte; zweitens die Zerstückelung und ökonomische Ausbeutung des besiegten Deutschland; drittens dessen Sowjetisierung und viertens seine Teilung und die Sowjetisierung der SBZ. Diese Optionen schlossen sich allenfalls als Endpunkte einer Entwicklung aus; bevor sich die Nachkriegsstrukturen verfestigten, waren sie im politischen Prozeß flexibel und pragmatisch nebeneinander zu verfolgen und zu kombinieren.

Ein Arrangement mit dem Deutschen Reich suchte die Sowjetunion schon nach der Oktoberrevolution.[34] Unter veränderten Bedingungen setzten sich solche Bemühungen im Hitler-Stalin-Pakt fort, und die Sowjetunion gab sie auch nach dem Überfall der nazistischen Armeen nicht auf. Ob ihren Versuchen, Kontakte zur Führung des Dritten Reiches und später zum deutschen Widerstand zu knüpfen, tatsächlich deutschlandpolitisches Eigengewicht zukam oder ob die Sowjetunion lediglich Druck auf ihre westlichen Verbündeten ausüben wollte, damit sie die zweite Front in Europa eröffneten – das mußte sich nicht wechselseitig ausschließen, zumal die Volksfrontpolitik an nationale deutsche Interessen appellierte und die Sowjetunion diese Politik über 1945 hinaus fortsetzte.[35] Die Propagierung einer nicht sozialistischen, sondern antifaschistisch-demokratischen Ordnung, schließlich die Offerten der deutschen Einheit in Neutralität, die Stalin in den frühen fünfziger Jahren lancierte, können durchaus als Kontinuität des Versuchs, sich mit einem weder westlich-bürgerlichen noch sowjetisch-sozialistischen Deutschland zu arrangieren, interpretiert werden.

Freilich steckte nicht nur die Formel der antifaschistisch-demokratischen Ordnung voller Ambivalenzen; die Transformationspolitik in der SBZ wies Parallelen zur volksdemokratischen Entwicklung im osteuropäischen Hegemonialbereich auf, und die Sowjetunion nutzte ihre gleichberechtigte Position im Alliierten Kontrollrat und im Rat der Außenminister (also auf den internationalen deutschlandpolitischen Konferenzen), um den auslegungsfähigen Formelkompromissen des Potsdamer Abkommens für ganz Deutschland eine ihr genehme Gestalt zu geben. Die Erfolgschancen hingen allerdings am Bestand der Kriegskoalition und setzten den Rückzug der amerikanischen Truppen aus Europa voraus, der mit der Eskalation der Konflikte seit 1947 freilich unwahrscheinlich wurde. Seit dem Ausbruch des Kalten Kriegs stand die Sowjetunion vor den Optionen der Teilung Deutschlands und der Sowjetisierung ihrer Zone; sie konnte sich aber auch für ein einheitliches, nicht kommunistisches, aber neutrales Deutschland engagieren, über dessen langfristige sozioökonomische und politische Entwicklung Prognosen allerdings schwer möglich gewesen wären.[36]

Nach diesem Vorgriff auf den Kalten Krieg ist die Transformationspolitik in der SBZ genauer zu betrachten. Die kommunistische Partei und die sowjetische Militärregierung verfolgten eine Doppelstrategie des praktizierten Antifaschismus – in ihrer Terminologie: des Aufbaues einer antifaschistisch-demokratischen Ordnung. Sie führten nicht nur eine personelle Entnazifizierung der Wirtschaft, des Staatsapparates und des gesamten öffentlichen Dienstes durch. Sie enteigneten zugleich das Industrie- und Bankkapital und teilten den Großgrundbesitz auf. Damit beraubten sie die ökonomischen und politischen Eliten, die mit dem Nazismus kollaboriert oder von ihm profitiert hatten, nachhaltig ihrer Machtpositionen und Einflußchancen. Die Politik, die Personen zur Rechenschaft zog und die großindustriellen und -agrarischen Eigentumsverhältnisse umwälzte, hatte nach dem Verständnis ihrer Protagonisten noch keinen sozialistischen Charakter. Sie richtete sich offiziell gegen Militarismus und Imperialismus, nicht gegen die durch Eigentum garantierte kapitalistische Basis einer bürgerlichen Gesellschaft. Sie leitete dennoch, weder zufällig noch ungewollt, das Ende bürgerlicher Verfügungsgewalt über Privateigentum ein und zur politischen Herrschaft der Kader über. Die personelle und strukturelle Entnazifizierung galt lange als Basis des »besseren Deutschland«. Eine solche Interpretation übersah die Ambivalenz der antifaschistischen Politik. Diese eröffnete zwar die Chance der vertikalen Mobilität, des Status- und Positionserwerbs für Mitglieder der Klassen und Schichten, die zuvor benachteiligt gewesen waren. Die Kehrseite ihres Aufstiegs allerdings lag in der Subalternität, in die sich die Mitglieder und Kader der Partei sowie der anderen Organisationen und Bürokratien von Anbeginn zu fügen hatten.[37] Überdies entmachteten die Enteignungen nicht nur die alten Eliten, die in der Tat den Nationalsozialismus getragen hatten; sie schufen zugleich die Basis für die Macht der Partei: die Verfügungsgewalt über ökonomische und politische Ressourcen.

Wenngleich die mittelständischen und kleinbürgerlichen Schichten noch verschont blieben[38], da die Zielrichtung der Politik noch nicht grundsätzlich antikapitalistisch war, gerieten sie doch bereits in ökonomische und gesellschaftliche Isolierung. Eine eigenständige Interessenpolitik konnten sie nicht mehr verfolgen. Parallel zum privaten Sektor entstanden staatliche oder genossenschaftliche Produktions- und Verteilungssysteme, die die bürgerlichen Schichten ökonomisch in die Zange nahmen, zumal sie in ihrer politischen Interessenvertretung durch den Zusammenschluß der Parteien im antifaschistisch-demokratischen Block eingeschränkt waren. Hinzu kamen die Kontrolle der Industrie- und Handelskammern, der Medien und die Reformen des Bildungs- und Ausbildungssystems, die mittelfristig eine neue Intelligenz – von Facharbeitern und Ingenieuren bis zu den Universitätsabsolventen aus den traditionell unterprivilegierten Klassen und Schichten schufen.[39]

Um die politische Macht der KPD/SED zuverlässig zu etablieren, bedurfte es der tätigen Mithilfe der SMAD nicht allein bei der Eroberung der »Komandohöhen der Wirtschaft« und bei der Stürmung der »Festung Wissenschaft«. Die oberste sowjetische Regierungsgewalt in der SBZ bildete sich Anfang Juni 1945 und setzte wenig später Militärverwaltungen in den Ländern und Provinzen ein. Unterstützt von der Roten Armee und kommunistischen Parteifunktionären begannen sie, das administrative Leben wieder in Gang zu setzen. Deutsche Landes- und Provinzialverwaltungen entstanden bereits im Juli 1945, wobei die SMAD darauf achtete, daß Kommunisten mit den Zuständigkeiten für Partei- und Personalwesen und für die Durchführung der antifaschistisch-demokratischen Maßnahmen insgesamt betraut wurden. Gleichfalls seit dem Juli wurden deutsche Zentralverwaltungen aufgebaut, die den Föderalismus sukzessive überlagerten, und auch hier besetzten Kommunisten die strategisch bedeutenden Positionen. Parallel zur Verteilung administrativer Einflußchancen zugunsten der KPD verfolgte die Partei mit Unterstützung der SMAD eine Politik der organisatorischen Einbindung des politischen Pluralismus.[40] Sehr viel früher als die Militärregierungen der Westzonen, im Juni 1945, ließ die SMAD die Gründung von politischen – antifaschistisch-demokratischen – Parteien und Gewerkschaften zu. Zuerst veröffentlichte das ZK der KPD seinen Aufruf an das deutsche Volk, die anderen Parteien – SPD, CDUD und LDPD – traten wenig später an die Öffentlichkeit. Wenngleich die KPD ihre Deklaration als Plattform der Zusammenarbeit aller Parteien verstand, um so der Herausbildung eines unkontrollierten Mehrparteiensystems vorzubeugen, mußte das ZK, sollte es dieses Ziel erreichen können, zuallererst die eigene Partei disziplinieren.

Denn die kommunistischen Aktivisten – aus der Illegalität wieder aufgetaucht oder aus den Lagern befreit – standen der politischen Strategie der aus dem Moskauer Exil remigrierten Parteispitze nicht durchwegs positiv gegenüber. Für letztere galt es, ihre innerparteiliche Vorherrschaft zu sichern und die Parteibasis auf das Gegenwartsprogramm der antifaschistisch-demokratischen Umwälzung zu verpflichten. Dieses Programm, das in der Emigration entwickelt worden war, schloß aus, daß die KPD unmittelbar an ihre revolutionäre Zielsetzung und bolschewisierte Organisationsform der Weimarer Zeit anknüpfte. Die Kontroverse um die Vereinbarkeit von Kader- und Massenpartei brach erneut auf; strittig war überdies das Bestehen oder der Verzicht auf von vornherein parteiaffilierte Massenverbände. Zudem stieß die antifaschistisch-demokratische Orientierung bei jenen Mitgliedern auf völliges Unverständnis, die die Gunst der Stunde – die Zerschlagung des Nazismus und die Anwesenheit der Roten Armee – nutzen und sofort zum Sozialismus übergehen wollten. Dies um so mehr, als sich der Zentralausschuß der SPD in seinem ersten Aufruf zur alten sozialdemokratischen Forderung nach »Sozialismus in Wirtschaft und Gesellschaft« bekannte und selbst die christdemokratischen Parteien im Westen und Osten einen christlichen Sozialismus propagierten. Während viele Kommunisten eher den sofortigen Übergang zur Diktatur des Proletariats als einen parlamentarisch-demokratischen Weg zum Sozialismus im Auge hatten, wünschten andere nach der Erfahrung, vor dem Nationalsozialismus versagt zu haben, die organisatorische Spaltung der Arbeiterbewegung zu überwinden und mit den Sozialdemokraten zusammen eine gemeinsame Partei zu gründen. Dieser Wunsch konnte sich immerhin auf die früheren Versuche kommunistischer Einheitsfrontpolitik berufen. Die kommunistischen Spitzenfunktionäre waren also mit Gegnern der antifaschistisch-demokratischen Selbstbescheidung konfrontiert. Sie stellten die innerparteiliche Disziplin mit Hilfe von Einschüchterung, Schulung und Propaganda, vor allem aber durch die rasche Erweiterung der Parteibasis her. Sie nahmen »aktive Antifaschisten« auf, die der Politik des ZK als Mitläufer willig folgten.[41]

Angelehnt an die Einheits- und Volksfrontstrategie schlug das ZK der KPD den Sozialdemokraten die Zusammenarbeit in einem gemeinsamen Arbeitsausschuß vor. Er sollte die Aufbauarbeit beider Arbeiterparteien koordinieren und die Voraussetzung einer späteren Einheitspartei schaffen. Auch wenn er die formale Selbständigkeit der SPD nicht tangierte, schränkte er ihren politischen Handlungsspielraum doch ein. Eine solche Einschränkungsabsicht lag auch dem Volksfrontbündnis im antifaschistisch-demokratischen Block zugrunde. Die Lizenzierung der beiden bürgerlichen Parteien durch die SMAD war mit ihrer Bereitschaft, dem Block beizutreten, eng verknüpft.[42] Wie die christdemokratischen Parteien in den Westzonen war die CDUD eine Neuschöpfung, mit der die politischen Protagonisten der christlichen Arbeiterbewegung und des Bürgertums – sofern letzteres nicht ausdrücklich eine liberale Partei zu gründen vorzog – die parteipolitische Spaltung der Konfessionen und Klassen überwinden wollten. Der christlich motivierte Sozialismus stand daher einer Zusammenarbeit nicht von vornherein entgegen.[43] Der Block, eingangs »Einheitsfront der antifaschistisch-demokratischen Parteien« genannt, kam im Juli 1945 zustande. Das Gründungskommuniqué gab der zur Zeit vorherrschenden Überzeugung Ausdruck, nur ein »grundlegender Umschwung im Leben und Denken« des Volkes könne »die Nation retten«; die Blockparteien sollten »die großen Aufgaben« mit »vereinter Kraft« lösen.[44]

Die Details einer gemeinsamen Politik blieben ebenso im unklaren wie der Zeithorizont der Zusammenarbeit im Block. So gewann die Geschäftsordnung entscheidende Bedeutung. Sie schloß Mehrheitsentscheidungen aus; Beschlüsse sollten einmütig zustandekommen. Das mag den Christdemokraten und Liberalen, so merkwürdig es klingt, die Vorstellung der Kooperation erleichtert haben: Zwar waren Beschlüsse gegen die KPD nicht durchzusetzen, aber das entsprach ohnehin der machtpolitischen Situation in der SBZ. Hingegen mochten die bürgerlichen Politiker hoffen, der Zwang zur Einstimmigkeit der Entscheidungen räume ihnen ein indirektes Vetorecht ein. So banden sich die Blockparteien, wie sie bald feststellen mußten, an eine »unkündbare Koalition, deren politische Richtlinien letztlich immer außerhalb des Blockes formuliert wurden«.[45]

Im Rahmen der bündnispolitischen Konzeption der KPD/SED erwies sich der Parteienblock als mehr als die bürgerlichen Politiker in ihm sahen; er war nicht bloß eine Problemlösungsinstanz in einer nationalen Notsituation.[46] Die Partei erwartete gerade in den ersten Jahren der sozioökonomischen Enteignung und Entmachtung, der Schein des Parteienkonsensus werde dem gemeinsamen Ausschuß und den antifaschistisch-demokratischen Maßnahmen eine Legitimität verleihen, die bis in die Westzonen wirken würde. Vor allem aber hatte der Block – wie eine jede Volksfrontorganisation in den mittelosteuropäischen Ländern – Kontroll-, Informations- und Transformationsfunktionen zu erfüllen, auch wenn diese Funktionalisierung nur in unvollkommener Weise gelang.[47] Ähnliche Zwecke erfüllte auch der Aufbau der Massenorganisationen. Im Gegensatz zu den politischen Parteien knüpften FDGB, FDJ oder DFD an spezifische Berufs-, Alters- oder Geschlechtsdifferenzierungen an. Wenn sie sukzessive unter die Ägide der SED gerieten, geschah dies nicht, wie man ironisch vermuten könnte, um unter den organisierten Interessengruppen Apathie zu verbreiten, sondern um sie in eine vorgegebene Richtung zu kanalisieren und zu dirigieren. Idealiter sollten sie, da – oder sofern – sie Informationen über die Lage an der Basis vermittelten, korrigierend auf die Politik der Partei einwirken können, eigenständige und konkurrierende Partikularinteressen mit dem »Allgemein«interesse verbinden. Doch nahmen sie eher mobilisierende und zugleich erzieherische Funktionen wahr und dienten darüber hinaus als Reservoir für die Erprobung des Kadernachwuchses. Die Führungsgremien standen durchwegs unter kommunistischem Einfluß. Beim Aufbau der neuen Gesellschaft, den die Partei zentral zu steuern sich anschickte, war das Kalkül, die Summe der Massenorganisationen eröffne den direkten Zugriff auf alle sozialen Gruppen, Schichten und Klassen, von eminenter Bedeutung.[48]

Mit der Besetzung hoher Positionen in den Länder-, Provinzial- und Zentralverwaltungen, der Einbindung des partei- und verbandspolitischen Pluralismus und der Enteignungs- und Entnazifizierungspolitik waren wichtige erste Hürden auf dem Weg zur Etablierung der Macht der KPD/SED genommen. Politisches Engagement oder zumindest Loyalität konnte die sich herausbildende neue Machtelite von denen, die nicht unmittelbar partizipierten, nur erwarten, wenn die politischen Maßnahmen nicht allzu offensichtlich vornehmlich der Sicherung der Macht der Partei dienten. Die Vereinigung von SPD und KPD – begrüßt von ihren Befürwortern, die sie als eine »Lehre aus der Geschichte« begreifen mochten – markierte für ihre Gegner eine »echte Zäsur«.[49] Sie hatte zu ihrer Zeit – zwischen Herbst 1945 und Frühjahr 1946 – keine Parallele in den mittel- und osteuropäischen Ländern. Das hob sie, je nach politischer Einschätzung, entweder als besondere antifaschistische Konsequenz oder aber als den Antifaschismus überschreitende Zwangsmaßnahme hervor.

Nicht obwohl, sondern gerade weil die KPD gesamtdeutsche Rücksichten zu nehmen hatte, so ist zu vermuten, erfolgte der Zusammenschluß der Arbeiterparteien in der SBZ so viel früher als in den anderen Ländern. Eine durch Aktionseinheit und Blockpolitik zwar gebundene SPD hatte nämlich noch immer die Chance, gegen die Pressionen der KPD und SMAD Rückhalt bei ihren Genossen in den Westzonen zu suchen. Und genau das geschah: Die SPD besann sich auf ihre Vergangenheit als zonenübergreifende »Reichs«partei. Je mehr die Sozialdemokraten bei der

Verteilung von Ressourcen und Verwaltungspositionen benachteiligt und die einfachen Mitglieder in der Tradition der Einheitsfront von unten unter Druck gesetzt wurden, desto mehr rückten die SPD-Spitze und Teile der Basis von ihrem ursprünglichen Ziel, eine gemeinsame Partei mit den Kommunisten zu gründen, ab. Grotewohl hielt an diesem Ziel im September 1945 auf einer Funktionärskonferenz der SPD formell zwar noch fest, schlug jedoch als ersten Schritt zur Bildung einer Einheitspartei den Zusammenschluß der SPD in allen besetzten Zonen vor und meldete mit dem bereits erwähnten Konzept der »Sammellinse« einen politischen Führungsanspruch an, der die KPD empfindlich treffen mußte. Unmittelbar nach dieser Rede startete die KPD ihre Kampagne für die Vereinigung.

Die Gründung der SED konnte einerseits attraktiv wirken: Eine mächtige Arbeiterpartei war entstanden, die sich in ihrem Gründungsprogramm dem Antifaschismus und zugleich einem demokratisch-parlamentarischen Weg zum Sozialismus verpflichtete. Andererseits warf die gewaltsame Methode der Parteivereinigung Schatten auf diese Verpflichtung, zumal die neue Partei aus der sozialistischen Zielperspektive und aus ihrer Interpretation der deutschen Geschichte einen Führungsanspruch für die Arbeiterklasse und deren politische Organisation – also für sich selbst – in allen politischen Fragen ableitete. Dieser Führungsanspruch war zwar vorerst noch überwiegend moralisch-weltanschaulichen Charakters und dem Schumachers, Grotewohls oder auch Jakob Kaisers insofern vergleichbar. Doch wurde er aus einer Machtposition heraus erhoben, die eine eigenständige SPD nun nicht mehr streitig machen konnte; und die bürgerlichen Parteien waren dazu schon deshalb nicht in der Lage, weil sie sich weder auf eine konsolidierte Basis noch auf etablierte Parteiorganisationen stützen konnten. Zudem gerieten auch sie zunehmend unter politischen, ideologischen und physischen Druck.

Die Konsolidierung der politischen Macht, die die Vereinigung der Arbeiterparteien anzeigte, flankierten die Anfänge der Wirtschaftsplanung. In diesem Kontext ist die Entwicklung der administrativen Institutionen interessant, die als Planungsinstanzen fungierten. Die SMAD erhielt den überkommenen Verwaltungsaufbau formaliter aufrecht, ergänzte ihn aber um Zentralverwaltungen und sorgte dafür, daß die Ausschüsse des Parteienblocks Einfluß auf alle Ebenen der Legislative und Exekutive nehmen konnten, von den Ländern und Provinzen bis hinunter zu den Gemeinden und Kreisen.[50] Eine unmittelbare Zentralisierung der Verwaltungs- und Legislativfunktionen setzte in Reaktion auf den Kalten Krieg und angesichts der Enteignungen ein, die nach einer Koordinierung der Planungstätigkeit verlangten. Die Deutsche Wirtschaftskommission, die »als zentrale regierungsgleiche Körperschaft an den demokratisch legitimierten Landtagen vorbei gebildet worden« war[51], koordinierte seit Mitte 1947 die Planung und Leitung der Zentralverwaltungen. Sie wurde ermächtigt, verbindliche Beschlüsse zu fassen und hatte bald die faktische (SMAD-kontrollierte) Regierungsgewalt inne. Sie beschleunigte den Prozeß der Zentralisierung, entzog die volkseigenen Betriebe der Länderkontrolle, vereinheitlichte den Aufbau der Landesregierungen und setzte so auch die Länderverfassungen de facto außer Kraft. Vor diesem Hintergrund setzten sodann die ersten Versuche mittelfristiger Wirtschaftsplanung ein.[52]

In diesem Kontext ist in Erinnerung zu rufen: 1947/48 waren die Jahre der Schaffung der Bizone, der Truman-Doktrin und des Marshall-Plans, des Scheiterns der alliierten Außenministerkonferenzen in Moskau und London, der Gründung des Kominform, des Bruchs mit Jugoslawien und von Shdanows Zwei-Lager-Theorie, derzufolge das Lager des friedliebenden Sozialismus jenem des kriegerischen Imperialismus unversöhnlich gegenüber stand. Die kommunistischen Parteien gaben in Westeuropa ihre Volksfrontpolitik auf, in Mittel- und Osteuropa erzwangen sie die Fusion mit den Sozialdemokraten oder Sozialisten und transformierten die vereinigten Arbeiterparteien in stalinistische Kaderparteien – die Parteien »neuen Typus«. Sie festigten ihre politische Hegemonie in den Parteienblöcken – sofern sie die bürgerlichen Parteien nicht zerschlugen – und in den Nationalen Fronten, in die sie jetzt auch die Massenorganisationen aufnahmen. Schließlich definierten sie die politisch verfaßten Gesellschaften, deren Übergang zum Sozialismus sowjetischen Typs sie anzuleiten beanspruchten, verbindlich und einheitlich als Volksdemokratien im Sinne der Diktatur des Proletariats.[53] Die zuvor propagierte Behauptung, es gebe auf nationale Besonderheiten zugeschnittene »besondere Wege zum Sozialismus«, galt nun als nationalistische Abweichung, als Ausdruck des Titoismus, des Opportunismus, Trotzkismus oder Faschismus.

Vor dem 2. Parteitag der SED (September 1947) begann ihr

theoretisches Organ, die Zeitschrift *Einheit*, der Wirtschaftsplanung ihr intensives Interesse zu widmen, und bis zum Ende des Jahres hatte die *Einheit* die Entwicklung der Sowjetunion nicht nur in Fragen der Planung, sondern auch der Demokratie und des Typus der Partei deutlich als vorbildhaft herausgestellt.[54] Für die Wirtschaftspolitik bedeutete die Orientierung am sowjetischen Modell, daß die SED das Planungs- und Leistungslohnsystem, die Wettbewerbs- und Aktivistenbewegung übernahm. Dies hatte nun keineswegs nur wirtschaftspolitisch zu nennende Folgen, im Gegenteil: ein weiterer und gravierender Schritt zur gesellschaftlichen Entdifferenzierung wurde vollzogen. Die SED zerschlug die Betriebsräte, die sich gegen ihre Instrumentalisierung zur Wehr setzten und deshalb des »Nurgewerkschaftertums« bezichtigt wurden, und band die Gewerkschaften in das Organisationsprinzip des demokratischen Zentralismus ein. Sie wurden der Partei unterstellt, auf die Erfüllung der Volkswirtschaftspläne hin funktionalisiert und mithin zu Organisatoren der politischen Ausschaltung der Basis, anders gesagt: ihrer Mobilisierung in den Wettbewerbskampagnen. Das Ende gewerkschaftlicher Eigenständigkeit überhöhte die SED mit einer ausgesprochen revolutionär-kämpferischen Rhetorik: Sie erklärte den »Klassenkampf in Betrieb und Dorf« zur »Tagesaufgabe«.[55]

Parteipolitisch führte die Anlehnung an die Sowjetunion zur Transformation der SED in eine »Partei neuen Typus«, in eine straff geführte demokratisch-zentralistisch organisierte Kaderpartei. Ihre Gründer hatten die SED als sozialistische Massenpartei bezeichnet und behauptet, die demokratische und sozialistische Partei habe den alten sozialdemokratischen »Opportunismus« und das »Sektierertum« der alten KPD gleichermaßen hinter sich gelassen.[56] Die innerparteiliche Schulungspraxis, der Kampagnencharakter der Parteiarbeit, die wachsende Bedeutung des Zentralsekretariats (vor 1949 gab es weder ein Zentralkomitee noch ein Politbüro) und das rasche Wachstum der Mitgliederzahlen verschoben jedoch das Gleichgewicht zwischen ehemaligen Sozialdemokraten und Kommunisten recht bald zugunsten einer Dominanz letzterer.[57] Der Charakter der Partei änderte sich aber erst einschneidend, als die KPdSU mitsamt dem stalinisierten Leninismus explizit zum Vorbild wurde. Die Bildung der Partei neuen Typs war seit Mitte 1948 von Säuberungen und Kampagnen begleitet, die sich gegen die Mitläufer der ersten Jahre, vor allem aber gegen frühere Sozialdemokraten richteten. Fortan standen das Idealbild des leninistischen Kaders und Berufsrevolutionärs und der diesem Bild entsprechende Realtypus gegen sozialdemokratischen Revisionismus, Opportunismus und Spontaneismus – und wie sonst die Diffamierung vermeintlicher oder wirklicher Gegner lautete.[58] Seit 1949 die Schauprozesse in Mittel- und Osteuropa begannen, dehnten die Führungskader der SED die Parteisäuberungen auf jene Kommunisten aus, die sich in der Weimarer Republik der Stalinisierung der Partei widersetzt hatten oder während des Nationalsozialismus ins westliche Ausland emigriert waren. Daß in diesen Jahren der Prozesse und Säuberungen auch in der DDR insbesondere Juden verfolgt wurden, mag man als besondere Anpassungsleistung der SED an den sowjetischen Antizionismus begreifen. Vor dem Hintergrund der unmittelbaren deutschen Vergangenheit machte gerade diese »Anpassung« mehr als jede andere die antifaschistische Legitimation der stalinistischen Praxis zum schieren Hohn.

Schließlich ließ der ökonomische und politische Umbruch, den die Transformation der SED in eine »marxistisch-leninistische Kampfpartei« und die Umstrukturierung des Gesellschafts- und Wirtschaftssystems bedeuteten, auch das Blocksystem nicht unverändert. Die Kooperation mit den bürgerlichen Parteien war schon seit langem nicht reibungslos verlaufen; nun forderte die SED, die »geeinte Arbeiterschaft« zum »entscheidenden Kraftzentrum« zu machen.[59] Die bürgerlichen Parteien büßten ihre ohnehin geringen Einflußchancen ein, als SMAD und SED zwei neue und willfährige Parteien – NDPD und DBD – schufen und gemeinsam mit dem FDGB in den Block integrierten.[60] Während die Motive der SED für die »Gleichschaltung« der Blockparteien auf der Hand lagen, war weniger offensichtlich, warum CDUD und LDPD sich fügten. Die internationale Situation dürfte von großer Bedeutung gewesen sein. Insbesondere die Berlin-Blockade zeigte an, daß die SMAD wenig geneigt war, aus gesamtdeutschen Erwägungen auf Beschwerden bürgerlicher Politiker einzugehen. Deren Verbindungen zu den westdeutschen Parteien rissen überdies zwischen Frühjahr und September 1948 ab, so daß die Liberalen und Christdemokraten in der SBZ gänzlich auf sich gestellt erheblichen Repressionen ausgesetzt waren.[61]

Der Parteienblock wurde aber nicht nur homogenisiert, er unterlag insgesamt einem Bedeutungsverlust. Hier ist zum einen die

Volkskongreßbewegung zu nennen, auf die noch zurückzukommen ist. Zum anderen waren die wichtigsten Entscheidungen des Jahres 1948 – der Ausbau der Rechte der Deutschen Wirtschaftskommission, der Übergang zur mittelfristigen Wirtschaftsplanung und selbstverständlich die Umwandlung der SED in eine Partei neuen Typs – am Block vorbei gefällt worden. Die Blockpolitik der SED war mithin insofern für ihre Zwecke erfolgreich, als es gelungen war, in der allgemeinen Atmosphäre ökonomischer und politischer Umstrukturierung, Mobilisierung, Einschüchterung und Verfolgung ein Mehrparteiensystem – auf das die SED aus legitimatorischen Gründen nicht verzichten zu können glaubte: schließlich brauchte sie es für ihren »friedlichen-parlamentarischen« Weg – aufrechtzuerhalten und es zugleich politisch zu neutralisieren.

In der Folge der 1. Parteikonferenz (im Januar 1949) entstand der Parteistaat. Die SED koppelte den Staatsapparat an den Parteiapparat an und verlagerte so den »Kernbereich des politischen Systems« in die Führungsgremien der Partei.[62] Sie orientierte sich auch dabei am sowjetischen Modell. Nach der Gründung der DDR zentralisierte die SED die staatlichen und ökonomischen Bürokratien weiter und beschloß mit dem ersten Fünfjahrplan den Übergang zur langfristigen Wirtschaftsplanung.[63] Der Weg von der Zentralisierung der Staatsgewalt über ihre Funktionalisierung für die Wirtschaftsplanung und ihre Anbindung an den Parteiapparat bis hin zur Gründung der DDR, so wäre zu resümieren, markierte die Schritte von den vielfältigen Prozessen des Machterwerbs hin zur Sicherung und Konsolidierung der Macht.

Sie wurden begleitet von der politischen Justiz und dem Aufbau der Staatssicherheit. Beide sicherten und konsolidierten nicht nur die Macht des Parteistaats, sie halfen auch, sie zu erwerben: ohne diese Repressionsapparate keine Verfolgungen, keine Säuberungen, keine Vorbereitungen von Schauprozessen. Die Funktionalisierung der Polizei, des Rechts- und Justizsystems für die Zwecke der Transformationspolitik vollzog sich unter der Ägide der SMAD, der Zentralverwaltungen des Innern und der Justiz und unter dem Schutzschild der Entnazifizierung. Die Zentralverwaltungen unterhöhlten das föderative Prinzip, und ihre Funktionen richteten sich recht bald darauf, das Volkseigentum und die neuentstehende Herrschaftsordnung insgesamt zu sichern. Die essentielle Verflechtung der ökonomischen und politischen Ordnung vermag zu erklären, warum wirtschaftsrechtliche Vorschriften den Charakter von »strafrechtlichen Staatsschutznormen« annahmen; schon im Dezember 1945 regelte ein SMAD-Befehl die »Verantwortung für Sabotage und Störversuche«.[64]

Die SMAD-Kommandanturen übten in »erheblichem Maß« Regierungsgewalt aus, überließen aber den deutschen Zentralverwaltungen sukzessive größere Kompetenzen.[65] Die politisch-judizielle Willkür richtete sich mit dem Ende der Entnazifizierung, den Anfängen der Wirtschaftsplanung und der Sowjetisierung der SED zunehmend gegen politisch vermeintlich oder tatsächlich oppositionelles Verhalten; die Strafen waren drakonisch. Im Anschluß an die Staatsgründung setzte sich die politische Funktionalisierung der Justiz mit der Einrichtung des Obersten Gerichts, der Obersten Staatsanwaltschaft, des Ministeriums für Staatssicherheit und schließlich mit der Auflösung der Länder fort.[66] Als juristische Grundlage der politischen Justiz dienten Verfassungsartikel gegen »Boykotthetze« und Strafrechtsergänzungen zum »Schutze des Friedens und des Volkseigentums«.[67]

Auch der Aufbau der Staatssicherheit hing anfänglich mit der Beschleunigung der Entnazifizierung zusammen; die Militärregierung übertrug im Sommer 1947 der Volkspolizei Ermittlungs- und Untersuchungskompetenzen. Bei allen Polizeidienststellen wurde das politische Kommissariat K5 gebildet, dessen Tätigkeitsfeld sich bald über das ursprüngliche Aufgabengebiet auf die Überwachung und Bekämpfung der »Gegner des antifaschistisch-demokratischen Aufbaus« ausdehnte. Im Zuge des Übergangs zur Wirtschaftsplanung, der Auflösung der Betriebsräte und der Umwandlung der Gewerkschaften in demokratisch-zentralistische Organisationen entstand 1948 bei der Deutschen Wirtschaftskommission ein Parallelapparat zum K5: der »Ausschuß zum Schutz des Volkseigentums«. Er wurde nach Gründung der DDR in die Hauptverwaltung »Schutz der Volkswirtschaft« des Ministeriums des Innern eingegliedert. Wenig später faßte dann das Ministerium für Staatssicherheit die bestehenden Organisationen und Funktionen zusammen. Ihm oblag politischer Setzung zufolge, denn gesetzliche Regelungen gab es nicht, der Kampf gegen »feindliche Agenten«, »Diversanten«, »Saboteure« und »Spione«. Seine Zuständigkeit betraf nicht allein die wirtschaftliche, sondern die »demokratische Entwicklung« im allgemeinen.[68] Das Ministerium baute in den folgenden Jahren sein Informationsnetz, Spitzel- und Kontrollsystem ebenso aus wie die Apparate für die Ermittlung und Untersuchung der sogenannten politischen Verbrechen. Als Herrschaftsinstrument der Partei war die Stasi an Aufträge gebunden, deren vornehmster darin bestand, die führende Rolle der Partei durchsetzen und sichern zu helfen.[69]

Daß die SED erst drei Jahre nach der Staatsgründung – auf ihrer 2. Parteikonferenz (im Juli 1952) – den »Aufbau des Sozialismus« zur »grundlegenden Aufgabe« erklärte, ist nur vor dem Hintergrund der komplizierten nationalen Situation und der sowjetischen Deutschlandpolitik zu verstehen. Als sich die internationale Situation so verhärtet hatte, daß ein Konsens der Alliierten für absehbare Zeit unwahrscheinlich wurde, legte die Sowjetunion der SED nahe, das Ziel, ein einheitliches »antifaschistisch-demokratisches« Deutschland zu schaffen, »von innen her« anzugehen.[70] Seitdem intensivierte die SED ihre Bemühungen um die Lösung der nationalen Frage: Die Zeit der Bewegung des »Volkskongresses für Einheit und gerechten Frieden« begann. In den Auseinandersetzungen darüber, was wohl wahre Einheit und Gerechtigkeit sei, verschärfte sich der Kampf um die sozioökonomische und politische Struktur in den Zonen – dies um so mehr, als die SED zeitgleich mit ihren rhetorisch gesamtdeutschen Kampagnen die Transformationspolitik in der SBZ beschleunigte. Die Vermutung liegt nahe, daß die zum Teil krude nationalistischen Töne, die die SED anschlug, von der Stalinisierung ihrer Innenpolitik ablenken sollten.

Betrachtet man die Transformationspolitik – die Strategien des Erwerbs und der Sicherung der Macht, die zur Entmachtung der alten Eliten und zur Entdifferenzierung der Gesellschaft führten – und die Deutschlandpolitik als Strategien der Lösung der sozialen und der nationalen Frage, dann leistete die erstgenannte keinen erkennbaren Beitrag zur Lösung der letzteren. Weniger die Politik der Umwälzung als vielmehr die ihr angemessene Benennung wurde hinausgezögert, und diese terminologische Differenz – bekräftigt durch zahlreiche Hinweise auf deutsche Besonderheiten der Kultur, Geschichte und zeithistorischen Konstellation – diente als Grundlage nationaler Kampagnen für die Erhaltung der Einheit Deutschlands. Die nationalen Pamphlete, las man sie genau, machten indes deutlich, daß aus der Sicht der SED die Chance für die Einheit der Nation nur in einer »antifaschistisch-demokratischen« Entwicklung ganz Deutschlands liegen könne.

Wie stark Propaganda und Agitation der Partei sich auf die Wahrung der deutschen Einheit kaprizierten, wie emphatisch sie auch »nationale Interessen« beschworen, so war doch klar, daß die SED nationale mit sozialen Interessen – so wie sie sie definierte – gleichsetzte. Wie die meisten Politiker der Westzonen bezeichneten auch die Protagonisten der SED ihre Lösung der sozialen Frage als Modell für alle Zonen.

Doch der Umstand, daß die SED ihre nationale Politik in der Form von Volksausschüssen, Kampagnen und Plebisziten führte, verdient besondere Aufmerksamkeit. Dies um so mehr, als die Entscheidungen ohne »die Massen« in den Führungsgremien der Volkskongreßbewegung und der Nationalen Front fielen. Die Strategie der Massenmobilisierung, die die Partei bereits im ökonomischen Wettbewerb erprobte und durch den parteipolitischen wie auch innerparteilichen Kampf gegen ideologische Feinde ergänzte, konnte – wie überhaupt dieses fortwährende Kämpfen und Wachsamsein, nun auch an der nationalen Front – kaum anders als machtstabilisierend wirken: Die Aktivisten und Adressaten der Kampagnen waren beschäftigt und unter Kontrolle.

In vermeintlich großer Sorge um die gefährdete nationale Einheit – ausgehend von der Stuttgarter Rede des amerikanischen Außenministers Byrnes[71] –, aber auch, weil nach den Landtagswahlen Länderverfassungen verabschiedet werden mußten, stellte die SED Ende 1946 einen Entwurf zu den »Grundrechten des deutschen Volkes« und einen Verfassungsentwurf für ganz Deutschland zur öffentlichen Diskussion. Im Frühjahr 1947 – zur Zeit der Moskauer Außenministerkonferenz – regte sie einen Volksentscheid in allen Zonen über die Einrichtung deutscher Zentralverwaltungen und letztlich eines Zentralstaats an. Als die Londoner Außenministerkonferenz Ende November 1947 zusammentrat, rief die SED zu einem »Volkskongreß für Einheit und gerechten Frieden« auf. Ihre Vorschläge entstammten, was die organisatorische Seite betrifft, der Vorstellungswelt der Einheits- und Volksfront: Sie rief alle »nationalen« und »antifaschistisch-demokratischen« Kräfte zum gemeinsamen Handeln auf, sprach aber der Aktionseinheit der Arbeiterklasse die Federführung zu.[72]

Die Teilnehmer des 1. Deutschen Volkskongresses, die aus der SBZ kamen, wurden von Betriebs- und anderen öffentlichen Versammlungen der Parteien und Massenorganisationen delegiert; die

Mitglieder aus den Westzonen, ein gutes Viertel aller Teilnehmer, hatten nicht einmal ein derartiges scheindemokratisches Mandat. Der Kongreß wählte eine Abordnung für die Londoner Konferenz, die aber dort nicht zugelassen wurde, und erhob Forderungen, die den bürgerlichen Parteien taktisch weit entgegenkamen.[73] Die Volkskongreßbewegung, in den Westzonen verboten, gab neben einer Wochenzeitung, »Deutschlands Stimme«, zahllose Flugschriften und Broschüren heraus, und sie gründete Volksausschüsse bis auf die Orts- und Betriebsebene hinab. Der 2. Deutsche Volkskongreß trat im März 1948 zusammen, um – wie es offiziell hieß – die »Lehren aus der Märzrevolution« zu ziehen. Damit bewegte er sich ganz im Rahmen der antifaschistisch-demokratischen Mobilisierung für eine »unteilbare deutsche demokratische Republik«.[74] Da er in den Westzonen jenseits der KPD wenige Anhänger fand, erwies es sich für die weitere Entwicklung als weitaus bedeutsamer, daß der Kongreß einen 400köpfigen Deutschen Volksrat wählte. Dieses Gremium wiederum bildete Ausschüsse, unter anderem für die Verfassungs- und Wirtschaftsordnung des künftigen Deutschland. Aufgrund seiner Verankerung in den gleichgeschalteten Landesparlamenten, Parteien und Massenorganisationen behauptete der Deutsche Volksrat, »Träger der deutschen Volkssouveränität«, die »einzige zur Zeit bestehende gesamtdeutsche Repräsentation« zu sein.[75]

In den Westzonen arbeitete der Parlamentarische Rat am Entwurf des Grundgesetzes, als der Deutsche Volksrat Anfang August 1948 Richtlinien für die Verfassung einer (gesamt)deutschen Republik billigte und Ende Oktober einen Verfassungsentwurf annahm und zur öffentlichen Diskussion stellte.[76] Die innenpolitische Situation in der SBZ veränderte sich inzwischen zugunsten des allüberwiegenden Klassenkampfes; insbesondere wurde der »besondere deutsche Weg zum Sozialismus« revoziert. Unverdrossen, wenn auch nicht unbedingt überzeugend, forderte ein »Friedensmanifest« des Volksrates dennoch die Bildung einer provisorischen gesamtdeutschen Regierung aus Vertretern aller demokratischen Parteien und Massenorganisationen. Schließlich überwies er im März 1949 seinen Verfassungsentwurf, nachdem er in den »Volksausschüssen«, den Grundorganisationen der Partei und der Massenorganisationen formell zur Diskussion gestellt worden war, an den 3. Deutschen Volkskongreß. Für dessen Wahlen im Mai 1949 stellten die Ausschüsse des Volkes die erste

Einheitsliste in der Geschichte der SBZ/DDR auf; Parteien und Massenorganisationen kandidierten gemeinsam nach zuvor festgelegtem Schlüssel. Dieser Volkskongreß verabschiedete den Verfassungsentwurf; wenige Tage nach der Annahme des Grundgesetzes wählte der Kongreß einen zweiten Deutschen Volksrat, der den Entwurf in Kraft setzte und sich am 7. Oktober – nach den Wahlen zum ersten Deutschen Bundestag – zur Provisorischen Volkskammer der DDR ernannte.[77]

Die Volkskongreßbewegung, selbst initiiert und kontrolliert von der SED, trug zu deren Machtsicherung wiederum bei, indem sie mit dem Deutschen Volksrat jene zentrale Institution inszenierte, die – in Ergänzung zur Deutschen Wirtschaftskommission – zur Gründung der DDR überleitete. Die Wirtschaftskommission fungierte als zentralisierte Exekutive, der Volksrat spielte den Part der Legislative. Aus einer vermeintlich demokratischen Bewegung hervorgegangen, agierte er gleichsam als arbeitender und verfassungsvorbereitender Ausschuß zugleich. In Einklang mit dem zur Konstituante stilisierten Volkskongreß setzte er schließlich – sozusagen als provisorisches Parlament – die Verfassung in Kraft. Die demokratische Fiktion war komplett.

War die Volkskongreßbewegung populär, dann deshalb, weil sie mit einem Friedensvertrag und der nationalen Einheit zugleich den Abzug der Besatzungstruppen forderte und zumindest indirekt das Ende von Demontagen und Reparationen in Aussicht stellte.[78] Die Ausschüsse der Volkskongreßbewegung führten daher das Volksbegehren des Frühjahrs 1948 vielleicht nicht nur widerwillig durch. Zugleich mobilisierten sie in dem Wahlkampf zum 3. Volkskongreß für eine »neue Zeit«, in der Transparente von den Fassaden der Mietshäuser verkündeten, die Hausgemeinschaft stehe geschlossen hinter politischen Repräsentanten, zu denen es schon wieder keine Alternative gab. Die Volksausschüsse warben für den ökonomischen Aufbau – sei es für die Erfüllung des Wirtschaftsplans und die Unterstützung der Aktivistenbewegung, sei es für die Beteiligung an Schrottsammelaktionen, Feldbestellungen oder Obstbaumpflanzungen. Landesfunktionärsschulen wurden gebildet, um die Mitarbeiter der Volkskongreßbewegung ideologisch zu schulen.[79] Der Mobilisierungsanspruch der Bewegung mag ihrer Wirksamkeit weit vorausgeeilt sein, doch legte sie die Basis für die »Nationale Front des demokratischen Deutschland«, die nach der Gründung der DDR die Kampagnen für die nationale Einheit und gegen die »imperialistischen Verräter der deutschen Nation« intensivierte und die Massen für den sozialistischen Aufbau einzuspannen suchte.[80] Die Nationale Front hatte neben dem nationalen Kampf ihre wichtigste Funktion jedoch als die Massenorganisation, die künftig die Wahlprogramme formulierte, die Listen und Kandidaten aufstellte und das Wahlvolk: alle politischen und sozialen Kräfte des »werktätigen Volkes«, zusammenfaßte. Sie war in mehrfacher Hinsicht eine – im real-sozialistischen Sinne – »demokratische« Institution: sie mobilisierte für Wahlen und andere Aktivitäten in Kommune und Wohnbezirk.

Die Konsolidierung der Macht der Partei war abgeschlossen. Die soziale und politische Umwälzung der »antifaschistisch-demokratischen« Phase hatte das bürgerliche Eigentum zwar noch nicht gänzlich beseitigt, aber seine ökonomische Funktion im Zuge der zentralen Wirtschaftsplanung empfindlich beschnitten und seine sozialen Träger wirtschafts- und steuerrechtlich marginalisiert, wenn nicht kriminalisiert. Die politischen Parteien des Bürgertums waren in die Politik des antifaschistisch-demokratischen Blocks, sodann der Nationalen Front eingebunden, so wie dem politischen Pluralismus insgesamt in der mono-organisatorischen Struktur der Parteien und Verbände ein Ende bereitet worden war. Massenorganisationen umfaßten ihre jeweils spezifische Klientel, ohne dieser noch selbständige Interessenartikulation zuzugestehen. Das Rechtssystem war für politische Zwecke funktionalisiert, die politische Justiz terrorisierte potentiell alle – auch die Mitglieder der Partei, die berechtigt oder unberechtigt der Opposition verdächtigt wurden. Denn die Subalternität der Kader stellte sich, von den Mitläufern abgesehen, nicht von alleine ein: Neben den Institutionen der Partei »neuen Typus« bedurfte es des massiven Zwangs, um Selbständigkeit und Selbstbewußtsein – gerade der Altkommunisten und Sozialdemokraten aus dem antinazistischen Widerstand – zu brechen. Daher setzten sich Säuberungsaktionen und politische Verfolgung bis in die fünfziger Jahre – selbst noch über den Tod Stalins hinaus – fort; zugleich intensivierte die SED im Anschluß an die 2. Parteikonferenz ihren Kampf gegen mittelständische Eigentums- und Lebensformen und versuchte die Arbeiter auf dem Wege von Normerhöhungen und Wettbewerbskampagnen in den »planmäßigen« sozialistischen Aufbau hineinzuzwingen. Der Aufstand des 17. Juni machte die Grenzen machtpolitisch abgesicherter Machbarkeitsvorstellungen deutlich; anders gesagt: er demonstrierte die Dysfunktionalität der entdifferenzierten Gesellschaft, wie auch deren Gegenwehr.

Und dennoch: jenseits der Wirkung unmittelbarer Gewaltanwendung und -androhung zeigten sich auch Momente der Stabilität. Frauen und Arbeiter sahen sich mit Aufgaben konfrontiert, die ihnen zu »normalen« Zeiten fern gewesen wären. Die Nachkriegsgesellschaft war eine Frauengesellschaft, die ihre Mehrfachbelastung ge- und ertragen hat.[81] Zugleich war die Phase der Transformation, weil sie die alten ökonomischen, politischen und sozialen Eliten entmachtete, eine Phase ungewöhnlicher Mobilität und Aufstiegschancen. Arbeiter rückten aufgrund der Politik der Partei und der Abwanderung bürgerlicher und kleinbürgerlicher Schichten in Positionen auf, die sie häufig überforderten. Doch fühlten sie »sich dem System verbunden, das (ihnen) Leistungs-, Verantwortungs- und auch Machterfahrungen bot, die ihren Vätern verweigert worden waren«. Niethammer nennt sie eine »Generation politischer Adoptivsöhne«, weil sie politische Perspektiven übernahmen, sich mit ihrer politischen Enteignung abfanden und »Entschiedenheit an die Stelle von Entscheidung« setzten.[82]

## 3. Nationalisierung antifaschistischer Legitimationsfiguren

Die SED hatte das »äußere Gehäuse einer Revolution« geschaffen: »Neue Institutionen, neue Personen und Gruppen ersetzten die alten.« Damit sie eine Gesellschaft hervorbrächten, die der SED-Spitze vorschwebte, bedurften die sozialen Träger des Gehäuses der »umfassenden methodischen Umerziehung«.[83] Das war kein einfaches Unterfangen. Wie Zeitzeugen beobachtet haben, empfanden nur wenige Deutsche das Ende des Dritten Reiches als Befreiung. Für die meisten war es – zumal in der Form der bedingungslosen Kapitulation und militärischen Besetzung – Niederlage, Katastrophe und Demütigung. Der emphatische Nationalismus, sofern er nicht schon in den letzten Kriegsjahren einer Ernüchterung gewichen war, fiel einer nachhaltigen Verdrängung anheim. Die Sieger, die erbitterten Widerstand erwartet hatten, standen zu ihrem Erstaunen in einem Land, in dem kaum jemand zugab, Nazi gewesen zu sein. Der Verleugnung kam das Ausmaß der Kriegszerstörungen, der Not und des Elends entgegen. Der

Blick richtete sich weniger zurück oder nach vorn, sondern eher auf die unmittelbaren Notwendigkeiten des Alltags.

Doch der Minderheit politisch Interessierter schien eine antifaschistische oder sozialistische Programmatik für den Neuaufbau selbstverständlich zu sein; nur mußte die Führungsgruppe der KPD/SED ihre Variante des Antifaschismus plausibel machen, um den Glauben in die Legitimität der Parteiherrschaft zu erzeugen oder zu festigen. Im Zuge des Machterwerbs und der Machtsicherung ergab sich eine paradoxe Konstellation: Antifaschistische Stimmungslagen waren verbreitet, doch je mehr die Partei gegen ihre früheren Versprechen verstieß, desto stärker suchte sie sich auf nationalistische Emotionen zu stützen, die sie trotz größter Anstrengungen nicht mobilisieren konnte.

### *3.1 Legitimation aus der Geschichte*

Die antifaschistische Programmatik, die sich demokratisch und parlamentarisch nannte, bedurfte – als Programm einer kommunistischen Partei – einer plausiblen Begründung, sollte sie geeignet sein, Bündnispartner zu finden. Ihre eigene Glaubwürdigkeit meinte die KPD, oder besser: die Gruppe der aus dem sowjetischen Exil zurückgekehrten Emigranten, mit ihrer jüngsten Geschichte beweisen zu können. Sie sei, so behauptete sie, »die Partei des entschiedenen Kampfes gegen Militarismus, Imperialismus und imperialistischen Krieg«, und von diesem Weg sei sie »nie abgewichen«.[84] Auch wenn die Führungsgruppe einräumte, daß selbst die KPD Nazismus und Krieg nicht hatte verhindern können, lag dies nach ihrer Auffassung daran, daß die Einheit der Arbeiterbewegung nicht hergestellt worden war.

Dieses Faktum umschrieb sie allerdings wenig selbstkritisch.[85] Die Partei unterschlug ihren früheren ultralinken Kurs, in dessen Folge sie – bis 1935 – die bürgerliche Herrschaft von der faschistischen Diktatur nur graduell unterschieden, den Sieg des Nationalsozialismus als bloße Schwäche des Imperialismus interpretiert und die Sozialdemokratie als »sozialfaschistische« Partei denunziert hatte. Die KPD erwähnte weder den Hitler-Stalin-Pakt, noch daß sie in der Zeit dieses deutsch-sowjetischen Einverständnisses die Sozialdemokratie erneut auf das schärfste attackiert hatte, daß ihr politisches Kategoriensystem damals den Antifaschismus überhaupt zugunsten eines allgemeinen Antiimperialismus – gerichtet vor allem gegen England und Frankreich – aufgegeben hatte.[86] Erst recht verschwieg sie die Erfahrungen in der sowjetischen Emigration und die Opfer der stalinistischen Verfolgungen. Sollte man sie an ihrer eigenen Geschichte messen, konnte die KPD ihre antifaschistische Legitimation allenfalls auf den Umstand stützen, daß sie nach dem Kursumschwung der Komintern auf ihrer Brüsseler Konferenz (1935) für die Bildung einer Volksfront der Arbeiter, Bauern, des Mittelstands und der Intelligenz und für den Kampf um demokratische und ökonomische Freiheiten eingetreten war.[87] Angesichts des drohenden Krieges hatte sie auf ihrer Berner Konferenz (1939) den »Kampf um die Rettung der deutschen Nation« proklamiert und für eine »neue demokratische Republik« geworben. In der sollte »im Gegensatz zu Weimar nicht die Großbourgeoisie, gedeckt durch eine Koalition mit einer Arbeiterpartei« – die Diffamierung der SPD hielt also an – »ihre wirtschaftlichen Anschläge gegen das Volk richten« können, sondern die »einige Arbeiterklasse«, in der Volksfront vereint mit den Bauern, dem Mittelstand und der Intelligenz, das »Schicksal des Landes bestimmen«. Die Republik würde die individuellen und bürgerlichen Freiheitsrechte ebenso sichern wie das mittelständische Eigentum, eine Bodenreform durchführen, den Staatsapparat demokratisieren und »in jeder Hinsicht« die »Lebensrechte des deutschen Volkes« gewährleisten.[88] Wenn sich auf den beiden Konferenzen der dreißiger Jahre also ideologische Vorläufer für die spätere Propagierung der antifaschistisch-demokratischen Republik fanden, so ist doch nicht zu übersehen, daß 1935 die Volksfront als sehr kurze Periode gedacht war und daß die Idee der proletarischen Einheitsfront unter der klaren Perspektive stand, sich nach dem Sturz der faschistischen Diktatur in eine revolutionäre Massenpartei zu transformieren und für die »Aufrichtung der Diktatur des Proletariats in der Form der Sowjets« zu kämpfen. Diese revolutionäre Perspektive lag auch noch 1939 der Einheits- und Volksfrontstrategie letztlich – als Fernziel – zugrunde: Vom Boden der demokratischen Republik aus sollte die revolutionäre Partei den Sozialismus erkämpfen.[89]

Als die KPD nach der Phase des Hitler-Stalin-Paktes zu ihrem antifaschistischen Kurs zurückfand, erreichte dieser – gewiß auch angeregt durch den Sowjetpatriotismus – einen ersten Höhepunkt des Werbens um nationalistische Kreise. Ihm korrespondierte freilich ein Tiefpunkt der Kritik am deutschen Militarismus und bürokratisierten Staat. Für die Zeit nach Hitlers Sturz, den doch noch zu erreichen die KPD mit ihrem neuerlichen Kurswechsel zu hoffen schien, avisierte sie die »Selbstregierung des deutschen Volkes« im Sinne einer »wahrhaft nationalen Friedensregierung« und einer »echten, wahren Volksgemeinschaft«.[90] Ein Friedensmanifest ergänzte die unverändert mittelstandsorientierten Grundzüge der nun wieder propagierten »demokratischen Republik« um die Forderung nach der »Wiederherstellung der alten Rechtsansprüche der Beamten«; es nahm zugleich alle Angriffe auf den Militarismus zurück.[91] Die KPD umwarb ja mit der Gründung des Nationalkomitees Freies Deutschland und des Bunds deutscher Offiziere die kriegsgefangenen Offiziere und Soldaten; und sie appellierte an die Spitzen der Wehrmacht, um den Sturz Hitlers und die Rückführung der deutschen Truppen an die Reichsgrenzen zu erreichen. Zumindest galt es aus ihrer Sicht, für die Zeit der Besetzung Deutschlands einen zuverlässigen Kern von Antifaschisten heranzuziehen und einen »Block der kämpferischen Demokratie« vorzubereiten. Ihm dachte die Partei die Funktion zu, eine breite nationale Erneuerungsbewegung organisatorisch zusammenzufassen. Das Programm für einen solchen Block verzichtete auf eine sozialistische Perspektive und beschränkte sich auf die Konturen einer postnazistischen Gesellschaft, die – dem früheren Konzept der »demokratischen Republik« ähnlich – die Vormachtstellung großkapitalistischer und -agrarischer, militärischer und bürokratischer Kreise zerschlagen, aber das mittelständische Eigentum ebenso garantieren sollte wie eine Bodenreform, ökonomische und politische Rechte und Freiheiten.[92]

Die KPD konnte also mit einem gewissen Recht darauf verweisen, daß sie nach der nationalsozialistischen Machtergreifung ihren revolutionären Kurs aufgegeben oder gemildert hatte und zu einer Volksfrontpolitik übergegangen war, deren Zielperspektive allmählich die Konturen einer demokratischen Republik angenommen und sich zunehmend nationalen Kreisen geöffnet hatte. Diese Politik war jedoch, ebenso wie ihre Fortführung nach dem Krieg, kaum als eigenständig zu begreifen. Obwohl es so scheinen mochte, waren die Vorstellungen einer demokratischen Republik oder einer antifaschistisch-demokratischen Ordnung in keiner spezifischen Weise auf die Lage in Deutschland zugeschnitten. Sie prägten auch die Programmatik der kommunistischen Parteien West- und Osteuropas; auch dort war ein unmittelbarer Übergang zum Sozialismus Anathema. Die revolutionäre Selbstbeschränkung folgte – wie alle Politik der KPD seit ihrer Bolschewisierung in den zwanziger Jahren – den Imperativen der sowjetischen Politik. Dies hieß nach dem Krieg: die Chancen einer fortgesetzten Kooperation mit den westlichen Alliierten durch einen revolutionär-sozialistischen Kurs nicht zu beeinträchtigen.

Das alles mag vielen Adressaten der kommunistischen Bündnispolitik nicht bekannt gewesen sein. Sie konnten wohl nur schwer überprüfen, ob die geschönte Selbstdarstellung der Partei tatsächlich zutraf. Das Informationsniveau über die kommunistische Politik seit 1933 war vermutlich nicht hoch. Dies mochte der Partei nach 1945 zum Vor- und zum Nachteil gereichen. Der Zweifel an ihrem demokratischen Wandel mußte aber gerade bei der Sozialdemokratie tief sitzen. Die SPD-Parteispitze hatte schon die Einheitsfrontangebote – der kommunistischen Politik gegen die »Sozialfaschisten« in der Weimarer Republik eingedenk und um ihre Praktiken wissend – nie akzeptiert und die Erfahrungen der Moskauer Schauprozesse sowie der kommunistischen Rechtfertigung des Hitler-Stalin-Paktes hatten diese Haltung bestätigt. Sie konnte Bedenken gegen ein Zusammengehen mit der KPD nur dann zurückdrängen, wenn der Impuls, alle politischen Kräfte für die Überwindung der nationalsozialistischen Katastrophe zu einen, stärker war als eben diese Erfahrungen. Deren Auswirkungen waren am ehesten für jene, die in Deutschland geblieben waren, von der Gemeinsamkeit der Verfolgung während der Nazizeit zu einem gewissen Grade überlagert, wie insgesamt die Bereitschaft in der Linken groß gewesen zu sein scheint, die Spaltung der Arbeiterbewegung durch einen organisatorischen Neuanfang zu überwinden. Wenn diese Bereitschaft auch keineswegs Einmütigkeit in gesellschaftspolitischen Fragen präjudizierte, mochte doch die Selbstdarstellung der KPD die Meinung fördern, eine gemeinsame Politik sei möglich. Vor allem waren die Zwänge der besatzungspolitischen Rahmenbedingungen in der SBZ eher so, daß man auf Kooperationschancen setzte, bis sich ihr Gegenteil erwies. Es war ja kein Zufall, daß die Vorstellung, Deutschland könne zur Brücke zwischen Ost und West werden, gerade unter Politikern der SBZ eine weitere Verbreitung fand als in den Westzonen.

Ein lediglich gegen imperialistisch-militaristische Spitzen gerichteter Antifaschismus, der zugunsten eines breiten sozialen und politischen Bündnisses zu einer revolutionären sozialistischen Zielsetzung vorerst Distanz hielt, konnte sich einer kommunistischen Parteibasis gegenüber, die weitergehen wollte, aber wohl kaum durch den Hinweis auf die – zumal kurze und erfolglose – Tradition der Volksfront rechtfertigen. Die Sozialfaschismusthese, Inkarnation des Vorwurfs, die Sozialdemokratie sei schon immer das entscheidende Hemmnis für die sozialistische Revolution gewesen, dürfte gerade auch in der KPD nicht einfach in Vergessenheit geraten sein. Sofern es nach dem Krieg noch keine unhinterfragte Selbstverständlichkeit geworden war, sich erneut der Parteidisziplin unterzuordnen, stärkte das verbreitete Schuldgefühl, vor dem Nazismus versagt und ihn nicht von innen gestürzt, schließlich selbst den Überfall auf die Sowjetunion – den Garanten des sozialistischen Ziels für einen jeden orthodoxen Linken – nicht verhindert zu haben, die Bereitschaft, der mit den sowjetischen Befreiern zurückkehrenden Parteispitze Folge zu leisten. Andererseits aber hatten der Widerstand, die Verfolgung, die Konzentrationslager oder auch nur die Mühen der Organisation des Alltags unter und unmittelbar nach dem Nationalsozialismus den Kommunisten, die den Kurs des Zentralkomitees ablehnten, auch das Selbstbewußtsein verliehen, sich einer bürokratischen Hierarchie nicht umstandslos ein- oder unterzuordnen. Insofern war es nicht erstaunlich, daß die antifaschistisch-demokratische Orientierung in der Partei auf Kritik von links und von rechts stieß und das Führungsgremium erst die eigenen Reihen disziplinieren mußte, wenn es schon nicht überzeugen konnte.[93]

Die KPD suchte aber nicht nur die Kontinuität einer antifaschistischen Position unter Beweis zu stellen, sondern ihre Aufbauvorstellungen aus dem Verlauf der deutschen Geschichte insgesamt zu rechtfertigen. Sie hatte im sowjetischen Exil Grundlinien der Argumentation entworfen, mit deren Hilfe sie unter den Bedingungen der Besatzung die deutsche Bevölkerung für eine antifaschistische Politik gewinnen wollte. Hier nahm die Aufklärung über das »Wesen« von Imperialismus und Faschismus, über Rassentheorien und die »Grundfehler von 1918« – eine Paraphrase der »neuen demokratischen Republik« – einen prominenten Platz ein. So forderte die Partei, die »Fehler von 1918« zu vermeiden und eine »bürgerlich-demokratische Umwälzung«, die angeblich »1848 begonnen wurde«, nun endlich zu Ende zu führen. Die Bemühungen um eine historische Fundierung dieser Forderungen konzentrierten sich auf das Versagen der deutschen Bourgeoisie seit 1848. Sie faßten die Geschichte als »Misere« und »Irrweg«, wobei sie das Scheitern der bürgerlichen Demokratie invariant und in stereotypisierender Manier auf Preußentum und Militarismus, Imperialismus und Junkertum zurückführten. Sie betonten darüber hinaus die Zerrissenheit der staatlichen Existenz vor 1871; für das Kaiserreich und vor allem für Weimar hoben sie hervor, die Spaltung der Arbeiterklasse und des »schaffenden Volkes« habe die Demokratisierung verhindert. Beide Erklärungsmuster wurden in erkennbar politischer Absicht zu dem Anspruch gebündelt, die Bourgeoisie habe hinter die arbeitenden Klassen zurückzutreten, ihre imperialistisch genannten Bastionen seien zu schleifen, nur die antifaschistisch-demokratische Ordnung könne mit der sozialen und staatlichen Einheit der Nation, des Volkes und der Arbeiterklasse den Weg zur Vollendung der bürgerlichen Demokratie weisen.[94]

»Um zu wissen, wohin Deutschland nun gehen soll, muß geklärt werden, woher das Deutschland Hitlers kam«, so leitete Alexander Abusch seine Analyse des »Irrwegs einer Nation« ein.[95] Die deutsche Misere begann nach seiner Darstellung mit dem lutherischen Protestantismus und dem Scheitern der Bauernaufstände des angehenden 16. Jahrhunderts. Die »größte geistige Figur der deutschen Gegenrevolution«, Luther, und das »kleinstaatliche Untertanentum« des Protestantismus setzten dem Universalismus Roms und des Humanismus ein Ende. Sie erschwerten in der Folgezeit nicht nur die Entwicklung der kapitalistischen Ökonomie und den zentralstaatlichen Einigungsprozeß, sondern hatten auch die »deutsche ›Verinnerlichung‹ unter der Allmacht der Fürsten« zu verantworten.[96] Der nationale Irrweg setzte sich mit dem »Wesen des Preußentums« fort[97]: mit der Germanisierungspolitik im Osten, dem Militarismus, Junkertum und Beamtenstaat zum einen, der Unfähigkeit oder Unwilligkeit, Deutschland zu einen – es sei denn in der »antideutschen Haltung« einer »reaktionären Vormacht« – zum anderen.[98] Diese dualistische Konstruktion – reaktionär-preußisch vs. freiheitlich-deutsch – exemplifizierte Abusch an »zwei Versuchen deutscher Freiheit«: an den »Männern um Stein«, deren Reformen mitsamt dem »freiheitlichen Geist« der Befreiungskriege alsbald der politischen Reaktion und der »romantischen Verseuchung« unterlegen seien[99]; und am »jungen Deutschland«, der 48er Revolution, dem wissenschaftlichen Sozialismus von Marx und Engels und der sich auf sie berufenden Arbeiterbewegung. Das Scheitern der demokratischen Revolution führte er auf das Bündnis des Bürgertums mit Krone und Adel zurück, an dem die bürgerlichen Demokraten gescheitert seien, während die Arbeiterklasse sich noch als zu schwach erwiesen habe, um die politische Führung übernehmen zu können. Schließlich habe gerade auch die staatliche Zersplitterung Deutschlands einer einheitlichen Volksbewegung entgegengestanden.[100] Abusch kritisierte den »preußischen Sozialismus« ebenso wie den Antirationalismus und das »›innere Reich‹ der Deutschen«. Von dem Verdikt, das Scheitern der politischen Einlösung der Aufklärung habe »den deutschen Geist zusehens des Wirklichkeitssinnes« beraubt, nahm er selbst die Heroen der Klassik nicht aus[101] – ein Sakrileg, mit dem er bald so allein stand, daß er es, mitsamt der Misere-Konzeption, zurücknahm. Auch erschien in Abuschs Rekonstruktion des nationalen Irrwegs der deutsche Imperialismus nur als, wenngleich gewichtiger, Baustein in einem lange vorbereiteten Fundament der Reaktion, das nach 1848 und 1871 angesichts Lassallescher Kompromißbereitschaft und sozialdemokratischen Revisionismus nicht mehr habe erschüttert werden können, und vor dem schließlich auch die Arbeiterbewegung Weimars versagt habe. Die Lasten dieses Versagens verteilte er ungleichgewichtig: zuungunsten des Bürgertums und der Sozialdemokratie.[102]

Indem er die Bedeutung der Einheit der Arbeiterklasse und der Nation hervorhob, stand Abusch in Übereinstimmung mit der antifaschistischen Rhetorik seiner Partei. Dies galt ebenso für seine Betonung, auch die Antifaschisten trügen ein Teil der Schuld am Nazismus, eben weil sie die Einheit nicht zu schaffen verstanden hatten. Eine Erklärung für dieses Versagen gab er allerdings nicht, und die Frage nach ihr verschwand hinter der Klage, Demokraten, Sozialisten und Kommunisten hätten ihre »nationale demokratische Mission« nicht erfüllt; es bedürfe daher der moralischen Erneuerung und Erziehung, um die demokratische Revolution zu vollenden.[103]

War Abuschs Analyse, wie sich nicht zuletzt in ihren Schlußfolgerungen zeigte, ganz im Sinne der KPD zuallererst eine politische Kampfschrift, kann sie doch darüber hinaus als ein veritables Werk des Antifaschismus gelten. Sie suchte die deutsche Geschichte vom Nationalsozialismus her zu rekonstruieren und war darin den

Arbeiten Leonard Kriegers und Hans Kohns, Fritz Sterns und Hellmuth Plessners vergleichbar.[104] Die Interpretation stand überdies im Einklang mit Arbeiten von Georg Lukács und in der Tradition der Geschichtsschreibung Franz Mehrings. Deren Rekonstruktionen brachten eine deutsche Geschichte des revolutionären Scheiterns und der letztlich immer erfolgreichen Reaktion zutage; und gerade Mehring, der in der Arbeiterbewegung angesehenste Historiker, stützte seine Darstellung auf Marx und Engels.[105]

Dennoch nahm die SED die Misere-Konzeption zurück; die parteipolitischen Angriffe setzten 1950 ein. Ihre Zielrichtung wird deutlich, führt man sich die Auseinandersetzungen vor Augen, die die KPD-Spitze seit 1939 im sowjetischen Exil geführt hatte.[106] Sie belegte bereits damals eine vermeintlich einseitige Verurteilung der deutschen Geschichte mit dem Bannfluch des »Nihilismus«, verurteilte eine Gleichsetzung ganz Deutschlands mit dem Naziregime und warf der Misere-Theorie vor zu übersehen, daß in Deutschland »eine mutige kleine Arbeitergarde« gegen den Faschismus kämpfe.[107] Die Gegner der Misere-Konzeption bauten eine erste Argumentationslinie auf: Sie unterschieden zwischen den sozialen Trägern der Reaktion und des Fortschritts, zwischen zwei Klassen- und Traditionslinien in der deutschen Geschichte, und wehrten so der angeblichen Preisgabe des Prinzips des Klassenkampfs. In einem zweiten Schritt entdeckte die Parteispitze dann »Quellen des Nationalstolzes«, und sie transformierte das »andere« Deutschland der zuvor noch »kleinen Arbeitergarde« in das »große Kulturvolk« der Deutschen. Dieser nationalistische Umschwung trat nicht zufällig 1942/43 ein, in der Zeit des Aufbaus des Nationalkomitees Freies Deutschland, des Bunds deutscher Offiziere und der Antifa-Schulen in der Sowjetunion.[108]

Die nationalistische Volte kehrte wieder, sobald sich die SED offen zu ihrer sozialistischen Zielperspektive bekannte, sie aber selbst wohl für unzureichend hielt, um die DDR-Gesellschaft zu integrieren. Von nationalen Einheitskampagnen versprach sich die Partei in dieser Hinsicht offenbar mehr. Die Stimulierung nationaler und nicht so sehr sozialistisch motivierter Begeisterung verlangte allerdings nach einer Revision der Misere-Theorie. Sie setzte auf dem 3. Parteitag der SED (1950) ein[109] und kulminierte in dem Bekenntnis der 2. Parteikonferenz (1952) zur »nationalen

Geschichtsbetrachtung«. Ulbricht griff erstmals die »Entstellung der Geschichte des deutschen Volkes« explizit an. Die Geschichte der Arbeiterbewegung sollte fürderhin zusammen mit den bürgerlichen und vorbürgerlichen »revolutionären Kämpfen und Freiheitskämpfen« – insbesondere dem Befreiungskrieg von 1813 – im Zentrum der Historiographie stehen. Unter den von Ulbricht als »Helden« Gepriesenen ragten Lützow, Körner und Blücher noch über Scharnhorst, Fichte, Gneisenau und Jahn hinaus.[110] Von dieser politischen Zielvorgabe nahmen die geschichtswissenschaftlichen Diskussionen in der DDR ihren Ausgang, und es zeichnete sich so etwas wie eine patriotische Rekonstruktion einer »progressiven Traditionslinie« von den Bauernaufständen über die antinapoleonischen Befreiungskriege und 1848 bis hin zum proletarischen Widerstand gegen den Nationalsozialismus ab.[111] Eine Erfolgsgeschichte national-revolutionärer Kämpfe also löste die Misere-Konzeption ab. Als ihr vorläufiger Höhepunkt erschien die Gründung der DDR, die »Herstellung des einheitlichen, demokratischen, souveränen und friedliebenden Deutschland« als ihre Vollendung. Diese Konstruktion, hieß es, verlange zugleich die Abwehr all jener Kräfte, die den »nationalen Widerstandswillen« gegen den anglo-amerikanischen Imperialismus zu »zersetzen« drohten.[112] Ihnen gegenüber gelte es, die Historiker »mit der heiligen Liebe zum Vaterland zu erfüllen« und »beim deutschen Volk das politische Minderwertigkeitsgefühl zu beseitigen«. Die Geschichtswissenschaft solle aufzeigen, »daß die deutsche Geschichte nicht eine Misere in Permanenz war, (...) damit das deutsche Volk das stolze Selbstbewußtsein erlange, daß sein schöpferisches Genie nicht nur eine große Vergangenheit hatte, sondern daß ihm, auf neuen Wegen zu neuen Zielen schreitend, eine große und reiche Zukunft offensteht«.[113] Den »nationalen Widerstandswillen« exemplifizierten die Geschichtswissenschaftler in den frühen fünfziger Jahren vornehmlich durch populäre Aufbereitungen der antinapoleonischen Befreiungskriege.[114] So unterstützten sie die nationalen Kampagnen der SED und der Nationalen Front, die zum »Befreiungskampf« der Bundesrepublik gegen »imperialistische« Ausbeutung und Unterdrückung aufriefen. Und die Heilige Allianz störte sie wenig, wenn sie die historischen Wurzeln der deutsch-russischen Waffenbrüderschaft besonders hervorhoben.

Mit der Misere-Theorie verschwand ein argumentativer Schwerpunkt des Antifaschismus, jedenfalls kann das für die Sicht derer, die ihn als kritisch und demokratisch verstanden hatten, vermutet werden. Der Abwärtstrend für solche Interpretationschancen setzte sich fort, als die »Fehler von 1918« einer Uminterpretation anheimfielen. Eine Neuformulierung des Charakters der Revolution von 1918 und der Rolle der Arbeiterbewegung und »ihrer« Partei tangierte die Einschätzung der Sozialdemokratie empfindlich. Die Gründung der SED war – der damaligen politischen Konstellation entsprechend – noch zum Anlaß genommen worden, die »ruhmreiche Tradition« von SPD und KPD gleichermaßen zu würdigen und die Einheit der Arbeiterklasse als Basis der ökonomischen und politischen Entmachtung der faschistischen Eliten sowie der »Vollendung« der bürgerlich-demokratischen Umwälzung – »Lehre von 1918« – darzustellen.[115] Der revolutionäre Impuls, der, ob er nun eingelöst worden war oder nicht, doch die Geschichte beider Parteien geprägt hatte, blieb damals ebenso unerwähnt, wie ihr Kampf gegen Reaktion, Militarismus und Imperialismus nur recht allgemein umschrieben wurde[116]; das erklärt sich daraus, daß die SED die Revolution von 1918 gleichsam als verpaßte bürgerlich-demokratische Chance darstellte.[117] Im Übergang der SED zur Partei neuen Typs allerdings traten die »Lehren der Großen Sozialistischen Oktoberrevolution« in Konkurrenz zu der früheren Interpretation; die neuen Lehren lauteten eben: die revolutionäre, sozialistische Partei neuen Typus zu schaffen. Nun kam plötzlich die durchaus nicht bürgerlich-demokratische Selbsteinschätzung der frühen Sozialdemokratie ins Blickfeld, und sei es auch nur, um die beklagte Spaltung der Arbeiterklasse Weimars den sozialistischen Reformisten und Revisionisten anzulasten.[118] Neuerdings galt auch die These, 1918 habe nur die Vollendung der Revolution von 1848 auf der Tagesordnung gestanden, schlichtweg als falsch; vielmehr habe die Aufgabe angestanden, eine bürgerliche zur sozialistischen Revolution überzuleiten. Die Vollendung der bürgerlichen Umwälzung sei 1918 nur »Teilaufgabe« gewesen; die »Hauptaufgabe« der Revolution habe darin bestanden, im engen Bündnis mit der Sowjetunion dem Proletariat die Staatsmacht zu erobern.[119]

Die derart revidierte Interpretation von Revolution und Partei korrespondierte der Politik der beschleunigten ökonomischen und politischen Transformation in der SBZ, der Orientierung an der Sowjetunion und der Rücknahme des zuvor propagierten national-eigenständigen Wegs zum Sozialismus. Die neuen »Lehren der Oktoberrevolution« fielen mit besonderer Wucht den vormaligen Sozialdemokraten auf die Füße, die vermeintlich oder tatsächlich nicht bereit waren, mit ihrem »Opportunismus« und ihrer politischen Vergangenheit zu brechen und die nun mit dieser Begründung aus der Partei neuen Typs hinausgesäubert wurden. Entsprechend führte die SED jetzt auch ihre Auseinandersetzung mit der SPD in den Westzonen. Bei ihrer Behauptung, die Sozialdemokratie sei notwendig klassenverräterisch, ging die SED so weit, die Sozialfaschismus-These wieder aufleben zu lassen.[120] So war mit der Neudefinition der »Fehler von 1918« das antifaschistisch-demokratische Versprechen, die Spaltung der Arbeiterklasse einvernehmlich zu überwinden, um die bürgerlich-demokratische Umwälzung zu »vollenden«, theoretisch und praktisch beendet.

### *3.2 Legitimation aus der deutschen Kultur*

Im Rahmen der anfänglichen antifaschistisch-demokratischen Konzeption war es konsequent, die Kulturpolitik als Teil der Bündnispolitik zu verstehen. Wenn es galt, eine 1848 und 1918 gescheiterte bürgerlich-demokratische Revolution mit friedlichen Mitteln zu Ende zu bringen, dann bedurfte es nicht allein eines parteipolitischen, sondern darüber hinaus eines Bündnisses der »kulturellen Erneuerung«. Es hatten ja, wie der erste Aufruf der KPD erklärte, nicht nur alle Weimarer Parteien vor dem Nationalsozialismus versagt; vielmehr waren, wie es weiter in befremdlicher Sprache hieß, »Millionen und aber Millionen Deutsche der Nazidemagogie« verfallen, und das »Gift der tierischen Rassenlehre« hatte »den Organismus des Volkes verseuchen« können.[121] Auch am Beginn des kulturellen Neuanfangs stand mithin das Eingeständnis der deutschen Misere. Deren Überwindung bedurfte nach verbreiteter Ansicht der überparteilichen Zusammenfassung all jener, die dem Nazismus – wenn auch erfolglos – widerstanden hatten: Sozialisten und Kommunisten, Christen und Humanisten.

Der Kulturbund zur demokratischen Erneuerung Deutschlands stellte sich als eine solche überparteiliche Vereinigung der Öffentlichkeit vor; er wurde im Juli 1945 gegründet.[122] Die KPD wies sich als Bündnispartner aus, indem sie sich selbst von der

Mitverantwortung am Nazismus nicht freisprach und sogar eine Brücke zur inneren Emigration schlug.[123] Das hinderte sie freilich nicht, auch auf dem Feld der »kulturellen Erneuerung« den historischen Bankrott der Bourgeoisie zugunsten des weltanschaulich-moralischen Führungsanspruchs der Arbeiterklasse zu konstatieren.[124] Als sie auf ihrer ersten Kulturtagung im Februar 1946 kurz vor der Gründung der SED zur »Einheit aller Kulturschaffenden«, zur Einheit der »aufbauwilligen, antifaschistischen und demokratischen Kräfte« aufrief, drückte sie zugleich eine Überzeugung aus, die die sozialistische Bewegung von ihren Anfängen an vertreten hatte: daß erst im Sozialismus ein wirklich »kulturvolles Leben« möglich sein werde.[125]

In der antifaschistisch-demokratischen Phase sei das Volk erst einmal aus dem »dunklen Abgrund« des Nationalsozialismus »an das Licht eines neuen Tages zu führen«. Die kommunistischen kulturpolitischen Sprecher wollten »alles Reaktionäre, Widerwärtige und Schädliche aus den Traditionen unseres Volkes ausmerzen« und »alles Fortschrittliche, Edle und Große vorbehaltlos anerkennen, pflegen und weiterentwickeln«.[126] Sie unterschieden also zwischen widerstreitenden Traditionslinien in Geschichte und Kultur, vertraten aber auch recht früh – früher als in der historiographischen Diskussion – eine nationale Position. Die prinzipielle Frage, wie ein fataler nationaler Kulturzusammenhang durchbrochen werden könne, stellte sich allen Protagonisten eines demokratischen Neuaufbaus. Aber die Affirmation einiger herausgefilterter positiver Traditionslinien, die KPD und SED an den Tag legten, konnten sich nur als kurzschlüssiges Argument erweisen, wenn es auch nicht zwangsläufig zu der Beteuerung führen mußte, »für die wahre Größe und Ehre, den wahrhaften Ruhm unseres Vaterlandes« einzutreten.[127] Mit solch nationaler Orientierung koexistierte die erzieherische Attitüde, die sich aus der Misere-Theorie und der These der Kollektivschuld ableiten ließ. Die Remedur gegen die »geistige Verheerung« des »deutschen Volkskörpers«[128] lag einem politisch breit gefächerten Einverständnis zufolge in der Umerziehung. Während der Block der antifaschistisch-demokratischen Parteien die politischen Energien für die sozioökonomische und politische Umwälzung zusammenfaßte, sammelte der Kulturbund die gesellschaftlichen Kräfte für die »ideologische Zertrümmerung des Nazismus«.[129] Auf seiner ersten Kundgebung Anfang 1946 rief Johannes R. Becher zu einem allgemeinen »Reformationswerk«, zur »Erziehung zur Freiheit«, zur »geistigen, geschichtlichen Neuschöpfung« des Volkes auf.[130] Die Konturen des erziehungspolitischen Bündnisses umriß er mit den Worten: »Demokratie, Sozialismus und Christentum stellten gegen die Hitlertyrannei die leidenschaftlichsten Kämpfer, und so müssen diese Mächte auch hervorragend beteiligt sein an der weltanschaulich-moralischen Neugeburt unseres Volkes.«[131]

Der Rückgriff auf Christentum und Sozialismus, auf Humanismus und Klassik charakterisierte im Nachkriegsdeutschland nahezu alle Intentionen und Initiativen, die eine geistige Umkehr und Wandlung an die Idee der kulturellen Erziehung knüpften. Man denke nur an Friedrich Meineckes Vorschlag, in ganz Deutschland Goethe-Gesellschaften zu gründen. Der kritische Einwand, daß auch die höchsten Kulturwerte die nationalsozialistische Katastrophe nicht hatten verhindern können, daß Gutes und Verwerfliches nicht säuberlich zu trennen sei, da, wie Thomas Mann sich ausdrückte, den Deutschen gerade »ihr Bestes zum Schlechtesten geraten war«, stand auf verlorenem Posten.[132] Wenn Becher einerseits feststellte, die deutsche Misere sei nur »aus der Totalkritik unserer bisherigen Geschichte« zu überwinden und andererseits glaubte, Humanismus, Klassik, Christentum – und selbstverständlich auch der historische Materialismus – könnten die »objektiven Wertmaßstäbe« für ein »objektives Geschichtsbild« liefern, aus der Totalkritik würde das »Positive eines neuen Glaubens, eines neuen Geschichtssinns« erwachsen[133], bewegte er sich in einem Dilemma, vor das sich fast alle Umkehrvorstellungen gestellt sahen: eine totale Kritik zu fordern, da mit der Katastrophe alle Traditionen fragwürdig geworden waren, und zugleich jene Traditionen zu benennen, die den Ausweg weisen könnten. Bechers Weg aus diesem Dilemma war so verbreitet wie einfach: Er isolierte in seinen kulturhistorischen Betrachtungen Kultur und Politik, als ob sie nicht in einem Verhältnis wechselseitiger Bedingung gestanden hätten.

Als den Kern der »deutschen Tragödie« bezeichnete Becher den »für das Gedeihen unseres Volkes lebensgefährlichen Widerspruch zwischen dem deutschen Wesen, wie es sich im Kulturellen ausdrückt, und seiner politischen Erscheinungsform«. Nachdem er so das kulturelle »deutsche Wesen« gerettet hatte, konnte er die Defizite der politischen Erscheinungsform der verspäteten Gründung des Nationalstaats und der Machtstellung des Monopolkapitals anlasten. Sie hätten, erklärte Becher in fast verschwörungstheoretischer Manier, nicht nur die »freiheitliche Ergänzung der Reichseinheit« verhindert, sondern auch die »Zerstörung der Vernunft« ins Werk gesetzt, um die »freiheitlich gesinnten Volkskräfte weltanschaulich moralisch zu schwächen«. Unter »Hitlers Führung« habe Deutschland dann endgültig »den seiner wahren nationalen Bestimmung gerade entgegengesetzten Weg eingeschlagen«. Jetzt trete daher »die Geschichte fordernd vor uns hin«; sie verlange »Rechenschaft« und die geistig-moralische Wandlung des Volkes. Es gelte das zu tun, meinte Becher, »was seit dem Jahre 1848 wir zu tun verabsäumten«, nämlich ein Deutschland »ohne imperialistische, militaristische Hintergedanken« zu schaffen.[134] Das Projekt der kulturellen und moralischen Umerziehung wies sich somit als Pendant zur Umstrukturierung von Politik und Ökonomie aus. Entsprechend erklärte die KPD auf ihrer Kulturtagung im Februar 1946, daß die Erneuerung der deutschen Kultur nicht nur eines geistigen Bündnisses bedürfe, sondern eines Klassenbündnisses des ganzen schaffenden Volkes. Da dem schaffenden Volk die »kulturellen Errungenschaften in ihrer Gesamtheit« gehörten, dürfe die kulturelle Erneuerung Deutschlands nicht allein zur Sache der Intellektuellen und Künstler werden.[135]

Dieses durchaus plausible Argument fand in der Betonung einer nationalen Kraftanstrengung aber seine ideologischen und in der Idee der Erziehung zudem seine praktischen Grenzen. Wenn Becher von »Freiheit« oder »Erneuerung« sprach, schwebte ihm »höchste Disziplin in Denken und Handeln«, »Strenge und Zucht«, »Festigkeit und Gediegenheit« vor. Individuelle Autonomie und demokratische Selbstbestimmung lagen offenbar außerhalb seines Gesichtskreises: Eine »wahre Demokratie« hatte als »wahre Volksgemeinschaft« das »Gesamtinteresse« zu fördern. Bezeichnete Becher die »innere freiheitliche Ordnung eines Volkes« als die »Voraussetzung des Lebensglücks jedes einzelnen«, dann merkte er vermutlich gar nicht, daß er Marx, dem doch die freie Entfaltung eines jeden die Bedingung der Freiheit aller gewesen war, auf den Kopf stellte. Zwar verfolgte er das Ziel, der »deutsche Mensch« solle »Knechtseligkeit« und »Obrigkeitsdenken« nur mehr vom Hörensagen kennen. Aber ihn interessierten weniger die individuellen als vielmehr die kollektiven, gar die »organischen« Voraussetzungen gemeinschaftlichen Lebens. Die Rede von der »organischen Übereinstimmung« des Menschlichen und des Öffentlichen in der Demokratie, von der »Geschichtsfähigkeit« des Volkes und der Überwindung des Umstands, daß »Deutschland« immer entgegen »seinem Schicksal« gehandelt habe, mußte allerdings auf konservative Bündnispartner nachgerade unwiderstehlich wirken.[136]

Die Orientierung an einer weniger individualistischen als gemeinschaftlichen Lebens- und Gesellschaftsform konnte sich zugleich auf sozialistische Traditionen in Deutschland stützen, zumal die Gemeinschaftsidee seit dem Ende des 19. Jahrhunderts auf die Gefahren der Vereinzelung und der Vermassung reagierte. Dem sozialdemokratischen Rechtsphilosophen Gustav Radbruch erschien das bereits erwähnte Ziel des Kommunistischen Manifests – die Assoziation herzustellen, »worin die freie Entwicklung eines jeden die Bedingung für die freie Entwicklung aller ist« – als Ausdruck einer »durchaus individualistischen Weltanschauung«, der zeige, wie sehr selbst Marx und Engels dem liberalen Zeitgeist verhaftet gewesen seien. Inzwischen habe dieser Geist des 19. Jahrhunderts »einer dem Sozialismus wesensverwandten Weltanschauung« zu weichen begonnen, die sich an der Gemeinschaft ausrichte: an der »Gemeinschaft einer gemeinsamen Sache, einer gemeinsamen Arbeit, eines gemeinsamen Werkes«.[137]

Die sozialistische Gemeinschaftsorientierung entsprang nicht nur der Kritik der Vereinzelung, des individuellen Egoismus, ökonomischen Interessenverfolgs und der Erosion kultureller Traditionsbestände; sie ging vielmehr mit der Organisierung der Arbeiterklasse unmittelbar einher. Selbst wenn diese – neben Partei und Gewerkschaften – in Produktions- und Konsumgenossenschaften erfolgen sollte, verdrängte die Hinwendung zum organisierten Kollektiv und sozialistischen Gemeinsinn in der Regel die Vorstellung, die Zukunftsgesellschaft habe die Voraussetzungen für individuelle Selbsttätigkeit und Autonomie zu bieten.[138] Natürlich war der Verlust dieser Perspektive keineswegs zwangsläufig, doch erschwerten gerade in der deutschen Sozialdemokratie die geringe Bedeutung der Genossenschaftsidee, der vorherrschende Etatismus, die Sorge um die Stärke und Geschlossenheit der Organisation und das Vertrauen in oder das vermeintliche Wissen um die historischen Gesetzmäßigkeiten des gesellschaftlichen Fortschritts die Bereitschaft, individuelle Initiative zu dulden oder gar zu ermuntern.

Die Erziehungsidee hatte seit der Gründung der Arbeiterbildungsvereine in der sozialdemokratischen Arbeiterbewegung einen festen Platz. Auf die Tradition und Leistungen ihrer Bildungspolitik waren gerade die Sozialdemokraten stolz, was sie auch in der unmittelbaren Nachkriegszeit betonten: Die sozialdemokratische Arbeiterbewegung sei immer eine Erziehungs- und Kulturbewegung gewesen, die, sobald ihre Organisationen – Partei und Gewerkschaften – etabliert waren, nicht allein Allgemeinwissen, sondern auch und vor allem die Grundlagen des wissenschaftlichen Sozialismus vermittelt habe.[139] Hingegen war eine klassenkämpferische Kunst, die vor und vor allem nach der deutschen und russischen Revolution mit dem Vorbild der bürgerlichen Kultur brechen und nicht nur kulturelles Wissen vermitteln, sondern individuelle Erkenntnisprozesse stimulieren und womöglich die Eigeninitiative der Individuen freisetzen wollte, bekanntlich umstritten. Nach ungefähr zehn kurzen Jahren des unreglementierten Experiments fand sie mit Beginn der dreißiger Jahre auch in den kommunistischen Parteien ein Ende.

Daher überrascht es kaum, daß die SED – bestärkt durch den Sowjetpatriotismus und seine »Nähe zum Volk«, zudem unter dem Einfluß der antifaschistischen Volksfrontpolitik der Komintern – den Kulturbund nicht als Medium einer Kulturrevolution von unten, sondern als Mittel begriff, um die nationale Tradition zu bewahren.[140] Nicht Bruch, sondern kulturelle Kontinuität – das schien die Parole quer durch die politischen Parteien hindurch zu sein. Wenn die Bündnispolitik noch hinter die Volksfrontpolitik der dreißiger Jahre zurückgriff, um für die Idee der bildungs- und kulturpolitischen Erziehung des Volkes eine traditionsreiche Stütze zu finden, war überdies Johannes R. Becher ihr idealer Protagonist. Seine Abkehr vom Expressionismus – seiner eigenen kulturrevolutionären Phase – galt als Beispiel persönlicher Wandlung und Umkehr, als Rückbesinnung auf das »wertvolle« nationale kulturelle Erbe.

Zwar war also die Vorstellung, die Menschen müßten zu Gemeinschaftswesen erzogen werden, in der deutschen Tradition, auch der Arbeiterbewegung, verankert; aber an der Gemeinschaftsorientierung nach dem desaströsen Experiment mit der »Volksgemeinschaft« festzuhalten und sich auch noch dieses Begriffes zu bedienen, hätte doch stutzen lassen müssen. Becher hingegen begriff nur den normativen Gehalt, nicht das Ziel der Gemeinschaftlichkeit selbst als revisionsbedürftig: Der Nachkriegsgesellschaft, insbesondere der Jugend, meinte er, sei ein neuer, das Ganze übergreifender, ein »historischer« Sinn zu vermitteln. Es fällt schwer, hierin Neues zu entdecken, zumal Becher am liebsten Metaphern wie »Fahne«, »Geschichte«, »Nation« oder einfach »Deutschland« bemühte, wenn er das »Vorbildliche«, »Unbedingte« oder »Objektive« ausdrücken wollte.[141] Worauf er zielte – eine bestimmte Form der Demokratie – schien ihm als politisches Prinzip für sich allein zu stehen nicht in der Lage, sei daher in den »Sinn« der Nationalgeschichte einzubetten, in einen Sinn, der idealiter – im Sozialismus – zur Identität nicht nur des persönlichen und nationalen, sondern überdies des menschheitlichen »Schicksals« strebe. Was aber sollte es heißen, daß »in Deutschland, dem freien, kommenden«, »Deutschland, das Unvergängliche, das Bleibende« wiederauferstehen werde? Über »Verantwortlichkeit«, »Verstandesklarheit« und »Sauberkeit« hinaus findet sich kaum eine inhaltliche Füllung der Aufforderung, ein antifaschistisches Bündnis im »Zeichen eines neuen Bauhütten-Geistes« einzugehen.[142] Andere Formulierungen, wie die eines »realistischen Humanismus« oder einer Demokratie, die vom »anständigen, menschlichen Menschen« getragen werden müsse[143], standen nicht an Stelle, sondern neben dem nationalen Pathos.

Trotz dieses Pathos, das zur bündnispolitischen Strategie gehörte, war der *Aufbau*, die Monatszeitschrift des Kulturbunds, in seinen retrospektiven Analysen weitaus differenzierter. Die Rückschau auf die kulturelle Genese der deutschen Misere überschritt den ökonomistischen Reduktionismus, der die Stellungnahmen der SED zu Fragen des Nazismus und Imperialismus prägte. Der *Aufbau* las sich in den ersten Jahren seines Erscheinens wie eine Bestätigung und Ergänzung von Abuschs Arbeit über den »Irrweg einer Nation«. Abusch selbst besprach Meineckes »Deutsche Katastrophe« bei aller Kritik recht positiv[144], und Ernst Niekisch, Autor der »Deutschen Daseinsverfehlung«, trug mehrfach zu der Zeitschrift bei. Sie konzentrierte sich anfangs auf Kritiken an der deutschen Innerlichkeit und obrigkeitlichen Orientierung, an den Formen antidemokratischen Denkens überhaupt[145], und auf Analysen der intellektuellen oder sozialhistorischen Entwicklung der Rassentheorien und des Antisemitismus.[146] Neben Artikeln, die die »entartete« Kunst rehabilitierten oder die nazistische Kunst und Architektur untersuchten[147], erschienen Abhandlungen der kritischen Perioden der deutschen Geschichte[148] und vor allem Streitgespräche über die »Erneuerung des Geschichtsbilds«[149] oder die »besondere deutsche geistige Krise«. Noch im Zeichen der Misere-Konzeption wurde dieser Krisenaspekt von kommunistischen Gesprächsteilnehmern wie Abusch weitaus stärker hervorgehoben als von christdemokratischen Sprechern wie Friedensburg.[150]

Die parteiübergreifende und nach Themenfeldern wie Meinungsspektrum recht breite Diskussion beschloß der Kulturbund auf seinem 1. Bundeskongreß (im Mai 1947) fortzusetzen.[151] Allerdings gab es auch erste Plädoyers, »der Neuordnung unserer Beziehungen zur Sowjetunion« in der »deutschen demokratischen Erneuerungsbewegung« einen »hervorragenden Platz« einzuräumen und sich von »bestimmten Verteidigern der Freiheit der Persönlichkeit« zu distanzieren.[152] Obschon sie als Vorgeplänkel der späteren Durchsetzung des sozialistischen Realismus gesehen werden können[153], drückten diese Mahnungen zugleich die Befürchtung der kommunistischen Kulturpolitiker aus, die antifaschistische Koalition der Christen, Humanisten und Marxisten drohe daran zu zerbrechen, daß der gemeinsame »Kampf gegen die Naziideologie« von dem »Kampf gegen den Marxismus« überlagert werde. Man kündigte eine detaillierte Auseinandersetzung mit den konkurrierenden weltanschaulichen Positionen an – auch dies eine ambivalente Formulierung, war sie doch zugleich als Abwehr des Angriffs auf den Marxismus und als Start des eigenen Angriffs auf nicht-marxistische Positionen zu lesen.[154]

Zunächst fuhr die kommunistische Kulturpolitik noch zweigleisig. Einerseits begann die nationale Betrachtungsweise allmählich die Misere-Konzeption zu verdrängen.[155] Hand in Hand mit dem Lob der Nationalkultur ging die Kampagne gegen die drohende Teilung Deutschlands.[156] Andererseits setzte Ende des Jahres 1947 die offene Orientierung an der Sowjetunion wie in allen anderen politischen Bereichen auch auf der kulturpolitischen Ebene ein. Weniger die Würdigung des 30. Jahrestags der Oktoberrevolution[157] als vielmehr die Wertschätzung der sozialistisch-realistischen »Sowjetliteratur der dreißiger Jahre«, die Becher auf dem 1. Schriftstellerkongreß gegen künstlerische »Abstraktion« und »schädliche Verallgemeinerung« empfahl, weil dem Prozeß der »Entmenschlichung« anders nicht Einhalt zu bieten sei, zeigte die kulturelle Wende an.[158] Wenig später führte der 1. Kulturtag der SED (im Mai 1948) die Unterscheidung zwischen Fortschritt und Dekadenz in die kulturpolitische Debatte ein. Der Begriff Dekadenz implizierte die Kritik an einer Kunst, die die »Entwicklungsgesetze« des gesellschaftlichen Fortschritts nicht erkenne und daher dem »Befreiungskampf des Volkes« fernstehe, »lebensfremd« und »volksfeindlich« sei.[159] Der Zusammenhang von »Volkswirtschaft« und »Volkskultur« verpflichte die Intellektuellen, sich mit der Arbeiterklasse zu verbünden: Nur in diesem Bündnis könne die Intelligenz »zu dem Mutterboden des Volkes« zurückfinden.[160] Solch ein historisch-materialistisches Bekenntnis im völkischen Gewand trug die Attacken auf praxisabgewandte Philosophien ebenso wie es der Aufforderung, über den Klassencharakter des Faschismus aufzuklären, eine neue Bedeutung gab. Der auf die imperialistische Genese des Nationalsozialismus ausgerichtete Antifaschismus der SED verlagerte in dem Maße, in dem die Partei die »Volkskultur« rehabilitierte und den gesellschaftlichen Transformationsprozeß vorantrieb, den Gegner nach Übersee: Die Wurzeln des Faschismus wurden jetzt vornehmlich in den (imperialistischen) USA vermutet. Die Kollektivschuldthese dagegen verschwand hinter der Erklärung, der »Name« des deutschen Volkes sei »geschändet« worden, als es einer »schleichenden Seuche« verfallen gewesen sei.[161]

Der Angriff auf die Dekadenz sollte die vermeintlich fortschritts- und praxisferne Kunst und Wissenschaft treffen, die sich dem Aufbau der neuen Gesellschaftsordnung nicht zur Verfügung stellte.[162] Er wandte sich ebenso gegen den »kulturellen Separatismus« der Westzonen, der sich »als Weltbürgertum« verkleide, in Wirklichkeit aber eine »Preisgabe der eigenen Kultur zugunsten einer fremden« darstelle.[163] Den Gegenspieler der Dekadenz, die »Stilform« des »sozialistischen Realismus«, hob man begrifflich noch nicht hervor.[164] Daß aber der Marxismus »der neue, der reale Humanismus« sei, daß die Sowjetunion zeige, »in welcher Richtung die Kultur der neuen Epoche sich entfalten und mit welchem Inhalt sie sich füllen« werde, daß die Freiheit der Person nicht im »ekelerregenden Existentialismus« liege, sondern in der »freien Entfaltung des einzelnen im Dienste des Volksganzen«[165] – soviel war auf dem 1. Kulturtag der SED doch deutlich geworden.

Rückwirkungen auf die Bündnispolitik, den Kulturbund und die Zeitschrift *Aufbau* konnten nicht ausbleiben. Im Sommer 1948 kündigte der Chefredakteur Klaus Gysi den überparteilichen

Charakter des kulturpolitischen Bündnisses auf. Die Währungsreform, so sein Argument, habe »neue Voraussetzungen für unsere Arbeit« geschaffen: Da nicht länger die »Bewahrung« der nationalen Einheit, sondern ihre »Wiedereroberung« anstehe, käme es »nicht so sehr darauf an, einen Kompromiß im zertrümmerten gesamtdeutschen Rahmen zu schaffen, als vielmehr darauf, eine vorbildliche, beispielhafte demokratische Kulturarbeit zu leisten, die eine feste Basis für unseren Kampf um ein einheitliches Deutschland bildet«. Nun gelte es, auch die Kulturpolitik an »den wirklichen nationalen Interessen unseres Volkes« auszurichten und »geistige Fronten« nicht länger »zu verwischen«. Überparteilichkeit kam in einer Zeit, in der die wissenschaftliche und künstlerische Intelligenz sich »mit dem Kampf um einen wirklich demokratischen Aufbau Deutschlands« zu verbinden hatte, in den Geruch unverantwortlicher Neutralität.[166] Schon diese Formulierungen ließen erkennen, daß die Partei die »Kulturschaffenden« für die Belange der Wirtschaftsplanung und der Aktivistenbewegung mobilisieren wollte.[167] In deren Dienst stellten sich die sozialistischen Künstler und Schriftsteller dann auch auf ihrer Arbeitstagung im September 1948.[168] Nachdem die *Tägliche Rundschau* und das *Neue Deutschland* zur Kampagne gegen Formalismus und Dekadenz aufriefen[169], entzog sich die Zeitschrift des Kulturbundes nicht länger der Offensive für die marxistisch-leninistische Wissenschaft und gegen den Formalismus in der Kunst.[170] Ihre kulturelle Aufmerksamkeit richtete sich zunehmend nach Osten[171] und zugleich – vor allem im Goethe-Jahr 1949 – auf das klassische deutsche Erbe. Der Kulturbund nahm all diese Komponenten des sozialistischen Realismus auf seinem 2. Bundeskongreß (im November 1949) in seinen Aufgabenkatalog auf, wenn auch in teils noch verschlüsselter Form.[172]

Die Überparteilichkeit aufzukündigen und Kunst und Wissenschaft ihrer Verantwortung vor antifaschistisch-demokratischem Neuaufbau und der Nation bewußt zu machen, war eine Sache; eine andere, die parteilichen Prinzipien verbindlich durchzusetzen. Bevor der Kulturkampf[173] gegen bestimmte Stilrichtungen und einzelne Intellektuelle einsetzte, wurden die Kriterien des sozialistischen Realismus, des Antiformalismus und der »deutschen Nationalkultur« präzise ausbuchstabiert. Die Parteinahme für die im Entstehen begriffene neue Gesellschaft sollte sich in einer realistischen, das sollte heißen »lebensechten« und »typischen«

künstlerischen Darstellung des Menschen und des »objektiven« Entwicklungsprozesses selbst ausdrücken. Sie hatte überdies »volkstümlich« zu sein, an der »wahren« Nationalkultur anzuknüpfen, allem »wurzellosen« Weltbürgertum und Kosmopolitismus abzuschwören und sich zugleich am sozialistischen Vorbild der Sowjetunion zu orientieren.[174] Eine »Verordnung zur Entwicklung einer fortschrittlichen demokratischen Kultur des deutschen Volkes« verlieh dem kulturellen Kampf gegen Dekadenz, Kosmopolitismus und amerikanische »Kulturbarbarei« und für Frieden, nationale Einheit und Fortschritt gleichsam Gesetzeskraft, vor allem aber institutionelles und finanzielles Durchsetzungsvermögen.[175] Den Kulturkampf selbst läutete der 3. Parteitag der SED (im Juli 1950) ein: Breite Kreise der Intelligenz und selbst Teile der Partei, so hieß es, hätten die Bedeutung der Kulturarbeit noch immer nicht begriffen; zugleich hinderten »sektiererische« Auffassungen in der Arbeiterklasse die Festigung des Bündnisses mit der Intelligenz. Daher liege die »entscheidende kulturpolitische Aufgabe« darin, »einen radikalen Umschwung auf allen Gebieten des kulturellen Lebens zu erzielen und mit der Lauheit und dem Versöhnlertum unerbittlich Schluß zu machen«.[176] Die berüchtigte 5. Tagung des ZK der SED (im März 1951) ging sodann zur offenen Denunziation der Künstler über, die dem Formalismus noch immer nicht abgeschworen hatten, oder anders gesagt: die trotz besten Willens die verschlungenen Pfade des Denkens der Partei nicht richtig zu interpretieren vermochten. Es gelte, die Wirklichkeit in ihrer revolutionären Entwicklung darzustellen, wozu die Kenntnis der Entwicklungsgesetzlichkeiten erforderlich sei. Die Aufforderung zum Studium des Marxismus-Leninismus und der Erfahrungen der Sowjetunion ergab sich hieraus von selbst. Die nationale Komponente wurde – einem jeden Leser von Milan Kunderas Roman *Der Scherz* bestens vertraut – um die Pflege der Volkskunst, des Volkslieds und der Volksmusik ergänzt. Die eigentliche Neuheit aber bestand in der Einführung des Prinzips von Kritik und Selbstkritik auch in die kulturelle Sphäre. Das ZK kündigte die Gründung der Staatlichen Kommission für Kunstangelegenheiten an und gab die Aufgaben und Fehler aller bedeutenden kulturellen Institutionen bekannt, nachdem es schon die Schwächen und Mängel einzelner Künstler und Werke aufgelistet hatte.

Die Wirkung des 5. Plenums ließ sich am Manifest des

3. Schriftstellerkongresses (1952) ablesen: »Wir in Berlin versammelten Dichter und Schriftsteller erklären feierlich, daß wir die Sprache unserer Väter verteidigen werden, indem wir sie gegen ihre Feinde führen. Wer aber diese deutsche Sprache in den Dienst der Feinde stellt, ist ein Verräter am deutschen Volk.«[178] Nachdem die SED im selben Jahr den Aufbau des Sozialismus beschlossen hatte, erklärte Johannes R. Becher: »Das nationale Pathos, das wir anstreben, drückt in seiner Leidenschaftlichkeit auch all das aus, was uns als Sozialisten am Herzen liegt. Es wird nur dann echt und wirksam sein und nicht auf Stelzen einhergehen, wenn es tief volksverbunden ist und in seiner Gehobenheit und Erhabenheit dem natürlichen Volksempfinden entspricht.«[179]

## 4. Antinomien der Demokratiekonzeption

Das »natürliche Volksempfinden« war nicht Sache der Demokratie- und Verfassungstheoretiker. Ihnen ging es, anknüpfend an Marx und Rousseau, um die uneingeschränkte Herrschaft des Volkes, nicht um seine konkreten politisch-kulturellen Orientierungen. Die erschienen ihnen eher als abschreckend. Die ausgeprägt obrigkeitsstaatlichen Neigungen, den Hang zur Innerlichkeit und kulturellen Selbstüberschätzung und schließlich die nazistische Faszination – von vielen beklagt, solange die Misere-Theorie vorherrschte – galt es aus einer prinzipiellen Perspektive heraus gerade zu überwinden. Daraus ergab sich jedoch der erste Widerspruch der demokratietheoretischen Konzeption: Man plädierte für die uneingeschränkte Volksherrschaft, meinte aber zugleich, das Volk sei zu seiner Souveränität erst zu erziehen. Die Vorstellung unmittelbarer Demokratie rieb sich darüber hinaus an dem Herrschaftsanspruch der Avantgarde-Partei. Das radikal-demokratisch formulierte Ziel der Aufhebung aller Herrschaft – das universalistische Ziel der marxistischen Arbeiterbewegung – brach sich an der partikularistischen Prärogative der marxistisch-leninistischen Partei, die vorgab, das Interesse der Befreiung der Arbeiterklasse und somit die Freiheit und Gleichheit aller zu vertreten. Die Synthese hieß: der Weg zur Autonomie des Volkes führt über seine Unterwerfung.

Das Wissen um die volonté générale und um den Weg, sie durchzusetzen, reklamierte die SED wie eine jede marxistisch-leninistische Partei für sich. Der Widerspruch zwischen dem Ziel der Souveränität und Autonomie und der parteipolitischen Hegemonie trat freilich nicht erst mit dem Leninismus auf; er begleitete die marxistische Arbeiterbewegung seit Marx und Engels. Bereits in deren Werk war zudem das Spannungsverhältnis zwischen Voluntarismus und Determinismus angelegt, das später die Auffassung begründete, es hätten sich in der Geschichte der Arbeiterbewegung und ihrer Theorie ein kritischer und ein »wissenschaftlicher« Marxismus – auch westlicher und östlicher Marxismus genannt – entwickelt.[180]

Der wissenschaftliche Marxismus stand (und steht) für die Annahme der ökonomischen Determiniertheit der gesellschaftlichen Entwicklung; seiner ursprünglichen Anlehnung an den evolutionären Darwinismus verdankt sich vielleicht die bis heute organizistische Sprache, jedenfalls aber der historische Optimismus. Weiter waren die strukturtheoretische Trennung von Überbau und Basis und die Strukturanalyse der Klassen ebenso relevant wie die produktivistische und industriezentrierte Zielvorstellung und die Überzeugung, das revolutionäre Subjekt selbst vermöge es nicht, den Verblendungszusammenhang der entfremdeten Arbeit in emanzipativer Praxis zu überwinden. Aus dieser Überzeugung legitimierte sich die Funktion der Avantgarde-Partei. Den kritischen Marxismus hingegen kennzeichnete die pessimistische Skepsis gegenüber der Sicherheit wissenschaftlicher Erkenntnis und einer möglicherweise nicht determinierten gesellschaftlichen Evolution. Daraus erklärten sich der subjektivistische (auch voluntaristisch genannte) Impuls ebenso wie die vornehmlich moralisch-ethische Motivation. Ferner lag hier das Interesse weniger an ökonomischen Gesetzen und eindeutigen Strukturanalysen als an der Historizität und Mehrdeutigkeit insbesondere kultureller Muster und an den Bedingungen der Möglichkeit, die Entfremdung in Selbsttätigkeit zu überwinden, begründet. Aus dem kritischen Marxismus entwickelten sich – ausgehend von Korsch und dem jungen Lukács – entweder die Betonung der Bedeutung von Klassenbewußtsein und Kultur, von Subjektivität und Praxis, oder aber – über Marx hinaus – eine Demokratietheorie, die die marxistischen Antinomien zu vermeiden sucht.[181]

Selbst wenn der wissenschaftliche Marxismus politisch immer stärker war als der kritische, wenn er nicht erst die Dritte, sondern schon die Zweite Internationale prägte, war der Gegensatz doch nicht trennscharf: Deterministen und Voluntaristen fanden sich – ebenso wie Befürworter parteilich-autoritärer oder selbsttätiger Erziehungsprozesse – quer durch die verschiedenen Fraktionen der Arbeiterbewegung. Der Glaube an das objektive Wirken historischer Entwicklungsgesetze und an die Möglichkeit, sie mit dem Instrumentarium des wissenschaftlichen Sozialismus erkennen und die politische Praxis an ihnen ausrichten zu können, hatte widersprüchliche Konsequenzen: Er konnte ebenso zur Unterwerfung unter die waltenden Gesetze – zum revolutionären Attentismus – führen wie zu einer Strategie der revolutionären Beschleunigung der vermeintlich gesetzmäßigen Evolution. In jedem Fall aber unterlag ihm die Vorstellung einer vorgegebenen gesellschaftlichen Dynamik, die sich mit naturgesetzlicher Notwendigkeit erfüllen müsse. Diese Denkfigur mußte nicht, aber konnte sehr wohl – und de facto hat sie so gewirkt – eine Praxis der Wissenden, die sicher waren, mit »der Geschichte« im Bunde zu sein, über die Köpfe der Unwissenden hinweg begründen. Sie lud zu der Vorstellung ein, die Massen müßten zur Einsicht in den objektiven Geschichtsverlauf erzogen werden. Diese Vorstellung fand sich bei Kautsky ebenso wie bei Lenin und legitimierte seither die Prärogative der kommunistischen Parteien.

Doch noch ein zweites »Erziehungs«konzept ging gleichfalls quer durch die politischen Flügel der Arbeiterbewegung. Sowohl Luxemburg als auch Bernstein erwarteten, daß die Selbsttätigkeit des Proletariats erzieherisch wirken werde. Obwohl sie den gegnerischen Parteiflügeln der Revisionisten bzw. der Revolutionäre angehörten, war beiden ein »dynamischer Aktivismus« gemeinsam, der ihnen, im Gegensatz zu den »dynamischen Ökonomisten«, verbot, auf das Wirken ökonomischer Gesetzmäßigkeiten zu warten.[182] Bernstein teilte den Glauben in diese ohnehin nicht. Wenn er dem »Gesellschaftsplan« ein »Gesellschaftsprinzip« entgegenstellte und – seinem berühmten Satz zufolge – die Bewegung höher schätzte als ihr Ziel, dann plädierte er entgegen einem verbreiteten Mißverständnis nicht dafür, das Ziel des Sozialismus fallen zu lassen, sondern für gesellschaftliche Selbsttätigkeit und individuelle Lernprozesse aus Erfahrung und Schulung in Genossenschaften, politischen Organisationen und in den parlamentarischen Institutionen.[183] Und auch dieses Plädoyer war Lenin nicht fremd; so wie auch – und gerade – Lenin zu jenen gehörte, die den ökonomischen Determinismus durchbrachen.

Der »Gesellschaftsplan« wäre treffender »Herrschaftsplan« zu nennen, denn er baute auf der Annahme einer ökonomisch determinierten Entwicklung auf, sah die Änderung der ökonomischen Strukturen als entscheidende Voraussetzung des Sozialismus an und machte die Überwindung eines in der Klassengesellschaft notwendig falschen Bewußtseins nicht nur von der Veränderung der Eigentumsverhältnisse abhängig, sondern von einem von oben angeleiteten Erziehungsprozeß. Gewiß unterscheidet sich der Voluntarismus der Partei von dem Antideterminismus der Befürworter gesellschaftlicher Praxis. Wichtiger für den politisch-ideologischen Handlungsrahmen kommunistischer Parteien nach – und weit vor – dem Zweiten Weltkrieg war aber der Umstand, daß sich die allein der Partei erlaubte Vermischung voluntaristischer und deterministischer Züge mit der Stalinisierung durchgesetzt hatte. Angesichts der Dogmatisierung des wissenschaftlichen Status und der – von den Revisionisten und den kritischen Marxisten bezweifelten – Prognosefähigkeit des Marxismus war von der SED gewiß nicht zu erwarten, daß sie den Anspruch auf »Wissenschaftlichkeit« aufgeben und für das »Gesellschaftsprinzip« der Selbsterziehung zu Freiheit und Demokratie eintreten würde. Der moralische Impetus der Emanzipation, sofern er sich überhaupt äußerte, war längst den invarianten Etikettierungen anheimgefallen und galt als Opportunismus, Abenteurer- oder Sektierertum. Die Entschlossenheit, sich über das reale Bewußtsein der Menschen hinwegzusetzen, konnte die SED in Deutschland zwar mit dem konkreten Verweis auf die Unsicherheit des Urteils und die Verführbarkeit der Massen begründen. Aber auch wenn sie nicht in ihrer Mehrheit dem Nazismus verfallen wären, wäre die Politik der stalinistischen Partei doch prinzipiell autoritär und in ihrem Anspruch, eine neue Gesellschaft über die Köpfe der Gesellschaftsmitglieder hinweg zu schaffen, totalitär gewesen.

Diese Kategorie ist kein Privileg der konservativen Kritik.[184] Sofern sie aus dem kritischen Marxismus kommt und die Praxisphilosophie mit der Demokratietheorie verknüpft, kann sie gegen die Marxsche Kritik der »nur« formalen Freiheit und der »bloß« abstrakten Rechte, gegen die Kritik der Rechte nur »abstrakter« Menschen in der bürgerlich-kapitalistischen Gesellschaft mit guten Gründen einwenden, daß diese Kritik sich damit begnügt, die Defizite – das nicht erreichte Maß der Gleichheit und das nicht gelungene Wahrnehmen der Rechte – hervorzuheben, ohne allerdings die Chancen, die in der Selbstkonstitution von Gesellschaft und Öffentlichkeit liegen, überhaupt zu begreifen. Die Annahme des wissenschaftlichen Marxismus, es gebe ein Ziel, das historisch gewiß, gesetzmäßig zu erreichen und wissenschaftlich zu prognostizieren sei, unterstellt ein noch weitaus abstrakteres Menschenbild als die kritisierte formale Demokratietheorie. Im Namen eines neuen, nie gesehenen Menschen beschneidet die Partei die Rechte der konkreten Individuen. Die politische Aufkündigung einer Norm, die mit der kapitalistischen Produktionsweise und der abstrakten Arbeit sich politisch-kulturell verankerte und nicht bloß Ideologie, sondern zugleich Utopie und Realität war, unterbindet die einzige Chance ihrer Verwirklichung: nämlich die Praxis selbst. Der Weg, zuerst die Bedingungen der »realen« Demokratie schaffen und sodann die allgemeinen Freiheitsrechte »garantieren« und »gewähren« zu wollen, statt durch das Praktizieren der Rechte die Demokratie als stets prekären Prozeß immer erneut herzustellen, ist der Kern der totalitären Versuchung. Bemüht um gesellschaftliche Homogenisierung, da erst Gleichheit gleiche Rechte ermögliche, führt er zur Gleichheit in der Repression.[185]

Die grundsätzlichen Widersprüche, die der Anspruch birgt, die Voraussetzungen der Freiheit aller von oben zu schaffen, und die parteipolitische Repression, zu der er führt, zeichneten sich in der SBZ ab, sobald die SED entstand, und sie schlugen sich auch in der theoretischen Diskussion nieder. Mit der Vorbereitung des Zusammenschlusses von KPD und SPD setzte in der eigens gegründeten Zeitschrift *Einheit* eine öffentliche Diskussion über den Unterschied zwischen der »antifaschistischen« Demokratie der unmittelbaren Nachkriegszeit und den Konturen einer zukünftigen »wahren« Demokratie ein. Die sozialistische Einheitspartei, die alle Kräfte der Linken zusammenzufassen beanspruchte, stand nach dem Verständnis ihrer Protagonisten nicht allein vor der Aufgabe, ihre antifaschistischen Gegenwartsforderungen in ganz Deutschland durchzusetzen. Sie formulierte zugleich, wenn auch nur in groben Umrissen, das sozialistische Ziel, das sie von der Basis der vorübergehenden Ordnung aus erreichen wollte. Hatte bis dahin vor allem die Vergangenheit – das historische Versagen der Bourgeoisie, die »Fehler von 1918«, der Nationalsozialismus – als Begründung der aktuellen Politik gedient, sollte die Politik sich jetzt zugleich an dem Ziel der künftigen Gesellschaft messen lassen. Mit der Unterscheidung eines Minimal- und Maximalprogramms, einer vorläufigen und einer endgültigen, »wirklichen« Demokratie, war es aber nicht getan. Die SED bemühte sich überdies, die antifaschistische Ordnung, die nach ihrer Interpretation in der SBZ entstand, von der bürgerlich-»formalen« Demokratie und von der »Volksdemokratie« abzuheben. Die eine ordnete sie in geschichtsphilosophischer Sicht einem historisch überholten Entwicklungsstadium, das es zu überwinden gelte, zu und polemisierte deshalb gegen ihre Implementierung in den Westzonen. Die andere – in Mittel- und Osteuropa im Entstehen begriffen – betrachtete sie als eine Art Vorstufe zum Sozialismus, der die antifaschistisch-demokratische Ordnung ebenbürtig würde, sobald sie sich über die SBZ hinaus auf alle Bereiche Deutschlands ausdehnen könne. Daher ist die Ausdifferenzierung der demokratietheoretischen Konzeption auch als Reaktion der SED auf die unübersehbare Auseinanderentwicklung der besetzten Zonen zu verstehen. Allerdings wollte sie vermeiden, die Diskussion um die aktuellen und künftigen Formen der Demokratie so zu führen, daß sie eine gesamtdeutsche Perspektive von vornherein ausschloß. Denn die Wahrung der nationalen Einheit galt der SED als Voraussetzung der Demokratisierung ganz Deutschlands – so wie sie sie verstand.

Die Forderungen nach der Einheit der Arbeiterklasse und der Einheit der Nation nahmen in der Argumentation der Protagonisten des Parteizusammenschlusses von KPD und SPD einen zentralen Platz ein. Nur diese doppelte Einheit, meinten sie, könne die Gefahr der Zersplitterung der »konsequentesten Kräfte« der demokratischen Erneuerung abwehren.[186] Im Kampf um die »Herstellung der Einheit Deutschlands als antifaschistische, parlamentarisch-demokratische Republik« reklamierte Ulbricht auf der letzten Konferenz der KPD, die dem Vereinigungsparteitag vorherging, eine besondere Rolle für die sozialistische Partei der organisatorisch vereinten Arbeiterklasse – die SED. Deren spezifische Verantwortung sollte sich freilich zugleich auf die Durchsetzung der sozialistischen Zukunftsperspektiven erstrecken.[187]

Worin unterschied sich nun aber die Gegenwartskonzeption von den Konturen der bürgerlichen Gesellschaft oder einer sozialistischen Zukunftsgesellschaft? Ulbricht ordnete die antifaschistische Umwälzung in die Umrisse eines demokratischen Modells ein, in dem der Wille des Volkes zum »obersten Gesetz« würde. Um dies zu erreichen, sollten die Werktätigen, in diversen Ausschüssen organisiert, »täglich mitwirken am Neuaufbau«. Solche »Mitwirkung« heiße zugleich, die Gewaltenteilung aufzuheben, die Justiz zu reformieren und die Wirtschaft auf der Grundlage einer »großzügigen« Planung der Landes- und Provinzialverwaltungen in den Dienst »der Interessen des Volkes« zu stellen. Ferner verlange eine »wirkliche Neuerziehung« des Volkes die »Schaffung einer neuen demokratischen Kultur« und somit die Pflege alles »Demokratischen« und »Fortschrittlichen«.[189]

Die Konzeption der Demokratie im antifaschistischen Neuaufbau gewann somit Konturen, die über die Formen des bürgerlichen Parlamentarismus in einer Deutlichkeit hinauswiesen, die die früheren Stellungnahmen der kommunistischen Politiker hatten missen lassen – und dies um so mehr, sobald sie die Diktatur des Proletariats ansprachen. Wenn Anton Ackermann am Vorabend des Zusammenschlusses von Kommunisten und Sozialdemokraten Besonderheiten eines »deutschen Weges« zur sozialistischen Eigentums- und Gesellschaftsordnung diagnostizierte, so schloß er ganz explizit die sozialdemokratische Vorstellung eines »friedlichen Hineinwachsens« in den Sozialismus aus. Es bestehe lediglich die Chance, die vermeintlich unverzichtbare Institution einer klassenkämpferischen, proletarischen Diktatur mit friedlichen, demokratischen Mitteln zu errichten: Die Bourgeoisie, im Zuge der Befreiung und Besetzung Deutschlands wesentlicher Machtpositionen beraubt, sei nicht in der Lage, im Bunde mit Militär und Staatsbürokratie dem Proletariat den gewaltsam-revolutionären Kampf um die Macht aufzuzwingen. Diese Besonderheit des deutschen Weges zum Sozialismus, die sich der außergewöhnlichen zeithistorischen Konstellation nach der Zerschlagung des Nazismus verdanke, könne allerdings verlorengehen, wenn es nicht gelinge, die antifaschistische Ordnung in ganz Deutschland zu errichten.[189] Die sozialistische Gesellschaft selbst werde, so meinte Ackermann, von »politischen und nationalen Eigenheiten«, von den »besonderen Zügen« der Wirtschaft und Kultur, wie sie sich in der historischen Entwicklung des deutschen Volkes herausgebildet hätten, geprägt sein. Der deutsche Weg dorthin könne angesichts der günstigen Voraussetzungen leichter sein als der russische.[190] Insgesamt blieb jedoch unklar, wie friedlich zum Sozialismus zu kommen sei, wenn doch die proletarische Diktatur zwischen der antifaschistischen Ordnung und der klassenlosen Gesellschaft stehen sollte. Die SED verriet lediglich, sie werde als

»unabhängige Partei« um den Sozialismus kämpfen, »eins mit den klassenbewußten Arbeitern aller Länder« und »solidarisch mit den friedliebenden und demokratischen Völkern der ganzen Welt«.[191] Unabhängig also, so wollte sie wohl verstanden werden, vom sowjetischen Weg, aber dennoch in Einklang mit den Prinzipien des proletarischen Internationalismus.

Die sozialistische Demokratie sollte sich von der antifaschistischen Ordnung selbstverständlich nicht allein durch die Formen der politischen Macht und die Chancen der kulturellen Teilhabe unterscheiden. Beides war nach Meinung der SED nicht denkbar ohne eine weitere – nun dezidiert antikapitalistische – Veränderung der Eigentumsverhältnisse. Die Konzeption der sozialistischen Gesellschaft setzte eine Eigentumsordnung voraus, die als Grundlage der ganzen politischen Macht der Arbeiterklasse zu gelten habe und den Fortbestand besitzbürgerlicher Klassen ausschließe. Damit stand das Maximalprogramm der SED zwar im Einklang mit sozialistischen und kommunistischen Traditionen, aber im klaren Gegensatz zu den antifaschistisch genannten Grundsätzen der KPD sowie den Vorstellungen der sozialdemokratischen oder christlichen Sozialisten. Die Protagonisten der SED betonten wiederholt, daß »die Wurzeln imperialistischer Eroberungssucht« nur mit dem Kapitalismus selbst »auszurotten« seien. Auch wenn sich der antifaschistische Kampf »in der gegenwärtigen Periode nicht gegen den Kapitalismus überhaupt, sondern gegen die großkapitalistischen Träger der imperialistischen Kriegspolitik« richte, sei doch das »Wiederaufkommen imperialistischer Eroberungsbestrebungen nach außen und autoritärer Herrschaftsgelüste im Innern« nur dann zu verhindern, wenn »die Mehrheit der Werktätigen« sich dafür entscheide, daß »konsequente antifaschistische Demokraten unter der Führung der Sozialistischen Einheitspartei die Leitung des Staats- und Wirtschaftsapparats übertragen« erhielten.[192]

Ob dieser Zustand an der Schwelle des Übergangs zum Sozialismus eintreten solle und Ulbricht hier die Diktatur des Proletariats umschrieb, blieb der Phantasie der Zeitgenossen zu beurteilen überlassen. Denn noch vor dieser Schwelle, so meinte er, sei um eine »fortschrittlich-demokratische«, nach der Gründung der SED gelegentlich auch »volksdemokratisch« genannte Ordnung zu kämpfen.[193] Seit die antifaschistische Ordnung gegen Ende des Jahres 1946 in die Perspektive der Volksdemokratie gestellt wurde, die sich in Osteuropa abzuzeichnen begann, gewann sie den Charakter einer Vorstufe zu dieser »Demokratie neuen Typs«.[194] Eine Volksdemokratie sei entwicklungslogisch zwischen der bürgerlich-kapitalistischen und der sowjetisch-sozialistischen Demokratie anzusiedeln. Zwar bestehe – im Gegensatz zur sozialistischen Demokratie – Privateigentum an den Produktionsmitteln noch fort, doch sei die formale parlamentarische Demokratie schon insofern überwunden, als das Volk bereits »in bedeutendem Maße die Regierungs- und Staatsgewalt« ausübe. Es bediene sich dabei des politischen Blocks, in dem sich die Parteien der werktätigen Schichten zur Volksfront zusammengeschlossen und auf dessen Basis sie eine Volksregierung gebildet hätten, die sich zugleich auf die Massenorganisation stütze. Die Struktur der politischen Gewalt unterscheide sich zusätzlich von der bürgerlich-formalen, parlamentarischen Demokratie durch die Aufhebung der Trennung von Legislative und Exekutive und durch die Selbstverwaltung der werktätigen Klassen und Schichten in Volksausschüssen. Dies bedeute eine »tiefgreifende Demokratisierung« der Staatsgewalt und ihres Apparats.[195] Nur weil sie lediglich ein Teil einer außerdem nicht souveränen Nation sei, deren besetzte Zonen sich auseinander zu entwickeln drohten, könne die SBZ noch nicht als Volksdemokratie angesehen werden.[196]

Als die Vorbereitung der Bizone in Gang kam und die alliierten Verhandlungen über einen Friedensvertrag mit Deutschland für das Jahr 1947 anstanden, verabschiedete der SED-Parteivorstand ein Manifest zu den »Grundrechten des deutschen Volkes«.[197] Er wollte dem »Auftauchen einer separatistischen und partikularistischen Gefahr« und den westalliierten Vorstellungen »für einen bundesstaatlichen Aufbau Deutschlands« wehren. Statt eines neuen Föderalismus, der die Wiederentstehung des Imperialismus nicht verhindern könne, strebte die SED einen »deutschen Einheitsstaat unter einheitlicher Regierung aber dezentralisierter Verwaltung« an.[198] Wenn sie behauptete, das »deutsche Volk« könne »nicht leben ohne die Wiederherstellung der Einheit Deutschlands«, sollte das wohl heißen, daß Imperialismus und Krieg nur durch die Abschaffung des Föderalismus zu verhindern seien – ein vor dem Hintergrund der nazistischen Erfahrung nicht gerade plausibles Argument. Freilich ging es nicht um einen beliebigen Einheitsstaat, sondern um die Einführung des zentralistischen Verständnisses von Demokratie und Volkssouveränität, das die

SED in allerdings radikal-demokratischer Verkleidung präsentierte.[199]

Dem Manifest folgte wenig später ein erster Verfassungsentwurf für eine »einheitliche deutsche demokratische Republik«.[200] Bei der Begründung ihrer Verfassungsprinzipien knüpfte die SED an Bedingungen und Erfordernisse, die sich aus der deutschen Geschichte ergäben, und an ihre Behauptung an, eine »deutsche Demokratie« könne sich nur aus den »demokratischen Kräften Deutschlands« heraus entwickeln und habe »nur einen wirklichen Garanten«, nämlich die »einzige konsequente demokratische Klasse Deutschlands«: die Arbeiterklasse.[201] Vor diesem Hintergrund: Sicherung der nationalen Einheit unter proletarischer Führung, begann die Verfassungsdebatte. Sie nahm Bezug auf die jüngste deutsche Geschichte – allerdings weniger auf den Nationalsozialismus als vor allem auf die Weimarer Republik. Nicht zufällig entwickele sich die Diskussion um die Verfassung der zukünftigen (gesamt)deutschen Republik als Diskussion über Weimar, betonte Karl Polak, einer der Verfassungsväter und einflußreichsten Staatsrechtler der späteren DDR. Denn aus dem Scheitern der ersten Republik müsse man lernen, um eine Wiederholung der Fehler zu vermeiden. Wolle man die Demokratie gegen ihre Widersacher erfolgreich durchsetzen, sei von zwei kritischen Prämissen auszugehen: Die Weimarer Demokratie sei formal geblieben, und insgesamt sei die demokratische Tradition in Deutschland nur schwach ausgeprägt. Daher müsse man jetzt um eine reale Demokratie kämpfen und das politische Bewußtsein des Volkes gegen das festverwurzelte obrigkeitsstaatliche Denken wecken und fördern.[202]

Die obrigkeitsstaatliche und staatsfetischistische Tradition habe sich daraus ergeben, daß den Deutschen seit 1848 »die Möglichkeit verantwortlicher Mitgestaltung der inneren und äußeren Politik« verwehrt war. So habe es für die Deutschen keine Möglichkeit gegeben, ein »politisches Volk« zu werden, und daher »wandten sich die besten Kräfte des Volkes von der Politik ab«.[203] Nach dem Zweiten Weltkrieg sollte erstmals nicht der Staat die gesellschaftliche Entwicklung bestimmen können, sondern die Gesellschaft den Staat. Polaks Kritik der formalen Demokratie, sein Eintreten für die »Hegemonie der Volksvertretung«, zielte mit dieser Begründung darauf, daß die Volksvertretung »nicht dem bestehenden Zustand der staatlichen, gesellschaftlichen und wirtschaftlichen sowie rechtlichen Verhältnisse nachgeordnet, sondern diesen übergeordnet« werden sollte.[204] Dieses radikal-demokratisch anmutende Plädoyer für uneingeschränkte Volkssouveränität und Parlamentshoheit war zentraler Bestandteil der Verfassungskonzeption der SED und der ihr zugehörigen Juristen. Es ging freilich von Anbeginn mit den Postulaten sozialer Homogenität und der Identität von Volk und Staat einher, die ihrerseits individuelle Rechte den sozialen unterordneten, Rechtsstaatlichkeit als »Rechtsformalismus« ablehnten und eine Allparteienherrschaft zuungunsten jeglicher politischer Opposition zu begründen halfen. Homogenität und Identität, verbunden mit der Ablehnung eines jeden Formalismus, wurden somit zur Begründung einer allein auf Macht beruhenden Herrschaft.

Weder 1848 noch 1871 oder 1918 sei, so lautete das Argument, die »wahre« Volksherrschaft hergestellt oder auch nur angestrebt worden.[205] Jetzt sei der Wille des Volkes zum »obersten Gesetz« zu machen und vom »Klassenstaat zur Volksdemokratie« voranzuschreiten. Das heiße zugleich, den »Willen zu einer neuen Ordnung« ebenso wie den »sozialen Fortschritt zu einem Grundrecht der Deutschen und zu einer Grundpflicht der Regierungen« zu erklären.[206] Ein »entschiedener Demokratismus und Parlamentarismus« impliziere ein »geschlossenes demokratisches System der Wählbarkeit und Abberufbarkeit der Träger demokratischer Regierung und Verwaltung«. Er verlange, die Gewaltenteilung aufzuheben und der Legislative mit ihren substantiellen Aufgaben den Vorrang vor der Exekutive und richterlichen Gewalt einzuräumen. Die politische Demokratie solle zu einer »sozialen und realen Demokratie« erweitert werden; diesem »obersten Prinzip« ordneten sich »alle anderen Aufgaben und Funktionen unter«.[207] Hierbei rangiere der Gedanke der Gleichheit höher als jener der Freiheit, da materiale – im Gegensatz zur formalen – Gleichheit und gesellschaftliche Homogenität die Voraussetzungen einer politischen Demokratie erst schaffen würden; letztere sei »lediglich eine Folge« der sozialen Demokratie.[208] Aus der Forderung nach gesellschaftlicher Homogenität und sozialer Gleichheit leitete man dann aber die Priorität demokratischer vor rechtsstaatlichen Prinzipien ebenso ab[209] wie die Verpflichtung der Individuen auf die Interessen der Gemeinschaft.[210] Das Ziel der Homogenität werde sich, so hieß es, mit der Identität von Volk und Staat herstellen.[211]

Daß eine solche Vorstellung den Weimarer Verfassungsvätern ferngelegen hatte, lasteten Polak und seine Mitstreiter dem Rechtsformalismus an. Positivisten und Neukantianern sei grundsätzlich die Erkenntnis verstellt, daß Demokratie nicht statisch, sondern »dynamisch«, kein »System von Normen, sondern eine gesellschaftliche Erscheinung« sei. Eine Verfassung, die nicht zur »Beseitigung der Einrichtungen, die der Volksunterdrückung dienen«, tauge, sei nicht demokratisch.[212] Diese Einsicht habe sich jedoch bislang in der deutschen Staats- und Rechtslehre nicht durchsetzen können. »Statt Erforschung der gesellschaftlichen Bewegungen sehen wir überall ein krampfhaftes Anklammern an die geschriebene Verfassung, ein Heruminterpretieren an festgefahrenen Prinzipien und juristischen Dogmen, die die bestehenden Gesellschaftsbeziehungen hervorbrachten.«[213] Obwohl die Weimarer Republik an dieser unhistorischen Sichtweise gescheitert sei, habe die bürgerliche Staatstheorie bislang nicht erklärt, »warum trotz Gewaltenteilung, Menschenrechten und Rechtsstaat« die Diktatur in Deutschland habe entstehen können. Die Antwort liege darin, daß diese Prinzipien »ihren realen geschichtlichen Sinn verloren« hätten und zu »leeren Begriffen« geworden seien.[214]

Die Kritik am Rechtsformalismus bezog sich mithin insbesondere auf die verfassungsrechtliche Verankerung der Gewaltenteilung, der Menschenrechte und des Rechtsstaats, die allesamt Rechtsinstitute einer historisch überholten Epoche seien.[215] In bürgerlich-konstitutionellem Denken verhaftet, habe die Weimarer Verfassung nach Polaks kaum bestreitbarer Ansicht zwar die Gesetzgebungsgewalt dem Volk überantwortet, doch »das Fundament des alten wilhelminischen Staates, den Staatsapparat selbst und die alte Bürokratie unangetastet« gelassen. So konnten die Träger der Exekutivgewalt faktisch über den Staatsapparat verfügen und die Justiz »wuchs zu einem selbstherrlichen autokratischen Apparat heran«.[216] Doch Polaks Polemik gegen den Rechtsformalismus und das, was er für seine zeitgeschichtlichen Konsequenzen hielt, sah davon ab, daß die Weimarer Justiz aufgrund der politischen Kräfteverhältnisse eine politische Justiz werden konnte, und konzentrierte sich allein auf die Forderung, die Gewalt müsse »in die Hand des Volkes« übergehen.[217]

Dem liberal-demokratischen Vorwurf, eine »Parlamentsallmacht«, ein »Parlamentsabsolutismus« solle eingeführt werden und das deutsche Volk plötzlich einen »Weltrekord an Demokratie« leisten[218], wurde mit dem Hinweis begegnet, die Gewaltenteilung, die hergebrachten »wechselseitigen Hemmungen« der Instanzen, hätten noch immer, vom Volk unkontrollierbar, der Obrigkeit und Reaktion gedient. Wie vordergründig man den Rechtsformalismus attackierte, zeigte sich in der Unterstellung, die Weimarer Justiz sei keine politische, sondern eine formal-korrekte gewesen, wohingegen vom Richter künftig zu fordern sei, »daß er sich vom rein normativen Denken (...) lösen und vor allem, daß er das wirkliche gesellschaftliche Leben beachten soll«. Er solle »politisch denken und handeln«, und zwar in dem Sinne, daß er »die politischen Verhältnisse und die politische Entwicklung« seines Landes bei seinen Entscheidungen zu beachten habe. Das Ideal des »unpolitischen, neutralen« Richters sei nicht demokratisch, denn die Bindung an das Gesetz schließe nicht aus, daß ein Richter »lebensbejahend, fortschrittlich, ›gesellschaftlich richtig‹ und dabei objektiv« entscheide.[219] Das »alte formale Recht mit seiner Justizmaschine« sei nicht »sofort und restlos zu beseitigen«, aber neues Recht würde sich im Kampf um die neue Gesellschaftsform entwickeln. Es bilde sich »nicht von ungefähr«, sondern verlange den »Willenseinsatz der Klasse, die berufen ist, die bürgerlichen Gesetze und Rechtsinstitutionen zum Schutze ihrer Klasseninteressen abzulösen durch den Rechtsstaat des Volkes«.[220]

Das Plädoyer für eine »historisch richtige« Parteilichkeit war nur als Plädoyer für die Höherrangigkeit politischer Zielbestimmung über Formen und Verfahren zu verstehen, und es ließ die Konzeption der Menschenrechte nicht unberührt. Bislang hätten sie lediglich die »notwendige Grundlage für die Entfaltung der bürgerlichen Gesellschaftsbeziehungen und der bürgerlichen Ökonomie« geschaffen. Einen substantiellen Gehalt – über solche vermeintlichen Formalismen wie die Gleichheit vor dem Gesetz oder die Meinungsfreiheit hinaus – könnten sie erst im Sozialismus gewinnen. Bei der »Beseitigung der kapitalistischen Produktions- und Gesellschaftsverhältnisse« seien sie dagegen ein Hindernis.[221] Aus der Konzeption einer uneingeschränkten Volkssouveränität und Parlamentshoheit folgte ferner, daß kein Verfassungsinstitut als absolut und unabdingbar gelten dürfe. Die Souveränität des Volkswillens müsse dem Volk die Möglichkeit lassen, »jeden Fehler sofort zu sehen und sofort ungehemmt korrigieren zu können«.[222] Damit sollten also die Grundrechte nicht bloß unter einem »weitgehenden ›Gesetzesvorbehalt‹« stehen und »zugunsten des Gesetzgebers« beschränkt werden können.[223] Vielmehr entkleidete man sie – marxistischer Tradition folgend – ihres universalistischen Charakters.[224] Indem sie grundsätzlich als – im historisch falschen, nämlich »bürgerlichen« Sinne – parteilich galten, konnten sie auch aus bloß taktischen Erwägungen heraus zurückgewiesen werden. Sie erschienen dann als potentieller Störfaktor beim Aufbau der neuen Gesellschaftsordnung, weil sie »Faschisten und Militaristen« Freiheiten einräumten.[225]

Obwohl es »wahre« Freiheit und Persönlichkeitsentfaltung erst in der klassenlosen Gesellschaft geben könne, werde die neue Verfassungsordnung jedoch eine »spürbare Erweiterung der Liste liberaler persönlicher Freiheiten durch soziale Rechte und Freiheiten des arbeitenden Menschen« mit sich bringen.[226] Diese sozialen Grundrechte, vornehmlich Rechte auf Gestaltung der ökonomischen und gesellschaftlichen Verhältnisse selbst, faßte der Verfassungsentwurf von 1946 noch unter dem Titel »Grundrechte und Grundpflichten der Bürger« zusammen. Die Volkssouveränität sollte sich insbesondere in jenen Paragraphen materialisieren, welche die Ordnung des Wirtschaftslebens an den Grundsatz der sozialen Gerechtigkeit banden, private Monopole und andere ökonomische Machtkonzentrationen verboten und eine umfassende Wirtschaftsplanung der Republik in Aussicht stellten.[227] Diese Auffassung sozialer Grund- und Gestaltungsrechte bildete den Kern der Souveränitätsidee. Er blieb formaliter unangefochten – wie sehr die Prärogative der Partei ihn auch von Anbeginn unterminierte –, während die Konzeption der »bürgerlichen« Freiheitsrechte Veränderungen unterlag, die nicht einem Meinungswandel, sondern taktischen Erfordernissen der Bündnispolitik Rechnung trugen. Der Verfassungsentwurf von 1948 interpretierte die Grundrechte sowohl als persönliche und soziale Freiheits- und Schutzrechte wie auch als wirtschaftliche und gesellschaftliche Gestaltungsrechte und faßte sie unter dem Titel »Inhalt und Grenzen der Staatsgewalt« zusammen. Die persönlichen Freiheitsrechte galten nun offiziell als »Selbstverständlichkeit der modernen Kultur«, als »Errungenschaften« der französischen Revolution und als »Achse der modernen Grundrechte«.[228] Wenn der Verfassungsentwurf »die Freiheitsrechte mit den sozialen Grundrechten und außerdem mit den Grundsätzen des wirtschaftlichen, gesellschaftlichen und kulturellen Aufbaus«[229] verbinde, so heiße das jedoch zugleich, daß »nicht mehr nur einseitig Rechte des Bürgers an die Gemeinschaft geschützt werden, sondern auch umgekehrt Rechte der Gemeinschaft auf ein bestimmtes positives Verhalten des Bürgers«.[230]

Die Kritik des Rechtsformalismus und die Relativierung der Menschenrechte sowie des Rechtsstaats zugunsten eines dynamischen Verfassungsverständnisses hielten die Verfassungstheoretiker auch (oder gerade) nach der Staatsgründung aufrecht. Der dynamische Charakter der Verfassung, so hieß es weiterhin, verpflichte die Staatsgewalt, die Demokratie zu dem Ziel der sozialen Gerechtigkeit und der realen Verbürgung der Menschenrechte weiterzuentwickeln. Daß aber die Pflicht der Bürger zur Teilhabe und ihre aktive Mitgestaltung zu einem »Ineinanderwachsen von Volk und Staatsapparat«, zur Verwirklichung der »Einheit von Volk und Staat« führen werde[231], war nicht mehr unbestritten. Oder anders: die Identität wurde nun genauer bestimmt, und zwar zugunsten der in den Händen der Partei instrumentalisierten Staatsgewalt. Es gehe beim Kampf um die ökonomische und gesellschaftspolitische Gestaltung Deutschlands, so behauptete Polak, um die Herstellung der »Identität von Staatsgewalt und bewußter Gesellschaftsgestaltung«; und der neue Staat sei zwar Instrument der Selbstbefreiung des Volkes, v. a. aber Instrument der »revolutionären Arbeiterschaft«.[232] In den Volksdemokratien Osteuropas bilde sich dieser neue Staat – die Diktatur des Proletariats, die zur sozialistischen Gesellschaftsordnung führen werde – bereits heraus.[233] Die Diktatur des Proletariats sei ebensowenig wie die bürgerliche Diktatur »mit den Mitteln des formalen Verfassungsrechts« in ihrem »Wesen« zu erfassen; denn dieses Wesen liege in dem epochenprägenden Klassenkampf zwischen Bourgeoisie und Proletariat.[234] Die Rede von der Identität von Volk und Staat erschien angesichts dieser Interpretation, die das »Wesen« aller Herrschaftsformen in Klassengesellschaften auf die Diktatur der herrschenden Klasse reduzierte, als »Konzeption eines naiven bürgerlichen Demokratismus«, die alle Klassen irrtümlich in einem »homogenen Volksbegriff« habe aufgehen lassen, statt Klassenbewußtsein und Klassenkampf in den Vordergrund zu stellen.[235]

Die Identitätsthese wurde fürderhin an die Bestimmung des »Wesens« des Staates angebunden: Volk und Staat sollten dort identisch sein, wo der Staat als Instrument der Arbeiterklasse und »ihrer« Partei das historisch-gesetzmäßige Ziel des Sozialismus verfolgte. Der Verfassungstheoretiker Polak verabschiedete sich als Demokratietheoretiker und wurde zum offenen Apologeten der Unterdrückung und politischen Verfolgung mit den Mitteln des Rechts. Die politische Befreiung aller Unterdrückten sei Aufgabe der demokratischen Umwälzung gewesen, die der proletarischen Diktatur in Mittel-und Osteuropa vorhergegangen sei; die essentielle Bestimmung der Diktatur selbst liege nicht in der politischen Freiheit, sondern im Klassenkampf für die ökonomische Befreiung, für den Aufbau der sozialistischen Gesellschaft und die »planmäßige Gestaltung des gesellschaftlichen Ganzen«.[236] Diese Argumentation war der Verfolgung des »Sozialdemokratismus« ebenso dienlich wie der Instrumentalisierung des Rechts gegen die »Schädlinge« der Volkswirtschaftsplanung und des Volkseigentums – dieser beiden Säulen der Gesellschaftskonzeption und des sozialistischen Aufbaus.[237]

Als die SED 1952 den planmäßigen Aufbau des Sozialismus beschloß und sich offen zum »volksdemokratischen« Charakter von Staat, Ökonomie und Gesellschaft bekannte, wurde auf den verfassungs- und rechtspolitischen Kontext der DDR appliziert, was Polak bereits für die mittel- und osteuropäischen Volksdemokratien festgestellt hatte.[238] Die 2. Parteikonferenz konzentrierte sich auf die künftigen Aufgaben des Staates, die führende Rolle der Arbeiterklasse und die Verschärfung des Klassenkampfs. In Anlehnung an Stalins Aufwertung der Bedeutung des Überbaus für die Gestaltung der sozialistischen Gesellschaft erklärte sie die »Staatsmacht« zum »Hauptinstrument bei der Schaffung der Grundlagen des Sozialismus«.[239] Die »Weimarer Staatsform« sei im Stadium der sozialistischen Wirtschaftsplanung nicht mehr tauglich.[240] Diese Absage an Weimar kam der Absage an die Verfassung, die 1948 entworfen und 1949 in Kraft gesetzt worden war, gleich. Die SED hatte ihre Kompromißbereitschaft gegenüber dem so vehement abgelehnten Rechtsformalismus der bürgerlichen Parteien in der SBZ und in den Westzonen damit auch in der öffentlichen Selbstdarstellung endgültig aufgekündigt. Daß die Verfassung ohnehin nur »semantischen« Charakter haben würde[241], hatte bereits die 1. Parteikonferenz (1947) deutlich gemacht: Die marxistisch-leninistische Partei neuen Typs entzog sich aufgrund ihrer Prärogative in allen politischen, ökonomischen und gesellschaftlichen Fragen einer verfassungsrechtlichen Kodifikation.

Erweist sich positives Verfassungsrecht für den Aufbau des Sozialismus sowjetischen Typs in der Tat als untauglich, so war dies anfangs keineswegs das Argument, das die Verfassungstheoretiker gegen den Rechtsformalismus vorbrachten. Nach Meinung der SED lagen die »Fehler von Weimar« insbesondere in der Schwäche des bürgerlich-demokratischen Engagements, in der Spaltung der Arbeiterbewegung und in dem Umstand, daß die bürgerliche Revolution imperialistische und feudale Eliten weder ökonomisch noch politisch entmachtet hatte und insofern unvollendet geblieben war. Wenn diese Analyse zutraf – und vieles spricht für sie – dann griff Polaks Kritik des Rechtsformalismus ins Leere: Sie illustrierte weniger die Unzulänglichkeit rechtsstaatlicher Institutionen als vielmehr den gesellschaftlichen und machtpolitischen Prozeß ihrer Aushöhlung. Die konservativen Interessengruppen unterminierten die demokratischen Institutionen des Staates und verkehrten sie schließlich in ihr Gegenteil. Da die zentrale Norm des beschuldigten Rechtsformalismus gerade in der Herrschaft des allgemeinen Gesetzes lag, war die Entstehung interessengeleiteter »Staaten im Staate« idealiter mit ihr unvereinbar, suchte sie doch die Vorherrschaft der Legislative im gewaltenteiligen System zu etablieren. Weimar ging demnach nicht an seinem formal-demokratischen Institutionensystem zugrunde, sondern an der überkommenen Machtstruktur einer Gesellschaft, die dieses System in ihrer Mehrheit ablehnte und den Bedeutungsverlust des Parlaments, die dem Rechtssystem fremde Interpretationsfreiheit der Justiz und die Verdrängung des allgemeinen Gesetzes durch Maßnahmegesetze und Generalklauseln begrüßte oder zu verhindern nicht in der Lage war.[242]

Kritisierte Polak aber den Rechtsformalismus vor allem in seiner Normativität, dann argumentierte er konsistent. Denn der Universalismus der Rechtsnormen bot den eigentlichen Stein des Anstoßes, ging es den Verfassungstheoretikern der SED doch um die Flexibilisierung des Rechtssystems, um dieses in den Dienst der Parteilichkeit zugunsten einer entwicklungslogisch vorbestimmten gesellschaftlichen Dynamik zu stellen. Es dürften, so meinten sie, keine »übergeschichtlichen« Rechtsprinzipien im Wege stehen, wo der Fortschritt selbst »zur Grundlage und zum Inhalt des Rechts« werde.[243] In solcher Situation sei ein »Verfassungsrealismus« gefragt, der nicht von einer »unbegrenzten Beständigkeit« kodifizierter Normen ausgehe und daher auch dem Umstand Rechnung trage, daß alle früheren Verfassungen de facto unter einem »Revolutionsvorbehalt« gestanden hätten.[244] Nun war es aber keineswegs korrekt, dem bürgerlich-formalen Rechtsstaat »übergeschichtliche« Normen zuzuschreiben; im Gegenteil hatte er die naturrechtlichen Begründungen vorhergehender Rechtssysteme durch die Prinzipien der Herrschaft des Gesetzes und seiner Allgemeinheit abgelöst.[245] Das Plädoyer für ein dynamisches Verfassungsverständnis[246] unterstellte vielmehr seinerseits insofern »überhistorische« Normen, als es das Telos der Politik an ökonomische Entwicklungsgesetze und eine Gemeinwohlvorstellung band, deren Inhalt und Richtung zu erkennen die Partei sich selbst – und nicht dem souveränen Volk – vorbehielt. Die Auffassung, daß Recht in der Klassengesellschaft nur Spiegel der Produktionsverhältnisse sei, aber auf dem Weg zur sozialistischen Gesellschaft als Hebel des Fortschritts fungiere, sprach ihm keinerlei Eigenständigkeit zu und überdies die Allgemeinheit ab, um die Normativität des Rechts in einer gegebenen Situation zugunsten der Dynamik der gesellschaftlichen Entwicklung relativieren zu können. Der materiale Gehalt des Rechts mußte sich in einer solchen Konstruktion nicht an der Gegenwart erweisen, sondern aus der Zukunftsperspektive begründen, die zu verwirklichen es dienen sollte.[247]

Die materiale Bestimmung des Verfassungsziels schrieb in gleicher Weise der Volkssouveränität den Inhalt vor, der sich gleichermaßen aus der Annahme historischer Entwicklungsgesetzlichkeit und der Vorstellung einer künftigen sozialistischen Demokratie speiste. Nur weil die materialistische Geschichtsauffassung lehre, daß das Volk »aus seinen soziologischen Bedingtheiten heraus entscheiden« werde, bestünde »gegen die Unbeschränktheit seiner Befugnis keine Bedenken«, bekannte mit schöner Offenheit einer der Protagonisten in der Verfassungsdebatte.[248] Andere machten deutlich, wer dem Volk bei der Interpretation seiner »Bedingtheiten« behilflich sein werde. Sollte es seine Souveränität nutzen können, »Verwaltung, Justiz und Wirtschaft in den Dienst seiner eigenen Interessen und Bedürfnisse stellen und sie so gestalten, wie es sie braucht«, wurde nicht nur nach Polaks Meinung die »Erziehung zum Staatsbürger«, zum »politischen Menschen«, der »mit dem Ganzen und für das Ganze« lebe und dessen »persönliches Interesse« das Interesse »des Ganzen der Gesellschaft und des Staates« sei, das »große Problem«.[249] Das Idealbild eines politischen Menschen, dessen »höchste Tugend« und »Lebenselement« die »Sorge um das Ganze« sei[250], richtete sich zwar gegen Untertänigkeit und Obrigkeit, kompensierte jedoch gleichsam solchen Verlust des einen Autoritarismus durch das Erziehungspostulat des anderen. Die Konzeption der Volkssouveränität dementierte die These der Identität von Volk und Staat. Wie sollte der Staat dem Volk nicht oktroyiert werden, sondern aus ihm selbstbestimmt hervorgehen, »gleichsam die Gestaltwerdung des Volkswillens selbst« sein[251], wenn die Verfassung nur danach strebte, alle Schichten des Volkes in den Staat »hineinzuziehen«, die Bürger »an der Mitwirkung zu interessieren« und ihnen die »Möglichkeit zu eröffnen, sich die Fähigkeit zu dieser Mitwirkung anzueignen«? Die in Aussicht gestellte »Mitwirkung« – nicht die Selbstbestimmung – stand im Zentrum und war in bestimmter Weise qualifiziert: Die Volksvertretungen – von der kommunalen bis zur Ebene der Republik – sollten durch die Parteien und Massenorganisationen mit dem Volk »auf das engste verbunden« sein. Diese von der führenden Partei immer schon gegängelten Mediatoren sollten die »wirklichen Garanten der demokratischen Ordnung« sein, »die große Schule der demokratischen Erziehung des Volkes« und »dazu berufen, im Parlament die Rechte des Volkes zu vertreten und durchzusetzen«.[252]

Normativ saß die Ablehnung einer bloß formalen zugunsten einer materialen Demokratie auf der Priorität sozialer Gleichheit und gesellschaftlicher Homogenität vor der politischen Freiheit auf. Die Hierarchisierung der zentralen Normen politischen und demokratietheoretischen Räsonnements – Gleichheit und Freiheit – barg nur vordergründig den praktisch-politischen Vorteil, den Gegnern der aktuellen und künftigen Gesellschaftsordnung das Handwerk legen zu können. Denn nicht nur konservative Anhänger einer »wehrhaften Demokratie«, sondern ebenso dezidierte Protagonisten der Freiheitsnorm, denen diese als »Wahrheit« politischer Theoriebildung gilt, legitimieren ihre Einschränkung – allerdings nur, sofern sie auf Basis allgemeiner Gesetze erfolgt und verfassungsgemäßen Verfahren genügt.[253] Eine stalinistische Partei hat sich aber um derartige juristische Feinheiten bei der Verfolgung politischer Gegner noch nie geschert, und der Grund für die Zurückweisung genereller Gesetze war bereits in dem Marxschen Mißverständnis angelegt, nach dem die Garantie individueller Freiheitsrechte mitsamt ihrer Begründung nur der bürgerlich-kapitalistischen Entwicklungsphase zugehörig seien und der Universalismus der Norm allein die Funktion habe, die Durchsetzung partikularer Interessen zu verschleiern. Der Universalitätsanspruch, den Marx erhob, bezog sich – wie bei Rousseau – nicht auf eine Institution des Überbaus, sondern auf eine Vorstellung politischer Macht, die er zugleich allumfassend und nicht existent dachte: Sie sollte alle menschlichen Tätigkeiten einschließen und in der Realisierung der volonté générale – mit der Identität von Herrschenden und Beherrschten, dem Absterben des Staates in der klassenlosen Gesellschaft – zugleich aufgehoben sein.[254]

Legitimität konnte die Demokratiekonzeption der SED bei bürgerlichen oder sozialistischen Anhängern eines der Gleichheit übergeordneten Freiheitbegriffs und einer auf Allgemeinheit beruhenden Gesetzlichkeit nicht erwarten – weshalb die Partei in der Verfassungsdebatte, als sie noch auf Bündnispartner angewiesen war, auch Zugeständnisse machte. Vertreter der reinen Lehre, die das störte, mochten sich damit trösten, daß zur Zeit des Verfassungskompromisses die SED sich zur Partei neuen Typs umformte, insofern mit dem Transformationsprozeß der Volksdemokratien Schritt hielt und damit die Voraussetzungen schuf, um später über diesen Kompromiß hinwegzugehen. Für jene aber, die die sozialistische Demokratie nicht als Diktatur, sondern eben als Demokratie begriffen, begannen harte Zeiten. Ganz abgesehen davon, daß viele von ihnen in die Mühlen der politischen Verfolgungen und Säuberungen gerieten, mochte der Legitimitätsglauben in die Herrschaft, die entstanden war, dadurch erschüttert werden, daß der »besondere deutsche Weg« zum Sozialismus, der ein friedlicher und kein sowjetischer hatte sein sollen, nun doch in enger Anlehnung an das sowjetische Modell endete: auch was Staat und Demokratie betraf. Der Antifaschismus mit seinem eher erzieherisch-moralischen als demokratischen Impuls hatte zwar gezögert, den Nationalsozialismus durch eine Politik individueller und politischer Selbstbestimmung zu überwinden. Aber Hoffnungen auf Demokratie waren doch mit ihm verbunden gewesen. Schließlich war versprochen worden, die bürgerlich-demokratische Revolution zu »vollenden«, und solche Vollendung hatte man sich anders vorstellen dürfen, als sie dann letztlich aussah.

Andererseits verlor der Antifaschismus durch seine Symbiose mit dem Stalinismus nicht seine legitimatorische Funktion. Die Radikalität des Bruches mit der deutschen Vergangenheit – mit der »bloß formalen« Demokratie, mit dem Rechtsformalismus insgesamt, mit der Untertänigkeit und Obrigkeitsstaatlichkeit, so wie Karl Polak sie kritisch (und verkürzt) umschrieb – mochte gerade als besondere Konsequenz gelten, als das Ende des Alten und der Beginn des Neuen.[255] Überdies kam die Hypostasierung einer »Identität« von Gesellschaft und Staat, von kollektiven, individuellen und gesellschaftlichen Interessen, der traditionsgesättigten Konfliktabgeneigtheit und dem notorischen Harmoniebedürfnis entgegen. Der neue Obrigkeitsstaat diente ja vermeintlich dem Zweck, Staat und Politik überhaupt abzuschaffen. Schließlich ließ sich wohlwollende Blindheit gegenüber der sozialen und politischen Realität im eigenen Lande auch aus dem Vergleich mit der Bundesrepublik erklären: Dort schien der Nazismus nicht überwunden, weil die sozio-ökonomischen Reformen und die personelle Entnazifizierung ausgeblieben oder weniger weit gegangen waren. Für den Glauben an das »bessere« Deutschland waren empirische Befindlichkeiten und Ansichten allenfalls von graduellem Interesse; in den Augen der Legitimitätsgläubigen sagten empirischer Konsens oder Dissens nichts über die Legitimität der Herrschaft aus. Legitimität lag nach ihrer Auffassung im »Wesen« politischer Organisationsformen und Institutionen, selbst wenn sich niemand außerhalb der Partei dieses Wesens bewußt war.

## 5. Die nationale Frage zwischen Antifaschismus, Sozialismus und Antizionismus

Das Interesse an der nationalen Einheit bedurfte in der marxistischen Tradition keiner eigenständigen Begründung. Schon Marx und Engels hatten sie gefordert, um die demokratische Entwicklung zu beschleunigen, schon sie hatten die nationale und die soziale Frage derart miteinander verkoppelt, daß die Emanzipation der Klasse der Befreiung der menschlichen Gattung und somit auch der Nationen diente. Die nationale Form des Kampfes ordneten sie allerdings als partikulare Erscheinung dem universellen Inhalt der gesellschaftlichen Umwälzung unter; der normative Gehalt der sozialen Frage sollte jenen der nationalen bestimmen.

Kern einer nationalen Problematik konnte aus ihrer Sicht daher nur die Wahl der Mittel zur nationalen Beförderung des sozialen universalistischen Ziels sein.

Die KPD/SED indes mischte in ihrer praktischen Politik, bei aller behaupteten Identität der nationalen und sozialen Frage, beide Komponenten zugunsten einer rhetorischen Dominanz des nationalen Aspekts. Wollte sie begründen, warum die Einheit Deutschlands notwendig sei, stellte sie immer weniger universalistische Ansprüche, die in der marxistischen Tradition mit der Lösung der sozialen Frage verbunden waren, in den Vordergrund. Dort stand vielmehr zunehmend die rhetorische Verschleierung der stalinistischen Transformationspolitik durch nationalistische und chauvinistische Metaphern. Dies soll jedoch nicht heißen, die entsprechenden Kampagnen der SED seien auf militaristische Aggressivität ausgerichtet gewesen. Doch überhöhten sie in dezidierter Weise die deutsche Kultur, stellten sie über die westliche »Unkultur« und suggerierten, die Einheit der Nation sei ein unhinterfragbarer, letzter Wert. Zugleich attackierten sie die inneren und äußeren Gegner der Parteipolitik als Feinde des deutschen Volkes, Helfershelfer des Monopolkapitals und Vaterlandsverräter. Dabei verzichtete die Parteirhetorik keineswegs auf nazistische Stereotype.[256]

Die Radikalisierung der nationalen Kampagnen der SED verlief in drei Phasen. Zunächst war da die Suggestion, ein »besonderer deutscher Weg« zum Sozialismus könne verallgemeinerungsfähig-sozialistische und partikular-nationale Ziele gemeinsam lösen. Sie wich der Mobilisierung der Emotionen für die »Rettung der Nation« aus den Händen ihrer Feinde, wobei die SED sich als die einzige Partei darstellte, die die »wahren« nationalen Interessen des deutschen Volkes vertrete. Und schließlich konstrastierte sie die kosmopolitischen Feinde und Verderber des Volkes mit dessen bodenständigen und kulturvollen Tugenden. Die SED geißelte nicht gerade die jüdisch-kapitalistische Weltverschwörung – obwohl sie dem sehr nahe kam, als sie sich dem Antizionismus der Schauprozesse in Mittel- und Osteuropa nicht entzog und ein Wallstreet-Syndrom kolportierte, das auch der Nazipropaganda nicht fremd gewesen war.

Diese Kampagnen dienten einerseits der Säuberung der Partei und lieferten darüber hinaus die propagandistische Folie für die politischen Verfolgungen der späten vierziger und frühen fünfziger Jahre. Unter diesem Aspekt gesehen verzichtete die SED auf jegliche Legitimitätsansprüche: Sie integrierte die »Partei neuen Typs« und die ihrer Herrschaft unterworfene Gesellschaft durch terroristische Methoden. Andererseits macht ihre Rhetorik deutlich, daß die SED gerade die unpolitischen, die traditionsgesättigt-irrationalen Neigungen der entstehenden DDR-Gesellschaft ansprechen wollte. So wandte sie sich im vaterländischen Gewande an das Volk, das ihrem eigenen Urteil nach von der Naziideologie »verseucht« war, um es gegen die »Zerreißung der Nation« und gegen die Chimäre des internationalen jüdischen Finanzkapitals zusammenzuschließen.

Doch nun zu den einzelnen Etappen. Die Partei suchte zunächst eine Antwort auf die militärische Besetzung und Zonenaufteilung, einen Weg zu dem Ziel, die nationale Einheit zu wahren und zugleich ihre Gegenwartsprogrammatik und Zukunftsperspektive durchzusetzen. Dabei war sie mit alternativen Strategien der anderen Parteien für die Lösung der nationalen und sozialen Belange konfrontiert. Mit der Vorstellung, Deutschland solle eine »Brücke« zwischen Ost und West werden, boten demokratisch- und christlich-sozialistische Politiker ein Ideenkonglomerat an, das sich teils auf die tradierte konservative oder links-romantische Ablehnung der westlichen Zivilisation stützte, teils aus Annahmen über die kulturelle und mentale Affinität Deutschlands und Rußlands speiste, teils Vorstellungen einer Synthese aus nicht-kapitalistischer Demokratie und nicht-stalinistischem Sozialismus in sich aufnahm. Dieses Ideenamalgam bewahrte auch insofern Züge des Mythos vom deutschen Sonderweg, als in seinem Zentrum die Hoffnung stand, Deutschland werde oder solle eine »besondere Aufgabe« erfüllen – eben Brücke zwischen Ost und West zu sein.

Das antifaschistisch-demokratische Modell barg von daher gewisse Legitimitätschancen. Die Überparteilichkeit, die die SED für die frühe partei- und kulturpolitische Bündnispolitik reklamierte, sollte alle antifaschistischen Klassen und politischen Positionen umfassen wie auch alle vier Zonen integrieren können. Die Überparteilichkeit allerdings konnte im Sinne eines verallgemeinerungsfähigen Normensystems, aber genauso gut partikular, im Interesse der Parteiherrschaft, verstanden werden. Je weniger verallgemeinerungsfähig oder auch nur überzeugungskräftig sich die Praxis der sozialen Umgestaltung erwies und je stärker sie sich an das sowjetische Modell anlehnte, desto mehr bediente sich die SED in ihrer Politik, sofern sie sich auf die nationale Einheit richtete, einer Rhetorik, die die universalistische Einbettung ihrer Transformations- und Deutschlandpolitik doppelt Lügen strafte: Sie kaschierte das partikulare Interesse der Partei an der Sicherung ihrer Macht und stellte überdies die nationalen Belange außerhalb eines universalistischen Kontextes. Je mehr die Affinitäten zwischen dem antifaschistischen Entwurf der SED und den Brücke-Konzeptionen schwanden, desto bedeutsamer wurde nicht etwa eine sozialistische Begründung für eine womöglich nur temporäre Auseinanderentwicklung der Zonen, ganz im Gegenteil nahm die nationalistische und kulturchauvinistische Agitation zu. Mit anderen Worten: es gelang der Partei nicht, in nüchterner Sprache sich um den Nachweis zu bemühen, daß das, was sie unter Antifaschismus und Sozialismus verstand, der nationalen Einheit bedurfte und sie zugleich förderte. Ein solcher Nachweis war schlechterdings auch nicht zu führen.

Die KPD/SED behauptete, sie allein kämpfe für die »wahren nationalen Interessen ihres Volkes«.[257] Das Wörtchen »national« sprang beliebig ein, wenn die Partei Militarismus und Imperialismus in ganz Deutschland auszuschalten und somit »Frieden und Freiheit« zu garantieren versprach. Wieder verschränkten sich verallgemeinerungsfähige Werte mit nationaler Rhetorik.[258] Dies um so mehr, wenn die Betonung des Nationalen sich in eine organizistische und deutschtümelnde Sprache kleidete.[259] Die Beteuerung, die Politik der Partei werde weder russisch, französisch, englisch noch amerikanisch, sie werde »deutsch« sein; die Erklärung der KPD, daß es falsch wäre, »Deutschland das Sowjetsystem aufzuzwingen«, weil dieser Weg den »gegenwärtigen Entwicklungsbedingungen Deutschlands« nicht entspreche; die Ankündigung der SED, sie kämpfe als »unabhängige Partei in ihrem Lande für die wahren nationalen Interessen ihres Volkes«[260] – all dies appellierte freilich nicht bloß an deutsches Nationalgefühl. Die Partei wollte damit auch ihre Unabhängigkeit von der Sowjetunion verbal verdeutlichen. Denn selbst wenn viele ihrer Kader die sowjetische Entwicklung und Realität für vorbildlich hielten, gleichsam für den Inbegriff sozialistischen Universalismus, ließ sich eine nationale Interessenvertretung im herkömmlichen Sinn doch nur als die eines souveränen Nationalstaats und einer selbstbestimmten Partei begründen.

Das erklärt, warum der »besondere deutsche Weg zum Sozialismus«, den die KPD am Vorabend des Zusammenschlusses mit der SPD in Aussicht stellte, kurzfristig Bedeutung gewann. Vertreter beider Parteien einigten sich darauf, die künftige Einheitspartei werde »selbständig und unabhängig« sein und ihre Aufgabe darin bestehen, bei der Verwirklichung ihres Minimal- und Maximalprogramms von den »Besonderheiten der Entwicklung unseres Volkes« auszugehen und »einen eigenen Weg« einzuschlagen. Was das heißen könne, verdeutlichte Anton Ackermann in seinem vielzitierten Artikel allerdings nicht.[261] Das Besondere des deutschen Weges zum Sozialismus, der er seine größte Aufmerksamkeit widmete, schien vornehmlich in der Chance zu liegen, die bürgerliche, parlamentarisch-demokratische Republik auf friedlichem Wege in eine Diktatur des Proletariats zu überführen. Der »besondere Weg« war mithin eine »Worthülse«, im Sinne eines »dritten Weges« und selbst eines »dritten Ziels« auslegbar.[262] Sie bot einen Formelkompromiß zwischen national-partikularen und universalistischen Interpretationsmöglichkeiten an: das Ziel mochte je nach Situation und Standpunkt vor allem als deutsch oder vor allem als sozialistisch erscheinen. Hatte die Worthülse die Funktion, der Sozialdemokratie den Parteizusammenschluß zu erleichtern, konnte sie überdies bürgerliche Politiker ansprechen, die der Idee anhingen, Deutschland solle eine Brücke zwischen Ost und West schlagen. Die Vorstellung eines »dritten Wegs« empfanden schließlich jene Mitglieder der SED als attraktiv, die den sowjetischen Weg ablehnten oder der Transformationspolitik der Führungskader ihrer Partei skeptisch gegenüberstanden, weil sie zur Auseinanderentwicklung der Zonen und zur Teilung der Nation beitrug. Die maßgeblichen Parteikader selbst hielten solche gesamtdeutschen Neigungen und ihre eigene nationalistische Rhetorik fein säuberlich auseinander.

Je deutlicher sich abzeichnete, daß die Gleichsetzung der nationalen und der sozialen Frage sich in strikter Anlehnung an Theorie und Praxis der mittelosteuropäischen Länder bewegte, daß deutsche Besonderheiten auf den allgemein verbindlichen Entwicklungsweg zum gleichfalls verbindlichen Typus des Sozialismus allenfalls marginalen Einfluß haben würden, desto aggressiver vertrat die Partei die Perspektive der nationalen Einheit. Nur sie wolle die »Existenzgrundlage« und die »nationale Selbsttätigkeit« des Volkes erhalten; nur sie setze sich für die rasche Bildung einer gesamtdeutschen Regierung und den Abschluß eines Friedensvertrags ein.[263] Tatsächlich legte nur sie seit dem Herbst 1946 Entwürfe eines Grundrechtekatalogs und einer Verfassung vor. Ihre Sprache war aufschlußreich: Sie setzte das »gemeinsame Handeln mit allen deutschen antifaschistisch-demokratischen Parteien und Organisationen« der drohenden »kolonialen Abhängigkeit« der Westzonen entgegen[264], bildete gegen die »Zerreißung Deutschlands« durch »monopolkapitalistische« Interessen eine Arbeitsgemeinschaft mit der KPD, um einen Volksentscheid für die deutsche Einheit durchzusetzen[265], und in ihrer Agitation und Propaganda gegen den Marshall-Plan klangen erstmals die Töne gegen die »Abhängigkeit von ausländischen Kapitalmächten« an[266], die wenig später ihre Kampagne gegen den »Vaterlandsverrat des kosmopolitischen Imperialismus« prägen sollten.

Im Herbst 1947 faßte die SED die Argumente für die deutsche Einheit so zusammen, wie der Kontext des Kalten Kriegs und die Shdanowsche Zwei-Lager-Theorie – das Szenario des verschärften Klassenkampfes zwischen Sozialismus und Imperialismus, zwischen den friedliebenden und den militaristischen Kräften, zwischen Befreiung und Ausbeutung – es vorgaben. Sie instrumentalisierte eines der zentralen Motive einer antifaschistischen Orientierung – die Sorge um den Weltfrieden, den Deutschland zweimal gebrochen hatte –, sobald der Kalte Krieg sich zuspitzte.[267] Um der »Zerreißung Deutschlands« und dem »Weltmachtstreben des amerikanischen Monopolkapitals« wehren zu können, bedürfe es, so betonte die Parteispitze, der Einheit der Arbeiterbewegung, eines antiföderalistischen Einheitsstaats und einer nicht »formalen«, sondern »schöpferischen, kämpferischen Demokratie«. Diese Demokratie solle den Frieden sichern, indem man die Entwicklung der SBZ, auf die das internationale Kapital keinen Einfluß habe, auf ganz Deutschland übertrage. Die Vorstellung, »Deutschland müsse die Brücke zwischen Ost und West bilden«, gehe – so betonte ausgerechnet Grotewohl – von »falschen Anschauungen« aus.[268]

Grotewohls Votum stand im Kontext der marxistisch-leninistischen Klassen- und Entwicklungstheorie, seine Terminologie war national und vaterländisch. Hatten Marx und Engels im Kommunistischen Manifest konstatiert, die Arbeiter hätten kein Vaterland, so sprach Grotewohl von der »wirklichen« Nation, dem »neuen Staat«, dem »Vaterland der Werktätigen«. Er rief die »sozialdemokratischen Genossen in den Fabriken und Werkstätten« der Westzonen in der Manier der Einheitsfront von unten gegen das deutsche und internationale Monopolkapital – die eigentlichen vaterlandslosen Gesellen, die kein Vaterland, sondern nur den Profit kennten – auf.[269] Der Vorwurf, die Bourgeoisie habe »historisch« versagt, nahm nun die Bedeutung des »nationalen Verrats« an: Die westdeutschen Imperialisten organisierten im Verbund mit ihren internationalen Klassengenossen den »Ausverkauf und die Zerstückelung Deutschlands«; der Marshall-Plan solle Westdeutschland in einen »Vorposten für die Ausdehnung des Einflusses des amerikanischen Monopolkapitals auf die antifaschistisch-demokratischen Länder Ost- und Südosteuropas« verwandeln.[270]

Angesichts dieser in ihr ideologisches Licht gerückten Gefahren forderte die SED erneut einen Volksentscheid über die nationale Einheit, die Vorbereitung einer vorläufigen Regierung, die ihrerseits Wahlen für ein Parlament einzuleiten habe, und erklärte sich bereit, »jeden brauchbaren Vorschlag« für gesamtdeutsche Beratungen zu unterstützen.[271] Diese deklarative Bereitschaft mag notwendig gewesen sein, weil sich in der Partei selbst offenbar Unmut über das Scheitern der Münchener Ministerpräsidentenkonferenz äußerte.[272] Wenig später trat der Erste Deutsche Volkskongreß zusammen, getragen vom Tenor der wilhelminischen Parole »Es geht nicht um Parteien, sondern um unser Volk«.[273] Nicht als Mitglieder von Parteien, Repräsentanten von Berufsgruppen oder aufgrund religiöser Überzeugung, nein: »als Deutsche«, erkannte Grotewohl, waren die Anwesenden versammelt, um der »Selbstaufgabe« des Volkes zu wehren.[274] Mit Ulrich von Hutten – unbeschadet seiner Epigonen – sollten sie »der deutschen Zwietracht mitten ins Herz« stoßen, auf daß Deutschland keine »Kolonie des amerikanischen Imperialismus« werde.[275]

Nationalismen dieser Art blieben in den Westzonen ohne Wirkung. Vielmehr stifteten dort die Form der Auseinandersetzung und insbesondere die Blockade Berlins ein »Bedrohungstrauma«.[276] Es trug gegen den Willen seiner Veranlasser zur Legitimierung der Gründung der Bundesrepublik bei; ein weiteres taten Währungsreform und Marshall-Plan. Den nationalen Kampagnen der SED, die auf nationalistisches Sentiment und auf den Unmut setzten, den die schlechte Versorgungslage und die politische Verhinderung sozialistischer Reformen in den Westzonen hervorgerufen hatten[277], entglitt der Boden. Doch die SED gab nicht auf. Sie bemühte sich im Stil des Nationalkomitee Freies Deutschland um die Sammlung aller »nationalen Kräfte«, unbeschadet ihrer nazistischen Vergangenheit. Es bedurfte schon eines besonderen Geschichtsbilds, um parallel zum Werben um die »kleinen Nazis« die Spitzen der westdeutschen Sozialdemokratie als Verräter zu beschimpfen und die vormaligen Sozialdemokraten in den eigenen Reihen zu verfolgen. Die SED exkulpierte die vormaligen Nazis, sofern sie sich keiner Verbrechen schuldig gemacht hatten und nun »am Kampf für die Einheit unseres deutschen Vaterlandes« teilnahmen[278], und säuberte die früheren Sozialdemokraten aus der Partei.[279] Dieser Kurs stieß in Teilen der Partei zumindest auf Zurückhaltung, andernfalls der Parteivorstand kaum eine »Hauptgefahr« in dem »engstirnigen Sektierertum« jener hätte sehen können, die die Nationale Front »direkt oder indirekt« ablehnten und nicht mit allen »patriotischen« Kräften zusammenarbeiten wollten. Diese Parteimitglieder, so hieß es, hätten nicht erkannt, daß gegenwärtig der »wirkliche Demokratismus« in der Zusammenarbeit mit »nichtdemokratischen Schichten« bestehe.[280]

Nur jene seien »schädliche und feindliche Elemente« – die es, wie die SED sich ausdrückte, »auszumerzen« gelte[281] –, die »falsche ›Theorien‹ über einen ›besonderen deutschen Weg‹ zum Sozialismus« weiterhin verfochten, selbstzufrieden beim bisher Erreichten stehenblieben und die führende Rolle der Sowjetunion im Kampf für den Frieden und gegen den Imperialismus nicht hinreichend würdigten.[282] Feindliche Agenten, tätig im Auftrag ausländischer Mächte, wurden insbesondere im Umkreis des Ostbüros der SPD vermutet, einer Partei also, die mit der revolutionären Umdeutung der »Lehren von 1918«, die zugleich mit der Revozierung des Sonderwegs stattfand, das Stigma des Revisionismus, Opportunismus und der Konterrevolution trug.[283] Gemeinsam mit dem Lob des revolutionären Impetus der Weimarer KPD mißbilligte die SED deren Blindheit für nationale Belange; andererseits tadelte sie aber den Sonderweg, denn nicht aufgrund deutscher Besonderheiten, sondern aufgrund der Politik der sowjetischen Besatzungsmacht habe die SBZ einen friedlichen Weg einschlagen können.[284] Einmal vermißte sie, ein andermal verwarf sie mithin nationales Engagement, so wie sie eine friedliche Entwicklung scheinbar widersprüchlich mit dem Ruf nach einer revolutionären Partei verband. Doch kündigte sie nicht nur den friedlichen als einen besonderen deutschen Weg auf, sondern sie ersetzte ihn insgesamt durch eine revolutionäre Perspektive. Auch oder gerade in den Westzonen seien Demokratie und Sozialismus nur mehr »durch den revolutionären Massenkampf« zu erreichen.[285] So lösten sich alle Widersprüche zugunsten eines national-revolutionären Kampfes.

Zugleich avancierte die SBZ zum gesamtdeutschen Vorbild. Die Partei degradierte jene, die aus ihrer Sicht die Spaltung Deutschlands betrieben, zu – zunächst noch – »halbfaschistischen Kräften«[286], die Deutschland angeblich zum »Aufmarschgebiet« für einen Überfall auf die Volksdemokratien machen wollten.[287] Der »fortschreitende politische, wirtschaftliche und kulturelle Aufbau in der Ostzone« zeige »dem ganzen deutschen Volke, welche großen Erfolge es erringen« könne, wenn es »von imperialistischer Bevormundungen frei« sei; daher sei der Aufbau das »wirksamste Mittel im Kampf um die Einheit«.[288] Mit dieser Argumentation stand die SED offen für eine nationale Politik, deren Kern die Übertragung der Transformationspolitik in der SBZ auf ganz Deutschland darstellte. Ihre derart sozial-revolutionäre Vorbildrolle legitimierte ihren national-revolutionären Kampf – wie unwahrscheinlich er inmitten der Zeit der Berlin-Blockade und der Vorbereitung des westdeutschen Staates auch sein mochte. Aber konnte die Behauptung einer vorbildhaften Rolle der SBZ die Enttäuschung kompensieren, die sich aus der Zurückweisung des besonderen deutschen Wegs ergab? Wohl nur für jene, die die Situation und Zielvorstellung des Vorbilds selbst bejahten, die nationalistische Phraseologie goutierten und die Ansicht vertraten, die SBZ sei auf dem Wege zur Volksdemokratie.[289]

Angesichts der bevorstehenden westdeutschen Staatsgründung nahm die chauvinistische Rhetorik eine neue Qualität an. Der Marshall-Plan, das Ruhr-und das Besatzungsstatut wurden als Inbegriff des nationalen Verrats der westdeutschen Bourgeoisie und des kolonialen Versklavungswillens des amerikanischen Imperialismus bezeichnet. Der Weststaat, so meinte Pieck, bringe das Streben des amerikanischen Imperialismus nach der Weltherrschaft zum Ausdruck; er habe »das Erbe des Hitlerfaschismus angetreten«. Der westdeutsche Staat solle als europäische Basis der anglo-amerikanischen Kriegstreiber und ihrer deutschen Quislinge dienen.[290] Die SED müsse daher eine »breite nationale Protest- und Widerstandsbewegung« entfalten, eine »nationale Befreiungsbewegung«, die alle »wahrhaft nationalen und demokratischen Kräfte des deutschen Volkes« zur »Rettung der Nation« zusammenschließe.[291] Der amerikanische Imperialismus, der Deutschland kolonisieren und versklaven wolle, kleide sich in das Gewand des »kosmopolitischen Weltbürgertums«, um die Völker zum Verzicht auf ihre nationalen Interessen zu bewegen. Das Werben für die europäische und atlantische Gemeinschaft tarne seine koloniale Intention und komme der nazistischen Ideologie von einer »Genossenschaft der Völker« gleich.[292]

Die Angriffe auf den antinationalen Kosmopolitismus radikalisierten sich insofern, als man nun einen Schlußstrich unter den Nazismus setzte und zugleich den amerikanischen Imperialismus zum »Erben des Hitlerfaschismus« erklärte.[293] Diese Art von Vergangenheitsbewältigung folgte konsequent aus der anti-westlichen und anti-imperialistischen Haltung: beide, die westliche formale Demokratie und die kapitalistische Produktionsweise, galten als Ursache des Faschismus wie des Nazismus; seit ihrer Überwindung im Zuge der Transformationspolitik lagen deren Wurzeln mithin jenseits der eigenen Grenzen. Nachdem man sich des Problems derart entledigt hatte, konnte man die Staatsgründung als »neuen Abschnitt im Befreiungskampf der deutschen Nation« bezeichnen, der seinen »Abschluß in der Wiederherstellung der Einheit und Unabhängigkeit des deutschen Volkes auf friedlicher und demokratischer Grundlage finden« werde.[294] Die Regierung der DDR betrachtete sich als die »wahrhaft deutsche Regierung«, die die Interessen des ganzen Volkes wahrnehme und als einzige die Legitimation besitze, für dieses zu sprechen.[295] Daraus folgte, daß die SED nun die DDR – wie zuvor die SBZ – als Basis des Kampfes um die nationale Einheit verstand. Sie gelte es zu festigen und zu stärken, »um ganz Deutschland auf den antiimperialistischen Weg des Friedens und der Demokratie zu führen«.[296]

Bei ihren chauvinistischen Kampagnen, ihrer Verfolgung vermeintlicher oder tatsächlicher Kritiker und ihrer Denunziation des Kosmopolitismus stützte sich die SED ideologisch auf die stalinistische Weiterentwicklung der Theorie der Nation. Bedeutsam war insbesondere die Unterscheidung zwischen Patriotismus und proletarischem Internationalismus einerseits und bürgerlichem Nationalismus und Kosmopolitismus andererseits.[297] Dieser Dualismus guter und schlechter nationaler Emphase, richtiger und falscher Weltbürgerlichkeit hatte sein entscheidendes politisches Kriterium in der Frage: antisowjetisch oder antiimperialistisch, also nicht in der nationalen, sondern in der sozialen Dimension. Wie fragwürdig und hypothetisch dieses Kriterium allerdings in der Praxis blieb, zeigte schon der Sowjetpatriotismus, der weniger einen sozialistischen als einen vaterländischen Legitimitätsanspruch erhob. Auch ihm galt freilich allein der Antisowjetismus als Chauvinismus.[298]

Die Applikation dieses theoretischen Wurfs, dem nichts anderes als »Wesens«bestimmungen des Sozialismus zugrunde lagen, auf die Situation in der DDR diente nicht zuletzt der Abwehr des Antikommunismus, der nicht allein politisch-rationale Züge trug, sondern auf den tradierten deutschen Überlegenheitsdünkel baute. Letzteren schürte die SED in ihrer Propaganda allerdings selbst. Das Spiel mit dem, was sich gemeinsam mit den anderen kommunistischen Parteien Patriotismus nannte, schien ihr wohl geeignet, von den sozialen und politischen Folgen des Transformationsprozesses abzulenken und das Augenmerk auf die nationale Einheit und die Deutschlandpolitik der Partei zu lenken. Wie schon die Faschismustheorie, die gleichfalls auf platter Imperialismuskritik beruhte, und wie im übrigen die Aufkündigung der Misere-Konzeption, bot der Patriotismus in Gestalt des Antikosmopolitismus überdies den Vorteil, das Problem des Nazismus zu eskamotieren. Wenn die Ablösung der Misere-Konzeption in der historiographischen Rekonstruktion zur Überhöhung deutscher Geschichte und Kultur führte, verleitete der Antikosmopolitismus bei der Betrachtung der nationalen Frage zur projektiven Verschiebung der Barbarei der unmittelbaren Vergangenheit. Die SED hat zwar die Angriffe auf den Kosmopolitismus ebensowenig erfunden wie die Faschismustheorie, den Patriotismus und die Angriffe auf die USA; auch ging die Gleichsetzung von Titoismus und Faschismus nicht auf sie zurück. Doch kam ihr die Anlehnung an die Sowjetunion zugute. Nicht nur ließ sich die problematische Vergangenheit der deutschen Nation dem amerikanischen Imperialismus und seinen »Agenten« anlasten.[299] Indem man – wie zuvor Stalin gegenüber den Deutschen – zwischen dem amerikanischen Imperialismus und dem amerikanischen Volk unterschied, war der »Hitlerfaschismus« auch keine Sache des deutschen Volkes mehr.[300] Eine hypothetische Konstruktion, gewiß, aber eine, von deren Basis die Partei das Volk vor jeder kritischen Selbstreflexion bewahren und gegen den Feind rufen konnte. In glühendem Patriotismus sollte es seine Sprache und Dichtung, seine prachtvolle Landschaft, sein ökonomisches Potential und seine fleißige, ordnungsliebende und wissenschaftlich geniale Wesensart[301] gegen fremde Mächte verteidigen.

Die Attacken auf den Kosmopolitismus ähnelten der Kampagne gegen den Formalismus bis in den sprachlichen Gestus. Deren Basis lag ebenfalls in der Wertschätzung von Patriotismus und Volkskultur. Entartung, Zersetzung und Dekadenz erschienen als Werk des Formalismus oder – wie es jetzt hieß – des Kosmopolitismus, dieser »Theorie vom entwurzelten, artlosen, abstrakten, also unmenschlichen Menschen«: dem »Weltbörsenjobber« und »heimatlosen Lohnsklaven«.[302] Die Nähe dieser Terminologie zu antisemitischen Stereotypen ist nur auf den ersten Blick verblüffend. Sie bedurfte nicht unbedingt des Antizionismus der späten vierziger und frühen fünfziger Jahre, doch mag dieser es erleichtert haben, an die herkömmlichen Vorurteile anzuknüpfen. Antikosmopolitismus und Antisemitismus war die Aversion gegen das abstrakte Medium Geld, den am Wert orientierten Tausch und gegen das Finanzkapital gemeinsam. Ihnen wurde die anonyme und zugleich allgegenwärtige Macht zugeschrieben, mit ihrer kulturellen Wurzellosigkeit und nationalen Ungebundenheit tradierte Lebensformen auszuhöhlen und parasitäre Interessen zu fördern. Diese Aversion ließ sich patriotisch und zugleich antikapitalistisch wenden. Schon Bebel hatte den Antisemitismus als Antikapitalismus der dummen Kerls bezeichnet. In einem Patriotismus mit zugleich antisemitischen und antikapitalistischen Zügen sah die SED die Chance, die rechte und die linke Kritik an den westlich-kapitalistischen Gesellschaften zu vereinen und die eigene Ordnung der Kritik zu entziehen. Dennoch mag er nicht nur Teil der Taktik der Partei, sondern auch der eigenen Sehnsucht nach dem Konkreten, Organischen, Überschaubaren und Gemeinschaftlichen gewesen sein.[303]

Obwohl die Affinität der Vorurteilsstruktur des Antisemitismus, des Antikapitalismus sowie des patriotischen Engagements gegen den wurzellosen Kosmopolitismus offensichtlich war, widersetzte sich die SED nicht, als die alte Lehre im neuen Gewand von der KPdSU auf die anderen Parteien übergriff. Zunächst übernahm sie das Wallstreet-Syndrom, die Gleichsetzung des amerikanischen Imperialismus mit faschistischem Weltherrschaftsstreben und die Denunziation der »faschistischen Tito-Clique« und ihrer sozialdemokratischen Sympathisanten. In Anlehnung an die Prozesse gegen Rajk und Kostoff in Ungarn und Bulgarien, gegen sogenannte imperialistische Agenten, kosmopolitische Verräter, Titoisten und Trotzkisten also, schloß die SED im August 1950 frühere Westemigranten, allen voran Paul Merker, aus der Partei aus, enthob sie ihrer Funktionen und leitete Strafverfahren gegen sie ein.[304] Auf Beschluß des 3. Parteitags überprüften Kontrollkommissionen zwischen dem Herbst 1950 und 1951 alle Parteimitglieder und Kandidaten; die Parteiausschlüsse ahndeten nicht selten zudem in die Weimarer und Nazizeit zurückreichende kommunistische Abweichungen.[305] Die 2. Parteikonferenz rief 1952 zur revolutionären Wachsamkeit gegen noch immer bestehende versöhnlerische Tendenzen und parteifeindliche Elemente, die mit der Tito-Clique, mit Slánsky oder Gomulka sympathisierten, auf.[306] Im Gefolge dieser erhöhten Wachsamkeit zog nun der Antizionismus in die SED ein.

Der Vorwurf der kosmopolitischen Agententätigkeit zugunsten des imperialistischen Westens, der bis dahin den Tenor der Prozesse in den Volksdemokratien und der Kampagnen der SED bestimmte, entwickelte sich zuerst in der Sowjetunion zu einem Synonym für Juden, die einerseits als heimatlos und antipatriotisch, andererseits als Zionisten und Anhänger des bürgerlichen Nationalismus galten. Der Umschwung der Nahostpolitik der Sowjetunion, der 1949 erfolgte, trug in der Innenpolitik dazu bei, die öffentliche Identifikation der sowjetischen und osteuropäischen Juden mit Israel und damit zugleich ihr wachsendes Selbstbewußtsein zu unterdrücken. Überdies konnte dieser Umschwung die grassierenden antisemitischen Vorurteile auf einige Repräsentanten der neuen Ordnung lenken und so der Kritik an den herrschenden Zuständen die antikommunistische Spitze zu nehmen versuchen. Noch bevor im Januar 1953 das »Ärzte-Komplott« in der UdSSR »aufgedeckt« wurde, stand schon der Prager Prozeß gegen Slánsky im Zeichen des Zionismus-Vorwurfs. In beiden Fällen war ein Großteil der Angeklagten Juden und diente ein klassisches antisemitisches Stereotyp – die Bezichtigung internationaler Verschwörungstätigkeit, motiviert durch Habgier und Machtstreben – als Basis der Verfolgung. Die als Agenten und Saboteure Beschuldigten sollten, vermittelt über das American Jewish Joint Distribution Committee (Joint), im Dienste des Zionismus und amerikanischen Imperialismus gestanden haben.[307]

In der DDR sah sich Paul Merker, in Anlehnung an den Rajk-Prozeß noch allein der Zusammenarbeit mit westlichen Agenten bezichtigt, in der Folge des Slánsky-Prozesses im Dezember 1952 auch als zionistischer Verschwörer entlarvt. Die SED begründete diesen Vorwurf unter anderem damit, daß Merker sich in der Zeit seines mexikanischen Exils für Entschädigungszahlungen an die jüdischen Opfer des Nationalsozialismus eingesetzt hatte. Damit habe er sich als »Subjekt der amerikanischen Finanzoligarchie« zu erkennen gegeben, das Entschädigungen fordere, um dem »amerikanischen Finanzkapital das Eindringen in Deutschland zu ermöglichen«.[308] Im Mai 1953, also noch nach Stalins Tod, verbreitete das ZK in hoher Auflage die Vorwürfe gegen Merker zusammen mit neuen Angriffen auf Franz Dahlem.[309] Die derart veröffentlichte Jagd auf Verschwörer, Agenten und Saboteure des ökonomischen und politischen Aufbaus mahnte zu erhöhter Wachsamkeit und neuerlichen Überprüfungen der Parteimitglieder. Die Absurdität der Vorwürfe und die Methoden der Verfolgung und Anklage ähnelten sich in allen sozialistischen Ländern. Auch die SED bereitete offenbar einen Schauprozeß vor.[310] Seit dem Winter 1952/53 wurden die Kaderakten der jüdischen Parteimitglieder überprüft[311] und Juden aus hohen Positionen ausgeschlossen. Es kam zu routinemäßigen Wohnungsdurchsuchungen, Personalausweise wurden eingezogen, die Vorsteher der Jüdischen Gemeinden wurden verhört und aufgefordert, das Joint als Organisation amerikanischer Agenten zu denunzieren, Zionismus mit Faschismus gleichzusetzen und Wiedergutmachungszahlungen abzulehnen, weil sie einer Ausbeutung des deutschen Volkes gleichkämen. Rabbiner und Gemeindevorsteher riefen im Frühjahr 1953 die Juden auf, die DDR zu verlassen. Die SED löste die VVN (Vereinigung der Verfolgten des Naziregimes) auf und gründete an deren Stelle das Komitee der antifaschistischen Widerstandskämpfer, das die spezifisch jüdische Problematik nazistischer Verfolgung ausklammerte.[312]

In welchem Zusammenhang stand all das zur nationalen Frage? Zum einen sollten die Judenverfolgung und -vernichtung – wie der Nationalsozialismus insgesamt – verdrängt werden. Die Anerkennung der besonderen Vorgeschichte der jüdischen Bürger des neuen Staates wäre einer Bestätigung der Einzigartigkeit des Nazismus gleichgekommen und somit in Widerspruch zur geltenden, krude ökonomischen Faschismusinterpretation geraten. Sie hätte ferner die Praxis der SED und des Kominform, die USA, die Titoisten, den bürgerlichen Nationalismus, kurzum alles, was sich dem Sozialismus sowjetischen Typs widersetzte, mit dem Etikett des Faschismus zu belegen, fragwürdig erscheinen lassen. Es wäre der Partei überdies nicht möglich gewesen, ihren Schlußstrich unter die Vergangenheit zu setzen, das Gewissen eines Großteils der Deutschen zu entlasten und ihre Energien auf den Neuaufbau zu lenken. Schließlich griff die SED den Kosmopolitismus und den Zionismus in der Zeit der chauvinistischen – im Parteijargon: patriotischen – Kampagnen für die Wiederherstellung der Einheit Deutschlands an. Sie rehabilitierte die vormaligen kleinen und mittleren Nazis, wobei die Verschiebung der nazistischen Vergangenheit auf Dritte hilfreich erschienen sein mag – setzte die SED doch selbst auf die überkommene Ablehnung der als jüdisch, abstrakt, formal und dekadent diffamierten bürgerlich-kapitalistischen Lebensweise und Gesellschaftsordnung.

Es war nicht nur ein Spiel mit nationalistischen Emotionen und mit in Deutschland traditionellen politisch-kulturellen Mustern. Die Muster saßen tief in der Partei selbst: bis an das Ende ihrer Herrschaft predigte sie Harmonie und Geborgenheit, verurteilte sie Konkurrenz und Interessenkonflikt, bediente sie sich einer Sprache, die mit Naturalismen und Organizismen gespickt war. Am Anfang ihrer Herrschaft konnte sie sich anscheinend kaum vorstellen, das »deutsche Volk« der Westzonen und späteren Bundesrepublik würde sich außerhalb einer »Volksgemeinschaft« arrangieren. Die älteren Kader orientierten sich an ihrer Weimarer Erfahrung und waren daher der Überzeugung, die Westdeutschen würden die seinerzeit diskutierte Abtretung des Saargebiets, das Ruhr- und das Besatzungsstatut nicht hinnehmen, von der Teilung zu schweigen. Das Aufflammen nationalen Widerstands erwarteten sie spätestens für den Zeitpunkt, an dem die ökonomische Krise ausbrechen würde. Sie hielten die Verschärfung der allgemeinen Krise des Kapitalismus, das Anwachsen von Arbeitslosigkeit und Elend für ebenso unvermeidlich wie die kriegerische Eskalation der Widersprüche im Westen.[313] Vor dem Hintergrund der Erwartung kapitalistischer Krise und sozialistischer Prosperität war es vielleicht nicht unplausibel, mit der Idee einer nationalrevolutionären Befreiungsbewegung – auch gerne »Friedensbewegung« genannt, seit die Wiederbewaffnung in der Bundesrepublik anstand – zu spielen. Mag die Idee nicht unplausibel gewesen sein, für Marxisten-Leninisten mit ihren spezifischen Prämissen, so war ihre Umsetzung in die Praxis doch unentschuldbar.

## 6. Das stalinistische Modell und der 17. Juni 1953

Die SED hatte die strukturellen Voraussetzungen eines zentral geplanten Sozialismus sowjetischen Typs geschaffen. Seine wesentlichen Züge waren Anfang der fünfziger Jahre gegeben: die Vorherrschaft einer zur Einheitlichkeit gezwungenen Partei über eine machtlose, weil eigenständiger Institutionen beraubte und durchorganisierte Gesellschaft, die Mobilisierung der Massen, die Ideologie und der Terror. Die bürgerliche Verfügungsgewalt über die Produktionsmittel war nur in der Landwirtschaft, im Handel und im Handwerk noch nicht gebrochen, doch hingen auch die privaten Sektoren in ihrer Entwicklung bereits von der geplanten Wirtschaft und den staatlichen und genossenschaftlichen Verteilungssystemen ab. Der parteipolitische Pluralismus führte, eingebunden in den antifaschistischen Block und das System der Allparteienherrschaft unter Ausschluß einer parlamentarischen (wie außerparlamentarischen) Opposition, nur noch eine nominelle Existenz. Die Massenorganisationen kennzeichnete das Strukturprinzip des demokratischen Zentralismus. Der Staatsapparat und das Rechtssystem hatten ihre Selbständigkeit eingebüßt; die Gewaltenteilung war aufgehoben. Die Partei konnte sich in der trügerischen Sicherheit wiegen, einen »Zustand der totalen Organisiertheit des Menschen« erreicht zu haben.[314] Die stalinistische Partei selbst war mehrfach gesäubert – wenn ihr auch die Säuberungen im Anschluß an den Aufstand vom 17. Juni noch bevorstanden. Waren diese neuen Strukturen irreversibel? Das konnte man damals für den Zeitpunkt annehmen, an dem auch die kleinbürgerlichen Schichten, also Handwerk, Handel und vor allem die Bauern, in den kollektiven Arbeitsvollzug eingegliedert und in neuer Weise funktional aufeinander bezogen sein würden. Dann nämlich mußten sich zugleich die Planwirtschaft wie die Staats- und Wirtschaftsapparate verfestigen. Auf dieser Basis sollte sich eine eigene, systemspezifische Entwicklungsdynamik ausbilden. Zusammen mit den veränderten Strukturen und Handlungsparametern der sozialen und politischen Sphäre, mit der Verknüpfung aller gesellschaftlichen Verhältnisse mit der Produktion, mußte nach Auffassung der Partei auch so etwas wie ein »neues Bewußtsein« entstehen.[315]

Als die 2. Parteikonferenz der SED (im Juni 1952) beschloß, den Sozialismus in der DDR »planmäßig« aufzubauen, bedeutete das mehr als nur die offizielle Benennung und Fortsetzung einer Politik, die die Partei seit Jahren verfolgte. Sie erklärte, das antifaschistisch-demokratische Gegenwartsprogramm, das sie bei ihrer Gründung verabschiedet hatte, sei realisiert und die Umsetzung des Maximalprogramms stehe an. Das hieß, daß sie die Legitimität ihrer Herrschaft nicht länger primär aus dem Antifaschismus, sondern aus dem Ziel der sozialistischen Gesellschaft selbst ziehen mußte.[316] Das »Bewußtsein der Arbeiterklasse und der Mehrheit der Werktätigen«, so befand sie, sei nun für den Aufbau des Sozialismus reif, wenn es freilich auch der permanenten Weiterentwicklung bedürfe.[317] Diese werde nicht »automatisch« geschehen, sondern verlange nach der »kulturell-erzieherischen Funktion« des Staates bei der Abwehr bürgerlich-ideologischer Traditionen. Die Massen müßten von den Resten der bürgerlichen Ideologie und den hergebrachten Traditionen befreit werden, den Egoismus zu überwinden und »an die Stelle des ›Ich‹ das ›Wir‹« zu setzen lernen. Dies sei eine »schwere langwierige Aufgabe«, die nur »im ständigen Kampf gegen das Alte« auf Basis des Marxismus-Leninismus gelöst werden könne.[318] Mit dem Wir-Gefühl allein aber konnte sich die erhoffte Dynamik der sozialistischen Gesellschaft kaum einstellen. Eher vertraute die SED – wie die anderen kommunistischen Parteien – auf die Wissenschaft, die jetzt »eine ganz besondere Bedeutung« erlange. Man meinte, »nicht alle Probleme unseres sozialistischen Aufbaus neu erforschen zu müssen«, sondern sich auf die »fortschrittlichste Wissenschaft« – die der Sowjetunion – stützen zu können.[319] Fortschritts- und Wissenschaftsgläubigkeit konzentrierten sich insbesondere auf Stalins »ökonomisches Grundgesetz des Sozialismus«. Es stelle bei entsprechender Planung die Befriedigung der wachsenden Bedürfnisse der Gesellschaftsmitglieder durch »ununterbrochenes Wachstum und die Vervollkommnung der sozialistischen Produktion auf der Basis der höchsten Technik« in Aussicht.[320] Allerdings seien – und hiermit kommen wir zum Kern der Beschlüsse der Parteikonferenz – die bereits geschaffenen ökonomischen und politischen Strukturen noch weiterzuentwickeln. Insbesondere bedürfe es, wie die SED feststellte, des weiteren Ausbaus der

Staatsmacht. Sie solle das »Hauptinstrument« des sozialistischen Aufbaus sein und zugleich ihre eigenen »volksdemokratischen Grundlagen« festigen. Damit sprach die SED zum einen die »wirtschaftlich-organisatorischen« und die »kulturell-erzieherischen« Funktionen an, die der Staat auszufüllen habe. Zum anderen sollte der volksdemokratische Staat auf dem Volkseigentum in der Industrie und den Produktionsgenossenschaften in der Landwirtschaft aufruhen; diese ökonomischen Konstituentien des Sozialismus hoffte man unter (partei)staatlicher Direktive mit der Ausbreitung und Mehrung des sozialistischen Eigentums zu festigen.

Daß sich der Klassenkampf im Verlaufe dieses Prozesses »notwendig verschärfen« müsse, von diesem Stalinschen Postulat ging man aus.[321] Die Parteikonferenz beschloß – neben der weiteren Priorität der Schwerindustrie und der stetigen Entfaltung des sozialistischen Wettbewerbs – die »notwendige Hilfe« bei der Kollektivierung der Landwirtschaft bereitzustellen. Dieser Beschluß kam einem Generalangriff auf das Privateigentum gleich[322], und seine Auswirkungen führten, zusammen mit dem Kurs auf die Schwerindustrialisierung und der Politik gegenüber dem gesamten Mittelstand, seit dem Herbst 1952 in eine ökonomische und zunehmend auch politische Krise. Diese nicht antizipierend, wollte die Partei zudem eine »neue Intelligenz aus den Reihen der Jugend und der Aktivisten des Neuaufbaus« heranziehen, um die Permanenz technischer Innovationen zu gewährleisten. Überdies sei der staatliche Verwaltungsapparat zu reformieren, um ihn den »Volksmassen« enger zu verbinden: sie also der Anleitung und Kontrolle stärker auszusetzen. Die Verwaltungsreform, die der Parteikonferenz folgte, löste die Länder und Landtage auf und setzte den letzten Resten von Föderalismus und Gewaltenteilung ein Ende.[323]

Die SED erwartete naiv, wie sich herausstellte, die Permanenz eines krisen- und zyklenfreien Wachstums der Ökonomie, sobald auch die restlichen privatwirtschaftlichen Sektoren dem zentralen Planungsprozeß unterworfen wären und die planende Partei dem »ökonomischen Grundgesetz des Sozialismus« zur vollen Wirkung verhelfen könne. Daß die politische und ökonomische Unterwerfung des Mittelstands und Kleinbürgertums ohne eine Verschärfung des obrigkeitsstaatlich induzierten Klassenkampfes nicht durchsetzbar sein würde, lag in der Konsequenz des politischen Denkens. Aber aufgrund zunehmender Repression trat der ungeplante Fall ein: der Klassenkampf von unten.

Die Streiks und der Aufstand des 16. und 17. Juni trafen die Partei und ihre Funktionäre völlig unvorbereitet, obwohl Krisensymptome seit Monaten deutlich sichtbar waren.[324] Der 17. Juni war Folge der Politik der 2. Parteikonferenz und insofern zugleich die Legitimitätskrise des Stalinismus par excellence: Ausgerechnet das Proletariat revoltierte gegen die Politik des sozialistischen Aufbaus, die die Partei angeblich in seinem Interesse verfolgte. Die Revolte legte überdies die zentrale Schwäche des totalitären Systems offen, das die SED soeben mit der Ausdehnung der eigentumsförmigen Basis des bereits etablierten politischen Überbaus zu vollenden meinte. Partei, Staatsapparat und Massenorganisationen waren aufgrund ihrer hierarchischen und miteinander verzahnten Struktur durchaus fähig, Anweisungen von oben nach unten zu geben. Sie konnten auch – abgesichert durch terroristische und massenmobilisierende Methoden – für die Durchführung im politischen Bereich garantieren. Das galt aber nicht für die Ökonomie. Zwar fehlte es nicht an Rückmeldungen von subsystemspezifischen Dysfunktionen, und das Ausmaß von Zufriedenheit oder Unzufriedenheit der Herrschaftsunterworfenen war nicht unbekannt. Jedoch stellte der zentrale Planungsanspruch keine Methoden bereit, die ökonomischen Rationalitätskriterien hätten Genüge leisten können. Und schließlich – auch oder gerade das machte die Systemspezifik des 17. Juni aus – gab es keine systemimmanente Möglichkeit der politischen Gegenwehr gegen den Aufstand. Bevor es zu dem die Parteiherrschaft rettenden Einsatz der sowjetischen Panzer kam, war die Partei im Begriff – unterhalb der Führungsebene, die sich selbst als handlungsunfähig erwies – in ihre individuellen Bestandteile zu zerfallen.

Warum ließ sich das »ökonomische Grundgesetz des Sozialismus« nicht krisenfrei in Gang setzen? Der Primat der Schwerindustrie und der Produktion von Produktionsmitteln sollte der Theorie zufolge mit dem Einsatz ständig modernisierter Technik, der permanenten Steigerung der Arbeitsproduktivität und folglich der laufenden Senkung der Selbstkosten einhergehen. Sozialistischer Wettbewerb, Neuerertum, Plandisziplin, wirtschaftliche Rechnungsführung und das, was man »Sparsamkeitsregime« nannte, waren allerdings die einzigen Hebel, den erstrebten krisen- und zyklenfreien Prozeß in die Wege zu leiten.[325] Die Arbeits- und Gruppenmoral, vom kleinsten Arbeitskollektiv bis zu den Spitzen der Bürokratien, war also aufgefordert – gemeinsam mit der Moral der Partei und ihrer Kenntnis ökonomischer und gesellschaftlicher »Gesetze« – den technischen Aufschwung zu initiieren.[326] Doch die systemspezifischen Selbstblockaden einer von oben geplanten und politisch verfaßten Ökonomie, die der arbeitenden Basis auch noch die idealistische Initiative vorzuschreiben neigte, weil sie über keine hinreichenden materiellen Anreize verfügte, stellten sich von Anbeginn ein: Horten von Arbeitskräften und Produktionsmitteln, Unterauslastung der Kapazitäten, Materialverschleiß und Ausschußproduktion, mangelnde Koordination der Produktionsvollzüge, Selbstbegünstigung der Betriebe und der Arbeitskollektive. Diese Hemmnisse der reibungslosen Planerfüllung waren der Parteiführung bekannt. Die Dysfunktionen der Bürokratie waren Anlaß permanenter offizieller Klagen. Aber die Parteifunktionäre haben niemals begriffen, daß der »Bürokratismus« eine zwingende Folge des etablierten politischen Systems und seiner Herrschaft über alle Subsysteme war. Nicht nur übergingen die staatlichen Institutionen die Rechte der Bürger; überdies erzog die allgegenwärtige Intervention der Partei in alle gesellschaftlichen Bereiche die Bürokraten aller anderen Apparate dazu, keine Entscheidungen zu fällen; vor allem verfügten sie über keine außerpolitischen Entscheidungskriterien. Dies genau war der Schwachpunkt eines politischen Systems, dessen Macht auf der Entdifferenzierung der gesamten Gesellschaft beruhte. Es konnte allein politische Regulative vorgeben, die als politische notwendig die Eigenlogik der diversen sozialen Subsysteme ignorieren mußten.

In der sich zuspitzenden Krise der Jahre 1952/53 stand die SED vor der Alternative, entweder die Politik der forcierten Transformation zurückzunehmen – was sie erst unter Druck der KPdSU und zu spät tat – oder nach einer Verfeinerung der Methoden zu suchen, um einmal Beschlossenes auch durchzuführen. Sie schuf »technisch begründete« Normen für Materialverbrauch, Maschinenauslastung und Arbeitsleistungen und befand zudem, es bedürfe der Normkontrollen und der Stärkung der persönlichen Verantwortung der Betriebsleiter.[327] Ansonsten definierte die SED die Dysfunktionen der zentralen Planwirtschaft in Mängel des Planvollzugs um und attackierte darüber hinaus Überhänge des »bürgerlichen« Bewußtseins, vornehmlich des »Sozialdemokratismus« in der Arbeiterklasse.[328] Sie suchte diese vermeintlichen Hypotheken einer überwundenen Gesellschaftsformation einerseits durch die Kaderpolitik und eine beschleunigte Herausbildung der »neuen Intelligenz aus den Reihen der werktätigen Jugend« zu beheben[329], andererseits mit dem weiteren Forcieren des sozialistischen Wettbewerbs, der »technischen Begründung« der Arbeitsnormen und deren Erhöhung zu überwinden.[330] Damit provozierte sie den Aufstand des 17. Juni.

Die Antwort der Arbeiter war überdeutlich. Dies galt auch für den Mittelstand. Es fehlte, vorsichtig gesagt, an seiner Kooperationsbereitschaft. Die Erweiterung des Sektors des genossenschaftlichen Eigentums, die Kollektivierung der Landwirtschaft, des Handwerks und Handels sollte – folgte man der offiziellen Rhetorik – auf freiwilliger Basis erfolgen. Doch die faktische Politik setzte den noch selbständigen ländlichen und städtischen Mittelstand auf dem Wege staatlicher Verordnungen und der rechtlichen Sanktionierung vermeintlicher oder tatsächlicher Spekulationsgeschäfte, Steuerrückstände und Verstöße gegen Ablieferungspflichten einerseits, durch vielfältige Begünstigung der Landwirtschaftlichen Produktionsgenossenschaften und der bäuerlichen Handelsorganisationen andererseits derart unter ökonomischen und politisch-juristischen Druck, daß eine sich steigernde Fluchtbewegung einsetzte.[331] Sie trug zur weiteren Verschlechterung der Versorgungslage bei. Hinzu kam die alle unterwerfende Praxis der ideologischen Aufrüstung des sozialistischen Bewußtseins. Die Verfolgung politischer Abweichungen in der Partei, die Kampagnen gegen Sozialdemokratismus, Kosmopolitismus und Zionismus, die Mobilisierung für ökonomischen Wettbewerb, schließlich die Benachteiligung und Verfolgung der Mitglieder der Kirchen, insbesondere der Jungen Gemeinden und der Kulturkampf an Schulen und Universitäten[332] – das mögen in den Augen der Gesellschaftsplaner funktionale Methoden gewesen sein, das Neue an die Stelle des Alten zu zwingen. Doch trieben sie relevante Teile der Gesellschaft in die Flucht, in den Aufstand oder in die Passivität.

Einige der Dysfunktionen des Stalinismus begann die Partei nach der Systemkrise, die der 17. Juni war, zu verstehen. Sie machte sich, unter dem Druck ihrer sowjetischen Genossen und unter dem Eindruck der Diskussionen, die in der Sowjetunion nach Stalins Tod einsetzten, auf die Suche nach ökonomischen Rationalitätskriterien sowie nach insgesamt flexibleren Mechanismen der Herrschaftssicherung und der Anleitung der gesellschaftlichen Entwicklung. Erst sobald die Phase der begrenzten Entstalinisierung einsetzte, sobald die vorsichtige Revision der bisherigen Transformationspolitik möglich wurde, gewannen die Legitimitätsansprüche der Parteiherrschaft zögerlich einen sozialistischen Charakter, der ohne chauvinistische Krücken auskam. Die SED ging langsam in die poststalinistische Phase ihrer Herrschaft über. Aber sie überwand niemals die Funktionsdefizite einer ihrer Eigenständigkeit beraubten und entdifferenzierten Gesellschaft; deshalb konnte sie auch nie auf gewaltförmige Methoden der Herrschaftssicherung verzichten.

# II. Legitimation durch Reform

## 1. Der Reformkontext

Eine positive Bestimmung des Sozialismus, die breitenwirksam hätte sein können, war unter stalinistischen Bedingungen ein schwieriges Unterfangen. Es wurde selbst nach dem Tod Stalins nicht eben leichter, wenn auch aus anderen Gründen: Vorübergehend wurden die blockübergreifenden Konturen eines allgemeinverbindlichen sozialistischen Modells unscharf. In dem Moment, in dem die SED positiven, gegenwarts- und zukunftsbezogenen Legitimitätsglauben schaffen wollte (und wohl auch mußte), geriet der gesamte sowjetische Hegemonialbereich in eine Legitimationskrise. Es standen sich plötzlich (wieder) mehrere Legitimationsstrategien gegenüber. Während solche Stichworte wie »Neuer Kurs« und »Kritik des Personenkults« zunächst aus den Machtkämpfen an der Spitze der KPdSU zu hören waren und für einen ersten Anlauf zur begrenzten Entstalinisierung standen, entwikkelte sich die radikalere Position des antistalinistischen Revisionismus unterhalb der Spitzen der kommunistischen Parteien. Sie verlängerte sich in die Gesellschaften hinein, sofern sie nicht aus ihnen kam und die Parteispitzen unter Druck setzte. Aber auch die offiziösen Formen der Entstalinisierung bedurften eines Novum in der marxistisch-leninistischen Theorie, Praxis und Suche nach überzeugenden Legitimitätsansprüchen: der Reform.

In einer stalinistischen Argumentation hatte der Reformbegriff keinen Platz, es sei denn als Kampflosung gegen den reformistischen Feind. Der zeitgenössische Antireformismus unterschied sich von der traditionsreichen Entgegensetzung von Reform und Revolution insofern, als die Revolution bereits vollzogen und durch eine vermeintlich bewußte und zielgerichtete Transformationspolitik zu vollenden war. Die kommunistischen Parteien betrachteten sich als die Vollstrecker eines gesetzmäßigen, welthistorischen Entwicklungsprozesses, der unter marxistisch-leninistischer Anleitung ins Werk zu setzen sei, sobald die Entwicklungsvoraussetzungen geschaffen waren: sozialistische Eigentumsverhältnisse und die sozialistische Staatsmacht unter Führung der Arbeiterklasse und »ihrer« Partei. Ihrem Selbstverständnis und Legitimitätsanspruch zufolge verfügte die Partei aufgrund ihres privilegierten Wissens über die Kompetenz, den gesamtgesellschaftlichen Umwälzungsprozeß bis hin zum Ziel der kommunistischen Gesellschaft zu planen und zu lenken. In dem Maße jedoch, in dem die Dynamik der Transformation nachließ – oder sich jenseits der Zerstörung der herkömmlichen sozioökonomischen und politischen Strukturen erst gar nicht einstellte – und die von der Partei durchgesetzten neuen Strukturen sich verfestigten, wurde diese ideologische Selbstgewißheit brüchig. In dieser Hinsicht wirkte Stalins Tod als Katalysator; er machte eine Bestandsaufnahme möglich. Der Reformbegriff wurde sinnvoll, sobald die Sozialismusvorstellung sich zu wandeln begann. Reform, ob explizit so genannt oder nicht, gewann nun die Funktion, die Transformation fortzusetzen, aber den gesellschaftlichen Veränderungsprozeß selbst – zumindest partiell – zu verändern. Damit stellte sich zugleich das theoretische und praktische Problem, das einer jeden Reformpolitik anhaftet, nämlich zu bestimmen, in welchem Verhältnis Reform als Mittel evolutionären Wandels zur Reform als Instrument der Sicherung von Kontinuität stehen sollte.[1]

Können die Reformansätze der fünfziger Jahre als Versuch gelten, die Krise der stalinistischen Transformationspolitik zu beheben, so mündete dieser Versuch seinerseits in eine Krise – die Krise des Revisionismus. Selbstverständlich hing es vom Standpunkt der politischen Akteure ab, ob sie den Revisionismus als Krise begriffen. Für die entschiedensten Antistalinisten war er konsequente Reform, schuf nur er neue, wenn nicht erstmals überhaupt Legitimität. Die Befürworter einer gewissen stalinistischen Kontinuität hingegen verstanden ihn als Grenzüberschreitung, gegen die sie schließlich so etwas wie eine Politik der Schadensbegrenzung durchsetzten. Obwohl sich im Verlauf des Reformprozesses die politischen Kräfte der Veränderung mithin ausdifferenzierten, in Ungarn bis hin zur Revolution, gewannen die Kräfte einer antireformerischen Bewahrung dennoch nicht gänzlich die Oberhand, nachdem der Revisionismus zerschlagen war. Es entstand ein Mischungsverhältnis aus Wandel und Kontinuität, das es hier zunächst in groben Zügen zu umreißen gilt, da es die Legitimitätsansprüche neu faßte.

Was bedeutete Entstalinisierung? In der Sowjetunion, wo sie ihren Ausgang nahm, richtete sie sich zunächst auf die Restitution der Parteiherrschaft und auf das, was man in kritischer Abkehr vom »Personenkult« die »Rückkehr zu Lenin« nannte. Das Ende des Terrors und ein Minimum an Rechtssicherheit hatten zuallererst die Funktion, die physische Integrität des Trägers der Transformationspolitik: der Partei, zu sichern. Insgesamt war die Rückkehr zu Lenin allerdings eine diffuse Parole, deren Spannbreite jakobinischen Terror (diesseits stalinistischer Exzesse gegenüber der Partei selbst) ebenso zu umfassen vermochte wie die Konzedierung eines gewissen Grades innerparteilicher Demokratie oder selbst die Gewährung – parteistaatlich begrenzter – gesellschaftlicher Teilhaberechte. Die Parole barg daher ein Demokratisierungspotential, dessen Realisierungschance sich einerseits an der Macht und dem Beharrungsvermögen der bürokratischen Apparate, andererseits am unmittelbaren Engagement der Reformer und der Herrschaftsunterworfenen selbst bemaß.[2]

Die Option der veränderungswilligen Teile der restituierten »Avantgarde« des Proletariats in der Sowjetunion und, wie noch ausführlich zu zeigen sein wird, auch in der DDR richtete sich weniger auf Demokratisierung als vielmehr auf die Rationalisierung, auf eine Versachlichung von Politik und Ökonomie.[3] Es war das erklärte Ziel, die behaupteten Vorzüge des Sozialismus gerade bei der Durchsetzung neuer Technologien unter Beweis zu stellen, mit der Produktivkraftentfaltung den Westen zu übertrumpfen und zugleich die Bedürfnisse der breiten Masse der Produzenten zu befriedigen. Dazu galt es nicht nur, die Parteiorganisationen näher an die Produktion heranzuführen und sie auf die spezifischen Belange der Ökonomie auszurichten. Dies ging auch mit einer partiellen Dezentralisierung der Entscheidungsbefugnis staatlicher Instanzen und einer Reorganisation der produktiven Bereiche einher. Obwohl dieser Prozeß in der Sowjetunion eher steckenblieb als die reformerischen Intentionen erfüllte, erfuhr die stalinistische Vision politischer Machbarkeit doch eine spezifische Relativierung. Der marxistisch-leninistisch informierten Determination gesamtgesellschaftlicher Veränderung wurden außer-politische, ökonomische und wissenschaftlich-technische Kriterien zur Seite gestellt. Sie sollten im Bereich der Produktion auf die Steigerung der Effizienz hin wirken und bereits auf der Ebene der Planung und Leitung der Wirtschaft Nachachtung finden. Dies bedurfte der Freisetzung der Wissenschaften von stalinistischem Dogmatismus ebenso wie der Versachlichung des Parteiwissens selbst. Noch bevor sowjetische Wissenschaftler die »Wissenschaft als Produktivkraft« entdeckten und die Parole der »wissenschaftlich-technischen Revolution« ausgaben wurde deutlich, daß der Vorherrschaft des Marxismus-Leninismus mit der Fachkompetenz, mit außer-ideologischen und außer-politischen Handlungsparametern eine Ergänzung, wenn nicht eine Konkurrenz erwuchs.

Es trat ein Wandel der Sozialismusvorstellung und der Legitimationsfiguren ein, der zumindest implizit auf dem Eingeständnis beruhte, daß die Kenntnis ökonomischer und mithin – nach marxistisch-leninistischem Verständnis – gesellschaftlicher Entwicklungsgesetze bislang eine schiere Behauptung geblieben war. Wenn auch künftig die Prärogative der Partei nicht zur Disposition stand und sie ihren Anspruch aufrechterhielt, die gesamte Gesellschaft in ihrer Entwicklung zu planen und zu lenken, so veränderte sich die stalinistische Struktur doch insofern, als die Partei außer-politischen, ideologisch entlasteten wissenschaftlichen und ökonomischen Eigensinn nicht länger negieren konnte. Einer Interpretation zufolge, die in der DDR selbst in polemischer Absicht vertreten wurde, geriet mit der sich wandelnden Praxis des sozialistischen Aufbaus der »Primat der Politik« in Gefahr. Zweifellos gewannen die wirtschaftlich-organisatorischen gegenüber den unmittelbar politisch-repressiven und ideologischen Funktionen des Parteistaats an Gewicht, so wie sich auch die administrativen und ökonomischen Erfolgs- und Zieldefinitionen allmählich veränderten. Von einem Primat der Ökonomie konnte aber schon deshalb keine Rede sein, weil die SED ihre ökonomische Strategie weiterhin als Teil ihrer Prärogative begriff, die gesamte Gesellschaft zu transformieren.[4] Obwohl sich die Tendenz einer Versachlichung der Formulierung, Durchsetzung und Begründung des nach wie vor bestehenden politischen Primats abzeichnete, blieb doch vor allem die Struktur der Begründung der Führungsrolle der Partei unverändert: Sie stützte ihren Machtanspruch, wie zuvor, auf die Behauptung privilegierten Wissens. Dessen Inhalt bestand nicht mehr allein im Marxismus-Leninismus; aber gerade mit dem Expertenwissen, das nun hinzukam, ließ sich die elitäre Politikauffassung untermauern.

Von diesem Umstand, der uns noch beschäftigen wird, sahen Interpretationen ab, die vor allem im Westen entwickelt wurden. Die totalitäre Herrschaft sei, so meinten manche, im Begriff, ja sogar einem entwicklungslogischen Trend ausgesetzt, zu einer autoritären Form der Herrschaft überzugehen. Diese Entwicklungsdynamik verdanke sich den konstitutiven Merkmalen einer Industriegesellschaft, deren Imperative auch eine herrschende kommunistische Partei schließlich anerkennen und die daher auf die Parteiorganisation, ihre Normen und Leitbilder durchschlagen müsse. Die soziale Trägerschicht dieser sukzessiven Anpassung der Partei an die Gesellschaft, der Herausbildung einer partiellen Interessenidentität beider, sei in einer institutionalisierten Elite fachlich qualifizierter Parteikader zu sehen. Die industriegesellschaftliche Entwicklungsdynamik werde die zuvor herrschende, ideologisch orientierte Parteielite zwingen, sich aus ihrer selbstgewählten gesellschaftlichen Marginalität zu lösen, mit ihrem sozialen Umfeld zu kommunizieren und die Interaktion in organisatorische Formen der konsultativen und partizipativen Einflußnahme der Experten zu überführen.[5]

Eine solch optimistische Einschätzung poststalinistischer Reformen mag einen Teil der Hoffnungen und Erwartungen der fachspezifisch ausgebildeten Kader, der Angehörigen der wissenschaftlich-technischen Intelligenz und aller jener sozialen Gruppen in der DDR selbst eingefangen haben, die am Ausbau des Bildungssystems, an der Entdogmatisierung der Wissenschaften und der Pragmatisierung der Wirtschaftspolitik im weitesten Sinne teilhatten. Denn die Erwartung einer industriegesellschaftlichen Dynamik hin zur Versachlichung politischen und ökonomischen Handelns, zu Wachstum, Effizienz und Prosperität, gehörte zweifellos zur Ideologie der Reform. Diese Ideologie war nicht deckungsgleich mit expliziten Legitimitätsansprüchen, die weitaus stärker vom Marxismus-Leninismus geprägt blieben; sie unterfütterte aber solche Ansprüche bis zum Ende der sechziger Jahre, fungierte gleichsam als »verdeckte« Legitimation.[6] Wie in den westlichen erwartete man auch in den östlichen Gesellschaften eine »zweite industrielle« respektive eine »wissenschaftlich-technische Revolution«, die zu unbegrenztem Wachstum und zur Befreiung von ökonomischen und sozialen Krisen führen würde. Diese Hoffnungen stützen sich auf die Chemie, die Atomenergie und die Elektronik: auf neue Grundstoffe, Energiequellen und Produktionsverfahren, die schwerer körperlicher und geistig stupider Arbeit ein Ende machen und Klassenschranken einreißen würden.[7] Wie sich jedoch spätestens mit der Zerschlagung des Prager Frühling und dem Abbruch der Reformen auch in der

DDR zeigte, fand die Annahme, eine industriegesellschaftliche Eigenlogik werde sich in den sozialistischen Ländern Bahn brechen und schließlich auch zur Rationalisierung, zur Versachlichung des Herrschaftssystems führen, in der Realität nur eine eingeschränkte Entsprechung. Das Beharrungsvermögen der politisch geschaffenen und ideologisch fundierten Machtstrukturen verwies auf die Bedeutung von Rationalitätskriterien, die keineswegs primär allgemein industriegesellschaftlichen Imperativen, sondern den Handlungsparametern einer in spezifischer Weise politisch verfaßten Gesellschaft folgten. Diese politisch-ideologische Rationalität der Machterhaltung hätte seinerzeit nur der Revisionismus aufbrechen können.

Die DDR-Gesellschaft war zwar industrialisiert und wies deshalb die Gruppen und Schichten auf, die für die industrielle Moderne kennzeichnend sind. Aufgrund politischer Steuerung waren sie in ihrem Interessenverfolg jedoch gleichgeschaltet; zudem wurden sie zunehmend Produkt der gesellschaftsverändernden Politik der Partei. Das traf nicht allein auf die wissenschaftlich-technische Intelligenz, sondern selbst – oder gerade – auf die ideologische Elite und die mit ihrem politischen Schicksal verbundenen Kader der bürokratischen Apparate zu. Ihre Interessen waren infolge der Transformationspolitik der ersten Jahre inzwischen in den neuen Strukturen verankert und bildeten ihrerseits die Basis der ideologisch-politischen Macht.[8] Nun läßt sich nicht bestreiten, daß trotz aller zielgerichteten Parteipolitik immer auch unintendierte Folgen auftreten können, die Politik wiederum berücksichtigen muß, daß überdies ökonomischer und wissenschaftlich-technischer Wandel nach adäquaten Kommunikations-, Informations- und Kooperationsstrukturen verlangt, die allesamt mit einer parteistaatlichen Durchpolitisierung der Gesellschaft unverträglich sind. Abstrakt gesehen konnte somit in der Phase der Entstalinisierung eine relativ unabhängige und eigenständige Intelligenz entstehen oder sich zu Wort melden – was auch in einigen sozialistischen Ländern geschah.

In der DDR aber war die wissenschaftlich-technische Intelligenz in höherem Maße als andernorts Produkt der Transformationspolitik der SED. Den zuvor unterprivilegierten Klassen und Schichten entstammend und erzogen in den sozialistischen Hoch- und Fachschulen des neuen Staates, fühlte sie sich, wenn schon nicht auf den Sozialismus, so jedenfalls auf den Antifaschismus verpflichtet, der Berührungen mit bundesrepublikanischen Entwicklungen peinlich zu vermeiden riet. In der poststalinistischen Phase sollte die wissenschaftlich-technische Intelligenz die Stagnation, in die der Stalinismus geführt hatte, überwinden und eine (politisch domestizierte) Dynamik des Poststalinismus in Gang bringen helfen. Die wachsende Bedeutung dieser Schicht verdankte sich der Politik des »social engineering« einer Partei, die ihre totalitäre Aspiration keineswegs aufzugeben bereit war, sondern ihre gesellschaftlichen Ziele unter Zuhilfenahme des Expertenwissens weiterverfolgen wollte.[9] Mochte sie noch Traditionen verhaftet sein, die ihre bürgerlichen Vorgänger in der vorstalinistischen Phase geprägt hatten, so erschwerte doch die bewußte Förderung einer neuen, sozialistischen Intelligenz deren Festhalten an einem eigenständigen Berufsethos; über dieses hinausgehender politisch selbständiger Handlungswille hatte die Intelligenz in Deutschland kaum je ausgezeichnet. Mochte sie einen technokratisch begründeten Herrschaftsanspruch durchaus angemessen finden, bewegten sich ihre Durchsetzungschancen doch in einem Rahmen, der in zumindest zweifacher Weise vorgegeben war: Die ideologische Elite bestimmte über die relativen Einflußmöglichkeiten; und die wissenschaftlich-technische Intelligenz durchlief ihrerseits Prozesse politischer Sozialisation, die sie dem hoheitlich formulierten Allgemeininteresse verpflichtete – sei es aus Gründen der Anpassung oder der Überzeugung. Diese Konstellation, die das Herausbilden selbständiger Interessengruppen empfindlich erschwerte, wurde durch den Homogenisierungsdruck, den die Kaderpolitik bewirkte, noch verschärft.[10] Die Chance, sie zu durchbrechen, war abhängig von der politischen Kultur, dem Integrationsgrad der Partei und ökonomischen, politischen oder gesellschaftlichen Krisensituationen.

Ein Resümee aus diesen Überlegungen muß wohl heißen, daß – versteht man Technokratie im Wortsinn als Herrschaft der Experten – die Reformanstrengungen der kommunistischen Parteien in den fünfziger und sechziger Jahren mit diesem Begriff kaum zutreffend zu beschreiben sind. Er impliziert zwar nicht notwendig die Annahme, eine jeder Industriegesellschaft inhärente Dynamik werde zur technokratischen Herrschaft führen, doch sind Technokratietheorien in der Regel mit generalisierenden Annahmen über die Entwicklung postindustrieller Gesellschaften verbunden, können für die poststalinistischen Gesellschaften aus den genannten Gründen also nicht umstandslos greifen. Die zentrale These der Technokratietheorie, daß nämlich technokratische Machtansprüche ebenso wie ihre sozialstrukturelle Fundierung zunehmend – und unabhängig davon, ob die, die einen solchen Entwicklungstrend diagnostizieren, ihn begrüßen oder nicht – auf Wissen beruhen[11], birgt allerdings für die Analyse des Poststalinismus ein fast schon verblüffendes Potential. Denn das Argument, Politik solle nicht von Interessen, sondern von Wissen bestimmt werden, Sachverstand sei die alleinige legitime Basis politischer Entscheidung, Konflikte rührten her aus mangelnder Information oder fehlender Kenntnis, ein solches Argument gleicht in seiner Struktur der herkömmlichen Begründung des Machtanspruchs einer marxistisch-leninistischen Partei. Macht sie sich das technokratische Argument zu eigen und paßt es in die Legitimationsfunktion des Marxismus-Leninismus ein, werden auch Wissenschaft und Technik zur Ideologie. Ähnlich wie der Marxismus-Leninismus untergraben auch Technik und Wissenschaft – als Ideologie – eine demokratische Verkoppelung der instrumentellen mit der praktischen Vernunft; selbstbestimmtes Setzen der gesellschaftlichen Zwecke und Ziele bleibt außerhalb des öffentlichen Gesichtskreises.[12] Die Legitimation durch Fachwissen, das der Allgemeinheit diene, verleiht Autorität; sie suggeriert die Lösbarkeit aller gesellschaftlichen Fragen und Probleme mit Hilfe wissenschaftlich-technischer Kompetenz und entpolitisiert die gesellschaftliche Auseinandersetzung.[13]

Werden die poststalinistischen Reformen im folgenden explizit technokratisch genannt, so zumeist, um ihren undemokratischen, Politik verwehrenden Charakter hervorzuheben.[14] Der Begriff der Technokratie soll zudem die wissenschaftlich-technischen und ökonomisch-produktivistischen Visionen des Sachverstandes mitbenennen. Die Unterschiede zwischen der marxistisch-leninistischen und der technokratischen Ideologie werden später deutlicher werden.

Ob der Marxismus-Leninismus nun Ideologie oder Dogma war[15] – seine legitimatorische Funktion jedenfalls konnte mit der Ergänzung durch eine technokratische »Ersatzprogrammatik«, die gleichsam die Lösung der Detailfragen der Heraufkunft des guten Lebens an kooptierte Experten verwies, nur gewinnen.[16] Die Ergänzung marxistisch-leninistischer durch eine technokratische Legitimation der Herrschaft trug allerdings höchst ambivalente Züge. Zum einen ist auch die »Ersatzprogrammatik« keine Ideologie im klassischen Sinn. Weil sie Klassenherrschaft nicht nur verschleiert und das emanzipative Interesse der Unterdrückten bloß täuscht, sondern den Unterschied zwischen Technik und Praxis insgesamt zu eliminieren droht, konnte sie dazu dienen, die Herrschaft zu zementieren. Zum anderen bargen – anders als in westlichen Gesellschaften – eine Aufwertung technisch-instrumentellen Wissens, die Kooptation von Experten, die Entdogmatisierung der Wissenschaften und die fachorientierte Planung und Leitung der Ökonomie in nachstalinistischen Gesellschaften zweifellos die Chance, Herrschaft zu versachlichen, materielle Bedürfnisse und intellektuelle Interessen zu befriedigen und gesellschaftlichen Auseinandersetzungen (wenn auch beschränkten) Raum zu gewähren. Damit eröffnete sich die Möglichkeit, nicht die entwicklungslogisch verbürgte Gewißheit, daß sich die Herrschaft enttotalisierte.[17]

Die grundsätzliche Ambivalenz der Technokratie machen Theorien deutlich, die einen Weg der Intelligenz zur Klassenmacht kritisch zu rekonstruieren suchen.[18] Beruhte Herrschaft – und sie umfaßt in Gesellschaften sowjetischen Typs zuallererst die Macht der Aneignung und Umverteilung der gesellschaftlich produzierten Güter – tatsächlich auf Legitimation durch Wissen, so konnte die Versachlichung dieses Wissens zwar zur Versachlichung auch der Dispositionsgewalt führen. Sie mußte damit aber zugleich die Herrschaft festigen und die wissenschaftlich-technische Intelligenz in das bestehende System einbinden. Demgegenüber plädierte die revisionistische Intelligenz, die sich für die Einführung sozialistisch-marktförmiger Strukturen und überdies für Formen der Selbstverwaltung aussprach, für die Institutionalisierung eines anderen gesellschaftlichen Organisations- und Verteilungsprinzips. Darin lag ihre Brisanz: Sie stellte die Legitimation der politischen Herrschaft durch privilegiertes Wissen in Frage. Doch die Zunahme politischer Unabhängigkeit und ökonomischer Verantwortung, die eine Reform, die letztlich in Selbstverwaltung enden sollte, für das wissenschaftlich-technische Management mit sich bringen mußte, vermag zu erklären, warum die revisionistische Antwort auf den Stalinismus schwächer ausgeprägt war als die technokratische.[19] Die wissenschaftlich-technische Intelligenz wäre nämlich öffentlicher Kritik in ungewohnter und ungeschützter Weise ausgesetzt worden, hätte ihren eigenen Herrschaftsanspruch zumindest relativieren müssen. Und dies nicht nach oben – im Bunde mit der Macht –, sondern nach unten oder anders gesagt: zugunsten der Institutionalisierung der gesellschaftlichen Öffentlichkeit und Verfügungsgewalt. Denn soll sich Herrschaft tatsächlich auf Wissen gründen, liegt die Chance der Emanzipation in einer culture of critical discourse.[20]

In der DDR blieb – zumal solch radikaler – revisionistischer Druck auf die Partei gering, und die technokratische »Ideologie der Reform«[21] bildete sich hier besonders deutlich aus. Der Aufbau des Sozialismus erschien in der Hochphase der poststalinistischen Reform als ökonomisches und technisches Problem. Die Argumentationsfigur der »wissenschaftlich-technischen Revolution« suggerierte, politisch-ideologische Standards und bürokratische Maßstäbe durch Wissenschaftlichkeit, Modernität, Kreativität und Verantwortlichkeit zu korrigieren, wenn nicht gar abzulösen. Bei genauerem Hinsehen zeigte sich jedoch von Anbeginn, daß nicht von der Korrektur ideologischer Setzungen und nicht von Ablösung, sondern nur von Ergänzung die Rede war. Als technokratische Ideologie, die zu mobilisieren vermochte, bedrohte sie dennoch potentiell die vested interests der Ideologen; und dazu bedurfte sie nicht einmal einer ausführlichen Kritik des Stalinismus, die in anderen sozialistischen Ländern überhaupt erst die Voraussetzungen der Reformpolitik schuf.

Freilich war das kulturelle Klima für eine technokratische Legitimation günstig. Das Ziel, die Beherrschung der Natur, die Produktivität und Effizienz auf ein kapitalistischen Gesellschaften unerreichbares Niveau zu steigern, war sowohl dem Leninismus wie dem Stalinismus inhärent. Die technokratische Reformideologie ließ sich mithin auch in die Vorstellungswelt stalinistischer Kader einpassen. Dem kam zudem die bloß umformulierte Illusion der Machbarkeit der Welt entgegen, der vermeintlich ganzheitlichen, aller Aspekte bewußten Problemlösung. Überdies enthielt die harmonistische Perspektive, der zufolge Politik und Herrschaft letztlich der Verwaltung von Sachen weichen sollte, weitere – wenn auch anders akzentuierte – Affinitäten der technokratischen und der marxistisch-leninistischen Argumentation.[22] Hatte die Suggestion einer politik- und konfliktfreien Zukunftsgesellschaft im Marxismus noch einen – wenn auch bestreitbaren – emanzipatorischen Stellenwert, diente sie im Stalinismus und in der poststalinistischen Phase vornehmlich der

Rechtfertigung der omnipotenten Parteiherrschaft. Der Regelungsfanatismus und die Harmoniebedürftigkeit, die beide in der technokratischen – wie auch der marxistisch-leninistischen – Vision enthalten sind, aktualisierten sich in der Reformphase der DDR in Gestalt systemtheoretischer Gesellschaftsmodelle einerseits, rhetorischer Beschwörungen einer »sozialistischen Menschengemeinschaft« andererseits. In dem technokratischen Versprechen interessenenthobener Sachlichkeit schien zugleich die Hoffnung auf die Befreiung von allen Übeln auf, gegen die sich linke wie rechte Kapitalismuskritik immer wieder gewandt hat: das Ende der Willkürherrschaft von Geld und Profit. Die technokratische Ideologie der Sachlichkeit barg daher entgegen allem Anschein auch das Potential eines verschwörungstheoretischen Irrationalismus. Sie stand der Tradierung des »Wallstreet-Syndroms« oder der Kampagnen gegen den Kosmopolitismus, mithin einem Festhalten an stalinistischen Feindorientierungen nicht grundsätzlich entgegen.[23] Dies zeigte sich – gerade in der DDR – bei der Abwehr »imperialistischer Störmanöver« und schließlich bei der Begründung der Intervention in die ČSSR mit aller Deutlichkeit.

Dennoch steht außer Frage, daß beide Ideologien, die marxistisch-leninistische und die technokratische, in einem Spannungsverhältnis zueinander standen – wenn sie auch zur Kombination einluden. Das technokratische Interesse an Versachlichung und Pragmatisierung reflektierte einerseits das (relative) Desinteresse an ideologischen Versatzstücken, die Wissenschaft und Technik in ihrer Entwicklung hemmten. Sie gefährdeten aus technokratischer Sicht nicht nur das Zukunftsprojekt technologischer Moderne, sondern auch die Integration der Gegenwartsgesellschaft, die ohne Erhöhung des Lebensstandards, ohne eine Normalisierung des Alltags- und Berufslebens kaum zu sichern war. Sollten aber die Spezifika des Sozialismus erhalten bleiben und nicht in Wissenschafts- und Technikfaszination untergehen, deren Leitbilder letztlich von denen des Westens nicht zu unterscheiden waren, dann durfte die Entideologisierung andererseits nicht zu weit gehen. So wie die marxistisch-leninistischen Ideologen die wissenschaftlich-technische Intelligenz brauchten, wollten sie nicht am Stalinismus in allen seinen Formen festhalten, so brauchte die wissenschaftlich-technische Intelligenz, sofern sie sich nicht revisionistisch verstand, die marxistisch-leninistischen Ideologen. Galt es also aus beider Perspektive, die Kontinuität der Herrschaft der Partei zu sichern, waren der Entstalinisierung enge Grenzen gesetzt.

Die Begründung und die Reichweite poststalinistischer Reform beschränkten sich jedoch keineswegs auf Elemente technokratischer Ideologie und deren Verbindung mit der marxistisch-leninistischen Tradition. Sollte nämlich die Politik der Entstalinisierung die ökonomische Krise im Innern tatsächlich beheben und die Konkurrenzsituation der Sowjetunion und der anderen sozialistischen Länder auf den internationalen Märkten ernsthaft verbessern, mußte die Reformpolitik auch außenpolitische Konsequenzen haben. Sie wurden mit der Politik der friedlichen Koexistenz gegenüber den westlichen Ländern und mit veränderten Beziehungen zwischen den sozialistischen Ländern selbst zu ziehen versucht.[24]

Um die ökonomische Krise des sozialistischen Blocks zu bewältigen, bedurfte es, wie man meinte, der Einheit und Geschlossenheit. Die sozialistischen Länder sollten wirtschaftlich zu ihrem gemeinsamen Vorteil kooperieren und dabei zugleich einen politisch stabilen Gegenpol zur gegnerischen imperialistischen Welt bilden. Die Politik der friedlichen Koexistenz implizierte zwar eine gewisse Öffnung gegenüber dem Westen, aber deshalb kam die Zwei-Lager-Theorie keineswegs an ihr Ende. Jedoch gestand die KPdSU den kommunistischen Parteien eine begrenzte Autonomie zu, damit sie ihre ökonomischen Ziele erreichen, die Kooperation mit den anderen sozialistischen Ländern verbessern und die Unterstützung ihrer Bevölkerung gewinnen könnten. Auch auf der Ebene des Blockzusammenhangs zeigte sich insofern eine Tendenz zur Versachlichung, die mit der Politik der ökonomischen Integration aller und des Interessenverfolgs der einzelnen Länder einherging.

Zugleich blieben jedoch der Anspruch auf ideologische Einheit und die Führungsrolle der KPdSU bestehen. Die Sowjetunion anerkannte unterschiedliche Wege zum Sozialismus nur für China und Jugoslawien. Diese eingeschränkte Anerkennung diente auf pragmatische Weise dem Ziel, die Geschlossenheit des sozialistischen Lagers im Rahmen einer nach wie vor bipolaren Weltsicht nach außen herzustellen. Die Sowjetunion behauptete weiterhin ihren Modellcharakter und vorgeblich besonders fortgeschrittenen Entwicklungsstand gegenüber den Satellitenstaaten.[25] Allerdings blieben entsprechende Aussagen vage und offen für unterschiedliche Auslegungen. Vor allem aus einem anderen Grunde eröffnete sich jetzt die Chance zu einer institutionellen und ideologischen Diversifizierung innerhalb des sozialistischen Lagers. Die Macht, die bislang Homogenität hergestellt und garantiert hatte, verlor im Prozeß der Entstalinisierung an Durchsetzungskraft. Nach dem Tod Stalins brachen die vom Terror überlagerten Konflikte in der sowjetischen Gesellschaft und Partei allmählich auf. Die Machtauseinandersetzungen in der Parteispitze ließen die streitenden Gruppierungen oder Personen nach Affinitäten und Entsprechungen in den anderen kommunistischen Parteien suchen, um die eigene Position zu stärken. Dabei waren nicht Einsicht und Geschlossenheit des sozialistischen Lagers Gegenstand der Auseinandersetzung, sondern neben der Behauptung und Sicherung der eigenen Machtposition ging es um die Konkretisierung des Inhalts des zukünftigen gemeinsamen politischen Kurses.

Chruschtschows Konzeption eines Blocks, dessen Zusammenhang sich einerseits auf blockumfassende ökonomische Interessen und eine begrenzte Eigenständigkeit bei deren Verfolg stützen und sich andererseits über die ideologische Einheit und die unangefochtene Führung der KPdSU – im Rahmen eines entdogmatisierten Marxismus-Leninismus – stabilisieren sollte, war bald vom Scheitern bedroht. Die jugoslawische Interpretation des XX. Parteitags überschritt die noch ungeschriebenen Gesetze eines künftigen poststalinistischen Einverständnisses zwischen den »Bruder«parteien. Die Besonderheit des jugoslawischen Sozialismus lag anfangs – in den Augen seiner Gegner – nicht einmal so sehr in der Arbeiterselbstverwaltung, war sie doch in den demokratischen Zentralismus eingebunden. Anstoß erregte vielmehr die außenpolitische Neutralität, an der Tito entgegen dem sowjetischen Einspruch festhielt. Denn Jugoslawiens Position im Verband der neutralen Staaten verstieß gegen die bipolare Weltsicht der Zwei-Lager-Theorie. Neutralität zwischen Imperialismus und Sozialismus kam einer relativen Unabhängigkeit von der Sowjetunion und zudem einer generell positiven Haltung gegenüber »dritten Wegen« gleich; sie schloß selbst die Öffnung zum westlichen Sozialismus und zur Sozialdemokratie nicht grundsätzlich aus. Das sprengte den Rahmen des sozialistischen Allgemeinen, in dem nationale Besonderheiten sich auf nur sehr begrenzt »besonderen«

Wegen unverändert auf das sowjetische Modell, seine Herrschafts- und Organisationspraktiken zubewegen sollten. Die drohende Relativierung dieses Modells zeichnete sich aber vor allem darin ab, daß Tito neben seiner multipolaren Konzeption der Welt zudem ein polyzentrisches Modell für das sozialistische Lager selbst vertrat. Das konnte nur bedeuten, daß eine Heterogenität von unterschiedlichen Sozialismen zu einem Prinzip des Blocks selbst werden sollte.

Die ungarische Revolution verstieß in noch eklatanterer Weise gegen die Teile des Hergebrachten, die erhalten werden sollten. Die Neutralitätserklärung Imre Nagys kündigte die Zugehörigkeit zu dem Lager des »wahren« Sozialismus überhaupt auf. Seine Option für einen demokratischen Sozialismus wies überdies Grundsätze wie die Führungsrolle der kommunistischen Partei und die Vorherrschaft des Marxismus-Leninismus insgesamt zurück. Hingegen hielt der polnische Oktober die prekäre Balance zwischen einer relativen Eigenständigkeit der Innenpolitik Polens und seiner prinzipiellen Zugehörigkeit zum Block.[26] Aber gerade der gebändigte Revisionismus Polens übte weit über seine Grenzen hinaus eine Attraktionskraft aus, die noch nach der Zerschlagung der ungarischen Revolution wirkte und erst allmählich im Zuge ideologischer Entschärfungen domestiziert werden konnte.

Die Konturen der poststalinistischen ideologischen Einheit konkretisierten sich in einem längeren Kampf gegen jede Form eines offensiven dritten Weges. Die kommunistischen Parteien, die sich – gemeinsam mit jenen der westlichen und der Dritten Welt – zum 40. Jahrestag der Oktoberrevolution in Moskau versammelten, formulierten einen Kompromiß. Allein schon aus diesem Grunde war die Moskauer Erklärung von 1957 ein poststalinistisches Dokument: Ideologische Einheit konnte nurmehr kollektiv, nicht länger aus sowjetischer Kraft allein (oder unter ihrer Vorherrschaft in einer Organisation wie Komintern respektive Kominform) hergestellt werden. Der Kompromiß selbst[27] richtete sich gegen Revisionismus und Dogmatismus zugleich. Er relativierte die Bedeutung nationaler Besonderheiten nicht gänzlich. Die Formulierungen erkannten aber die Führungsrolle der Sowjetunion und die allgemeine Verbindlichkeit ihres Modells implizit an und machten deutlich, wo die Grenze zum »Verrat« allgemeiner Prinzipien verlaufen sollte. Die letzteren umfaßten die

»allgemeinen Gesetze« eines ebenso antirevisionistischen wie antidogmatischen Aufbaus des Sozialismus: die führende Rolle der Partei, die Diktatur des Proletariats und das gesellschaftliche Bündnis der Arbeiter und Bauern mit den werktätigen Schichten, das Volkseigentum und die zentrale Planwirtschaft sowie die generelle Verpflichtung auf die Verteidigung und den Schutz der sozialistischen Errungenschaften. Die Einheit des sozialistischen Blocks sollte nicht, wie zuvor, allein ideologisch gewährleistet oder durch unmittelbaren Zwang hergestellt werden. An die Stelle des Kominform traten eine Kette bilateraler Verträge zwischen den sozialistischen Ländern und die Zeitschrift »Probleme des Friedens und des Sozialismus«, die sich auch an die kommunistischen Parteien außerhalb des Blocks adressierte. Der RGW sollte den ökonomischen Zusammenhalt des sozialistischen Lagers durch den Ausbau der Arbeitsteilung, Kooperation und Plankoordinierung sichern. Die ökonomische Zielsetzung ließ – bei aller offiziellen ideologischen Konformität – eine gewisse institutionelle Diversifizierung zu, die Chancen für nationale Eigenständigkeiten barg.

Für die SED-Spitze war diese poststalinistische Kompromißlinie optimal: Sie erlaubte Reformen im Bereich von Staat und Ökonomie, die notwendig waren, um die Produktivkräfte zu entfalten. Sie widersprach der Entdogmatisierung der Wissenschaften nicht, wohl aber einer demokratischen Experimentierbereitschaft, die nach Meinung der Parteiführung die Spezifizität des Sozialismus zu verwischen drohte. Die Festschreibung »allgemeiner Gesetzmäßigkeiten« der Übergangsperiode vom Kapitalismus zum Sozialismus grenzte Reform eindeutig von »Reformismus« demokratisch-sozialistischer Provenienz ab. Der Moskauer Kompromiß ließ Eigenständigkeit innerhalb des sozialistischen Lagers zu, derer die SED aufgrund ihres hohen industriellen Entwicklungsniveaus bedurfte; er bettete die Möglichkeit einer eigenständigen Entwicklung aber zugleich in ideologische Konformität und einen übergreifenden Blockzusammenhang ein. Dieser versprach eine Konformität zu garantieren, ohne welche die SED um das unverwechselbare Profil des Sozialismus, letztlich um die Kontinuität der DDR in der deutsch-deutschen Konkurrenzsituation fürchtete.

Das Zusammenspiel von blockumfassender Konformität und nationaler Eigenständigkeit, das hier am Beispiel des Moskauer

Kompromisses erläutert wurde, bewegte sich zwischen den einerseits alten und andererseits neuen Polen von marxistisch-leninistischer und technokratischer Ideologie, von Führungsrolle der Partei und wissenschaftlich-technischer Reform, von Zwei-Lager-Theorie und friedlicher Koexistenz, von sowjetischer Vorherrschaft und (in Grenzen zugestandenen) eigenständigen Wegen. Wurde allerdings der jeweils neue Pol für sich betrachtet und aus der offiziell verordneten Dialektik gelöst, dann ergab sich ein nur schwer kontrollierbares Amalgam aus technokratischer Ideologie, wissenschaftlich-technischer Reform, friedlicher Koexistenz und besonderem nationalen Weg. Rein hypothetisch betrachtet war dieses Amalgam geeignet, der poststalinistischen Reform in der DDR eine Perspektive zu eröffnen, die über das Ziel, den »umfassenden« Aufbau des Sozialismus nun zügig voranzutreiben und zugleich materielle und intellektuelle Bedürfnisse befriedigen zu können, hinausging. Reformpolitik konnte nämlich, prononcierte sie die neuen Aspekte stärker als die alten, auch dem Ziel dienen, die Einheit der Nation wiederherzustellen.

Die Reformphase war aufgrund des skizzierten Spannungsverhältnisses zwischen Kontinuität und Wandel von Anbeginn durch einen gelegentlich offen benannten Konflikt geprägt, der sich aus den Ambivalenzen des poststalinistischen Kompromisses und den Alternativen ergab, die er zu eröffnen schien. Die Parteispitze formulierte den Konflikt allerdings auf ihre Weise. Sie, der es um eine Transformationspolitik in ihrem eigenen (anti-revisionistischen) Sinne und zugleich um die Stabilisierung staatlicher Eigenständigkeit der DDR ging, denunzierte weitergehende Bestrebungen als »verräterische« Deutschlandpolitik, als Versuch, eine Wiedervereinigung auf »bürgerlich-kapitalistischer« Basis zu erreichen. Dies konnte sie auch dann, wenn ihre Kontrahenten gar nicht primär die baldige Lösung der nationalen Frage erreichen, sondern vornehmlich eine alternative sozialistische Politik für die DDR durchsetzen wollten. Denn der Modus der sozialistischen Transformationspolitik hatte – ob intendiert oder nicht – immer auch deutschlandpolitische Konnotationen. Der Revisionismus blieb unter anderem deshalb in der DDR so schwach ausgeprägt, und diese Schwäche beförderte unter anderem deshalb eine technokratische und dabei doch marxistisch-leninistisch dominierte Lösung, weil die Gegnerschaft zur stalinistischen Parteispitze an der Sorge zerbrach, die unverwechselbaren Konturen des sozialistischen Projekts könnten im Zuge »zu weit« gehender Reformen verlorengehen und damit die Existenz der DDR zur Disposition stehen.

## 2. Neuer Kurs: Sozialismus, Nation, Staat

Motive für eine Reform ergaben sich in der DDR aus der kritischen ökonomischen Lage zur Jahreswende 1952/53. Sie war Folge der wirtschafts- und gesellschaftspolitischen Linie der 2. Parteikonferenz und machte das Scheitern der stalinistischen Transformationspolitik noch vor dem Aufstand des 17. Juni augenfällig. Die unmittelbar wirksamen Reformanstöße kamen aus der Sowjetunion; sie waren überdies mit deutschlandpolitischen Überlegungen verbunden.[28] Die KPdSU beschloß Ende Mai 1953 die Politik des Neuen Kurses für die DDR und teilte dies einer kleinen Delegation der SED Anfang Juni in Moskau mit.[29] Die KPdSU trug mit ihrem Beschluß der ökonomischen Krise und politischen Unzufriedenheit in der DDR-Gesellschaft, insbesondere der sich steigernden Fluchtbewegung Rechnung. Die Veränderung der Transformationspolitik sollte darin bestehen, das Tempo des sozialistischen Aufbaus zu verlangsamen, vor allem die Kollektivierung der Landwirtschaft und die Enteignung des Mittelstands zu drosseln sowie in den verstaatlichten industriellen Sektoren die Konsumgüterproduktion nicht weiterhin der Schwerindustrialisierung nachzuordnen. Der auf der Parteikonferenz beschlossene Aufbau militärischer Streitkräfte hatte zu zusätzlichen wirtschaftlichen Anstrengungen erheblichen Ausmaßes geführt, die nunmehr verlangsamt resp. zurückgenommen werden sollten. Zugleich sei die »Gesetzlichkeit« zu stärken – dies richtete sich gegen die Auswüchse der politischen Justiz ebenso wie gegen den Kulturkampf, dem sich Kirchen und Junge Gemeinden ausgesetzt sahen. Auch seien die Blockparteien und Massenorganisationen durch verbesserte Mitwirkungschancen stärker in den politischen Prozeß einzubeziehen. Der Kursumschwung sollte zum einen dazu führen, den Einfluß der SED auf die Arbeiter und die anderen »demokratischen« Schichten »bedeutend zu vergrößern«, zum anderen die »politische Beständigkeit der DDR« – also ihre Eigenstaatlichkeit – zu sichern.[30] Die KPdSU betrachtete eine ökonomisch gefestigte und von der Gesellschaft politisch akzeptierte Parteiherrschaft als Voraussetzung für ein »einheitliches, demokratisches und friedliebendes unabhängiges Deutschland«. Der Regelung der deutschen Frage kam in der Neuorientierung ihrer internationalen Sicherheitspolitik offenkundig ein hoher Stellenwert zu.[31]

Weil die Politik der weiteren Transformation der Gesellschaft auf das engste mit der sowjetischen Deutschlandpolitik verknüpft war, hatte jedweder Reformansatz ein Doppelgesicht. Reform mochte als Maßnahme gelten, den Sozialismus in der DDR funktionsfähig zu machen und die stalinistische Partei »neuen Typus« in eine kommunistische Partei zu verwandeln, der es möglich sein sollte, Legitimitätsglauben auch jenseits des Kreises ohnehin Überzeugter zu finden. Reform mochte andererseits zuallererst als Voraussetzung dafür angesehen werden, die deutsche Teilung zu überwinden. Mit der Entstalinisierung vermischten sich mithin Wertorientierungen, die sich entweder am Sozialismus oder an der Einheit der Nation festmachen ließen; und entsprechend formulierte die Parteiführung ihre Legitimitätsansprüche. Indem sie die Perspektive der nationalen Einheit mit dem Weltfrieden verkoppelte, so wie sie ihn definierte, blieb der sozialistische Aufbau als Garant des Friedens aus ihrer Sicht von maßgeblicher Bedeutung. Nun war es zwar möglich, daß die Herrschaftsunterworfenen in ihrer Mehrzahl alle drei legitimatorischen Komponenten – Frieden, Sozialismus, Nation – im Sinne eines »notwendigen« Zusammenhangs zu begreifen lernten; wahrscheinlicher war allerdings, daß viele die verschiedenen Normen und Ziele gegeneinander abwogen und dabei die Wiedervereinigung höher bewerteten als den Aufbau des Sozialismus, ohne dabei friedensfeindlich zu sein.

Jene Teile der Gesellschaft, für die letzteres zutraf, werden aus Reformansätzen entsprechende Hoffnungen gezogen haben. Die altstalinistische Parteiführung, die niemals abgelöst wurde, die es vielmehr verstand, ihre Position von Krise zu Krise zu festigen, nährte solche Hoffnungen einerseits mit ihrer deutschlandpolitischen Rhetorik. Andererseits aber dämpfte sie nationale Erwartungen, indem sie ihre innerparteilichen Widersacher immer erneut – in aller Regel zu Unrecht – einer eher nationalen als sozialistischen Prioritätensetzung zieh. Der Parteispitze kam dabei zu Hilfe, daß die von der Sowjetunion ausgehende Entstalinisierung blockweit zu einem Aufleben »nationaler Wege« zum Sozialismus führte, auf das die KPdSU selbst mit aller Härte reagierte. Politische Säuberungen und Prozesse begleiteten daher die fünfziger Jahre über Stalins Tod hinaus. Entsprechend durchbrochen von stalinistischen Methoden gestaltete sich der Beginn des graduellen und partiellen Reformprozesses in der DDR; und entsprechend belastet waren die mit den Reformvorhaben verknüpften Legitimitätsansprüche.

Diese selbst oszillierten zwischen Sozialismus und Nation, bis der Mauerbau dem Hoffen auf Wiedervereinigung ein vorläufiges Ende setzte. Vorbote dafür, daß die Waage sich unabweisbar zugunsten des Sozialismus – so wie die Parteispitze ihn verstanden wissen wollte – neigte, war das Scheitern der sowjetischen Deutschlandpolitik Mitte der fünfziger Jahre. Dem NATO-Beitritt der Bundesrepublik folgte die Integration der DDR in den Warschauer Pakt; und die Sowjetunion erklärte die DDR für souverän. Seither suchte die SED nicht länger den gesamtdeutschen, sondern den eigenen Staat – als ersten sozialistischen auf deutschem Boden – legitimatorisch aufzuwerten.

Doch zurück zum Neuen Kurs von 1953. Im Politbüro der SED standen neben anderen zwei Mitstreiter für den sowjetisch induzierten Kursumschwung bereit, dem im folgenden das Interesse gelten soll: der Minister für Staatssicherheit, Wilhelm Zaisser, und der Chefredakteur des Neuen Deutschland, Rudolf Herrnstadt. Beide verfügten aufgrund ihrer Funktionen über ausgezeichnete Informationen über die Lage in der DDR und in der Partei; und sie wollten eine Politik einleiten, die nach ihrer Auffassung geeignet war, die DDR zu stabilisieren und die Partei in der Gesellschaft akzeptabel zu machen. Herrnstadts und Zaissers Motiv für eine Umstrukturierung der Partei – insbesondere an ihrer Spitze – bestand darin, die Kluft zwischen SED, Arbeiterklasse und den anderen Teilen der Gesellschaft abzubauen. Dazu war nach ihrer Auffassung die Machtposition sowohl des Generalsekretärs als auch einer großen Zahl von SED-Funktionären des zentralen Parteiapparats zu reduzieren und die Partei selbst zu demokratisieren. Sie nahmen darüber hinaus an, die Politik des Neuen Kurses könne den Kalten Krieg entschärfen und derart attraktiv auf die Bevölkerung der Bundesrepublik wirken, daß der Einfluß der konservativen Regierung wie auch der SPD-Führung sich dort abschwächen und somit die Wiedervereinigung (auf sozialistischer Basis) möglich werden könnte.[32]

Zaisser wie Herrnstadt hatten sich seit längerem für einen veränderten Führungsstil in den höchsten Gremien der SED und für deren Reorganisation ausgesprochen. Sie hatten offenkundig dabei auch die Unterstützung des sowjetischen Hochkommissars. Sie verloren diesen Rückhalt jedoch mit dem Aufstand des 17. Juni und der Intervention der Roten Armee. Der sowjetischen Führung schien das Risiko einer längerwährenden Krise bei gleichzeitiger Parteireform nunmehr offensichtlich zu groß. Walter Ulbricht und die Führungspraktiken, für die sein Name stand, gingen so gestärkt aus dem Aufstand hervor.[33] Die Parteireform war damit bereits vom Tisch, noch bevor der Neue Kurs richtig einsetzte; dessen Politik und Begründung zeichneten sich zudem durch Ambivalenzen aus, die nicht aus der erneuten Repression herrührten. Insgesamt konnte die Begründung der neuen Politik den Eindruck trüben, es handele sich um einen echten Umschwung: Zuviel Altes mischte sich mit dem Neuen. So hieß es einerseits, der »Hauptinhalt des neuen Kurses« bestehe in einer »grundlegenden Verbesserung der wirtschaftlichen und politischen Lage«, um das »Lebensniveau der Arbeiterklasse und aller Werktätigen in bedeutendem Maße zu heben«.[34] Dazu bedürfe es, nachdem die für Mittelstand und Arbeiterklasse katastrophale Wirtschafts-, Finanz- und Sozialpolitik bereits aufgehoben war[35], der bevorzugten Produktion von Konsumgütern und der Förderung des noch privaten ökonomischen Sektors. Diese Ziele machten eine Änderung des Fünfjahrplans, insbesondere die Einschränkung der schwerindustriellen Investitionen notwendig. Die Effektivierung der Planerfüllung und die Steigerung der Arbeitsproduktivität sollten andererseits an die herkömmlichen Methoden – die breite Entfaltung des ökonomischen Wettbewerbs und das »strengste Sparsamkeitsregime« – gebunden bleiben.[36] Somit schien zwar der Druck von den Mittelschichten genommen, zumal bedeutet wurde, Kunst und Wissenschaft dürfe die Linie der Partei nicht wie bisher aufgezwungen werden; Kontakte mit der Bundesrepublik, v. a. aber mit der Sowjetunion seien zu fördern; das Verhältnis zwischen Staat und Kirche sei zu entspannen.[37] Für die Arbeiter und den volkseigenen Sektor aber bestand die Belastung mit dem ideologischen Anreizsystem weiterhin, für das die zentralistisch geleitete Ökonomie derzeit noch kein materielles Substitut gefunden hatte. Immerhin wurden die Normerhöhungen rückgängig gemacht, die unteren Lohngruppen und die sozialen Leistungen angehoben. Die Gewerkschaften sollten jetzt die Doppelfunktion erfüllen, die materiellen Interessen der Arbeiter ebenso zu vertreten wie ihre »prinzipiellen Klasseninteressen«. Das hieß: ihre grundsätzliche Aufgabe lag weiterhin in der Entfaltung des Wettbewerbs und der Steigerung der Arbeitsproduktivität[38], zudem in der Denunziation aus politischen oder ökonomischen Gründen Unzufriedener. Mit den »Kampfgruppen der Arbeiterklasse« schuf sich die SED zudem ein neues bewaffnetes Instrument unmittelbar an der Basis der Gesellschaft, in den Industriebetrieben und staatlichen Institutionen. Eine Politik von Zukkerbrot und Peitsche pazifizierte die Arbeiterklasse; spätestens im Herbst 1953 war der letzte Widerstand in den Betrieben gebrochen.[39] Forderungen nach der »weiteren Festigung der demokratischen Ordnung« erschöpften sich in der vertrauten Kritik an der »Methode des nackten Administrierens«[40] und gingen mit dem Appell einher, die Staatsmacht zu festigen. Schließlich rief die SED dazu auf, die Wachsamkeit gegenüber den Feinden zu erhöhen und gegen diese – »faschistische Provokateure und Kriegshetzer« – vorzugehen. Die Dringlichkeit dieser Aufforderung ergab sich aus der Sprachregelung, die die Partei für den 17. Juni gefunden hatte: Er sei der »Tag X« gewesen, die »faschistische Provokation«, die die imperialistischen Kriegstreiber seit langem vorbereitet hätten, um die DDR zurückzuerobern und einen Weltenbrand zu entfesseln.[41]

Die Mischung aus Neuem und Altem verdeutlichte die Ambivalenz, mit der die in ihrer Herrschaftsposition wieder konsolidierte Parteispitze dem Neuen Kurs gegenüberstand. Seine deutschlandpolitische Brisanz lag ebenso auf der Hand wie die Unterstützung, die eine Annäherung beider Staaten in der Gesellschaft genossen hätte. Das hatten die Forderungen des 17. Juni deutlich gemacht. Der »antifaschistische« Wachsamkeitsappell richtete sich daher ebenso gegen den inneren Feind, wie er Abscheu vor dem anderen deutschen Staat in vertrauter Manier zu evozieren suchte. Die Partei holte auf diese Weise den Aufstand und die nationalen Wünsche, die er zum Ausdruck gebracht hatte, in die Normalität ihrer antifaschistisch verbrämten Denk- und Argumentationsfiguren zurück. Diese Normalisierung des Ungewöhnlichen und Unerwarteten traf zugleich die Hoffnungen, die sich – allein auf die DDR bezogen – an den Neuen Kurs heften mochten. Nur kurze Zeit kritisierte die SED die verfehlte Politik des stalinistischen Aufbaus; bald verfolgte sie ihre Praxis, jegliche Unzufriedenheit mit faschistischer Agententätigkeit gleichzusetzen, weiter.[42] Zugleich drängte sie darauf, den »festen Zusammenschluß der ganzen Partei um ihr Zentralkomitee« zu sichern, damit der Neue Kurs gelinge.[43] Das aber hieß, neben dem unterstellten Faschismus auch den »Sozialdemokratismus« – die eigentliche Gefahr – nicht nur in den Betrieben, sondern auch in der Partei zu »entlarven«. Die vermuteten Sympathisanten Zaissers und Herrnstadts verloren ihre Positionen in den Führungsgremien der SED. Die mangelnde »Wachsamkeit«, der sich der 17. Juni in Augen der siegreichen Dogmatiker verdankte, erforderte darüber hinaus, einen Großteil der Kader der Bezirks- und Kreisleitungen bis hinunter zu den Grundorganisationen auszuwechseln.[44] Am härtesten war die exemplarische Verfolgung Aufständischer und Streikender durch die politische Justiz.[45]

Ungeachtet dieser Politik, die eine deutsch-deutsche Annäherung nicht erleichtern konnte, behauptete die Partei, die deutsche Frage sei weiterhin offen – allerdings nur auf der Basis des Potsdamer Abkommens und des Sozialismus der DDR. Mit solcher Rhetorik gab die SED vor, den Erwartungen jener Rechnung zu tragen, die den Neuen Kurs als nationale Chance begriffen. Die Antizipation eines drohenden »Ausverkaufs« der DDR war allerdings etwas anderes als das politische Kalkül, mit einer Mäßigung des Tempos des sozialistischen Aufbaus die Option – oder auch nur die Illusion – einer späteren Wiedervereinigung auf »demokratischer«, und das hieß soviel wie: auf »Potsdamer«, Grundlage aufrechtzuerhalten. Schon Anfang Juni hatte die SED – der Moskauer Direktive entsprechend – den Neuen Kurs mit dem Hinweis begründet, die bisherige Transformationspolitik habe sich auf die »Annäherung der beiden Teile Deutschlands« negativ ausgewirkt. Der Kurswechsel, betonte sie wenig später, schaffe die Voraussetzungen »für eine Verständigung der Deutschen untereinander«; es war sogar von einer »beschleunigten Herstellung der Einheit Deutschlands« die Rede.[46] Wenn sie den »Kampf um die Wiedervereinigung Deutschlands auf demokratischer und friedlicher Grundlage« als »Hauptaufgabe der Partei« bezeichnete, deren Politik gerade auch den westdeutschen Werktätigen verständlich zu machen sei, hob die SED aber zugleich hervor, daß die nationale Problematik keinesfalls die »Generallinie« der Partei – die Grundlagen des Sozialismus zu schaffen – beeinträchtigen dürfe. Es gelte lediglich, »eine Reihe Fehler« zu korrigieren.[47]

Ulbricht, in seiner Position gefestigt, fügte der allgemeinen eine interessante Interpretation hinzu: Die SED habe sich mit den Beschlüssen der 2. Parteikonferenz an dem Beispiel des in der Sowjetunion bereits Erreichten orientiert, ohne jedoch die »spezifischen Mittel und Wege, die zum Sozialismus in der Deutschen Demokratischen Republik führen«, zu studieren. Im Gegensatz zur KPdSU nach 1917 schaffe die SED die Grundlagen des Sozialismus in einer Situation, in der sie nicht auf sich allein gestellt sei, sondern sich auf die Hilfe des sozialistischen Lagers stützen könne. Sie verfüge außerdem über eine hochentwickelte Industrie und eine geschulte Arbeiterklasse. Insofern könne die SED den sozialistischen Aufbau »besonnen« angehen und zu einem »anziehenden Beispiel« für Arbeiter, Bauern und Intelligenz in der Bundesrepublik entwickeln. Die Entwicklung der DDR könne damit nicht allein den Wünschen der Westdeutschen, sie könne vielmehr auch jenen der »arbeitenden Menschen der Sowjetunion und der Länder der Volksdemokratien sowie der Arbeiterklasse Frankreichs, Italiens und anderer kapitalistischer Länder« entsprechen. Daher werde sie »zweifellos die Grundpfeiler des Imperialismus« in Europa erschüttern, sobald es gelinge, den westdeutschen Lebensstandard »in jeder Beziehung« zu überbieten.[48] In diesen Überlegungen schien unüberhörbar der »besondere deutsche Weg zum Sozialismus« wieder auf, nun aber in der Gestalt eines »Modells DDR«. Die DDR, so war Ulbricht zu verstehen, und nicht die Sowjetunion verfüge über das Potential, den Sozialismus attraktiv zu machen.

Dies allerdings verlangte, Aufmerksamkeit zukünftig stärker den Problemen ökonomischen Wachstums und der Modernisierung zuzuwenden.[49] Die auch später immer wiederkehrenden Fragen, wie die Effizienz der verstaatlichten Betriebe durch den Marktmechanismen entgegengesetzte Anreizsysteme zu sichern sei, fanden vorerst noch die alte Antwort des Appells an die unermüdliche schöpferische Initiative.[50] Dieser idealistische Ansatz, der sich – ergänzt um die Repression – auf die kampagnenvermittelte Entwicklung des sozialistischen Bewußtseins und der Moral verließ, erfuhr im Laufe der nächsten anderthalb bis zwei Jahre allerdings materielle Ergänzungen.[51] Als die Sowjetunion im Frühjahr 1955 zu den ökonomischen Prinzipien der frühen fünfziger Jahre zurückkehrte[52], räumte auch die SED der Produktion von Produktionsmitteln wieder Priorität ein. In der »Übergangsperiode vom Kapitalismus zum Sozialismus«, in der einer ihrer führenden Wirtschaftstheoretiker die Volksdemokratien lokalisierte, sollte der proletarischen Staatsmacht erneut die ökonomische Hauptaufgabe zukommen, sozialistische Produktionsverhältnisse in allen Wirtschaftszweigen zu schaffen, zu festigen und zu erweitern, um die Produktivkräfte in Übereinstimmung mit den Produktionsverhältnissen zu bringen. Der unablässige und sich verschärfende Klassenkampf von oben gegen die sozialen Träger der überwiegend kleinwarenproduzierenden und landwirtschaftlichen Wirtschaftszweige galt nun wieder als unverzichtbares Instrument.[53] Im sozialistischen Sektor der Ökonomie aber sollten – und hier griff Oelßner der späteren Reform vor – weniger moralische und administrative als vielmehr ökonomische Gesichtspunkte: die bewußte Ausnutzung der »ökonomischen Gesetze« des Sozialismus in der Übergangsperiode, die Wirtschaftspolitik leiten.[54]

Die parteioffizielle Rücknahme des Neuen Kurses kam einer völligen Rückkehr zum stalinistischen Programm des sozialistischen Aufbaus nicht gleich, wie sehr sich auch die Wirtschafts- und Mittelstandspolitik erneut verschärfte.[55] Denn die Diskussion, welche Rolle Wissenschaft und Technik für die Steigerung der Arbeitsproduktivität spielen könnten, begann sich in den Vordergrund zu schieben. Die SED regte den Meinungsaustausch zwischen Ingenieuren, Technikern, Aktivisten und Wissenschaftlern in den wissenschaftlichen Beiräten der Hauptverwaltungen der Ministerien, gemeinsame Versammlungen der technischen Intelligenz und der Aktivisten an Hochschulen und Universitäten an und begann, die Wissenschaft gezielter auf die Produktion auszurichten. Zugleich betonte Ulbricht die Bedeutung des Rechts, dessen Entwicklung zurückgeblieben sei und das daher seine »große schöpferische Rolle, Hebel zur Durchsetzung und Festigung unserer ökonomischen Entwicklung, der Sicherung der Lebensgrundlagen und der Rechte der Bürger zu sein, nicht immer voll« habe erfüllen können.[56]

Im Anschluß an den XX. Parteitag, bei der Vorbereitung der 3. Parteikonferenz (1956) – wie auf dieser selbst – nahm die zukünftige Rolle von Staat, Wissenschaft und Recht einen bedeutenden Platz ein. Obwohl man begann, die Bedeutung des Wertgesetzes im Sozialismus zu diskutieren, wäre es ein Irrtum anzunehmen, die Partei habe bereits mit Priorität nach selbstregulativen

Mechanismen gesucht. Dies war erst in den sechziger Jahren der Fall. »Nichts geht im Selbstlauf«, hieß es dagegen Mitte der fünfziger Jahre, »die Vorwärtsbewegung hängt in erster Linie von der Partei ab«.[57] Die SED, die es geschafft hatte, alle Entscheidungskompetenzen und damit alle Verantwortung an sich zu ziehen, hatte auch alle Funktionen vormals eigenständiger Institutionen und Medien übernommen und sah sich hoffnungslos überlastet. Sie suchte jetzt die Ursachen der nicht enden wollenden Klagen über den »Bürokratismus«[58] durch die Rationalisierung des Staatsapparats und eine bessere Nutzung der Wissenschaft[59] zu beheben. Damit befand sie sich in Übereinstimmung mit dem XX. Parteitag der KPdSU. Er zog der judiziellen und administrativen Repressionspraxis und den Methoden des »verschärften« Klassenkampfs engere Grenzen. Sie mochten in den Augen der SED herrschaftstechnisch akzeptabel sein, weil mit den Grundlagen der »erweiterten sozialistischen Reproduktion« auch die Voraussetzungen des zyklen- und krisenfreien Wachstums als weitgehend geschaffen galten und weil der Klassenkampf von oben trotz der Rücknahme des stalinistischen Diktums, er müsse sich »gesetzmäßig« verschärfen, keineswegs beendet war.[60]

Unter dem Eindruck des XX. Parteitags und seiner veränderten (und verändernden) Einschätzung der Lage konzentrierte sich die SED einerseits auf die »neue industrielle Umwälzung«, die man nun von der Wissenschaft, insbesondere der Kernenergie und Elektronik, erwartete.[61] Wenn modernste Technik eingeführt werden sollte, mußte die Planung flexibler werden und sich in Richtung einer »Perspektivplanung« entwickeln; damit ging die Forderung nach einem »höheren Typus der gesellschaftlichen Organisation der Arbeit«, nach der »richtigen Anwendung der Verbindung« der zentralisierten staatlichen Leitung mit der »wirtschaftlich-operativen« Selbständigkeit der Betriebe, der betrieblichen Einzelleitung mit der »schöpferischen Aktivität der Massen« und der zwischenbetrieblichen Planung und Kooperation einher.[62] Um Forschung und Entwicklung voranzutreiben, bedurfte es der Überwindung der Trennung von Wissenschaft und Produktion.[63] Andererseits galt es, die staatlichen Institutionen selbst zur »gewaltigen schöpferischen Kraft« zu entwickeln[64], und dies sollte insbesondere mit der Aufwertung der örtlichen Volksvertretungen geschehen.

Die angekündigte Neuregelung der Aufgaben der Volksvertretungen der unteren Ebene war – wie überhaupt die Rede von einer Stärkung der »sozialistischen Demokratie« – ebenfalls im Kontext des XX. Parteitags zu sehen. Sie führte die prinzipielle Doppeldeutigkeit der Demokratiekonzeption einmal mehr vor Augen. Wenn die Partei vorschlug, die Bürgerrechte zu stärken, setzte sie deren Fundierung in den sozialistischen Produktionsverhältnissen und die Harmonie der Interessen des einzelnen und des Staates voraus. Sie ließ von der Denkfigur nicht ab, die Mitwirkung und Aktivierung der Bürger in den demokratisch genannten Institutionen erfordere die Hebung ihres Bewußtseins und sei nicht allein Recht, sondern bürgerliche Pflicht gegenüber dem Staat.[65] Abgesehen von dieser obrigkeitsstaatlichen Verklammerung demokratischer Rechte mit ihren immer schon von oben vorgegebenen Inhalten aber bedeutete eine »Festigung des Rechts und der Gesetzlichkeit« doch mehr, als nur die Volksvertretungen im Sinne von Erziehungs- und Mobilisierungsinstanzen zu aktivieren. Es handelte sich um einen der zahlreichen Versuche, die allesamt immer wieder scheiterten, durch die partielle Entzerrung des Partei- und Staatsapparats und durch die Herstellung klarer Instanzenzüge Verwaltungsrationalität freizusetzen.[66] Die Aufwertung der Volksvertretungen diente überdies dem Versuch, die Bürger zur Identifikation mit dem Staat zu animieren. Ein sozialistisches Staatsbewußtsein zu erzeugen war angezeigt, denn die DDR war 1954/55 souverän geworden. Eine nationale Orientierung, die sich nicht zuallererst auf Sozialismus und Staat bezog, war in den Augen der Parteispitze restlos obsolet geworden. Ihre Legitimitätsansprüche bezogen sich künftig deutlicher als zuvor auf den sozialistischen Aufbau im souveränen sozialistischen Staat. Eine nationale Orientierung an einem gesamtdeutschen Staat galt künftig um so mehr als Abweichung vom sozialistischen Kurs.

Das heißt mit anderen Worten, daß die Parteiführung aus dem Schatten der nationalen Problematik allmählich heraustrat.[67] Die militärische Intervention der Besatzungstruppen im Juni 1953 trug somit zur weiteren Integration der DDR in das sozialistische Lager bei. Sie zeigte in aller Eindeutigkeit, daß die Sowjetunion dieses Land nicht aus ihrem Hegemonialbereich zu entlassen gedachte. Welche deutschlandpolitischen Intentionen vor dem Aufstand bestanden haben mochten, nach seiner Niederschlagung sah sich die KPdSU in einer Weise an die DDR-Führung gebunden, die internationale Annäherungen in der Deutschlandpolitik zusätzlich erschwerte. Die deutschlandpolitischen Vorschläge der Sowjetunion richteten sich jetzt vornehmlich darauf, die militärische Westintegration der Bundesrepublik zu verhindern – zumindest zu verzögern – und die Position der DDR international zu stärken. Die Idee eines kollektiven europäischen Sicherheitssystems nahm allmählich in der sowjetischen Konzeption die »friedens«politische Bedeutung ein, die zuvor der Wiedervereinigung und Neutralisierung Deutschlands zugeschrieben worden war.

Diese neuen Akzente der sowjetischen Sicherheitspolitik erleichterten es der SED, die deutsch-deutsche Problematik *als nationale* zu entdramatisieren. Sie suchte insofern das Beste aus der Wiederkehr internationaler deutschlandpolitischer Konferenzen zu machen, als sie den gleichberechtigten Beitrag beider Staaten zu einer provisorischen gesamtdeutschen Regierung hervorhob und betonte, daß die Vereinigung Deutschlands – auf Basis eines Friedensvertrags – allein Sache der Deutschen sei.[68] Sie drängte, denn gerade das wollte sie erreichen, auf wechselseitige Anerkennung der Eigenstaatlichkeit, unterstützt von der Sowjetunion, die nach dem Scheitern der Berliner Außenministerkonferenz (1954) die DDR für souverän erklärte.[69] So konnte die SED auf ihrem IV. Parteitag behaupten, »die Bedeutung unserer Republik als der Basis der gesamtdeutschen Volksbewegung für nationale Einheit und einen demokratischen Friedensvertrag« sei »weiter gefestigt«. Die Bundesregierung galt wie früher als »Hauptthindernis« der nationalen Einheit, nun aber vor allem aus dem Grunde, daß sie sich der Herstellung eines kollektiven europäischen Sicherheitssystems widersetzte.[70] Das Pathos, mit dem sich frühere Parteitage der Frage der nationalen Einheit angenommen hatten, richtete sich fortan auf die Idee des Friedens, den das Sicherheitssystem garantieren sollte. In diesem Sinne vor allem hob die SED künftig im deutsch-deutschen Vergleich den beispielhaften Charakter der DDR hervor. Sie warb nicht explizit für ein sozialistisches Gesamtdeutschland, sondern begründete die Forderung »Deutsche an einen Tisch« eher friedens- und entspannungspolitisch; freilich blieben die gesellschaftspolitischen Konnotationen ihres Friedensentwurfs dem Sozialismusmodell der SED verhaftet. Sobald das kollektive europäische Sicherheitssystem eher als die nationale Einheit den Frieden sollte garantieren können, wurde die Lösung der nationalen Frage in einen neuen Zeithorizont eingeordnet: Die SED sprach von einer »neuen

Etappe« im Kampf um die Einheit, der sich angesichts der internationalen Konstellation auf eine »lange Zeit« einzurichten habe.[71]

Diese Prognose versprach der DDR staatliche Eigenständigkeit auf »lange Zeit«. Sie begann sich zu realisieren, als die Pariser Verträge im Herbst und Winter 1954/55 unterzeichnet und ratifiziert wurden, obwohl die Sowjetunion, um den Beitritt der Bundesrepublik in die NATO zu verhindern, gesamtdeutsche Lösungsmöglichkeiten andeutete, die die dauerhafte Existenz der DDR noch einmal aufs Spiel zu setzen schienen. Die Genfer Gipfelkonferenz leitete zur Zementierung der doppelten Staatlichkeit über, die keine der beteiligten Seiten ursprünglich für eine stabilisierbare Lösung gehalten hatte.[72]

Die SED beklagte zwar den »nationalen Verrat der Großbourgeoisie«[73], hob aber fortan vor allem die souveräne staatliche Existenz der DDR hervor, forderte deren Anerkennung durch die Bundesrepublik und leitete zur Zwei-Staaten-Theorie über.[74] Das hypothetische Prozedere der allmählichen Annäherung beider Staaten verließ sich auf die Theorie der friedlichen Koexistenz, des »friedlichen Nebeneinanderlebens von Staaten mit verschiedenen Gesellschaftssystemen«.[75] Sie sollte zuerst einmal dazu dienen, die deutsche Situation zu entdramatisieren. Ihre Gewißheit, es gebe eine gemeinsame Zukunft beider Staaten in einer Nation, zog die Partei jetzt aus der Logik der historischen Entwicklung: Das künftige einheitliche Deutschland werde, so hieß es, den »geschichtlichen Entwicklungsbedingungen« entsprechen, die in der DDR bereits ausgeprägt seien.[76] Seitdem die SED die Geschichte der DDR und die Zukunftsperspektive Gesamtdeutschlands in den Kontext der historischen Entwicklungsgesetzlichkeit stellte, hörte sie auf, die Phase der antifaschistisch-demokratischen Ordnung mit der 2. Parteikonferenz und ihrem forcierten sozialistischen Aufbauplan enden zu lassen. Sie verlegte die Zäsur bereits auf den Zeitpunkt der Staatsgründung. Die Errichtung der Arbeiter- und Bauernmacht, des Staates also, der auf volksdemokratischer Grundlage und mit dem Instrument der langfristigen Wirtschaftsplanung das ökonomische Grundgesetz des Sozialismus zur Wirkung bringen sollte, wurde zum entscheidenden Kriterium.[77]

Wenn daher in der deutschlandpolitischen Konzeption die Rolle des Staates die gleiche Bedeutung gewann, die ihr in der Diskussion der Probleme des sozialistischen Aufbaus bereits zukam und die die Umschreibung der DDR-Geschichte unterstrich, was geschah dann mit den nationalen Legitimitätsansprüchen? Zum einen wurde auf die Besonderheit des sozialistischen Aufbaus in der DDR verwiesen[78]; man wünschte eine Identifikation mit dem eigenen Staat zu erreichen. Zum andern blieb das Ziel, die gesamtdeutsche Nation wiederherzustellen, durchaus aufrechterhalten, doch aus der »nationalen Befreiungsbewegung« früherer Tage war nun eine »Friedensbewegung« mit sozialistischer Fernperspektive geworden. Mit der Aufwertung des eigenständigen Staates ließ die chauvinistische Emphase nach. Die SED definierte den Vorbildcharakter, den die DDR für ein späteres Gesamtdeutschland haben sollte, auch offen sozialistisch. Die Priorität der wechselseitigen Anerkennung der doppelten deutschen staatlichen Existenz war ebenso unverkennbar wie das alte Argument unverändert blieb, ein erfolgreicher Kampf um Frieden, Demokratie und Sozialismus könne allein von der Basis der DDR ausgehen, da nur sie deren Voraussetzungen geschaffen habe.[79]

Je offener die DDR-Führung ihre »sozialistischen Errungenschaften« propagierte und je mehr sie sich vom sowjetischen Bündnispartner hierin bestärkt fühlte, desto freier definierte sie das nationaleinigende Band allein klassentheoretisch. Sie gründete die Zukunftsperspektiven der deutschen Nation auf die vermeintlich unzerstörbare Einheit der Arbeiterklasse, die sich im Bündnis der bundesdeutschen Arbeiter und »Patrioten« mit der Arbeiter- und Bauernmacht konkretisiere und zur gesellschaftlichen und politischen Umstrukturierung der Kräfteverhältnisse in der Bundesrepublik führen werde. Daher wollte sie im deutsch-deutschen Kontext die Theorie der friedlichen Koexistenz insofern modifizieren, als es sich nach ihrer Auffassung zwar um zwei Staaten unterschiedlicher Gesellschaftsordnung, aber um eine Arbeiterklasse und eine Nation handelte.[80] Deshalb gewannen die Attakken auf die sozialdemokratische Führung der bundesdeutschen Arbeiterbewegung erneut an Schärfe. Das innenpolitisch gerichtete Feindbild des »Sozialdemokratismus« erfüllte zugleich eine ideologisch-nationale Funktion: die Idee der Nation war in schöner Offenheit mit dem Sozialismusmodell der DDR identisch. Auf diese Weise meinte die Parteispitze künftigen »dritten Wegen« und »Neuen Kursen« vorgebaut zu haben.

## 3. Die ungenutzte Chance des Revisionismus

Kaum hatte das Experiment der begrenzten poststalinistischen Reform und die Suche nach einer neuen Legitimation erste Konturen angenommen, als sich in der Folge des XX. Parteitags der Revisionismus als Alternative anbot. Er begann zunächst als philosophische Kritik der herrschenden Parteiideologie und war insofern eine Angelegenheit der Intellektuellen. Ihre Angriffe auf den Dogmatismus beriefen sich – weniger ausgeprägt innerhalb als außerhalb der DDR – auf die unterdrückten emanzipativen Strömungen im Marxismus selbst. Sie berührten damit auch die Vorrangstellung, die der dialektische Materialismus im dogmatischen Lehrgebäude aller Wissenschaften einnahm. Die Schlüsselfunktion des Marxismus-Leninismus in Frage zu stellen hieß aber zugleich, die Führungsrolle der Partei jedenfalls in dem Bereich der einzelwissenschaftlichen Forschung und Lehre zu problematisieren. Der Ruf nach mehr Eigenständigkeit, nicht allein in den Wissenschaften, sondern ebenso in Literatur und Kunst, überschritt die Sphäre und Belange der Intelligenz, sobald mit dem Dogmatismus auch die Politik der erzwungenen Kollektivierung, der Priorität der Schwerindustrie über die Konsumgüterproduktion und des extremen ökonomischen Zentralismus kritisiert wurde, sobald die Revisionisten die marxistisch-leninistische Rechtfertigung der exklusiven und stalinistisch ausgeformten Herrschaft der Partei genauso hinterfragten wie die sowjetische Vorherrschaft, sobald sich die sozialen Träger einer revisionistischen Philosophie und Ökonomie, Literatur und Kunst zum Anwalt der Kritik der gegebenen politischen und gesellschaftlichen Verhältnisse machten, sobald sie also – gerade weil sie sich als Marxisten verstanden – ihre Kritik praktisch werden lassen wollten und auf Demokratisierung drängten.[81] Dies alles geschah in der DDR sehr viel zaghafter als in Ungarn oder Polen. In diesen beiden Ländern riefen die Revisionisten ein breites öffentliches Interesse hervor, das von den Forderungen nach einer allgemeinen Entstalinisierung getragen war. Die Zeitschriften und Verbände der Intellektuellen und Künstler wurden zum Sprachrohr des Antistalinismus; ihre Kritik griff auf die Presse und den Rundfunk über und fand Bündnispartner in der Partei selbst. In der entstehenden Öffentlichkeit konnten Arbeiter, Intelligenz und oppositionelle Parteikader gemeinsam agieren.[82]

Zu solcher Gemeinsamkeit des Handelns antistalinistischer Akteure, die quer durch alle Klassen und Schichten ein gesellschaftspolitisches Bündnis herstellte, kam es in der DDR nicht. Zwar gab es in Teilen der Partei den Impuls zu weitergehenden Reformen als die Parteispitze sie offerierte. Und Teile der Intelligenz engagierten sich in dem intellektuellen »Meinungsstreit«, zu dem die SED-Spitze selbst aufrief, in einer Weise, die die parteioffizielle Interpretation der Entdogmatisierung der Wissenschaften überschritt. Aber man schloß sich nicht zusammen, schon gar nicht adressierte man sich in politischer Absicht an die Öffentlichkeit. Die Intelligenz nahm sich, in den Worten Wolfgang Johos, der Belange der res publica nicht an.[83] Die Chance des Revisionismus wurde vertan; er hinterließ kaum Spuren im kollektiven Gedächtnis.

Der Mangel an öffentlichem und gemeinsamem Engagement lag, was den Großteil der Parteifunktionäre betraf, gewiß daran, daß die demokratischen Traditionen des Marxismus, die die Revisionisten in anderen Ländern wieder freilegten, seit der Bolschewisierung der KPD und später im sowjetischen Exil nachhaltig verschüttet waren. Überdies wirkte sich die spezifische Art des Antifaschismus, das Mißtrauen gegenüber einer Gesellschaft, die den Nationalsozialismus zu großen Teilen getragen oder ihm nicht widerstanden hatte, zugunsten eines Entstalinisierungskurses aus, der sich strikt auf ein vordemokratisches Programm der Effektivierung bestehender Strukturen beschränkte. In diese Richtung ließ auch die Sorge tendieren, der Revisionismus werde als Variante des »Sozialdemokratismus« oder eines »dritten Wegs« die Existenz der DDR und die Herrschaft der Partei gefährden, nachdem soeben erst die staatliche Souveränität gewonnen und die Deutschlandpolitik in eine langfristige Perspektive gerückt worden war. Welches Ausmaß der Abkehr von Bürokratismus und Dogmatismus erforderlich sei, war – wie noch zu zeigen ist – zwar umstritten, der Streit aber bewegte sich im innerparteilichen Rahmen und stimulierte eine wissenschaftliche, aber keine offene politische Auseinandersetzung. Er verlief – wie schon 1953 – hinter verschlossenen Türen und seine Protagonisten setzten weniger auf die eigene Kraft als vielmehr auf den Ausgang der Machtkämpfe in der KPdSU. Selbst Parteigänger Chruschtschows betrachteten den Stalinismus eher als Problem der sowjetischen denn als eines der eigenen Partei. Die Überwindung des Faschismus galt für deutsche Kommunisten als zentrales Problem, hinter dem der

Stalinismus verblaßte. Der Antifaschismus überlagerte den antistalinistischen Impuls weit über den XX. Parteitag hinaus; man gab sich jedenfalls nach außen mit dem parteioffiziellen Hinweis zufrieden, daß es in der DDR zu keinen stalinistischen Exzessen gekommen sei und daß die SED die Kritik am »Personenkult« und Dogmatismus bereits politisch umsetze.[84]

Warum aber hat die kritische Intelligenz die Partei nicht unter Druck gesetzt, die DDR in offener Kritik vom Stalinismus zu befreien und zu demokratisieren? Das mag zum einen daran gelegen haben, daß sie selbst nicht unter Druck stand: Bei den Arbeitern wirkte die Niederschlagung des Aufstands vom 17. Juni nach; sie blieben ruhig. Zum andern hatte sich die Intelligenz schon 1953 von den Streiks und Unruhen nicht zur Solidarität bewegen lassen, und auch nach dem XX. Parteitag adressierte sie sich nicht an andere Klassen und Schichten, sondern blieb unter sich. Das läßt gewiß auf den esoterischen Charakter des deutschen intellektuellen Milieus schließen[85], doch greift eine solche Erklärung zu kurz, wenn man bedenkt, daß in der DDR viele Protagonisten einer politisch engagierten Wissenschaft, Literatur und Kunst lebten. Aber gerade sie standen unter dem Trauma des Nationalsozialismus und solidarisierten sich eher mit einer Partei, deren Antifaschismus sie teilten (wie sehr er auch zur Rhetorik verkommen war), als mit einer Gesellschaft, der sie nicht trauten. Selbst wenn die Intelligenz die politische und gesellschaftliche Wirklichkeit kritisch betrachtete, fürchtete sie zumeist um die prekäre Existenz des (Partei-)Staates, von dem sie den Aufbau eines besseren Deutschland erhoffte. So ließen sie die Reformwünsche keineswegs unberührt, doch hielt sie deren Realisierung ohne die gesicherte Macht der SED für aussichtslos.[86]

Dies galt um so mehr, wenn der Antifaschismus mit dem Affekt gegen die bürgerlich-westliche Demokratie einherging, der schon die Weimarer radikale Linke geprägt hatte und in dem man sich nun bestätigt fühlte, sei es durch die nazistische Erfahrung, sei es durch die parteioffizielle Reaktion auf den Nationalsozialismus, die Eindrücke der Westemigration oder durch die permanente Konfrontation mit einer Bundesrepublik, die nur notdürftig entnazifiziert war. Daß aber die Intelligenz ihre Verbände, Zeitungen und Zeitschriften so wenig für die Diskussion der Konsequenzen einer Entstalinisierung für das politische System und das öffentliche Leben nutzte, die auf das Interesse größerer Teile der Gesellschaft hätte stoßen können, daß sie sich eher für die Freiheit der Kunst, der Forschung und Lehre als für allgemeine Forderungen gesellschaftlicher Freiheit und politischer Demokratie im Sozialismus engagierte, mag nicht nur daran gelegen haben, daß sie der »formalen« bürgerlichen Demokratie skeptisch gegenüberstand und sie im postnazistischen Deutschland für vollends unangemessen hielt. Es kam die Befürchtung hinzu, eine offene Kritik des Stalinismus werde die Deutschen zur Relativierung des Nationalsozialismus verleiten, zur Aufrechnung deutscher gegen vermeintlich allein von der Sowjetunion zu verantwortende »Sünden«.[87] Einer verwandten Sorge nach lief eine demokratische Entstalinisierung Gefahr, die Haltung der verachteten »Renegaten« zu bestätigen, den – wie man meinte – vom Stalinismus grundsätzlich unangetasteten sozialistischen Charakter der Sowjetunion zu diskreditieren, zugleich aber die angeblich stets zum Faschismus pervertierende bürgerlich-kapitalistische Freiheit aufzuwerten.[88] Schließlich sah sich die engagierte Intelligenz in der DDR in einer sozial privilegierten und politisch einflußreichen Position. Sie fühlte sich Staat und Partei zumindest in Loyalität verbunden und bejahte deren sei es antifaschistischen, sei es sozialistischen Erziehungsauftrag gegenüber der Gesellschaft, einen Auftrag, dem sie zwar selbst unterworfen war, der ihr aber zugleich eine aktive Rolle zuwies. In dem Maße jedoch, so könnte man sagen, in dem die Intelligenz den Auftrag in seinen vorgeschriebenen Formen akzeptierte und an der Macht teilhatte, kam ihr bereits erwähnter esoterischer Charakterzug erneut zum Vorschein: Die Künstler und Wissenschaftler näherten sich der Gesellschaft allenfalls in der Funktion des Lehrenden und sprachen ihr die Reife zur Selbsttätigkeit ab.

Das zeigte sich bereits an ihrer Reaktion auf den 17. Juni. Die Schriftsteller beispielsweise befürchteten seinerzeit nicht allein die Latenz oder eine akute Gefahr der Wiederkehr des Faschismus und akzeptierten die parteioffizielle Lesart, nach der es sich bei dem Aufstand um eine »faschistische Provokation« gehandelt hatte. Sie erklärten »das Volk«, das sich angeblich in seiner Mehrheit von Nazis und Westagenten habe verführen lassen, für verantwortungslos; es müsse nun das Vertrauen der Herrschenden erwerben und vor allem strenger erzogen werden. Nur einige befanden, daß auch jene, die lenkten und leiteten, sich moralisch zu besinnen hätten. Wenige sahen hinter der »faschistischen Provokation« die berechtigte Unzufriedenheit der Arbeiter und die Spontaneität ihrer Aktion, die doch bewies, daß die Partei – gewohnt zu befehlen und zu belehren – keinen Kontakt zu den Massen hatte.[89] Der unaufgelöste Widerspruch, in der Phase des sozialistischen Aufbaus – zumal im postnazistischen Deutschland – an der führenden Rolle einer Partei festzuhalten und zugleich die Selbsttätigkeit des Proletariats einzufordern, auf daß es zum Subjekt der Geschichte werde, kam in der Position Brechts am klarsten zum Ausdruck.[90]

Doch engagierte sich die Intelligenz für die Freiheit der Erzieher des Volkes. Unter Brechts und Bechers Einfluß wandten sich die Akademie der Künste und der Präsidialrat des Kulturbunds nach dem Aufstand an die Regierung, um ihr nahezulegen, zumindest die politisch-administrative Intervention in die Belange der Kunst zu beenden, deren Selbstverantwortung herzustellen und die Informationspolitik der Massenmedien zu ändern.[91] Während der Schriftstellerverband sich abseits hielt, meldeten sich einzelne seiner Mitglieder zu Wort und plädierten, bei aller Anerkennung der kulturell-erzieherischen Funktion des Staates, für einen sozialistischen Realismus, der der Beschwörung und Schönfärberei entraten solle und in dem sich das Volk mit seinen aktuellen Problemen wiedererkennen könne.[92] Die SED-Spitze lobte zwar den »schöpferischen« Charakter der Kritik, zumal die Intelligenz »in den Tagen der faschistischen Provokation loyal gearbeitet« habe, und stellte im Rahmen des Neuen Kurses eine Kulturpolitik in Aussicht, die eher auf Überzeugung denn auf administrativem Zwang beruhen werde.[93] Sie verlangte aber den Künstlern alsbald Loyalitätserklärungen gegenüber dem Staat ab – und bekam sie auch.[94] Die künstlerische Intelligenz ließ sich die Forderungen ihrer Resolutionen für das Versprechen, die verhaßte Kunstkommission werde aufgelöst und ein Ministerium für Kultur gegründet, abhandeln. Die Zensur wurde zwar gemildert, aber keineswegs abgeschafft.

Die Bildung des neuen Ministeriums im Januar 1954 erwies sich schließlich als »das einzige handfeste Ergebnis« der politischen Initiative; aber es verfügte gegenüber dem Parteiapparat über keinerlei Macht.[95] Becher stand als Kulturminister – in Einklang mit seiner Überzeugung und der parteipolitischen Rhetorik des Neuen Kurses – für eine Kulturpolitik ein, die die Einheit der deutschen Kultur wahren, also die gröbsten Spitzen des sozialistischen Realismus und der direkten politischen Gängelung abschwächen sollte. Doch noch bevor seine Politik sich zugunsten der Kunst und Literatur entfalten konnte, führte schon das Scheitern der Berliner Außenministerkonferenz zur erneuten Affirmation einer ihrem Anspruch nach auch für die Bundesrepublik vorbildlichen sozialistischen »deutschen« Kunst[96], und die Spielräume der Künstler erreichten mit dem 4. Schriftstellerkongreß im Januar 1956 einen neuen Tiefpunkt: Der sozialistisch-realistische Betriebsroman kündigte sich just vor dem XX. Parteitag an.[97]

Als der XX. Parteitag den sozialistischen Ländern unintendiert die Chance des Revisionismus eröffnete, hatte die künstlerische Intelligenz der DDR – angeregt durch den 17. Juni – eine erste Runde fast schon verloren. Wenn auch 1956 die gesellschaftspolitische Bündniskonstellation zwischen Teilen der Intelligenz, des Parteiapparats und der Gesellschaft aus den erwähnten Gründen nicht zustande kam, so nahm die intellektuelle Kritikbereitschaft doch zu. Denn seit dem Frühjahr ermunterte die parteioffizielle Stellungnahme gegen den Dogmatismus und Schematismus der stalinistischen Wissenschafts- und Kulturpolitik die Intellektuellen zum »Meinungsstreit«. Für die Literaturwissenschaften bezichtigte Hans Mayer sich und seine Kollegen in ungewöhnlicher Schärfe, »mit der Wahrheit auf keinem guten Fuße gestanden« zu haben.[98] Vor allem aber jüngere Künstler und Intellektuelle bezogen eine offen antistalinistische Position, wenn sie z. B. die »Fehler der vergangenen 20 Jahre« ansprachen und damit das Problem des Stalinismus über die Grenzen der Wissenschafts- und Kunstdebatte hinausführten.[99] Auf der Freiheitskonferenz der Sektion Philosophie der Akademie der Wissenschaften erwiesen sich die Jüngeren als politischer und polemischer als ihre Lehrer.[100] Die Hochschulen und Universitäten wurden allerdings nicht zu Zentren des antistalinistischen Protests, unter anderem weil die SED frühzeitig gegensteuerte, indem sie die Studenten mit der Klasse – in Gestalt von Betriebskampfgruppen – konfrontierte, der sie im Arbeiter- und Bauernstaat ihre Privilegien verdankten.[101]

Ein auf die Belange der Wissenschaften beschränkter Revisionismus war in der DDR insbesondere mit Ernst Bloch, Jürgen Kuczynski und Robert Havemann verbunden. Georg Lukács diente der zum Angriff übergehenden Partei als generalisierter Sündenbock, ließ sich doch an seinem praktischen Beispiel zeigen, wohin der Revisionismus führen mußte. Wie systemloyal Bloch sich politisch auch immer verhielt, sein undogmatischer Zugang zur Philosophie war schon vor der Mitte der fünfziger Jahre als anstößig erschienen. Seine Vorlesungen des Jahres 1956 aber, die die Entfremdungsthematik und Probleme einer marxistischen Anthropologie ansprachen, brachten ihm neben einer steigenden Zahl von Studenten die scharfe Kritik der Partei ein. Idealismus, Subjektivismus, das Bemühen um eine »allgemeinmenschliche Ethik« und einen »utopischen«, »menschlichen« Sozialismus, kurzum: Revisionismus und die Ideologie eines »dritten Wegs« warf die Partei ihm vor.[102] Und Bloch hatte den Stalinismus durchaus kritisiert, sich gegen den »Personenkult« und für innerparteiliche Demokratie, die Realisierung der bürgerlichen Freiheiten im Sozialismus und mehrere mögliche Wege zum Sozialismus ausgesprochen.[103] Doch wie die meisten seiner Kollegen engagierte er sich nicht außerhalb des intellektuellen Milieus; und seine Philosophie verharrte auf einem Niveau theoretischer Abstraktion, das jenseits der Universität vielfach unverstanden blieb.[104] Dies galt wohl ebenso für Robert Havemanns Versuch, den dialektischen Materialismus als Leitwissenschaft der naturwissenschaftlichen Forschung abzuwehren.[105] Konnte die Partei in Bloch einen Revisionisten ausmachen, der sich nicht unmittelbar politisch engagierte, und in Havemann einen, der sich 1956 noch vornehmlich auf den Meinungsstreit in den Naturwissenschaften konzentrierte, so unterschied sich der Doyen der Wirtschaftsgeschichte, Jürgen Kuczynski, von ihnen allenfalls durch seine deutliche Freude an der Polemik. Gegen die »feindlichen Ideologien« des Liberalismus wie gegen die Dogmatiker in den eigenen Reihen schrieb er im Namen des Meinungsstreits, der Objektivität und des Fortschritts. In diesem Kontext wollte Kuczynski unter Parteilichkeit die positive Haltung des Wissenschaftlers zur Wirklichkeit verstanden wissen, in der der Fortschritt bereits angelegt sei. Als Subjekte der Geschichte des menschlichen Fortschritts sah Kuczynski nicht die Volksmassen, die als Teil der Basis blind die Produktivkräfte vorantrieben, sondern die Volksmassen in Gestalt gesellschaftlich denkender und handelnder Menschen.[106] Seine Kritiker hielten ihm vor, er rede der »ideologischen Koexistenz« das Wort und negiere letztlich die führende Rolle der Partei.[107] Kuczynski leistete Selbstkritik, aber er verweigerte den Kotau vor der Macht. Statt dessen kritisierte er – soweit ich sehe als einziger – die Form der Auseinandersetzung, die seine Gegner gewählt hatten.[108]

Das Interesse der Ökonomen Behrens und Benary ging über das Ziel, die Wissenschaften zu entdogmatisieren, hinaus; sie wollten die Regelungsmechanismen des Wirtschaftssystems grundsätzlich verändern. Da das Planungssystem und die Wirtschaftspolitik im Sozialismus sowjetischen Typs als essentieller Bestandteil der gesellschaftsverändernden Politik des (Partei-)Staates galten, konnten aber Veränderungen im ökonomischen Bereich die Rolle der Partei und die Funktionen des Staates nicht unberührt lassen. Zwar wollten auch Künstler und Wissenschaftler Partei und Staat soweit aus ihren gesellschaftlichen Teilbereichen herausdrängen, daß diese ihre eigenen Standards wieder sollten entfalten können – auch wenn man die Führungsrolle der Partei nicht grundsätzlich antasten wollte. Dasselbe für die Ökonomie zu fordern, rührte jedoch an die Substanz der Vorstellung, mit welchen Instrumentarien die Transformation der Gesellschaft in die sozialistische Zukunft zu gestalten sei.

Das Schlagwort einer »Theorie des Selbstlaufs«, unter das später der V. Parteitag (1958) einen Teil des Revisionismus subsumierte, betraf daher vor allem diese Ökonomen und ihre Vorstellungen. Wie andere Wirtschaftswissenschaftler stellten sich Benary und Behrens die Frage, wie die potentielle Überlegenheit einer sozialistischen Ökonomie herzustellen und in der Systemkonkurrenz mit dem Kapitalismus zu beweisen sei. Die unbefriedigende wirtschaftliche Situation – das langsame ökonomische Wachstum und die schleppende Modernisierung der Produktionstechniken – einerseits, das Zurückbleiben der Politischen Ökonomie und die Tatsache, daß die staatlichen Planungs- und Leitungsstrukturen die wirtschaftliche Effizienz eher hemmten als förderten andererseits, waren bereits seit 1954/55 Gegenstand fachspezifischer und politischer Diskusionen. Sie umkreisten mit der Geltung des Wertgesetzes im Sozialismus zugleich die Rolle des Staates in der Ökonomie und damit das Verhältnis zwischen politischer Herrschaft und wirtschaftlicher Sphäre.[109] In der praktischen Politik führten die ökonomisch dysfunktionalen Effekte der auch offiziell beklagten »bürokratischen« Methode der Planung und Leitung seit dem 25. ZK-Plenum zu der Forderung, die Entwicklung von Wissenschaft und Technik gezielt zu fördern, die nach wie vor zentralen Leitungskompetenzen an untere staatliche Instanzen zu delegieren, die Zahl der Plankennziffern zu reduzieren und den Betrieben eine gewisse »wirtschaftlich-operative Selbständigkeit«

einzuräumen. Die Betriebsleiter sollten selbständiger handeln können, nicht nur »Befehlsübermittler« sondern »sachkundige Wirtschaftskapitäne« sein.[110] Behrens und Benary hielten solche Modifikationen des administrativen Zentralismus für unzureichend; mit ihren Vorstellungen griffen sie der Reformdiskussion vor, die sich in der DDR in den sechziger Jahren entfalten sollte.

Benary hielt eine »allseitige« Entwicklung der Initiative der gesellschaftlichen Eigentümer, worunter er die spontane ökonomische Aktivität der Produzenten und den Wettbewerb zwischen den Betrieben verstanden wissen wollte, für den Motor des technischen Fortschritts und damit der ökonomischen Effizienz im Sozialismus. Als Regulator der Produktion hingegen sah er das bewußte Planen und Ausnutzen der ökonomischen Gesetze an. Spontaneität und Bewußtheit bildeten in seinem Modell die beiden notwendigen und zugleich widersprüchlichen Elemente der sozialistischen Reproduktion, eine dialektische Einheit, die ebenso der Vervollkommnung der planmäßigen Leitung der Ökonomie wie auch dem steten Wachstum der Initiative zugutekommen könne.[111] Die Einheit der Gegensätze verlange allerdings in einer zweiten Phase der Übergangsperiode, daß die »administrative Methode« der staatlichen Planung und Leitung durch eine »ökonomische Methode« ersetzt werde. Die Arbeiterklasse habe nicht nur die politische Macht inne, sie sei mit der breiten Basis des sozialistischen Eigentums auch zur ökonomisch herrschenden Klasse geworden. Sie könne sich nun »ökonomischer Hebel« wie Preis, Kredit, Zins, Lohn, Gewinn und Steuern bedienen, sie durch Gesetze, Verordnungen und sonstige allgemeine Richtlinien institutionalisieren. Ein Zentralbankensystem werde dazu führen, daß eine derart umgestaltete Wirtschaftsführung die ökonomischen Gesetze optimal nutze. Dies hieß nun allerdings, die unmittelbare staatliche Gewalt, den Staat im Sinne eines politischen »Hauptinstruments« aus der Ökonomie fernzuhalten. Der Staat sollte sich in der Wirtschaftspolitik darauf beschränken, den ökonomischen Gesetzen freien Raum zu schaffen, insofern »absterben« und nurmehr Sachen verwalten.[112] Das Hauptproblem von Behrens, der die Argumente seines Schülers unterstützte, war die geringe Arbeitsproduktivität, die die Schwäche der gegebenen Planwirtschaft gegenüber den kapitalistischen Volkswirtschaften besonders deutlich offenbarte. Eine Steigerung der Arbeitsproduktivität könne nur gelingen, wenn der Staat seine Planungstätigkeit im Rahmen der ökonomischen Gesetze des Sozialismus halte. Auch diese Annahme lief zumindest indirekt auf die Abwertung parteipolitischen Handelns in der Ökonomie hinaus. Denn sie unterstellte, daß die ökonomischen Gesetze sich auf jeden Fall, gegebenenfalls auch spontan durchsetzten, wenn auch nicht unbedingt im Sinne der Planer, sondern diese korrigierend, was in der Regel mit Verlusten einhergehe.[113]

Die Kritik an den Überlegungen der beiden Wirtschaftswissenschaftler war Teil der antirevisionistischen Gegenoffensive der Partei. Die Dogmatiker übten sich in der Affirmation der politischen und ökonomischen Grundstrukturen, was sie nicht hinderte, ihre Gegenrede als vorbildliches Beispiel antidogmatischen Meinungsstreits auszugeben.[114] Gegen die These, das Absterben des Staates in der ökonomischen Sphäre könne bereits in der Übergangsperiode beginnen, setzten sie die ständige Festigung und Sicherung der Diktatur des Proletariats, deren Repressionsfunktion im Bereich der Ökonomie der feindlichen Sabotage und Agententätigkeit wehren müsse. Dem Bürokratismus sei nicht durch den Abbau, vielmehr durch die Vervollkommnug des Staatsapparats beizukommen. Spontaneität sei gleichbedeutend mit geistiger Dumpfheit, falschem Bewußtsein, bürgerlicher Ideologie; Triebkraft der wirtschaftlichen und gesellschaftlichen Entwicklung könne nur »Bewußtheit« sein, also das vermeintliche Wissen der Marxisten-Leninisten um die Gesetze der Ökonomie, konzentriert in der Partei und exekutiert durch den Staat. Gegen das Ausnutzen der Koinzidenz persönlicher und gesellschaftlicher Interessen, das Benary und Behrens forderten, setzten die Dogmatiker die Interessenidentität von Individuum und Gesellschaft und stellten es der Partei weiterhin anheim, im »objektiven« Interesse des Ganzen eben dieses Ganze zu steuern und seine Teile der kulturell-erzieherischen Obhut zu überantworten.

Das Beharren auf dieser im Kern stalinistischen Argumentation stand vor dem Hintergrund der polnischen und ungarischen »Ereignisse«, wie man sich ausdrückte. Die scharfe Reaktion hing auch damit zusammen, daß selbst hochrangige Parteifunktionäre wie Oelßner, Selbmann, Vieweg und Ziller »abweichende« Anschauungen vertraten. Zuständig für Wirtschaftsfragen kannten sie die Mängel des ökonomischen Systems der DDR besonders gut. Sie traten offenbar für eine Politik ein, die beim sozialistischen Aufbau einen Tempoverlust in Kauf zu nehmen bereit war, zumal die rasche Ausdehnung der sozialistischen Eigentumsverhältnisse die Effizienz negativ zu beeinflussen drohte. Auch über die Reorganisation der wirtschaftlichen Funktionen des Staatsapparats und das Ausmaß betrieblicher Entscheidungskompetenz – über Fragen also, die in der Partei seit spätestens 1955 anstanden – muß es zu Meinungsverschiedenheiten gekommen sein. Den später parteioffiziell Beschuldigten warf man vor, eine »Ideologie der Stagnation« vertreten zu haben.[115]

Meinungsverschiedenheiten im Kreis der hochgestellten Parteifunktionäre gab es, jenseits der ökonomischen Problematik, auch in kulturpolitischen Fragen. Die ZK-Sekretäre Hager und Wandel räumten später in ihren Selbstkritiken ein, der Faszinationskraft des polnischen Oktober zeitweilig erlegen zu sein und geglaubt zu haben, aus ihm positive Lehren für die DDR ziehen zu können. Sie beschuldigten sich, den »konterrevolutionären« Kern des Revisionismus verkannt zu haben und deshalb mit dem Repressionskurs gegenüber der kritischen Intelligenz an den Hochschulen, in Zeitschriften und Verlagen nicht einverstanden gewesen zu sein.[116]

Diese Selbstbezichtigungen fielen in eine Zeit, in der das, was sich an Universitäten, in Verlagen und Zeitschriften im Jahr 1956 geregt hatte, exemplarisch und hart zerschlagen wurde. Sehr viel hatte sich allerdings gar nicht getan, wenn Wolfgang Johos Kritik an seinen Schriftstellerkollegen zutrifft. Er schrieb Ende Oktober 1956, zu dem Zeitpunkt also, als sich in Ungarn und Polen Gomulka und Nagy hatten durchsetzen können: »Man hört aus der Sowjetunion und den Volksdemokratien, daß sich gerade die Schriftsteller mit Vehemenz und Leidenschaft der vom XX. Parteitag ausgehenden Impulse annehmen.« Und er fragte: »Wo aber bleibt die Stimme der deutschen Schriftsteller in den Zeitungen, Zeitschriften, Versammlungen – kurz in der Öffentlichkeit? Ab und zu wagt sich ein Gedicht hervor, das, mehr oder minder talentiert, mehr oder minder mutig, an wesentliche Dinge rührt. Aufsätze, Essays, Kurzgeschichten, Stellungnahmen? Man kann sie an den Fingern einer Hand zählen. Ansonsten Schweigen im Walde, vor allem im Blätterwalde. (...) Der Schriftsteller bei uns weiß natürlich, wo die Leute der Schuh drückt, er kennt, wie eine kürzlich durchgeführte Aussprache einiger Schriftsteller mit dem Politbüro zeigte, eine Fülle von Fragen, auf welche unsere Bevölkerung Antworten erwartet. (...) Schweigt er dazu? Es wäre nicht ganz korrekt, diese Frage zu bejahen. Er erregt sich, er schimpft, meutert, kritisiert, allerdings nur, wenn er mit seinesgleichen zusammensitzt, im Verband, unter sich. (...) Man erwartet nicht zu Unrecht und auf Grund der Beispiele aus der Geschichte, daß, wo es um die öffentlichen Dinge geht, der Schriftsteller als Gewissen seiner Epoche in der vordersten Reihe steht und sich nicht ins Verbands-, Club- oder Caféhaus verzieht, um Kluges und Mutiges ohne Öffentlichkeit zu sagen, oder gar vor seinem Häuschen im Walde die Läden dicht macht, um, die Ohren vor dem Sturmwind verschließend, in der Stille zu schaffen, was die Öffentlichkeit heute und nicht erst übermorgen braucht.«[117]

Auch die Studenten verhielten sich während des Tauwetters vergleichsweise ruhig. Vor Ende Oktober bewegten sich Diskussionen im »geistig-akademischen Rahmen«, und der Kreis der Beteiligten war »ausgesprochen klein«.[118] Dann allerdings kam es zu öffentlichen Protestaktionen insbesondere an der Berliner und Leipziger Universität. Neben die Forderungen, das gesellschaftswissenschaftliche Grundstudium und Russisch als Pflichtfach abzuschaffen und überhaupt die Lehre von ideologischem Ballast zu befreien, traten solche nach studentischer Selbstverwaltung und der Gründung eines unabhängigen Studentenverbands. Demonstrationen wurden schon im Ansatz unterdrückt, breitere Solidarisierungen blieben aus.[119]

Diskussionen in Zeitschriften und Verlagen zentrierten sich vor allem um den *Sonntag* und den *Aufbau*-Verlag. Man debattierte seit dem XX. Parteitag über notwendige Veränderungen der Politik der Partei sowie über deren Demokratisierung; und insbesondere der *Sonntag* bemühte sich seit dem Sommer des Vorjahres – noch im Geiste des Neuen Kurses – um öffentliche Diskussionsanstöße. Es gelang jedoch nicht, die künstlerische Intelligenz zu einem starken Engagement zu animieren.[120] Von einer »Gruppenbildung«, die die SED bei den bald folgenden Verhaftungen und Prozessen unterstellte, konnte kaum die Rede sein. Inwieweit die Gedanken Wolfgang Harichs für den lockeren Diskussionskreis repräsentativ waren, sei dahingestellt. Atmosphärisch stimuliert vom polnischen Oktober wollte Harich die sozialistische Politik einer entstalinisierten, gleichwohl marxistisch-leninistischen SED mit der sofortigen Einleitung der Wiedervereinigung verbinden. Er war bereit, um der deutschen Einheit willen in Kauf zu nehmen, daß Staat und Gesellschaft Gesamtdeutschlands von der SPD dominiert sein würden. Diese müsse allerdings ihrer »opportunistischen« und »revisionistischen« Tendenzen entraten und einen antikapitalistischen, gleichsam antifaschistisch-demokratischen Kurs einschlagen.[121] Seine »Plattform« zeichnete sich durch theoretische Inkonsistenz aus, war eine Mixtur aus einer zugleich klandestinen und öffentlichen politischen Strategie, zugleich marxistisch-leninistischen und sozialdemokratischen Orientierungen. Sie brachte bestenfalls eine diffuse Stimmung verbreiteter Unzufriedenheit zum Ausdruck, verbunden mit der Hoffnung, es könne so nicht weitergehen und die politische Situation in der DDR müsse sich ändern. Die scharfe Reaktion der Parteiführung läßt allerdings darauf schließen, daß zumindest Teile der SED-Spitze befürchteten, die polnischen und ungarischen »Unruhen« könnten auf die DDR übergreifen. Die Verhaftung Harichs, Jankas und anderer hatte – unmittelbar nach der Zerschlagung der ungarischen Revolution – exemplarischen und abschreckenden Charakter. Die Prozesse und hohen Zuchthausstrafen[122] begleiteten die Welle antirevisionistischer Kritik und Selbstkritik des Jahres 1957.

Mit Verhaftungen und Prozessen dieser Art hatten jene, die sie trafen, nach dem XX. Parteitag nicht mehr gerechnet.[123] Aber die ungarische Revolution und der Einsatz der sowjetischen Panzer leiteten im ganzen Block die Abkehr vom Tauwetter ein. Ulbricht wünschte die Kritik des »Personenkults« von Anfang an in engen Grenzen zu halten. Als in Ungarn und Polen die Rehabilitierungen begannen, Verantwortliche zur Rechenschaft gezogen und im Juni Arbeiterunruhen in Poznán ausbrachen, verwahrte sich die KPdSU – und mit ihr das Politbüro der SED – gegen eine zu weitgehende Kritik des Stalinismus. Sie wies diesen Begriff ausdrücklich zurück und betonte, die Quelle des »Personenkults« liege keineswegs – wie empfindlicherweise auch die KPI mit Togliatti behauptete – in der sowjetischen Politik und Gesellschaftsordnung; diese sei in ihrem sozialistischen Charakter vielmehr unberührt. Das Politbüro der SED nutzte dieses erste Zurückweichen vor den Folgen der Entstalinisierung zu der Empfehlung, den Blick von der vergangenen Zeit des »Personenkults« zu lösen und nach vorn, auf den Aufbau der sozialistischen Zukunft zu richten. Wie zuvor suchte das Politbüro, den Antifaschismus gegen den Stalinismus auszuspielen.[124] Die Bewältigung des »Personenkults«, so wurde nun – durchaus zutreffend – aufmerksam gemacht, sei keineswegs die Hauptaufgabe des XX. Parteitags und der ihm folgenden Parteikonferenz der SED gewesen. Trotz seiner perspektivischen Programmatik hätten aber ganze Parteiorganisationen – insbesondere im kulturellen Bereich – seither die politischen und ökonomischen Aufgaben des Fünfjahrplans unterschätzt.[125] Während Ulbricht die Aufforderung zur Überwindung des Dogmatismus und zur Entwicklung des wissenschaftlichen Meinungsstreits nurmehr in Hinblick auf dessen Bedeutung für die Planerfüllung gelten lassen wollte, hob das Zentralkomitee im Juli 1956 die Arbeiten von Behrens, Benary und Kuczynski noch durchaus lobend hervor, die Arbeiten von Autoren also, die wenig später des Revisionismus bezichtigt wurden.[126] Über diese unterschiedlichen Auffassungen, Ausdruck divergierender Positionen in der Parteiführung, sollte im Laufe des Oktober/November entschieden werden.

Neben den bereits erwähnten wirtschafts- und kulturpolitischen Funktionären setzten sich Karl Schirdewan, Sekretär für Kaderfragen, und Ernst Wollweber, Minister für Staatssicherheit, für eine Politik ein, die jener des Neuen Kurses in mehrfacher Hinsicht ähnelte. Sie brachten den autoritären Führungsstil in der Partei, das Verhältnis von Schwerindustrie und Konsumgüterproduktion, die Politik gegenüber privaten Bauern und Mittelstand ebenso zur Sprache wie die Form der Auseinandersetzung mit denen, die sich im »Meinungsstreit« engagierten, zu dem die SED nach dem XX. Parteitag selbst aufgerufen hatte. Wollweber wie Schirdewan wollten die Fluchtbewegung, die mit dem Ende des Tauwetters erneut einsetzte, stoppen, und ihnen war – wie vor ihnen Herrnstadt und Zaisser – klar, daß der Sozialismus der DDR für größere Teile der bundesrepublikanischen Gesellschaft nur dann attraktiv werden könne, wenn die aktuelle Politik der SED sich änderte.[127] Die Konflikte zwischen jenen, die später als »Fraktion« bezeichnet und ausgeschlossen wurden, und der auch in dieser innerparteilichen Auseinandersetzung wiederum sich durchsetzenden Gruppierung um den Generalsekretär spitzten sich im Verlauf des Jahres 1957 zu, sobald sich die ultralinke[128] Politik abzuzeichnen begann, die der V. Parteitag (1958) beschließen sollte.

Um den radikalen Kurs des Antirevisionismus durchzusetzen, attackierten die Orthodoxen erneut »nationale Wege« zum Sozialismus. Nach dem gewaltsamen Ende der ungarischen Revolution begrüßte die SED-Spitze gemeinsam mit der KPČ, die dem XX. Parteitag und seinen Folgen ebenfalls sehr zurückhaltend gegenübergestanden hatte, die Zerschlagung der »faschistischen Banden«. Zugleich verurteilte sie das »Gerede von einem angeblich ›nationalen Kommunismus‹«. Die revisionistische Unterscheidung von »Stalinisten« und »Nichtstalinisten«, von einer »alten« und einer »neuen« Richtung in der marxistischen Arbeiterbewegung wies sie zurück – sie entstamme dem ideologischen Arsenal des Imperialismus und unterminiere die Geschlossenheit der sozialistischen Weltbewegung.[129] Der Kampf gegen einen »dritten Weg«, fortan Leitargumentation bei der Repression, verurteilte »nationale Wege« nicht allein mit Blick auf Polen, Ungarn und Jugoslawien und jeden in der DDR, der mit ihnen – gar aus gesamtdeutsch-nationalen Gründen – sympathisieren sollte. Vielmehr fungierte die Metapher »dritter Weg« als Synonym für Antistalinismus. Ulbricht behauptete mit den zentralen Funktionen des (Partei-)Staats – den repressiven, wirtschaftlich-organisatorischen und kulturell-erzieherischen – das totalitäre Projekt gegen jegliche Aufweichung. Die DDR bedurfte nach seiner Meinung keiner besonderen Kritik des »Personenkults«; und deutschdeutscher Reformismus übersehe, daß auch ein friedlich-parlamentarischer Weg zum Sozialismus zu nichts anderem als der Diktatur des Proletariats führen könne.[130] Überdies kranke die Vorstellung eines dritten Wegs daran, den Hauptwiderspruch der Epoche nicht zwischen Imperialismus und Sozialismus, sondern zwischen Demokratie und Bürokratie zu sehen; solch fehlgeleitete Kritik des Bürokratismus spiele nur der »Konterrevolution« in die Hände.[131]

Das Jahr 1957 brachte eine wohldosierte Mischung aus unmittelbarer Repression einerseits und dem Versuch, die Intelligenz in die erneut einsetzenden Mobilisierungsanstrengungen der Partei einzuspannen, andererseits. Die Parteiführung demonstrierte ihren Machtwillen und die Unantastbarkeit der Grundstrukturen der DDR; sie wollte darüber hinaus in dem vorgegebenen Rahmen, den sie nicht zu verändern wünschte, ihre Vorstellung von Effizienz und ökonomischer Modernität durchsetzen.[132] Die erzwungene Emeritierung Blochs, die Prozesse gegen Harich, Janka und andere Wissenschaftler und Redakteure waren geeignet, die wissenschaftliche Intelligenz, ihre Zeitschriften und Verlage zu disziplinieren. Die Stoßrichtung der generalisierten Auseinandersetzung mit revisionistischen Positionen gab die neugebildete Redaktion der *Deutschen Zeitschrift für Philosophie* vor: Eine »parteiliche, kämpferische, revolutionäre« marxistische Philosophie habe sich »ganz bewußt und eindeutig« dem sozialistischen Aufbau, der Festigung der Arbeiter- und Bauernmacht und »damit zugleich« der Wiedervereinigung Deutschlands zu verpflichten. Damit wende sie sich zugleich gegen den philosophischen Revisionismus. Dieser fordere »ideologische Koexistenz« mit der bürgerlichen Philosophie und trete im Namen eines »menschlichen Sozialismus« und einer »utopistischen Hoffnungsphilosophie« auf. Er sei zudem für »positivistische Gedankengänge« aufgeschlossen, stelle also die Parteilichkeit zugunsten bürgerlicher Objektivität in Frage.[133] Die Zeitschrift mobilisierte insbesondere gegen die Auffassungen von Bloch, Havemann und immer wieder Lukács; und sie engagierte sich in der Diskussion über eine sozialistische Ethik, die nun einsetzte.[134]

Eine Serie von Konferenzen verpflichtete Wissenschaft und Kunst auf die teils alte und teils neue Linie. Alt war sie insofern, als Abweichungen gerade vom dialektischen Materialismus, der Grundlage aller Erkenntnisse der Gesetzmäßigkeiten der Natur, Gesellschaft und des Denkens, nicht mehr geduldet wurden. Neu war der unmittelbare Bezug zur Praxis und Produktion, den Wissenschaft, Literatur und Kunst nun herstellen sollten. Eine »sozialistische Kulturrevolution« stand an, um zur Entwicklung einer sozialistischen Moral und sozialistischer Beziehungen zwischen den Menschen beizutragen.[135] Die verantwortlichen Kulturfunktionäre übten Selbstkritik, paßten sich der neuen Linie der Funktionalisierung der Kultur für die Produktion an oder vertraten sie ohnehin.[136] Die Selbstkritik der mit dem Revisionismus Sympathisierenden schwächte die »fraktionelle Gruppierung« in der Parteispitze[137], aber trotzdem gelang es dieser erst 1958, Schirdewan und Wollweber und die wirtschaftspolitischen Funktionäre, die einen gemäßigten Kurs vertreten hatten, aus dem Politbüro und Zentralkomitee zu entfernen.[138] Die Parteikontrollkommissionen nahmen sich sodann auf allen Ebenen der Organisationshierarchie der vermeintlichen oder tatsächlichen Sympathisanten des Revisionismus an.[139] Die Schriftsteller und Künstler engagierten sich weder für ihre verhafteten und verurteilten Kollegen[140], noch fielen alle in dic Distanzierungs- und Verurteilungsrituale ein, die man ihnen nun abverlangte. Sie verweigerten die Solidarität und versanken in Schweigen. Dieses Schweigen zu überwinden – »die Pause zu liquidieren«, wie sich Hans Rodenberg ausdrückte[141] – oblag der Revolutionierung der Kultur.

Im Gegensatz zu Ungarn oder Polen war in der DDR weder 1953 noch 1956 eine Koalition zwischen kritischen Teilen der Intelligenz, der Partei und der Gesellschaft zustande gekommen, die Entstalinisierung im Sinne der Demokratisierung gefordert hätte. Die Erfahrung einer soziale Klassen und Schichten übergreifenden Solidarität und gemeinsamen politischen Handelns fehlte der Gesellschaft in späteren Phasen ihrer Entwicklung. Keine gesellschaftliche Öffentlichkeit, keine auch nur zeitweilig erfolgreiche Entmachtung der stalinistischen Parteispitze ging in das kollektive Gedächtnis ein. Was blieb war im Gegenteil die Erfahrung und Erinnerung der Ohnmacht. Es gelang der Partei sogar, die Interpretation der ersten Arbeiterrebellion, die im sowjetischen Hegemonialbereich ausbrach und zerschlagen wurde, zu monopolisieren. Die SED konnte ihre Definition des 17. Juni durchsetzen, weil sich in der DDR das antifaschistische Einverständnis der Intellektuellen mit der Partei und die Vorbehalte der Intelligenz gegenüber Gesellschaft und Demokratie zu einem heillosen Syndrom verbanden, das der Kritik des Stalinismus enge Grenzen setzte. Daher kann es als fraglich erscheinen, ob der Neue Kurs und der XX. Parteitag für die Intelligenz, die innerparteilichen Befürworter einer Entstalinisierung und für die DDR-Gesellschaft insgesamt die Chance eines »dritten Wegs« zwischen Kapitalismus und stalinistischem Sozialismus bargen.[142] Ebenso fraglich ist allerdings, ob das Reformvorhaben, dem sich die altstalinistische Parteispitze nun wieder zuwandte, ohne Demokratisierung gelingen konnte.[143]

## 4. »Kulturrevolution«: Wissenschaft, Recht, Moral

Obwohl die Parteispitze die ersten Ansätze ihrer eigenen Reformpolitik mit ihrem Kampf gegen den Revisionismus verknüpfte, kam Bewegung in das starre System. Sie trug insofern noch stalinistische Züge, als sie zwar nicht terroristisch doch in hohem Maße voluntaristisch war. Ideelle Motive – marxistisch-leninistische Bewußtheit, sozialistische Moralgebote – galten der Partei als die zentralen Hebel, die Transformationspolitik zu beschleunigen. Deren Ziel war der Durchbruch des wissenschaftlich-technischen Fortschritts, das Einholen und Überholen der Bundesrepublik in kürzester Zeit. Es umfaßte darüber hinaus den baldigen »Sieg des Sozialismus«, mithin die radikale gesamtgesellschaftliche Veränderung. Die Realisierung der Utopie, wie sehr auch verballhornt, schien damit in greifbare Nähe zu rücken, was der Parteipolitik – in den Augen der Überzeugten – fast schon charismatischen Charakter verleihen mochte. Nüchterner betrachtet verdankte sich die Dominanz der Ideologie dem Umstand, daß andere als ideelle Anreize zur Mobilisierung für den Fortschritt noch fehlten, daß die Parteispitze überdies Experimente mit einem ökonomischen System der Planung und Leitung der Ökonomie scheute, solange Revisionisten willens waren, sie in ihrem Sinne auszugestalten.

In den Jahren 1957/58 verpflichtete eine Serie von Konferenzen Wissenschaft und Kunst auf einen unmittelbaren Bezug zur Praxis und Produktion. Die 3. Hochschulkonferenz der SED[144] orientierte die Intelligenz eindringlicher als zuvor auf das feste Bündnis mit Arbeiterklasse, »schaffendem Volk« und der Sache des Sozialismus. Um zu einer systematischen Entwicklung von Wissenschaft und Technik zu gelangen, stellte die Konferenz eine »komplexe Gemeinschaftsarbeit von Wissenschaftlern und Technikern«, Vertragsforschung zwischen wissenschaftlichen Instituten und den Vereinigungen Volkseigener Betriebe in Aussicht. Eine mindestens einjährige Arbeit in der Produktion sollte Zulassungsvoraussetzung zum Studium werden. Die Beibehaltung des gesellschaftswissenschaftlichen Grundstudiums, dessen Abschaffung die Studenten gefordert hatten, verstand sich angesichts der Affirmation, die der Marxismus-Leninismus, insbesondere der dialektische Materialismus, erfuhr, von selbst. Im Bereich der Literatur und Künste bezog als erste eine Delegiertenkonferenz des Schriftstellerverbands erneut Stellung gegen bürgerliche Dekadenz, Formalismus und westliche »Kulturbarbarei«.[145] Zugleich forderte der Kulturbund unter dem Slogan der »demokratischen Erneuerung des Kulturbundes selbst« zusammen mit der wissenschaftlichen auch die künstlerische Intelligenz auf, den Blick von der Vergangenheit auf Gegenwart und Zukunft zu lenken, sich in der Wachsamkeit gegen »ideologische Koexistenz« zu üben und bei der Planung und Entwicklung der Kultur mit den örtlichen Volksvertretungen ebenso wie mit führenden Staatsfunktionären unmittelbar zusammenzuarbeiten, um zum Gelingen des Volkswirtschaftsplans beizutragen.[146]

»Dort, wo wir nicht sind, da ist der Feind«, lautete die antirevisionistische Parole allseitiger Wachsamkeit. Sie bedeutete, die Arbeit der Schriftsteller und Künstler habe sich nun mit Leben und Kampf des Volkes in den volkseigenen Betrieben, in den MTS und LPG zu verbinden. Die »sozialistische Kulturrevolution« sollte mit der Förderung einer neuen, sozialistischen Moral und sozialistischen Beziehungen zwischen den Menschen zugleich Klerikalismus, Mystizismus und Aberglauben bekämpfen.[147] Kulturpolitisch mündete sie 1959 in den »Bitterfelder Weg«. Dessen Losung – »Greif zur Feder, Kumpel, die sozialistische Nationalliteratur braucht dich!« – ergänzte die Mobilisierung der Schriftsteller und Künstler für die Unterstützung des Wirtschaftsplans um Kampagnen für eine kulturelle Massenbewegung der Produzenten selbst.[148]

Der V. Parteitag (1958) erhob den baldigen »Sieg des Sozialismus« zum Ziel operativer Politik. Die SED lehnte sich an die euphorische Ankündigung Chruschtschows an, die Sowjetunion werde die USA in wenigen Jahren ein- und überholen. Der Durchbruch zur technologischen Moderne schien seinerzeit angesichts der spektakulären Erfolge der Sowjetunion auf dem Gebiet der Kernenergie und der Weltraumforschung durchaus möglich und nurmehr eine Frage der (kurzen) Zeit und (großen) Kraftanstrengung zu sein. Die SED richtete ihre »Hauptaufgabe« darauf, die »Überlegenheit der sozialistischen Gesellschaftsordnung auf allen Gebieten« möglichst rasch unter Beweis zu stellen, und das hieß vor allem, das Tempo der wirtschaftlichen Entwicklung drastisch zu beschleunigen, um zunächst die Lebenshaltung in der Bundesrepublik bis Ende 1961 zu überholen. Dazu bedürfe es neben der Stimulierung des wissenschaftlich-technischen Fortschritts im eigenen Land auch der Koordination der Planung und Produktion des ganzen sozialistischen Lagers. Der V. Parteitag hob die Bedeutung des Zusammenhalts eines einheitlichen und geschlossenen sozialistischen Blocks hervor, dessen Entwicklungstempo der herrschenden Meinung nach den Zeitraum der Veränderung der Welt insgesamt bestimme. Der Appell an Einheit und Geschlossenheit stand aber nicht allein im Kontext der ökonomischen Ziele der Partei. Er reflektierte ebenso die Inhalte des blockweiten antirevisionistischen Kompromisses der herrschenden Parteien.[149]

Das ehrgeizige ökonomische Programm, die Bundesrepublik in zweieinhalb Jahren zu überholen, setzte die zügige Entwicklung moderner Grundstoffindustrien, die Steigerung der Arbeitsproduktivität, »intelligenzintensive Produktion« – Automatisierung und Mechanisierung, Kybernetik und Kernenergie –, eine »komplexe Planung« der technischen, der Produktions- und der Finanzentwicklung und nicht zuletzt – da ja sozialistisches Eigentum: die Enteignung der Gesellschaftsmitglieder, als Vorbedingung der politischen Planrationalität galt – die »sozialistische Umgestaltung« der Landwirtschaft, des Handwerks und der kapitalistischen Kleinindustrie voraus. Wohl in Anbetracht der sozialen Widerstände, die er erwartete, bezeichnete Ulbricht die Fortsetzung der Kollektivierungspolitik als die »komplizierteste Aufgabe der Arbeiterklasse in der Übergangsperiode«.[150] Ohne Kollektivierung, so meinte die SED-Führung, würden moderne Technik und Agrarwissenschaft im landwirtschaftlichen Sektor nicht greifen; der ökonomische Aufschwung insgesamt würde gebremst. Die Entwicklung der Grundstoff- und Produktionsmittelindustrie blieb vorrangig, wollte man technologischen Weltstandards genügen. Die Mischung aus neuen und alten Elementen sollte im Rahmen der Vorteile, die man der sozialistischen Ökonomie prinzipiell zuschrieb, den Defiziten der bisherigen Planwirtschaft – sei es der Unbeweglichkeit der Betriebe und der Praxis des Hortens von Material und Arbeitskräften, sei es der Ausschußproduktion und schlechten Produktqualität – entgegensteuern. Des Lobes parteistaatlicher Zielvorgaben war viel; den Vorschlägen, wie die Defizite zu beheben seien, haftete indes kaum verhohlener Experimentiercharakter bei gleichzeitiger Scheu vor tiefergehenden Eingriffen an.[151]

Eine der Voraussetzungen für einen raschen »Sieg des Sozialismus«: die Veränderung der Planungs- und Leitungsmethoden, hatte schon vor dem Parteitag mit einem Bündel gesetzlicher Maßnahmen erste Gestalt angenommen. Die Gesetze über die »örtlichen Organe« der Staatsmacht, über die Rechte und Pflichten der Volkskammer und über die Vervollkommnung und Vereinfachung des Staatsapparats dienten dem Ziel, ökonomische Effizienz und den wissenschaftlich-technischen Fortschritt einerseits durch eine Verbesserung und partielle Dezentralisierung der Planung und Leitung, andererseits durch die »massenhafte« Beteiligung der arbeitenden Bevölkerung zu erhöhen. Sie zielten auf eine Ausfächerung der territorialen staatlichen Instanzen, die zum Teil – wie ein Großteil der örtlichen Volksvertretungen – überhaupt erst wieder neu ins Leben gerufen werden mußten; sie wahrten zugleich die Einheitlichkeit der politischen Linie durch klare Hierarchisierung der Zuständigkeiten. Die Gesetze sollten die zentralen staatlichen Institutionen von Routineentscheidungen entlasten, die besser auf örtlicher Ebene zu treffen waren. Die örtlichen Volksvertretungen verfügten jetzt über größere ökonomische, kulturelle und andere kommunale Kompetenzen in ihrer Region; sie waren nicht länger auf zentrale Anweisungen für jeden Verwaltungsakt angewiesen. Ihre rechtliche Eigenständigkeit erhöhte sich indes nicht signifikant, da sie der Aufsicht und Anleitung durch die Volkskammer unterstanden und gegenüber zentralgeleiteten Institutionen der Justiz, Staatssicherheit oder Volkspolizei lediglich ein – eng begrenztes – Recht auf Informationen geltend machen konnten. Doch wurde die Autorität der Volksvertretungen und ihrer Abgeordneten gegenüber der Exekutive, die bislang de facto ohne Kontrolle von Wahlkörperschaften gehandelt hatte, ein wenig gestärkt. Durch die Bildung Ständiger Kommissionen und Aktivs bezogen sie auch die Bevölkerung in ihre Arbeit ein – oder versuchten es zumindest.[152] Aus diesem Grund galten die Gesetze als »Maßnahmen zur breiteren Entfaltung der Demokratie«. Bei der Würdigung ihres demokratischen Charakters fehlte freilich der Hinweis nicht, daß sich die »schöpferische Initiative« vor Ort nur im Rahmen des demokratischen Zentralismus entfalten dürfe, also »bei Wahrung der einheitlichen politischen Linie, die sich in den Rechtsakten der zentralen Organe und der jeweils übergeordneten Volksvertretungen und Räte« ausdrücke.[153]

Der antirevisionistische Charakter der gesetzlichen Neuregelung des Planungs- und Leitungssystems kam auf der Staats- und Rechtswissenschaftlichen Konferenz in Babelsberg sehr deutlich zum Ausdruck. Dort ordnete Ulbricht die Gesetze in die unbeirrbare Kontinuität der Politik der Partei ein.[154] Dank dieser Politik entwickele sich die reale Demokratie immer gemeinsam mit dem demokratischen Zentralismus; diese Entwicklung treibe ihrerseits die Veränderung der sozioökonomischen Basis, des politisch-staatlichen Überbaus und des ideologischen Bewußtseins ebenso voran, wie sie selbst aus ihr resultiere. In diesen Kontext dialektischer Dynamik stellte Ulbricht Staat und Recht. Als Produkt und Hebel der gesellschaftlichen Umwälzung stünden sie objektiv im

Widerspruch zum bürgerlichen Rechtsformalismus – das Problem sei nur, daß die Juristen das noch immer nicht hinlänglich erkannten. Die Kulturrevolution, die die SED gegen den Revisionismus in Kunst und Wissenschaft führte, konkretisierte sich in der Auseinandersetzung mit den Rechtswissenschaftlern noch einmal in der Attacke auf den Rechtsformalismus. Anders gesagt: die Babelsberger Konferenz machte juristischem Eigensinn endgültig ein Ende. Die Staats- und Rechtswissenschaft, so belehrte Ulbricht ihre Vertreter, habe sich in den Dienst der gesellschaftsverändernden Praxis zu stellen, sie müsse die Dialektik des Entwicklungsprozesses »beherrschen lernen«.[155] Als Instrument der bewußten und zielgerichteten Umwälzung aller gesellschaftlichen Bereiche dürfe sie nicht Wahrer starrer Form und abstrakter Norm sein; sie müsse ihrer theoretischen und praktischen Arbeit die »Hauptfrage« – die Aufgabe der Durchsetzung der politischen Macht – zugrunde legen und sich am »Wesen« des sozialistischen Staates und Rechts orientieren.[156]

Nachdem er die Funktionalisierung des Rechts derart betont hatte, spezifizierte Ulbricht – ausgehend von dem anti-revisionistischen Kompromiß der Moskauer Erklärung[157] – die allgemeinen Funktionen des sozialistischen Staates. Eine zentrale Frage lag in der Gewichtung seiner repressiven Funktionen gegenüber dem Klassengegner diesseits und jenseits der Grenzen. Die Brisanz dieser Thematik ergab sich aus dem Widerstreit der Interessen an einer (partiellen) Entstalinisierung und an der entschlossenen Repression der ungarischen Revolution. Im Moskauer Kompromiß war, vor diesem Hintergrund, von dem »Schutz der Errungenschaften des Sozialismus gegen die Anschläge äußerer und innerer Feinde« die Rede; die Form möglicher »Schutz«maßnahmen der Diktatur des Proletariats blieb offen. Ulbrichts Bestimmung der allgemeinen Aufgaben des Staates hielt sich an diese Vorgabe. Auch er sprach von »Schutzfunktionen«, ordnete sie aber im Verhältnis zur wirtschaftlich-organisatorischen und kulturell-erzieherischen Funktion des Staates nicht eindeutig ein.[158]

Insofern nahm Ulbricht hier nicht explizit Stellung in einer Kontroverse, die in der Sowjetunion und der DDR über die grundsätzlichen Funktionen des sozialistischen Staates geführt wurde. Es ging um das »Wesen« des sozialistischen Staates. Die eine Position trat – im Kontext der Auseinandersetzung mit Revisionismus und Dogmatismus zugleich – gegen eine »Überbetonung« der staatlichen Repressionsfunktion ein. Sie wies damit die stalinistische These zurück, in der Übergangsperiode zum Sozialismus müßten sich die Klassenkämpfe gesetzmäßig verschärfen, und deduzierte statt dessen aus dem »Wesen« des sozialistischen Staates die wirtschaftlich-organisatorische und kulturell-erzieherische als seine »grundlegende und wichtigste Funktion«.[159] Gerade diese Funktion bringe »die neue Qualität der politischen Organisation der Gesellschaft besonders klar zum Ausdruck«, weil sie »in besonderem Maße das Wesen des sozialistischen Staates als eines Staates« hervorhebe, »der letzten Endes seinen politischen Charakter als Herrschaftsinstrument verlieren« werde. Das »Wesen« bestimmte sich nach dieser Auffassung aus dem kommunistischen Telos des Staates wie der Gesellschaft: Beim Übergang zum Kommunismus verwandele sich die Funktion des sozialistischen Staates »in ständig steigendem Umfang aus einer ›Staatsfunktion‹ in eine ›gesellschaftliche Funktion‹, d. h. von der Gesellschaft selbst ausgeübte Funktion«. Insofern sei aber bereits der sozialistische Staat der Übergangsperiode zum Sozialismus, »wie die Klassiker mehrfach erklärten, ›kein Staat im eigentlichen Sinne‹ mehr«.[160] Diese Argumentation ließ revisionistische Konsequenzen zu: Die weitere Umgestaltung der Eigentumsverhältnisse sollte allein auf »friedlichem Wege«, mit ökonomischen und rechtsförmigen Methoden und aus der Kraft der Überzeugung erfolgen.[161] Die andere Position kam zu entgegengesetzten politischen Schlußfolgerungen: Gerade die »aktive Politik der Unterdrückung der Ausbeuterklassen« gehöre zum Wesen des sozialistischen Staates, und zwar nicht allein in der Phase seiner Entstehung, sondern während der ganzen Übergangsperiode zum Sozialismus. So sei die ungarische »Konterrevolution« nur möglich gewesen, weil man »den Kampf gegen die gestürzten Klassen nicht mit der genügenden Schärfe und Umsicht geführt« habe.[162]

Ulbricht ging auf der Babelsberger Konferenz auf diese Diskussion nicht direkt ein. Er stellte dem Klassengegner im Innern »Straf- und Erziehungsmaßnahmen« in Aussicht und trieb später in der praktischen Politik die Kollektivierung der Landwirtschaft mit wenig friedlichen Methoden voran. Ihn interessierten offenbar weniger die generellen Formulierungen als vielmehr die konkreten Aufgaben, die für den Staat der DDR anstanden; und er kritisierte vor allem die Rechtsformalisten, weil sie nicht in der Lage seien, den antagonistischen Charakter der Klassenstruktur zu erkennen.[163] Die Grundlagen des Sozialismus waren geschaffen; jetzt mußte mit Hilfe der wissenschaftlich-technischen Entwicklung die Arbeitsproduktivität auf ein Niveau gehoben werden, das es erlaubte, die materiellen und kulturellen Lebensbedingungen Westdeutschlands zu übertreffen. Das war sein zentrales Problem. Zugleich hatte die volksdemokratische Ordnung darauf zu achten, daß die maximale Entfaltung schöpferischer Kräfte als »Beispiel wahrhafter Demokratie« auch nach außen wirkte. Das Recht war insofern Bestandteil der »sozialistischen Revolution auf dem Gebiet der Ideologie und Kultur«, des »großen Sprungs vorwärts«, der die gesellschaftspolitischen Ziele auf den Weg bringen sollte.[164]

Die Funktionalisierung des Rechts wurde nicht zufällig in der Babelsberger Akademie bekräftigt: Sie bildete die Kader für den Staatsapparat aus. Wollte die Partei die Einheit der Planung und Leitung bei gleichzeitiger Dezentralisierung und stärkerer Einbeziehung der »Massen« gewährleistet sehen, durften Staats- und Verwaltungsrecht nicht juristischem Eigensinn folgen. Sie mußten parteilich-pragmatisch konkrete Probleme lösen helfen, die im Verständnis der Partei immer politische Probleme waren, deren Lösung neben juristischem insbesondere ideologischen Sachverstand verlangte.[165] Die herkömmliche Trennung von Staats- und Verwaltungsrecht fiel daher dem Verdikt anheim, sie schleppe die bürgerliche Gewaltenteilung fort; in einem System der Gewalteneinheit hingegen seien beide aufs engste miteinander verbunden. Hinter dem Argument der Gewalteneinheit verbarg sich das Interesse der Partei, ohne verwaltungsrechtliche Hemmnisse, die eine Bindung des Verwaltungshandelns an Rechtsnormen und die Möglichkeit rechtlicher Prüfung von Verwaltungsakten mit sich bringen mußten, staatliches Handeln direkt beeinflussen zu können. Es sollte also einer Verselbständigung des Staatsapparats und dessen Kontrolle durch die betroffenen Bürger in einer Situation vorgebeugt werden, in der die ökonomischen und ideologischen Aufgaben des Staates an Zahl und Gewicht deutlich zunahmen.[166] War die Bedeutung der Babelsberger Konferenz für die Funktionalisierung des Rechts unverkennbar, erstreckte sie sich aber nicht allein auf seine Ausrichtung auf die Erfordernisse der unmittelbaren Wirtschafts- und Gesellschaftspolitik. Auch die Außenwirkung des Rechts, seine Wertschätzung im deutsch-deutschen Konkurrenzverhältnis sollte sich erhöhen[167], sein unverwechselbares sozialistisches Profil so dargestellt werden, daß es positiv nach Westen wirke. Dazu nutzten keine – so Ulbricht wörtlich – »kosmopolitischen«[168] Betrachtungen, nicht einmal solche über den Charakter des volksdemokratischen Staates im allgemeinen. Keine abstrakten Formalismen – situationsbezogene Deutung und Unterstützung der Entwicklung hin zum Sieg des Sozialismus waren gefragt, auf daß er wirklich in greifbare Nähe rücke.

Die »wichtigste Produktivkraft« sollte der Mensch sein; seine Fähigkeiten gelte es zu entfalten, seine bewußte Mitwirkung in Staat und Ökonomie zu stimulieren.[169] Die Forderung, die junge Intelligenz zugleich fachspezifisch und politisch zu erziehen, demonstrierte die Zweigleisigkeit, mit der die Partei vorzugehen gedachte: Der Ausrichtung am wissenschaftlich-technischen Fortschritt stellte sie immer die Mehrung der ideologischen »Bewußtheit« zur Seite. Dies galt auch für die Produzenten. Einerseits bedurfte es »technisch begründeter« Normen und deren Flexibilität, sollte die Entwicklung von Wissenschaft und Technik sich unmittelbar in der Erhöhung der Arbeitsproduktivität niederschlagen. Insofern kamen hohe fachspezifische Qualifikationsanforderungen auf die Arbeiterklasse zu. Andererseits mußte sie ihre politisch-ideologischen Kenntnisse erweitern, die individuellen und gesellschaftlichen Interessen zumindest in den Köpfen in Einklang bringen, solange die Alltagserfahrung den antizipatorischen Setzungen nicht entsprach.[170] Neben der Ausbildung blieb die Aktivisten- und Wettbewerbsbewegung eine der bedeutsamsten institutionalisierten Anstrengungen, um ökonomisch sinnvolles Handeln mit systemkonformer Bewußtseinsbildung zu verknüpfen. Hinzu kamen neue Mitwirkungsformen, in die neben den Produzenten respektive den Gewerkschaften auch die Techniker und Wissenschaftler einbezogen wurden. Produktionsberatungen, Brigaden der sozialistischen Arbeit, wissenschaftliche Räte in den Vereinigungen Volkseigener Betriebe, den LPG und MTS entsprachen der Linie des wissenschaftlich-technischen Aufschwungs und der gemeinschaftlichen Kraftanstrengung.

Eine zentrale Rolle aber nahmen, schon von der Systematik des Arguments der »sozialistischen Demokratie« her gesehen, die Mitwirkungsrechte der Volksvertretungen ein. Sie sollten diese Vertretungen zur »umfassendsten Massenorganisation« ausbauen, die – dem spezifischen Verständnis von Volkssouveränität gemäß – alle an der Leitung von Wirtschaft und Staat beteiligte.[171] Dies schien auch insofern konsequent, als alle Massenorganisationen mit ihrem Mobilisierungsauftrag zugleich Erziehungsaufgaben zu verbinden hatten. Wurden die unteren »Organe der Staatsmacht« im Zuge der Beteiligung der Bürger nun selbst zu Massenorganisationen erklärt, konnte die kulturell-erzieherische Funktion des Staates unmittelbar durchschlagen. Sie ging mit dem Konzept der sozialistischen Demokratie eine Symbiose ein, deren Zweck die Forderung nach wachsendem »sozialistischem Staatsbewußtsein«[172] auf den Begriff brachte. So verschmolzen Demokratie und Staat theoretisch zu einer Denkfigur, die dazu taugte, die Stärkung der Staatsmacht zu legitimieren. Diese Stärkung sollte ihrerseits aus den Aufgaben folgen, die mit der Förderung des ökonomischen Aufschwungs bevorstanden.

Ohne die »ideologisch-politische Einheit der Partei« zu festigen, schien es aber unmöglich, die breiteren Massen zu erziehen; der Führungsstab selbst mußte einheitlich, geschlossen und überzeugend agieren. Die, wie man sagte, wissenschaftliche Weltanschauung des dialektischen Materialismus stand im Vordergrund der Parteischulung, und dies gewiß schon allein deshalb, weil sie den Herrschaftsanspruch der Partei zu begründen vorgab. Gerade in Abwehr revisionistischer Versuchungen mußte die Kenntnis der objektiven Bewegungsgesetze von Natur und Gesellschaft zuallererst die Schulung in den Grundorganisationen stärker bestimmen als bisher. Vertrauen in die gesetzmäßige Entwicklung der DDR, eine optimistische und siegesgewisse Haltung, insgesamt eine wissenschaftlich-atheistisch ausgeprägte Grundlage bewußten politischen Handelns würden sodann auch die Masseninitiative beim beschleunigten Aufbau des Sozialismus bestimmen.[173]

Fungierte der dialektische Materialismus einerseits, und nicht erst jetzt, als Grundlage der Legitimitätsansprüche der Parteiherrschaft und des entsprechenden Glaubens zumindest der Parteimitglieder, andererseits als Basis des Fachwissens, das die SED nun in zunehmendem Maße allen Berufsgruppen abverlangte, erhöhte sich seine politische Bedeutung noch um ein weiteres, als die Partei sich anschickte, eine materialistisch begründete sozialistische Ethik und Moral zu entwerfen. Die SED hatte erkennen müssen, daß der erwünschte Schritt »vom Ich zum Wir« sich weder gleichmäßig noch konfliktlos vollzog. Zwar veränderte, wie sie annahm, das Sein das Bewußtsein, doch mit dem Ende der Ausbeutung und der allmählichen Überwindung antagonistischer

Widersprüche, die sie beide unterstellte, schwand die bekämpfte bürgerlich-individualistische Moral des Eigennutzes nicht von selbst. Auch die Herausbildung eines neuen moralischen Bewußtseins, die doch eigentlich »objektiv« und »gesetzmäßig« erfolgen sollte, bedurfte daher der bewußten Lenkung und Leitung. Die SED organisierte eine Konferenz zu Fragen der Ethik, und Ulbricht formulierte auf dem V. Parteitag die »zehn Gebote der sozialistischen Moral«.[174]

Dieser Versuch, den christlichen Dekalog zu ersetzen, legt die Interpretation nahe, die SED habe ein säkularisiertes Glaubenssystem stiften wollen, um Legitimitätskrisen – gründeten sie nun in einem christlichen oder demokratisch-sozialistischen Humanismus – von vornherein auszuschließen. Der aktuellen Situation entsprechend richteten sich die Moralgebote vor allem gegen den Revisionismus. Überdies fehlten noch immer wirksame materielle Anreizsysteme, die – aus der Sicht der Partei – einen gleichsam nachbürgerlichen Eigennutz mit dem sozialistischen Gemeinwohl hätten verbinden können. Handelte es sich also bei dem Entwurf eines sozialistischen Dekalogs um den Versuch, so etwas wie sozialistische Sittlichkeit für die Mühe um eine utopisch gesättigte Zukunftsgesellschaft zu mobilisieren, dann stellte sich die Frage, wer Adressat und Träger der charismatischen Sendung sein sollte. Der XX. Parteitag hatte Stalins Charisma zerstört, das weit über die Grenzen der KPdSU hinaus gewirkt hatte. Der Partei hingegen haftete auch nach 1956 noch eine außeralltägliche Aura an, die Emotionen an die kommunistische Sendung binden und für sie mobilisieren konnte. Diese Behauptung wird allerdings auf jene zu beschränken sein, die unbeirrt an die gemeinsame Sache glaubten, die der »Personenkult« nicht zu der Überzeugung brachte, das Herrschaftssystem des Sozialismus sowjetischen Typs sei in seiner Legitimität vom Stalinismus auf irreversible Weise beschädigt. Als Beispiel mag Franz Dahlem dienen. Wohl wissend um die Moskauer Schauprozesse und in der DDR der frühen fünfziger Jahre selbst potentielles Opfer, erhielt er sich seinen Glauben an die Partei und ihre Sendung. So schrieb er 1974: »Wir Kommunisten sind vor der Geschichte angetreten, die gesellschaftlichen Verhältnisse grundlegend zu verändern, unserer großen, edlen Sache des Kommunismus zu dienen und unsere Klasse, das Proletariat, wie es uns Marx, Engels und Lenin lehrten, aus der Finsternis der physischen und geistigen Knechtschaft des Kapitals herauszuführen und den Weg in die klassenlose Gesellschaft zu bahnen. Dafür zu wirken – das allein zählt, und das eigene Schicksal ist diesem großen Kampf untergeordnet.«[175] Parteigänger wie Dahlem mochten überzeugt sein, der V. Parteitag stelle die Realisierung der Utopie tatsächlich in Aussicht, wolle er doch die Übergangsperiode zwischen Kapitalismus und Sozialismus mit ungeheurer Kraftanstrengung und in kürzester Zeit überwinden. Charismatisch »Unerhörtes«, die Qualität des Außeralltäglichen, blieb jedoch in den Augen derer der Utopie selbst vorbehalten, die den Stalinismus durch die Formel »Personenkult« nicht für hinreichend erklärt hielten, die aber keinen anderen Weg sahen, als mit der diskreditierten Partei ihr unverändertes Ziel weiterhin zu verfolgen. Beide Motive der Anhänglichkeit an die kommunistische Utopie kennzeichnen jene, die Ideologen des Telos zu nennen sind. Sie akzeptierten in dessen Namen ein sozialistisches Projekt, dessen totalitäre Intention sich angesichts der Verzahnung ethisch-moralischer Grundsätze mit dem dialektischen Materialismus und dessen strategischer Bedeutung für die Rechtfertigung der Parteiherrschaft noch potenzierte. Denn das Postulat sozialistischer Sittlichkeit griff per definitionem in alle gesellschaftlichen und individuellen Bereiche ein. Als – ihrem eigenen Anspruch nach – ausgewiesene Expertin der wissenschaftlichen Weltanschauung und Moral der Arbeiterbewegung hatte die SED unmittelbar Sorge zu tragen, daß die »proletarische« Moral zur herrschenden würde, daß ein jeder »sittlich« und »wahrhaft menschlich« Handelnde sich aktiv für den Sieg des Sozialismus einsetzte.[176]

Doch das Wertsystem des sozialistischen Dekalogs barg mit seiner Betonung der Arbeitsmoral, der Achtung vor der Familie und der gesellschaftlichen Gemeinschaft inhaltlich wenig Neues. Die Moralgrundsätze konnten daher durchaus einen gespaltenen legitimatorischen Effekt hervorrufen. Die nachbürgerliche, die neue sittliche Qualität des Sozialismus werde sich in der Zukunft erweisen, mochten die einen denken: in einer Zukunft, in der die Arbeit den Charakter egoistischen Interessenverfolgs verlieren, sich zur »gesellschaftlichen Tat« entwickeln und dem Leben einen neuen Sinn geben würde. Die anderen – die Strategen des ökonomischen Aufschwungs und der wissenschaftlich-technischen Revolution: die technokratischen Ideologen – mochten eher darauf bauen, daß die so überaus herkömmliche Wertschätzung ausgerechnet der Arbeitsmoral und ihre Ausrichtung auf die Ziele des gesellschaftlichen Ganzen nun endlich die Schranken überwinden würden, die der Stalinismus vor eine moderne, effektive und unter Sachgesichtspunkten rational strukturierte Gesellschaft gelegt hatte. Sie konnten die Wertsetzung, auch wenn sie so neu nicht war, begrüßen; zielte sie doch darauf, Tradiertes vor neue Handlungsmuster zu spannen, vor Strukturen, die den Technokraten durchaus als geeignet erschienen, die hochgestochenen Ziele des V. Parteitags durchzusetzen. Die Definition dieser Ziele, das Einholen und schließliche Überholen der kapitalistischen Länder auf der Ebene der Technologie, brachte das produktivistische Erbe des Marxismus und Leninismus ebenso zum Ausdruck wie die Verachtung aller anderen Komponenten der westlichen Moderne. Das war freilich schon in der Sowjetunion der 20er Jahre der Fall gewesen. Erich Apel, der zu einem Strategen des ökonomischen und wissenschaftlich-technischen Aufbruchs werden sollte, formulierte die produktivistische Zielvorstellung so: »Lenin lehrt, ›daß derjenige die Oberhand gewinnt, der die größte Technik, Organisiertheit und Disziplin und die besten Maschinen besitzt (...), daß man ohne die Maschinen, ohne Disziplin in der modernen Gesellschaft nicht leben kann‹.«[177]

Wenn dem aber so sein sollte, dann war das Bild des neuen Menschen, seines Bewußtseins und seiner Sittlichkeit bedeutsam, um den Sozialismus von den Attraktionen der nicht allein technisch geprägten Zivilisation westlicher Gesellschaften abzugrenzen.[178] Um die Zeit, in der die SED begann – angestoßen von der Sowjetunion – den wissenschaftlich-technischen Fortschritt in ihre Konzeption des sozialistischen Aufbaus einzubeziehen, diskutierte die SPD die Voraussetzungen der »zweiten industriellen Revolution«.[179] Die technokratischen Ideologen der SED waren schon deshalb auf die Ideologen des Telos angewiesen, so wie umgekehrt die Realisierung der Utopie der ökonomischen und wissenschaftlich-technischen Praktiker bedurfte. Waren die Inhalte der sozialistischen Moral letztlich nicht neu, so resultierte doch das Zusammenschießen utopischer und technokratischer Politikstrategien und Legitimitätsansprüche in einem politisch vorgegebenen »System der Werthaltungen«.[180] Und in diesem System richteten sich die tradierten Werte zumindest gegen Teile der Tradition selbst: gegen »bürgerliche« Demokratie, Moral und Wissenschaft, gegen »Sozialdemokratismus« und einen Solidaritätsbegriff, der außerhalb des Bezugssystems der marxistisch-leninistischen Parteilichkeit stand.

## 5. Die Ideologie der Reform: wissenschaftlich-technische Revolution und Gemeinschaft

Gegen Ende der fünfziger Jahre konnte das politische System der DDR als konsolidiert gelten. Aus den Führungsgremien der Partei waren, bis hinunter zur Ebene der Kreisleitungen, die faktischen oder auch nur vermuteten Anhänger des Revisionismus entfernt worden. Ein vergleichsweise hoher Grad politischer Homogenität war erreicht. Die parteiinternen Auseinandersetzungen mit sozialdemokratischen, kommunistischen oder eigenständig antifaschistischen »Abweichungen« klangen nach der Niederlage des Revisionismus ab. Ulbricht und seine Anhänger hatten es verstanden, sich an die Spitze einer nachstalinistischen Politik zu setzen, die Kontinuität und Wandel in der skizzierten Weise gleichermaßen zu verfolgen trachtete. Die Spezialisten, die die Partei für ihre neue Politik heranzog, kamen großteils aus der neuen Intelligenz; sie waren in der DDR ausgebildet worden, genossen vielfältige Privilegien und fühlten sich dem Regime verpflichtet.[181]

Die ökonomischen Erfolge der neuen Politik, die sich zugleich antirevisionistisch und antidogmatisch verstand, blieben hinter ihren ehrgeizigen Zielen zurück. Doch der Lebensstandard stieg – wenngleich nicht auf bundesrepublikanisches Niveau. Die neuen Akzente der Wissenschafts- und Wirtschaftspolitik, die Umstrukturierung des Staatsapparats, die Einführung der zehnklassigen polytechnischen Oberschule und die Privilegien der wissenschaftlich-technischen Intelligenz schufen Loyalität, sogar »positive Staatsbejahung«, die freilich nicht umstandslos auf ein politisch-ideologisches Einverständnis schließen ließ. Aber es bildete sich ein »neuer Sozialstil« heraus, der sich auf die Betriebe und um die Belange der Produktion zentrierte. Er beruhte auf Solidarität ebenso wie auf der Anerkennung der Leistungsnormen einer technologischen Denkungsart, die sich aus der Gesellschaft im Umbruch herauskristallisierte.[182] Aus dem kulturellen Klima einer sich entwickelnden »sozialistischen Leistungsgesellschaft« fielen allerdings Landwirtschaft, Handwerk und private Unternehmen weitgehend heraus. Schon angesichts der parteipolitischen Forcierung der vollständigen Kollektivierung und des Übergangs privater Unternehmen in besondere Mischformen staatlich-privaten Eigentums herrschte hier zumindest die Neigung zu passiver Resistenz vor. Die kulturrevolutionären Kampagnen gegen »bürgerliche« Lebensform und Ideologie – Religiosität zumal – und die Zuspitzung der Deutschlandpolitik der SED bestärkten Unzufriedenheit und Existenzangst und provozierten eine Fluchtwelle, der erst der Mauerbau ein Ende setzte.[183]

Einer inzwischen häufig zitierten Einschätzung zufolge war der 13. August 1961 der »Gründungstag der DDR«.[184] Das klingt aus heutiger Sicht befremdlich. Einem Bonmot des Herbstes 1989 zufolge wurde die Mauer gebaut, weil die Menschen davonliefen, und sie fiel, weil die Menschen davonliefen. Dennoch: der Bau der Mauer erhöhte den Druck, sich zu arrangieren. Die kulturrevolutionäre Gleichschaltung von Wissenschaft, Recht und Moral korrespondierte dem Ende ökonomischer Eigenständigkeit, das die Kollektivierung nun durchgesetzt hatte. Die Umwandlung der Staatsbürger in Staatsbedienstete war weitgehend abgeschlossen, so daß der ganz überwiegende Teil der Erwerbstätigen in Abhängigkeit vom Staat lebte. Mit der Alternativlosigkeit mochte so auch die Bereitschaft sich einstellen, diese »Gesellschaft von ›Planexekutoren‹« zum Funktionieren zu bringen.[185] Den entdifferenzierten sozialen Strukturen entsprechend war die Parteiherrschaft gefestigt; die Gesellschaft war endgültig auf politisch vermittelte Regulierung verwiesen.

Damit aber stellten sich zwei Probleme ein. Zum einen mußte die in ihrer Eigenständigkeit zerstörte Gesellschaft – ein Zustand, den man euphorisch als besonders günstige Voraussetzung für den planmäßigen Aufbau des Sozialismus umschrieb – funktionstüchtig gemacht werden. Dazu bedurfte es einer Differenzierung der politisch vermittelten Regulierung selbst. In den sechziger Jahren setzte ein Reformprozeß ein, der eine Balance zwischen der grundsätzlichen Prärogative der Partei und einer begrenzten und kontrollierten Re-Autonomisierung von Regelungsmechanismen – insbesondere in der verstaatlichten Ökonomie und Wissenschaft – zu finden suchte. Zum anderen schuf die Machtvollkommenheit der Partei per se keine Legitimität. Die Ideologie der Reform, die sich nunmehr herausbildete, verknüpfte daher die Macht der Partei, ihr Ziel der forcierten ökonomischen Modernisierung und das Erfordernis, die parteiliche Omnipräsenz zu diesem Zweck auf spezifische Regelungsfunktionen hin zu verfeinern, mit der utopischen Perspektive allgemeiner Harmonie und Interessenidentität. Eine Revolutionierung von Produktion und Technik sollte die Utopie einer Gleichheit verbürgenden Gemeinschaft kreativer Produzenten realisieren. Die schlechte – wenngleich in Deutschland so überaus beliebte – Utopie der Gemeinschaft versprach, die Zumutungen der gesellschaftlichen und politischen Moderne, zum Inbegriff des »dekadenten Westens« geronnen, im Namen der künftigen Konflikt- und Politikfreiheit ein für alle mal zu überwinden.

### *5.1 Die Reformkonzeption*

Die SED fand in der KPdSU Chruschtschows einen idealen Partner für Reformexperimente. Der aktuelle Anstoß zur Diskussion neuer Konzepte – der »wissenschaftlich-technischen Revolution« und der »Produktivkraft Wissenschaft« – ging vom XXII. Parteitag und dem neuen Programm der sowjetischen Partei aus. Kernenergie, chemische Industrie, elektronische Datenverarbeitung, Automatisierung und – nach dem erfolgreichen Start des Sputnik – Raumfahrttechnologie galten als Motoren und Ausdruck eines zwar weltweiten Aufschwungs der Arbeitsproduktivität, dessen Potential jedoch nur der Sozialismus, wie seine Protagonisten glaubten, zum Wohle aller würde nutzen können. Dies setzte allerdings eine Orientierung des Planungs- und Leitungssystems auf die technologische Entwicklung ebenso voraus wie die »richtige« Anwendung der Ware-Geld-Beziehung, also des Wertgesetzes auch im Sozialismus.

Während die SED den Begriff »Produktivkraft Wissenschaft« sofort in ihren Sprachgebrauch übernahm[186], machte die Konzeption der wissenschaftlich-technischen Revolution ihr große Schwierigkeiten.[187] Die Zögerlichkeit, mit der sich die SED den Begriff – weniger die Praxis – zu eigen machte, hatte vor allem politisch-ideologische Gründe. Sie lagen in der Abneigung, eine gesellschaftliche Dynamik anzuerkennen, die das Wort »Revolution« ja implizierte, und die zu beherrschen und zu steuern man sich weder theoretisch noch praktisch in der Lage sah. Insofern ist es nicht erstaunlich, daß die SED das Konzept, dessen Inhalt sie seit 1963 tatkräftig umsetzte, erst in ihre offizielle Terminologie übernahm, als sie es theoretisch bewältigt hatte: Sie stellte es auf ihrem VII. Parteitag (1967) in den Rahmen einer systemtheoretischen Konzeption. Diese bereitete eine Neueinschätzung des Sozialismus vor: Er galt nun als »relativ selbständige sozialökonomische Formation«. Diese theoretische Innovation erlaubte es der Partei zu glauben, die bestehenden politischen Kernstrukturen gegen die sozioökonomische Dynamik festschreiben zu können, die sie als Folge der wissenschaftlich-technischen Entwicklung und ihrer umwälzenden Auswirkungen auf Wirtschaft und Gesellschaft erwartete. Diese Dynamik meinte sie mit Hilfe des Instruments der Gesellschaftsprognostik vorhersehen und beherrschen zu können.[188] Ideeller Fluchtpunkt der ideologischen und praktischen Anstrengungen war die Aufhebung der Arbeitsteilung, die Durchsetzung sozialer Gleichheit und Interessenidentität in einer »sozialistischen Menschengemeinschaft«.

Zunächst jedoch zum Beginn der Reform. Der VI. Parteitag (1963), der das Neue ökonomische System der Planung und Leitung der Volkswirtschaft (NÖS) einleitete, stand unter der übergreifenden Zielsetzung des »umfassenden Aufbaus des Sozialismus«. Nun, da nach herrschender Auffassung die sozialistischen Produktionsverhältnisse auch in der Landwirtschaft »gesiegt« hatten und die Mauer unliebsame Außeneinflüsse vereitelte, sollten die ökonomischen Gesetze des Sozialismus immer wirksamer werden können, so wie auch die politisch-moralische Einheit des Volkes sich immer stärker entwickeln müsse.[189] Die »bewußte und planmäßige Entwicklung der Gesellschaft« stehe unter denkbar günstigen Voraussetzungen, denn die rasche Steigerung der Arbeitsproduktivität auf Grundlage des »höchsten Standes von Wissenschaft und Technik« werde nicht nur dazu führen, die wachsenden Bedürfnisse der »Werktätigen« besser zu befriedigen, sondern auch neue soziale Beziehungen zwischen ihnen zu entwickeln.[190]

Die SED ließ ihre Politik weiterhin vom »ökonomischen Grundgesetz des Sozialismus« leiten, gemeinsam mit den anderen ökonomischen Gesetzen gewann nun aber das Wertgesetz eine Bedeutung, die ihm in den fünfziger Jahren abgesprochen worden war.[191] Ein weiteres Novum war darin zu sehen, daß die Partei die »vollständige Übereinstimmung zwischen den gesellschaftlichen Erfordernissen und den Interessen der einzelnen Werktätigen und Kollektive« nun in einer Weise definierte, die auf den ersten Blick revisionistisch anmutete: »Indem die Werktätigen für den gesellschaftlichen Nutzen arbeiten«, so lautete die griffige Formel, »dienen sie zugleich ihrem eigenen persönlichen Interesse.«[192] Doch bei Benary hatte der persönliche Interessenverfolg sich zum gesellschaftlichen Nutzen aggregieren sollen. Die Partei hingegen hielt am Vorrang der Gesellschaft fest, wollte selbst deren ökonomische Entwicklung nicht zuallererst auf Basis des Wertgesetzes planen. Aber mit der neuen Formel gewann das »Gesetz der Verteilung nach Leistung«, das »Prinzip der materiellen Interessiertheit«, großes Gewicht. »Alles was der Gesellschaft nutzt«, hieß es fortan, »muß auch für den Betrieb und für den einzelnen Werktätigen vorteilhaft sein.«[193]

Auf dem Gesamt dieser Grundsätze – wissenschaftlich-technischer Höchststand, Steigerung der Arbeitsproduktivität, Ausnutzung des Wertgesetzes, planmäßige Übereinstimmung gesellschaftlicher und individueller Interessen, materielle Interessiertheit und Leistungsprinzip – basierte das Neue Ökonomische System. Es handelte sich, wie Ulbricht betonte, um eine »qualitativ neue Stufe«, eben um ein »ökonomisches System« der Wirtschaftsführung.[194] »Ökonomisch« war ein Synonym für fachspezifisch informierte Wissenschaftlichkeit, die dazu befähigen sollte, den gesamten volkswirtschaftlichen Reproduktionsprozeß »einheitlich« zu steuern. Den »System«charakter des NÖS sahen Apel und Mittag, die es konzipiert hatten, in der »organischen« Verbindung der wissenschaftlich fundierten Führung in der Wirtschaft, der gleichfalls wissenschaftlich begründeten zentralstaatlichen Perspektivplanung und der materiellen Interessiertheit aller am Produktionsprozeß Beteiligten. Diese Verbindung sollte die »Gestalt des in sich geschlossenen Systems ökonomischer Hebel« annehmen.[195] Die Mißachtung der materiellen Interessen, so erkannte die Parteiführung nun an, untergrabe die »Rolle des moralisch-ideellen Faktors«, auf den sie sich mit ihren Massenkampagnen und Erziehungsanstrengungen bislang vornehmlich gestützt hatte. Ohne die »untrennbare Einheit« materieller und ideeller Motive bilde sich die »große Kraft des bewußten Handelns« aber nicht aus.[196] Mit anderen Worten: der moralische und politisch-ideologische Appell allein reiche nicht hin, die Individuen dazu zu bewegen, in Übereinstimmung mit gesellschaftlichen Interessen – und das hieß: zugunsten der Steigerung der Arbeitsproduktivität und der ökonomischen Effizienz – zu handeln.

Die Formel, »Was der Gesellschaft nützt, muß auch dem einzelnen Betrieb und seinen Werktätigen nützen«, schnitt Ulbricht[197] aber vor allem auf die materiellen Interessen der Betriebe zu. Sie sollten Preise, Selbstkosten und Gewinn kalkulieren. Den Hauch revisionistischer »Spontaneität«, der über solchen Begriffen lag, fing er sofort ein: Die Kalkulation hatte im Einklang mit den ökonomischen Gesetzen zu stehen, was hieß: mit dem Plan. Volkswirtschaftsrat und Staatliche Plankommission sollten sich aber auf Entwicklungsschwerpunkte und -proportionen konzentrieren und Forschung, Entwicklung, Projektierung, Konstruktion und Produktion im jeweiligen Planjahr koordinieren.[198] Die nun erwünschte volle Verantwortung der Vereinigungen Volkseigener Betriebe bei der wirtschaftlichen Rechnungsführung sollte aus den vormaligen »Verwaltungsorganisationen« »eine Art sozialistische Konzerne« machen, die in ihrem Bereich selbständig agierten.[199]

Der Wille zur Versachlichung der planenden und leitenden Wirtschaftspolitik war unverkennbar. Freilich relativierte die Betonung, es handele sich um »bewußte«, also immer schon um marxistisch-leninistisch informierte Planung, die Durchsetzungschancen der ökonomischen Rationalität.[200] Daher wiesen Apel und Mittag auch die Interpretation zurück, die SED führe »marktwirtschaftliche Spurenelemente« ein. Sie sahen eher den gegenteiligen Trend: Selbst im Kapitalismus werde zunehmend geplant; dessen Nachteil liege jedoch in seiner strukturellen Unfähigkeit, die gesamte volkswirtschaftliche Reproduktion zu planen; insbesondere fehle ihm die Bewußtheit und die Führung der Partei.[201] Neues Ökonomisches System hieß mithin zweierlei: Einerseits bedeutete »System« das Gesamt ökonomischer Hebel, die mit Sachverstand zu bedienen alle an der Produktion, an ihrer Planung und Leitung Beteiligten lernen mußten, egal auf welcher Stufe der entsprechenden Partei-, Staats- und Wirtschaftsorganisation sie standen. Andererseits kennzeichnete »System« eine politisch-ideologisch beherrschte gesellschaftliche Totalität. Beide Momente waren durch die Macht- und Eigentumsverhältnisse und den Anspruch, die Entwicklung der Gesellschaft insgesamt zu planen, miteinander verzahnt. Dieser Anspruch ließ eine Ausdifferenzierung von Politik und Ökonomie nicht zu. Die Verfügungsgewalt der Betriebe wurde zwar erhöht, blieb aber in den verpflichtenden Kontext des demokratischen Zentralismus eingebunden; und nicht ohne Grund wurde die Preisreform nie zu

Ende geführt. So gab es zwar eine Tendenz zur Ökonomisierung und Versachlichung; qualitative Kennziffern und Maßstäbe der Leistungsbewertung traten anstelle quantitativer Kriterien und administrativer Methoden; des weiteren strebte man exaktes Planen und Bilanzieren von Gewinn, Kosten und Preisen, von Löhnen und Prämien sowie das Aufteilen der Erträge gemäß wirtschaftlicher Rechnungsführung und Produktqualität und -niveau an. Aber die versachlichende Tendenz blieb halbherzig und mußte zudem den Gegnern einer auch nur partiellen Verselbständigung ökonomischer Rationalitätskriterien mit antirevisionistischen Beteuerungen schmackhaft gemacht werden. Bei der wirtschaftlichen Rechnungsführung gehe es nicht nur darum, ökonomisch richtige Entscheidungen zu treffen, sondern »die der Entscheidung zugrundeliegenden Ideen und Ziele auch im Denken und Handeln aller Werktätigen zu verankern«. Nur so könnten, meinten Apel und Mittag, »der einheitliche Wille und die einheitliche Richtung in der Arbeit verwirklicht werden«.[202] Der »einheitliche Wille« sollte der ökonomischen wie der ideologischen Rationalität folgen.[203]

Er umfaßte nun auch die »Produktivkraft Wissenschaft«: die Forschung und Entwicklung der Technik- und Naturwissenschaften, der Mathematik und Kybernetik, die politische Ökonomie des Sozialismus, den Diamat wie den Histomat. Die Erwartungen, die die Partei in die Wissenschaft setzte, waren hoch: letztlich würden die Unterschiede zwischen Stadt und Land und der Gegensatz zwischen geistiger und körperlicher Arbeit aufgehoben.[204] Zunächst jedoch oblag es den planenden Instanzen, Schwerpunkte nicht allein der wissenschaftlich-technischen Forschung, sondern vor allem der ökonomischen Entwicklung zu bestimmen. Sie sollten bei jenen Industriezweigen liegen, von denen technologische Innovationen ausgehen und die folglich den volkswirtschaftlichen Nutzen optimal sollten befördern können.[205] Daran schloß sich die Forderung an, eine wissenschaftliche Prognostik zu entwickeln, die nicht allein die Hauptrichtungen der Entwicklung von Wissenschaft und Technik und ihre Auswirkungen auf die Produktivkräfte in den entscheidenden Wirtschaftszweigen abzuschätzen habe, sondern überdies die Planung des Bildungs- und Ausbildungssystems informieren könne.[206] Und schließlich bezeichnete Ulbricht die »wissenschaftlich fundierte Wirtschaftsführung« aller wirtschaftlichen und staatlichen

Institutionen als einen »eigenen Wissensbereich«, eine »Lehre«.[207] Sie nahm, auch »Wissenschaft von der Führung der sozialistischen Gesellschaft, des Staates und der Wirtschaft« genannt[208], künftig breiten Raum ein. Ihr Adressat waren die Kader der Partei-, Staats- und Wirtschaftsapparate. Ihnen wurden nun ideologische und fachliche Qualifikationen abverlangt; sie sollten »gute Marxisten-Leninisten und zugleich richtige Fachleute« sein.[209]

Drei Jahre nach der Einführung des NÖS wurde eine Zwischenbilanz gezogen. Sie betrachtete die Reform trotz vielfältiger Schwierigkeiten der Implementierung im allgemeinen als erfolgreich und kündigte ihre »zweite Etappe« an.[210] Seither veränderte sich die Partei-Sprache; sie nahm systemtheoretische Begriffe auf. Das NÖS, so hieß es, solle bei der Lösung der Aufgaben des »umfassenden« sozialistischen Aufbaus »das eigentliche ökonomische System des Sozialismus« schaffen, das »ökonomische System« eines »hochentwickelten sozialistischen Industriestaates«.[211] Die systemtheoretische Begrifflichkeit, in die Ulbricht sodann auf dem VII. Parteitag (1967) auch das gesellschaftliche System einbezog, war angetan, das Interesse für die Kybernetik zu steigern und sie für eine unbürokratische, nicht administrative Planung und Leitung zu nutzen.[212] Zugleich aber korrigierte diese Begrifflichkeit ein zu enges ökonomisches und wissenschaftlich-technisches Verständnis der Reform. Indem sie die Ökonomie als System faßte, kennzeichnete sie sie als nur einen Teil und leitete den Blick zwar auf diesen, überdies aber stärker auf die Planung und Leitung der Gesellschaft insgesamt, vor allem auf Ideologie und Kultur. Man sprach nicht länger vom Neuen Ökonomischen System der Planung und Leitung »der Volkswirtschaft«, sondern strich den Appendix.[213]

Die »zweite Etappe« wirkte sich einschneidend auf die Kultur- und Bildungspolitik aus. Sie übernahm einesteils die Prinzipien und Anforderungen des NÖS für ihren Bereich und kompensierte andernteils die Ausdehnung wissenschaftlich-technischer und ökonomischer Gesichtspunkte durch die (weitere) Aufwertung ideologischer und moralischer Anstrengungen. Und schließlich bereiteten Nuancen in der »Etappen«-Sprache in ihrer Verbindung mit speziellen Aufgaben für alle gesellschaftlichen Bereiche die Interpretation vor, der zufolge eine »besondere Etappe, die Etappe des umfassenden Aufbaus oder der Vollendung des Sozialismus«, zwischen dem bereits erreichten »Sieg« der sozialistischen Produktionsverhältnisse und dem unmittelbaren Übergang zum Kommunismus lag.[214] Dieses Argument radikalisierte man erst später, aber es bot schon jetzt, noch bevor man den Sozialismus als »eigenständige sozialökonomische Formation« bezeichnete, gleichsam offiziösen Schutz für Überlegungen, ob nicht die Dynamik der technischen Revolution die sozialistischen Produktionsverhältnisse verändern werde – u. a. durch die Rolle der Wissenschaft als Produktivkraft, die zunehmende Spezialisierung und Arbeitsteilung innerhalb der Industrie, durch eine neue Wechselbeziehung zwischen Industrie und Landwirtschaft und durch die veränderten Beziehungen zwischen der zentralstaatlichen Leitung und ihrer wissenschaftlichen Perspektivplanung einerseits, der größeren ökonomischen Selbständigkeit der Betriebe andererseits.[215]

Die ideologischen Anstrengungen der SED machten die Widersprüchlichkeit einer Politik deutlich, die zwar die wissenschaftlich-technische Revolution durchsetzen wollte, die aber eine Verselbständigung der Ökonomie nicht zulassen konnte, da einer solchen Ausdifferenzierung der Anspruch der Partei entgegenstand, die gesamte gesellschaftliche Entwicklung auf die Verwirklichung der marxistisch-leninistischen Utopie hin zu planen. Die begrifflichen Innovationen, die Ulbricht auf dem VII. Parteitag (1967) vortrug, versuchten beide Aspekte der Politik in Einklang zu bringen und blieben entsprechend unpräzise. Dies galt insbesondere für die »entwickelte sozialistische Gesellschaft«, das »entwickelte gesellschaftliche System des Sozialismus« und für die »sozialistische Menschengemeinschaft«. Alle diese Begriffe bezogen sich auf Prozesse, die sich auf der Grundlage der Produktionsverhältnisse, des Bewußtseins und des Marxismus-Leninismus, unter Führung der Arbeiterklasse und »ihrer« Partei sowie unter Einwirkung der Produktivkraft Wissenschaft und der Veränderung des Charakters der Arbeit vermeintlich gesetzmäßig entwickelten. Im Zuge dieses Evolutionsprozesses näherten sich – ideologischer Setzung zufolge – die Interessen der Klassen und Schichten immer weiter an, würden deren Beziehungen immer enger und wüchsen sie selbst auf einer qualitativ neuen Stufe gesellschaftlicher Entwicklung zur »sozialistischen Menschengemeinschaft« zusammen.[216] Dieser Argumentationsstrang mündete in Überlegungen zur sozialistischen Demokratie und zum sozialistischen Staat. Hier schien aber auch die »entwickelte sozialistische Gesellschaft« ihren Platz behaupten zu sollen; ihre konstitutiven Merkmale unterschieden sich nicht erkennbar von jenen der sozialistischen Menschengemeinschaft.[217]

Das »entwickelte gesellschaftliche System des Sozialismus« hingegen hob sich vornehmlich durch seine sytemtheoretische Bezeichnung von den vorgenannten Begriffen ab. Beruhend auf den Prozessen, die als Motor der Entwicklung auch der beiden anderen Konzepte – und der Ausschnitte sozialer Realität, die sie benennen sollten – galten, stellte das entwickelte gesellschaftliche System des Sozialismus insbesondere den gesellschaftlichen Rahmen seines eigenen »Kernstücks«: des »ökonomischen Systems des Sozialismus«.[218] Dessen kontrollierte Dynamik wurde in wissenschaftlich-technischer Revolution und marxistisch-leninistischer Prognostik gleichermaßen verortet. Strukturplanung zugunsten der modernsten Erzeugnisse und Verfahren einerseits, Gestaltung der effektivsten Struktur der ganzen Volkswirtschaft andererseits sollten Vorzüge und Triebkräfte des Sozialismus voll entfalten, alle ökonomischen Hebel als System wirken lassen und die planerischen Aktivitäten bündeln.[219]

Während also der Begriff der sozialistischen Menschengemeinschaft, so könnte man folgern, die sozialen Vergemeinschaftungsprozesse, den Weg zur klassenlosen Gesellschaft betonte, so prononcierte der Begriff entwickeltes gesellschaftliches System des Sozialismus die operativen Schritte einer parteipolitisch gefesselten Vergesellschaftung. Anders gesagt: Hier substituierte die Partei, was sie in der Gesellschaft selbst zerstört hatte; und hier dominierte die (letztlich nie freigesetzte) Rationalität insbesondere des ökonomischen Systems: der Imperativ proportionaler Entwicklung, hoher Effizienz, des wissenschaftlich-technischen Höchststands, der planmäßigen Prognostik und dergleichen mehr. Diese Rationalität bedurfte einer Umwelt, die dem »Wesensinhalt« des »gesellschaftlichen Systems« angeblich Ausdruck verlieh: der sozialistischen Demokratie insbesondere – aber nicht nur – in der Produktion, dem einheitlichen sozialistischen Bildungssystem, der sozialistischen Ideologie, den Arbeits- und Lebensbedingungen.[220] Die Systeme in ihrer Verflechtung, der gesamtgesellschaftliche Reproduktionsprozeß mitsamt Ideologie, Moral und Kultur, waren Gegenstand der Prognose, Planung und Leitung, die sich – gestützt auf den Diamat – der Kybernetik bedienen sollten.[221] Da es um die »Entwicklung des Gesamtsystems des Sozialismus« ging, trafen sich im »gesellschaftlichen« System wiederum wirtschafts- und gesellschaftspolitische Pragmatik und marxistisch-leninistische Ideologie.[222] Und dies galt freilich, in unterschiedlicher Nuancierung, auch für die sozialistische Menschengemeinschaft.

Die Bemühungen, die Evolution der Gesellschaft als Ganzes theoretisch zu fassen, gipfelten in der Idee einer eigenständigen sozialistischen Gesellschaftsformation. Der Sozialismus galt nicht länger als »kurzfristige Übergangsphase« zwischen Kapitalismus und Kommunismus, sondern als »neue Gesellschaftsordnung«, als »relativ selbständige sozialökonomische Formation«.[223] Diese neue Konzeption erlaubte eine dreifache Abgrenzung. Sie befreite (zumindest implizit) das System ökonomischer Hebel, derer die Förderung der wissenschaftlich-technischen Revolution bedurfte, theoriestrategisch und praktisch-politisch vermeintlich ein für allemal vom Odium des Revisionismus. Das hieß in den späten sechziger Jahren: Abgrenzung der Reform in der DDR von jener in der ČSSR. Die Behauptung, der Sozialismus entwickele sich auf seiner eigenen gesellschaftsformationellen Grundlage, wies zudem explizit die bislang unangefochtene Annahme zurück, die ganze Phase sozialistischer Transformation sei noch mit den »Muttermalen« des Kapitalismus behaftet. Die neue Interpretation unterschied die Gesellschaftsformation – als eine solche – vom Kapitalismus und grenzte somit die Entwicklung der DDR noch schärfer als zuvor von jener Westdeutschlands ab.[224] Eine dritte, radikal neue Trennlinie legte sich zwischen Sozialismus und Kommunismus. Beide verstand man nun als selbständige Gesellschaftsformationen, wobei es Aufgabe der historisch früheren sei, die spätere vorzubereiten, »vor allem« aber ihre Überlegenheit gegenüber der kapitalistischen Formation zu beweisen. Unter den Bedingungen der Koexistenz mit kapitalistischen Gesellschaften könne der Sozialismus keine kurzfristige Phase sein.[225]

Indem die Abgrenzung gegenüber Kapitalismus und Kommunismus dem Sozialismus eine unverwechselbare Qualität, den theoretischen Status einer Gesellschaft sui generis, zuschrieb und ihm nicht lediglich eine kurzfristige Zeitperspektive einräumte, verschob sich zwar der Zeithorizont für die Realisierung der kommunistischen Utopie. Zugleich aber erfuhr die Legitimation des NÖS – in seiner Anwendung auf die Planung, Leitung und Prognose gesamtgesellschaftlicher Entwicklung – eine Ergänzung um so etwas wie eine Utopie zweiten Grades: Wurde die »marxistische Gesellschaftsprognose« tatsächlich »immer mehr zu einer exakten Wissenschaft«[226], dann, so glaubten die Protagonisten der Reformpolitik, erlaube sie die Planung einer reibungslosen und krisenfreien Entwicklung aller gesellschaftlichen Teilbereiche in ihrer Interdependenz, dann könne sich die »wahre Menschengemeinschaft« allseitig entwickelter sozialistischer Persönlichkeiten bereits im Sozialismus herausbilden.[227]

### *5.2 Die spannungsreiche Symbiose von Technik und Gemeinschaft*

Diese Anpassung technokratischer und utopischer Argumente an die politische Praxis des NÖS kombinierte die wissenschaftlich-technische Revolution mit dem historischen Telos in einer spezifischen – nämlich in einer gegenwartsbezogenen – Weise. Bevor diese Kombination 1967 mit den eben erläuterten neuen Begrifflichkeiten gefunden war, barg die kaum lösbare Verschränkung ideologischer Versatzstücke wissenschaftlich-technischer und marxistisch-leninistischer Provenienz zwar Legitimitätspotentiale zweierlei Art. Es fehlte aber noch ein Theoriekonzept, das der potentiellen Disparatheit dieser Potentiale, ihrer möglichen Auseinanderentwicklung und Verselbständigung gegensteuern konnte.

Die Affinität der technokratischen Ideologie und der marxistisch-leninistischen Utopie erlaubte jedoch Zwischenlösungen. Denn in der Vorstellung künftiger sozialer Harmonie trafen beide Ideologien und Legitimitätsansprüche auch aus orthodoxer Sicht unmittelbar zusammen. Der »revolutionäre Charakter« der wissenschaftlich-technischen Revolution und der Produktivkraft Wissenschaft bestand nach Auffassung Teßmanns – die als früher synthetisierender Entwurf gelten kann – gerade darin, die Marxsche Utopie zu realisieren. Mit fortschreitender Automatisierung würde der Mensch neben den Fertigungsprozeß treten, die Klassenunterschiede würden aufgehoben, die Bahn wäre frei für die »allseitige harmonische Entwicklung der schöpferischen Persönlichkeit«.[228]

Allerdings verlangte das Instrument wissenschaftlich-technische Revolution seinen Preis: überschüssige technokratische Faszination blockierte eine praxisbezogene Phantasie. Kein Hinweis

Teßmanns deutete darauf hin, daß sich das »Schöpfertum« des von körperlicher Arbeit befreiten Menschen auch außerhalb des versachlichten Rahmens der Vorbereitung des Produktionsprozesses sollte äußern können und wollen. Die Rolle des Menschen konzentrierte sich auf die wissenschaftlich-technische Vorbereitung der Fertigung; die Utopie beschränkte sich auf produktivistische Moderne. Kultur, Kunst, Freizeit, Familie waren kaum mehr als leere Begriffe; den der Politik schien Teßmann gar nicht zu kennen. Was ihn im Namen des Telos bewegte, war die Produktivkraft Wissenschaft in ihrer naturwissenschaftlich-technisch-kybernetischen Ausprägung.[229] Die sich im Zuge der wissenschaftlich-technischen Revolution »qualitativ« weiterentwickelnden Produktionsverhältnisse blieben – über die Erwartung der Angleichung der Klassen und Schichten hinaus – unbestimmt. Gleichheit, endlich erreicht, taugte offenbar nicht zur Praxis, sondern nur zur Durchsetzung des technologischen Weltbeststandes.[230] Schöpferisch war nur der sozialistische Produzent, harmonisch entwickelte sich nur der sozialistische Gesamtarbeiter, »grenzenlose« Fähigkeiten kamen nur dem Menschen als »arbeitendem Wesen« zu.[231] Wiewohl Teßmann gegen jene polemisierte, die die wissenschaftlich-technische Revolution lediglich als technische Potenz begriffen, die sich folglich bloß für ihre wissenschaftlich-technische Seite interessierten, während ihr »Wesen« doch in dem »qualitativen Sprung« zur Befreiung liege, blieb sein eigener Begriff der Freiheit ebenfalls technisch-wissenschaftlich-produktivistisch.[232] Diese Reduktion sozialer und politischer, also praktischer Phantasie auf die Produktion war freilich dem Marxschen Arbeitsparadigma geschuldet. Nur die Produktion galt als die »Aktion des werktätigen Menschen«, als der »revolutionäre praktische Prozeß«.[233]

Warum diese schlechte Utopie einer auf Technik und Produktion reduzierten Praxis und politikfreien Herrschaft des Sachverstands sozialistisch sein, was sie von der Vorstellungswelt bürgerlich-kapitalistischer Technokraten unterscheiden sollte, war nicht erkennbar. Der Unterschied zwischen den Systemen lag offenbar allein in dem behaupteten Unvermögen kapitalistischer Profitorientierung und antagonistischer Klassenverhältnisse, zu dieser Art Gleichheit und Freiheit vorzustoßen, während der »humane Gehalt des technischen Fortschritts« in der DDR sich aus dem »Wesen« des Sozialismus, seiner Weltanschauung und aus der Führung der Partei ergebe.[234] Spezialisierung, Vereinseitigung, gar Monotonie – solche der Allseitigkeit der Persönlichkeit im Kapitalismus drohenden Gefahren seien im Sozialismus durch die »schöpferische Selbstbetätigung« etwa in der Neuererbewegung und der Gemeinschaftsarbeit, durch das einheitliche sozialistische Bildungssystem und die sozialistische Demokratie gebannt. Dem marxistisch-leninistischen Selbstverständnis gemäß waren die »Volksmassen« bereits oder wurden doch zunehmend zum Subjekt ihrer Geschichte, einer Geschichte allerdings, die sich in der Durchsetzung der niemals endenden technischen Revolution und deren bewußter Gestaltung erschöpfte.

Schon jetzt waren Bildungssystem oder gar Demokratie keineswegs »allseitig« zugeschnitten. Der Marxismus-Leninismus als Leitfaden der Praxis und das Sachwissen als sein Instrument gaben den verbindlichen Rahmen für jede Vorstellung gesellschaftlichen Fortschritts ab, deren Subjekte genannten Vollstrecker im Prozeß der Gemeinschaftsarbeit und Demokratie nur als Erfüllungsgehilfen einer historischen Dynamik wirken konnten, die durch zweierlei – marxistisch-leninistische und empirisch-technische – Wissenschaft vorgegeben war.[235] Praxis ermöglichte das, was man sozialistische Demokratie nannte, gerade nicht, dafür aber die Lenkung der materiellen und ideellen »Triebkräfte« auf das als notwendig Vorgegebene. Und dennoch ist nicht zu verkennen, daß das Festhalten an der Idee der Praxis – wie immer verzerrt in der Vorstellungswelt der »revolutionären Aktion« parteilich angeleiteter Massen – ein Desiderat der marxistischen, nicht der technokratischen Ideologie war. Über die Suggestion einer revolutionären Praxis hin zur produktiven Gemeinschaft stiftete die Parteiherrschaft Legitimität.

Sollte die wissenschaftlich-technische Revolution Instrument der Befreiung zum homo faber sein, bedurfte es eines ausgewogenen Verhältnisses zwischen den teils kongruenten, teils widerstrebenden Ideologien. So entdogmatisierte man die empirischen Wissenschaften, band sie aber weiterhin in die Leitwissenschaft des dialektischen Materialismus ein. In dem Maße, in dem sich die Wissenschaften ausdifferenzierten, um dem neuen Anspruch der Partei genügen zu können, in dem Maße erhöhte sich die Komplexität des marxistisch-leninistischen Führungsanspruchs in seiner nach wie vor totalitären, auf die Gestaltung der ganzen Gesellschaft gerichteten Intention. Das NÖS hatte nicht nur der Planung und Leitung der Ökonomie zu dienen, sondern mußte sich auf »alle Bereiche des gesellschaftlichen Lebens« richten.[236] Der »Sozialismus als Gesellschaftssystem« schuf einerseits den Produktivkräften, dem volkswirtschaftlichen Denken und Handeln, Raum; aber letzteres hatte zugleich immer schon gesellschaftliches Denken im Sinne politisch-ideologischen Anleitens des Gesamts der wirtschaftlichen, staatlichen und kulturellen Entwicklung zu sein.[237] Dies hieß nun freilich erst einmal nichts anderes, als daß man alle Bereiche des gesellschaftlichen Lebens für technokratisch und politisch-ideologisch gestaltbar, planbar und lenkbar hielt.[238] Ausgemacht war aber auf Dauer nicht, ob der Demiurg letztlich eher technokratisch oder geschichtsphilosophisch geneigt sein würde, sobald das neue – das versachlichende – Moment Eigendynamik entwickelte und »Sachzwänge« zu produzieren begann: Da das Erreichen des politisch gesetzten Telos nach beiderlei Motivation und Überzeugung vom Durchbruch der wissenschaftlich-technischen Revolution abhing, richteten sich alle Anstrengungen auf Dynamik und Tempo der Mechanisierung, Automatisierung, »Elektronifizierung« nebst »Elektrifizierung« und Chemisierung. Das Heil, so schien es, steckte im höchsten ökonomischen Nutzeffekt, in der Steigerung der Arbeitsproduktivität und dem Wachstum des Nationaleinkommens.[239] Daher kam der technokratischen Ideologie eine tendenziell dominierende Bedeutung zu.

Sobald sich nämlich der Sachverstand mit der neuen Disziplin der Leitungswissenschaft verband, schien »Computopia«[240] in der DDR in greifbare Nähe gerückt. Zunächst lenkte die »Lehre von der sozialistischen Wirtschaftsführung« den Ehrgeiz wissenschaftlicher Führungstätigkeit auf die Leitung der Volkswirtschaft, der VVB und der Betriebe. Als Lehre sollte sie »das System der Leitung, das Treffen von Entscheidungen, die wirksamsten Methoden der Führung von Arbeitskollektiven und die Anwendung modernster Organisation und Technik« umfassen.[241] Nach ihrer Integration in die marxistisch-leninistische Organisationswissenschaft (MLO) erstreckte sich die»Produktivkraft Organisation« nicht mehr allein auf die einheitliche Steuerung und Regelung ökonomischer oder administrativer Teilsektoren, sondern auf das Gesellschaftssystem insgesamt. Mit Kybernetik und Elektronik sah man die Möglichkeit gegeben, eine allumfassende Vernetzung in unterschiedlichem Ausmaß eigenverantwortlicher Entscheidungsebenen und -einheiten untereinander und mit der zentralistischen Spitze herstellen zu können. Die Hochtechnologien sollten der »Produktivkraft Organisation« ihren zeitgenössischen, modernen Ausdruck verleihen.[242] Nicht allein »Computopia«, auch die Entwicklung der Wissenschaften selbst konnte es fraglich erscheinen lassen, ob die marxistisch-leninistische Ideologie die technokratische Ausrichtung der Reformphase zu domestizieren in der Lage sein würde. Die Wissenschaftspolitik der SED richtete sich spätestens seit der Einführung des NÖS explizit darauf, die »Produktivkraft Wissenschaft« gezielt einzusetzen.[243] Insofern ging die Befreiung der Natur- und vor allem der Technikwissenschaften von methodologischer und thematischer Enge ausdrücklich mit ihrer Ausrichtung auf die unmittelbaren ökonomischen und technischen Aufgaben einher. Die sozialistische Gemeinschaftsarbeit, also neben der interdisziplinären Kooperation insbesondere die Zusammenarbeit wissenschaftlicher und ökonomischer Einheiten innerhalb und außerhalb des Produktionsprozesses, war für alle Wissenschaften verbindlich.[244]

Für die Gesellschaftswissenschaften hieß das NÖS von Anbeginn Konzentration auf ihre produktionsrelevanten Zweigdisziplinen: auf die Theorie der Wirtschaftsführung, eine sozialistische Betriebs- und Volkswirtschaftslehre im weitesten Sinne, die außer den ökonomischen Disziplinen – die ihrerseits erst zu etablieren waren – verwandte Wissenschaftszweige wie Mathematik und Kybernetik berücksichtigen sollte. Arbeitspsychologie und Soziologie, Untersuchungen der Wechselbeziehungen zwischen technischer Revolution und allen gesellschaftlichen Bereichen, ihrer Auswirkung auf die Entwicklung sozialer Gruppen und Schichten im besonderen, auf Bildung und Kultur im allgemeinen, nahmen mit dem NÖS ihren Ausgang. Zu dessen Durchsetzung hatte überdies die Verbreitung ökonomischer Kenntnisse in den Technik- und Naturwissenschaften und in den Staats- und Rechtswissenschaften zu dienen.[245] Die Verbindung theoretischer Forschung und Lehre mit Empirie und Praxis sollte die Perspektivplanung der wissenschaftlichen Entwicklung selbst herstellen, wobei die synthetische Leistung, die gemeinsame weltanschauliche Grundlage der Disziplinen zu bewahren und ihre philosophischen Probleme zu interpretieren, weiterhin dem Diamat oblag. Ihm gehörte auch die Domäne der Weiterentwicklung der marxistisch-leninistischen Ethik und des entsprechenden Bewußtseins, der

Theorie gesetzmäßiger Triebkräfte gesellschaftlicher Entwicklung und der materialistischen Geschichtsauffassung.[246]

Der Aufschwung in den Wirtschafts- und den anderen Wissenschaften, die sich auf die wissenschaftlich-technische Revolution ausrichteten, war enorm.[247] Das soll nicht heißen, es sei Neues entstanden, aber den zuvor als revisionistisch verurteilten Positionen widerfuhr eine stillschweigende Rehabilitierung. Sie verloren den Geruch der Häresie, sobald man – parteioffiziös ermutigt – nach ökonomischen Rationalitätskriterien, nach Meß- und Hebelfunktionen suchte und auf Wertgesetz, Warenproduktion und Markt stieß. Es konnte den Anschein haben, als seien die Revisionisten der fünfziger Jahre nur »zu früh« gekommen, nämlich bevor die sozialistischen Produktionsverhältnisse »gesiegt« hatten. Zu ihrer Zeit hatte sich – orthodox formuliert – der Sozialismus noch nicht auf seiner eigenen Grundlage bewegt, hatten sich seine ökonomischen Gesetze noch nicht optimal entfalten können. Jetzt indes war eine beschränkte »Selbstregelung« der ökonomischen Einheiten erwünscht. Unverhohlen – und in diesem Punkt überflügelte man die Revisionisten – galt das rasche Wachstum des Nationaleinkommens bei hoher Effektivität, Arbeitsproduktivität und Proportionalität aller wirtschaftlichen Sektoren als Voraussetzung einer künftigen sozialistischen Überflußgesellschaft.

Die gewandelte Wissenschaftslandschaft ließ die orthodoxen Positionen nicht unverändert. Das Lehrgebäude der Politischen Ökonomie des Sozialismus mußte die Erkenntnisse und Methoden des NÖS vom früheren Revisionismus-Verdikt entlasten, sie in sein Kategoriensystem einarbeiten und für die »neue Etappe« des sozialistischen Aufbaus verallgemeinern. Die SED beanspruchte, mit dem NÖS einen theoretischen und praktischen Beitrag zur Entwicklung der Planungs- und Leitungsmethoden zu leisten, die in allen sozialistischen Ländern anstand.[248] Die Partei suchte eine blockweite Legitimation des Reformexperiments; und dies traf auch für ihren Anspruch zu, die Politische Ökonomie des Sozialismus zu einer »dynamischen Wissenschaft« weiter zu entwickeln, zu einer situationsadäquaten Theorie der Bewegungsgesetze, die auch die Produktionsverhältnisse nicht »starr« hielt, sie nicht auf ihre eigentumsförmige und juristische Gestalt reduzierte, sondern die »lebendige Bewegung zwischen Produktivkräften und Produktionsverhältnissen« aufzeigte.[249] Die Diskussion um Warenbeziehungen, um Markt und Wert, um die Messung der Arbeitsproduktivität durch Wert- oder Zeitkategorien zeigte, wie eng die Politische Ökonomie mit den Wirtschaftswissenschaften verknüpft war.[250] Ihren Abschluß fanden diese Diskussionen in dem Buch zur »Politischen Ökonomie des Sozialismus und ihre Anwendung in der DDR«, das 1969 vorgelegt wurde und sehr bald das negative Schicksal der Reformphase insgesamt teilte.

Die sozialistische Wirtschaftsführung entwickelte sich zur Leitungswissenschaft weiter und erforschte die »Gesetzmäßigkeiten der Leitung des gesellschaftlichen Reproduktionsprozesses und seiner Teilsysteme«.[251] Das strahlte auf das gesamte Bildungs- und Ausbildungssystem aus. Dies hing zum einen damit zusammen, daß das allgemeine Ziel der wissenschaftlich-technischen Reform dazu verleitete, Bildung wie auch Bildungsplanung und -ökonomie vor allem unter dem Gesichtspunkt volkswirtschaftlichen Wachstums zu betrachten.[252] Zum andern erfüllte das Bildungssystem zunehmend »Vorlauf«funktionen für die Weiterqualifizierung von Kadern des Partei-, Wirtschafts- und Staatsapparats. Obwohl sich die Anforderungen an die Kader auf fachliche Kenntnisse *und* auf politische Qualifikationen bezogen[253], war in den sechziger Jahren eine deutliche Entideologisierung oder besser gesagt: ein fachspezifischer Zuschnitt der Bildung und (Kader-)Ausbildung zu beobachten.

Das »einheitliche sozialistische Bildungssystem«, das in den Jahren nach der Verabschiedung des NÖS entstand, integrierte alle Bildungseinrichtungen von der Vorschulerziehung bis zur Erwachsenenqualifizierung.[254] Es privilegierte die Vermittlung naturwissenschaftlich-technischen und ökonomisch verwertbaren Wissens und suchte die enge Verbindung aller Forschungs- und Ausbildungsinstitutionen mit der Produktion. Seine spezifisch sozialistisch-moralische Zielsetzung war die »allseitig entwickelte sozialistische Persönlichkeit«, die an der sozialistischen Demokratie aktiv teilhatte. Doch de facto standen eine moderne Allgemeinbildung und hochgradige Spezialisierung im Vordergrund. Hinzu kam die Erwartung lebenslanger Aus- und Weiterbildung, wie es dem Leitbild »Sozialistisch arbeiten, lernen und leben« entsprach.

In der Folge der Bildungsreform ergab sich eine »völlige Umprofilierung gegenüber westlichen Traditionen«. Über 70 % aller Jungakademiker – Hoch- und Fachschulabsolventen – wählten produktionspraxis-bezogene Studienfächer; auch 20 % der Lehrer-Studenten orientierten sich auf entsprechende Unterrichtsfächer.[255] Der Anteil der Hoch- und Fachschulabsolventen an der Gesamtzahl der Beschäftigten stieg zwischen 1963 und 1970 um 81,8 % respektive 71,1 %.[256] Diese Zahlen sagen über die ausbildungsangemessene Verwendung der Absolventen allerdings nichts aus. Es mag durchaus schon damals zu Überqualifikationen gekommen sein, die aber in der Aufbruchsphase nicht als Problem wahrgenommen wurden. Die Prognose des Programms der SED, »die Stunde der jungen Facharbeiter und Ingenieure« werde kommen, erfüllte sich.[257] Die vielfältigen Weiterbildungsinstitutionen, die an den Universitäten und Fachschulen, an ZK-Instituten, an Betriebs- und Industriezweigakademien oder bei der Kammer der Technik eingerichtet wurden, dienten gezielt der Erfüllung konkreter kader- oder betriebsspezifischer Anforderungen: der Erneuerung, Vertiefung und Erweiterung der Kenntnisse. Hingegen lag die Aufgabe der »Massen«qualifizierung nicht nur, aber in der Regel bei der Urania, den Volkshochschulen und den Massenorganisationen.[258]

Die Kader für den Staatsapparat wurden seit Beginn der sechziger Jahre an der Akademie für Staats- und Rechtswissenschaft in Babelsberg auf die wissenschaftlich-technisch-ökonomische Leitung orientiert. Die Akademie stellte die reguläre Juristenausbildung ein; die Hoch- und Fachschulen hatten künftig die allgemeinen fachspezifischen Kenntnisse zu vermitteln.[259] Ende 1965, in der zweiten Etappe der NÖS, wurde das Zentralinstitut für Sozialistische Wirtschaftsführung (ZSW) beim Zentralkomitee der SED gegründet, und es folgten entsprechende Institute respektive Akademien der Industriezweige, der Ministerien und der regionalen staatlichen Institutionen. Sie waren für die Weiterbildung der Kader des Partei-, Staats- und Wirtschaftsapparats zuständig.[260] Die Gründung dieser leitungswissenschaftlichen Institute und der zahlreichen Weiterbildungsinstitutionen spiegelt die »Qualifizierungseuphorie«[261] jener Jahre wider.

Aufgrund der Ausstrahlung auf das Wissenschafts- und Bildungssystem erhöhten die Theorie und die parteilich angeleitete Praxis der Reformen zweifellos das Gewicht technokratischer Verhaltensweisen und Orientierungen. Sie reichten, vermittelt über die technische Intelligenz, bis weit in die Partei hinein.[262] Mit den Einflußchancen des Sachverstands wuchs das legitimatorische Potential der Reformen bei jenen Befürwortern einer versachlichten Politik, die sich um Telos und Utopie wenig kümmerten. Das kann jedenfalls in Anlehnung an die Arbeit von Ludz geschlossen werden.[263] Allein die Einführung des NÖS erhöhte die Anzahl fachlich qualifizierter SED-Kader.[264] Auch verjüngte sich die Zusammensetzung des Zentralkomitees; die politische Generation, die nicht mehr durch die Zeit vor dem Zweiten Weltkrieg geprägt war und ihre für leitende Funktionen nötige wissenschaftlich-technisch-ökonomische Qualifikation an Hochschulen der DDR erworben hatte, gewann zumindest numerisch an Bedeutung.[265] Zudem wiesen die Funktionsweisen des Zentralkomitees Züge dessen auf, was Ludz »konsultativen Autoritarismus« nannte: Mit dem Steuerungsanspruch und dem steigenden Informationsbedürfnis der Parteiführung wuchs der Bedarf, Spezialisten als Experten zu Beratungen, Arbeitstagungen und Konferenzen hinzuzuziehen.[266] Parallel zu den Veränderungen in der SED stieg auch im Staatsapparat, vor allem im Ministerrat, die Zahl jüngerer Funktionäre, die eine wissenschaftlich-technische Ausbildung oder praktische Erfahrung in der Wirtschaftsleitung vorweisen konnten. Auch hier waren also Veränderungen zu verzeichnen, mit Ludz zu sprechen: »Wandlungstendenzen«, die jenen im Zentralkomitee durchaus vergleichbar, wenn nicht stärker waren.[267] Sie machten allerdings vor den politisch entscheidenden Institutionen der Partei und des Staates halt: Weder das Politbüro noch der Staatsrat veränderten sich in signifikanter Weise.[268] Sie zeigten im Gegensatz zu der Versachlichung der Funktionen und der in gleiche Richtung weisenden personellen Veränderung der Zusammensetzung von Zentralkomitee und Ministerrat starke politisch-ideologische »Beharrungstendenzen«.[269]

Eine Interpretation allerdings, die diese Wandlungs- und Beharrungstendenzen als Alternativen begreift und parteiinternen Konflikten zwischen gegnerischen Gruppierungen – zwischen Ideologen und Technokraten – zuschreibt, übersieht, daß die SED Wandel und Kontinuität gleichermaßen für geraten hielt. Denn eine marxistisch-leninistische Partei kann ihren Führungsanspruch auf Dauer nur plausibel machen und legitimatorisch absichern, wenn sie sich in der Lage zeigt, die selbst gesetzten Ziele und Aufgaben effektiv zu verfolgen. Andererseits aber überlastet sie die eigene Organisation und überfrachtet sie ihren Legitimitätsanspruch, wenn sie nicht Problemlösungsstrategien an andere – vornehmlich an staatliche – Institutionen delegiert.[270] Nach den Säuberungen der vorhergehenden Jahre war die SED politisch-ideologisch hinreichend homogen, um Reformen in Angriff nehmen zu können, ohne Gefahr zu laufen, daß sich gegnerische Gruppierungen von Technokraten und Ideologen bildeten und in scharfen Gegensatz zueinander gerieten. Vielmehr zeichnete sich die Reform gerade von Anbeginn durch das Bestreben aus, marxistisch-leninistische und technokratische Zielsetzungen miteinander zu vereinen. Das heißt, daß »Computopia« nie eine reale Perspektive hatte; in der DDR hat sich keine Technokratenschicht gegen die herrschenden Ideologen formiert.

Gewiß gab es Spannungsverhältnisse zwischen den ideologischen Anforderungen zweierlei Typs, aber politische Auseinandersetzungen, in denen Gruppierungen stabile Konturen gewonnen hätten, blieben aus. Einzelne Vertreter des Sachverstands mögen unzufrieden gewesen sein, weil die Rationalisierung von Wissenschaft, Politik und Ökonomie viel zu wünschen übrigließ; aber als Gruppe – als »institutionalisierte Gegenelite« – kämpften sie nicht um die Dominanz in Staat und Partei. Die technische Intelligenz mag pragmatisch eingestellt und politisch indifferent gewesen sein; der Großteil verfolgte jedoch keine Eigeninteressen, sondern fühlte sich der Parteipolitik zumindest in Loyalität verpflichtet.[271] Wenngleich die neue Intelligenz für die Konzeption des NÖS wie für seine Durchführung unabdingbar war, so kam der Anstoß für die Versachlichung der Politik nicht von ihr, sondern zum einen aus der Sowjetunion[272], zum andern von der – 1958 zuletzt gesäuberten – Parteispitze. Sie setzte – auf Wandel und Kontinuität gleichermaßen bedacht – mit den Reformen zugleich auch die der technokratischen Tendenz entgegenwirkenden Institutionen und Maßnahmen durch. Dazu gehörten zuallererst die Festlegungen der Anforderungen an die Kader, das Festhalten an ihrem Einsatz durch Beschluß der Parteiinstanzen und die verbindlichen Definitionen der Funktionen, die die Parteiorganisationen und der Staat jeweils wahrnehmen sollten.

Die leitenden Parteifunktionäre, betonte Ulbricht, als er das NÖS ankündigte, hatten – wie zuvor, und künftig immer mit Priorität genannt – den Marxismus-Leninismus zu beherrschen; die fachliche Qualifikation kam jetzt hinzu.[273] Eine »größere Wissenschaftlichkeit in der Leitung« trat neben die herkömmliche Forderung, die Kader hätten die »enge Vertrautheit mit dem Leben der Bevölkerung« zu fördern und die »schöpferische Initiative des Volkes« zu entfalten.[274] Neues lag also keinesfalls darin, daß die Bedeutung der Ideologie gemindert worden wäre; vielmehr erfuhr sie eine Ergänzung um Sachverstand. Damit nahmen die funktionalen Anforderungen an die Arbeit der Kader zu: Sie mußten die wissenschaftlich-technischen Aufgaben und die gesellschaftlichen Probleme plausibel interpretieren, sie im Sinne der Parteilichkeit, der sozialistischen Moral, Kultur und Lebensform vermitteln, wissenschaftlich-technische Organisatoren und zugleich Propagandisten sein.[275] Sie bedurften des Sachwissens nicht zuletzt, um die Spezialisten in Wirtschaft, Wissenschaft und Staat kontrollieren und politisch anleiten zu können. Diese Aufgabenstellungen korrespondierten mit dem wachsenden Aufgabenbereich der Kader in Partei, Staat oder Ökonomie. Sie kennzeichnete darüber hinaus die Erwartungen, die an die Parteiorganisationen gestellt wurden.

Im Parteistatut von 1963 entfiel zwar der Passus, der ihnen die Funktion der Wirtschaftslenkung zuschrieb, ihre wirtschaftlich-kontrollierende Funktion indes blieb aufrechterhalten.[276] Aus der Konzeption des NÖS folgte einerseits, daß die Parteiorganisationen – insbesondere der unteren und mittleren Ebenen – die Eigenverantwortlichkeit der ökonomischen und staatlich-administrativen Instanzen respektieren sollten; andererseits beabsichtigte die SED keineswegs, ihrer Kontrollrechte zu entraten. Weil die Partei nicht der offizielle Organisator der Ökonomie sein wollte und dennoch ihre Prärogative nicht aufgeben konnte, blieb die Grenze zwischen Kontrolle und Anleitung grundsätzlich fließend.[277] Dieser Umstand war vom umfassenden Führungsanspruch der Partei her gesehen durchaus sinnvoll, da er jederzeit Eingriffe erlaubte. Doch – und das war die Kehrseite – widersprach er der Wahrnehmung ökonomischer und administrativer Eigenständigkeit wirtschaftlicher und staatlicher Organe, weil die Parteiprärogative die Verantwortlichkeit der Funktionsbürokratien überlagerte und ihre Entscheidungsfreude hemmte. Zwar ließ die SED keinen Zweifel darüber, daß die wirtschaftskontrollierende Arbeit der Parteiorganisationen sachverständig sein müsse, also den Eigensinn des ökonomischen Systems bis zu einem gewissen Grade zu respektieren und zu unterstützen habe.[278] Aber sie kam aus der Quadratur des Kreises nicht heraus: Machtsicherung und ökonomischer Eigensinn widersprachen einander.

Dem Ziel politisch motivierter und dennoch ökonomisch rationaler Kontrolle diente vorübergehend – und in Anlehnung an die Organisationsstruktur der KPdSU – die Ergänzung der territorial aufgebauten Parteihierarchie durch das Produktionsprinzip.[279] Selbst die Büros für Industrie und Bauwesen sowie für Landwirtschaft hatten den doppelten – marxistisch-leninistischen und wissenschaftlich-technischen – Anforderungen zu genügen.[280] Dies galt ebenso für die Arbeiter-und-Bauern-Inspektion (ABI) und die Produktionskomitees, die 1963 geschaffen wurden und sich gleichfalls am sowjetischen Modell orientierten. Zwar sollten sie als politische und (schein)demokratische Gremien etwaiger Verselbständigung sachbezogener Entscheidungen in der Ökonomie vorbeugen und die Parteikontrolle stärken. Als Expertengremien kam ihnen jedoch zugleich die Aufgabe zu, die Planerfüllung zu kontrollieren, für sie und für die Einführung technischer Neuerungen zu mobilisieren und an der Erarbeitung der Betriebspläne mitzuwirken. So nahmen sie parteiliche Kontrollrechte wahr und trugen zur Rationalisierung eben dieser Parteikontrolle bei, indem sie ökonomischen Kriterien verpflichtet waren und neben den anderen betrieblichen Organisationen auch die Werkleitungen vom »Kampf um die tägliche Planerfüllung« entlasteten.[281] Die SED betrachtete beide Organisationen als wesentlichen Bestandteil der sozialistischen Demokratie, und auch diese war von Ideologisierung ebenso wie von Versachlichung gekennzeichnet.

Selbst auf dem Höhepunkt der Kybernetikeuphorie blieb den Parteiorganisationen ihre doppelte Rolle erhalten. In ihrer wissenschaftlichen Führungstätigkeit sollten sie Organisationshilfe leisten sowie dafür Sorge tragen, daß alle Institutionen des Staates und der Ökonomie moderne Informationssysteme aufbauten und reibungslose Entscheidungsabläufe gewährleisteten. Nicht die Leitung der Wirtschaft oder der staatlichen Institutionen oblag ihnen; sie war Sache eingeschränkter Eigenverantwortlichkeit. Der gleichsam technische Aspekt der wissenschaftlichen Leitungsfunktion der Partei lag also darin, die (relative) Ausdifferenzierung von Ökonomie und Staat zu fördern und in ihrer Effizienz zu sichern. In ihrer anderen Rolle indes hatten die Parteiorganisationen politisch-ideologische Überzeugungsarbeit zu leisten: der ganzen Bevölkerung die »Richtigkeit unseres Weges« klarzumachen und die geistig-kulturelle Entwicklung im Sinne der marxistisch-leninistischen Parteilichkeit zu fördern.[282] Mit ihrer politisch-ideologischen Führungstätigkeit sollte die Partei gewährleisten, daß die ökonomischen und staatlichen Subsysteme sich nicht verselbständigten und das sich entwickelnde Gesamtsystem seinen individuellen und institutionellen Trägern in seinem Sinngehalt deutlich wurde oder blieb. Diese kontrollierende und sinnstiftende Funktion stellte Ulbricht wohl nicht zufälligerweise in den Kontext der Herausbildung der »sozialistischen Menschengemeinschaft.[283]

Der reibungslose Systemablauf, die technische Seite der Organisationsarbeit, sollte ein Instrument beim Verfolg des höheren Ziels: der harmonischen und hocheffizienten Gemeinschaft, bleiben. Wie noch zu zeigen sein wird, brachte die politisch-ideologische Einbindung technokratisch-systemischer Selbstregulierung nicht bloß ein taktisches Motiv der Anhänger der Reformen zum Ausdruck. Es entsprach vielmehr ihrer Überzeugung, daß die Parteiarbeit – von der unmittelbar-operativen staatlichen und ökonomischen Leitung entlastet – nicht etwa weniger wichtig, sondern im Gegenteil immer wichtiger würde. Mit der zunehmenden Komplexität der Entscheidungsstrukturen wachse die Führungsrolle der Partei. Sie habe nicht nur die Richtung vorzugeben, sondern auch die Einheit des Entwicklungsprozesses zu wahren. Vor diese Aufgabe sahen sich ihre höchsten Gremien ebenso gestellt wie die einzelnen Parteiorganisationen und Kader in Leitungspositionen. Gerade die Anforderungen an die Qualifikationen der »sozialistischen Leiter« zeigten die doppelte Funktion der Partei: politisch-ideologische Kompetenz mit Sachverstand zu vereinen, den Sachgesetzlichkeiten Rechnung zu tragen, sie aber auf die Verwirklichung politisch gesetzter Ziele zu lenken.[284]

In Analogie zu der Ergänzung politischer durch fachliche Qualifikationen definierte die SED die Funktionen des Staates. Seit dem Beginn der Reformpolitik standen seine wirtschaftlich-organisatorisch und kulturell-erzieherisch genannten Aufgaben im Vordergrund; und nicht zufällig galten sie als eine »einheitliche Funktion«. In der Periode des »umfassenden« Aufbaus des Sozialismus sollte der Staat nicht nur die Produktivkräfte und Produktionsverhältnisse entwickeln, sondern auch die materiellen und kulturellen Lebensbedingungen verbessern und die schöpferische Initiative wie das sozialistische Bewußtsein fördern.[285] Die »einheitliche« Staatsfunktion erstreckte sich auf Wirtschaft, Wissenschaft und Kultur – einheitlich zu leiten unter politisch-ideologischen Prämissen. Das Novum gegenüber der stalinistischen Phase lag darin, daß nun auch der staatlichen Tätigkeit der Sachverstand abverlangt wurde, der für die Förderung des wissenschaftlich-technischen Fortschritts erforderlich war. Die staatliche Leitung sollte nach »wissenschaftlichen Grundsätzen« erfolgen, den wachsenden Qualifikationsanforderungen genügen, die notwendige Zusammenarbeit mit Wissenschaftlern und Praktikern der Produktion organisieren und die sozialistische Demokratie, auch und gerade in den Betrieben, fördern.[286]

Die Politik des NÖS leitete den Staat an, »die Lösung der ökonomischen Aufgaben in den Mittelpunkt der Arbeit zu stellen«[287] und die neuen Leitungsmethoden in die Form eines »einheitlichen sozialistischen Rechts« zu bringen.[288] Mit den Aufgaben des Staates wuchs formaliter seine Entscheidungskompetenz, da die Partei ihm eine aktive Rolle in der Gestaltung der Ökonomie und der Gesellschaft zusprach. Sie gewährte ihm eine relative Autonomie, die er so zuvor nicht gehabt hatte.[289] Aber die Autonomie blieb relativ, indem sie prinzipiell dem Parteivorbehalt unterstand. In der Staatstheorie ließ sich denn auch weniger die Tendenz, Staat und Recht zu verselbständigen, als eher die spezifische Mischung marxistisch-leninistischer und technokratisch-versachlichter Utopie beobachten, die auch sonst die Ideologie der Reform kennzeichnete. Die wirtschaftlich-organisatorische und kulturell-erzieherische Funktion des Staates konnte nach dieser Lesart nur dann als seine »Grundfunktion« gelten, wenn man den sozialistischen Staat als das politische Instrument einer Gesellschaft ansah, die antagonistische Widersprüche bereits überwunden habe. Nur weil diese Gesellschaft, so meinten die Staatstheoretiker überdies, noch nicht über hochmoderne Produktivkräfte verfüge und weil die Produktionsverhältnisse deshalb noch Widersprüche aufwiesen, bedürfe es überhaupt noch des Staates, sei seine Funktion noch nicht in die »Kommandogewalt über Sachen« zurückgenommen, sei der »Primat der Politik«: die »Führung von Menschen«, noch nicht obsolet.[290] Als übergreifende Aufgabe des Staates galt also, die Menschen mit politisch-autoritativen, eben staatlichen Mitteln in die herrschaftsfreie Zukunft allseitig entwickelter Persönlichkeiten zu führen.[291] Daher konnte den Marxisten-Leninisten staatliche Tätigkeit in der Tendenz bereits als gesellschaftliche erscheinen. Indem sich der Staat auf die Entfaltung der ökonomischen – und damit gesellschaftlichen – Entwicklungsgesetze einstellte, sollte seine Tätigkeit »staatlich-gesellschaftliche Leitungstätigkeit« werden.[292] Dieser Interpretation zufolge »vergesellschaftete« sich der Staat selbst, indem er den ökonomisch-gesellschaftlichen Gesetzen zur Vollendung verhalf.

Die Ideologie der Vergesellschaftung brachte die Dominanz ideologischer Setzung über technokratische Rationalisierungsanstrengungen deutlich zum Ausdruck. Das traf auch für die Konzeption der sozialistischen Demokratie zu, die die Staatstheoretiker als Instrument der Vergesellschaftung staatlicher Funktionen begriffen. Der Schlüsselstellung zufolge, die die Produktivkraftentwicklung im NÖS einnahm, richtete sich das Augenmerk bei der Ausgestaltung der Demokratie auf den unmittelbaren Produktionsbereich[293]; auch die Volksvertretungen sollten insbesondere bei der »Ausarbeitung, Durchführung und Kontrolle der ökonomischen Aufgaben« mitwirken.[294] Das führte dazu, daß sich über die Formen und Inhalte der sozialistischen Demokratie unterschiedliche Auffassungen herausbildeten. Die eine bewertete demokratische Teilhabe nach ihrem »sachkundigen Effekt«: Nicht die »Summe von Beratungen und Kommissionen und der beteiligten Bürger«, sondern die inhaltlichen Lösungsvorschläge für anstehende ökonomische Probleme, Nutzeffekt und Produktivität stellte sie in den Vordergrund. Das erfordere eine wissenschaftliche, »qualitative Weiterentwicklung beider Seiten des demokratischen Zentralismus«, d. h. staatliche Zentralinstanz und demokratische Gremien müßten sachkundig arbeiten.[295] Mit diesem Plädoyer für Sachkompetenz auf allen Ebenen staatlicher Entscheidung und demokratischer Mitwirkung ließ sich die Entscheidungspyramide rechtfertigen. Die Entscheidungsbefugnis sollte mit dem Wissensstand wachsen, und beide sollten sich an der Spitze zentrieren.[296] Sozialistische Demokratie konkretisierte sich nach dieser Auffassung in Plandiskussion und -beratung; ökonomische Hebel und materielle Interessiertheit – nicht so sehr ideelle Motive und kulturelle Erziehung – wirkten auf die sozialistische Bewußtseinsbildung ein.[297] Das heißt, diese Position verband die Prinzipien des NÖS mit einer technokratischen Variante der »Macht durch Wissen«, und die Integration der Gesellschaft erschien als Funktion des Verfolgs materieller Interessen. Dagegen wurde der Vorwurf des »Managertums« erhoben. Die berechtigte Forderung nach sachverständiger Entscheidung, so hieß es, dürfe nicht zu dem Fehler führen, die »millionenfache Massenbewegung« geringzuschätzen, die sich um Planaufstellung und -erfüllung im sozialistischen Wettbewerb organisiere. Gerade diese massenhafte Teilhabe garantiere Sachkundigkeit und Wissenschaftlichkeit; nur was »demokratisch« zustandekomme, sei auch wissenschaftlich.[298]

Hiermit standen sich weniger zwei prinzipiell unverträgliche Demokratiekonzeptionen gegenüber als vielmehr die partiell widersprüchlichen Legitimitätsansprüche: hier in Gestalt zweier unterschiedlich nuancierter Strategien der Überwindung administrativer Leitungsmethoden. Was den einen genügte – die Ökonomisierung der Planung und Leitung, das System ökonomischer Hebel, die »Triebkraft« materieller Interessiertheit und Interessenübereinstimmung –, wollten die anderen durch die Massenmobilisierung für den Plan, für eine politisch-ideologische Herstellung der Übereinstimmung gesellschaftlicher, betrieblicher und individueller Interessen flankiert wissen. Während die einen der Suggestivkraft des Sachverstandes zu erliegen drohten, pochten die anderen darauf, die Planung und Leitung habe gleichermaßen ökonomisch und politisch zu sein. Sie verteidigten mit dem politisch-ideologisch begründeten Recht der Werktätigen auf »Mitwirkung« zwar das marxistisch-leninistische Verständnis von Praxis; aber dieses Verständnis war nur seinen eigenen Prämissen gemäß demokratisch.

Gegen die beiden Positionen inhärente Annahme einer tendenziellen Vergesellschaftung staatlicher Funktionen und damit das »Absterben« des Staates argumentierte vor allem Uwe-Jens Heuer.[299] Auch Beiträge zu dem Philosophie-Kongreß von 1965 erhoben vielfältige Bedenken gegen die offizielle Demokratiekonzeption.[300] Die These, der Staat zeige bereits in der gegenwärtigen Entwicklungsphase Tendenzen abzusterben, wurde wenig später auch offiziell massiv in Zweifel gezogen. Indem die SED-Führung den Sozialismus zur Gesellschaft sui generis erklärte, schrieb sie die Bedeutung des Staates für die gesamte Zeitdauer der sozialistischen Gesellschaftsformation fest. Daher, so hieß es nun, bedürfe die sozialistische Gesellschaft eines stabilen Staats- und Rechtssystems, eines »sozialistischen Rechtsstaates« und einer »zeitgemäßen« Verfassung.[301] Die Funktionsaufteilung zwischen Staat und Partei sollte dabei grundsätzlich unverändert bleiben[302], die führende Rolle der Partei wurde sogar erstmals in der Verfassung verankert. Zugleich suchte die SED die Loyalität der Bürger auf den Staat zu lenken.[303]

Die Konzeption des sozialistischen Rechtsstaats wurde nicht weiterverfolgt. Sie durchzusetzen scheiterte, wie letztlich die gesamte Reformanstrengung der sechziger Jahre, an der Abwehr der Gefahren, die die SED-Spitze im Prager Frühling sah. Sie beteiligte sich nicht nur an der Niederschlagung der tschechoslowakischen Reformen, sondern verschärfte sofort den innenpolitischen Kurs. Dies allein schon verdeutlicht, daß die Rechtsstaatsvorstellung mit Demokratisierungsbestrebungen nichts zu tun hatte. Vielmehr war sie wohl am ehesten als Versuch zu begreifen, Staat und Recht eine – wenn auch politisch-ideologisch relativierte – Autonomie einzuräumen und auf diesem Wege versachlichte und kalkulierbare Regulative insbesondere im ökonomischen Bereich zu schaffen. Es ist insofern interessant, daß die Rechtsstaatsidee, seit der Verfassungsdebatte der vierziger Jahre verpönt, erstmals wieder in die Diskussion kam, als die SED die Reformen einleitete.[304] Eine Chance, sie gegen die vorherrschende Annahme, der Staat werde absterben, durchzusetzen, eröffnete erst die unorthodoxe Hypothese, der Sozialismus sei eine Gesellschaftsformation eigener Art und werde auf längere Zeit bestehen. Denn sollten Sozialismus und mit ihm der Staat von Dauer sein, war es nicht unkonsequent, letzteren auf eine – wie immer schüttere – rechtsförmige Basis zu stellen.

Die konkurrierende Annahme, das »Wesen« des Staates bestehe in seiner tendenziellen Vergesellschaftung, blieb, da das Reformexperiment insgesamt abgebrochen wurde, bis zum Sturz der SED-Herrschaft dominant. Das hieß selbstverständlich nicht, der Staat werde sofort absterben; im Gegenteil sei er während der Übergangsperiode zum Kommunismus immer weiter zu stärken. Noch Anfang der sechziger Jahre war man allerdings von einer sehr kurzen Übergangsperiode ausgegangen. Die KPdSU, die seinerzeit vor der Schwelle zum Kommunismus zu stehen beanspruchte, erklärte, die Diktatur des Proletariats wachse bereits in den »Staat des ganzen Volkes« hinüber. Dieser Volksstaat bestehe bis zum völligen Sieg des Kommunismus fort; in ihm entwickele sich jedoch schon jetzt die sozialistische Demokratie zur »Demokratie des ganzen Volkes«, und damit verwandelten sich die Organe der Staatsgewalt allmählich in Organe gesellschaftlicher Selbstverwaltung.[305]

Die SED schenkte der sowjetischen Partei- und Staatskonzeption zunächst keine große Aufmerksamkeit.[306] Doch bald machte sie sich das legitimatorische Potential, das die Kombination von Volksstaat und Gemeinschaft barg, eher zunutze als die nüchterne Pragmatik formaler Rechtsstaatlichkeit. Das neue Parteiprogramm (1963) wies sie als »Partei der Arbeiterklasse und des ganzen werktätigen Volkes« aus[307], und in den folgenden Jahren der Reformphase näherte sich die SED der sowjetischen Behauptung weitgehender Volksverbundenheit an. Damit wurde entweder der Unterschied zwischen Diktatur des Proletariats und Volksstaat relativiert[308], oder man behauptete, die Diktatur des Proletariats entwickele sich bereits zum Staat des ganzen Volkes.[309] Beide Argumente stützten sich auf die Behauptung, die sozialistische Demokratie wachse, die Klassen und Schichten näherten sich einander an, Gemeinschaft und faktische (nicht nur die immer schon behauptete objektive) Interessenidentität nähmen zu. Eine »Gemeinschaft freier Menschen« und die »politisch-moralische Einheit aller Bürger«[310] gingen daher ebenfalls in das Parteiprogramm ein.

Diese Perspektive der Gemeinschaft überdauerte die kurze Phase, in der in der Sowjetunion vom Volksstaat gesprochen wurde, wie sie ihr auch schon vorangegangen war. Die These objektiver Interessenidentität, die Erwartung politisch-moralischer Einheit des Volkes, der Annäherung der Klassen und Schichten, insgesamt eine omnipräsente Gemeinschaftsrhetorik gehörten ja von Anbeginn zur marxistisch-leninistischen Ideologie. Nachdem sowohl die Annahme, der Staat werde absterben, als auch die Konzeption, er werde sich zum Volksstaat entwickeln, ihre aktuelle Relevanz verloren, konzentrierten sich die Harmonievorstellungen auf die Entwicklung der »sozialistischen Menschengemeinschaft«.

Nicht die Konzeption dieser Gemeinschaft – sie hätte man dem Zusammenschmelzen aller Klassen und Schichten, die den »Volksstaat« tragen sollten, vergleichbar definieren können –, sondern die Behauptung, sie bilde sich bereits im Sozialismus heraus und dieser wiederum stelle eine eigenständige Gesellschaftsformation dar, verstieß gegen die marxistisch-leninistische Orthodoxie. Das Ensemble dieser Annahmen stellte daher einen theoretischen Beitrag der SED zur Überwindung orthodoxer Positionen dar und drückte den Anspruch der Partei aus, die Reformperiode ernstzunehmen, ihren Problemen Rechnung zu tragen, ihrer Lösung eine angemessene, nämlich lange Zeitspanne einzuräumen[311] und die

Herrschaftsunterworfenen zugleich mit der Suggestion der Gemeinschaftlichkeit zu überzeugen. Der Konzeption der sozialistischen Menschengemeinschaft kam in dieser Konstellation offensichtlich die Funktion zu, unter Rekurs auf die politisch-kulturelle Tradition in Deutschland, der die Partei selbst anhing, Gefühle zu wecken, Identifikationen zu ermöglichen, Legitimitätsglauben zu stiften und moralische Energie für die Sache der Gemeinschaft freizusetzen.

Theoretisch war die Idee der sozialistischen Menschengemeinschaft freilich von der kommunistischen Utopie zu trennen. Sie sei »keine Utopie«, so betonte man deshalb, sondern »ein lebendiger gesellschaftlicher Prozeß«.[312] Aber diese Fiktion langsamen Wachsens war ebenso wenig wie viele andere Charakteristika des neuen Konzepts geeignet, als Trennlinie zur Utopie zu taugen.[313] Das war, von orthodoxer Position her gesehen, um so brisanter, als die SED verkündete, die sozialistische Menschengemeinschaft bestehe in der DDR bereits, wachse weiterhin und festige sich ständig.[314] In ihr sollte sich der »große humanistische Gedanke der Selbstverwirklichung des Menschen« hier und heute erfüllen können[315] und jener gesellschaftliche Zustand erreicht werden, in dem die »freie Entwicklung eines jeden die Bedingung für die freie Entwicklung aller« sei.[316] Das Diesseits der Utopie klang mithin bereits recht utopisch; doch dieser Eindruck erfuhr auch empfindliche Einschränkungen. Die allseitige und harmonische Entwicklung des Menschen sei, so hieß es, nicht absolut, sondern »immer konkret bestimmt durch die historisch bedingten gesellschaftlichen Verhältnisse und Erfordernisse«, so wie auch die freie Entfaltung eines jeden der moralischen Verpflichtung auf die Gesellschaft und ihre Höherentwicklung unterliege.[317] Dieses Postulat der Parteilichkeit lag ebenso den Kriterien der sozialistischen Persönlichkeit und Bewußtheit zugrunde, aus denen sich wiederum die führende Rolle der Arbeiterklasse und »ihrer« Partei sowie die Funktionen des Staates ableiten ließen.

Die Bedeutung der Idee der sozialistischen Menschengemeinschaft ist daher wohl in dem Angebot zu sehen, sich mit einem Gemeinschaftsideal zu identifizieren und sich von zeitgenössischen Alternativen – wie den Versuchungen technokratischer Rationalität oder der demokratischen Option – abzugrenzen. Diese Alternativen artikulierten sich eher außer- als innerhalb der DDR, nämlich in der technologischen Moderne der Bundesrepublik (so wie die SED sie interpretierte) und im Prager Frühling. Das neue ideologische Konstrukt sollte eine »dialektische Einheit von Rationalität und Humanität« verbürgen.[318] Die SED präsentierte ihr Modell als »die historische Alternative zum unmenschlichen, persönlichkeitszerstörenden, staatsmonopolistischen Gesellschaftsregime«[319], und indem sie das »geistig-moralische Antlitz des neuen Menschen« in der DDR hervorhob, wies sie auch den Humanitätsanspruch des Prager Frühling zurück.[320] Zu der emotional eingefärbten Symbiose von Technologie und Gemeinschaft gesellte sich überdies der Appell an »DDR-Stolz« und »Heimatgefühl«.[321]

### *5.3 Kritik und Skepsis in der Intelligenz*

Wenn es zutrifft, daß in den sechziger Jahren wissenschaftlich-technische Revolution und Gemeinschaft – aller argumentativen Variationen ungeachtet – die zentralen Leitmotive legitimatorischer Anstrengungen darstellten, dann läßt sich zweierlei folgern: Die technokratischen Aspekte dieses ideologischen Komplexes erzeugten aufgrund ihrer Auswirkungen auf die Planung und Leitung von Ökonomie und Gesellschaft, die Qualifikation der Kader, das Wissenschafts-, Bildungs- und Ausbildungssystem und die relativen Einflußchancen des Sachverstands Loyalität bei denen, die im Zuge der Reform ihren Interessen nachgehen konnten, und sie bestärkten den Legitimitätsglauben derer, die die Gesellschaft unter Führung der Partei auf dem Weg zu einem Sozialismus sahen, der, obwohl technologisch effizient, die gesellschaftliche und politische Moderne ausgrenzte. Es gab jedoch auch kritische Stimmen, denen die Reform nicht weit genug ging. So plädierte Uwe-Jens Heuer für Verrechtlichung und Demokratisierung des Wirtschaftsprozesses, und Georg Klaus wollte die Kybernetik dazu genutzt wissen, Planung und Leitung weiter zu versachlichen.[322] Unter den Wissenschaftlern war es aber Robert Havemann, der die Grenzen eines innerparteilichen oder »wissenschaftlichen Meinungsstreits« nicht länger akzeptierte. Schon vor seiner Entlassung von der Humboldt-Universität, seinem Ausschluß aus der Partei und aus der Akademie der Wissenschaften entwickelte er sich zu dem bedeutendsten Dissidenten[323], und um so mehr danach.

Havemanns Kritik an den herrschenden Zuständen in der DDR

war eindeutig: »Eine Unzahl innenpolitischer Zustände und Erscheinungen in der DDR erzeugt zumindest den Anschein eines Fortlebens, ja einer Neuauflage faschistischer Verhaltensnormen und Denkweisen. Es gibt wieder ›die‹ Partei, eine langweilige, gleichgeschaltete Presse, eine übermächtige Geheimpolizei, ein Parlament ohne Opposition, eine amtliche Kulturpolitik, die sich in alle Fragen der Kunst und Literatur einmischt, eine staatlich verordnete Weltanschauung und eine staatliche Unterdrückung aller Abweichungen von der herrschenden ›Ideologie‹. Die Rechte des Bürgers gegenüber den staatlichen Organen sind fragwürdig: Es gibt keine Verwaltungsgerichte, vor denen der Bürger sein Recht gegenüber obrigkeitlicher Willkür zur Geltung bringen kann.«[324] Dennoch blieb er der DDR gegenüber grundsätzlich loyal. Er bejahe, so schrieb er, trotz allem »diesen Staat als einen entscheidenden Fortschritt in der deutschen Geschichte« und halte ihn »für den Teil Deutschlands (...), der zur Überwindung des Kapitalismus und Faschismus in Deutschland entscheidend« beitrage.[325] Nicht die diktatorische Qualität des Regimes, nicht sein »Überbau« also, sondern seine Basis zählte nach Havemanns Auffassung. Die DDR sei »historisch weiter vorangeschritten als der Westen, weil das Privateigentum aufgehoben« sei.[326]

Sein Verständnis von Antifaschismus, Stalinismus, Sozialismus und Demokratie hielt ihn davon ab, den endgültigen Bruch zu vollziehen. Den Stalinismus erklärte er aus einer »tödlichen Bedrohung von außen«[327]; und für einen erfolgreichen Weg zum Sozialismus hielt er, durchaus orthodox, die Diktatur des Proletariats für unumgänglich. Sie habe die Bourgeoisie zu entmachten und den Klassenantagonismus – also die bürgerlichen Eigentumsverhältnisse – zu überwinden. Anschließend, in einer zweiten Phase der Revolution, müsse allerdings die Diktatur beendet werden, um die »Freiheit des Individuums und Demokratie des Staates erstmalig in der Geschichte als reale Grundlage der Gesellschaft« durchzusetzen. Dieser Prozeß des Übergangs zum »demokratischen Sozialismus« vollende die Revolution.[328] Der demokratische Sozialismus sollte die bürgerliche Demokratie im Hegelschen Sinne aufheben[329]; doch diese philosophische Idee blieb vage. So verlangte Havemann die demokratische Kontrolle »aller Machtfunktionen«[330], und immer hob er die Rechte auf die Freiheit der Rede, der Information und der politischen Assoziation hervor.[331] Im Zentrum seiner Vorstellung von der demokratisch-sozialistischen Gesellschaft standen jedoch Demokratie in der Produktion – hatte doch der Überbau die bereits sozialistische Basis der Eigentumsverhältnisse nachzuvollziehen – ebenso wie eine Mischung aus konsumverzichtender Askese und deutsch-bürgerlicher Kultur- und Bildungsbeflissenheit.[332] Die Zukunftsgesellschaft sollte sich durch gesellschaftliche Gleichheit, vollkommene soziale Sicherheit, durch die gleiche Freiheit der Entscheidung und den gleichen Zugang aller zur Kultur auszeichnen. Das Ziel, so Havemann, sei zuerst zu entwickeln, sodann könne über den Weg Einigkeit hergestellt werden.[333]

Havemanns politischer Konflikt mit der Partei bestand vornehmlich darin, daß er den Übergang zum demokratischen Sozialismus insbesondere seit dem Prager Frühling für überfällig hielt. Trotz der Intervention in Prag und auf eine Analyse der Machtverhältnisse in der DDR verzichtend, hielt er den Übergang noch für möglich. Trotz seiner prinzipiellen Loyalität wurde Havemann jedoch zu einem der in der DDR seltenen Fälle eines offen auftretenden Dissidenten. Soweit die Stasi und sein Hausarrest es ihm erlaubten, agierte er in aller Öffentlichkeit zugunsten seiner Vision. Und er war ohne Zweifel erfolgreich: Viele der späteren Träger der Alternativbewegung waren direkt oder indirekt von seinem Mut, seiner Standfestigkeit und seinen Ideen beeinflußt. Havemanns Engagement war in der Tat um so beeindruckender, wenn man es mit der Haltung seiner Kollegen vergleicht. Wie die in den fünfziger Jahren von Verhaftungen und Prozessen Betroffenen, erfuhr Havemann in den sechziger und siebziger Jahren kaum Solidarität aus den etablierten Kreisen der wissenschaftlichen Intelligenz.[334]

Zum Abschluß dieses Kapitels ist nach der Wirkungsmacht zu fragen, die das gemeinschaftliche und harmonistische Ideal, das gemeinsam mit den technokratischen Akzenten die Utopie und Praxis der sechziger Jahre bestimmte, bei der künstlerischen Intelligenz hatte. Die Wirkungsmacht hing in ihrer Intensität wohl davon ab, ob die ethisch-moralischen und ideologischen Postulate bejaht und als zukunftsweisend akzeptiert wurden. Diese Frage läßt sich am Beispiel der »kulturell-erzieherischen« Funktion des Staates, das heißt hier vor allem der Kulturpolitik und ihrer Resonanz verfolgen. Um die Antwort vorwegzunehmen: In der Reformphase wandten sich Schriftsteller und Künstler, auch wenn sie sich eine parteistaatliche Anleitung ihres politischen Engagements nicht grundsätzlich verbaten, allmählich von den autoritativen Vorgaben ab. Sie begannen, eher das Individuum denn Kollektiv und Gemeinschaft in den Vordergrund zu stellen; und die wissenschaftlich-technische Emphase erfüllte einige von ihnen mit Skepsis. Zumeist überzeugte Sozialisten, Antifaschisten und Mitglieder der Partei, empfanden die künstlerischen Intellektuellen deren politisch-pädagogischen Anspruch zwar als legitim, doch die im Kern immer gleichen stalinistischen Direktiven der Kulturpolitik wirkten ernüchternd. Dies um so mehr, als der Bau der Mauer und das zweite Tauwetter, das der XXII. Parteitag der KPdSU (1961) in der Sowjetunion und in anderen sozialistischen Ländern auslöste, eine interne Lockerung auch in der DDR hatte erwarten lassen.

Die Kulturpolitik der SED verteidigte aber unverändert die Prinzipien des sozialistischen Realismus, der Kulturrevolution und der sozialistischen Moralgebote gegen alle Anfechtungen. Wer sich vom Bau der Mauer oder von der zweiten Entstalinisierung ein Ende des Kurses der fünfziger Jahre erhoffte, sah sich bald enttäuscht. Nachdem die geschlossenen Grenzen das Herrschaftssystem sicherten, klagte es ungenierter als zuvor die Nachachtung seiner Maßstäbe und Direktiven ein; gesamtdeutsche Rücksichtnahme erübrigte sich nun vollends. Die SED vermahnte jene, die zwar »für das Ideal des Kommunismus« eintraten, aber »wenig oder nichts für den Bau der Startbahn des Sozialismus« tun wollten.[335] Solche Mahnungen kündigten einmal mehr die »ideologische Koexistenz« mit bundesdeutscher Kultur auf. Eine »nationale« Perspektive sollte fortan ausschließlich darin bestehen, den sozialistischen Aufbau zu unterstützen und die »Strömungen bürgerlicher Dekadenz« restlos zu überwinden.[336] Die Kulturpolitik ließ fortan den »bürgerlichen« Humanismus ausschließlich in dem Kontext gelten, der ihn vermeintlich fortführte und aufhob: im Kontext der proletarisch-sozialistischen Revolution. Zugleich war der SED daran gelegen, sich von der sowjetischen Distanzierung vom »Personenkult« und seinen Folgen abzukoppeln. So verteidigte sie auf dem VI. Parteitag (1963) die Prinzipien des sozialistischen Realismus gegen Versuche kultureller Entstalinisierung.[337] Kritik an den rigiden ästhetischen Direktiven geriet, wie die Kritik am Stalinismus selbst, in den Geruch der Konzeption eines »Mittelwegs« oder einer »Brücke zwischen Ost und West«. Die Partei beharrte darauf, daß gerade in der DDR, »an der Scheidelinie zwischen den beiden großen gesellschaftlichen Systemen«, »auch der geringste Versuch«, die Ideologien zu »versöhnen«, zurückgewiesen werden müsse. Hier werde »auf lange Sicht ein harter wirtschaftlicher, politischer und ideologisch-kultureller Kampf« ausgetragen.[338] Mit den Gefährdungen aus der geopolitischen Lage der DDR begründete die SED im übrigen schon damals die Unterdrückung stalinismuskritischer Literatur und Filme aus der Sowjetunion und anderen sozialistischen Ländern.[339]

Die Definitionen der sozialistischen Nationalkultur indes gewannen ein nun schon bekanntes Profil: das Profil der Symbiose von Technik und Gemeinschaft. In ihrem entwicklungsdynamischen Aspekt galt die Symbiose als Resultat der geistigen und moralischen Entwicklung der Menschen aller Klassen und Schichten; unter Führung der Arbeiterklasse sollten die Künstler sich »immer mehr« mit dem neuen Leben verbinden, auf daß Geist und Macht – Arbeiterklasse und Intelligenz – sich für immer vereinten.[340] Dieser hypothetische Entwurf antizipierte die »Erfüllung der humanistischen Kultur des deutschen Volkes«, vereint »mit den kulturellen Traditionen des mehr als hundertjährigen revolutionären Kampfes der deutschen Arbeiterklasse« und mit der »Kultur des sozialistischen Weltsystems, die die Hauptlinie der Entwicklung der Menschheitskultur in unserer Epoche« bestimme. Als Ziel nationalkultureller Anstrengungen verhieß die Partei die »harmonische Einheit von geistiger und körperlicher Arbeit«, die auch die kulturellen Unterschiede zwischen Stadt und Land überwinden werde. Um dieses Ziel zu fördern, sollten die »im Kunstwerk enthaltenen Erkenntnisse und Gefühle« insbesondere zur »Begeisterung für bahnbrechende Produktionstaten« anregen.[341] Zu Zeiten des NÖS war es selbstverständlich, Schriftstellern und Künstlern die Mühe um »hohe Fachkenntnisse«, eine »größere Allgemeinbildung« und »ständigen Kontakt« zur »fortgeschrittensten Wissenschaft« abzuverlangen.[342]

Die routinierte Diffamierung der ästhetischen Moderne gewann im Kontext der wissenschaftlich-technischen Revolution eine neue Bedeutung – nämlich die der Abwehr der Technik- und Fortschrittskritik. Die »bürgerliche Dekadenz«, so hieß es neuerdings, zeige den »Menschen als Roboter«, verzerre sein Antlitz und verhöhne seine Gefühle.[343] Technikbegeisterung erschien hingegen als wahrer Humanismus, so wie umgekehrt Skepsis gegenüber dem Produktivismus als Ausdruck »kapitalistischen Kulturverfalls« galt.[344] Versuche, die stalinistische Ästhetik zu überwinden und die Moderne zu rehabilitieren, standen fortan nicht nur unter dem herkömmlichen Verdacht »antikommunistischer Hetze«. Sie unterlagen zugleich dem generalisierten Verdikt: ästhetisch modern gleich inhuman gleich technikfeindlich. Die Künste hatten die Symbiose von Moral und Technik, den »Zusammenhang von wissenschaftlich-technischer Umwälzung und Kulturrevolution« herzustellen; und sie sollten sich dabei vermeintlich »volksnaher« Stilformen bedienen. In der Bewältigung wissenschaftlich-technischer Aufgaben, in der produktiven Tätigkeit bilde sich – so die parteipolitische Setzung – die sozialistische Persönlichkeit aus, wüchsen Gemeinschaft und Kollektiv.[345] »Der große Gegenstand«, den Schriftsteller und Künstler suchten, das seien, so hieß es, »die Menschen in der Gemeinschaft, die große Industriegiganten bauen«; »das große Pathos«, das seien Schweißarbeiten »in schwindelnder Höhe der Stahlgerüste«.[345] Technik – Inbegriff des »sich befreienden werktätigen Menschen« – und Gemeinschaft – die »sich herausbildende sozialistische Menschengemeinschaft« – steckten den Rahmen und die Ziele der wissenschaftlich-technischen Revolution und der kulturrevolutionären Umwälzung gleichermaßen ab. Der Heroismus, dessen die Partei augenscheinlich auch in der postrevolutionären Phase nicht entraten wollte, war der »Heroismus der friedlichen Arbeit«.[347]

Sobald die Konzeption der sozialistischen Nationalkultur auf diese Weise ergänzt wurde, sprach die SED von »zwei Kulturen«, die sich in beiden deutschen Staaten »unversöhnlich« gegenüberstünden.[348] Diese These grenzte jede Diskussion über Entfremdung im Sozialismus ebenso aus, wie sie eine »Verabsolutierung der kritischen Funktion der Kunst« unterdrückte; sie sollte alle künstlerischen Energien auf das »werdende Bild der sozialistischen Menschen« und die »neuen Probleme der sozialistischen Menschengemeinschaft« lenken.[349] Die Betonung der Gemeinschaft und ihrer kulturell verbürgten Eigenart diente überdies – im kulturellen wie schon im wissenschaftlichen Bereich – dazu, die DDR von westlichen Konvergenz- und Technokratietheorien einerseits und vom Prager Frühling andererseits abzugrenzen. Die SED postulierte die Unverwechselbarkeit ihres Sozialismus und führte damit jede Idee an Versachlichung oder »Entideologisierung« der Kulturpolitik ad absurdum.[350]

Nicht allein ideologische Postulate knebelten Kunst und Literatur. Seit der Verabschiedung des NÖS unterlagen sie auch den ökonomischen Prinzipien der Planung und Leitung. »Spontaneität und Subjektivismus« war somit in doppelter Weise vorgebeugt.[351] Die Planung und Leitung schlug sich in einem verdichteten Organisationsaufbau nieder, der nun alle Sparten künstlerischer Tätigkeit in separaten Verbänden umfaßte und Kultur nach ökonomischen Gesichtspunkten verwaltete. Auch sie unterlag jetzt den Methoden der Prognostik, wobei die Konzentration auf der Förderung des wissenschaftlich-technischen Fortschritts, der Kombination fachlichen, politischen und ideologischen Wissens, darüber hinaus auf der Gemeinschafts- und der kulturellen Massenarbeit liegen sollte.[352] Einem Künstler verlangte man fortan »unbedingt auch den Blickwinkel des Planers und Leiters« ab, um ihn in die Lage zu setzen, das gesellschaftliche Ganze zu erkennen und seine Widersprüche lösen zu helfen.[353] Die Partei betrachtete die neue Organisationsförmigkeit als Mittel, um die sozialistische Moral zu stärken – freilich nun unter den Bedingungen der wissenschaftlich-technischen Revolution. Die gesellschaftlichen Widersprüche, so behauptete sie, machten sich nur vordergründig an Dogmatismus oder Bürokratismus fest, denn ihre Ursache liege in den Anforderungen der technischen Revolution, denen die »subjektiven Faktoren« sowohl nach fachlicher Qualifikation wie nach moralischer Disposition angeblich noch nicht entsprachen.[354]

Produktivismus als Revolutionsersatz, als parteipolitisch gelenkte »gesellschaftliche Tat«, konnte ohne massive Repression der Selbsttätigkeit nicht abgehen. Gegen die Forderung nach künstlerischer Freiheit setzte die SED wie immer Parteilichkeit; gegen die Forderung nach Informationsfreiheit behauptete sie, der Marxismus-Leninismus sei allen Gesellschaftsmitgliedern zugänglich; gegen den Vorwurf des Dogmatismus bestand sie auf Prinzipienfestigkeit; gegen die Kritik des »Personenkults« verwies sie auf den Klassenstandpunkt. Freiheit der Kunst hieß für die Partei nach wie vor, »die Kunst wirklich ernst zu nehmen«, sie also zu reglementieren.[355] »Sind wir der Meinung«, fragte Ulbricht, »daß ein paar Künstler oder Schriftsteller schreiben können, was sie wollen, und sie bestimmen die ganze Entwicklung der Gesellschaft?«[356] Diese Frage brachte die ganze Jämmerlichkeit stalinistischer Kulturpolitik zum Ausdruck. Wohl nicht zufälligerweise genau in dem Moment, in dem sie die »zweite Etappe« des NÖS einleitete, also die neuen Methoden der Planung und Leitung über die Ökonomie hinaus auf die ganze Gesellschaft ausdehnte, eröffnete die SED einen neuen Kulturkampf.[357] Die alten stalinistischen Schlagworte wie spießbürgerlicher Skeptizismus, Anarchismus, Zynismus, Nihilismus, Obszönität, Unmoral, Aufweichung, Zersetzung und Dekadenz sollten Schriftsteller und Künstler zwingen, die kulturrevolutionäre Linie der Partei zu unterstützen[358], die Künste weiterhin festlegen auf eine Aktivierung der Massen. Die Motive hatten sich dabei aus der Antizipation gesellschaftlicher Harmonie und technischer Vollkommenheit, aus der teleologischen Interpretation der Lösung gegenwärtiger Widersprüche und Konflikte zu speisen.

Die Repression erreichte 1965 mit dem 11. Plenum und seinen Folgen einen Höhepunkt. Jene Schriftsteller und Künstler, die auf Veränderung hofften und erste Schritte in diese Richtung getan hatten, waren aber kaum davon zu überzeugen, daß eine poststalinistische Kulturpolitik der stalinistischen zum Verwechseln ähneln sollte. Insbesondere die Fetischisierung der instrumentellen Vernunft, sei es in Gestalt des bürokratisch oder des wissenschaftlich-technisch angeleiteten Produktivismus, stieß auf Zurückhaltung, wenn nicht Ablehnung. Vor allem die Lyriker entzogen sich der so einfachen wie orthodoxen Annahme, die Produktivkraftentwicklung der wissenschaftlich-technischen Revolution schlage unmittelbar auf die Entwicklung der Kunst und ihre ästhetischen Maßstäbe durch und präformiere – im parteipolitischen Sinne – die subjektive Stellungnahme und Darstellung.[359] Die »Rehabilitierung des Ich«, die in der Lyrik-Debatte offenkundig wurde, konnten die Dogmatiker nicht mehr aufhalten: Keiner der angegriffenen Dichter lenkte ein, keiner übte Selbstkritik.[360] Auch die Schriftsteller übernahmen die Gleichung, derzufolge ökonomischer Fortschritt die gesamte Gesellschaft nur zum Positiven entwickeln könne, weshalb individuelle Interessen im Einklang mit gesellschaftlichen stünden, nurmehr mit Vorbehalt. Zwar war die Kritik des Ökonomismus noch eher die Ausnahme.[361] Sie wurde übrigens auch von dogmatischen Kulturfunktionären artikuliert, die die Vernachlässigung des humanistischen Erbes monierten.[362] Aber die Aufwertung der eigenen Erfahrung, die Abkehr von schematischer Darstellung »positiver Helden« zugunsten der Einbindung des »Typischen« in eine differenziert geschilderte Lebenswelt waren doch unverkennbar.[363] Dazu mag das internationale Schriftsteller-Kolloquium beigetragen haben, auf dem die »provinzielle Enge und mangelnde Modernität« der DDR-Literatur ebenso kritisiert wurden wie die »oft nur schlagwortartige Auseinandersetzung mit Strömungen und Richtungen der Moderne«.[364] Insgesamt nutzten sich die stalinistischen Schlagworte ab, und dies um so mehr, seitdem die Partei die kommunistische Utopie vertagte, den Sozialismus auf Dauer stellte und mithin die Zugeständnisse, die sie den Künstlern abverlangte, in einem wohlverstandenen marxistisch-leninistischen Sinne nicht mehr begründen konnte. Die Utopie »zweiter Ordnung« – die sozialistische Menschengemeinschaft – bot keinen hinreichenden Ersatz. Denn wer sich von der Suggestion der Gemeinschaft nicht mehr einfangen ließ und auch in der wissenschaftlich-technischen Revolution nicht die Lösung gesellschaftlicher Probleme sah, konnte erkennen, daß die Linie der Partei nichts anderes hieß als nicht enden wollende Entmündigung.[365]

Was man gemeinhin als »Ankunftsliteratur« bezeichnet, als Auseinandersetzen der Schriftsteller mit der sozialistischen Gesellschaft, erwies sich in den Romanen der sechziger Jahre mitunter als literarisches Gestalten des »Nichtankommens der Helden«, ihres »Zu-sich-selbst-Kommens«.[366] Gewiß hörte die kulturpolitisch erwünschte Produktionsliteratur, die literarische Verklärung der Planer und Leiter keineswegs auf, war sie aber von Rang, gewannen die Konflikte an Differenziertheit und die Charaktere an Individualität. Sie wurden Subjekte, ebenso wie sich der Stil der Prosa subjektivierte; politische Pädagogik und teleologisches Wissen traten zurück. Einfache Lösungen für Konflikte und Widersprüche boten die Autoren nicht mehr an, hingegen ließen sie individuelles Scheitern zu. Ansprüche an die Gesellschaft – nicht bloß die Einbahnstraße gesellschaftlicher Forderungen an den einzelnen – galten als legitim.[367] Zwar stand die Absage an das rigide »vom Ich zum Wir« keineswegs für den Großteil der Literatur. Schriftsteller, Dichter und Dramatiker wichen zudem gern der unmittelbaren Problematisierung der sozialistischen Gegenwart durch Parabeln, die Bearbeitung von mythischen und historischen Themen aus.[368] Dies mußte aber individueller und konfliktorischer Sichtweise ebensowenig widersprechen wie die Bearbeitung des Nationalsozialismus und der Kriegserfahrung, die viele Autoren in der NÖS-Periode aufnahmen.[369]

Insgesamt allerdings könnte H. D. Sander mit seinem Urteil

nicht Unrecht haben, die schöne Literatur der DDR jener Jahre habe die »Höhe der Literatur in den anderen sozialistischen Ländern« nicht erreicht.[370] Es fehlten vielfach die Schärfe, der Witz und die Ironie bei der Betrachtung der Gegenwart in ihrem Befangensein zwischen Vergangenheit und Zukunftsentwurf. Nicht so sehr, weil – wie seine nationale Inklination Sander meinen läßt – die künstlerische Intelligenz die Beziehung zum »Volk« schlechthin scheute, sondern weil dessen Unterstützung des Nazismus für die Autoren ebenso traumatisch war wie die Überzeugung, das sozialistische Projekt sei an der Trennlinie der Systeme besonders gefährdet. Die literarische Emanzipation von parteistaatlicher Direktive machte letztlich eher vor Partei und System halt, als sie Kritik und Gelächter preiszugeben.

# III. Im Schatten der Finalitätskrise

## 1. Real-existierender Sozialismus

Die Reformen der sechziger Jahre hatten dem Eigensinn von Wissenschaft und Ökonomie Zugeständnisse gemacht und die Planungs- und Leitungsmethoden des Parteistaates diversifiziert. Teilrationalisierung und Versachlichung begünstigten einen Modernisierungsschub. Allerdings zogen die selektive Förderung der industriellen Leitsektoren und die Vernachlässigung der Infrastruktur, der Zulieferbetriebe und letztlich auch der Konsumgüterproduktion Disproportionen nach sich. Sie führten gegen Ende des Jahrzehnts zur verzögerten Fertigstellung von Investitionen und zu Versorgungsengpässen. Der Prager Frühling und die Streiks, die 1970 in Polen ausbrachen, zeigten die ungewollten Fluchtpunkte einer Reformpolitik, die die SED zu riskieren nicht bereit war. Die internationale Entspannungspolitik und die Deutschlandpolitik der sozial-liberalen Koalition stellten sie vor zusätzliche Probleme. Die Reformen wurden abgebrochen und ihr Protagonist Walter Ulbricht wurde abgelöst.[1] Nicht nur in der DDR, sondern blockweit begann die Phase des real-existierenden Sozialismus.

Im Namen »planmäßiger Proportionalität« des industriellen Wachstums wurde die Wirtschaftspolitik der sechziger Jahre des »Subjektivismus« geziehen: Die Repolitisierung der ökonomischen Entscheidungen, bezeichnenderweise »Planung der Ware-Geld-Beziehung« genannt, stand an.[2] Die Partei korrigierte zudem die Besonderheiten der marxistisch-leninistischen Theoriebildung. Sie ließ die Emphase der wissenschaftlich-technischen Revolution ebenso fallen wie die systemtheoretische Konzeptualisierung und die Interpretation des Sozialismus als relativ eigenständige Gesellschaftsformation. In Übereinstimmung mit der sowjetischen Diktion ging es fürderhin um die allmähliche »Gestaltung der entwickelten sozialistischen Gesellschaft«.[3]

An die Stelle des Ziels, die Utopie in einer großen Kraftanstrengung zu erreichen oder zumindest die »sozialistische Menschengemeinschaft« in kurzer Zeit zu verwirklichen, trat nun eine ernüchterte Perspektive. Im Mittelpunkt der Theorie und Politik sollten künftig die »realen Prozesse des gesellschaftlichen Lebens« stehen, insbesondere »der Mensch mit seinen materiellen und geistigen Bedürfnissen«.[4] Die wissenschaftlich-technische Revolution verlor die Bedeutung eines Motors rapider sozialer Umwälzung; damit ging die legitimatorische Verknüpfung technokratischer und utopischer Hoffnungen verloren.[5] Ökonomischer und gesellschaftlicher Fortschritt sollten sich künftig nicht entlang der Linien einer permanenten Revolutionierung der Produktivkräfte entwickeln, sondern aus einer eindeutig politisch bestimmten Evolution folgen. Der Primat der Politik dominierte fortan unangefochten von technokratischen Versuchungen in Ökonomie und Gesellschaft[6]; entsprechend reduzierte sich die zuvor ausdifferenzierte parteistaatliche Steuerungspalette.

Die Konzentration auf die Gegenwartsgesellschaft, auf den real-existierenden Sozialismus, war in der DDR mit dem Namen Erich Honeckers und seiner Strategie der »Einheit von Wirtschafts- und Sozialpolitik« verbunden. Diese setzte sich das Ziel, sozial- und wirtschaftspolitische Maßnahmen so miteinander zu verbinden, daß verbesserte Arbeits- und Lebensbedingungen ökonomisches Wachstum förderten und vice versa. Die Einheit von Wirtschafts- und Sozialpolitik stand mithin für ein Konzept der allmählichen Gesellschaftsveränderung, der steten »Vervollkommnung« des Sozialismus, die wiederum die Voraussetzungen für den Kommunismus schaffen sollte.[7] Materiale Gleichheit und soziale Sicherheit wurden zu den zentralen Legitimitätsansprüchen der Parteiherrschaft, und sie löste sie auch in gewisser Weise ein: die entdifferenzierte, »klassenlose« Gesellschaft wurde unter der Herrschaft Honeckers zementiert. Was freilich nicht heißen soll, das Machtgefälle in der Gesellschaft sei abgebaut worden oder die Repressionsapparate hätten sich zurückgebildet. Im Gegenteil erwies sich der Ausbau der Staatssicherheit als die Alternative zu erneuten Reformansätzen; und ausgeklügelte Privilegiensysteme teilten die Gesellschaft entlang der Grenzen von Zugangs- und Ausschlußmechanismen auf, die ihrerseits diffus wirkten und keine klaren Linien zwischen privilegierten und benachteiligten sozialen Gruppen schufen.

Doch zunächst zum Dogma des real-existierenden Sozialismus. Die Konzeption der entwickelten sozialistischen Gesellschaft definierte das Ziel, soziale Unterschiede sukzessive zugunsten gesellschaftlicher Gleichheit aufzuheben und im selben Prozeß die Entwickung der sozialistischen Moral, Lebensweise und Persönlichkeit zu fördern. Die Konzeption beschrieb dem Anspruch derer, die sie formulierten, zufolge aber immer zugleich die Wirklichkeit, wenn auch eher aus der Perspektive der Entwicklungspotentiale, die sie in ihr sehen wollten. Aus diesem Umstand erklärt sich der unübersehbare Hang zur ideologischen Überhöhung des bereits Erreichten; der Komparativ, ohnehin ein beliebtes marxistisch-leninistisches Stilmittel, nahm seit den siebziger Jahren überhand. Im Rahmen des theoretischen Entwurfs der entwickelten sozialistischen Gesellschaft läßt sich die Strategie der Einheit von Wirtschafts- und Sozialpolitik als Mittel zum Zweck – nämlich zur Vervollkommnung der Gesellschaft – begreifen, weshalb die Begründung beider kaum Unterschiede aufwies. Der Grundannahme zufolge entwickelten sich ökonomisches Wachstum und sozialer Fortschritt im Gleichklang.[8]

Die Konzeption der entwickelten sozialistischen Gesellschaft stand in der Tradition ganzheitlich-harmonistischer Entwürfe. In dem »sozialen Organismus«, so hieß es beispielsweise, finde eine »harmonische, optimal proportionale Entwicklung aller Bereiche des gesellschaftlichen Lebens« statt; die Gesellschaft sei »ein einheitliches System gesellschaftlicher Verhältnisse und Beziehungen, welche das schnelle Wachstum der Produktion und die allseitige Entwicklung der Menschen, die Schaffung größerer Möglichkeiten für die noch bedeutendere Hebung des Wohlstandes und ihrer Kultur voraussetzen«.[9] Diese Vorstellung von Harmonie umfaßte, wie die Überlegungen vorhergehender Phasen, vor allem die Annahme, daß sich die Klassen und Schichten einander immer weiter annäherten, bis letztendlich der Zustand der Homogenität erreicht wäre. Unter Annäherung wurde die Angleichung der anderen Klassen und Schichten an die Arbeiterklasse verstanden.[10] Die Entwicklung sozialistischen Bewußtseins sollte zu der fortschreitenden Erosion der Klassenunterschiede ebenso beitragen wie die weitere Überwindung der unterschiedlichen Formen des sozialistischen Eigentums. Beides werde die objektive Gemeinsamkeit der Interessen und die politische, ideologische und moralisch-kulturelle Einheit des Volkes auch subjektiv einlösen. Eine sozialistische Menschengemeinschaft allerdings werde im Sozialismus noch nicht entstehen; vielmehr sei die entwickelte sozialistische Gesellschaft eine »Klassengesellschaft neuen Typus« und werde als solche noch für einen längeren Zeitraum Bestand haben.[11] Der Begriff der Klassengesellschaft wurde später zurückgenommen.[12] Zwar war er geeignet, den Mythos der Arbeiterklasse zu unterstreichen und ihren Führungsanspruch zu erhärten, doch betonte er soziale Unterschiede weit stärker, als dem Dogma zunehmender Gleichheit zuträglich war. Die Gesellschaft sollte jedoch noch »Widersprüche und Mißverhältnisse« aufweisen.[13] Gerade in ihren Widersprüchen glaubte man die Triebkräfte der weiteren Entwicklung der Gesellschaft zu erkennen; andererseits ließ die Einsicht, daß soziale Unterschiede nicht schnell zu beheben seien, auf sozialpolitische Maßnahmen drängen.

Neben die harmonisierende Beschreibung des bereits Erreichten und seiner Perspektiven trat also die Anerkennung des »realen« Sozialismus mit seiner sozialen Ungleichheit und konflikthaften Wirklichkeit. Konflikte und Widersprüche speisten sich, so die Annahme, aus »noch bedeutenden Überbleibseln der Vergangenheit«.[14] Diese Interpretation bot den herrschaftstechnischen Vorzug, die Relevanz der Erziehung und des ideologischen Kampfes gegen bürgerliche Einflüsse hervorzuheben und zugleich die »Konzeption von der ›Demokratisierung‹« eines Sozialismus, der doch schon alle humanistischen Werte in sich vereine, zu bekämpfen.[15] Allerdings räumte man jetzt aber ein, daß sich Widersprüche und Konflikte auch aus dem Prozeß des permanenten Fortschritts im Sozialismus selbst entwickelten. Unbeschadet der prinzipiellen Interessenübereinstimmung, die die Beziehungen zwischen einzelnen und Gemeinschaft »ihrem Wesen nach« bereits harmonisch gestalte, erzeugten aktuelle Interessendivergenzen doch Konflikte. Deren Definition war jedoch sehr eng gefaßt. So sollten sich Konflikte z. B. im Widerspruch zwischen Neuerertum und Beharrung, zwischen Stolz auf Erreichtes und weiterem Vorwärtsdrängen, zwischen Dynamik und Ruhebedürfnis äußern. Solche Widersprüche wirkten vermeintlich als »Triebkräfte«, denn die Notwendigkeit, sie zu lösen, treibe zur »ständigen Vervollkommnung der gesellschaftlichen Verhältnisse«.[16] Man nahm soziale Unterschiede mithin nur als Motor der weiteren Entwicklung hin zu mehr Gleichheit wahr.

Obwohl es dem Dogma zufolge eine einheitliche sozialistische Lebensweise bereits gab[17], ließ es die Annahme zu, daß die sozialen Unterschiede, die aufgrund der verschiedenen Formen des sozialistischen Eigentums, des Gegensatzes zwischen Stadt und Land oder von Kopf- und Handarbeit noch bestünden, zu einem Nebeneinander unterschiedlicher Lebensstile führten.[18] Sie sollten nicht durch ein »falsches« Verständnis der Gleichheit – durch »Gleichmacherei« – beseitigt werden, weil der Verfolg persönlicher Interessen dem gesellschaftlichen Interesse an Höherentwickung diene.[19] Die zentrale Triebkraft vermutete man im Leistungsprinzip.[20] Allerdings, und hierin kam die spezifische reservatio mentalis zum Tragen, die Leistungsprinzip und subjektiven Interessen Schranken setzte, dachte man materielle Anreize nicht in Unabhängigkeit von ideellen Stimuli, von moralischen Beweggründen und sozialistischer Bewußtheit.[21] Auch ging man davon aus, daß die »spezifischen sozialistischen Verhältnisse und ihre voll zur Wirkung kommenden Gesetzmäßigkeiten« für die gesellschaftliche Entwicklung letztlich bestimmend seien[22], daß also die Widersprüche, Konflikte und Unterschiede im Zuge der Evolution, der generellen Annäherung der Klassen und Schichten, verschwinden würden. Als Garant der sozialistischen Evolution galt die Führungsrolle der Partei, deren Bedeutung der offiziellen Auffassung nach weiterhin wuchs.[23]

Räumte man also zunächst ein, daß soziale Unterschiede im Sozialismus fortbestünden und begriff sie als »Triebkraft« einer langfristigen Entwickung, die alle diese Unterschiede einebne, bestand doch die Gefahr, daß ein Übermaß an Ungleichheit, bei aller Beschwörung grundsätzlicher Interessenidentität, als ungerecht empfunden würde. Indem die Strategie der Einheit von Wirtschafts- und Sozialpolitik beiden Gesichtspunkten Rechnung trug, meinte man – in Anlehnung an die ideologische Begründung der Reformen der sechziger Jahre –, nun werde sie zur »Einheit von Rationalität und Humanität« führen.[24] Denn sie verfolge das Ziel, eine Wechselbeziehung zwischen der Verbesserung der Arbeits- und Lebensbedingungen und dem ökonomischen Wachstum herzustellen. Eine bedarfsgerechte Produktion von Konsumgütern und die gesamte Palette des sozialpolitischen Programms sollten einerseits das materielle und kulturelle Lebensniveau erhöhen. Andererseits würden ein wachsender Lebensstandard und verbesserte Arbeitsbedingungen sodann – gemeinsam mit dem Leistungsprinzip – die Initiative der Werktätigen anregen und die Effizienz ihrer Arbeit steigern.[25] Das »Wesen« der Sozialpolitik sah man daher in ihrer Funktion, als »organisches Teil der einheitlichen Politik der Arbeiterklasse« zur Überwindung der »wesentlichen« sozialen Unterschiede, zur Annäherung der Klassen und Schichten, zur Herausbildung der sozialistischen Persönlichkeit und Lebensweise wie auch der politisch-moralischen Einheit »planmäßig« beizutragen.[26] Sozialpolitik war mithin Gesellschaftspolitik, die den »Sinn des Sozialismus zum Ausdruck« bringe: die Lebensweise der anderen Klassen und Schichten an jene der Arbeiterklasse anzunähern.[27] Die Konzeption der Sozialpolitik beschwor den Mythos der Arbeiterklasse und ihrer »historischen Mission«, formulierte die Ziele des Sozialismus nicht abstrakt-normativ, sondern machte sie am »Wesen« der Klasse fest.

Diesseits des Dogmas, in der konkreten Politik nämlich, hieß Einheit von Wirtschafts- und Sozialpolitik, sich auf das Machbare im Hier und Heute, auf die Wechselwirkung zwischen Bedürfnisbefriedigung und Produktivitätsfortschritt zu konzentrieren, um ökonomischen wie sozialen Fortschritt gleichermaßen zu fördern. Doch die sozialpolitisch alsbald nivellierte Gesellschaft erwies sich als antriebs- und innovationsschwach. Deshalb stellte sich die Behauptung, das Zusammenspiel zwischen Wirtschafts- und Sozialpolitik werde den wissenschaftlich-technischen Fortschritt stetig tragen, als Fehleinschätzung der Partei heraus. Ihre späteren Versuche, an Teile der Reformen der sechziger Jahre wieder anzuknüpfen, insbesondere die wissenschaftlich-technische Revolution erneut aufzuwerten und den modernen Technologien – wie vor allem Mikroelektronik und Robotertechnik – Priorität einzuräumen, scheiterten. Die rezentralisierte Ökonomie war zu rigide, um auf sich ändernde konjunkturelle Lagen und externe Einflüsse flexibel reagieren zu können.[28] Neben den systemspezifischen Innovationsschwächen einer zentral geplanten und geleiteten Ökonomie trug die Sozialpolitik zur ökonomischen Krisenentwicklung bei. Sie band enorme finanzielle Mittel, die den Investitionsfonds fehlten.[29] Die SED geriet mit ihrer sozialen Sicherungspolitik einerseits und ihren wissenschaftlich-technischen Ambitionen andererseits in eine Situation unlösbarer Widersprüche.

Denn es entstand eine klassenlose Gesellschaft, deren unmündig gehaltene Mitglieder sich ohne auch nur halbwegs eigenständige intermediäre Institutionen direkt mit Partei und Staat konfrontiert sahen. Sie verfügten weder über ökonomische Selbständigkeit noch über politische Einflußchancen; regulative Mechanismen oder Medien wie Markt und Geld, Recht und Demokratie waren entweder politisch überlagert oder völlig außer Kraft gesetzt. Es gab Arbeitsteilung, aber keine außerpolitischen Vermittlungen; daher konnten sich Interessendivergenzen zwar an sozialen Strukturen und an parteipolitisch präformierten Berufsorganisationen festmachen, aber weder unabhängig organisieren noch öffentlich artikulieren. Da sich berufsspezifische Rationalitätskriterien und subsystemischer Eigensinn nicht mehr – wie noch ansatzweise in den sechziger Jahren – entfalten konnten, lief die arbeitsteilige Differenziertheit der Gesellschaft ins Leere. Diese Konstellation erwies sich als eine Modernisierungsfalle. Sie setzte keine ökonomischen, wissenschaftlichen oder technischen Initiativen und Anreize frei. Die Gesellschaft befand sich in einer permanenten Krise des Fortschritts.[30]

Da funktionstüchtige Reproduktionsmechanismen in der Ökonomie und in anderen Subsystemen – die als solche nur mit Vorbehalt zu bezeichnen sind, weil sie sich als relativ eigenständige so wenig herausbilden konnten – fehlten, war die Gesellschaft in eigentümlicher Weise fehlstrukturiert. Anders gesagt: Strukturmerkmale wie Einkommen, Leistung, Qualifikation, Konsumchancen, Status und Mobilität standen in keinem konsistenten korrelativen Verhältnis; vielmehr waren sie abhängig von politischen Positionen und Entscheidungen sowie von informellen Beziehungen.[31] Das mochte der Herrschaftssicherung dienen, aber es schadete einer berufsspezifischen Leistungsorientierung. Die Nivellierung im Leistungs- und Einkommensbereich[32] ging mit einer Verfestigung sozialer Gruppen einher, die sich selbst reproduzierten. Arbeiterklasse und Intelligenz glichen sich nur an ihren unteren und oberen Rändern an; vornehmlich dieser Grenzbereich war die Domäne vertikaler Mobilitätschancen. Die beiden Großgruppen waren intern strukturiert[32], was jedoch nicht hieß, daß Unterschiede in der Qualifikation auch angemessene Unterschiede in der Tätigkeit nach sich zogen. Zum einen eilte die Ausbildungspraxis der Ausgestaltung der Arbeitsplätze voraus; mehr als ein Drittel der Qualifizierten fühlte sich unterfordert.[34] Zum anderen sahen sich aber selbst die adäquat plazierten hochqualifizierten Arbeitskräfte zu wenig stimuliert, um hochwertige Leistungen zu erbringen. Aus diesem Grund plädierten seit Beginn der achtziger Jahre einige Wissenschaftler dafür, die soziale Nivellierung aufzubrechen, individuelle und gruppenspezifische Eigenarten ernstzunehmen und überdies politische Artikulations- und Einflußchancen zu eröffnen.[35]

Insgesamt bestand ein heikles Gemisch aus Zufrieden- und Unzufriedenheiten, das sich nicht öffentlich artikulieren konnte. Im allgemeinen mochte es scheinen, als ob beispielsweise mit der Miet- und Wohnsituation eher Zufriedenheit herrschte[36], und dies galt wohl auch für weite Teile des sozialen Sicherungssystems[37], das Bildungssystem und für die Gestaltungsmöglichkeiten im privaten Bereich.[38] Aber die Arbeitsbedingungen ausgerechnet der ideologisch favorisierten Produktionsarbeiter blieben schlecht[39], die Arbeitszeiten selbst im mittelosteuropäischen Vergleich lang.[40] Daher wurde die Gruppe derer, die Ausreiseanträge stellten und dem Land endgültig den Rücken kehrten, stetig größer.[41] Die Sozialpolitik erreichte zwar eine der Zielvorgaben der frühen siebziger Jahre, nämlich Lebenshaltung und -niveau anzuheben und soziale Unterschiede einzuebnen. Doch die Kehrseite schlug sich in steigenden Belastungen des Staatshaushalts nieder; und weil die Nettoverschuldung der DDR im Außenhandel zugleich anwuchs, was man durch erhöhte Konsumgüterexporte auszugleichen suchte, pendelte sich der Lebensstandard in den achtziger Jahren auf einem noch immer bescheidenen Niveau ein.[42] Angesichts des nur wenig entwickelten Dienstleistungssektors konzentrierte sich die Nachfrage aber v. a. auf den Warenmarkt; die hohe Sparquote, die überdurchschnittlich gut verdienende Haushalte aufwiesen, drückte eher die allgemeine Mangelsituation als freiwilliges Sparverhalten aus; entsprechend hoch war die Unzufriedenheit mit dieser Situation.[43] Unmut staute sich in den achtziger Jahren überdies angesichts der Umweltbedingungen. Ökologische Schäden und Belastungen waren nicht länger zu übersehen und führten zur Abwanderung aus den industriellen Ballungszentren.[44]

Das Dogma der zunehmend homogenisierten und »arbeiterähnlichen« Gesellschaft, des Aufgehens des einzelnen im Kollektiv und der Übereinstimmung gesellschaftlicher, kollektiver und individueller Interessen rieb sich in vielfacher Weise an der Wirklichkeit. Zwar entstand tatsächlich eine Gesellschaft, in der Eigentums- und Klassenverhältnisse tendenziell eingeebnet waren, aber soziale Unterschiede und Ungleichheit bestanden fort, und sie wirkten sich gerade für relevante Teile der Produktionsarbeiter diskriminierend aus. Was als sozialistisches Element der Gesellschaft firmierte, nämlich die Arbeitsplatzsicherheit, die weitgehend egalitäre Lohnstruktur und das breitenwirksame Netz staatlicher Subventionierung der Güter und Dienstleistungen des täglichen Bedarf, lag quer zu den ökonomischen Erfordernissen wirtschaftlicher Intensivierung und Rationalisierung. »Sub-industrielle Standards der Arbeit« und Elemente einer »personalen Ökonomie« in den Betrieben erhielten den Arbeitern zwar Freiräume[45], aber zugleich standen sie der Durchsetzung wirtschaftlicher Rationalitätskriterien entgegen. Innovationsblockaden resultierten nicht zuletzt aus der Lage der wissenschaftlichen Intelligenz. War sie bereit, Abstriche an ihrem spezifischen Arbeitsethos hinzunehmen, konnte ihre Arbeits- und Lebenssituation nicht als unbefriedigend gelten. Wissenschaftlicher Ehrgeiz und intrinsische Motivation wurden jedoch zur Ausnahme und weniger als Positiva denn als Ausdruck verpönten Individualismus angesehen.[46]

Die Krise des Fortschritts läßt sich indes nur vordergründig der Unbeweglichkeit der Arbeiter oder Wissenschaftler anlasten. Denn die systemspezifischen Informationsdefizite und die politische Gängelung hemmten die »industrielle Kultur« der Arbeiter nicht weniger als die »Informationskultur« des Wissenschaftssystems.[47] Und all diese Mängel resultierten aus dem Anspruch der Partei, die gesamte gesellschaftliche Entwicklung zu planen und zu kontrollieren, zu diesem Zweck alle selbstregulativen Mechanismen auszuschalten, um über eine entdifferenzierte, klassenlose Gesellschaft vermeintlich sicher zu herrschen.

Der gesellschaftliche Immobilismus wurde insbesondere denen zum Problem, die aus der Stagnation des Systems keinen Vorteil zogen oder ihm nicht allein wegen seiner Garantie geschützter Arbeits- und Lebensbedingungen Loyalität entgegenbrachten oder Legitimität zusprachen. Immer mehr Menschen wollten das Land verlassen, einige es aus der Motivlage politisch Überzeugter verbessern. Für sie wurde der drohende Legitimitätsverlust zu einer »Triebkraft«, zum Motiv, die Stagnation zu überwinden und einem funktionstüchtigen Sozialismus doch noch auf die Beine zu helfen. Wenden wir uns also den Problemen der Legitimität und Loyalität im real-existierenden Sozialismus zu.

## 2. Probleme der Legitimität und der Loyalität

Seit Beginn der siebziger Jahre veränderten sich die Legitimationsansprüche und die Strategien aller in Mittelosteuropa herrschenden Parteien, die politische Integration der ihnen unterworfenen Gesellschaften zu sichern. In der DDR war das Problem der Legitimation besonders dringlich. Denn die höchstrangige Zielbestimmung: die kommunistische Gesellschaft der Gleichen und Freien, der Klassenlosigkeit und Herrschaftsfreiheit, hatte die SED bereits in den letzten Jahren der vorhergehenden Reformphase auf unbestimmte Zeit vertagt. Mit dem Abbruch der Reformen erwies sich auch die »Ersatz«utopie – die Verbindung technokratischer Effizienz mit einer sozialistischen Menschengemeinschaft – als unerreichbar. Denn eine technologisch hochmoderne Industriegesellschaft ließ sich in den wenigen Jahren, auf die das Reformexperiment beschränkt blieb, nicht schaffen. Stockte aber die sozio-ökonomische Dynamik, nahm sie nicht den prognostizierten Verlauf, dann konnten sich die Voraussetzungen dessen, was die Partei als harmonische Gemeinschaft schon für den Sozialismus konzipiert hatte, nicht entwickeln. Angesichts des doppelten Utopieverlusts, der die Glaubwürdigkeit der zentralen legitimatorischen Werte auszuhöhlen drohte, stand die Parteiherrschaft im Schatten einer Finalitätskrise.

Die SED war mit dem Problem konfrontiert, ihre führende Rolle in Staat und Gesellschaft zu begründen, ohne noch glaubhaft auf die zeitliche Nähe des kommunistischen Telos verweisen zu können. Zwar blieb die kommunistische Perspektive im Sinne der Beschreibung einer »lichten Zukunft« bestehen, aber Gleichheit und Harmonie sollten sich nicht schnell auf hohem Niveau einstellen können.[48] Wenn mithin die Finalität parteipolitischen Handelns, sein Ziel der Erlösung, sich aus dem biographischen Erwartungshorizont derer löste, die für die Durchsetzung des Telos kämpfen und sich politisch anleiten lassen sollten, dann bestand immerhin die Möglichkeit, daß die Diktatur der Partei auf der Ebene ideologischer Rechtfertigung selbst fragwürdig wurde.

Das Problem wog um so schwerer, als die Partei den Menschen nicht mehr abverlangte, sich in den Eigensinn von Ökonomie, Wissenschaft und Technik einzufügen, sondern ihre Lebensweise und ihr Bewußtsein dem Entwicklungsstand der sozialistischen Eigentums- und Herrschaftsverhältnisse anzupassen und in gemeinsamer Anstrengung mit der Partei die Arbeits- und Lebensbedingungen langsam zu verbessern. Damit trat der Charakter der Gesellschaft als »Vollzugsgesellschaft«[49] wieder deutlicher zutage, als dies in den sechziger Jahren der Fall gewesen war. Denn mit dem Ende des Neuen Ökonomischen Systems entfiel die außerpolitische Koordination individueller, betrieblicher und gesellschaftlicher Interessen zugunsten ausschließlich politisch-ideologischer Steuerung.

Das Wissensprivileg, das die Partei nach wie vor für sich reklamierte, füllte sie angesichts des gescheiterten wissenschaftlich-technisch-revolutionären Experiments weniger mit technokratischen als vielmehr mit unvermittelt normativen Inhalten. Schwerer als ökonomischer Sachzwang und wissenschaftlich-technische Dynamik wog nun wieder der »subjektive Faktor«, sei es in Gestalt eines unangefochtenen Primats der Politik bei der Planung und Leitung gesamtgesellschaftlicher Entwicklung, sei es in der Betonung der hervorragenden Bedeutung, die der politischen Bewußtheit und Moral der angeleitet Handelnden zukommen sollte. Zwar hätte der historisch-materialistischen Theorie zufolge das veränderte Sein sich im Bewußtsein der Gesellschaftsmitglieder widerspiegeln müssen, also die Legitimität der Herrschaft den Menschen mit ihren neuen Einstellungen und Verhaltensweisen recht eigentlich nicht zum Problem werden dürfen. Doch diese Erwartung hatte sich schon früher als voreilig erwiesen. Da man nun davon ausging, daß der gesellschaftliche Entwicklungsprozeß sich nicht beschleunigte, sondern verlangsamte, und da überdies das ökonomische Regulativ fehlte, das in der Reformphase individuellen und gesellschaftlichen Nutzen miteinander hatte verzahnen sollen, mußte Bewußtheit und Legitimitätsglauben um so mehr nachgeholfen werden. Dem dienten die »Überinterpretation der schon erreichten ›neuen‹ Qualitäten des sozialistischen Menschen« ebenso wie der »Versuch, den Prozeß der Entwicklung der neuen Gesellschaft auch in diesem Bereich planend anzuleiten«.[50]

Worum es im real-existierenden Sozialismus ging, war Sinnstiftung diesseits der Utopie. Soziale Gleichheit blieb die zentrale normative Kategorie. Sie verband die Konzeption der entwickelten sozialistischen Gesellschaft in ihrer real-existierenden Wirklichkeit mit ihren Entwicklungspotentialen, die vermeintlich auf den Kommunismus hin wirkten. Indem das Ziel der Gleichheit Gegenwart und Zukunft konzeptionell miteinander verkoppelte, definierte es Fortschritt wie auch den Sinn zeitgenössischen Handelns. Egalität als oberster Wert blieb, wie wir sahen, an die Vorstellung gesellschaftlicher Harmonie und Homogenität gebunden. Das Ideal der Annäherung der Klassen und Schichten, ihrer politisch-moralischen Einheit, ihrer Interessen- und Gefühlsidentität wurde allerdings in zuvor nicht gekannter Weise substantialisiert. Weil nun, nach dem Abbruch des Experiments mit der wissenschaftlich-technischen Revolution, die utopische Dimension von dem Motor der technologischen Moderne abgeschnitten war, avancierte die Arbeiterklasse, oder besser gesagt: »Arbeiterähnlichkeit«[51], zum Sinnbild des sozialistischen Ideals.

Die Mythologisierung der Arbeiterklasse war Teil der Herrschaftsstrategie. Sofern sie der Legitimierung der führenden Rolle der Partei als der politischen Avantgarde der Klasse diente, diente sie auch der Affirmation einer gegenwartsbezogenen Politik, die sich immer schon auf die Gegenwärtigkeit des »Wesens« des Fortschritts berufen konnte. Sie brachte darüber hinaus das Mißverständnis der Partei über die reale Befindlichkeit eben dieser Klasse zum Ausdruck, in deren Interesse zu handeln sie vorgab. Die Arbeiterklasse selbst begriff sich keineswegs als eine revolutionäre, vorwärtstreibende Kraft, war sie doch Teil der »Gesellschaft von Staatsangestellten«, die den Plan exekutierten.[52] Weil aber die Politik des sozialistischen Aufbaus unabhängige kulturelle Zusammenhänge weitgehend zerstört hatte, in denen die Gesellschaftsmitglieder früher sozialisiert worden waren und so ihre normativen Orientierungen gewonnen hatten, bedurften sie nun in der Tat ideologischer Anleitung, zumal nach dem Abbruch der ökonomischen Reformen auch der tendenziell unreglementierte Kontext ökonomisch interessegeleiteten Handelns fehlte. Dem Herrschaftsanspruch der Partei kam unter diesen Umständen der wachsende Bedarf an Sinnstiftung in einer Gesellschaft entgegen, der Selbstverständigung außerhalb privater Bereiche kaum möglich war.[53] Die Partei und die ihr verbundene Intelligenz reduzierten fortan gesellschaftliche Komplexität um ein weiteres, indem sie nicht nur den politisch-moralischen Soll-Zustand vorgaben und die Rechte und Pflichten der einzelnen festlegten, sondern die Normen überdies am Beispiel der »führenden« Klasse substantiierten, was moralische Diskurse und das Abwägen von Normen von vornherein erübrigte.

Der Mythos Arbeiterklasse ersetzte die Funktion, die in den sechziger Jahren die technokratische Vision erfüllt hatte: Fortschritt sollte ohne Diskussion definierbar sein. Eigenschaften, die früher, beispielsweise bei der Postulierung der zehn Gebote der sozialistischen Moral, als dem sozialistischen Aufbau förderlich galten, gerieten nun zu den Eigenschaften des kommunistischen Menschen schlechthin. Die neue Gesellschaft sollte dann erreicht sein, wenn sich die Klassen und Schichten wie auch die Individuen dem »proletarischen Wesen« assimilierten, wenn alle Solidarität, Disziplin und Opferbereitschaft, Kollektivität, Initiative und Schöpfertum massenhaft praktizierten, wenn sie von revolutionärem Geist, politischer Bewußtheit und gesamtgesellschaftlicher Verantwortlichkeit – so wie die Partei sie verstand – erfüllt wären. Die utopische Phantasie fand sich in die gesellschaftspolitische Realitätsblindheit des real-existierenden Sozialismus eingesperrt. In dieser herrschte zwar nicht mehr die spezifische Synthese von Technokratie und Gemeinschaft vor, aber die Arbeits- und Wachstumszentriertheit des Marxismus-Leninismus war so ungebrochen wie die Weichenstellung auf eine naturwissenschaftlich-technische Kultur. Die Erziehung zum Expertenwissen stand nach wie vor an; unter Anleitung der Partei sollte eine »Sachverständigen-Gesellschaft« entstehen, deren Menschenbild sich weiterhin im homo faber erschöpfte.[54] Aber homo faber sollte nicht einmal mehr seine fachspezifische Kreativität ausleben können, denn die Partei gab das Ergebnis des »Schöpfertums« ja immer schon vor.

Den Fragen, denen der Utopieverlust und die (latente) Finalitätskrise die Parteiherrschaft grundsätzlich aussetzten, war mit den diskursabwehrenden Idealen der Arbeiterähnlichkeit und des Produzentenideals in gewisser Weise vorgebeugt. Allerdings mußten sich »Zukunftsgläubigkeit und Obrigkeitsglaube« schon bis zur »Ununterscheidbarkeit« durchdringen, sollte das Ideal auch dem real-existierenden Sozialismus noch Legitimitätsglauben sichern. Doch büßen die Menschen die Gewißheit über den Sinn ihres Tuns nur ungern ein, und es ist daran zu erinnern, daß der real-existierende Sozialismus eine »kunstvoll gewordene und aus verflossenen Kulturen gefallene« Gesellschaft war, in der ein hoher Bedarf an Orientierungswissen – an »Bewußtheit« eben – bestand. Die Angst vor Spontaneität und Kreativität beseelte unter solchen Verhältnissen, die autonome gesellschaftliche Sphären individueller Normaneignung zunehmend erodierten, nicht nur die Partei als führende Institution, sondern auch ihre einzelnen Mitglieder und selbst jene Individuen, die ihr nicht nahestanden.[55]

Ein rein pragmatischer Bezug auf die Gegenwartsgesellschaft, eine Strategie des »Konsumsozialismus«, die nurmehr »Massenloyalität« beanspruchte[56], bot allein keine zureichende Antwort auf die Legitimitätsprobleme. Zwar erkannten die kommunistischen Parteien des sowjetischen Hegemonialbereichs ganz zweifellos, daß sie ohne Erhöhung des Lebensstandards nicht in der Lage sein würden, ihre Machtposition zu sichern. Dies galt jedenfalls dann, wenn (und solange) sie weder auf offen terroristische Methoden zurückgreifen, noch eine Demokratisierung zulassen wollten. Die Einheit von Wirtschafts- und Sozialpolitik stand sowohl für die weitere Abkehr vom unmittelbaren Terror als auch für die fortgesetzte Verweigerung politischer Mündigkeit. Soziale Anpassung erwartete man vor allem von den integrierenden Effekten verbesserter Arbeits- und Lebensbedingungen und ausgebauter Systeme sozialer Sicherung. Aber zu einer stabilen politischen Integration der Gesellschaft bedurfte es mehr als nur der (gleichwohl unverzichtbaren) Loyalität der Gesellschaftsmitglieder, die unbehelligt neuen Konsumchancen nachgehen und sich überdies sozialer Sicherheit erfreuen konnten. Die Mitglieder der Partei selbst, die Nomenklatur und jene Teile der Intelligenz, deren Aufgabe es war, die Herrschaft der Partei zu begründen, konnten gesellschaftliches Einverständnis eher gewährleisten, wenn sie an die Legitimität der Herrschaft, die sie ausübten oder der sie dienten, selbst glaubten und wenn sie diesem Glauben außerhalb der eigenen Kreise zur Geltung verhalfen.

Dies geschah dadurch, daß man die Strategie des »Konsumsozialismus« normativ interpretierte. Zu dem obersten Wert der Gleichheit gesellten sich weitere sozialistische Werte wie soziale Sicherheit und Geborgenheit. Die Befriedigung materieller und ideeller Bedürfnisse, die Perspektive ökonomischen Wachstums und technischer Modernität wurden mit Krisenfreiheit und Vollbeschäftigung zusammengedacht. Die Einheit von Wirtschafts- und Sozialpolitik war ein sozialistisch-normatives Ganzes[57], das seine legitimatorische Wirkungskraft erst verlor, als sich das Modell als funktionsuntüchtig erwies. Die Werte indes sind bis heute anerkannt und bilden den Kern dessen, was die DDR-Gesellschaft in ihrer großen Mehrheit als »sozialistische Errungenschaften« schätzte.

Es ging also nicht allein um Loyalität, sondern um Legitimitätsglauben. Die Interpretation, der zufolge die Partei den von ihr Beherrschten einen neuen »Gesellschaftsvertrag« anbot, benennt das Problem, um das es im real-existierenden Sozialismus ging. Allerdings ist der Begriff Gesellschaftsvertrag mißverständlich. Denn er legt die Vorstellung eines Demokratie konstituierenden Pakts nahe, mithin genau das Gegenteil dessen, was die Partei beabsichtigte. Sie strebte den fortwährenden Verzicht auf Selbsttätigkeit seitens der Herrschaftsunterworfenen an; diese sollten im Gegenzug lediglich parteistaatliche Fürsorge[58], Orientierungswissen und Zukunftsgewißheit erwarten dürfen. Und dennoch ist die These vom Gesellschaftsvertrag gleichsam ex negativo nützlich, weil sie die Demokratiedefizite in Partei und Gesellschaft verdeutlicht: De facto traten die Individuen weiterhin und stillschweigend ihre politischen Rechte an Staat und Partei ab; diese versprachen Vollbeschäftigung, steigenden Lebensstandard, soziale Sicherheit und gemeinschaftliche Gleichheit. Auch diese gebündelten Versprechen machen deutlich, daß Loyalität *und* Legitimitätsglaube abverlangt wurden. Sie eröffneten – ihre Realisierung vorausgesetzt – neue Chancen der Bedürfnisbefriedigung, zugleich formulierten sie darüber hinaus Normen für die gesamtgesellschaftliche Entwicklung. Die Suggestion eines »Vertrags« sicherte freilich die politische Integration nur so lange, wie beide »Partner« sich an die »Abmachung« hielten, der (Partei-)Staat die versprochenen Leistungen erbrachte und die Gesellschaft nicht begann, sich ihrer demokratischen Rechte zu besinnen.[59]

Aus der Perspektive der undemokratischen Kernstruktur der deutschen politischen Kultur konnte es als normal und überdies als legitim erscheinen, daß die sozialistische Herrschaft nunmehr Züge eines diktatorischen Wohlfahrtsstaats annahm. Die fortbestehende Prärogative der Partei mochte auch dann nicht anstößig sein, wenn der antifaschistische Konsens zwischen Partei und Intelligenz wie zuvor als Grundlage dafür angesehen wurde, »aus der Not der Politikferne die Tugend einer spezifischen Kultur«[60] zu machen: einer antikapitalistischen, Gleichheit und Sicherheit verbürgenden und zugleich Wohlstand, technischen Fortschritt und Frieden stiftenden Kultur, die die etablierte Intelligenz »dem Volk« weiterhin nicht zutraute, der Partei und ihrer Strategie der Einheit von Wirtschafts- und Sozialpolitik aber sehr wohl.

Aber selbst im Kontext einer eher unpolitischen und dezidiert antiwestlichen Kultur war die Grunddisposition des real-existierenden Sozialismus doch von Anbeginn fragil. Die Partei konnte sich nicht auf einen Legitimitätsglauben verlassen, der auf politischer Apathie oder autoritären Einstellungen des Großteils der Gesellschaft beruhte. Deshalb baute sie nicht etwa auf eine Minderung ideologischer Anstrengungen, sondern vielmehr auf deren Zunahme. Das brachte die Intelligenz in eine insgesamt schwierige Situation. Einerseits war sie auf Sinnstiftung angewiesen und fand die Reste der Utopie – insbesondere die Perspektive harmonischer Gleichheit – in der Konzeption des real-existierenden Sozialismus noch aufgehoben. Andererseits aber verlängerte sich der Zeithorizont der Gegenwartsgesellschaft, und die normativen Versprechen eines kontinuierlichen Fortschritts wurden für das Hier und Heute überprüfbar. Intellektuelle – jene Angehörigen der Intelligenz also, die ihre Aufgabe als Kritik des Bestehenden auffassen – drohten in dem Maße der Repression oder Marginalisierung anheimzufallen, in dem keine Möglichkeit mehr bestand, die unbefriedigende Gegenwart von einer nahen kommunistischen Zukunft kritisch abzuheben. Das unterschied die Lage im real-existierenden Sozialismus von der in allen vorhergegangenen Phasen. Bevor das Telos verlorenging, galten betimmte Aspekte der Gegenwart auch parteioffiziell als explizit kritikwürdig. Das Dogma der langsamen aber stetigen Verbesserung der Wirklichkeit indessen beraubte die Intelligenz ihrer – und sei es marxistisch-leninistisch intonierten – kritischen Funktion. Denn jetzt war durchgängig Affirmation angesagt, gerade wenn die Partei ihre normativen Versprechen nicht einlöste. Diese Situation drohte die Intellektuellen vollends in Selbstaufgabe und Verantwortungslosigkeit zu treiben.[61] Wo zuvor die Utopie hatte glauben machen können, der unvollkommene gegebene Zustand sei lediglich ein Übergangsphänomen, verkehrte sich nun der Sinn für Utopie in unangebrachte Nörgelei, galt nun das Benennen jedweder Abweichung der Realität von ihrem real-sozialistischen Modell als »utopisch« im Sinne »antisozialistischer« Kritik.[62]

Ideologie und Wissenschaft, die die Legitimitätsansprüche formulieren und ihre Realisierung nachweisen sollten, nahmen den Charakter dogmatischer Fiktion an, sobald die Entwicklung der Wirklichkeit sich den politischen Strategien nicht fügte, sobald weder Gleichheit im Sinne der Arbeiterähnlichkeit noch gradueller technischer Fortschritt sich einstellten und auch Sicherheit und Geborgenheit sich nicht als dauerhaft erwiesen. Die öffentliche und private Sprache klafften immer weiter auseinander. Erstere diente kaum der Analyse als vielmehr der Verhüllung der Realität;

sie war ein Element der politischen Kontrolle der veröffentlichten Meinung.[63] War es vom Standpunkt der Herrschaftssicherung bereits ein Fehler der Ulbrichtschen Reformen – wie der Ära Chruschtschow insgesamt – gewesen, die Utopie zu konkretisieren und zeitlich zu präzisieren, weil damit die Politik der Partei und ihre Begründung überprüfbar wurden[64], sah sich der real-existierende Sozialismus in weitaus empfindlicherer Weise vor das Problem der Falsifizierbarkeit gestellt. Denn in ihm standen gegenwartsbezogene Aussagen auf dem Prüfstand, ohne daß die Diskrepanz zwischen Anspruch und Wirklichkeit noch durch eschatologische Hoffnungen gemildert wurde. Diese Diskrepanz war in ihrer legitimatorischen Brisanz nicht mehr durch dogmatische Fiktionen gleichsam stillzustellen. Denn die aktuelle Politik war, um wirksam zu sein, auf Informationen über die real-existierende Gesellschaft angewiesen. Die Sozialwissenschaften formulierten – oder repetierten – deshalb nicht einfach nur Dogmen; sie betrieben zugleich Gesellschaftsanalyse. Sie produzierten mithin selbst den wissenschaftlichen Widerspruch zu ihren eigenen fiktiven Setzungen. Wie die ganz überwiegende Mehrheit der wissenschaftlichen Intelligenz es dennoch vermied, in Legitimitätszweifel zu geraten, wie einige es sogar verstanden, die drohende Legitimitätskrise für sich selbst in eine »Triebkraft« zur Verbesserung des Sozialismus zu verwandeln, ohne die Parteiherrschaft jemals in Frage zu stellen, wird später zu zeigen sein.

Die Legitimitätsansprüche im real-existierenden Sozialismus beschränkten sich nicht auf die Dimension von Gleichheit und Sicherheit, technischem Fortschritt und Wohlstand. Zum offiziellen Wertekatalog gehörten auch die Orientierungen am äußeren Frieden sowie an der Eigenständigkeit und den historisch-kulturellen Traditionslinien der sozialistischen Nation DDR. Angesichts der latenten Finalitätskrise rechtfertigte sich die Parteiherrschaft immer weniger aus der Zukunft, aber auch nicht nur aus der Geborgenheit in der real-existierenden Wirklichkeit. Vielmehr stellte sie eine neue Verbindung zwischen Gegenwart und Vergangenheit her. Weil die Partei der Teleologie nicht entraten konnte, um ihre führende Rolle zu legitimieren, kam der Rekonstruktion der Vergangenheit zunehmend die Funktion zu, die Gegenwart zum Gipfelpunkt der Geschichte zu erheben. Die Historiographie und ihre Parteilichkeit trugen seit den siebziger Jahren daher eine größere Beweislast als zuvor. Die auf Frieden, Geschichte und

Nation zentrierten normativen Orientierungen und Politikstrategien halfen in unterschiedlichem Ausmaß bei der politischen Integration der Gesellschaft; sie produzierten jedoch auch – wie sich später in der Friedensbewegung oder im Fortbestand nationaler im Sinne von gesamtdeutschen Einstellungen zeigen sollte – gegenteilige Effekte.

Das ist freilich das Schicksal jedweder Legitimitätsansprüche in modernen Gesellschaften, die sich eben nicht völlig und dauerhaft homogenisieren lassen. Insofern kann es nicht erstaunen, daß die SED neben Strategien der Legitimierung solche der Loyalisierung verfolgte, und daß selbst die Loyalisierungsstrategien sich nicht in eindeutiger Weise auswirkten. Hatte Legitimitätsglaube die Bejahung des Regimes und seiner normativen Ziele zum Inhalt, reichte es zur Loyalität, daß die Herrschaft einfach hingenommen wurde, sei es aus dem Grund, daß sich die Chancen für den subjektiven Interessenverfolg erhöhten, sei es, weil die Orientierung an Normen, die nicht zum offiziellen Wertekatalog gehörten, nicht mehr derart behindert wurde wie zuvor.[65] Bei allem Bemühen der SED, die Gesellschaftsmitglieder zum Sozialismus zu erziehen und gemäß ihren Legitimitätsansprüchen zu formen, zog sich die Partei doch insofern aus der Privatsphäre der Bürger zurück, als sie Werthaltungen nicht länger zu unterdrücken suchte, die sie, wie sich herausstellte, nicht beeinflussen konnte und die sich nicht direkt gegen ihre Herrschaft zu richten schienen. Das in dieser Hinsicht bedeutsamste Novum lag darin, daß die SED begann, religiöse Werthaltungen und die – wenngleich weiterhin eingeschränkte – Rolle der Kirchen im öffentlichen Leben zu tolerieren. Das machte den Sozialismus für Christen in Grenzen und mit Vorbehalten akzeptabel. Aber auch hier war ein Sprengsatz eingebaut, der bedeutsam für den schließlichen Sturz des Regimes werden sollte: Gerade im Schutzraum der Kirchen entstanden jene oppositionellen Gruppierungen, die dem Sozialismus, so wie er war, die Legitimität offen absprachen.

Die andere Möglichkeit, Loyalität zu sichern: den individuellen Interessen entgegenzukommen, setzte voraus, daß die Leistungen der Parteiherrschaft und die Chancen, die sie dem subjektiven Interessenverfolg einräumte, die jeweiligen Erwartungen nicht durchgängig frustrierten. Zumindest die Grundvoraussetzungen instrumentellen Handelns: Berechenbarkeit und eine Routine verbürgende Ordnung, mußten gewährleistet sein. Die Befriedigung partikularer Interessen, beispielsweise an Einkommen, Status oder Einfluß, bedurfte zudem der Einkommens- und Konsumchancen sowie geregelter Aufstiegspfade und Karrieremuster. Der Pragmatismus der Einheit von Wirtschafts- und Sozialpolitik spielte hier eine zentrale Rolle. Einschlägig war zudem das Bildungs- und Berufssystem. Den Möglichkeiten der Loyalisierung durch die Chance des Interessenverfolgs waren allerdings in dem Maße Grenzen gesetzt, in dem Konsumchancen sanken und Aufstiegspfade blockiert waren. So schuf die Partei neben regulären Konsum- und anderen Chancen immer auch neue Privilegienbereiche, wie zum Beispiel differentielle Zugänge zu Pässen oder Devisen; damit teilte sie die Masse der potentiell Unzufriedenen auf. Überdies ist zu erwähnen, daß Einfluß prinzipiell eine knappe Ressource blieb. In der Regel beschränkt auf die vorgegebenen Strukturen des politischen Systems und der gesellschaftlichen Teilbereiche, die es dominierte, setzte Einfluß wenn schon nicht ideologische Überzeugung, so jedenfalls die Bereitschaft zum Lippenbekenntnis voraus. Und selbst dann hieß die Chance zur Einflußnahme nicht, den politischen Kurs tatsächlich ändern zu können. Andererseits waren die Handlungsmuster, die zu derart beschränktem Einfluß verhalfen, weitgehend normiert und somit für karriereorientierte Opportunisten kalkulierbar.

Loyalitätssicherung konnte relativ erfolgreich sein, wenn Traditionen und Solidaritätsbindungen sich auflösten. Just ein solcher sozialer Erosionsprozeß griff im real-existierenden Sozialismus weiter um sich. Sein Fundament lag in der Zerstörung der ökonomischen Basis eigenständiger Klassen und Schichten in der frühen Phase des sozialistischen Aufbaus. Seit dem Ende der Ulbrichtschen Reformen kam ferner die integrierende Dynamik einer nicht durchwegs politisch determinierten Gesellschaft zum Stillstand. Bürgerliche, bäuerliche und proletarische Milieus verblaßten aufgrund der Parteipolitik und überdies in der Generationenfolge. Zugleich erwies sich die differenzierte Struktur von Berufsgruppen insofern als nur scheindifferenziert, als die Mitglieder der jeweiligen Sparten nicht mehr relativ eigenständigen Subsystemen zugehörten. Mit den Milieus verschwanden tendenziell die informellen Solidaritätsbezüge, die sie verbürgt hatten. Solidarität pervertierte jetzt zur Betreuungs- und Sicherungsfunktion des sozialistischen Sozialstaats. Die Standardisierung nicht nur der Berufs- und Ausbildungsmuster, sondern auch des Wohnungsbaus und der Familienplanung erhöhte nicht nur die Abhängigkeit der Individuen vom Staat, sondern zwang ihnen eine Uniformität der Lebensweise auf. Dem einzelnen blieb bloß noch die Wahl, sich seine »Biographie aus dem Baukasten« zusammenzusetzen. »Fehlentscheidungen«, also Verlaufsformen, die quer zum Vorgegebenen lagen, grenzten Individuen aus, machten sie zu »Biographiehavaristen«.[66]

Selbstverständlich gab es der Atomisierung und Anpassung entgegenwirkende Tendenzen, und zwar insbesondere dort, wo der »Luxusfaktor Zeit« gepaart mit der Chance zu eigenständiger Reflexion die Auseinandersetzung mit den offiziellen Normen gesellschaftlichen Seins und Sollens erlaubte. Solche Voraussetzungen genoß in erster Linie die Intelligenz[67], die ihr Privileg aber keineswegs als soziale Gruppe nutzte, wobei freilich immer einzelne zu den Ausnahmen von der Regel beitrugen. Überdies eröffneten die Effekte der Einheit von Wirtschafts- und Sozialpolitik – der gestiegene Lebensstandard und die soziale Grundsicherung, der Ausbau der sozialen und kulturellen Infrastruktur und mit ihm der Funktionsverlust der Familie, der Zugewinn an Freizeit und schließlich das Spezifikum des real-existierenden Sozialismus: die Entkoppelung von Leistung und Entlohnung – Chancen der Individualisierung, der Selbstverantwortlichkeit wenigstens in privaten Entscheidungen und der Ausfächerung der Bedürfnisse.[68] Sobald Selbstbewußtsein und Initiative sich in den beruflichen oder gar politischen Bereich verlängern wollten, stießen sie jedoch an die systemspezifischen Grenzen. Diese Blockaden selbstverantwortlichen Handelns kollidierten insbesondere mit den Erwartungen der jüngeren Generation.

Durch die Gesellschaft ging ein »Generationenriß«[69], die im Sozialismus Aufgewachsenen akzeptierten Vorgefundenes nicht mehr umstandslos. Einerseits »Kinder des Ökonomismus« des herrschenden Regimes[70], verlangten sie nach erweiterten beruflichen Spielräumen, angemessener Gratifikation und westlichem Lebensstandard. Sie waren es, die im Laufe des Jahres 1989 in hellen Scharen das Land verließen, der ewigen Gängelei überdrüssig und im Vertrauen auf ihre Durchsetzungsfähigkeit selbst unter harten Bedingungen der Konkurrenz. Andererseits kamen aus der jüngeren Generation auch jene, die zwar die sozialistische oder antifaschistische Wertorientierung der Älteren teilten, aber unerfüllt fanden. Sie blieben, nicht um sich einzufügen, sondern um auf Veränderung zu drängen. Teils in den Kirchen, den einzigen weltanschaulich konkurrierenden und organisatorisch unabhängigen Institutionen, sozialisiert, teils deren Rückhalt annehmend, ergriffen sie die Möglichkeit der offenen Diskussion gesellschaftlicher Mißstände. Aus den Versuchen, ihnen abzuhelfen, entstanden die Verhaltensweisen und Aktionsformen, welche die demokratische Revolution des Herbstes 1989 prägen sollten.

## 3. Suche nach systemimmanenten Problemlösungen

Im folgenden stehen Wissenschaft und Intelligenz im Blickpunkt, die Versuche jener Wissenschaftler, die Utopieverlust und Finalitätskrise positiv wenden wollten – für die Verbesserung des realexistierenden Sozialismus. Sie kooperierten insofern mit der Partei, als deren Politik einerseits danach verlangte, die Ideologie auszuformulieren: die Entwicklung der Struktur der Arbeiterklasse und ihrer Bündnispartner, die Annäherung der Klassen und Schichten, den dialektischen Zusammenhang zwischen Gesellschaft, Politik und Ökonomie. Andererseits brauchte die Politik Informationen über den Entwicklungsstand der Gesellschaft. Die Sozialwissenschaften hatten die »sich objektiv vollziehende Differenzierung und Spezialisierung auf den verschiedenen Gesellschaftsgebieten« zu untersuchen. »Stärker als bisher« sollten sie »von den realen Prozessen des gesellschaftlichen Lebens, von den konkreten Arbeits- und Lebensbedingungen, von den Widersprüchen bei der Gestaltung der entwickelten sozialistischen Gesellschaft« ausgehen, dabei aber die »Einheit und Reinheit« der Grundprinzipien des Marxismus-Leninismus unangetastet lassen.[71] Die SED forderte einmal mehr zu einem wissenschaftlichen Meinungsstreit auf, ohne die Erforschung der Wirklichkeit aus der marxistisch-leninistischen Parteilichkeit zu entlassen.[72] Dennoch hing es von den Wissenschaftlern ab, ob sie sich eher der Analyse der sozialen Realität zuwandten oder dem dogmatisierten Verständnis von der entwickelten sozialistischen Gesellschaft unterwarfen.

Das Postulat zunehmender Homogenität im Sinne der »Arbeiterähnlichkeit« warf die Sozialstrukturforschung hinter den Stand zurück, den sie gerade erreicht hatte. Hatten die Soziologen um die Mitte der sechziger Jahre begonnen, sich zugunsten von Stratifikationsmodellen vom Klassenkonzept zu lösen[73], untersuchten sie wenige Jahre später die Annäherungsprozesse innerhalb der »führenden« Klasse und zwischen den anderen Klassen und Schichten, insbesondere die Annäherung der Intelligenz an die Arbeiterklasse.[74] Allerdings zeichneten die Forschungsergebnisse ein deutlich anderes Bild. Auch wenn der Widerspruch zwischen Dogma und Realität im theoretischen Gewande der »Dialektik von Einheitlichkeit und Differenziertheit« der Klasse einherkam[75] war nicht zu leugnen, daß sich um den »Kern« der Arbeiterklasse – die Produktionsarbeiter in den Großbetrieben und Ballungszentren[76] – ein expandierender tertiärer Sektor zu stabilisieren begann und daß Wissenschaft und Technik in ihrer Auswirkung auf die Arbeitsplatzstruktur das Gefälle zwischen Kopf- und Handarbeit ebensowenig minimierten wie die Bildungs- und Qualifikationsunterschiede. Vielmehr nahmen schwere körperliche Arbeit, Monotonie und nervliche Belastung auch an modernisierten Produktionsanlagen nicht ab, und den Weiterbildungsangeboten gelang es unter anderem deshalb nicht, die innerbetriebliche Kluft und die Heterogenität innerhalb der Klasse zu überbrücken, weil die bereits Qualifizierten eher Interesse an Weiterbildung zeigten als wenig oder gar Unqualifizierte.[77] Die Überwindung solcher Ungleichheiten konnte man daher nur als langwierigen Prozeß verstehen, der durch die Wirtschafts- und Sozialpolitik sowie durch kontinuierliche Anreize für Weiterbildung und Initiative zu fördern sei.[78]

Eine gewisse sozialstrukturelle Differenzierung hielt man für erforderlich, da sie die wissenschaftlich-technische Weiterentwicklung stimuliere. Bevor eine Annäherung erreicht werden könne, müsse sich die dem entwickelten Sozialismus »wesenseigene« Klassenstruktur erst voll herausbilden. Von daher seien soziale Unterschiede im Sozialismus »nicht nur ›Mängel‹ oder ›Relikte aus der Vergangenheit‹« – sie könnten »für den Sozialismus auch völlig gesetzmäßig und erforderlich sein und durchaus entwicklungsfördernde Wirkung haben«. Diese Einschätzung hatte

»das Prinzip der Verteilung nach Leistung und die darauf beruhenden Einkommensunterschiede« im Auge; fehlten diese, so hieß es fast prophetisch, dann werde eine »zu weit getriebene Nivellierung« sozialer Unterschiede zu »einer Verringerung des Entwicklungstempos« führen.[79]

Die Wirklichkeit paßte sich den inhaltlichen Setzungen, denen die »Dialektik von Einheitlichkeit und Differenziertheit« Rechnung tragen sollte, nicht an. Das einfache Schema wich daher allmählich einem komplexeren Modell: einem Struktur-Funktions-Paradigma, dessen Kern die »Dialektik der Reduktion und Reproduktion sozialer Unterschiede« sein sollte. Manfred Lötsch begann es auszuformulieren, seit sich die SED auf das Experiment eines forcierten wissenschaftlich-technischen Fortschritts, schließlich der wissenschaftlich-technischen Revolution noch einmal einließ.[80] An Lötschs Beispiel läßt sich zeigen, wie der drohende Legitimationsverlust, wie der Verlust der Utopie zum Motor werden konnte, sich der gesellschaftlichen Realität zu nähern und Lösungsvorschläge für konkrete Probleme zu entwerfen.

Auf einem abstrakteren Niveau formuliert als das alte, durchbrach das neue Paradigma das Postulat harmonischer Homogenität, die durch die Annäherung an vordefinierte soziale Merkmale und Eigenschaften errreicht werden sollte. Lötsch konzipierte den Weg zur sozialen Gleichheit nun als »dialektischen Prozeß, in dem alle Klassen und Schichten ihre sozialistischen Wesenszüge weiter ausprägen und durch ihre eigene Entwickung die noch bestehenden sozialen Unterschiede allmählich verringern«.[81] Ungleichheit und Differenzierung sollten sich nicht mehr den Eigentums- und Klassenverhältnissen, dafür aber um so mehr dem notwendigen Prinzip der Arbeitsteilung und dem Leistungsprinzip verdanken. In einer seiner späteren Darstellungen des Paradigmenwechsels hob Lötsch[82] den Stellenwert hervor, den die Betonung der »Achse Arbeitsteilung« eingenommen habe: Eher als andere soziale Tatsachen (wie Eigentum oder Klassen), so wollte er aufmerksam machen, müsse die Arbeitsteilung soziale Unterschiede in der entwickelten sozialistischen Gesellschaft hervorbringen. Mit dieser Erkenntnis sei die zuvor herrschende Überzeugung geschwunden, die Überwindung des Klassenantagonismus werde relativ schnell zur Aufhebung aller sozialen Unterschiede führen. Der Blick wurde frei genug, um funktionale Aspekte sozialer Differenzierung zu unterscheiden, sie nicht nur unter dem Gesichtspunkt der Gleichheit, sondern vor allem unter dem ihres Beitrags zur ökonomischen Effizienz zu sehen.[83]

Die arbeitsteilige Ungleichheit diskutierte Lötsch zunächst unter der Perspektive, unterschiedliche Niveaus der Arbeit auszugleichen und das Problem ungleichwertiger Arbeit dadurch zu lösen, daß Arbeitsplätze, die keine oder geringe Qualifikation verlangten, abgebaut würden. Damit werde nicht die Arbeitsteilung selbst überwunden, wohl aber das Niveaugefälle. Wie es scheint, sprach Lötsch hier sowohl das Problem ungerechter wie auch jenes uneffizienter Verteilung der Arbeit an, das sich in der schweren körperlichen wie in der geistig anspruchslosen Arbeit manifestierte.[84] Das Ziel, einen »höheren Grad der Einheitlichkeit und Geschlossenheit« der Arbeiterklasse und aller anderen Klassen und Schichten zu erreichen, blieb insoweit noch unangefochten, erschien nun aber im Lichte der Funktionen und Strukturen gesellschaftlicher Arbeitsteilung; dysfunktional erschienen jene Strukturen, die die wissenschaftlich-technische Entwicklung hemmten.

Im Kern ging es darum, soziale Ungleichheit zu reduzieren und zu reproduzieren, ja nach dem, ob sie den ökonomischen Fortschritt förderte oder hemmte. Die Argumentation war jedoch noch nicht ausgereift und mutete daher zirkulär an: Der wissenschaftlich-technische Fortschritt sollte die Vereinheitlichung der Klasse vorantreiben, dessen Voraussetzung allerdings sah Lötsch in einer in allen ihren Teilen bewußten und kämpferischen Klasse, in einer Konstellation also, in der Wissenschaft und Technik es bereits erlaubten, die Qualifikationsanforderungen am Arbeitsplatz anzuheben und dadurch auch Initiative und Partizipationsbereitschaft zu verallgemeinern. Das Argument bewegte sich überdies im hergebrachten Kontext: Das »qualitative Wachstum« der Klasse, ihrer Arbeits- und Lebensbedingungen wie auch ihres Bewußtseins werde, so die unveränderte Annahme, ihre führende Rolle in der Gesellschaft stärken und so zur schließlichen Überwindung aller gesellschaftlichen Unterschiede wesentlich beitragen.[85] Daß soziale Gleichheit im Sinne der gesellschaftlichen Homogenität die historische Mission der Arbeiterklasse letztlich ausmache, wurde also noch nicht in Frage gestellt.[86]

Das Struktur-Funktions-Paradigma bildete sich erst voll aus, als die SED nicht mehr nur auf die Evolution des wissenschaftlich-technischen Fortschritts setzte, sondern erneut Wissenschaft und Technik revolutionieren wollte. Man kann gewiß nicht sagen, daß erst mit dieser alt-neuen Zielsetzung die Instrumentalisierung der Sozialstrukturforschung eingesetzt hätte. Die Forscher verstanden sie von Anbeginn als Instrument der Politik, und daher veränderte sich mit dem Problemhorizont der Politik auch die wissenschaftliche Argumentation – allerdings nicht bei allen Wissenschaftlern in gleicher Weise. Anders als Lötsch fehlten vielen die Fähigkeit und Risikobereitschaft, das Dogma selbst anzugreifen und eine Vorstellung von gesellschaftlicher Gleichheit zu entwickeln, die sowohl dem Gesichtspunkt der Gerechtigkeit wie auch dem notwendiger Dynamik Rechnung zu tragen suchte. Lötsch jedenfalls stellte die »ökonomisch effektive Funktion sozialer Unterschiede« bald derart ins Zentrum seiner theoretischen Konzeptualisierung, daß sie die – wie er sich ausdrückte: »pauschale« – Perspektive der sozialen Annäherung und Homogenisierung verdrängte.[87] Er faßte jetzt die Definition des gesellschaftlichen Fortschritts radikal neu. Nicht mehr die Angleichung sozialer Unterschiede und die Annäherung der Klassen und Schichten an die Arbeiterklasse sollten als »übergreifendes Fortschrittskriterium« gelten; das führe nur zur »Nivellierung nach unten«. Eine andere Vorstellung von sozialer Gleichheit habe an ihre Stelle zu treten, und zwar Gleichheit auf einem solchen wissenschaftlich-technischen, ökonomischen und sozialen Niveau, das die Klassengegensätze in dem Sinne zu überwinden erlaube, daß allen die gleichen Chancen offenstünden, Persönlichkeit, Lebensweise und Lebensstil ihrer Wahl gemäß zu entfalten. Statt gesellschaftlicher Homogenität wollte Lötsch also Vielfalt, statt substantieller Bestimmung der Gleichheit also formale Chancengleichheit auf hohem gesellschaftlichen Entwicklungsniveau.[88]

Als progressiv sollten nun diejenigen sozialen Strukturen gelten, die die materiellen Voraussetzungen dafür schufen, »höhere Niveaus sozialer Gleichheit« zu erreichen.[89] Jene Strukturen sozialer Ungleichkeit und sozialer Unterschiede seien zu reproduzieren, die sich eigneten, den wissenschaftlich-technischen Fortschritt voranzutreiben. Dies meinte Lötsch fordern zu können, weil im Sozialismus, der »ersten Phase der ihrem Wesen nach klassenlosen, kommunistischen Gesellschaftsformation«, soziale Unterschiede nicht mehr von Eigentumsverhältnissen und Klassenantagonismen, sondern von der Arbeitsteilung herrührten und sich quer durch alle Klassen und Schichten zögen. Diente die Reproduktion ungleicher Strukturen dem ökonomischen Wachstum und Fortschritt, so käme dies mithin den Interessen aller entgegen.[90] Den Primat dieses Fortschritts und der gesellschaftlichen Höherentwicklung überhaupt schränkte Lötsch insofern ein, als er verlangte, gravierende Niveauunterschiede, insbesondere schwere körperliche Arbeit, sofort und unbedingt zu reduzieren. Das entspreche dem »Grundprozeß der sozialstrukturellen Entwicklung« – dies konnte nur heißen: dem sozialistischen Anspruch auf Gerechtigkeit –, auch wenn die Reduktion ungerechtfertigter Ungleichheit nicht per se als Indikator für »reife« gesellschaftliche Strukturen anzusehen sei.[91] Als Lötsch das neue Paradigma ausformulierte, faßte er die Bedingungen der Einschränkung sozialer Ungleichheit folgendermaßen: Reduktion sei dann zu fordern, wenn soziale Ungleichheit auf »struktureller Konsistenz« beruhe, wenn ungünstige Ausgangslagen in unterschiedlichen gesellschaftlichen Bereichen wie Arbeitsteilung, Bildungschancen, Wohn- und Lebensbedingungen usf. kumulierten.[92]

Diese Gesichtspunkte, die zumeist implizit Fragen der Gerechtigkeit im Sinne der Chancengleichheit thematisierten, standen jedoch nicht im Zentrum der Argumentation. Vielmehr lief der Paradigmenwechsel auf das unverhohlene Plädoyer hinaus, die soziale Besonderheit der Intelligenz zu reproduzieren, um mit Hilfe wissenschaftlicher Innovationen und ökonomisch-technischer Effizienz Gleichheit auf einem hohen Niveau gesellschaftlicher Entwicklung langfristig herstellen zu können.[93] Betrachtet man diese Forderung im Kontext der von Lötsch reformulierten Idee des Fortschritts, dann wird deutlich, daß die Formalisierung des Arguments in dem Vorstellungshorizont der physikalisch-technischen Kultur befangen blieb. Die Zielbestimmung formaler (Chancen-)Gleichheit, die Vielfalt denken ließ und wollte, löste zwar eine Gleichheitsidee ab, die »Arbeiterähnlichkeit« zum inhaltlichen Maßstab des Fortschritts erhoben hatte. Sie verdrängte mit den typisierenden Merkmalen eines vermeintlich proletarischen »Wesens« auch einen Vorstellungshorizont »anständigen« Verhaltens, der zur Durchsetzung der dritten industriellen Revolution nur bedingt tauglich war. Doch formulierte Lötsch keine gesellschaftlichen Voraussetzungen für soziales Handeln, welche dem Ziel der Gleichheit, wie er es verstand, angemessen gewesen wären. Die Voraussetzungen der Gleichheit wurden rein instrumentell gefaßt, und so gerieten Wachstum, Effizienz und Funktionalität zu den dominierenden Kriterien. Nachdem der Paradigmenwechsel insofern bereits vorbereitet war, als man seit einigen Jahren arbeitsteilige Strukturen in ihrer funktionalen Bedeutung für den wissenschaftlich-technischen Fortschritt hervorhob und im Sinne funktionaler Ungleichheit begründete, brach das neue Paradigma genau in dem Moment, in dem die SED erwog, ihre Strategie der Einheit von Wirtschafts- und Sozialpolitik durch eine neue wissenschaftlich-technische Revolution zu flankieren, mit dem Dogma der material definierten Annäherung von Arbeiterklasse und Intelligenz zugunsten der Reproduktion einer intellektuellen Elite.

Um »zukunftsbestimmende schöpferische Leistungen« zu erreichen, bedürfe es der »sozialen Reproduktion der Intelligenz«, ihres »sozialen Profils«, ihres »Ethos der geistigen Arbeit«, ihrer Wertorientierungen, Lebensstile und Interessen.[94] Ihre Spitzenleistungen sollten den Fortschritt beschleunigen, der seinerseits die Voraussetzung dafür sei, ein insgesamt »höheres Niveau sozialer Gleichheit« zu erreichen.[95] Diese Behauptung – daß die wissenschaftlich-technische Revolution zu mehr Gleichheit führe – wurde nicht hinterfragt, vielmehr verlor sich die Diskussion in strategischen und empirischen Details, die über die Realisierungschancen des Zielkriteriums kaum etwas aussagten.[96]

In seiner ausformulierten Fassung unterschied das Struktur-Funktions-Paradigma präziser als zuvor zwischen sozialer Gleichheit, sozialen Unterschieden und sozialen Besonderheiten[97] und bestimmte das Fortschrittskriterium Gleichheit als Chancengleichheit und Vielfalt. Ihm stand ein weiteres Kriterium progressiver Strukturen und Funktionen zur Seite: die Effizienz der Sozialstruktur, will heißen die Eignung sozialer Unterschiede, die ökonomische und wissenschaftlich-technische Effektivität zu erhöhen. Lötsch selbst machte darauf aufmerksam, daß die beiden Zielkriterien, die er auch »übergreifende Systemfunktionen« nannte – nämlich (strukturelle) soziale Gleichheit und (strukturelle) Effizienz – »nicht automatisch in die gleiche Richtung« wirkten.[98] Dies hieß im gegebenen Kontext lediglich zu bezweifeln, daß Gleichheit per se Effizienz hervorbringe; ob Effizienz aber zu Gleichheit führe, fragte Lötsch wiederum nicht, das setzte er voraus. Daß die Individuen selbst über Strukturen und Funktionen sollten entscheiden können, stellte er nicht zur Diskussion.

Weil er Struktur und Funktion nur instrumentell betrachtete, als Motor von Effizienz und (angeblich) künftiger Gleichheit, konnte er die Reproduktion der Intelligenz fordern und zugleich bestreiten, das käme der Herausbildung einer Elite gleich. Eine »kreative Leistungsspitze«, die ihrer »wissenschaftsspezifischen Lebens- und Reproduktionsbedingungen« bedürfe, sei schon deshalb, wie er meinte, nicht als Elite zu verstehen, weil die Aufhebung des Klassenantagonismus eine prinzipielle Gleichstellung aller Klassen und Schichten bedeute. Überdies habe das extensive Wachstum der neuen Intelligenz im Sozialismus, ihre Rekrutierung aus allen Klassen und Schichten, längst zur Einbuße einer gesellschaftlichen Sonderstellung und entsprechender Privilegien geführt. Wenn jetzt zum intensiven Wachstum – der Ökonomie wie der Intelligenz – überzugehen sei, treffe die Rede von einer Elite dennoch oder gerade deshalb nicht zu, weil wissenschaftliche Leistungen geeignet und erforderlich seien, um nichtgewollte Ungleichheit mit Hilfe der Produktivkraftentfaltung zu überwinden.[99] Diese Formulierung macht deutlich, was Lötsch unter Intelligenz verstanden wissen wollte. Nicht jeder beliebige Hoch- und Fachschulkader, sondern nur wer komplexe, innovative geistige Arbeit leistete, sollte als der Intelligenzschicht zugehörig gelten und einen ihr gemäßen Arbeits- und Lebensstil beanspruchen können. Im Vordergrund stand folgerichtig die »Befähigung der Intelligenz zur Lösung der Aufgaben bei der Meisterung der wissenschaftlich-technischen Revolution«.[100] Diese Argumentation und ihre politische Intention kamen der früheren Konzeption »Produktivkraft Wissenschaft« sehr nahe; und wie diese entstammten sie dem instrumentellen Räsonnement einer produktivistischen Kultur.[101]

Insofern ist es wenig erstaunlich, daß die Intelligenz nicht mehr so sehr im Lichte des alten Dogmas: ihrer Annäherung an die Arbeiterklasse und deren Annäherung an die Intelligenz, betrachtet wurde.[102] Zwar sollte die spezifische Intelligenzfunktion im Dienste des Postulats der Chancengleichheit stehen, aber die Triebkraft, die man ihr beimaß, relativierte implizit die führende Rolle der Arbeiterklasse, so wie die Formalisierung der Idee der Gleichheit die proletarische Bestimmung des sozialistischen Menschentypus aufgab. Diese Neubestimmung der Intelligenz widersprach der gesellschaftlichen Realität in der DDR in ebenso eklatanter wie bewußter Weise: Leistungsprinzip und Innovationsbereitschaft hatten es nicht vermocht, sich gegen die faktische Nivellierung der Einkommen und ein gesellschaftliches Klima der kollektiven Harmonie und Gleichmacherei durchzusetzen, das Individualität und Originalität gleichermaßen widrig war.[103] Dieser Widerspruch war Teil der Strategie, die faktische Egalität und Harmoniesehnsucht zugunsten des Leistungsprinzips und der bewußten Förderung und Bejahung gesellschaftlicher Differenzierung zu durchbrechen. Allerdings blieben die vorgestellten Mittel dem Horizont der produktivistischen Kultur nicht nur deshalb zugehörig, weil die wissenschaftlich-technische Revolution Motor der Entwicklung sein sollte und der Zusammenhang zwischen Effektivität und Gleichheit nicht aufgeklärt wurde. Die Wissenschaftler, die auf Veränderung drängten, verließen sich überdies weiterhin auf »Struktur- und Entwicklungsgesetze« des Fortschritts, denen sie unter Anleitung der Partei zum Durchbruch verhelfen wollten.[104] Ihrem Begriff der Intelligenz fehlte das Moment der Kritik[105] und dem des Fortschritts fehlte das Moment der Autonomie der arbeitsteiligen Subsysteme. Selbst wenn es auf Lötschs Anregung hin zur Bildung einer intellektuellen Elite gekommen wäre, hätte diese allein gegen die parteipolitische Dominanz in allen gesellschaftlichen Teilbereichen gar nichts ausrichten können; es wäre bei Scheindifferenzierung geblieben. Und weil die führende Rolle der Partei nicht in Frage gestellt wurde, ließ die Vorstellung von gesellschaftlicher Differenziertheit schließlich auch die weitergehende Forderung missen, die soziale Vielfalt müsse sich politisch artikulieren können.

### *3.2 Die Entdeckung von Lebensstil, Freizeit, Individuum*

Die Sozialwissenschaften der achtziger Jahre waren keineswegs nur von Versuchen der Überwindung des Dogmas, sondern ebenso von Beharrungstendenzen geprägt.[106] Die dogmatische Interpretation der Zielperspektive – Gleichheit im Sinne der sozialen Annäherung und gesellschaftlichen Homogenisierung – koexistierte mit innovativen Analysen der »Triebkraft« Differenziertheit zumindest nach außen hin auf das friedlichste.[107] Doch die Konzeptionen der sozialen Wirklichkeit brachten in den achtziger Jahren insgesamt ein breiteres Interesse an Heterogenität zum

Ausdruck. Es kann hier nicht darum gehen, die Entwicklung der Sozialwissenschaften zu rekonstruieren; es seien lediglich einige Aspekte angedeutet, die – wie die Veränderungen in der Auffassung der Gleichheit – im Zusammenhang mit dem Versuch der Partei zu sehen sind, die gesellschaftliche und ökonomische Stagnation aufzubrechen, ohne das eigene Herrschaftsmonopol zu gefährden.

Herrschte zu Beginn der siebziger Jahre noch die Auffassung vor, die sozialistische Lebensweise sei von der Moral und Mission der Arbeiterklasse ebenso bestimmt wie von der Arbeits- und Produktionssphäre, und siedelten die Vorstellungen über die rechte Lebensweise die Partizipationsformen entsprechend vornehmlich im ökonomischen Bereich an[108], erschien die Konzeptualisierung einige Jahre später von diesen Komponenten nicht stärker als von den neuen Überlegungen zur Sozialstruktur und zu deren Funktionen geprägt. Die Innovationen der Sozialstrukturforschung expandierten in andere Analysezweige, was insofern nicht erstaunt, als klassen- und schichttheoretische Annahmen den Grund der marxistisch-leninistischen Soziologie legten. Da Lötsch Bewegung in deren Begrifflichkeit brachte, konnte dies auch anderen zum Anlaß weiterer Entdogmatisierungsbestrebungen werden. Als deren Hebel diente die Unterscheidung zwischen (orthodox definierter) Klassenstruktur und (innovativ konzipierter) Sozialstruktur.[109]

Es sei ein Irrtum, so hieß es auf dem 3. Soziologie-Kongreß (1980), die sozialistische Lebensweise »mit einem Katalog schöner Eigenschaften des Menschen« gleichzusetzen oder sonstige »Ideale« in sie hinein zu projizieren, »die erst in einer späteren Phase der entwickelten sozialistischen Gesellschaft oder im Kommunismus real verwirklicht werden« könnten. Vielmehr sei es erforderlich, »die Wechselbeziehungen von Gemeinsamkeiten und sozialen Unterschieden« in ihrer »realen Widersprüchlichkeit tiefer zu erfassen«.[110] Die Lebensweise-Forschung verabschiedete sich vom idealtypisierten Modell der Arbeiterklasse, deren führende Rolle sie freilich zu keiner Zeit bestritt. Doch »Arbeiter, Bauern, die Intelligenz, die Handwerker und Gewerbetreibenden« sollten nun »ihren jeweils speziellen Beitrag«, ihre Traditionen, Erfahrungen und Leistungen – und von daher »Bleibendes« – in die sozialistische Lebensweise »einbringen« können.[111] Damit war der Weg geebnet, um die Konzeption der Lebensweise weiter zu fassen, die arbeitszentrierte Sichtweise zu relativieren und überdies Fragen nach Bedürfnissen und Interessen in die soziologische Analyse von sozialen Gruppen und Schichten einzubeziehen, sowie ländliche und städtische, regionale und demographische Unterschiede zu untersuchen.[112] Die Pendants zu den westlichen Bindestrich-Soziologien begannen sich mit Lebensweise- und Territorialforschung zu entfalten. In ihren fortgeschrittensten Resultaten machten sie sich den Vorschlag zu eigen, Gleichheit und Vielfalt neu zu fassen, die Bedeutung von Niveauunterschieden bei Fragen sozialer Ungleichheit zu berücksichtigen und die Notwendigkeit der Reproduktion klassen- und schichtspezifischer Existenzbedingungen und Traditionen, Erfahrungen und Eigenschaften hervorzuheben.[113] Dabei spielten neben dem intellektuellen Reiz des Entdogmatisierens (dem keineswegs alle Wissenschaftler verfielen) und dem Wunsch, den Sozialismus in der DDR attraktiv zu machen, auch der erwähnte Informationsbedarf der Partei für ihre Wirtschafts- und Gesellschaftspolitik eine Rolle – wieviel oder wenig Gebrauch diese dann letztlich von der Forschung auch machte.[114] Die Instrumentalisierung der wissenschaftlichen Analyse, ihr Eingebundensein in die parteioffizielle Suche nach Triebkräften des ökonomischen Wachstums[115], eröffnete aber immerhin neue Zugänge zur Wirklichkeit und die Chance, über die »Erneuerung« des Sozialismus selbständig nachzudenken.

In einer Bilanz der soziologischen Forschung stellte Weidig die Triebkraftfunktion sozialer Vielfalt in den Vordergrund[116], und was die späten autoritativen Definitionen der sozialistischen Lebensweise betrifft, kamen sie über diese Konzeption letztlich nicht hinaus. So galt die sozialistische Lebensweise zwar als »Gestaltung des gemeinschaftlichen und individuellen Lebens in *allen* Tätigkeitsbereichen der Menschen« und umfaßte gemäß Arbeitsteilung, Herkunft, Erziehung oder Mentalität »differenzierte Lebensstile«. Dennoch erlaubte die Rede von Einheitlichkeit und Differenziertheit, im erstgenannten Begriff den »sozialen, politischen und ideologischen Inhalt« der Lebensweise zu fixieren. Leistungsverhalten, Bildungsstreben, Teilnahme an der Leitung und Planung standen an prominenter Stelle, wie auch ihr Zusammenhang mit der Intensivierung der Volkswirtschaft ganz unverkennbar war. Überdies sollten die Arbeiterklasse und ihre Interessen den Inhalt der sozialistischen Lebensweise bestimmen, die Arbeit blieb »Herzstück«. »Typische« Verhaltensweisen und Tätigkeiten sah man weiterhin in der »Entwicklung des Schöpfertums und der Kollektivität«, die »weitere Ausprägung der sozialistischen Lebensweise« blieb an die »Steigerung der Arbeitsproduktivität und Effektivität der Produktion« gebunden.[117]

Da die Arbeitswelt in ihrer forschungsstrategischen Bedeutung jedoch ein wenig relativiert wurde, gerieten die lebensweltlichen Aspekte von Alltag und Freizeit ins Blickfeld. Allerdings blieb das Interesse an den lebensweltlichen Aspekten mit der Suche nach zusätzlichen Motoren des ökonomischen Fortschritts verbunden; es eröffnete aber dennoch breiteren Raum für neue Untersuchungen und Argumente. Freie Zeit, so erklärte Jürgen Kuczynski und stützte sich dabei auf einschlägige Passagen in den Werken der Klassiker, sei die Voraussetzung der Selbstverwirklichung des Menschen. Selbstverwirklichung als das genuine Kriterium des Fortschritts verlange danach, die notwendige Arbeit zu reduzieren; von daher könne die Produktivkraftentfaltung immer nur Mittel zum Zweck sein.[118] Anderen galt, nicht ganz so radikal, Freizeit zumindest nicht mehr nur als Erholung von und Vorbereitung auf die Arbeit; sie wurde zu einem kulturwissenschaftlichen Forschungsgegenstand.[119] Selbstverständlich galt Freizeit weiterhin als »Lebensraum *arbeitender* Menschen«[120], aber doch als »relativ selbständiger Lebensbereich«[121], bestimmt durch die zunehmende soziale Vielfalt und die individuellen Gestaltungsmöglichkeiten, die die Einführung der Fünf-Tage-Woche, die Verlängerung der Urlaubszeit und das verbesserte Konsumangebot seit den sechziger Jahren mit sich brachten.

Die Entdeckung des Alltäglichen ließ Verbindungslinien zwischen dem Alltagsbewußtsein und dem Verhältnis individueller und gesellschaftlicher Reproduktion herstellen.[122] So kam das Problem, wie die individuellen, kollektiven und gesellschaftlichen Interessen miteinander zu vermitteln seien, zur Sprache. Die Behauptung objektiver Interessenübereinstimmung, so wurde moniert, drücke die »neue Qualität der Interessenbeziehungen im Sozialismus« nur »stark vereinfacht« aus. Da sie den Prozeßcharakter und die Widersprüchlichkeit der Übereinstimmung vernachlässige, könne sie das Problem der Vermittlung individueller und gesellschaftlicher Interessen nicht lösen.[123] War nicht Öffentlichkeit erforderlich, um festzustellen, was im gesellschaftlichen Interesse liege? Bedurfte es neben den ideologisch-geistigen nicht auch praktisch-organisatorischer Vermittlungsebenen? War es nicht denkbar, daß sich das gegebene staatliche Institutionensystem verselbständigte? Die Wirksamkeit seiner Vermittlungsfunktion hänge – so hieß es in den letzten Jahren vor der Revolution, als die Unzufriedenheit mit der Unbeweglichkeit des politischen Systems wuchs – »wesentlich« von der »Ausprägung der sozialistischen Demokratie« ab, wie auch von der »Einbeziehung der ›Institution‹ Öffentlichkeit in den Prozeß der Entscheidungsfindung«. Und dies um so mehr, als die Interessen durchaus widersprüchlich seien.[124]

Solche Fragen kamen auch in anderen Zusammenhängen auf. Eine ihrer Voraussetzungen lag darin, daß in den achtziger Jahren eine »verstärkte Subjektorientiertheit« zu beobachten war, in die sich die Analyse von Interessenunterschieden einfügte. Auch der Forschungshang zum Individuum hatte seine Erklärung in der allgemeinen Suche nach den sozialen Triebkräften des gesellschaftlichen Fortschritts.[125] Es waren mit den Worten Döllings »in erster Linie (...) praktische Ergebnisse und Probleme unserer Gesellschaftsentwicklung, die dem wachsenden wissenschaftlichen Interesse an den Zusammenhängen zwischen gesellschaftlichen Veränderungen und Entwicklungen einerseits und den individuellen Lebensprozessen andererseits« zugrunde lagen.[126] Man mag diese Bravheit erstaunlich finden, die mit der (Wieder-)Entdeckung des Individuums wartete, bis »Probleme der Gesellschaftsentwicklung« sie nahelegten. Aber wie dem auch sei, die Vorstellung der sozialistischen Persönlichkeit begann sich vom Bild des »Wesens« der Arbeiterklasse zu lösen.

Vor den Zeiten des Utopieverlusts, der die proletarische Ontologie zu Zwecken der Sinnstiftung provoziert hatte, hatte die allseitig entwickelte Persönlichkeit schlicht als das humanistische Ideal gegolten, das sich im Sozialismus verwirklichen werde. Als die Partei erkannte, daß die veränderten Produktionsverhältnisse den neuen Menschen nicht gleichsam automatisch hervorbrachten, hatte man nach weiteren Geburtshelfern beim »Werden des sozialistischen Menschen« gesucht und geglaubt, sie in gesellschaftlicher Tätigkeit unter umfassender Anleitung und Erziehung gefunden zu haben. In den sechziger Jahren hatten sodann die Stellung des Menschen im Produktions- und Reproduktionsprozeß sowie die Dynamik der wissenschaftlich-technischen Revolution im Vordergrund gestanden. Die Neigung zu einer Ontologisierung des Menschenbilds, genauer gesagt: zum Entwurf eines spezifischen sozialistischen Menschentyps, der das »Wesen« des Proletariats freisetze und verallgemeinere, begann sich erst abzuzeichnen, als sich die Vorstellung durchsetzte, der Sozialismus sei keine relativ kurzfristige Übergangsphase zum Kommunismus, sondern eine eigenständige Gesellschaftsformation.[127]

Diese Langfristperspektive des Sozialismus fiel der Rücknahme der reformpolitischen und theoretischen Eigenwilligkeiten der Spätphase Ulbricht nicht zum Opfer. Und schon bevor sozialistische Persönlichkeit und proletarisches Wesen zu Synonymen wurden, stützte die marxistisch-leninistische Ethik und Moral ihre Überzeugungskraft (oder -schwäche) auf die Behauptung, der Humanismus lasse sich erst und allein im Sozialismus realisieren, freilich nur dann, wenn die Menschen sich in ihrem Urteil und Handeln der Partei der Arbeiterklasse anvertrauten, die allein über privilegierte Kenntnis der historischen Gesetzmäßigkeiten und über Urteilskompetenz in den Fragen der universellen Emanzipation verfüge.[128] Die grundsätzlich zweifelhafte ethische Fundierung dieses Arguments – zweifelhaft insofern, als es Emanzipation an Heteronomie: an Abhängigkeit von hypostasierten Notwendigkeiten und von Einsichtsprivilegien band – gehörte, wie gesagt, zu den Altlasten der Parteiherrschaft; nur wurde sie jetzt aus herrschaftstechnischen Gründen prekär. Je großzügiger nämlich die Partei die Zeitdauer des Sozialismus konzipierte, desto mehr mußte sich die Zielrichtung moralischen Handelns in der Gegenwart erweisen, mußte der Sinn des Lebens im gesellschaftlichen Status quo gesucht und gefunden werden. Die Theorie konzentrierte sich folglich zum einen darauf, das »Werden des neuen Menschen in der DDR« zu beschreiben[129]; zum anderen versuchte sie, das Bild der sozialistischen Persönlichkeit zu präzisieren, es mit dem »Wesen« der Arbeiterklasse zu füllen.

Die Persönlichkeit hat man immer als Verkörperung gesellschaftlicher Verhältnisse begriffen; in den siebziger Jahren galt sie als das »individuelle Sein der Klasse«. Das »Werden sozialistischer Persönlichkeiten« bedeutete im Sinne des Dogmas für die Angehörigen dieser Klasse und – da sie die herrschende sei – für alle Individuen in der entwickelten sozialistischen Gesellschaft »Aneignung des sozialen Wesens der Arbeiterklasse«.[130] Widerspruch gegen solche Setzungen wurde laut, als die Parteipolitik sich mit der Strategie der ökonomischen Intensivierung erneut änderte, auch und vor allem aus dem Kreis jener, die den »Standpunkt der Arbeiterklasse und ihrer geschichtlichen Aufgaben« als normativen Bezugspunkt ihrer Persönlichkeitstheorie durchaus akzeptierten[131], sich von daher in das Gesamt der parteipolitisch definierten Konstellation und historisch-materialistischen Argumentation einfügten und im Namen des gesellschaftlichen Wandels wie wohl auch ihrer wissenschaftlichen Interessen sich der »Triebkraft« des entdogmatisierten Individuums zuwandten. Ein proletarisches Wesen ließ sich kaum mehr unhinterfragt hypostasieren, sobald die Sozialstrukturforschung offenlegte, daß die Klassen und Schichten sich nicht einander annäherten, sobald die Prognose, daß die führende Klasse selbst ihr heterogenes Gesicht in absehbarer Zeit verlieren würde, fallengelassen wurde und auch nicht mehr erwünscht war. Die ontologische Fiktion der proletarischen Gleichheit stand seither dem politischen Wunsch entgegen, gerade aus Ungleichheit Impulse und Anreize für die gesellschaftliche Weiterentwicklung zu gewinnen. Es mußte jetzt Anschluß an eine Gleichheitskonzeption gefunden werden, die unabhängig vom Charakter einer bestimmten Klasse Geltung haben konnte. Gleichheit resp. die Chancen ihrer Durchsetzung verankerte man nun wieder in den gesamtgesellschaftlichen Potentialen der sozialistischen Eigentums- und Machtverhältnisse. Hingegen sei der »primäre Faktor« der Persönlichkeitsentwicklung, der »gesellschaftliche Unterschiede zwischen den Individuen« konstituiere, in den spezifischen Erscheinungsformen der Klassen- und Schichtzugehörigkeit zu sehen. Dabei seien die Individuen aber nicht »passives Abbild der Existenzbedingungen der Klasse oder Schicht, sondern aktives, treibendes Moment der Entwicklung der Klassen und Schichten«.[132]

Es ist immer erneut daran zu erinnern, daß Heterogenität nicht als soziales Faktum konstatiert, sondern ideologisch postuliert wurde: Man brauchte und beschwor sie, um die Stagnation zu überwinden. Man erklärte mithin charakteristische »Besonderheiten« einzelner in Abhängigkeit von sozialstrukturellen Differenzierungen und unterschiedlichen Lebensweisen in der entwickelten sozialistischen Gesellschaft. Überdies wurde individuelles Verhalten nicht mehr ausschließlich als objektiv determiniert, im Sinne der »Subjektivität der Verhältnisse« begriffen, sondern individuelle Aneignungsformen einer ihrerseits differenzierten sozialen Wirklichkeit wurden konzediert.[133] Mit anderen Worten: der

»einfache Determinationszusammenhang zwischen gesellschaftlicher (Produktions-)Struktur und Individuum« wurde in Frage gestellt. Das »aktive, selbstbewußte Handeln des einzelnen« sollte »nicht einfach Abbild gesellschaftlicher Totalität« sein, es schließe im Gegenteil die »Kompetenz und Fähigkeit« mit ein, »die bestehenden Verhältnisse zu verändern«.[134]

Galten aber das Individuum als »aktives, Natur und Gesellschaft umgestaltendes Wesen« und die Persönlichkeitsentwicklung als Prozeß der Vergesellschaftung wie auch der Individuierung[135], war das Dogma der Arbeiterähnlichkeit zugunsten der neuen Politik der Partei gewichen. Die Beweislast für die Gewißheit der Emanzipation, eine Gewißheit, die die Parteiherrschaft aus legitimatorischen Gründen vorgeben mußte, lastete indes weiterhin auf den historisch-materialistisch abgeleiteten Annahmen über eine Teleologie der gesellschaftlichen Entwicklung im allgemeinen[136], und im besonderen auf der schieren Behauptung, die »bewußte Initiative« und »gesellschaftliche Aktivität« der sozialistischen Persönlichkeit präge die Angehörigen aller Klassen und Schichten »in wachsendem Maße«.[137] Wissenschaftlich-technische Revolution, Leistungsprinzip und Triebkraftfunktion der sozialen Differenziertheit bildeten lediglich die Zusatzhypothesen eines unverändert deterministischen Zukunftsszenarios.[138]

Man gab vor, soziale Differenziertheit sei erwünscht, man wolle sie gar vorantreiben und ausbauen. Doch scheuten Partei und Wissenschaft davor zurück, politische Konsequenzen zu ziehen – und das heißt: die Voraussetzungen zu schaffen. Ob in der Sozialstrukturdebatte oder in der um Lebensstil, Freizeit und Individuum, in all diesen sozialwissenschaftlichen Diskussionen fehlte die Einsicht, daß dauerhafte gesellschaftliche Unterschiede nach dem Ende der Prärogative der Partei in allen Bereichen der Gesellschaft, nach gleichen Chancen der Artikulation und nach Partizipation im politischen Prozeß verlangten.

### *3.3 Zum Verhältnis von Staat, Recht und Gesellschaft*

Insbesondere die Diskussion in den Staats- und Rechtswissenschaften machte den Hiatus deutlich, der sich zwischen dem Dogma und den Konzeptionen der gesellschaftlichen Realität auftat, die es aufbrechen sollten. Diese Kluft brachte unterschiedliche politische Imperative zum Ausdruck: die Intensivierung der Ökonomie voranzutreiben, aber zugleich die Macht der Partei und ihre Legitimitätsansprüche grundsätzlich unangetastet zu lassen. Diese letztlich unvereinbaren Anforderungen stellten sich für die Juristen als hoch sensibel dar, weil ihre Disziplin – direkt oder indirekt – die Formen der Herrschaft selbst thematisierte. Die Auseinandersetzungen der achtziger Jahre ließen erkennen, daß die staats- und rechtswissenschaftliche Axiomatik, die in der DDR nach wie vor auf Karl Polak zurückging, letztlich nicht würde unangetastet bleiben können.

Ausgerechnet Juristen – einige unter ihnen – ergriffen die Chance, die im Utopieverlust lag, konsequenter als andere. Sie lösten sich von der Idee, völlig Neues werde in kürzester (oder auch in längerer) Zeitspanne geschaffen. Ihnen wurde deutlich, daß der Sozialismus – wenn überhaupt – nur funktionieren konnte, wenn er nicht nur von Diskontinuität, sondern auch von Kontinuität mit der bürgerlich-kapitalistischen Vorgeschichte ausging, wenn er nicht bloß ein zukunftsgewandtes »Wesen« des Staates und des Rechts postulierte, sondern beide so gestaltete, daß sie einen zuverlässigen Rahmen für kalkulierbares Handeln und für politische Berechenbarkeit garantierten. War dieses Problem erst einmal erkannt, stellte sich auch die Frage der Legitimation des Staates und der Rechte der Bürger. Die Vorherrschaft der Partei jedoch stand – um dies vorwegzunehmen – vor der Revolution des Herbstes 1989 für keinen der Juristen zur Disposition. In dieser Hinsicht unterschieden sie sich nicht vom Rest der scientific community: Die Partei galt bis zum Schluß als Garant der sozialistischen Evolution.

Einige Vertreter der staats- und rechtswissenschaftlichen Disziplin hatten sich bereits in den sechziger Jahren und seither immer wieder daran gemacht, den marxistisch-leninistischen Dogmatismus Polakscher Prägung zu durchbrechen. Hatte Uwe-Jens Heuer seinerzeit rechtsförmige und (wirtschafts)demokratische Verfahren für das Neue Ökonomische System fruchtbar machen wollen, argumentierte er nach dem Ende der Ulbrichtschen Reformen gegen die Annahme, die objektiven Gesetze gesellschaftlicher Entwicklung im Sozialismus ließen sich, einmal erkannt, in eindeutiger Weise »ausnutzen« und bildeten selbst den Maßstab und die Orientierung für politisch bewußtes Handeln.[139] Ließ sich nämlich nicht ausschließen, daß gesellschaftliche Gesetze sich in ihren Wirkungen widersprechen konnten und daß folglich die

Wahl getroffen werden müsse, welche zu fördern und welche zu hemmen seien, dann gab es keine Gewißheit über den Weg der Evolution und das »Wesen« ihres Subjekts, wohl aber die Notwendigkeit normativ informierter politischer Entscheidung aller – unbeschadet der Führungsrolle der Partei, die weiterhin auf Anerkennung stieß.

In den frühen achtziger Jahren sodann wurde die Diskussion breiter. Zunächst ging es um die Begriffe des »politischen Systems« oder der »politischen Organisation«. Dabei stellte sich die Konzeption des »politischen Systems« im Gegensatz zu jener der »politischen Organisation« als diejenige heraus, anhand derer Staats- und Rechtswissenschaftler, angestoßen durch sowjetische Diskussionen, Probleme der Vermittlung widersprüchlicher gesellschaftlicher, kollektiver und individueller Interessen in einer differenzierten und veränderungsbedürftigen Gesellschaft diskutierten. Diese Probleme betrafen das Verhältnis zwischen Staat, Gesellschaft und Demokratie im Sozialismus, der noch einmal zur intensiv erweiteren Reproduktion ansetzte; sie tangierten letztlich die Modi politischer Entscheidungen und der politischen Teilhabe.

Daß primär der Staat – als Hauptinstrument der Partei – die politische Sphäre konstituiere, bestritt weder das Konzept der politischen Organisation noch das des politischen Systems. Während aber das erstgenannte, das in der DDR dominant war und seinem Bedeutungsgehalt nach auch blieb, nur das Ensemble politischer Institutionen thematisierte, bezog das Konzept des politischen Systems die Wechselwirkung zwischen politischen Institutionen einerseits und gesellschaftlichen Organisationen und Normen, sozialistischem Recht und sozialistischer Demokratie andererseits mit ein.[140] Das politische System gehe, so argumentierten die Befürworter einer solch weiten Fassung, von der »Einheit und Vielfalt der Glieder« eben dieses umfassenden Systems, von der »Mannigfaltigkeit ihrer Beziehungen untereinander« wie auch von ihrer »engen Zusammenarbeit« aus.[141] Der Systembegriff war mithin von größerer Reichweite als jener der Organisation, denn er sollte die wechselseitige Bezogenheit von Staat und Gesellschaft in den Blick nehmen. Dabei zeigten sich, sofern die Beziehung zwischen Staat und Gesellschaft als Verlängerung der staatlichen in die gesellschaftliche Sphäre – und vice versa – begriffen wurde, Affinitäten zu früheren Versuchen dieser Art, wie z. B. zur Konzeption des »Volksstaats«. Wie diese implizierte auch die Systemauffassung die Vision einer »zunehmenden Vertiefung der Einheit von Staat und Gesellschaft«, die sich über die wachsende Rolle der gesellschaftlichen Organisationen im politischen System und über die intensivierte Zusammenarbeit der politischen Institutionen mit den gesellschaftlichen Organisationen herstellen sollte.[142] Diese Affinität läßt sich auf das Dogma der Harmonie und Homogenität, insbesondere auf jenes vom »absterbenden« Staat zurückführen. Aber dennoch lag ein Spezifikum der Systemkonzeption darin, auf die Komplexität staatlich-gesellschaftlicher Beziehungen und auf die Relevanz der sozialen Differenzierung zu verweisen.

Diesen Aspekt hob Karl-Heinz Schöneburg sehr deutlich hervor. Ihm ging es in einer kaum zufällig historisierenden Betrachtung um die »Veränderbarkeit und Veränderungsnotwendigkeit« des politischen Systems. Er sah beides in Abhängigkeit von der gesellschaftlichen Entwickung, deren »Produkt und Hebel« das politische System infolge der Dialektik systemischen und gesellschaftlichen Fortschritts sei.[143] In Anlehnung an die Auffassung, daß die entwickelte sozialistische Gesellschaft durch Prozesse der sozialen Annäherung der Klassen und Schichten und zugleich durch soziale Differenzierung gekennzeichnet sei, definierte er das politische System als »notwendige Organisationsform zur Herausbildung des gesamtgesellschaftlichen Interesses in seiner konkreten Gestalt«. Dabei bestimme die Einheit der gesellschaftlichen Gegensätze die Einheit und Widersprüchlichkeit des politischen Systems, das sich seinerseits in einer Abfolge »politisch-staatlicher Entwicklungs- und Lösungsformen gesellschaftlicher Widersprüche« bewege und von Kontinuität und Diskontinuität geprägt sei.[144] Schöneburg hob aber nicht nur Veränderbarkeit, Differenziertheit und Diskontinuität (bei aller Kontinuität) hervor. Die Perspektive, die er skizzierte, war die der »zunehmenden Einheit von Staat und Gesellschaft«. Er hielt an der Interpretation der Klassiker fest, derzufolge der Staat absterben und in die Gesellschaft zurückgenommen würde.[145] In diesem Prozeß glaubte Schöneburg – durchaus orthodox und anders als Heuer – das »Wesen« des proletarischen Staates zu erkennen.[146]

Allerdings konzipierte er diesen Einebnungsprozeß als Vergesellschaftung des Staates. Konkurrierende Positionen, die insofern ähnlich schienen, als sie soziale Differenziertheit als Problem erkannten, das das politische System bearbeiten müsse, und die gleichfalls das Dogma vom absterbenden Staat nicht preisgeben wollten, stellten ein notwendiges »System der Kommunikationen« gesellschaftlicher und politischer Kräfte von Anbeginn unter den Primat der Staats- und Parteipolitik. Das primäre Ziel war dabei, die Gesellschaft nach wie vor von oben zu integrieren.[147] Einer wiederum anderen Systemkonzeption zufolge kam – wurden die Auswirkungen sozialer Differenziertheit und Widersprüchlichkeit auf das politische Institutionensystem konkretisiert – für die entwickelte sozialistische Gesellschaft in ihrem Übergang zur ökonomischen Intensivierung eine Art sozialistischer Korporatismus heraus.[148] Eine verstärkte politische Mitwirkung der gesellschaftlichen Organisationen erhöhe, so argumentierten die Befürworter ausgefächerter Formen der Konsultation zwischen gesellschaftlichen und politischen Kräften, die »Stabilität und Wirksamkeit des politischen Systems als Ganzes und jedes seiner Glieder«.[149] Die Einheit des politischen Systems, so betonten sie, sei durch eine »Zusammenarbeit zwischen den Staatsorganen und den gesellschaftlichen Organisationen« geprägt, die seit dem VIII. Parteitag den Charakter von Vereinbarungen annehme.[150] Das Zusammenspiel von Konsultation, Information und Vereinbarung sollte freilich die führende Rolle der Partei nicht in Frage stellen, jedoch die Verschmelzung von Staat und Gesellschaft vorantreiben.[151]

Trotz all dieser Reservationen bargen die neuen Überlegungen aus orthodoxer Sicht die Gefahr, die Anerkennung sozialer Interessenvielfalt und -widersprüche wie insbesondere der Notwendigkeit, sie in den politischen Prozeß einzubeziehen, könne gleichsam schleichend zur Konzeption eines »sozialistischen Pluralismus« führen. Das hieß wohl, daß die Anerkennung der sozialen Vielfalt zu deren politischer Konstituierung führe; und dieser Gefahr wurde, wie üblich, mit der Kritik des »bürgerlichen« Pluralismus begegnet. Wolfgang Weichelt beispielsweise hob die Vorteile der politischen Bewußtheit und der Transmissionsfunktion sozialistischer Institutionen hervor und wandte sich wiederholt gegen einen vermeintlich imperialistisch induzierten »Kurs einer politischen Pluralisierung der sozialistischen Gesellschaft«. Diese Gesellschaft habe »längst ihr eigenes, bewährtes System der politischen Willensbildung«, das auf der »objektiven Übereinstimmung der grundlegenden Interessen aller werktätigen Klassen und

Schichten« beruhe, »entwickelt und erprobt«.[152] Die Öffnung des politischen Systems zur Gesellschaft hin wurde mit diesem Argument abgewehrt.[153]

Selbst die weite Fassung des Systemkonzepts hatte es erlaubt, den Staat selbst nicht zu thematisieren, einer Neubestimmung seiner Verfaßtheit im real-existierenden Sozialismus auszuweichen.[154] Blockweiter Konvention zufolge galt der Staat im real-existierenden Sozialismus als Diktatur des Proletariats in Gestalt der Arbeiter- und Bauernmacht, die sich im Zuge der weiteren Vervollkommnung von Gesellschaft und Politik zum »Staat des ganzen Volkes« entwickeln werde.[155] Dem Dogma, alle Klassen und Schichten näherten sich der Arbeiterklasse an, entsprach die Behauptung, auch der künftige Volksstaat werde ein »klassengebundener« Staat sein, dessen Bedeutung und Funktion – wie jene der Partei – weiterhin wüchsen. Die Verfassung von 1974 und das Parteiprogramm von 1976 schrieben diese staatstheoretische Position fest.[156] Ihre marxistisch-leninistische Ausgestaltung griff unverändert auf die Axiomatik zurück, die Karl Polak für die DDR ausbuchstabiert hatte.

Staat und Recht betrachtete man, wie den Sozialismus selbst, als Übergangsphänomen, in ihrem »Wesen« nicht vom Weg, sondern vom Ziel der künftigen klassenlosen und herrschaftsfreien Gesellschaft geprägt. Der Staat sei, so behaupteten Polaks Epigonen – und sie stützten sich auf eine Interpretation der Pariser Kommune, die sie Marx, Engels und Lenin zuschrieben –, kein Staat »im eigentlichen Sinne« mehr, also keine von der Gesellschaft grundsätzlich abgehobene »besondere« Zwangsgewalt. Er sei vielmehr Teil eines identitären, prinzipiell widerspruchsfreien Ganzen. Alles Anerkennen von Widersprüchen im Sozialismus tangierte die Staatstheorie in aller Regel nicht soweit, daß sie, die sich doch immer auch als Gesellschaftstheorie verstand, sich der Analyse der tatsächlichen politischen und gesellschaftlichen Prozesse zugewandt und überhistorische »Wesens«zuschreibungen korrigiert hätte. Das Verständnis der einheitlichen Theorie von Gesellschaft, Staat und Recht fühlte sich der marxistisch-leninistischen Normativität stärker verbunden als der »Realgeschichte« (dem marxistisch-leninistisch »Konkretes« Genannten).[157]

Das völlig Neue im visionären Blick vermochten die meisten Staats- und Rechtswissenschaftler auch keine Traditionslinien zu interessieren; der Mythos radikaler Diskontinuität schnitt ein positives Anknüpfen an »bürgerliche« Rechte und Freiheiten, an Rechtsgeschichte und -philosophie rigoros ab. Insofern entging es der Mehrheit der Vertreter ihrer Zunft, daß ihre heftige Abwehr des »bürgerlichen« Rechtsformalismus sie zu einer Gleichsetzung von Diktatur des Proletariats und sozialistischer Demokratie verleitete, die sich eher Stalin als Marx oder Lenin verdankte.[158] Ein Spannungsverhältnis zwischen diktatorischen und demokratischen Aspekten des Staates ließ sich kaum mehr denken, war die Bedeutung von Form und Verfahren zugunsten des verabsolutierten Inhalts der (Klassen-)Macht relativiert. Die identitäre Auffassung von Staat und Gesellschaft und das substantialisierte Demokratie- und Rechtsverständnis standen der rechtlichen Normierung ökonomischer und gesellschaftlicher Verkehrsformen zwar nicht grundsätzlich entgegen, prägten aber deren Interpretation. Sie galten prinzipiell als disponibel, als Verfügungsmasse einer noch immer revolutionär gedeuteten Staatsmacht, die unverändert dem Durchbruch höherer und vor allem objektiver Gesetze der ökonomischen und gesellschaftlichen Entwicklung zu dienen habe. Die Neigung zu Willkür und zum Verstoß gegen rechtliche Regelungen, die Funktionäre allenthalben an den Tag legten und die immer wieder als »bürokratische Verformung« beklagt wurde, hatte eine – aber auch nur eine – ihrer Ursachen in diesem Rechtsverständnis. Gegen Ende der achtziger Jahre machte die Parteiführung den zaghaften Versuch, dem sogenannten Bürokratismus mit dem »sozialistischen Rechtsstaat« zu Leibe zu rücken. Dem war jedoch einige Vorarbeit der staats- und rechtswissenschaftlichen Häretiker vorausgegangen.

Die Relativierung des Rechts, dessen Entwickung angeblich keine andere sein könne als jene der objektiven Bewegung der Gesellschaft selbst, weshalb ihm im Sozialismus auch keine Eigenständigkeit zukomme, war bereits in den sechziger Jahren Gegenstand der Kritik einzelner.[159] In den achtzigern wurde sie wieder aufgegriffen und auf die Staatskonzeption ausgedehnt.[160] Eine grundsätzliche Kritik der Polakschen Axiomatik lag nahe, sobald die SED-Führung den Zeithorizont des real-existierenden Sozialismus so weit hinausschob, daß von einer Übergangsgesellschaft nurmehr sprechen konnte, wer es sich »im Gehäuse der Ideologie bequem gemacht« hatte.[161] Denn der Dreh- und Angelpunkt Polakschen Räsonnements lag in der verkürzten Zeitperspektive, in der Hereinnahme der Zukunft in die Gegenwart. Nur unter dieser

Prämisse machte die Rede von einem den Kommunismus antizipierenden »Wesen« des Staates, des Rechts und der Demokratie einen – wenngleich bestreitbaren – Sinn. Je längere Zeiträume der Sozialismus augenscheinlich beanspruchte, um sich in die freie Gesellschaft zu transformieren, desto fiktiver wurde sein »Wesens«gehalt.

Die vermeintlich progressiv an der Utopie festhielten, ohne ihre Konzeption an der Wirklichkeit zu überprüfen, waren längst »konservativ«, ja »defätistisch«[162] geworden. Sie sahen ihre vornehmste Aufgabe darin, das Herrschaftssystem zu legitimieren, um dessen Kernstruktur nicht zu verändern. In dem dogmatischen Beharrungsvermögen der Disziplin zeigte sich die verheerende Wirkungskraft des Polakschen Einflusses.[163] Den Charakter der staatlichen und rechtlichen Institutionen der sozialistischen Gesellschaft nicht länger aus der Zukunft begründen zu können, bereitete offenbar schier unüberwindliche Schwierigkeiten – sei es, weil das Denken sich von dem Vorbehalt revolutionärer Transformation nicht zu lösen vermochte, oder weil die Partei- und Staatsführung selbst zu diesem Schritt aus Gründen des Machterhalts nicht bereit war. Sie erkannte zwar, und verkündete auch, daß der real-existierende Sozialismus sich noch für ungewisse Zeit »auf seiner eigenen Grundlage« werde entwickeln müssen, daß die Voraussetzung alles Weiteren vom Erfolg der wissenschaftlich-technischen Revolution abhinge. Als Konzession an deren Erfordernisse wie zugleich an den mittel- und osteuropäischen Reformprozeß schien sie sich letztlich sogar der Idee eines »sozialistischen Rechtsstaats« vorsichtig zu öffnen. An den Grundfesten ihrer Herrschafts- und Legitimitätsansprüche rühren zu lassen, war sie aber nicht gewillt. Die Mehrzahl der Staats- und Rechtstheoretiker saß in einer ideologisch-mentalen und zugleich machtpolitischen Falle.

Ihre Kritiker versuchten dagegen, den Utopieverlust in eine »Triebkraft« für Reformen umzumünzen, der drohenden Finalitätskrise dadurch zu wehren, daß sie die Annahme, der Sozialismus sei nichts als eine Übergangsphase, bestritten und die sozialistische Gesellschaft als eigenständige betrachteten. Eine solche Interpretation war, zumindest implizit, seit dem X. Parteitag durchaus zulässig, doch zogen nur wenige entsprechende Konsequenzen. Deutlicher als bei anderen seiner Kollegen, die wie er den real-existierenden Sozialismus verändern wollten, wirkte bei

Heuer der Utopieverlust als Motor des Reformwillens. Er plädierte für eine »konkrete Utopie«.[164] Sie war nach seiner Auffassung nur zu gewinnen, wenn die Idee der Übergangsperiode, ihres geschichtsphilosophischen Bedeutungsgehalts entkleidet, nicht die nahe Realisierung des Telos suggerierte, sondern praktisch-politisch verstanden wurde.

Nach solchem Verständnis war die Übergangsperiode mit dem Beginn der sechziger Jahre, als die Grundlagen des Sozialismus geschaffen waren, beendet; seither bestand der Sozialismus als Gesellschaft eigener, zumindest relativ selbständiger Art.[165] Die Ulbrichtschen Reformen hatten sich letztlich auf dieses Argument gestützt; und Heuer begriff die Konzeption der entwickelten sozialistischen Gesellschaft als neue Reformchance, weil sie die Entfaltung des Sozialismus als langwierigen Prozeß vorstellte, der allen angenommenen Vorzügen dieser Gesellschaft und gerade auch ihrer demokratischen Qualität zu voller Geltung verhelfen sollte. Die Differenziertheit der Sozialstruktur und der politische Kurs der ökonomischen Intensivierung mußten sich, sollten sie erfolgreich wirken können, »notwendig auch in der politischen Sphäre widerspiegeln, ja mehr noch, ohne entsprechende Veränderungen in der politischen Sphäre können diese Veränderungen nicht aktiv gestaltet werden«.[166] Die Anhänger einer »nicht realisierbaren Utopie« liefen laut Heuer Gefahr, konvervativ zu werden und sich den politischen Reformnotwendigkeiten zu widersetzen.[167]

Anders als die Befürworter des Konzepts des politischen Systems wollte Heuer nicht primär die wechselseitige Durchdringung von Gesellschaft und Staat und schon gar nicht eine »absterbende« Tendenz des letzteren nachweisen. Ihn interessierte vor allem die »relative Selbständigkeit« des Überbaus, seine »aktive Rolle« und insbesondere die ihm eigene »Dialektik«.[168] In einem zweiten Schritt bestand er auf rechtsförmigen und demokratischen Vermittlungen zwischen Staat und Gesellschaft. Er leitete die – wie er meinte – unabdingbare staatliche Verfaßtheit des Sozialismus aus dessen eigenen Produktionsverhältnissen ab.[169] Was er sagen wollte, war klar: Staat und politische Organisation des Sozialismus folgten nicht einfach »objektiven« Gesetzmäßigkeiten, im Gegenteil bedürfe deren Ausnutzen (oder Hemmen) der politischen Entscheidung. In diesem Entscheidungsprozeß generiere die politische Sphäre ihr selbst immanente Gesetzmäßigkeiten und

Widersprüche; der Staat sei insofern »besonderer Apparat«, der gesellschaftliche Interessen mit politischen Mitteln und Methoden durchsetze.[170] Auch dem Recht sprach Heuer »relative Selbständigkeit« zu, und zwar aufgrund seiner regulativen Funktion, zwischen den widersprüchlichen gesellschaftlichen, kollektiven und individuellen Interessen zu vermitteln. Das rechtliche Normen- und Regelsystem verkörpere die wissenschaftliche Kenntnis gesellschaftlicher Gesetzmäßigkeiten, es reflektiere darüber hinaus aber auch Traditionen und politisch-kulturelles Bewußtsein.[171] Es ging Heuer einmal um das Verhältnis zwischen rechtlichen und gesellschaftlichen Normen, also um die Akzeptanz und Wirksamkeit des Rechts. Zum zweiten implizierte seine Behauptung, es sei »relativ selbständig«, die Folgerung, daß es zwar korrigierbar sei, daß die Normen aber, solange sie galten, für alle verbindlich waren.[172] Und schließlich lag ihm an der Feststellung, das Recht sichere die »Ermittlung und Durchsetzung gesellschaftlicher Interessen in Einheit mit kollektiven und individuellen Interessen«; es gehöre zu den »subjektiven Rechten« der Individuen und Kollektive, ihre Interessen zu artikulieren.[173]

Heuer versuchte mit seiner Konzeption von Staat und Recht, die er zunächst aus Überlegungen zur Wirtschaftsleitung gewann, vor allem die Mängel ökonomischer Planung und Performanz zu beheben.[174] Insofern traf sich seine Intention mit jener der Parteiführung, sobald sie erneut die wissenschaftlich-technische Revolution zu forcieren suchte. Doch seine Betonung subjektiver Rechte – sowohl betrieblicher Einheiten wie der Individuen – und demokratischer Verfahren wies über diesen Kontext immer schon hinaus.[175] Während im Verlauf der achtziger Jahre die Verrechtlichung sozioökonomischer Teilbereiche eine Option war, die der Strategie der ökonomischen Intensivierung korrespondierte (ohne allerdings die systemimmanenten Defizite des Wirtschaftssystems beheben zu können), und während die SED in der letzten Phase ihrer Herrschaft sich der Konzeption eines »sozialistischen Rechtsstaats« zögerlich öffnete, hielt sie sich, wie die Mehrheit der Staats- und Rechtswissenschaftler, von der These, der Staat sei ein »besonderer Apparat«, fern.

Heuers Auffassung, der Staat sei auch im Sozialismus, und zwar aufgrund der Eigentumsverhältnisse selbst, unabdingbar und zugleich von der Gesellschaft »abgesondert«, er sei Staat »im eigentlichen Sinne«, was im übrigen Lenin selbst unmittelbar nach der

Oktoberrevolution erkannt und befördert habe[176] – diese Auffassung mußte und sollte die orthodoxen Protagonisten des staatlichen »Wesens« provozieren. Daß die Auseinandersetzung unter Rekurs auf die Klassiker geführt wurde, läßt Rückschlüsse auf das politische Klima, insbesondere auf die konservativ-utopische Disposition des Großteils der gegnerischen Diskutanten zu.[177] Sie dichteten ihre Position mit Hilfe einer mehrschichtigen Immunisierungsstrategie ab: Das »Wesen« des sozialistischen Staates, die »historische Mission der Arbeiterklasse« zu »verkörpern«, mithin »Übergangsstaat zum Nichtstaat« zu sein, leite sich aus einem Prozeß von »welthistorischer Natur« ab; es sei daher vom »historisch-konkreten Maß der Dauer seiner (des Staates, S. M.) Existenz« unabhängig.[178] Alles, was dieser »unerschütterlichen, nicht widerlegbaren Bestimmung des Grundwesens des sozialistischen Staates in seiner welthistorischen Genesis« in den Texten der Klassiker selbst zu widersprechen scheine, sei nur von »allegorischer (oder auch metaphorischer) Relevanz«.[179] Das »Absterben« und die »Festigung« der sozialistischen Staatsgewalt seien »identisch«, weil die Entfaltung der sozialistischen Demokratie die »Rücknahme der Staatsgewalt durch die Gesellschaft« bedeute.[180] Eine Theorie des Staates und der Demokratie im Sozialismus, gar eine historische Sicht auf die Theorieentwicklung, waren somit in den Augen der Orthodoxen überflüssig.

Daß das Absterben des Staates nur als »historisch lang andauernder Prozeß« zu begreifen sei, war unstrittig, umstritten hingegen, was das für die sozialistische Demokratie heißen sollte. Während die einen sich an das Diktum hielten, die Arbeiter- und Bauernmacht sei, dem Wesen der Diktatur des Proletariats gemäß, per se schon Demokratie, sie vertrete die Interessen des ganzen Volkes und richte sich im historischen Prozeß auf die »sozialistische Selbstverwaltung des Volkes« immer schon aus[181], bedurfte es, um diesen Prozeß zu befördern, nach Meinung der anderen vornehmlich der Planmäßigkeit und Bewußtheit an beiden Polen des demokratischen Zentralismus, auf daß die demokratische Aktivität der Massen der historischen Notwendigkeit genüge und die objektive Interessenidentität in faktischer Interessenübereinstimmung einlöse.[182] Als Mikroelektronik und Informationstechnik in den achtziger Jahren auch die DDR erreichten, zeigte sich noch einmal die Tendenz, wie schon in den sechziger Jahren die herkömmliche Demokratieauffassung, die politisch-ideologische Bewußtheit zum demokratiekonstitutiven Kriterium erhob, zusammen mit der wissenschaftlich-technischen Revolution zu einer technokratischen Vision zu bündeln.[183] Das ungebrochene Vertrauen in die Wirkungsmacht der Technik war jedoch nicht mehr verallgemeinerungsfähig, zumal niemandem verborgen bleiben konnte, daß die technisch-revolutionäre Rhetorik der Partei die Innovationsschwäche von Ökonomie und Wissenschaft ebensowenig beheben konnte wie die systembedingte Lethargie der »Werktätigen«.

Nahezu ununterscheidbar und friedlich koexistierten in der Worthülse, der Staat sei zugleich »Machtapparat und Massenorganisation«, technokratische mit sozialistisch-demokratischen Vorstellungen.[184] Heuer mißfiel dieser wie jeder andere weitgefaßte Staatsbegriff. Nicht »die politische Organisation der Volksmassen schlechthin«, sondern »welchen Einfluß die Massen selbst unmittelbar oder mit Hilfe der Volksvertretungen und anderer Organisationen im Rahmen dieses Wechselverhältnisses (zwischen Staat und Gesellschaft, S. M.) ausüben«, sei »die eigentliche Frage der Demokratie«.[185] Er brach mit den tradierten Formen, als er »das Bedürfnis der Volksmassen nach Demokratie« im gleichen Sinne auf den sozialistischen Staat bezogen wissen wollte, wie es sich in westlich-kapitalistischen Gesellschaften auf den bürgerlichen Staat richte.[186]

### *3.4 Menschenrechte oder »Sozialistischer Rechtsstaat«?*

Diese Heuersche Parallele ließ kaum mehr Raum für klassentheoretische oder geschichtsphilosophische »Wesens«bestimmungen. Zumindest drohte der (sozialistische) Inhalt seine Vorherrschaft über die demokratische Form zu verlieren. Die Fallstricke einer substantiierten Demokratiekonzeption schienen am ehesten diejenigen zu durchbrechen, die Formen und Verfahren gegen die Hypostasierung des Inhalts stellten und an die »Formbestimmtheit der Vernunft« erinnerten.[187]

Die prinzipielle Übereinstimmung der »Grundinteressen« im Sozialismus, so meinten Lieberam und Will, ermögliche und erfordere zugleich die Lösung aktueller Interessenwidersprüche. Das setze freilich voraus, daß diese sich als Interessen darstellen und artikulieren könnten. Erst so seien sie zu erkennen. Die bloße »Beschreibung der gesellschaftlichen Verhältnisse« reiche nicht aus, vielmehr bedürfe es der »aktiven Rolle des Subjekts« sowie der »eigenständigen Aktivität der gesellschaftlichen Organisationen«.[188] Es lag in der Konsequenz dieser Argumentation, die Rechtsförmigkeit demokratischer Mitwirkung und den »Verfahrensaspekt der sozialistischen Demokratie« hervorzuheben[189], ihre Formen und Regeln als »unveräußerlichen Bestandteil« ihres Inhalts zu begreifen.[190] Sozialistische Demokratie wurde überdies als »staatswissenschaftliche Kategorie« bezeichnet, eben weil sie sich auf die »staatlichen und gesellschaftlichen Angelegenheiten« beziehe[191], wobei »demokratische Organisation des staatlichen Entscheidungsprozesses (...) zunächst und zuallererst« bedeute, »daß die Werktätigen selbst die Entscheidungen treffen«.[192] Schließlich galten Rechtsförmigkeit und Demokratie nicht mehr nur als Gegengewicht zur Bürokratie, als »Triebkraft« und ökonomische Potenz, sondern als »Entwicklungsform der Persönlichkeit im Sozialismus«.[193] Das klingt deutsch-innerlich, war aber wohl politisch-demokratisch gemeint.

Die Reformprozesse in anderen sozialistischen Ländern stellten politische Vielfalt ebenso unter Beweis wie die relative Selbständigkeit der politischen Sphäre; Heuer sprach nun von »politischem Pluralismus« im Sozialismus.[194] Obwohl er am Klasseninhalt sozialistischer Rechtsförmigkeit und Demokratie durchaus festhielt, machte er doch deutlich: »ohne Formbestimmtheit existieren die Elemente des Inhalts nicht, können sich seine Widersprüche nicht entwickeln, zerfällt er«; »Beschränkungen des Inhalts der Demokratie sind immer auch Beschränkungen der Form und umgekehrt«.[195] Sein Votum richtete sich daher dagegen, jegliche Kontinuität zwischen bürgerlicher und sozialistischer Demokratie zu leugnen.[196] Die ideologischen Probleme, die das Abgehen vom Theorem absoluter Diskontinuität mit sich brachte, suchte Heuer mit dem Vorschlag aufzufangen, eine »Theorie des politischen Systems des Sozialismus« zu entwickeln.[197] Das erinnert an die Versuche früherer Jahre, eine Politische Ökonomie des Sozialismus zu entwerfen, die es erlaubte, zuvor als »bürgerlich-kapitalistisch« geltende Elemente wie Ware, Wert und Markt in den Sozialismus zu integrieren und so ideologische Vorbehalte zu entkräften. Heuers Plädoyer für eine politische Theorie des Sozialismus verstehe ich als den Versuch oder vielmehr den Wunsch, die Einzigartigkeit des sozialistischen Projekts, das heißt: seine grundsätzlich anti-westliche Ausrichtung, durch theoretische und praktisch-politische Reformen zu sichern, die Bestandteile der westlichen Tradition aufnahmen. Die Theorie sollte sich auf verschiedene »Vermittlungen« der aktuellen gesellschaftlichen Widersprüche konzentrieren, unter anderem auf Öffentlichkeit, Meinungsvielfalt und Selbstverantwortlichkeit, auf die politische Kultur und auf das Recht.[198] Bei letzterem ging es Heuer um das Verhältnis von Rechts- und Demokratieentwicklung, insbesondere um die Aufwertung der Grund- und subjektiven Rechte der Bürger.[199]

Gerade vor dem Hintergrund der politischen Stagnation in der DDR boten die Jahrestage der Novemberrevolution und der Französischen Revolution willkommene Anlässe, die Diskussion über die Demokratie voranzutreiben. Herrmann Klenner kontrastierte den französischen »Lernprozeß der Massen« mit der »polizeistaatlichen Gängelung in den Farben Preußens«.[200] Schöneburg pries die Novemberrevolution als letzte »Volksrevolution« in Deutschland; und am Beispiel der Vorstellungen Luxemburgs, Liebknechts und Levis wollte er zeigen, was die junge KPD unter sozialistischer Demokratie verstanden habe: jedenfalls nicht »Machtausübung anstelle der und für die Arbeitenden, solange diese dazu ›noch nicht reif genug‹ sind, sondern Reifen der Arbeitenden in der Praxis ihrer eigenen Machtausübung«.[201] Die erste Führungsgarde der Weimarer Partei habe um die Dialektik von Kontinuität und Diskontinuität im Übergang von der bürgerlichen zur sozialistischen Demokratie noch gewußt; dieses Verständnis sei jedoch alsbald verlorengegangen. In der Folge seien »viele potentielle Ansätze für (eine) sozialistische Demokratietheorie negiert« worden.[202] Ein entscheidendes »Defizit an demokratietheoretischen Positionen im Spartakusbund und in der KPD« sah Schöneburg bereits darin, daß während der Novemberrevolution kein Grund- oder Menschenrechtskatalog aufgestellt worden war.[203]

Wenn er in seiner Würdigung der Französischen Revolution von der »Aktualität« der »revolutionären Demokratie« sprach, so um an ein dynamisches Verständnis der Volkssouveränität, die sich im Errichten der sozialistischen Herrschaft und im Verteidigen des Erreichten nicht erschöpfe, zu erinnern.[204] Sein Plädoyer für eine »dynamische Selbstorganisation der Volksmassen« – im August 1989 publiziert – klingt in der Retrospektive wie Hellsicht, die es freilich nicht war. Schöneburg plädierte für die unumschränkte

Anerkennung der Menschenrechte im Sozialismus, welche die sozialistischen Herrschafts- und Eigentumsverhältnisse allein eben nicht garantierten. Diese Kritik der Marxschen Position teilte auch Klenner.[205] Er zählte die Menschen- und Bürgerrechtserklärung der Französischen Revolution zu einem »Stück Fortschrittsgeschichte der Menschheit«, dem »weltweite Bedeutung auch heute noch« zukomme.[206] Das hieß, die Kontinuität zu bürgerlichen Prinzipien anzuerkennen und sich explizit gegen Karl Polak zu stellen. Dieser habe den »gewaltigen Nimbus«, den der »Prinzipienkatalog der Aufklärungsphilosophie« noch immer besitze, »nicht seinem Inhalt, sondern nur der Art seiner Proklamation und Durchsetzung« zugeschrieben.[207] Es sei jedoch »verkehrt«, den normativen Gehalt als »bloßen Verschleierungsidealismus« abzutun; »moralische Kategorien wie Heuchelei und Betrug« seien »erst recht fehl am Platze«. Vielmehr handele es sich »tatsächlich um absolute Rechte«, hinter die »kein menschenwürdiger Weg« zurückführe, bei denen aber auch nicht stehenzubleiben sei.[208]

Damit kündigten Klenner und Schöneburg die klassentheoretische Herangehensweise an die Frage der Volkssouveränität und der Menschenrechte auf. Eine solche Ablehnung zeichnete sich auch in der Diskussion um »allgemeinmenschlich«, »allgemeinhumanistisch« oder »allgemeindemokratisch« genannte Interessen, Bestrebungen und Ideale ab, in einer Diskussion, die von der Problematik der Koexistenz der Systeme und des Friedens im nuklearen Zeitalter angestoßen wurde.[209] Ob und inwieweit diese Positionen, die die Prävalenz sozialistischer Inhalte über demokratische und rechtliche Formen bestritten, sich auf die Konzeption eines »sozialistischen Rechtsstaats« ausgewirkt hätten, die die SED-Führung ein Jahr vor ihrem Sturz lancierte, ist schwer zu beurteilen. Man wird jedoch sagen können, daß die Parteispitze und die Mehrzahl der Staats- und Rechtswissenschaftler nicht zu Konzessionen bereit waren, die die Hypostasierung des sozialistischen »Wesens« staatlicher und rechtlicher Institutionen offen unterminiert hätten.

Sehr zögerlich begann die Parteiführung im Laufe des Jahres 1988, den Rechtsstaatsgedanken aufzugreifen. Er war wohl zuallererst als verbales Zugeständnis an die – und zugleich als Abwehr der – Reformen in anderen sozialistischen Ländern zu verstehen. Anders als in den späten sechziger Jahren, als Ulbricht die ökonomischen Reformen mit sozialistischer Rechtsstaatlichkeit zu flankieren suchte[210], gehörte es zur Strategie der SED im real-existierenden Sozialismus, jeglicher Ausdifferenzierung der politischen, ökonomischen und gesellschaftlichen Sphären vorzubeugen. Die Funktionsdefizite der staatlichen Institutionen und der Ökonomie versuchte sie durch Umstrukturierungen an Spitze und Basis des demokratischen Zentralismus zu beheben, die Teilautonomien zuzugestehen peinlich vermieden. Dies galt ebenso für die durchwegs ineffektiven Reaktionen auf das viel beklagte »politisch verantwortungslose« Verhalten der Bürokratien gegenüber den Bürgern, das den Sozialismus von seinem Anfang bis zu seinem Ende kennzeichnete.[211] Konkrete Auswirkungen der Klagen über den »Bürokratismus«, die sich Mitte der achtziger Jahre in einem neuen Gesetz über die örtlichen Volksvertretungen und ein knappes Jahr vor dem Sturz der SED-Herrschaft in einer Verordnung zur Regelung von Auslandsreisen und im Gesetz zur Nachprüfung von Verwaltungsentscheidungen zeigten, ließen die unangefochtene Handschrift des Obrigkeitsstaates erkennen, der – unter Druck geraten – seinen Bürgern ein wenig mehr Freizügigkeit und Schutz vor staatlicher Willkür gewährte.[212]

Zwar propagierte die Parteiführung »Kontinuität und Erneuerung« für den »Sozialismus in den Farben der DDR«, aber allein schon die Art, wie sie den Begriff des »sozialistischen Rechtsstaats« einführte, ließ nicht auf die Neigung schließen, eine rechtsstaatliche »Erneuerung« in Erwägung zu ziehen. Eher im Gegenteil. Die DDR, so hieß es, sei seit langem ein sozialistischer Rechtsstaat, der seinen Bürgern die »grundlegenden Menschenrechte« gemeinsam mit allen anderen Segnungen von Recht und Gerechtigkeit »gewähre« – ein hinreichend verräterischer Sprachgebrauch.[213] Seit dem VIII. Parteitag – seit 1971! – werde dieser Rechtsstaat »planmäßig« ausgestaltet.[214] Die Rede war also von der Kontinuität des real-existierenden Staates, in dem »der Mensch Ziel und Maß aller Dinge« sei und der immer schon ein »menschliches Antlitz« trage.[215]

Der parteioffiziellen Frontstellung für die Kontinuität und Traditionsmächtigkeit des »Sozialismus in den Farben der DDR« entsprechend verhalten reagierten die Staats- und Rechtswissenschaftler auf die Rechtsstaatsrhetorik. Klenners Seitenhieb auf die »polizeistaatliche Gängelung in den Farben Preußens«[216] blieb eine Ausnahme; seine und Schöneburgs Ansichten waren ohnehin die einer Minorität. Die rechtsstaatliche Konzeption sei weniger »formellen und verfahrensmäßigen Fragen« als vielmehr dem »sozialen Inhalt des sozialistischen Staates und seines Rechts« verpflichtet, meinte Michael Benjamin, einer der wenigen, die sich überhaupt äußerten.[217] Doch schienen bei ihm – entgegen aller offiziösen Konzentration auf eine dem Sozialismus immanente Kontinuität – Verbindungslinien zur bürgerlichen Rechtsstaatlichkeit zumindest auf.[218] Er wies auch auf die Diskussion in anderen sozialistischen Ländern hin und bot – in Frageform gekleidet – die Möglichkeit an, den sozialistischen Rechtsstaat als »Antwort auf (...) Verletzungen der sozialistischen Gesetzlichkeit, auf Machtmißbrauch und Willkür in vergangenen Perioden zu verstehen«.[219] Seine »spezifische Funktion« sah Benjamin darin, »daß er in synthetischer, zusammenfassender Form entsprechend den inneren und äußeren Entwicklungsbedingungen einen historisch-konkreten und sich zugleich dynamisch entwickelnden Zusammenhang zwischen Staat, Recht und Gesellschaft widerspiegelt und damit zugleich Entwicklungsphasen und Wesensmerkmale der sozialistischen Gesetzlichkeit und Rechtsordnung ausdrückt«.[220]

Eine dem Sozialismus angeblich eigene Entwickungslogik, die zum Rechtsstaat führe, machte er jedoch eher an der Bedeutung des Rechts als Leitungsinstrument bei der weiteren Gestaltung der Gesellschaft fest als etwa an – mit Heuer zu sprechen – »demokratischen Bedürfnissen der Massen«. »Ziel, Inhalt und Art und Weise der Wahrnehmung subjektiver Rechte« schlossen nach Benjamins Vorstellung »Verfassungstreue als obersten Grundsatz unerläßlich ein«. Das erfordere, »allen Versuchen entschieden entgegenzutreten, subjektive Rechte gegen den Sozialismus, gegen die Ziele und Grundsätze der Verfassung zu mißbrauchen«.[221] Das Votum Karl Mollnaus, den sozialistischen Rechtsstaat als »realen Sachverhalt des Weltsozialismus« zu verstehen, der »erst in der Entwicklung begriffen« sei, unterschied sich vom offiziellen Tenor: Es verwies – indirekt, aber deutlich – auf die Reformen in der Sowjetunion, in Ungarn und Polen und distanzierte sich von der Behauptung, die DDR sei schon immer, spätestens seit Beginn der »Ära Honecker«, ein sozialistischer Rechtsstaat gewesen. Was dieses Gebilde sein solle, ließ Mollnau offen; allerdings müsse seine Konzeption »das spezifisch Sozialistische betonen und damit eine klassenmäßige Abgrenzung gegenüber dem bürgerlichen Rechtsstaat vornehmen«.[222]

Der Durchbruch zu einer universalistischen – im Parteijargon: zu einer »allgemeinmenschlichen«, »allgemeindemokratischen« – und deshalb auf formale Verfahren und Kriterien drängenden Argumentation ist in der DDR nicht gelungen, weder den Gesellschaftswissenschaftlern noch den Staats- und Rechtswissenschaftlern. Das lag, wie ich meine, daran, daß die Legitimitätskrise, die im real-existierenden Sozialismus von Anbeginn angelegt war, sie zwar eingeholt hatte, weshalb sie den Sozialismus verbessern und reformieren wollten. Aber letztlich vermochten sie sein »Wesen« ebenso wenig zu bestimmen wie sie sich von der Idee eines »Wesens« trennen wollten. Deshalb hielten sie auch an der Partei und ihrer vermeintlich synthetisierenden Kraft fest. Demokratie als volonté des tous, konstitutionell eingehegt, selbstbestimmt und selbstbeschränkt – diese Vorstellung entwickelte sich in der DDR erst im Verlauf der Revolution von 1989.

## 4. Nation DDR und Gemeinschaft aller Deutschen

Seit dem Beginn der siebziger Jahre stand die SED nicht allein unter dem Problemdruck, der von Utopieverlust und Finalitätskrise ausging. Weiterer Druck ergab sich aus der internationalen Entspannungspolitik, die gegen Ende der sechziger Jahre auf beide deutschen Staaten durchzuschlagen begann. Während der Reformen des vorhergehenden Jahrzehnts hatte die Partei die nationale Frage in den Hintergrund zu drängen versucht. Nun vollzog sie einen radikalen Schnitt und erhob die sozioökonomischen Grundlagen und politischen Organisationsprinzipien, die beide deutschen Staaten und Gesellschaften trennten, zu den Konstituentien zweier deutscher Nationen. Die Radikalität dieser theoretischen »Lösung« der nationalen Frage diente dazu, die Politik der Abgrenzung von der Bundesrepublik zu begründen. Diese Politik verlor in der Folgezeit jedoch an Schärfe, und daher suchte die SED, Abgrenzung von und Kooperation mit dem anderen deutschen Staat praktisch-politisch wie auch theoretisch auszubalancieren. Im folgenden soll diskutiert werden, wie Propaganda und Wissenschaft diesen Balanceakt in Legitimitätsansprüche der Parteiherrschaft und in Integrationsangebote an die Gesellschaft übersetzten.

Die Partei relativierte gesamtdeutsche Gemeinsamkeiten seit langem. Ein kurzer Blick auf die sechziger Jahre macht deutlich, daß sie die soziale eindeutig über die nationale Frage stellte, seit sie ihre nationalrevolutionären Kampagnen eingestellt und der Bau der Mauer auch ihren Konföderationsvorschlägen jegliche Glaubwürdigkeit genommen hatte. »Bevor wir uns vereinen, müssen wir uns differenzieren«, verkündete sie nach dem Mauerbau und stellte den Sozialismus ins Zentrum der »nationalen Aufgabe«.[223] So konnte sich die SED ihrem Reformprojekt widmen und behaupten, die DDR sei der Bundesrepublik »bereits um eine ganze Epoche voraus«.[224] Die Annahme der Gleichzeitigkeit des Ungleichzeitigen erlaubte es ihr, in der DDR die humane Zukunft schon verkörpert zu sehen, in der Bundesrepublik hingegen noch die Barbarei von gestern. In diesem Szenario stand »Wanderern zwischen zwei Welten« weiterhin kein »dritter Weg« offen.[225]

Die Partei vertrat zwar noch die Auffassung, daß die nationale Einheit unweigerlich kommen werde, aber diese Gewißheit stützte sie weniger auf die Deutschlandpolitik des Tages als auf die historischen Gesetzmäßigkeiten, die auch vor der bundesrepublikanischen Entwicklung nicht haltmachen würden. Solange der Sozialismus sich im anderen deutschen Staat nicht durchsetze, sei die Arbeiterklasse das einzige einigende Band und der »Friedensstaat« DDR der »einzig rechtmäßige deutsche Staat«.[226] In ihm sei das nationale Selbstbestimmungsrecht bereits verwirklicht.[227] Indem die SED das Selbstbestimmungsrecht inhaltlich definierte und seine Legitimität an Sozialismus und Frieden band, konnte sie Hoffnungen auf einen »sofortigen und mechanischen Zusammenschluß der Nation zu einem einheitlichen Staat« mit dem Argument zurückweisen, die »sozialistische Staats- und Gesellschaftsordnung der DDR« umschließe die »Perspektive der ganzen Nation«.[228]

Diese Interpretation der nationalen Frage richtete sich explizit gegen »Mystik im nationalen Gewande«.[229] Sie ließ allerdings zwei Möglichkeiten logisch zu: die Zukunftsvision einer vereinten sozialistischen deutschen Nation oder aber der Auseinanderentwicklung der beiden Gesellschaften und Staaten in zwei Nationen – eine bürgerliche und eine sozialistische. Denn wäre die Nation über lange Zeit und »auf zwei unterschiedlichen sozialen

Entwickungsstufen« gespalten[230], konnte sie zerbrechen. Zu dieser Schlußfolgerung war die SED jedoch vor dem Beginn der sozial-liberalen Ostpolitik nicht bereit. Sie fürchtete wohl potentielle Legitimitätsprobleme[231], die aus dem Umstand resultierten, daß das Gefühl nationaler Zusammengehörigkeit in der DDR-Bevölkerung weiterhin virulent war. Außerdem glaubte die SED noch an den weltweiten Epochenübergang vom Kapitalismus zum Sozialismus.[232] Daß die »Spaltung der Nation verewigt werden könne«, tat sie daher als »gefährliche Illusion« ab, gefährlich, weil sie aus einem falschen Verständnis des Kräfteverhältnisses zwischen Imperialismus und Sozialismus hervorgehe.[233]

Emotionen, die sich an die nationale Frage knüpften, sollten klassentheoretisch domestiziert und auf die soziale Frage: den Sozialismus, gelenkt werden. Das läßt sich insbesondere an den Anfängen einer Theorie der globalen und gesetzmäßigen Transformation bürgerlicher in sozialistische Nationen zeigen; sie kamen betont sachlich daher. Entgegen dem frühen Versuch Stalins, die nationale Problematik begrifflich zu klären, ging man nun nicht mehr davon aus, eine »bloße Summe von Merkmalen« sei für eine Nation konstitutiv und führe ein »zeitloses und klassenindifferentes Dasein außerhalb des gesellschaftlichen Entwicklungsprozesses«. Vielmehr seien solche Kriterien wie Gemeinsamkeit der Sprache, des Wirtschaftslebens oder der Wesensart in »gesetzmäßige Struktur- und Entwicklungsformen der menschlichen Gesellschaft« einzuordnen und an den jeweiligen Entwickungsstand der Produktivkräfte und Produktionsverhältnisse rückzubinden.[234] Die neue historisch-materialistische Nüchternheit implizierte freilich nicht, aus der Gefühlswelt gänzlich herauszutreten: Abscheu sollte jene treffen, die dem Zustandekommen der sozialistischen Nation im Wege standen; und zur positiven Identifikation mit dem Sozialismus leitete die Historiographie an, indem sie die Traditionen und die Geschichte der Arbeiterbewegung entsprechend aufbereitete.[235]

Noch bevor die sozial-liberale Ostpolitik einsetzte, hatte sich die SED also um eine im Sinne des Sozialismus rationale Position zur nationalen Frage bemüht. Nicht kulturelle, historische oder emotionale Bindungen, sondern nur die Einheit der Arbeiterklasse und allumfassende sozialistische Strukturen und Entwicklungspotentiale sollten eine gesamtdeutsche Nation konstituieren können. In Reaktion auf die Bildung der Großen Koalition in

Bonn bekräftigte die SED ihre Absage an eine Wiedervereinigung, bevor der Sozialismus sich in der Bundesrepublik durchgesetzt hätte.[236] Die Verfassung von 1968 bekannte sich zwar noch grundsätzlich zur nationalen Einheit, wiederholte jedoch diesen Vorbehalt.[237] Erst in den siebziger Jahren zerschlug die Partei den selbstgeknüpften Knoten aus nationaler Anspruchshaltung, die sie aus der sozialistischen Ordnung ableitete, und faktischer Auseinanderentwicklung von DDR und Bundesrepublik. Sie behauptete jetzt, in Deutschland koexistierten nicht nur zwei Staaten, sondern es entwickelten sich überdies zwei deutsche Nationen. Damit reagierte sie auf die sozial-liberale Ostpolitik und die Idee der Kulturnation, die aus der SPD heraus formuliert wurde.

Die Argumentation der SPD veränderte sich in signifikanter Weise. In Kurt Schumachers Konzeption hatte die nationale Einheit den demokratischen Sozialismus befördern sollen; dieselbe Funktion hatte die SPD in den fünfziger Jahren der Wiedervereinigung im Rahmen eines zugleich entstehenden europäischen Sicherheitssystems zugedacht. Nun jedoch hieß es, vor der deutschen Einheit seien Menschenrechte und Selbstbestimmung in ganz Europa sukzessive durchzusetzen, und damit wurde die politisch-normative Bedeutung, die die SPD der Einheit der Nation zumaß, unklar. Wie es scheint, wollten die Sozialdemokraten »von Deutschland retten, was noch übrig war«.[238] In diese Richtung wiesen Willy Brandts Ziel, die »Substanz der Nation« zu erhalten, und Egon Bahrs Formel vom »Wandel durch Annäherung«. Beide Formeln rekurrierten auf die Idee des Fortbestands einer deutschen Kulturnation, einer Gefühls- und Bewußtseinsnation. Das läßt sich insbesondere am Begriff der »nationalen Substanz« verdeutlichen. »Im Begriff der Nation«, sagte Brandt in seinem ersten Bericht zur Lage der Nation, »sind geschichtliche Wirklichkeit und politischer Wille vereint. *Nation umfaßt und bedeutet mehr als gemeinsame Sprache und Kultur, als Staat und Gesellschaftsordnung. Die Nation gründet sich auf das fortdauernde Zusammengehörigkeitsgefühl der Menschen eines Volkes. Niemand kann leugnen, daß es in diesem Sinne eine deutsche Nation gibt und geben wird, so weit wir vorauszudenken vermögen.*«[239]

Wenn Brandt für eine europäische Friedensordnung und für Gewaltverzicht, für mehr Menschenrechte in Europa und darüber hinaus für die Intensivierung der zwischenmenschlichen Beziehungen im deutsch-deutschen Verhältnis plädierte[240], argumentierte er für die Durchsetzung verallgemeinerungsfähiger Werte und Normen in Europa. Wenn er aber betonte, die Nation sei mehr als Staat und Gesellschaftsordnung, auch mehr als Sprache und Kultur, weil sie im Zusammengehörigkeitsgefühl und -bewußtsein ihrer Menschen gründe, dann wollte er sagen, daß die deutsche Nation noch bestehe und auch in Zukunft bestehen werde. Er nahm zwar an, die staatliche Einheit werde über Generationen hin nicht zu erreichen sein und selbst zu einem fernen Zeitpunkt eine eher unwahrscheinliche Lösung der nationalen Frage darstellen.[241] Er wollte aber den nationalen Zusammenhalt der Kultur-, Gefühls- und Bewußtseinsnation als solchen wahren. Und dies gerade nicht in dem Sinne, daß der kulturelle Zusammenhalt die Grundlage für die Wahrnehmung des Selbstbestimmungsrechts sichern sollte. Denn dieses Recht war zwar ein zentraler Bestandteil seiner Zielperspektive, aber kamen eine europäische Friedensordnung und die Garantie der allgemeinen Rechte, die Brandts Politik anstrebte, zustande, dann war die deutsche Einheit als Mittel zur Durchsetzung dieser Rechte gegenstandslos. Die Idee der »nationalen Substanz« erhöhte die Nation zu einer überzeitlichen Kategorie, deren Inhalte und vor allem Zwecke diffus blieben.

Brandts Ziel war es vor allem, die Denk- und Rechtsfigur der Kontinuität des Deutschen Reiches zu unterlaufen und jenen, die Recht und Demokratie in der DDR als Voraussetzung für Verhandlungen einforderten, entgegenzuhalten, daß seit dem Mauerbau die Milderung der menschlichen Probleme und daher die Kooperation mit der DDR politischen Vorrang hätten. Um die Fixierung auf den Nationalstaat abzubauen, wiesen er und die sozial-liberale Koalition darauf hin, daß in der deutschen Geschichte der nationale Zusammenhang nicht allein oder auch nur primär nationalstaatlich, sondern vor allem kulturell gewährleistet worden sei. Er hielt also dem nationalen Gedanken, den die CDU nach wie vor am Nationalstaat, an 1871, festmachte und auch über 1945 hinwegretten wollte, eine Alternative entgegen, die historisch gut begründet war, indem sie noch hinter das Faktum der Reichsgründung zurückgriff.[242] Vor 1871 aber gab es eben viele deutsche Staaten – und die Idee der Kulturnation: eine Idee, die historisch belastet ist, weil die weltbürgerlichen und liberal-demokratischen Inhalte, die anfangs mit ihr verbunden waren, im Laufe des 19. und 20. Jahrhunderts verlorengingen; eine Idee überdies, die in der aktuellen deutsch-deutschen Situation nicht offensiv auf Recht und Demokratie in der DDR drängen ließ.

Die SED reagierte auf die kulturnationale Orientierung Willy Brandts und auf die deutsch-deutsche Annäherungspolitik der sozial-liberalen Koalition politisch defensiv und theoretisch offensiv.[243] Was letzteres anbetrifft, so radikalisierte sie ihre Theorie der Nation. Die Zwei-Nationen-Theorie war zuallererst Teil der Abgrenzungspolitik gegenüber der Bundesrepublik, die nun im Rahmen des internationalen und gesamtdeutschen Beziehungsgeflechts näher rückte. Die neue Theorie grenzte die DDR nicht nur ab, sondern die Bundesrepublik aus dem Nationalverband aus.[244] Die SED kündigte das nationale Band zum anderen deutschen Staat in einem Moment vermeintlich endgültig auf, der nicht nur aus deutschlandpolitischen Gründen für sie schwierig war. Er war um so schwieriger, weil die Partei zu dieser Zeit auch die Gewißheit einer nahen »Vollendung« des Sozialismus offiziell als voreilig zurücknahm. Während in den sechziger Jahren die nationale Sachlichkeit mit der Perspektive der Ulbrichtschen Reformen – mit der Verbindung von wissenschaftlich-technischer Revolution und kommunistischer Utopie – einherging, kam in den siebzigern, eben weil eine gemeinsame deutsche Zukunft nun emphatisch verneint wurde, dem Sozialismus im Vergleich und Wettbewerb mit der Bundesrepublik eine erheblich stärkere legitimatorische Beweislast zu, als das jemals zuvor der Fall gewesen war. Und das in einer Konstellation, in der der Utopieverlust die (latente) Legitimitätskrise der Parteiherrschaft im real-existierenden Sozialismus einleitete. So mußte die Strategie der Einheit von Wirtschafts- und Sozialpolitik »die ›Nation‹ als Identifikationsmöglichkeit tendenziell substituieren«[245] und zugleich die Versprechen auf Harmonie und Gleichheit, die mit den Reformen einhergegangen waren, im Hier und Heute einlösen.

Die neue Doktrin zur nationalen Frage skizzierte Walter Ulbricht noch vor seinem Sturz. Er nahm in Reaktion auf Willy Brandts ersten Bericht zur Lage der Nation die Theorie der zwei deutschen Nationen vorweg, indem er die DDR als sozialistischen deutschen Nationalstaat bezeichnete und gesamtdeutsche Gemeinsamkeiten von Ökonomie und Politik, Sprache und Kultur in Abrede stellte. In der DDR bilde sich eine sozialistische Nation heraus, während die Bundesrepublik den verbliebenen Teil der alten bürgerlich-kapitalistischen Nation verkörpere.[246] Nach Ulbrichts Ablösung präzisierte die neue Parteiführung diese Auffassung und stellte fest, daß mit der entwickelten sozialistischen Gesellschaft, dem sozialistischen Staat, der sozialistischen Persönlichkeit und der sozialistischen Nationalkultur in der DDR auch die sozialistische Nation entstehe.[247] Seither wurden nicht nur die Abgrenzung zwischen beiden deutschen Staaten, sondern die zwischen zwei »Nationen« bei gleichzeitiger Annäherung aller sozialistischen Nationen als Resultat gesetzmäßiger Prozesse gedeutet.

Eine Verfassungsänderung eliminierte 1974 alle Passagen, die auf die deutsche Einheit ausgerichtet gewesen waren und bekräftigte die Interpretation, das Volk der DDR habe neben seinem sozialökonomischen und staatlichen auch sein nationales Selbstbestimmungsrecht verwirklicht. Eine Zeitlang versuchte man das Wort »deutsch« zu vermeiden und durch »DDR« oder »sozialistisch« zu ersetzen, und Parteifunktionäre propagierten die Zwei-Nationen-Theorie in dieser zugespitzten Variante: Der sozialdemokratischen Vision gesamtdeutscher nationaler Einheit fehle nicht nur die Voraussetzung der Gemeinschaft des Territoriums und der Wirtschaft, sondern auch der psychisch-moralischen Eigenschaften und Gefühle, der Kultur und Geschichte.[248]

Als die Wende in der Behandlung der nationalen Frage derart vollzogen war, kam der neue Parteichef dem Unbehagen und Unverständnis, das sie bei mittleren und unteren Kadern auslöste, insofern entgegen, als er zugunsten einer »aufgelockerten Abgrenzungshaltung«[249] zwischen der »sozialistischen Nation« und der »deutschen Nationalität« unterschied. Nachdem ein Freundschaftsvertrag mit der Sowjetunion (1975) den objektiven Annäherungsprozeß zwischen den sozialistischen Nationen, die Herausbildung der sozialistischen Nation und die Unwiderruflichkeit des Sieges des Sozialismus in der DDR deklamatorisch bekräftigt hatte[250] und das neue Parteiprogramm der SED (1976) gleichfalls die Entwickung der sozialistischen Nation, der entwickelten sozialistischen Gesellschaft, der sozialistischen Nationalkultur, des sozialistischen Nationalbewußtseins und der sozialistischen Lebensweise, den sozialistischen Patriotismus und proletarischen Internationalismus, den gesetzmäßigen Prozeß der Abgrenzung zur Bundesrepublik und den weltweiten Übergang des Kapitalismus zum Sozialismus deklariert und die Qualifikation »deutsch« wieder zugelassen hatte[251], blieb für die Gesellschaftswissenschaften die Aufgabe, eine Theorie und Geschichte der Nation zu konzipieren, die mit der Theoriebildung im Block übereinstimmte und zugleich der spezifischen Problematik der deutschen Situation, so wie die SED sie sah, Rechnung trug.[252]

Alfred Kosing lieferte den seinerzeit anspruchsvollsten Versuch, zwischen Nation und Nationalität und damit zwischen der universellen Geltung des Sozialismus und einer jeden nationalen Partikularität zu unterscheiden. Er verknüpfte die materialistischen Komponenten der marxistisch-leninistischen Gesellschaftstheorie und Geschichtsauffassung mit der Eigenart des historischen Prozesses und seiner kulturellen und ethnischen Besonderheit.[253] Seine Bemühungen richteten sich in Anbetracht der Zwei-Nationen-Theorie und des gewachsenen Bedarfs nach Abgrenzung von der Bundesrepublik nicht allein darauf, wie schon in den sechziger Jahren gesamtdeutsch-nationalen Gefühlen zumindest theoretisch den Boden zu entziehen. Diese Mühe galt nun nicht minder den kulturnationalen Konnotationen der Politik der sozial-liberalen Koalition.[254]

Mit Hilfe des anti-partikularen Normativismus, der in der offiziellen Interpretation des historischen Materialismus und der Klassentheorie angelegt war, trieb Kosing die Versachlichung der nationalen Frage weiter als zuvor. Er ging in Anlehnung an einschlägige Passagen von Marx, Engels und Lenin von der These aus, daß bürgerlich-kapitalistische Nationen zwei Klassenlinien und Kulturen aufwiesen und daß sich der Gegensatz zwischen kapitalistischen und sozialistischen Nationen mit den Kämpfen der revolutionären Arbeiterbewegung im 19. Jahrhundert entwickelt habe.[255] Wie schon zuvor begriff er – im Gegensatz zu Stalin – Nation als eine notwendige Struktur- und Entwicklungsform der Gesellschaft, die sich, wie alle gesellschaftlichen Erscheinungen, in Abhängigkeit vom Entwicklungsniveau der Produktivkräfte und der Produktionsverhältnisse auspräge.[256] In faktischer Übereinstimmung mit zahlreichen »bürgerlichen« Historikern, gegen die er sich in toto wandte, weil sie angeblich eine »Gemeinschaft psychischer Wesensart« zum Movens der Nationsbildung erklärten, hob Kosing Integrationsprozesse ökonomischer, gesellschaftlicher und politischer Art als Voraussetzung der Entwicklung der Nation hervor, die gemeinhin mit der Entstehung bürgerlich-kapitalistischer Gesellschaften in Verbindung gebracht werden.[257] Wenn Kosing die Nation als Struktur- und Entwicklungsform der

Gesellschaft bezeichnete, meinte er nichts anderes als die »national« gewordene Gesellschaft selbst, die auf überregionaler Ebene Gemeinschaften stabilisiert, in deren Rahmen sich gesellschaftliche, ökonomische und kulturelle Prozesse überregional entfalten können. Kosings Nation war also ein Kommunikationsverband auf einer bestimmten Stufe der gesellschaftlichen Integration und Komplexität. Der Unterschied zu K. W. Deutsch, gegen den er polemisierte, lag wohl darin, daß dieser in Zusammenhang mit der Entwicklung der kapitalistischen Produktionsweise und bürgerlichen Gesellschaft nicht an historisch-materialistische Gesetzmäßigkeiten dachte.

Könnte man also Kosings Definition der Form der Nation als Kombination historisch-materialistischer und kommunikationstheoretischer Elemente bezeichnen, so ist das, was er den Inhalt der Nation nannte, schwieriger zu bestimmen. Daß er auch den Inhalt primär durch ihre ökonomische Basis charakterisierte, welche kapitalistische und sozialistische Nationen gemäß ihrer Produktionsweise, Klassenstruktur und Kultur in gegensätzlicher Weise präge[258], war dem üblichen ökonomischen Reduktionismus geschuldet. Von dem basisbestimmten Inhalt, den er sozial nannte, unterschied Kosing ethnische und naturwüchsige Faktoren, die den allgemeinen und vermeintlich gesetzmäßigen nationalen Entwicklungsprozessen »nationales Kolorit« verliehen.[259] Diesen verkürzt ethnisch genannten Faktoren – Sprache, Sitten, Bräuche, ihrer Verbindung zu Klima, Territorium u. ä. m. – sprach er hohe Kontinuität zu. Zugleich behauptete er aber, sie veränderten sich in Abhängigkeit von den sozialen Komponenten, und ihre Bedeutung nehme in dem Maße ab, in dem naturwüchsige Verhältnisse insgesamt ihre Bedeutung verlören.[260] Nationalität schließlich, ein dritter Bestimmungsfaktor des Inhalts der Nation, resultiere aus den ethnischen Charakteristika in ihrer historischen Entwicklungsdimension, aus einer Dimension also, die vornationale Stammesgemeinschaften, feudale Völkerschaften, kapitalistische und schließlich sozialistische Nationen gemeinsam hätten.[261]

Im Begriff der Nationalität kondensierte sich am ehesten, was man national-partikular nennen kann und was vom Standpunkt der sozialdemokratischen Position, gegen die Kosing ja argumentierte, eine Kultur- und Bewußtseinsnation ausmachte. Insofern ist die Frage, was er unter Geschichts- oder Nationalbewußtsein verstand, besonders interessant. Er bot – und das überrascht kaum – die Kategorie des nationalen bzw. Klasseninteresses an. Da Nationen nach seiner (struktur- und entwicklungs)formalen Definition nichts anderes als Gesellschaft auf einer bestimmten Integrationsebene und historischen Entwicklungsstufe waren, faßte er die genannten Interessen als sekundäre Strukturmerkmale auf. Nationale Interessen figurierten daher primär als Klasseninteressen, artikuliert von Klassen oder Klassenbündnissen.[262] Diese Definition war im Rahmen einer historisch-materialistischen Theorie zwar konsistent, doch bleibt zu fragen, welchen Stellenwert die Kategorie des nationalen Interesses überhaupt hatte. Vieles deutet darauf hin[263], daß Kosing – seinem explizit anti-emotionalen Gesamtansatz zum Trotz – klassenindifferente Fragen des Friedens und des Lebens schlechthin ansprach, die, wenn sie national eingefärbt werden, der Reemotionalisierung den Weg ebnen können.

Kosing versuchte die emotionalen Anreize in Grenzen zu halten, indem er die obligatorischen Kategorien des Nationalismus und Internationalismus, Patriotismus und Nationalbewußtseins wie auch solche Begriffe wie Vaterland, Sozialpsyche und Nationalgefühl letztlich historisch-materialistisch einband.[264] Das sozialistische Nationalbewußtsein erschien auf diese Weise als Synthese des sozialistischen Patriotismus und proletarischen Internationalismus, als Antithese zum »bürgerlichen« Nationalismus der überwundenen Gesellschaftsformation. Insgesamt mutete Kosings Anstrengung wie eine Zurückweisung der Theorien Stalins *und* Otto Bauers an. Er beschwor ein rationales, klassentheoretisch fundiertes Nationalbewußtsein, das wesentlich Klassenbewußtsein sei und den Verführungen der sozialdemokratischen Behauptung, die Kultur- oder Bewußtseinsnation bestehte fort, *erst gar nicht erliegen könne*.

Sobald Kosing seine theoretischen Ausführungen auf die DDR anwandte, lasen sie sich so, als verwechsele er empirische Aussagen mit normativen Postulaten. Dieses Phänomen durchzog freilich alle theoretischen Anstrengungen – ob es sich um die politisch-moralische Einheit des Volkes, um das Wesen des Staates oder die Politik der Partei handelte: überall überlappten sich marxistisch-leninistische Fiktion und Beschreibung der Realität. Mit der Entwicklung des sozialistischen Nationalbewußtseins, behauptete Kosing, sei eine »radikale Wende in der deutschen Geistesgeschichte« eingetreten.[265] Dieses Bewußtsein entwickele sich auf der Basis der sozialistischen Nation mit Hilfe der ideologischen Arbeit von Partei, Staat, Bildungsinstitutionen und Medien. Es bilde sich auf der Grundlage des Marxismus-Leninismus und mit der Verarbeitung und Weiterführung aller progressiven nationalen Traditionen heraus, und auch der ethnische Aspekt verändere sich, wenn auch nur allmählich, mit dem neuen sozialen Inhalt der Nation.[266] Die relative ethnische Homogenität der kapitalistischen Nation Bundesrepublik und der sozialistischen Nation DDR verweise noch auf die gemeinsame geschichtliche Herkunft beider; sie konstituiere aber keine Nation mehr, da die Gesamtheit der jeweils unterschiedlichen nationalen Beziehungen durch gegensätzliche Produktionsverhältnisse geprägt sei.[267]

Während es Kosing in den sechziger Jahren als Illusion bezeichnet hatte, daß sich zwei deutsche Nationen entwickeln könnten, galt es ihm nun als Illusion, beide Staaten nicht als Nationen im Sinne von »Entwicklungsformen entgegengesetzter ökonomischer Gesellschaftsformationen« zu begreifen.[268] Die Frage, ob eine »einheitliche sozialistische deutsche Nation« entstehen könne, sobald auch in der Bundesrepublik der Sozialismus »gesiegt« haben werde, wollte er allerdings weder positiv noch negativ beantworten.[269] Seinen eigenen Prämissen nach hätte er sie verneinen müssen. Seine Ambivalenz erklärt sich daraus, daß eben doch national-partikulare Wege im sozialistischen Universalismus offenstehen sollten. Für eine solche Option war der Begriff des nationalen Interesses prädestiniert. An ihm machte sich auch später das politische Interesse der Partei fest, in der Deutschlandpolitik nach außen flexibel zu bleiben und bei allem Abgrenzungsbedarf von der Bundesrepublik nach innen gesamtdeutsche Hoffnungen doch nicht gänzlich zu frustrieren.

### *4.2 Für eine DDR-nationale Identität*

Hatte man sich in Gegnerschaft zur Idee der Kulturnation darum bemüht, den Inhalt der nationalen Frage zu versachlichen, so trat in den späten siebziger Jahren eine Reemotionalisierung ein. Diese Inkonsistenz könnte überraschen, hätten sich die Bemühungen um eine Gefühlsrenaissance nicht auf die »Nation DDR« gerichtet. Diese Entwicklung setzte wohl nicht zufällig zu dem Zeitpunkt ein, zu dem die Strategie der Einheit von Wirtschafts- und

Sozialpolitik in Schwierigkeiten geriet, die Partei erneut begann, für eine wissenschaftlich-technische Revolution zu mobilisieren und zu dem sie bei ihrer Suche nach sozialen »Triebkräften« der weiteren Entwicklung das Leistungsprinzip und die dynamisierenden Effekte sozialer Unterschiede besonders deutlich hervorhob. Das alte Ziel der Parteiherrschaft, eine politisch-moralische Einheit des Volkes zu schaffen, erschien nun im rhetorischen Gewande einer kollektiven nationalen Identität. Zu dem Versuch, Triebkräfte für den sozialistischen Fortschritt zu stimulieren, gesellten sich Appelle an eine nationale Kraftanstrengung.

Schon die Ideologie, die die wissenschaftlich-technisch-revolutionären Anstrengungen der sechziger Jahre begleitete, hatte die Idee der Gemeinschaft privilegiert. Was seinerzeit sozialistische Menschengemeinschaft hieß, kehrte jetzt in Form einer anderen Gemeinschaftsidee wieder. Im Schatten des allgemeinen Utopieverlusts und der latenten Finalitätskrise verließ die Partei sich weniger auf die Beschwörung der sozialistischen Zukunft als vielmehr auf die »nationalen Wurzeln« der Gegenwart. Auch der Umstand, daß die DDR nun seit drei Jahrzehnten bestand, mochte in den Augen der SED diesen Versuch wert sein, dem Staat eine unhinterfragte nationale und nicht allein sozialistische Basis zu verschaffen. Denn seit den siebziger Jahren konnte das Bemühen der Partei um internationale Anerkennung der DDR zwar Erfolge vorweisen, die zuvor unvorstellbar gewesen waren, doch große Teile der Gesellschaft blickten noch immer auf die Bundesrepublik. Zudem wuchs eine neue Generation heran, die ihre Lebensumstände mit anderen Augen sah als die Älteren und der die Revolutions- und Klassenkampfrhetorik der alten Garde eher fremd sein mußte.

Unmittelbare politische Anlässe für die neue Konzeption gaben parteioffizielle Aufrufe zur Vorbereitung des 30. Jahrestags der Gründung der DDR.[270] Die theoretischen Bemühungen gingen mit jener Renaissance nationaler Rhetorik einher, die ihnen die Stoßrichtung wies. In einer Rekonstruktion der Entwicklungsphasen der sozialistischen deutschen Nation, die er mit dem wenig sachlichen Titel »Geburt und Gedeihen« überschrieb, attestierte Kosing eben dieser sozialistischen Nation die soziale Funktion einer »ideellen« Triebkraft: Die DDR entwickele sich zunehmend zu einer »echten nationalen Gemeinschaft«, das »sozialistische deutsche Nationalbewußtsein« festige sich, und »der Begriff

Deutsch« gewinne durch die Verschmelzung des Ethnos mit dem Sozialismus einen »reicheren Inhalt«.[271] Als dann der Begriff »nationale Identität« Eingang in die geschichtswissenschaftliche Diskussion fand[272], wurde vollends deutlich, daß fortan jener Aspekt des Inhalts der Nation, den Kosing 1976 noch überwiegend klassentheoretisch und historisch-materialistisch bestimmt und Nationalbewußtsein genannt hatte, in dem Maße einer Uminterpretation erlag, in dem Nationalität und Ethnos von der Prognose befreit wurden, von kontinuierlich abnehmender Bedeutung zu sein. Da nationale Identität – wie auch zuvor das Nationalbewußtsein – vom Geschichtsbild nicht zu trennen sei, bestehe, wie es jetzt hieß, an der Geschichte des Territoriums der DDR, an der bewußten Aneignung ihres landesgeschichtlichen Erbes ein »besonderes Interesse«. Es könne die Bürger »bei der sozialistischen Gestaltung ihrer engeren Heimat mit dem sozialistischen Vaterland enger verbinden« und lokale und regionale Traditionen in Erinnerung rufen, die »zu unserer nationalen Identität, zur progressiven und humanistischen Geschichte unseres Volkes« gehören.[273]

Die künftige Zielrichtung der Historiographie und der Bestimmung von Tradition und Erbe wurde damit deutlich: Nationale Identität, nationale Gemeinschaft und Nationalgeschichte der DDR und ihrer Bürger, nicht primär der Deutschen, standen im Zentrum. Trotz aller sozialistischen Grundbestimmtheit der Nation DDR und einer grundsätzlich unveränderten historisch-materialistischen Axiomatik ging es nicht mehr allein darum, die sozialistische Bewußtheit der Bürger zu festigen, sondern auch deren gefühlsmäßige Bejahung der spezifischen nationalen Gemeinschaft zu erreichen. Dieses Ziel hatte zugleich einen bündnispolitischen Aspekt. Geschichtsbild und Geschichtsbewußtsein sollten sich auf einem bestimmten Entwicklungsstand der entwikkelten sozialistischen Gesellschaft nicht mehr nach »Klassenfronten« scheiden, sondern galten als einheitlicher »Bestandteil der sich entwickelnden sozialistischen Nation insgesamt«. Mit dem Ende der Übergangsperiode vom Kapitalismus zum Sozialismus – d. h. zu Beginn der sechziger Jahre – habe sich das Volk der DDR zur sozialistischen Nation konstituiert; nun gelte es, diese zu konsolidieren.[274] Sie gewinne ihrerseits eine »durch nichts zu ersetzende soziale Funktion« bei der weiteren Gestaltung der Gesellschaft, indem sie alle Klassen und Schichten zu »einer neuen sozialen Einheit« zusammenfasse, »nationale Bindungen« ökonomischer, politischer, sozialer und kultureller Art herstelle und dazu führe, daß im »Bewußtsein und Gefühl nationaler Verbundenheit« gesellschaftliche Aufgaben den »Charakter nationaler Ziele« erhielten. In diesem Sinne wirke die sozialistische Nation als »Entwicklungsform der sozialistischen Gesellschaft«. Durch die »Herausbildung eines neuen sozialistisch geprägten nationalen Selbstverständnisses und Nationalbewußtseins« werde eine »›Nation an sich‹ zu einer ›Nation für sich‹«; sie werde sich ihrer »nationalen Identität bewußt und damit in vollem Umfang als geschichtliches Subjekt wirksam«.[275]

Die frühere anti-emotionale Sachlichkeit, die den nationalen Partikularismus fast schon geleugnet hatte, ging zurück. Zugleich wurde der nationalen Identität und Gemeinschaft mit ihren nationalen Zielen eine Wirkung zugesprochen, die keinerlei theoretischer Erklärung zu bedürfen schien. In der Tat sprach der Rekurs auf solche Metaphern für sich; er war nicht theoretisch, sondern offen politisch motiviert: Die sozialistische Pflege »ethnischer« Eigenschaften hatte »die bewußte Identifizierung der Bürger der DDR mit ihrer Nation zu fördern«. Was Kosing früher das »nationale Kolorit« genannt hatte, war nun gleichbedeutend mit nationaler Identität, und die Behauptung, es könne sich erst im Sozialismus voll entfalten[276], las sich wie eine indirekte Rehabilitierung des zuvor bekämpften Otto Bauer. Doch ist fraglich, ob Bauer die emotionale Emphase, die auch Kosing früher zuwider zu sein schien, im Auge hatte, als er von kultureller Kontinuität sprach und annahm, eine nationale Kultur werde erst im Sozialismus, nachdem die Klassenschranken gefallen seien, zur Blüte gelangen.

Die neue Begrifflichkeit veränderte nicht zuletzt die Konzeption von Tradition und Erbe: Sobald die nationale Gemeinschaft entstanden und die sozialistische Ideologie dominant geworden sei, habe die Geschichtswissenschaft die Aufgabe, das »Traditionsbild der DDR zu erweitern und zu vertiefen«; Erbe und Tradition könnten im übrigen »gelassener und differenzierter« beurteilt werden.[277] Nun sei eine »eigene deutsche Nationalgeschichte des Volkes der DDR« zu schreiben, die die vom Sozialismus geprägte »neue Sicht auf die gesamte deutsche Geschichte zur Geltung« bringe, »die Erfahrungen und Leistungen aller Klassen und Schichten des deutschen Volkes in seiner langen Geschichte« würdige und »sich dem gesamten historischen Erbe in all seiner Widersprüchlichkeit« stelle. Dabei sei »auch unser Traditionsbild zu präzisieren und zu differenzieren«.[278]

Bislang waren Tradition und Erbe so definiert worden, daß sich alles Progressive, Humane und Wertvolle der Menschheitsgeschichte und der revolutionären Kämpfe der Arbeiterbewegung und des Volkes in eine direkte Traditionslinie der SED und der DDR stellen ließ. Die schöpferische Aneignung, theoretische Weiterentwicklung und praktische Nutzung von Tradition und Erbe unter den historisch neuen Bedingungen des Sozialismus dienten, so lautete das Argument nahezu von Anbeginn, der Entwicklung der sozialistischen Persönlichkeit und ihres Bewußtseins. Mit der Politik der Abgrenzung gewann die Behauptung, das Erbe habe in der Bundesrepublik und der DDR eine »entgegengesetzte gesellschaftliche Funktion«, an Gewicht.[279] Den bundesrepublikanischen Vorwurf, die DDR stehle sich mit solcher Theoriebildung aus der deutschen Geschichte, schienen die Gesellschaftswissenschaftler schon immer nur aufzugreifen, um ihn mit Vehemenz zu bestätigen: Die DDR, pflegten sie zu argumentieren, sei fest verankert in der deutschen Geschichte, nur eben in deren besten Traditionen. Die Gründung der DDR bedeute den Bruch mit der reaktionären Klassenlinie, die bis dahin in Deutschland dominant gewesen sei; seither sei das progressive, humanistische, revolutionäre und demokratische Erbe zu einer »realen Macht« geworden.[280]

Nun, als man sich um ein klassenübergreifendes Bild für die DDR- und die deutsche Nationalgeschichte bemühte, wurden die Begriffe Tradition und Erbe gesondert bestimmt. Die positiven, bewahrenswerten Ereignisse und Normen fanden sich der Kategorie der Tradition zugeordnet, die nurmehr den Teil des gesamten Erbes umfaßte, den zu verkörpern die DDR behauptete. Als ihr »Kernstück« figurierten die Kämpfe der Arbeiterklasse und ihrer revolutionären Partei; zu ihr rechneten ferner die nicht-revolutionären aber progressiven Entwicklungen und Persönlichkeiten der Geschichte des deutschen Volkes; schließlich – und das ist wichtig – umfaßte der Traditionsbegriff jetzt auch die positiven Resultate des Wirkens der Ausbeuterklassen, die dem historischen Fortschritt gedient hätten und daher bewahrenswürdig seien. Im Unterschied zur Tradition bezog sich der Begriff Erbe auf die ganze deutsche Geschichte. Die DDR war somit Erbin nicht nur der Tradition, sondern des gesamten deutschen Geschichtsprozesses mit allen »Leistungen und Fehlleistungen«. Erbe war »alles in der Geschichte Existierende, die gesamte Geschichte in ihrer ganzen Widersprüchlichkeit«.[281] Da die Grundprinzipien der marxistisch-leninistischen Geschichtsschreibung, also auch die Erforschung und Bewertung der Geschichte vom Klassenstandpunkt aus, unberührt blieben, blieb auch die Behauptung unangefochten, daß die DDR den »konsequenten Bruch mit der reaktionären Klassenlinie in der deutschen Geschichte« verkörpere. Die neue Begrifflichkeit hatte insgesamt nicht nur die Funktion, das Nationalbewußtsein der Bürger zu fördern, sondern ebenso – und beides hing zusammen – die Waffen für die ideologische Auseinandersetzung mit der Bundesrepublik zu schärfen.[282]

Die Differenzierung zwischen Tradition und Erbe erlaubte es der Geschichtswissenschaft, ihren Gegenstand in seiner Totalität zu untersuchen. Indem sie bewahrenswerte Resultate des Handelns der Ausbeuterklassen analytisch zuließ und dem Bereich der Tradition zuschlug, wertete die Differenzierung diese Aspekte auf – auch wenn dies bestritten wurde.[283] Und schließlich ermöglichte das Zusammenwirken dieser beiden neuen Momente eine Regional- und Landesgeschichtsschreibung, von der sozialistischer Patriotismus und Heimatliebe jenseits der Klassenlinie erhofft wurde. Es konnte nun eine Territorialgeschichte als Nationalgeschichte der DDR geschrieben werden, in der sich alle Klassen und Schichten wiederfanden und deren kulturelle Manifestationen – die sogenannten Kunst- und Kulturschätze – das Anschauungsmaterial lieferten.[284] Geschichte für alle und zum Anfassen, Entwicklung nationaler Identifikation und Identität – dies dürften die Ziele gewesen sein.

Die Historiker begannen angesichts der veränderten Rahmenbedingungen zu diskutieren, was Geschichte der DDR im Sinne einer Nationalgeschichte heißen und wann sie beginnen sollte: bereits 1945 oder erst zu dem Zeitpunkt, an dem imperialistische Politik die vormalige Nation zerrissen hatte? War der Periode seit den siebziger Jahren, den Aspekten der sozialistischen Lebensweise, Persönlichkeitsentwicklung und Kultur, der Genese der Vielfalt und Unverwechselbarkeit der sozialistischen deutschen Nation eine Schlüsselfunktion in der Nationalgeschichte und ihrer Interpretation zuzuweisen, oder mußte eine solche alltags- und kulturgeschichtliche Prononcierung nicht durch die Industrie-,

Technik- und Ideologiegeschichte relativiert werden?[285] Diese und andere Überlegungen gingen von der Prämisse aus, daß sich die Historiographie zunehmend an einen Kreis von Lesern adressierte, der an den Kämpfen der »Übergangsperiode« nicht mehr teilhatte; die Bürger, die sich diese Zeit lesend aneignen mußten, sollten »Opfer und vollbrachte Leistungen wirklich verstehen« können.[286] Je länger die DDR bestehe, desto größer werde das Interesse an der Geschichte jener Territorien, die zum »sozialistischen Vaterland« gehörten. Die Territorialgeschichte in ihrer spezifischen Bedeutung für die »Vorbereitung des Sozialismus auf deutschem Boden« sei zu umreißen, sie werde um so identifikationskräftiger sein, als Tradition nun weiter gefaßt sei und eine Darstellung erlaube, nach der deutsche Geschichte – trotz aller Kleinstaaterei – nicht nur Misere und Reaktion hervorgebracht habe.[287] Nachdem mithin die Regionalgeschichte von dem Verdacht bornierter Beschränktheit befreit war und auch kleine deutsche Staaten (wie die DDR) legitimierte, erfolgte mit der Aufnahme kulturtheoretischer und ethnographischer Forschung ein weiterer Schritt zur Öffnung der Wissenschaften. Ein Traditionsbegriff, der historische und kulturelle Traditionen gleichermaßen umfaßte, konnte auch die Erforschung der Lebensweise in Angriff nehmen.[288] Schließlich setzte eine Methodendiskussion ein, die die säuberliche Trennung von Tradition und Erbe problematisierte. Damit zeichnete sich zumindest die Tendenz ab, die Untersuchung des Geschichtsprozesses selbst von solcher analytischen Dichotomisierung zu befreien und diese der Bewertung anheimzustellen.[289]

Die ganze »deutsche Geschichte als Nationalgeschichte der DDR« zu schreiben, blieb allerdings als Forderung erhalten. Anders war der bundesrepublikanischen Behauptung, die gesamtdeutsche Nation bestehe fort, und dem Vorwurf, die DDR stehle sich mit ihrem Geschichtsbild aus der deutschen Verantwortung davon, nicht zu begegnen. Die ganze deutsche Geschichte als Nationalgeschichte der DDR zu schreiben, sollte heißen, sie von der »Warte des siegreichen Sozialismus auf deutschem Boden« zu schreiben, als Vorgeschichte gleichermaßen, da mit dem Sieg des Sozialismus in der DDR »die ganze vorausgegangene geschichtliche Entwicklung einen neuen, bisher nicht gekannten Sinn erhalten« habe.[290] Zu einer solchen »deutschen Nationalgeschichte der DDR« sollte erstens die »unverwechselbare« Geschichte der DDR selbst gehören: Sie werde die These einer in beiden deutschen Staaten gemeinsam erlebten Geschichte ebenso ad absurdum führen wie die Rede vom Fortbestand der Nation. Zweitens, so wurde aufmerksam gemacht, beginne die Nationalgeschichte der DDR nicht erst mit der unmittelbaren Genesis der DDR, sondern sie umfasse zeitlich, territorial und sozial das Ganze der Geschichte des deutschen Volkes; der Sozialismus sei das gesetzmäßige Ergebnis eines ganzheitlichen Prozesses. Da dieser nicht unmittelbar erlebte Geschichte sei, sondern über Geschichtsbild und -bewußtsein vermittelt werde, könne es keine gemeinsame (gesamtdeutsche) Interpretation geben; die Sicht auf die Geschichte reflektiere die grundsätzlich verschiedenen gesellschaftlichen Verhältnisse. Insofern seien, drittens, die gegensätzlichen historischen Traditionslinien beider deutscher Staaten von Bedeutung; die DDR verkörpere den Bruch mit der Reaktion und setze alles Progressive fort. Viertens sei die Geschichte der Territorien zu erforschen, die den Bürgern der DDR besonders nahestehe. Schließlich müsse, fünftens, die Verbindung von Nationalem und Internationalem, die Bestimmung des historischen Platzes und der eigenen Rolle in der Weltgeschichte berücksichtigt werden.[291]

Einerseits wollte also die SED ihren Staat nicht von der deutschen Geschichte vereinnahmt und in deren Kontinuität sehen; sie lehnte es ab, sich die Probleme der These vom Fortbestand der Nation einzuhandeln. Andererseits konnte sie die Nationalgeschichte der DDR nicht erst mit der Nachkriegszeit beginnen lassen, dann wären Staat und Gesellschaft gleichsam geschichtslos gewesen. Nationalgeschichte als Territorialgeschichte zu schreiben war auch kein Ausweg – das provozierte bestenfalls die ungeliebte Metapher von den »roten Preußen«. Also mußten die Historiker um die Verwurzelung in der ganzen deutschen Vergangenheit kämpfen, und dabei half ihnen die normative Differenzierung zwischen Erbe und Tradition, die eine Unterscheidung zwischen »Erbe an sich«, und »Tradition« oder »Erbe für uns« erlaubte.[292] Diese Sicht bot den Vorteil, in der permanenten Konkurrenz zur Bundesrepublik den real-existierenden Sozialismus als Höhepunkt der Nationalgeschichte aller Deutschen zu bezeichnen, ohne sich – wie dies vor der Differenzierung von Tradition und Erbe der Fall war – mit der Geschichte der Kämpfe der Arbeiterklasse und des Volkes begnügen zu müssen. So war der geschichtsphilosophischen Betrachtung Genüge getan, und die

DDR war der Bundesrepublik wie immer »um eine ganze Epoche« voraus. Von der Öffnung der Historiographie für die historische Totalität konnte überdies Neugier und Interesse der Leser erwartet werden.

Es blieb jedoch ein unlösbares Problem: Im Rahmen dieser Konzeption hörte die gesamtdeutsche Nationalgeschichte nicht 1945 – mit der Auseinanderentwicklung beider Staaten hin zu eigenständigen Nationen – auf, sondern sie setzte sich als Bezugspunkt der historischen und normativen Komparatistik zumindest logisch fort. Die DDR konnte nicht den Höhepunkt deutscher Geschichte markieren, gab es nicht wenigstens noch so etwas wie eine Kultur- oder Bewußtseinsnation. Außerdem war nicht zu übersehen, daß die Prononcierung der subjektiven und kulturellen Faktoren das Nationskonzept selbst in Richtung auf den Partikularismus, auf die Bewußtseinsnation hin aufbrach – auch wenn die sozialen Inhalte der nationalen Identität in Abgrenzung zu der gesamtdeutschen Vorstellung der SPD konstatiert wurden.[293] Es bestand also die paradoxe Situation, daß man die Kultur- oder Bewußtseinsnation zugleich aufwertete und ablehnte. Der Widerspruch mochte gewollt oder zumindest in Kauf genommen sein. Darauf deutet hin, daß zu verschiedenen »objektiven und subjektiven Bedingungen« für den Umschwung der Historiographie seit den späten siebziger Jahren auch das Ziel gehörte, eine »historisch verbrämte imperialistische Alleinvertretungs- und Obhutspflicht« zurückzuweisen und zugleich »alle historischen Erfahrungen für die Bildung einer Koalition der Vernunft« im Blick zu behalten.[294]

### *4.3 Koalition der Vernunft: Gemeinschaftsidee oder Hebel für Reformen?*

Einerseits, so könnte ein vorläufiges Resümee lauten, lehnten die Partei und ihre Historiker den Fortbestand der einheitlichen Nation ab, da die sozialen Faktoren den Charakter einer Nation bestimmten und die deutsche Frage insofern entschieden sei. Es habe in Deutschland schon immer vom Klassenstandpunkt geprägte, gegensätzliche Geschichtsinterpretationen gegeben, nun erfülle das unleugbar gemeinsame kulturelle Erbe endgültig unterschiedliche kulturell-geistige Funktionen.[295] Andererseits hatte Kosing schon 1976 nicht ausschließen wollen, daß eine einheitliche sozialistische deutsche Nation entstehen könnte, wenn in der Bundesrepublik die sozialen Voraussetzungen dafür geschaffen würden – was, geschichtsphilosophisch betrachtet, irgendwann einmal geschehen mußte –, und Honecker äußerte sich gelegentlich ähnlich. Gesamtdeutsche Hoffnungen wurden also nicht gänzlich negiert. Gründe hierfür sind nicht nur, aber auch in Zusammenhang mit der Friedens- und Sicherheitspolitik der SED zu sehen.[296] In diesem Kontext wurde einer »Koalition der Vernunft«, einer Politik der »Schadensbegrenzung« und der »besonderen Verantwortung« beider deutscher Staaten das Wort geredet, was ohne die widersprüchliche Haltung zur Nationalgeschichte wie zur Kultur- und Bewußtseinsnation schwer möglich gewesen wäre.

Die bundesdeutsche Voraussetzung für die Koalition der Vernunft – hier vornehmlich Verantwortungsgemeinschaft genannt – war insofern gegeben, als die liberal-konservative Regierung in Bonn die Ostpolitik fortsetzte, obwohl die CDU/CSU sie aus der Opposition heraus entschieden bekämpft hatte.[297] In seiner ersten Regierungserklärung band Helmut Kohl das Ziel, die »deutsche Einheit zu vollenden«, in die oberste Maxime seiner Regierungspolitik ein, nämlich Frieden und Freiheit zu wahren. Den deutschlandpolitischen Auftrag leitete er aus den bundesdeutschen Rechtsgrundsätzen für die Behandlung der nationalen Frage und aus dem Willen des Volkes ab. Indem Kohl – neben dem allgemeinen Recht auf Selbstbestimmung – die Rechtsgrundsätze hervorhob, führte er die frühere Deutschlandpolitik seiner Partei fort. Es fiel aber auf, daß er nicht das Wort Wiedervereinigung verwendete. Die deutsche Einheit, betonte er, sei nur im Rahmen einer gesamteuropäischen Friedensordnung zu verwirklichen, Deutschlandpolitik sei europäische Friedenspolitik und zugleich Politik für das Selbstbestimmungsrecht auch der Deutschen, denn deren Einheit könne nur das Ergebnis der Überwindung der europäischen Teilung sein. Kohls Formulierungen machten nicht deutlich, ob die deutsche Einheit die Form eines gemeinsamen Nationalstaats annehmen solle. Er betonte vielmehr in durchaus sozial-liberaler Manier, daß die Einheit der Nation in ihrer Geschichte, Sprache und in ihren Werten unverlierbar sei, sie habe bereits vor dem Nationalstaat bestanden und ihn überdauert. Die Idee der Kultur- und Bewußtseinsnation war somit zum geistigen Eigentum aller großen bundesdeutschen Parteien avanciert, und Kohl kündigte folgerichtig an, die Politik auch seiner Regierung werde vor allem das Gefühl der nationalen Verbundenheit aufrechterhalten und stärken.[298]

Die deutschlandpolitische Position Kohls setzte die Zweideutigkeit der sozial-liberalen Politik insofern fort, als sie einerseits mit den Rechtspositionen zumindest implizit die alte Orientierung am einheitlichen gesamtdeutschen Staat fortschrieb, andererseits aber in der praktischen Politik einer Auffassung folgte, welche die Lösung der deutschen Frage an die Durchsetzung der Selbstbestimmung, der Menschen- und Bürgerrechte im Rahmen einer europäischen Friedensordnung band. So explizierte Kohl in seinem zweiten Bericht zur Lage der Nation, die deutsche Einheit müsse »sich zuallererst in der Freiheit ihrer Menschen erfüllen«.[299] Der nationale Gedanke der Deutschen und die europäische Idee bedingten einander, basierten sie doch auf Grundwerten, die von den Menschen Mittel- und Osteuropas geteilt würden. Da Kohl immer erneut darauf verwies, daß das eigentliche Problem der deutschen und der europäischen Teilung in der Verweigerung von Freiheit und Selbstbestimmung liege, konnte sich der Eindruck aufdrängen, die CDU/CSU habe ihre Orientierung am gemeinsamen Nationalstaat zumindest relativiert.[300] Um so stärker wirkte bei Bundesregierung und Opposition die Idee, daß die »reale Existenz der Nation« ohne den »Zusammenhalt der Gemeinschaft« zu »einem blutleeren Schemen« werde, daß die »reale Substanz unserer Gemeinschaft« von menschlicher Begegnung und Interessenverflechtung, von Dialog und Wettbewerb lebe.[301] Interessenverflechtung und Dialog zwischen beiden deutschen Staaten führten Mitte der achtziger Jahre zu einem Beschluß des deutschen Bundestags, demzufolge beide deutschen Staaten in einer »Verantwortungsgemeinschaft« für Frieden und Sicherheit in Europa standen.[302] Wenig später erklärten Helmut Kohl und Erich Honecker gemeinsam, von deutschem Boden dürfe nie wieder Krieg ausgehen, vielmehr müsse von ihm Frieden ausgehen.[303]

Die Idee einer Koalition der Vernunft – verstanden als spezifische Verantwortung der Deutschen für den Frieden – war mit der Behauptung, in Deutschland entwickelten sich auf der Grundlage zweier gegensätzlicher Gesellschaftsordnungen auch zwei gegensätzliche Nationen, nicht umstandslos vereinbar. Gab es keine Gemeinsamkeit historischer Verpflichtung, machte die Mahnung, daß »von deutschem Boden nie wieder Krieg« ausgehen dürfe[304], schwerlich einen Sinn. Vom Standpunkt der Nation DDR aus gesehen hätte es vielmehr heißen müssen, daß sich ihre Regierung und Bürger dem Frieden ebenso verpflichtet fühlten, wie dies allen Regierungen und Bürgern eines jeden sozialistischen Staates adäquat sei. Und man hätte dem eigenen Anspruch entsprechend hinzufügen können, daß eine sozialistische Nation besser in der Lage sei, den Frieden zu bewahren, als jede kapitalistische Nation. Dieses ebenso ideologischen wie in sich stimmigen Arguments bediente man sich zwar ebenfalls, doch stand es neben dem von der besonderen deutschen Verantwortungsgemeinschaft.

Warum blieb die SED nicht dabei, sich von der Bundesrepublik dadurch abzuheben, daß sie eine privilegierte Fähigkeit, universalistische Rechte wie Frieden und Leben zu schützen, für ihren Staat (ihre Nation) und für den Sozialismus insgesamt reklamierte? In dieser Art hatte sie die DDR schon immer vom »kriegstreiberischen« Imperialismus und insbesondere von der Bundesrepublik abgegrenzt. Und der Bedarf an Abgrenzung wuchs noch in dem Maße, in dem beide deutsche Staaten in regulären Kontakt miteinander kamen. Der Kontakt freilich kostete seinen ideologischen Preis, so wie er handfeste Vorteile mit sich brachte, die es ihrerseits offenbar wert waren, die Abgrenzungsregeln zu lokkern. Die besonderen deutschen Beziehungen bargen für die SED zwar das Risiko, ihre sozialistische Überlegenheit über die Bundesrepublik nicht in durchgängiger Polemik betonen zu können; sie boten aber zugleich die Chance, den Wünschen der Bevölkerung entgegenzukommen. Sowohl ein gutes gesamtdeutsches Verhältnis als auch die Friedenspolitik trafen auf einen breiten Konsens – zumindest außerhalb der Partei. Sie ermöglichten es der SED überdies, einen gewissen Grad an Besonderheit und Eigenständigkeit innerhalb der sozialistischen Staatenwelt zu behaupten.

Prinzipiell in Konformität und Übereinstimmung mit der sowjetischen Hegemonialmacht, nutzte die SED seit Beginn der achtziger Jahre die international gespannte Situation, um sich in der Abrüstungs- und Entspannungspolitik zu profilieren. Mit ihrem Werben für eine Politik der Schadensbegrenzung im Rahmen einer Koalition der Vernunft reagierte sie flexibel auf die Auseinandersetzungen um die Stationierung sowjetischer und amerikanischer Mittelstreckenraketen in Europa, während die Sowjetunion im Anschluß an Breshnews Tod bis zur Machtübernahme Gorbatschows sich außenpolitisch wenig handlungsfähig zeigte. Insbesondere für die SED hatten Abrüstung und Entspannung insofern ein großes Gewicht, als sie nur von ihnen erwarten konnte, ihrem deutschlandpolitischen Ziel – der völkerrechtlichen Anerkennung – näherzukommen.[305] Deshalb praktizierte die SED das »Neue Denken« in der Außenpolitik früher als die Sowjetunion.

Das Neue Denken warf jedoch auch Probleme auf. So relativierte das Werben für eine gesamtdeutsche Friedenspolitik den exklusiven Legitimitätsanspruch der SED für ihren »Friedensstaat« und rührte auf noch andere Weise an die Substanz der sozialistischen Selbstdefinition. Nicht nur die Konturen der Abgrenzung der DDR von der Bundesrepublik drohten zu verwischen, gestand man doch zu, daß zumindest in Fragen von Frieden und Abrüstung eine spezifische gesamtdeutsche Gemeinschaft bestehe. Ebenso wurde die Abgrenzung zwischen Sozialismus und Kapitalismus, zwischen ihren jeweiligen Möglichkeiten oder aber der vermeintlichen Unfähigkeit des letzteren, allgemeine Interessen der Menschen durchzusetzen, fragwürdig. Genau darum aber ging es jenen Wissenschaftlern, die das orthodoxe Gedankengebäude aufbrechen und Anschluß an die Reformprozesse in den sozialistischen Nachbarländern finden wollten.

Die Befürworter des Neuen Denkens schlossen Krieg zwischen den Nuklearmächten als politisches Mittel aus, erkannten globale Kommunikationsstrukturen, Wirtschaftsverflechtungen und ökologische Probleme als Tatbestand an und räumten ein, daß der real-existierende Sozialismus insbesondere wirtschaftliche und technische Rückstände aufzuholen habe. In diesem Orientierungsrahmen, zu dem überdies die Katastrophen der Dritten Welt gehörten, formulierten sie die Kategorie »allgemeinmenschlicher« Probleme und Werte. Die Priorität, die sie dem Frieden und der gemeinsamen Sicherheit als Voraussetzung sozialen Fortschritts zusprachen, drängte den Klassenkampfgedanken tendenziell zurück. Sie relativierte auch das Zwei-Lager-Theorem und legte es nahe, die friedliche Koexistenz auf unbestimmte Zeit zu konzipieren.[306] Das Neue Denken gipfelte in der DDR im gemeinsamen Papier von SED und SPD[307], aber die Resonanz, die es auslöste, machte deutlich, daß es nie unumstritten war. Innerparteiliche Reformer und ihre Gegner lagen im Widerstreit; es ging letztlich um das sozialistische Selbstverständnis – und damit um praktische Politik und um Machtpositionen.

Ausgangspunkt friedensrhetorischer, aber auch friedens- und reformpolitischer Überlegungen und Argumente war es, sich der politischen und normativen Priorität im Atomzeitalter zu vergewissern. Zwar haftete gerade den friedensrhetorischen Bemühungen zweifellos ein instrumenteller Charakter an. Sie dienten dazu, die Angst der Bevölkerung vor einem »nuklearen Inferno« – so die Standardformel der SED – zu schüren, um sie mit dem Hinweis auf die friedensstiftenden Potenzen des Sozialismus zugleich zu kalmieren. Außerdem reagierten sie auf die Friedensbewegung in der Bundesrepublik und waren von der Erwägung getragen, in gewohnter Manier ein anti-imperialistisches Bündnis zu stiften. Diesem Bündnis sollten von sozialistischer Seite selbstverständlich nur offiziell genehme Organisationen angehören; die SED hat die unabhängige Friedensbewegung im eigenen Lande niemals akzeptiert, sondern reprimiert.[308] Aber ihre taktischen Überlegungen und legitimatorischen Motive bedurften dennoch eines Minimums an argumentativer Glaubwürdigkeit; und ganz abgesehen davon meinten einige in der Partei es ernst, wenn sie sagten, beide weltpolitischen Kontrahenten, Kapitalismus und Sozialismus, seien friedensfähig, aber reformbedürftig, wenn denn die innergesellschaftlichen und die globalen Probleme sollten gelöst werden können. So wurden die Wissenschaften aus unterschiedlichen – reformabwehrenden und reformbejahenden – Motiven auf den Frieden nachgerade eingeschworen.[309]

Die kommunistischen Parteien waren zuvor davon ausgegangen, ein Atomkrieg sei notfalls führbar und auch zu gewinnen[310], aber bereits nach dem XX. Parteitag hatten sie die Behauptung fallen lassen, ein solcher Krieg werde aufgrund einer imperialistischen Entwicklungsdynamik unvermeidbar sein. Bis in die achtziger Jahre herrschte die Meinung vor, der Krieg sei dank der Stärke des Sozialismus abzuwenden; diese Auffassung implizierte ein konfrontatives, klassenkämpferisches Verständnis der friedlichen Koexistenz.[311] In Reaktion auf die weltpolitische Spannungssituation im Ausgang der siebziger Jahre und auf die Friedensbewegung nahmen die in Mittel- und Osteuropa herrschenden Parteien, so auch die SED, die Behauptung, ein Nuklearkrieg könne gewonnen werden, zurück. Ihre Anstrengungen richteten sich fortan vor allem darauf, zwischen den gegnerischen imperialistischen Kräften zu differenzieren und mit einigen eine Kooperation anzustreben. Neben jenen Kräften, hieß es folglich, die militärische

Überlegenheit erreichen und einen atomaren Erstschlag führen wollten, gebe es auch andere, die sich um Gleichgewicht und Abrüstung bemühten. Letztere seien die »realitätsbewußten Hauptkräfte in den kapitalistischen Ländern«.[312] Die Vernunftbegabtheit und Realitätstüchtigkeit dieser »Hauptkräfte« wurden allerdings unterschiedlich begründet. Dem gängigsten Argument zufolge verdankten sie sich dem wachsenden Einfluß des Sozialismus.[313] Eine andere Ebene des Räsonnements brachte indes die Friedensfähigkeit des Imperialismus mit dessen immanenten Entwicklungsmöglichkeiten in Zusammenhang. Zwar entspringe die Hochrüstung seiner sozioökonomischen Basis, grundsätzlich könne der Westen jedoch seine militärische auf zivile Produktion umstellen.[314] Die modernen, wissenschaftsintensiven Produktivkräfte beinhalteten außergewöhnlich destruktive wie zugleich progressive Potentiale; zu entwickeln seien letztere aber nur unter Bedingungen des Friedens. Wurzele also der Militarismus durchaus in den ökonomischen Gesetzen des Kapitalismus, widerspreche er doch dessen langfristigen Verwertungs- und Überlebensinteressen. Die aggressive Tendenz müsse sich nicht durchsetzen, da sie auf gleichfalls immanente Gegentendenzen stoße.[315] Ob sich Destruktion oder Fortschritt durchsetzen würden, sei mithin eine Frage des globalen sozialistischen Einflusses, aber nicht zuletzt der ökonomischen Interessen und des politischen Handelns in den westlichen Ländern selbst.[316]

Damit war die herkömmliche marxistisch-leninistische Annahme in Frage gestellt, daß man, um den Weltfrieden zu retten, zuerst den Kapitalismus überwinden müsse.[317] Einige vertraten jetzt die Auffassung, die Systemauseinandersetzung könne sich kooperativ vollziehen und müsse im Sinne ihrer »relativen Eigenständigkeit« erforscht werden. Dies war als Plädoyer dafür zu verstehen, das Theorem der friedlichen Koexistenz wissenschaftlich und politisch-pragmatisch zu präzisieren und sich ernsthaft auf die Perspektive einzulassen, die Systemkonkurrenz werde ein »historisch sehr langwieriger Prozeß« sein, in dessen Verlauf beide Seiten wechselseitig aufeinander einwirkten und sich nicht allein in ihren Außenbeziehungen beeinflußten.[318] Die Idee eines friedlichen Wettbewerbs und der gleichberechtigten Zusammenarbeit rückte an die Stelle des internationalen Klassenkampfes. Nicht allein der Gegner sollte sich ändern, sondern beide Systeme sollten sich reformieren. Das hieß – innenpolitisch gewendet – vor allem, der Sozialismus müsse das, was man für seine »Vorzüge« hielt, tatsächlich mobilisieren und entfalten.[319]

Das Neue Denken – von Nachrüstungskonflikt und Friedensbewegung angestoßen und von den beginnenden Reformprozessen in der Sowjetunion und in anderen sozialistischen Ländern weitergetrieben – stellte den Legitimitätsanspruch in Frage, dem zufolge ausschließlich der Sozialismus den Frieden und die Verwirklichung der Menschenrechte garantiere. Umgekehrt galt nun Frieden als Voraussetzung von Sozialismus und Fortschritt schlechthin, als Basis dafür, alle weiteren allgemeinen Rechte und Interessen der Menschen zu sichern. Man mag es für eine triviale Feststellung halten, daß ein Atomkrieg die Chance für alle Menschenrechte zunichte machen würde, daß Frieden daher das »vorrangige Interesse« aller Klassen und Schichten sei, ob im Sozialismus oder im Kapitalismus.[320] Für überzeugte Parteigänger des Sozialismus verbarg sich aber hinter der neuen Prioritätensetzung eine substantielle Minderung des exklusiven Anspruchs auf die Emanzipation und Befreiung aller, und diese Minderung zu akzeptieren fiel offensichtlich schwer. Wenn Honecker die Sicherung des Friedens zur »wichtigsten Aufgabe« der SED erklärte und ein internationales friedenspolitisches Bündnis forderte, das die »Verteidigung des Friedens als höchstes Gut der Menschheit« zum »vorrangigen, gemeinsamen, einigenden Interesse« erhebe, das alle angehe, »auch jene, die grundlegende gesellschaftliche Veränderungen nicht anstreben«[321], dann wollte er jedenfalls nicht andeuten, daß er Friedenspolitik für klassen- und systemindifferent hielt.[322]

Die orthodoxe Argumentation jener, die weiterhin die Überlegenheit des Sozialismus nachweisen wollten, verwies auf einen »unlösbaren« Zusammenhang zwischen sozialer Revolution und Frieden seit der Oktoberrevolution oder auf eine »untrennbare« Einheit von Frieden und Sozialismus.[323] Doch zunehmend herrschte ein ambivalentes Einerseits-Andererseits vor. Viele synchronisierten Menschheits- und Klasseninteressen des Proletariats im nuklearen Zeitalter, indem sie einerseits konzedierten, die »Realisierung der politischen Ziele der Arbeiterklasse« setze »die Verhinderung eines Nuklearkrieges und unbedingte Sicherung des Weltfriedens« voraus. Dies sei »zu einem integralen Bestandteil der historischen Mission der Arbeiterklasse geworden«; aber auch die Bourgeoisie teile das »allgemeinmenschliche Interesse« an der

Erhaltung der Gattung.[324] Andererseits überwiege weiterhin die Bedeutung der proletarischen Mission: Im Friedenskampf verbänden sich die »Klasseninteressen des Sozialismus untrennbar mit dem ureigensten Interesse der gesamten Menschheit«.[325] Dies gelte auch für die Menschenrechte. Sie entsprächen dem »Wesen« des Sozialismus; er bringe eine »neue Qualität der Menschenrechte« hervor und ziehe aus dem Friedenskampf eine ständig wachsende Anziehungskraft.[326]

Die Koalition der Vernunft sollte ein breites Bündnis »allgemeindemokratischer, allgemeinmenschlicher und humanistischer Interessen«[327] sein. Auch in dieser Zielbestimmung blieb die ambivalente Prioritätensetzung – war Sozialismus die Voraussetzung des Friedens oder vice versa? – erhalten. Überdies waren Anklänge an frühere antifaschistische Bündnisangebote unüberhörbar: Es gelte, das »imperialistische Abenteurertum« zu zügeln, damit sich die Kriegsgefahr nicht im Sinne einer »globalen Vorbestimmtheit der weiteren Entwicklung der Menschheit« auswirken könne. Die »Antikriegskoalition« habe bis in die »Reihen der Monopolbourgeoisie« zu reichen, um die »abenteuerlichste, militant-aggressive Fraktion der imperialistischen Bourgeoisie« zu isolieren.[328] Diese Diktion evozierte antifaschistische Kämpfe und erinnerte stark an die Dimitroffsche Formel vom »am meisten reaktionären« Teil des Finanzkapitals.[329] Die antifaschistische Rhetorik erhellte, wie manche die deutsche Verantwortungsgemeinschaft verstanden. Sie appellierten unverhohlen an Emotionen, um von historischer Schuld zu entlasten: Nun stehe, suggerierten sie, schlimmer als in der Nazizeit, das Überleben der ganzen Menschheit auf dem Spiel. Die Werber für eine Koalition der Vernunft bedienten sich mithin nicht unbedingt der Prinzipien der Vernunft, auf die zu pochen sie vorgaben.[330] Ihr Versprechen, nicht »spezifische Klassen- und Staatsinteressen« zu mobilisieren, vielmehr »gleichberechtigt« kämpfen zu wollen, weil die »Interessen der gesellschaftlichen Entwicklung« höher stünden als die »Interessen des Proletariats«, klang insgesamt wenig glaubwürdig. Denn, so hieß es weiter, die historische Mission der Klasse sei eng mit dem Friedenskampf verknüpft, wie die Kommunisten überhaupt die »konsequenteste Kraft des Friedens« seien.[331]

Ging es um konkrete Konzepte gemeinsamer Sicherheit, um eine Politik des Dialogs und der Verständigung insbesondere mit der Sozialdemokratie, herrschte eher Nüchternheit vor. Man sprach der Sozialdemokratie »sozialreformerische« Qualität zu[332], und obwohl man den Sozialismus gleichsam als geborenen Verfechter des Friedens darstellte, sollte kein eigener Anspruch auf Führung in der heterogenen, »weltweiten« Friedensbewegung angemeldet werden.[333] Konsequent gesehen folgte daraus, das Bündnis solle sich nicht gegen den »Kapitalismus als Gesellschaftssystem« richten, sondern »ausschließlich gegen die Politik der aggressivsten Kräfte«.[334] Welches Gesellschaftssystem »letztlich siegreich« aus dem friedlichen Wettbewerb hervorgehen werde, müsse sich zeigen.[335] Diese Argumentation bedeutete nun allerdings, aus orthodoxer Sicht, die Grenzen zwischen den Systemen und Klassenfronten zu verwischen, vom Systemkonflikt zum Systemwettbewerb überzugehen.

Daß eine solche Position in der SED keine – jedenfalls keine artikulierte – Mehrheit fand, zeigte das Schicksal des Papiers, das Vertreter der Akademie für Gesellschaftswissenschaften mit der Grundwertekommission der SPD ausarbeiteten. Wie immer man von westlicher Seite, und das soll heißen: unter demokratischen Gesichtspunkten, zu dem Inhalt dieses Papiers stehen mag[336], für die auf der östlichen Seite Herrschenden war es allemal zuviel. Seine Kernaussagen – beide Systeme hielten sich gegenseitig für reform- und friedensfähig, sie betrachteten selbst scharfe Kritik nicht als Einmischung in innere Angelegenheiten, die offene Diskussion über Vor- und Nachteile der Systeme müsse auch innerhalb derselben geführt werden können – wurden, kaum war das Papier im *Neuen Deutschland* publiziert worden, sehr schnell relativiert.

Sie stießen auf Unverständnis in den Teilen der Partei, deren Bild von Imperialismus und Sozialdemokratie dogmatisch geprägt war. Für diese Kader rückte man explizit das Feindbild wieder zurecht und betonte, der Imperialismus sei erst »friedensfähig« zu machen.[337] Der Dialog zwischen SED und SPD, so wurde des weiteren hervorgehoben, gebe der ideologischen Koexistenz keinen Raum, auch wenn der ideologische Streit im nuklearen Zeitalter so auszutragen sei, daß er der Friedenssicherung nicht entgegenstehe; notwendig bleibe jedenfalls die »allseitige Wachsamkeit«.[338] Und schließlich konnte man den Stellenwert des SED-SPD-Papiers auch mit dem Hinweis mindern, es stelle Regeln nicht nur für die Beziehungen zwischen diesen beiden Parteien, sondern für den Umgang zwischen Kommunisten und ihrer

Umwelt insgesamt auf; insofern sei es hilfreich bei der »Schaffung eines gemeinsamen Hauses Europa«.[339] Die Interpretationen des SED-SPD-Papiers kamen den Dogmatikern ebenso entgegen wie jenen, die sich vom »Haus Europa« Veränderungen in der DDR erhofften, und so blieb das Spannungsverhältnis zwischen dem Festhalten am Feindbild und der Vorstellung der Friedensfähigkeit des Gegners unaufgelöst. Das galt im übrigen für alle zentralen Aussagen des Neuen Denkens: Menschheitsinteressen im Nuklearzeitalter standen neben ihrer Gleichsetzung mit Klasseninteressen; die Ganzheitlichkeit der Welt neben der Betonung des Konflikts zwischen Kapitalismus und Sozialismus; der Klassenkampf neben der Dialogpolitik; die Friedensfähigkeit des Imperialismus neben der sozialistischen Kraftanstrengung, ihn friedensfähig zu machen; die imperialistische Reformfähigkeit neben der Rede vom weltweiten Epochenübergang zum Sozialismus.[340]

Die innerparteiliche Kontroverse wurde nicht mehr ausgetragen. Je weiter die Reformprozesse in anderen Ländern vorankamen, desto entschiedener wehrte die SED-Spitze alle Versuche, die Orthodoxie aufzubrechen, ab. Gegen Reformbestrebungen setzte sie ihre Gemeinschaftsidee, ihr Lob der sozialistischen Einzigartigkeit der DDR und offene Repression.

### *4.4 Antireform: Sozialismus in den Farben der DDR*

Die SED war keineswegs in all den 45 Jahren ihrer Herrschaft eine Partei der Antireform schlechthin. Wohl stemmte sich die Parteiführung in den fünfziger Jahren gegen eine Entstalinisierung, die zu Demokratie in Politik und Gesellschaft oder zu marktwirtschaftlichen Strukturen hätte führen können. Die SED stand an der Spitze der kommunistischen Parteien, die auf die Zerschlagung der ungarischen Revolution und des polnischen Oktober drängten. Jedoch begann sie zugleich, mit systemimmanenten Reformansätzen zu experimentieren, und in der folgenden Dekade implementierte sie das Neue Ökonomische System mit besonderer Energie. Die Reaktion der Parteiführung auf den Prager Frühling zeigte sodann erneut, wo ihrem Verständnis von Machterhalt entsprechend die Grenzen einer Reformpolitik zu liegen hatten. Indes bewies sie ein weiteres Mal eine gewisse Flexibilität, als sie ihre Politik auf das blockweite Theorem des real-existierenden Sozialismus und die internationale Entspannung einstellte. Allerdings setzte die SED auch dieser Flexibilität enge Grenzen, die nie überschritten wurden und invariant blieben: Nach ihrer Auffassung sollte ein jedes der sozialistischen Länder, und allen voran die DDR, sich darum bemühen, die wissenschaftlich-technische Überlegenheit des Sozialismus und seine sozialintegrative Kraft unter Beweis zu stellen; aber keinem sollte es dabei erlaubt sein, sich westlichen Institutionen und Verfahren auch nur in Teilbereichen von Politik, Ökonomie und Gesellschaft anzunähern. Die Einzigartigkeit des Sozialismus war um jeden Preis zu erhalten.

An dieser selbstgesetzten Beschränkung ihres Aktionsspielraums hielt die SED-Führung bis in die achtziger Jahre unverändert fest; sie sträubte sich bis zum Schluß gegen Glasnost und Perestrojka. Andererseits war ihr bewußt, daß ihre Strategie der Einheit von Wirtschafts- und Sozialpolitik die DDR in die Stagnation geführt hatte. Die wissenschaftlichen Ansätze, die wir in diesem Kapitel diskutiert haben und die auf unterschiedliche Weise versuchten, Breschen in die marxistisch-leninistische Dogmatik zu schlagen und Innovationspotentiale freizusetzen, kamen ja überwiegend im Parteiauftrag zustande. Freilich schienen die Führungskader zu ahnen, daß sie vor einer Quadratur des Kreises standen, oder anders: daß die notwendige »Erneuerung« des Sozialismus, von der sie sprachen, eine Eigendynamik gewinnen könnte, die sich ihrer Kontrolle entzöge. Sie waren nicht mehr imstande, notwendige Veränderungen der Politik positiv zu benennen und wußten nurmehr, was sie jedenfalls nicht wollten: Die beginnenden Reformprozesse in der Sowjetunion, in Polen und Ungarn kündigten in ihren Augen den Konsens im sozialistischen Lager auf, weil sie die Konturen eines unverwechselbar sozialistischen Projekts preisgaben. Die beiden Maximen, die das Parteihandeln immer bestimmt hatten – Konformität der SED mit den sozialistischen Prinzipien, denen alle »Bruder«länder folgten sollten, und Eigenständigkeit der DDR auf Basis eben dieser Prinzipien –, verloren ihre Orientierungskraft. Denn Glasnost und Perestrojka ließen zunehmend eine neue Vielfalt in Mittelosteuropa zu, die den Wunsch nach Konformität mit einem allgemein verbindlichen Handlungsrahmen und Institutionensystem ad absurdum führte.[341] In dieser Situation, die die SED nicht als Chance, sondern nur als Indikator des Verfalls des sozialistischen Blocks zu begreifen in der Lage war, entwickelte sie sich zur Partei der Antireform.

Öffnete sich die Partei den Reformprozessen, riskierte sie, wie viele fürchteten, ihre Existenz. Die staatliche Eigenständigkeit der DDR ließ sich ihrer Auffassung nach nur aufrechterhalten, wenn sich ihre sozioökonomischen und politischen Strukturen deutlich von denen der Bundesrepublik unterschieden.[342] Hielt sie sich aber von den Reformprozessen fern, isolierte sie sich, geriet sie ideologisch und praktisch-politisch an den Rand des sozialistischen Verbunds und gefährdete aus diesem Grunde, was sie erhalten wollte: die DDR und ihre eigene Herrschaft. Die SED versuchte dieses Dilemma zu lösen, indem sie einerseits ihre abweichende Haltung mit der Lage der DDR »an der sensiblen Trennlinie der beiden Gesellschaftssysteme und Militärbündnisse« erklärte; diese Lage erfordere einen »Kurs der politischen Stabilität«.[343] Wenn sie die überaus innovationsfeindlichen Beschlüsse ihres letzten Parteitags (1986) mit der Politik der »Umgestaltung und Erneuerung« in der Sowjetunion gleichsetzte[344], behauptete sie andererseits, mit der Führungsmacht konform zu gehen, nur eben unter den Bedingungen der DDR und ohne ihr »wesensfremde Organe« zu »transplantieren«.[345] Zunehmend aber betonte die SED ihre Eigenständigkeit. Sie konstatierte, es gebe kein allgemeinverbindliches Modell des Sozialismus mehr, sondern lediglich noch eine »grundlegende Übereinstimmung der Ziele und Aufgaben«. In diesem argumentativen Rahmen rehabilitierte sie sodann die alte Idee eines besonderen nationalen Wegs zum Sozialismus: Je nach den »Bedingungen eines jeden Landes« gebe es eine »Vielfalt an Formen und Wegen der Gestaltung der sozialistischen Gesellschaftsordnung«; in ihrem Herrschaftsbereich habe sich der »Sozialismus in den Farben der DDR« unwiderruflich herausgebildet.[346]

Die Wiederkehr der Propaganda für einen besonderen deutschen Weg zum (und im) Sozialismus unterschied sich von ihrer ursprünglichen Fassung in signifikanter Weise. Hatte die Partei 1946 mit dieser Parole vorgegeben, nicht den sowjetischen und mithin einen weniger repressiven Weg einzuschlagen, löste sie sich mehr als 40 Jahre später tatsächlich vom sowjetischen Modell – aber genau zu dem Zeitpunkt, als die Sowjetunion sich zu reformieren begann. Die SED-Spitze hingegen setzte nur noch auf Repression. Wie während des Tauwetters der fünfziger Jahre verbot sie sowjetische Filme, Theaterstücke und Publikationen, die sich mit dem Stalinismus auseinandersetzten. Sie verabschiedete

Thesen zur 70jährigen Geschichte der KPD/SED, die den Stalinismus verschwiegen und das Bild einer Partei zeichneten, die von Anbeginn und gegen enormen Widerstand letztlich siegreich für das gekämpft habe, was die DDR geworden war.[347] So attackierte die Parteiführung die »konterrevolutionären Wunschträume« derer, die den Status quo verändern wollten. Das traf nicht allein die außerparteiliche Opposition, die sich jetzt zu organisieren begann, sondern auch die Vertreter des Neuen Denkens in der Partei selbst, und hier wiederum nicht allein jene, die die Friedenspolitik als Hebel für Reformen begriffen, sondern auch die, die für ein Aufbrechen der nivellierten Sozialstruktur plädierten, für eine Öffnung des politischen Systems oder für die Anerkennung der Menschen- und Bürgerrechte. Die SED-Spitze fürchtete offenbar nicht – und darin erwies sie sich als realistisch –, daß ihre Politik der Antireform die deutsch-deutschen Beziehungen ernsthaft trüben könnte. Unbeschadet der Grundsätze, die sie gemeinsam mit der SPD formuliert hatte, wehrte sie Kritik von außen – von innen ohnehin – als unbotmäßige Einmischung in innere Angelegenheiten ab. Die SPD könne nicht erwarten, hieß es bezeichnenderweise, daß die DDR sich nach westlichen Vorstellungen wandele, sondern sie müsse die unterschiedlichen Wertvorstellungen und Rechtsordnungen respektieren lernen.[348] Seit die Unterdrückung der Ökologie-, Friedens- und Menschenrechtsgruppen auf Kritik stieß, verstärkte die SED ihre dogmatische Haltung, betonte sie »Standpunktfestigkeit und Unversöhnlichkeit gegenüber unseren Feinden«.[349]

Es lag auf der Hand, daß die Parole vom »Sozialismus in den Farben der DDR« nichts als eine reformabwehrende Phrase war, eine Phrase zumal, die Realität und Fiktion in noch stärkerem Maße verwischte, als das schon für die Formel vom real-existierenden Sozialismus zutraf. Letztere hatte am Anfang der siebziger Jahre, als die Finalitätskrise ihre Schatten zu werfen begann, den politisch Engagierten nahelegen sollen, von der Utopie zu lassen, den Sozialismus als das zu nehmen, was er »real« war, aber sich in alltagsbezogener Pragmatik für seine stete Verbesserung einzusetzen. Die neue Floskel verlangte noch mehr: die Behauptung der Parteispitze zu akzeptieren, daß der Sozialismus in der DDR zu seiner Höchstform gefunden habe, daß dieser deutsche Sozialismus in seinen Kernstrukturen vollkommen sei und daher Kontinuität zu walten habe. Die Parole appellierte an einen DDR-spezifischen Nationalstolz, den die allgemeinen Lebensbedingungen aber nicht mehr stützen konnten. Die Politik der Antireform diente für jeden durchschaubar allein der Machtsicherung. Die Partei konnte nicht einmal mehr vorgeben, unter dem Druck der Hegemonialmacht zu stehen; ganz im Gegenteil wurde Gorbatschow zum Symbol für Veränderungen, die die SED-Führung verweigerte, große Teile der Gesellschaft aber wünschten.

Weder die etablierten kritischen Intellektuellen noch die reformwilligen Funktionäre traten öffentlich gegen die Parteiführung auf; schon gar nicht verbündeten sie sich mit der außerparteilichen Opposition, die sich allmählich formierte. Im Ergebnis dieser Politik schlug die lange Phase der Stabilität in der DDR in massenhafte Auflehnung um, mit der niemand gerechnet hatte.

# Schlußbemerkung: Revolution, Wende und die Frage, was bleibt

## 1. Politische Kultur in der klassenlosen Gesellschaft

Die Massenflucht und die Massendemonstrationen des Herbstes und Winters 1989 stellten eindrucksvoll unter Beweis, daß es der SED nicht gelungen war, ein eigenständiges Nationalbewußtsein zu stiften, schon gar nicht mit der Perspektive eines Sozialismus in den Farben der DDR. Doch die Revolution und ihre Akteure waren vom Leben in der DDR zutiefst geprägt – wie konnte es auch anders sein: Der Staat war kurz vor seinem Ende immerhin 40 Jahre alt geworden, und die Parteiherrschaft war noch einige Jahre älter. Zumindest zwei Generationen hatten ihr Alltagshandeln auf die vorgegebenen Strukturen ausgerichtet. Ob die einzelnen das überzeugt, loyal oder mißmutig taten, machte gewiß einen Unterschied; wer sich jedoch nicht couragiert, verzweifelt oder aufmüpfig wehrte oder durch Flucht verweigerte, reproduzierte tagtäglich die allgemeinen Rahmenbedingungen individueller Orientierungen und Verhaltensmuster. So entwickelten die meisten zwar keine nationale Identität im Sinne einer bewußten Identifikation mit der »sozialistischen Nation DDR«, aber es entstanden durchaus DDR-spezifische Bewußtseinslagen und Verhaltensdispositionen. Das soll selbstverständlich nicht heißen, alle Mitglieder der Gesellschaft seien in gleicher Weise zu charakterisieren, denn glücklicherweise lassen sich soziale Großgruppen, auch größten Anstrengungen zum Trotz, nicht mental homogenisieren.

Indes war eine sozialstrukturelle Gleichförmigkeit in der Horizontalen – unterhalb des Machtgefälles – weit vorangeschritten, seit die SED während der letzten 20 Jahre ihrer Herrschaft die materiale Gleichheit, soziale Sicherheit und gesellschaftliche Harmonie zu den bedeutsamsten Kriterien erhoben hatte, um die Einzigartigkeit des real-existierenden Sozialismus den westlichen Gesellschaften gegenüber zuverlässig zu behaupten. Da die wissenschaftlich-technische Revolution sich partout nicht entfesseln ließ und der Sozialismus daher den Beweis seiner produktivistischen Überlegenheit schuldig blieb, sollten vornehmlich politisch-moralische Wertsetzungen und ihre verballhornten Realisierungen den Anspruch verdeutlichen, daß die DDR der Bundesrepublik »um eine ganze Epoche voraus« sei. Der anti-formale Egalitarismus traf sich mit gesellschaftlichen Erwartungen: Die Garantie von Gleichheit und Sicherheit galten ebenso wie die Abwesenheit von Konkurrenz, Konflikt und Interessenstreit als »sozialistische Errungenschaften«.[1] Die Partei wollte diese nicht zur Disposition stellen, weil sie Legitimität und Loyalität stifteten, und sie konnte sie nicht zur Disposition stellen, ohne die eigene Verfügungsgewalt über alle Funktionsbereiche der Gesellschaft empfindlich zu beschneiden. Die »Errungenschaften« verbanden sich daher mit den Erfahrungen der Stagnation, des Zehrens von der ökonomischen und ökologischen Substanz bis hin zu ihrer Zerstörung. Noch anderes wurde zerstört. Die parteipolitische Prärogative in den sozialen Subsystemen unterminierte zusammen mit deren spezifischem Sachverstand auch das Arbeitsethos der eher formal als wirksam arbeitsteilig organisierten Gesellschaft. Wer sich die in Deutschland kulturell tradierte Orientierung an sinnvoller Arbeit, an effizienter Produktivität und wissenschaftlich-technischem Fortschritt nicht nehmen lassen wollte, stellte Ausreiseanträge, wanderte in Nischen ab, optimierte Effizienz in der Freizeit oder schlug sich mit dem Chaos der geplanten Wirtschaft engagiert herum – in der irrigen Meinung, über hinreichende Kompetenzen zu verfügen, um das System zu reformieren, sobald sich dafür eine Chance präsentierte.[2]

Die unpolitischen Traditionsbestände der deutschen politischen Kultur wurden in der DDR nicht nur nicht gebrochen, sie schrumpften tendenziell sogar noch um die Komponente der westlichen Zivilisation, der man sich, gerade in der Arbeiterbewegung, seit langem geöffnet hatte: um die Orientierung an Produktivität, Wissenschaft und Technik. Was blieb, war die gemeinschaftliche statt gesellschaftliche, die kulturelle statt zivilisatorische Disposition. Die parteistaatlich geschaffene und individuell reproduzierte Realität, ihre ideologische Begründung und die politisch-kulturelle Tradition vermochten so in erstaunlichem Maße Sinn zu stiften, wenn es auch nicht durchwegs der von der Partei gewollte war. Staatliche Gängelung und Fürsorge unterfütterten jedoch die Unmündigkeit, der viele einen emanzipatorischen Gehalt zusprachen: Sicherte doch der Sozialismus vermeintlich die Freiheit von Ausbeutung, den Weltfrieden, die Muße für kulturvolles Leben, den Schutz vor der Wiederkehr des Faschismus oder bewahrte er den verführbaren Menschen immerhin vor den Gefahren eines blinden Konsumeifers und der profanen Mehrheitsregel. Hehre Werte und ein hoher moralischer Ton zeichneten die meisten Sprecher der DDR-Gesellschaft aus, ob es nun die Partei war, die Intelligenz oder die Opposition. Die Denkfigur des besseren Deutschland, des sozialistischen und jedenfalls antifaschistischen, einte die meisten von ihnen, ob sie sich affirmativ oder kritisch zu ihrer DDR verhielten, die sie so oder so erhalten wollten.

»Wahre« Demokratie schien den einen schon realisiert, die anderen erstrebten sie im »wahren« Sozialismus, einem demokratischen. Die vorherrschende fundamentalistische Politikauffassung durchbrachen vor dem Herbst 1989 nur wenige, doch begann sie seit längerem zu bröckeln: seit der wirtschaftliche und ökologische Niedergang ebenso wenig zu übersehen war wie die Unbeweglichkeit der Parteiführung. Diese feierte auf ihrem – wie sich herausstellen sollte – letzten Parteitag (1986) unbeirrt Siege, die jeder unschwer als Fiktion erkennen konnte.[3] Die Diskrepanz zwischen Realität und Fiktion wurde in dem Maße überdeutlich, in dem Veränderungen in der Sowjetunion und in anderen sozialistischen Ländern offiziell als notwendig erklärt und betrieben wurden, in der DDR sich jedoch nichts bewegte – oder jedenfalls nichts, was ausreichend gewesen wäre, um die Weichen wenigstens auf Reform, wenn schon nicht – wie in Ungarn oder Polen – auf allmähliche Transformation des Sozialismus zu stellen.

Die Revolution war Folge der Unbeweglichkeit, die zuvor herrschte. Dabei waren der Reformunwille und das Beharrungsvermögen der Parteispitze nur ein Faktor. Ein anderer war die Schwäche der innerparteilichen Reformer; sie setzten die SED-Führung nicht unter Druck. Zwar wuchs ihr Unmut über die Weigerung, Perestrojka oder auch nur Glasnost für die DDR in Erwägung zu ziehen. Aber eine nicht zu unterschätzende Loyalität zu dem Antifaschisten Honecker, die grundsätzlich akzeptierte Parteidisziplin und gewiß auch Angst vor existentiellen Risiken verhinderten, daß handlungsfähige Gruppierungen in der Partei entstanden. Außerdem blieben die Vorstellungen darüber, was verändert werden müsse, eher diffus, als daß konsensfähige Positionen rechtzeitig formuliert worden wären. Schon gar nicht gingen reformwillige Parteimitglieder an die außerparteiliche Öffentlichkeit, und sie vermieden Kontakte zu den gesellschaftlichen Oppositionsgruppen. Soweit es einen verbreiteten Konsens gab, bezog er sich auf die Annahme, nur der Sozialismus könne die Eigenständigkeit des Staates sichern und nur die SED den Sozialismus in der DDR »erneuern«. Im Gegensatz zu den Reformern in den kommunistischen Parteien der Nachbarstaaten hielten die in der SED an der Unverwechselbarkeit des sozialistischen Projekts fest. Eine zu starke Annäherung an bürgerlich-westliche Strukturen, so meinten sie, müsse die DDR gefährden.[4]

Vor allem aber brach in der DDR eine Revolution aus, weil sich – anders als in Polen und Ungarn – große Teile der Gesellschaft selbst um ihre eigenen Belange erst zu kümmern begannen, als die wachsende Minderheit der Ausreisewilligen und die Lükken, die die Massenemigration in der sozialen Infrastruktur hinterließ, sie dazu zwangen. Auch wurde Emigration erstmals als Zeichen der Auflehnung begriffen, ein Verständnis, das den Oppositionsgruppen jahrelang verweigert wurde. Die Friedens-, Ökologie- und Menschenrechtsgruppen blieben bis zum Sommer 1989 weitgehend marginal, was nicht nur daran lag, daß sie sich vergleichsweise spät ausdrücklich als Opposition verstanden und der Öffentlichkeit als politische Alternative anboten.[5] Vielmehr waren sie Teil und agierten in einer Gesellschaft, die sich ihrer kulturellen Tradition gemäß eher unpolitisch begriff und in der inneren Emigration überwinterte.

Die wissenschaftliche Intelligenz jedoch verstand sich politisch, wenn auch den Herrschenden und nicht den Beherrschten verbunden. Die Wissenschaften fielen als analytisches Instrument und rationale Kritik des Bestehenden weitgehend aus, weil sie dessen Konstitutionsbedingungen nicht hinterfragten. Sie suchten lediglich nach »Triebkräften« der weiteren Entwicklung, um den stagnierenden gesellschaftlichen Zustand zu überwinden, und kurierten daher eher an den Symptomen als deren Ursachen zu identifizieren. Wer sich über den Zustand der Gesellschaft informieren wollte, war in der Regel auf die schöne Literatur oder auf Analysen und Stellungnahmen aus kirchlichen Kreisen angewiesen. Ohne diese Quellen kritischer Information und Orientierung diskreditieren zu wollen, läßt sich doch sagen, daß eine literarische oder religiöse Kritik des Bestehenden anders wirkt als wissenschaftliche Aufklärung, und dies um so mehr in einer Gesellschaft, die weniger zu einem politisch-rationalen als zu einem moralisch-kulturellen Selbstverständnis neigt.

Die schöne Literatur erfüllte aufklärende Funktionen, sie war eine »Ersatzinformationsquelle«[6] für die Leser, die sich ihrer Situation vergewissern wollten und zugleich erfuhren, daß ihr Unbehagen offenbar nicht sie allein erfaßte. Daß die Literatur in die Rolle eines kulturellen Mediums individueller Selbstverständigung hineinwuchs lag vor allem daran, daß keineswegs alle, aber doch viele der engagierten Schriftsteller bereits um die Mitte der sechziger Jahre begonnen hatten, sich den unmittelbar parteilichen Anleitungen zu entziehen. Diese Tendenz setzte sich nach dem Machtantritt Honeckers fort.[7] Die Belletristik machte deutlich, daß Wärme, Solidarität und Geborgenheit längst zum Mythos geworden waren. Wachsender Wohlstand, Technisierung und Normierung der Arbeits- und Lebensbedingungen, Zeit- und Leistungsdruck begannen die privaten Nischen zu untergraben. Nervosität und Aggressivität, Angst und Sprachlosigkeit, Monotonie und Anonymität, hohe Scheidungsraten und die Doppelbelastung der Frauen ließen die Menschen sich eine zweite Haut überziehen.[8] Gewollt oder unter der Hand geriet die Literatur zur künstlerischen Darstellung der »politischen Kultur einer unpolitischen Gesellschaft«[9]: Sie schilderte Anpassung, Innerlichkeit und Autoritarismus in der Nischengesellschaft, deren Verhaltenskodex Freundlichkeit forderte – nicht Toleranz, Verläßlichkeit – nicht Konfliktbereitschaft. Sie zeichnete eine Gesellschaft, die weder offenen Konflikt noch Kritik noch Öffentlichkeit kannte und mit ihrer Endzeitstimmung, ihrer Rat- und Hoffnungslosigkeit, ihrer Neigung, Gesellschaftsveränderung als Persönlichkeitsentwicklung zu begreifen, in der deutschen Geschichte nicht unbekannt war. Nicht öffentliche Tugenden kamen zum Vorschein, sondern »Fügsamkeit gegenüber festgeschriebenen Formen politischer Herrschaft«, »Delegation politischer Aktion an ›Befugte‹«, »Rückzug auf Persönlichkeitskultur und private Welt«.[10] Die Autoren mochten durchaus hoffen, auf dem Wege der Auseinandersetzung mit Kunst und Literatur würde sich die Gesellschaft demokratisieren[11], aber auch diese Hoffnung war in gewissem Sinne ein deutsches Unterfangen, weil sie sich von unmittelbar politisch-demokratischem Engagement fernhielt. Allerdings fühlten sich viele, die sich in alternativen Gruppen engagierten, von der literarischen Kritik stimuliert. Im allgemeinen jedoch blieb es eine Kritik, die keine politischen Formen annahm.

Die Stellungnahmen aus dem Kreis der evangelischen Kirchen wurden zwar zunehmend politisch, doch haftete ihnen einerseits ganz überwiegend der Charakter der Stellvertretung an; andererseits bewegten sie sich, ihrer Herkunft gemäß, im religiösen Kontext. Beides ist nicht den Kirchen vorzuwerfen, aber es hatte seine Auswirkung auf die Orientierungs- und Verhaltensweisen der alternativen Gruppen. Die Analysen, die teils der innerkirchlichen Diskussion, teils der Auseinandersetzung mit dem Parteistaat dienten, waren sehr präzise. Begriff und Beschreibung der »Megapolis DDR« zum Beispiel brachten den Zentralismus und mit ihm die Dominanz der Administration über alle Lebensbereiche ebenso zum Ausdruck wie die Folgen, die sie für Industrialisierung und Urbanisierung hatten: Einsamkeit in den Wohnsilos, Einebnung sozialer Unterschiede, Kommunikationsstörungen, Alkoholismus, Ausländerfeindlichkeit.[12] Die »klassenlose« und »geschlossene Gesellschaft«[13] machte, wie Theologen befanden, »die Menschen krank«. Sie diagnostizierten gemindertes Selbstbewußtsein, Resignation und Perspektivlosigkeit, Verantwortungsscheu unter starkem Anpassungsdruck, Rückzugsneigung in private Schneckenhäuser.[14] Für Konformismus und Obrigkeitsfurcht machten sie überbordende Bürokratie, Amtsmißbrauch und Behördenwillkür ebenso verantwortlich wie die politischen Ansprüche des Parteistaats.[15] Sie kritisierten die Neigung der Bürger, sich einzurichten und an ihrer »Zuschauermentalität« festzuhalten[16], aber sie benannten auch die gesellschaftspolitischen Strukturen, die für individuelle Ohnmachtserfahrungen, fehlende Öffentlichkeit, Diskrepanz zwischen öffentlicher und privater Sprache, Mangel an Rechtssicherheit, Zerfall der Familien, Probleme der Alten, Behinderten und Kranken die Verantwortung trugen.[17] Die Schärfe der Diagnosen der evangelischen Kirchen erklärt sich daraus, daß gerade sie sich in den letzten Jahren der SED-Herrschaft mit den Problemen der Gesellschaft konfrontiert sahen. Immer mehr Menschen wollten das Land verlassen und wandten sich an sie, und so benannten sie die Gründe, um den Staat zum Handeln, und das sollte heißen: zu Konzessionen zu bewegen. Die Ausreisewilligen, und viele derer, die blieben, waren unzufrieden mit der mangelnden Freizügigkeit, den fehlenden Wahl- und Mitspracherechten, der politischen Aushöhlung des Leistungsprinzips, der allgegenwärtigen Bürokratie, den ökonomischen Engpässen, der Erfolgsrhetorik der Medien und der »Schönfärberei« der Staats- und Parteiführung.[18]

Immer offener forderten die Kirchen Reformen des real-existierenden Sozialismus ein. Die außenpolitische Friedensorientierung finde keinen Niederschlag in der innenpolitischen Realität: diese sei durch »Identitäts- und Loyalitätsprobleme, durch die Spannung zwischen Staatsapparat und Bevölkerung, durch Konformitätsdruck und Abgrenzung auf der einen, äußere Anpassung und innere Verweigerung auf der anderen Seite« geprägt.[19] Während es seit Beginn der achtziger Jahre Übereinstimmung mit der internationalen Friedenspolitik der SED gab, wurden doch deren Diskrepanzen mit der Politik der Abschreckung und Abgrenzung, den Problemen des sozialen Zivildienstes und der Wehrerziehung in Kindergärten und Schulen nicht verschwiegen. Gleiches traf auf die wachsenden ökologischen Probleme und zunehmend auf das Verhältnis zwischen Staat und Bürgern zu. Die Kirchen drängten auf gesetzlich geregelte Reisemöglichkeiten, Begründungspflichten der Behörden und Einspruchsrechte der von Negativentscheidungen Betroffenen.[20] Sie diskutierten Thesen, die unter dem Motto »Die Zeit des Schweigens ist vergangen, die Zeit zu reden ist gekommen« standen und den Wunsch nach Erneuerung und Umgestaltung des Sozialismus bekräftigten. Dabei war der Hinweis auf Reformen oder Reformvorhaben in anderen sozialistischen Ländern unverkennbar: Man meldete für die Bürger den »legitimen Anspruch auf umfassende Information« an, wandte sich gegen die »rosa-rote Brille« öffentlicher Verlautbarungen, sprach Wahlrecht und Mitbestimmung, Verwaltungs- und Strafrecht an und verwahrte sich und die Gesellschaft gegen das Wahrheitsmonopol und den Überlegenheitsanspruch der Partei.[21] Die Bundessynode äußerte sich zu Fragen des innergesellschaftlichen Dialogs[22], und ökumenische Versammlungen formulierten im Namen der »Gerechtigkeit als innergesellschaftlicher Aufgabe« Menschen- und Bürgerrechtskataloge.[23]

Die Nähe zwischen diesen innerkirchlichen Positionen und denen, die Bürger- und Menschenrechtsgruppen kurz vor der Revolution einnahmen, war groß. Das ist insofern wenig erstaunlich, als die Kirchen, die einzigen autonomen Institutionen im realexistierenden Sozialismus, seit Beginn der achtziger Jahre mehr oder weniger freiwillig und wohlwollend zum Schutzschild der Alternativbewegung wurden, die sich in Gestalt kirchlicher Basisgruppen organisierte.[24] Die Gruppen wiederum standen, wenn auch Theologen in ihnen eine bedeutende Rolle spielten, nicht notwendig theologischen Positionen, aber doch vielfach religiösen

Haltungen nahe. Das betraf nicht allein zentrale Themen wie die Absage an Geist, Logik und Praxis der Abschreckung – später auch der Abgrenzung. Es galt ebenso für die Sorge um Gerechtigkeit, Frieden und Bewahrung der Schöpfung und für den Wunsch nach Vertrauen, Dialog und rationaler Konfliktlösung in der Gesellschaft und zwischen Gesellschaft und Staat. Dies alles waren Themen, die die Gruppen mit den Synoden und ökumenischen Versammlungen teilten, wenn nicht von ihnen lernten, und die ihnen und ihrer Gesellschaftskritik gleichsam eine »religiöse Legitimität« verliehen.[25] Die Affinität zur Religion drückte sich aber vor allem in der Suche nach Transzendenz und in einer nahezu rituellen Praxis aus, die sich auf nicht hinterfragbare und unverfügbare Symbole und Werte – Frieden, Gerechtigkeit, Natur – berief.[26] Mit den Meditationen, Friedensandachten und Gottesdiensten, Kerzenmahnwachen und Fastentagen, mit der Bedeutung der Gewaltlosigkeit und des Dona nobis pacem entstand eine »religiöse Kultur des Widerstands«.[27] Sie prägte sowohl die Form der friedlichen Revolution in der DDR als auch viele ihrer Repräsentanten an den Runden Tischen und in den Bürgerkomitees. Darüber hinaus machte sie deutlich, daß ein säkularisiertes Verständnis von Politik in der DDR eine Randerscheinung blieb. Nur eine Minderheit innerhalb der selbst kleinen Alternativbewegung wollte ausdrücklich deshalb einen öffentlichen Raum für politische Verständigung herstellen und demokratische Verfahren einführen, weil es in der Politik keine letzten Gründe und unverfügbaren Werte mehr geben sollte. Für sie lag es auf der Hand, daß der religiöse Kontext und kirchliche Schutzraum verlassen werden mußten. Dies taten andere erst im Sommer 1989.

Für das lange Zögern gab es mehrere Gründe. Bereits die Reproduktion religiöser Werthaltungen scherte aus der vorherrschenden Anpassungsbereitschaft aus, opponierte gegen das ebenso systemspezifische wie verquere gesellschaftliche Leitbild, ein »glaubwürdiger Schizophrener« zu werden[28], also eine stabile Balance zwischen öffentlichem Sich-Einfügen und privatem Vorbehalt zu finden. Diese Verweigerung war um so bemerkenswerter, als sich gerade bei Jugendlichen noch in den siebziger Jahren sozialistische Überzeugungen und Wertorientierungen konsolidierten, und zwar sowohl bei jungen Arbeitern und mehr noch bei Studenten. Dieser Trend kehrte sich gegen Ende des Jahrzehnts allmählich, seit Mitte der achtziger Jahre dann rasch um; doch hielten Studenten dem System am längsten die Treue.[29] Von diesem höchst bedeutsamen Umstand abgesehen sagte die Trendwende nichts darüber aus, wie viele Jugendliche eher zum Aussteigen, zum kritischen Engagement oder zur Passivität neigten, ob sie das offizielle Wertesystem ablehnten oder aber auf andere Weise als die Partei verwirklichen wollten.

Die Protest- und Alternativbewegung, die sich gegen Ende der siebziger, vor allem aber in den achtziger Jahren zu bilden begann, richtete sich jedenfalls gegen die Enge des vor- und durchgeplanten Lebens, die die Ziele der älteren Generationen in den Augen der Jungen unglaubwürdig werden ließ: »Eure Geschichten von früher sind langweilig. Immer könnt ihr alles erklären. Und wo ihr es nicht könnt, lügt ihr.«[30] Im real-existierenden Sozialismus rückten die Helden vergangener Kämpfe in die Ferne. Protest – sei es der Antifaschismus der »Aktivisten der ersten Stunde«, sei es der sozialistisch motivierte Protest der Aufbaugeneration gegen die noch unzulängliche Realisierung weitgestreckter Ziele –, der für die Väter zugelassene, ja geforderte Antriebskraft gewesen war, hatte nun keinen affirmierten Platz mehr; die vorgefundene und stagnierende Welt sollte den Jungen genügen. Die Weigerung, sich damit abzufinden, in eine gleichermaßen eingerichtete und geschlossene Gesellschaft »hineingeboren« zu sein, war denn auch eines der zentralen Themen jüngerer Schriftsteller.[31] Sie scherten sich nicht länger um die Arrangements der Älteren, beugten sich weder den Ritualen der Künstlerverbände noch der staatlichen Zensur- und Genehmigungspraxis. Sie mußten nicht aussteigen, weil sie gar nicht erst einstiegen.[32] »Berührung ist nur eine Randerscheinung« konnte als Antithese zum »Brüder in eins nun die Hände« gelten, als Zeichen des Ausgegrenztseins wie der Selbstausgrenzung.[33] Die Verweigerungshaltung umfaßte ein Spektrum von »Null Bock auf DDR« über die Friedens-, Frauen-, Umwelt- und Dritte-Welt-Gruppen[34] bis hin zu denen, die sich für eine Zivilgesellschaft einsetzten.

Im allgemeinen galt schon einfaches Desengagement, Distanz zu den offiziellen »gesellschaftlichen« Pflichten, als »Anzeichen für das politische Verhalten eines Menschen«.[35] Dies unterschied die DDR-Gesellschaft nicht von anderen sozialistischen Gesellschaften. Anders war vielmehr, daß Unzufriedenheit, die sich darüber hinaus artikulierte, entweder auf Subkulturen oder auf die kirchlichen Institutionen verwiesen blieb, weil sich weder aus den

Betrieben oder Gewerkschaften, noch aus den Universitäten oder der FDJ, noch aus den Verbänden der wissenschaftlichen oder künstlerischen Intelligenz – und schon gar nicht aus den Parteien – heraus Gegenöffentlichkeiten bildeten und sich als Bündnispartner anboten. Außerdem gab es nur in der DDR für Legionen Unzufriedener die Möglichkeit, in einen Staat gleicher Sprache zu gehen. Von ihr machten vor allem junge Menschen Gebrauch[36], und nicht die Lethargischen und Unsicheren, sondern gerade jene, die sich etwas zutrauten, selbst sich in einer fremden und kompetitiven Gesellschaft durchzusetzen.[37]

Es ist also wenig erstaunlich, daß die Bürgerrechts- und anderen Gruppen sich spät von den Kirchen lösten, um sich als politische Opposition zu konstituieren. Die Initiative für Frieden und Menschenrechte kann als Ausnahme gelten. Sie gründete sich in der zweiten Hälfte der achtziger Jahre mit Bedacht als unabhängige Gruppe, knüpfte Kontakte zur mittelosteuropäischen Opposition und orientierte sich an deren Vorstellung und Praxis einer civil society. Ihr ging es um politisch-pragmatische Schritte aus dem gegebenen in einen konkret benennbaren gesellschaftlichen Zustand – nicht mehr um eine sozialistische Utopie oder um vage Bekenntnisse, die Menschheit retten zu wollen. In dieser Gruppe war die Idee zentral, allmählich immer mehr Bereiche der Gesellschaft aus dem unmittelbaren Zugriff des Parteistaats zurückzugewinnen. Subkulturen und Bürgerinitiativen, aber auch politische Klubs und Samizdat-Publikationen galten als Bausteine und Ferment einer zivilen DDR-Gesellschaft. Die Initiative stellte sich bewußt in den historischen Kontext des real-existierenden Sozialismus, den sie gemeinsam mit den Bürgerrechtsbewegungen der anderen sozialistischen Länder nicht reformieren, sondern überwinden wollte. Sie legte daher auch einen Schwerpunkt ihrer Arbeit auf Informationen über die Charta 77 und andere civil rights-Gruppen, solidarisierte sich öffentlich mit ihnen und übernahm ihre Aktions- und Protestformen. Man verabschiedete gemeinsame Erklärungen und Appelle, sei es zum 10jährigen Bestehen der Charta, zum 30. Jahrestag der ungarischen Revolution, zu der Unterdrückung der Bürgerrechtler und zu Fragen des Friedens in Europa.[38] Die Initiative für Frieden und Menschenrechte verstand sich von Anbeginn politisch und als Opposition, was sie von der Mehrzahl der Alternativgruppen unterschied.[39] Sie war zudem weder auf den Parteistaat fixiert wie die Kirchen[40], noch verleitete

Zivilisationskritik sie dazu, Frieden und Ökologie vor Demokratie zu stellen.[41]

## 2. Revolution und »Wende in der Wende«

Im Frühjahr 1989 gab es in der DDR ungefähr 150 Gruppen, die spezifische Belange der Frauen, des Friedens, der Ökologie und der Dritten Welt zu ihren eigenen machten; weitere zehn Gruppen suchten diese Alternativgruppierungen überregional zusammenzufassen und zu koordinieren, zu ihnen gehörten auch die Bürgerrechtsgruppen. Die Mehrzahl der Mitglieder war zwischen 25 und 40 Jahre alt; der Anteil der Fach- und Hochschulabsolventen war im Unterschied zu dem der Arbeiter hoch. Nicht wenige (zwölf Prozent) lebten ohne festes Arbeitsverhältnis, entzogen sich teils aus eigenem Entschluß den offiziellen Normen also schon in diesem zentralen Bereich, teils wurden sie aufgrund ihrer Aktivitäten dazu gezwungen. Die Gruppen konzentrierten sich – neben Ostberlin – in den südlichen Bezirken der Republik. An die 100000 beteiligten sich an Aktionen, 2500 gehörten zum Kreis ständig Aktiver, 600 engagierten sich in »Führungsgremien«, 60 zählte die Stasi zum »harten Kern«.[42] Die staatliche Repressionswelle des Winters 1987/88 – die Stasi durchsuchte die Umweltbibliothek, Teilnehmer der Liebknecht-Luxemburg-Demonstration wurden verhaftet und zum Teil abgeschoben – und der Konflikt mit der wachsenden Zahl derer, die Ausreiseanträge stellten und deren Bewilligung auf Demonstrationen einforderten, forcierten die Politisierung der Gruppen.

Der Sprung aus der gesellschaftlichen Marginalität gelang ihnen mit ihren Aktionen während der Kommunalwahlen im Mai 1989 und mit den Protesten gegen die Wahlfälschungen. War die Bevölkerung bereits nachhaltig irritiert, weil die SED jegliche Reformnotwendigkeit bestritt, statt einer politischen Öffnung engen Anschluß an die gleichgesinnten Parteien der ČSSR und Rumäniens suchte und »Dialog« oder »Streitkultur« – denen sie im gemeinsamen Papier mit der SPD zugestimmt hatte – offen desavouierte, konnte sie im Frühjahr das bekannte Wahlritual, das der Parteistaat ihr noch einmal zumutete, mit der Situation in anderen sozialistischen Ländern vergleichen, in denen der Veränderungsprozeß rapide voranschritt.[43] Die Situation spitzte sich zu, als

SED und Volkskammer den Massakern in Peking ihre Sympathie bekundeten und völlig unbeirrt von den Botschaftsbesetzungen und der Fluchtbewegung des Sommers die Feiern zum 40. Jahrestag der DDR vorbereiteten. Die Alternativbewegung löste sich aus dem kirchlichen Umkreis und konstituierte sich als politische Opposition.[44] Im August und September begannen sich Demonstrationen auszuweiten, die dem »Wir wollen raus« der Ausreisewilligen ihr »Wir bleiben hier« entgegensetzten. Mit der Massenemigration wurden sie zu Massendemonstrationen, die das Regime zu Fall brachten.

Das politische System brach im Oktober-November von den Akteuren völlig unvorhergesehen und vollständig zusammen. Der Ablösung des Generalsekretärs und Staatsoberhaupts folgten in kurzen Zeitabständen der Rücktritt der Führungsgremien der Partei und der Regierung und die Lösung der Blockparteien aus dem Bündnis mit der SED.[45] Die SED verlor ihre führende Rolle zunächst de facto, sodann de jure. Damit war der alten Herrschaftsordnung der zentrale Stützpfeiler entzogen; auch wenn viele ihrer formalen Strukturen noch beibehalten wurden, zeigte sich doch sehr bald, daß sie ihre Wirkungskraft verloren hatten. Die Öffnung der Grenzen machte unintendiert die »Wende«, wie die Revolution parteioffiziell hieß, irreversibel.

War das eine Revolution? Die Parteiherrschaft wurde gestürzt, und nach ihr brachen alle jene Strukturen zusammen, die auf parteistaatlichen Prärogativen beruhten. Der radikale Wandel vollzog sich nicht im Rahmen eines langsamen Prozesses der Machtübergabe, wie er in Polen und Ungarn am Runden Tisch ausgehandelt wurde, sondern er war direkte Folge von Massenaktionen, denen aber keine Machtübernahme folgte. Die alte SED-Spitze hatte ohne Rückhalt bei der sowjetischen Partei den Massendemonstrationen letztlich nichts entgegenzusetzen, und die neue Partei-(und Staats-)führung folgte deren Forderungen nach Demokratisierung des gesamten politischen Systems zögerlich aber dennoch, weil ihr keine Alternative blieb. Der Umbruch war zwar Teil der Umwälzung in Mittel- und Osteuropa, denn die Massendemonstrationen reagierten ebenso spät wie vehement auf die »refolution« in Polen und Ungarn.[46] Die dortige Mischung aus Reform und Revolution nahm jedoch einen anderen Verlauf. Sie war teils durch langjährige Massen- und Bürgerbewegungen gekennzeichnet und teils durch die Bereitschaft durchsetzungsfähiger Minderheiten in den kommunistischen Parteien, die Macht zu teilen und sie nach freien Wahlen gegebenenfalls gänzlich abzutreten. Die refolutionären Akteure nahmen sich die persönlichen und politischen Freiheitsrechte seit langem; das Regime war gezwungen, sie zu tolerieren und schließlich im Rahmen der Institution des Runden Tisches anzuerkennen. Der Runde Tisch vermittelte zwischen den Reformern in der Partei, die die Notwendigkeit eines ökonomischen Systemwechsels erkannten, und der Opposition, die auf dem politischen Systemwandel bestand und ihn letztlich selbst zu steuern beanspruchte. So leitete die »refolution« eine allmähliche Transformation der politischen und rechtlichen, ökonomischen und gesellschaftlichen Sphäre ein. Daß der Ausgang dieser Transformation bis heute ungewiß ist, liegt nicht an Fehlern der Opposition, die heute die Macht ausübt, sondern an den objektiven und subjektiven Folgen des Sozialismus sowjetischen Typs, die nur schwer, langsam und nicht ohne Hilfe von außen zu überwinden sind.

Für die DDR läßt sich in dem Sinne von einer »nachholenden Revolution«[47] sprechen, als sie den allmählichen, aber radikalen Transformationsprozeß, der sich in den beiden Nachbarländern vollzog, gleichsam auf einen Streich einholte. Im Zuge dieses Prozesses entwickelten sich zugleich innovative Momente, innovativ für die DDR-Gesellschaft, die von heute auf morgen massenhaft Demokratie praktizierte. Aber der Zeitraum der kollektiven Erfahrung, das politische Gemeinwesen bewußt zu reorganisieren, war hier in zweifacher Hinsicht kürzer. Zum einen hatte sich die Gesellschaft länger im Zustand der Klassenlosigkeit halten lassen, war länger unstrukturiert und ohne eigenständige Willensartikulation geblieben. Daher konnte ihr die Chance zu innergesellschaftlicher Entscheidung im Sinne selbstbestimmter Steuerung auch sehr schnell entgleiten. Zum zweiten wurde nicht nur die Machtfrage nicht gestellt, es zeigte sich überdies sehr bald, daß die Revolution in einem Land stattfand, dem Optionen offenstanden, die den anderen sozialistischen Gesellschaften nicht verfügbar waren. Nur in der DDR konnte die »Wende in der Wende« einsetzen: die zunehmende Orientierung auf die Bundesrepublik. Die DDR-Gesellschaft erreichte als erste das Ziel, das sich die »Refolutionäre« in Polen und Ungarn gesetzt hatten, nämlich die »Rückkehr nach Europa«, indem sie sich mehrheitlich für die deutsche Einheit entschied. Die »nachholende Revolution« hat mithin mit anderen Mitteln und in einer vielfach anderen Situation ihre Vorläufer sogar überholt, doch dabei ging zumindest ein Teil der Selbstbestimmung verloren.

Aber war es auch in dem Sinne eine Revolution, daß der Strukturwandel, den sie erzwang, von den Akteuren erwünscht war? Wer hatte in der DDR diese Form einer »Rückkehr nach Europa« gewollt? Jedenfalls nicht die innerparteilichen Reformer oder die etablierte, wenngleich kritische Intelligenz. Die Mehrheit der Alternativbewegung vertrat eine demokratisch-sozialistische Perspektive, die in ihren Konturen vage blieb, aber, falls sie überhaupt Realisierungschancen hatte, jedenfalls den Bestand der DDR voraussetzte. Aus dieser reformsozialistischen Perspektive kann man von einer »Revolution wider Willen« sprechen.[48] Auf die Möglichkeit, die Macht selbst zu übernehmen, war die Opposition in keiner Weise vorbereitet. Nicht nur vertrat sie anfangs noch eine eher alternative Politikauffassung, der Sturz des Regimes kam für sie auch zu schnell. Wie alle Revolutionen war auch diese durch eine enorme Beschleunigung der Zeit gekennzeichnet. Sie trieb alle Akteure vor sich her; der Handlungsdruck war außergewöhnlich stark, zugleich waren die Handlungskoordinaten angesichts des rapiden Strukturzerfalls unbekannt. »Mit meinem Kopf«, schrieb Jens Reich noch im März 1990, »bin ich immer noch in der alten Zeit«. Das Gefühl überrumpelt worden zu sein, war um so größer, als nicht nur die Gerüste des Ancien Régime fielen, sondern die DDR obendrein. »Ihr Zusammenbruch kam noch unerwarteter als der Zusammenbruch des Systems.«[49]

Im nachhinein erscheint das Ende der DDR weniger überraschend. Es war Folge des Ausgangspunkts der Revolution: der klassenlosen Gesellschaft. Denn im Rahmen der alten homogenisierten Wirklichkeit hatten sich tragfähige Kerne einer neuen Gesellschaft nicht entwickeln können. Ganz entgegen einer marxistischen Revolutionstheorie begannen sich gesellschaftliche Großgruppen mit ihren spezifischen Interessenlagen erst als Resultat des Umbruchs herauszubilden; im revolutionären Prozeß selbst waren sie allenfalls zu antizipieren. Der revolutionäre Konflikt brach nicht an »Klassen«linien auf: Die Arbeiter demonstrierten nach Feierabend, auch die Techniker und Ingenieure besetzten die Betriebe nicht, ebensowenig wie die Studenten die Universitäten. Die Revolution entzündete sich entlang der Trennungslinie zwischen Herrschenden und Beherrschten, zwischen

Gesellschaft und Parteistaat, zwischen »Wir« und »Sie«. Im Unterschied zu Polen oder Ungarn hatten sich in der DDR nicht früher schon politische oder kulturelle Strukturen von Großgruppen herausgebildet, deren Sprecher und Institutionen das Aufbrechen des Antagonismus hätten bearbeiten und auf denen eine bewußte Transformation des real-existierenden Sozialismus hätte aufruhen können. In der DDR gab es nur die Kirchen, aber sie vermochten die klassenlose Gesellschaft nicht aus ihrem grundsätzlichen Dilemma zu befreien: War die Gesellschaft im Sozialismus auf zentrale Steuerung verwiesen und reproduzierte sie deshalb ihre Abhängigkeit vom Parteistaat, braucht sie, selbst nachdem sie diesen gestürzt hat, eine lange Zeit, um eine eigenständig strukturierte Gestalt anzunehmen. Der Übergang aus der klassenlosen in eine Gesellschaft westlichen Typs ist daher notwendig ein langwieriger Prozeß, der seinerseits der politischen und staatlichen Koordination »von oben« bedarf.[50] Weil es in der DDR nicht einmal neue und zugleich allgemein anerkannte politische Eliten gab, die sich – wie in den Nachbarländern – dieser Aufgaben hätten annehmen können, suchte die Mehrheit der Gesellschaft den Ausweg aus der Revolution, indem sie dafür eintrat, sich an die Bundesrepublik anzuschließen.

Die »Wende in der Wende« war mithin zuallererst durch die Situation in der DDR selbst bedingt; es fehlten nahezu alle internen Voraussetzungen für einen selbstbestimmten Weg aus dem real existierenden Sozialismus. Der Fall der Mauer, Folge der anhaltenden Demonstrationen wie auch der unaufhaltbaren Fluchtbewegung, wirkte als Katalysator. Die Bundesrepublik, erstmals allen zugänglich, strahlte Reichtum und Effizienz aus, und die einen konnten mit Blick auf ein rasch vereintes Deutschland hoffen, in seinem Rahmen endlich ihre Kompetenzen entfalten zu können. Die anderen befürworteten die Vereinigung, weil ihnen angesichts des deutsch-deutschen Niveaugefälles jedes Vertrauen in ihre Kompetenzen abhanden kam. Das Gefühl hoffnungsloser Unterlegenheit vertiefte sich mit den Enthüllungen von Machtmißbrauch und Korruption, die nun einsetzten. Das einige Vaterland verhieß rasche Rettung aus der Not. Genuin nationalistische Töne mischten sich mit handfesten ökonomischen Interessen und dem Wunsch, dem sozialen und politischen Chaos zu entkommen.

Vor dem Richtungswechsel der Revolution erweckte die Massenbewegung des Herbstes den Anschein der Einheitlichkeit. Intelligenz, Parteireformer und -basis, außerparteiliche Opposition und die sogenannten einfachen Leute, die sich gerade in Bürger verwandelten, gingen zusammen und wollten Demokratie. Der Slogan »Wir sind das Volk« suggerierte, sie machten aus der DDR tatsächlich eine demokratische Republik. Es war die Bewegung der Bürger schlechthin, nicht die der Intellektuellen, Parteimitglieder oder der zuvor marginalen Gruppen, die die Revolution einleitete und zu Ende brachte. Sobald sich die Richtung dieses Endes abzuzeichnen begann, zerfiel, was anfangs als Einheit erschien. Wie sich zeigte, hatten große Teile der etablierten Intelligenz die Demokratisierung der Kultur im Auge und weniger die demokratische Mehrheitsentscheidung. Sie wollten frei für alle sprechen können, doch nun konnten alle frei für sich selbst sprechen, und was sie forderten, gefiel den früheren Mentoren nicht.[51] Der Aufruf »Für unser Land« kann als letzte gemeinsame Anstrengung gelten, die »Wende« der Revolution gen Westen aufzuhalten. Er beschwor noch einmal die angeblich unbeschädigten »antifaschistischen und humanistischen Ideale« und verwahrte sich gegen den »Ausverkauf unserer materiellen und moralischen Werte.«[52] Die Parteimitglieder wiederum avisierten die Demokratisierung der Partei und fanden sich bald in der paradoxen Situation, daß die Macht in der SED just in dem Moment für sie erreichbar schien, als diese selbst die Macht einbüßte.[53] Unter den Trägern der Massenbewegung aber, unter den Bürgern selbst, verloren viele die Überzeugung, ihre Gesellschaft aus eigener Kraft aus der Krise führen zu können, als die Öffnung der Mauer die Diskrepanz zwischen DDR und Bundesrepublik drastisch vor Augen führte. Zu dem selbstbewußten »Wir sind das Volk« kam der Appell »Wir sind ein Volk«, der schließlich dominant wurde. Das vermeintlich einige Volk der Deutschen offenbarte sich bereits auf dem Boden der DDR als verfeindet. Die Gegner der Einheit und jene, die zögerten, wurden niedergeschrien; die zuvor friedlichen Kundgebungen nahmen einen äußerst aggressiven Charakter an.

Der Hilferuf an die Adresse der Bundesrepublik und das Auseinanderfallen einer zunächst einheitlich anmutenden Bewegung hatten ihre Gründe schwerlich darin, daß – wie von westlicher Seite moniert wurde – der Opposition in der DDR »demokratisches Feuer« fehlte, daß sie, obwohl sie auf Menschen- und Bürgerrechte insistierte, den »Vorrang der zivilen Gesellschaft vor

Sozialismus, Kapitalismus, Nation und Ökologie« letztlich nicht begriffen hätte.[54] Die Oppositionsgruppen und neuen Parteien gewannen ja durchaus eine Basis, von der sie vor Wochen nicht einmal träumten, eine Basis, die sich an den Runden Tischen engagierte oder in den Bürgerinitiativen, die die Stasi auflösen, die Korruption aufdecken und die Polizeieinsätze während der großen Demonstrationen des Oktober aufklären wollten. Und obwohl wenige so deutlich wie Ludwig Mehlhorn aussprachen, daß die Alternative »Sozialismus oder Kapitalismus« deshalb falsch gestellt sei, weil es um »Demokratisierung ohne Adjektiv, ohne wenn und aber« gehe[55], durchliefen die meisten oppositionellen Gruppen rapide Lernprozesse. Sie begannen Demokratie als Kombination eines parlamentarischen Repräsentativsystems mit Formen unmittelbarer Bürgerbeteiligung zu verstehen. »Demokratischer Aufbruch«, fragte ein Journalist Rainer Eppelmann, »das hat etwas Temporäres. Man kann nicht jahrelang aufbrechen?« Darauf Eppelmann: »Das wollen wir aber.«[56] Ehrhart Neubert hob neben der Parteiarbeit die Bedeutung der Untersuchungskommissionen, Bürgerkomitees, Runden Tische und Betriebsräte hervor, denn sie seien für den Demokratisierungsprozeß essentiell.[57] Wolfgang Ullmann betrachtete politische Parteien als »nicht ausreichend«. Sie seien »Organisationsformen aus dem vergangenen Jahrhundert. Jetzt ist die Zeit der Bürgerbewegungen, denn politische Willensbildung ist nicht mehr möglich ohne basisdemokratische Bürgerbewegung. Und die wollen wir sein.«[58] Wolfgang Templin ergänzte diese Vorstellungen von direkter Demokratie mit dem Hinweis auf »gewaltfreie Formen des Widerstands«, des »zivilen Ungehorsams« zum Schutz der Rechte von Minderheiten.[59]

Daß sich solche Vorstellungen nicht in größerer Breite durchsetzten, lag wohl kaum daran, daß die Initiatoren der Oppositionsgruppen »demokratisches Feuer« missen ließen. Es zu verbreiten, war in einer Gesellschaft, deren demokratische Traditionen seit 1933 verschüttet und auch vorher nicht eben stark gewesen waren, kein einfaches Unterfangen. Im Gegenteil – je erfolgreicher die neuen Gruppen und Parteien Mitglieder jenseits des intellektuellen Milieus warben, desto schneller gerieten sie unter den Druck neuer Mehrheiten, die unmittelbare Bürgerdemokratie nicht als vorrangige Aufgabe ansahen, nachdem die alte Herrschaft gestürzt war.[60] Es kam erschwerend hinzu, daß die alternativen Gruppen ihre organisatorische Zersplitterung nicht überwanden, so schnell auch gar nicht überwinden konnten und sich viele zudem die begreifliche Frage stellten, warum Bürgerbewegungen sich eine solche Aufgabe überhaupt setzen sollten. Andere gründeten angesichts der desolaten Parteienlandschaft in der DDR neue Parteien und übernahmen Parteifunktionen, während sie durchaus an der Überzeugung festhalten konnten, daß unter günstigeren Umständen eine demokratische Gesellschaft sich gerade durch eine Vielzahl von Assoziationen auszeichnen mag, die sich zwischen Parlament, Parteiensystem und Wahlvolk lokalisieren. Die Option, Bürgerinitiativen zu stabilisieren und zugleich neue Parteien zu schaffen, war vor allem aus gesellschaftsinternen Gründen kaum zu verwirklichen, aber auch deshalb, weil der schnelle Einzug des bundesrepublikanischen Parteiensystems eine autonome Entwicklung in der DDR nicht zuließ.

Was jedoch das demokratische Potential betrifft, so streute es breit über die anfangs kleinen Gruppen hinaus, deren Zivilcourage steckte an. Die Rock- und Unterhaltungskünstler zum Beispiel unterstützten als erste die Forderungen des Neuen Forum und solidarisierten sich mit den Festgenommenen und Mißhandelten der großen Oktoberdemonstrationen. Theaterensembles verlasen auf der Bühne Menschen- und Bürgerrechtskataloge und diskutierten mit dem Publikum. Journalisten und Redaktionen forderten rechtlich abgesicherte Glasnost, Mitglieder des Präsidiums des PEN-Zentrums plädierten für Gewaltenteilung, Rechtsstaatlichkeit, politische Pluralität und Freiheitsrechte, ebenso Mitglieder des Schriftstellerverbands. Viele, keineswegs alle, dieser Initiativen blieben in der Parteihörigkeit befangen, erklärten – wie das Berliner Ensemble – »das gegenseitige Vertrauen zwischen Führung und Bevölkerung« für »unverzichtbar« und hofften – wie das Präsidium der Akademie der Künste – auf den XII. Parteitag.[61] Dennoch war mit dem Bruch des Tabus, sich offen gegen die aktuelle Parteipolitik zu stellen, ein erster Schritt in die politische Eigenständigkeit getan.

Für die überwiegende Mehrzahl der kritischen Parteimitglieder galt zwar Mehlhorns Diktum: »Diese Leute hielten sich bedeckt bis in die letzten Tage hinein.«[62] Die meisten Gesellschaftswissenschaftler trabten bestenfalls der gesellschaftlichen Entwicklung hinterher und mochten sich »mit dem gelassenen Ratschlag Helmuth Plessners trösten: ›Man kommt immer noch früh genug zu spät‹.«[63] Doch einige schlossen sich den demokratischen Lernprozessen an; auch hier sollen einige Beispiele genügen. Mitglieder der jungen Parteiintelligenz, die seit längerem über die »Erneuerung« des Sozialismus arbeiteten, kamen schließlich zu Resultaten, die jenen der außerparteilichen Opposition nicht nachstanden. Dabei fürchteten manche unter ihnen noch während der ersten großen Demonstrationswelle, die »imperialistischen Kreise der BRD« warteten nur darauf, der »politischen Krise (eine) konterrevolutionäre Ausrichtung zu verleihen«.[64] Zur außerparteilichen Opposition verhielten sie sich daher zunächst rein instrumentell: Weil ihre Repression unmöglich sei und »außerdem den Veränderungsprozeß grundlegend diskreditieren könnte«, sei »zu prüfen, wie oppositionellen Kräften in der Öffentlichkeit ein begrenzter legaler Raum eingeräumt« werden könne. »Opposition gegen den Sozialismus« sei allerdings »nicht zuzulassen«.[65] Diese Haltung veränderte sich dann aber schnell mit der allgemeinen Lage und der Situation der Partei. Was man eben noch für eine drohende Konterrevolution hielt, avancierte zur »sozialistischen Revolution«[66], sogar zur »deutschen Oktoberrevolution des Jahres 1989«. Und wenn einige anfangs noch die »Einheit aller progressiven Akteure«, das »einheitliche Ringen um einen modernen Sozialismus auf deutschem Boden« verlangten, der dem Anspruch genügen könne, »beispielhaft für ein demokratisches, ›sauberes‹ und freies europäisches Haus zu wirken«[67], plädierten andere schon für »demokratischen Diskurs« statt für wie auch immer geartete »Einheit«. An dem diskursiven »gesellschaftlichen und staatlichen Willensbildungs- und Entscheidungsprozeß« sollten nunmehr die neuen politischen Gruppierungen gleichberechtigt teilhaben.[68] Er müsse durch die gesetzliche Garantie der politischen Freiheitsrechte in einem sozialistischen Rechtsstaat gesichert werden; die Ausgrenzung politischer Positionen dürfe nur nach Maßgabe von Gesetzen erfolgen. Diese Argumentation radikalisierte sich weiter, sobald die Revolution auf Apparat und Führung der SED übergriff. Eine ungewöhnlich modern anmutende Sozialismuskonzeption ging von individueller Autonomie, freier gesellschaftlicher Assoziation, kommunikativer Verständigung und der demokratischen Einhegung ansonsten unbeeinträchtigter ökonomischer Rationalität aus. Im Rahmen einer solchen radikaldemokratischen Position waren Eigentumsfragen sekundär und jedweder Führungsanspruch der Partei obsolet geworden.[69]

Ingesamt steckten innovative demokratische Potentiale in der Revolution, die durchaus mit dem Begriff der politischen Freiheit erfaßt werden können. Arendt[70] bezeichnet in ihrer Analyse der Amerikanischen und Französischen Revolution Idee und Praxis der politischen Freiheit als das revolutionär Neue, als das genuin Moderne, das beide Revolutionen hervorbrachten. Freiheit gelte seither nicht nur als Befreiung von ungerechtfertigtem Zwang, als bloß die Freiheit der Person, des Besitzbürgers oder Marktteilnehmers. Vielmehr verwirkliche sie sich – als politische – im öffentlichen Handeln des citoyen und in dessen Erfahrung, etwas Neues schaffen, einen Neubeginn in die Wege leiten zu können. Die Voraussetzung politischer Freiheit ist laut Arendt die Säkularisierung der politischen Autorität; sie kristallisiere sich in der Erklärung unveräußerlicher Rechte des Menschen. Weder verbürgt durch Gottes Willen oder durch Tradition, noch gewährt durch der Herrschenden Einsicht, beruhten die unveräußerlichen Rechte auf der wechselseitigen Anerkennung gleicher Rechte und Freiheiten durch die Mitglieder eines politischen Gemeinwesens. Dieses reziproke Versprechen sei den Menschenrechtserklärungen inhärent, ohne daß sie für sich schon eine institutionelle Form böten, die dem Novum öffentlicher Freiheit und demokratischer Selbstbestimmung die Chance einräumten, nicht wieder verlorenzugehen. Diese Chance bedarf nach Arendt einer constitutio libertatis. Darunter versteht sie mehr als eine freiheitliche Verfassung, mehr als die konstitutionelle Garantie gegen Übergriffe der Staatsgewalt. Ihr geht es um einen Prozeß der Verfassungsgebung von unten, nicht von oben. Die Verfassung, die die Bürger selbst sich geben, konstituiere überhaupt erst das politische Gemeinwesen und eine delegierte politische Gewalt.[71] Die constitutio libertatis beende die Revolution, indem die Bürger mit der Verfassungsgebung ihre eigene Souveränität selbst beschränkten. Ohne dieses Prinzip der Selbstbindung gehe die Revolution in Permanenz über oder in Tyrannei unter – was auf dasselbe hinauslaufe.

Gewiß erfanden die revolutionären Akteure des Herbstes 1989 in Leipzig oder Berlin die politische Freiheit nicht im Sinne einer welthistorischen Innovation. Doch ist sie, da es noch nie gelang, sie diesseits repräsentativer Strukturen auf Dauer zu stellen, immer wieder ein Novum, ein Neubeginn gerade für jene, die sich das Recht auf Selbstbestimmung nehmen. Rainer Land erkannte ganz klar, »daß wir uns in der DDR wirklich in einer offenen geschichtlichen Situation befinden. Diese offene geschichtliche Situation wird nicht allzu lange anhalten, sie wird irgendwann durch ganz bestimmte Entscheidungen wieder geschlossen.«[72] Was Arendt als das revolutionär Neue begreift, drückte sich im Herbst 1989 in eben jenem Moment aus, das die Menschen glauben ließ, sie machten ihre Geschichte selbst, und sie machten sie autonom und selbstbestimmt. Sie stellten – weniger emphatisch ausgedrückt – einen politischen Raum für öffentliches Handeln und Räsonnement her, und genau dieses Moment eines demokratisch-republikanischen Gründungsakts war es, das auch die Zuschauer jenseits der Grenzen faszinierte.

Mit der Parole »Wir sind das Volk« wiesen die Bürgerinnen und Bürger, die sich zu Hunderttausenden auf den Straßen und Plätzen versammelten, den Herrschaftsanspruch von Partei und Staat zurück. Mit ihrem Handeln schufen sie mehr als die bloße Summierung einer Vielzahl einzelner Akteure; sie stellten Reziprozität durch Assoziation her. Die oppositionellen Gruppen, die teils schon vor dem Herbst entstanden waren, teils zu Beginn und im Verlauf der Revolution sich bildeten, wuchsen rasch; zudem entwickelten sie neue Aktionsformen wie die Bürgerkomitees und die Runden Tische, die sich unmittelbar in die öffentlichen Belange einmischten und die politischen Themen bestimmten. Neues ließen die Bürger insofern entstehen, als die zuvor angepaßte und apathische Gesellschaft sich selbst überhaupt eine Gestalt gab und somit die Vereinzelung überwand, die zuvor nur informell hatte durchbrochen werden können. Die neuen Handlungs- und Organisationsformen ließen überdies eine Pluralität von Interessen und Meinungen sichtbar werden, die über kurz oder lang nach konsentierten Mechanismen der Konfliktregelung verlangte.

Der Runde Tisch in Berlin einigte sich bereits in seiner ersten Sitzung Anfang Dezember darauf, eine Verfassung auszuarbeiten. Sie sollte Ausdruck einer allgemeinen Verständigung über die politischen Spielregeln sein, nach denen künftig Konflikte auszutragen und Mehrheitsentscheidungen zu fällen wären. Warum sollten ohne verfassungsgebenden Akt, an dem sich alle beteiligen, Minderheiten die Entscheidungen von Mehrheiten als legitim erachten?[73] Der Verfassungsentwurf des Runden Tisches[74] erwies der demokratischen Revolution insofern seine Reverenz, als er explizit von einer »Zivilgesellschaft« ausging.[75] Er stellte Bürgerbewegungen als »Träger freier gesellschaftlicher Gestaltung, Kritik und Kontrolle« unter den »besonderen Schutz der Verfassung« – nicht etwa des Staates – und ordnete Gruppen, Parteien und Verbände dem Verfassungskapitel über Menschen- und Bürgerrechte zu – nicht dem Kapitel über Grundsätze und Organe des Staates. Die Priorität der societé civile vor dem Staat war nicht nur der demokratischen Revolution angemessen. Verglichen mit der Staatslastigkeit des Grundgesetzes und angesichts der Verkrustungen der Parteiendemokratie westlicher Prägung enthielt sie überdies Korrektive für und kritische Fragen an das westliche Politik- und Gesellschaftsverständnis. Und schließlich überwand der Entwurf einer bürgerlich-zivilen Verfassung die marxistisch-leninistische Gesellschafts- und Staatskonzeption in überzeugender Weise. Gerade weil die Polaksche Axiomatik die Staats- und Rechtstheorie in der DDR bis zum Schluß dominierte, war eine radikale Abkehr bitter nötig. Der Verfassungsentwurf des Runden Tisches brach mit der identitären Konzeption von Volk, Gesellschaft, Partei und Staat. Er wies keinerlei Anklänge an organizistische Ganzheitsvorstellungen auf, noch verschrieb er sich klassentheoretischen oder geschichtsphilosophischen Verheißungen.[76]

Der plurale und vernunftbetonte Grundtenor des Verfassungsentwurfs war nicht selbstverständlich. Denn der Sozialismus marxistisch-leninistischer Provenienz hatte mit seiner quasi-absolutistischen Herrschaftsstruktur und der klassenlosen Gesellschaft eine Konstellation hervorgebracht, die zu Vorstellungen geradezu einlud, die von der grundsätzlichen Einheit des Volkes sowie der Identität der Interessen seiner Mitglieder und Repräsentanten ausgehen und den Allgemeinwillen im Sinne der volonté générale fassen. Diese Konstellation war es ja, die den politisch-moralischen Fundamentalismus in der DDR-Gesellschaft am Leben hielt, und sie blieb selbst noch in der revolutionären Frontstellung der vermeintlich einigen Gesellschaft gegen den Parteistaat erhalten. Überdies sind Zweifel erlaubt, ob alle basisdemokratisch Bewegten die Ideen der Einheit und Identität in Frage stellten, ob viele nicht eher auf die »wahre« Demokratie hofften, die nicht anders könne als ihre eigenen Wertvorstellungen zu realisieren. Die Neigung, die eigene Vernunft zum absoluten Wissen zu verklären und nicht hinterfragbare Normen zu hypostasieren, mußte mit dem Ende der Avantgarde Partei ja nicht gleichfalls an ihr

Ende gekommen sein. Auch Bürgerrechtler sprachen den einzelnen gern die Reife zur Entscheidung ab, wie ihre Kritik des Verhaltens »der Massen« nach der Öffnung der Mauer belegt.

Noch andere identitäre Konzeptionen lagen nahe, nämlich die Idee der ethnischen Einheit des deutschen Volkes. Der Ruf »Wir sind ein Volk« entsprang – wie gesagt – einerseits der Unmöglichkeit, die DDR aus eigener Kraft rasch und zuverlässig in eine funktionstüchtige moderne Wirtschaft, Gesellschaft und Demokratie zu transformieren. Andererseits entsprach die Orientierung auf das einige Vaterland der bundesrepublikanischen Parole, daß nun zusammenwachse, was zusammengehöre. Der zivilgesellschaftliche Tenor des Verfassungsentwurfs des Runden Tisches hatte angesichts der Politik der deutschen Einheit keine Chance. Nicht daß die Vereinigung undemokratisch betrieben worden wäre; immerhin konnte das Wahlvolk des einen deutschen Staates seinem Willen Ausdruck verleihen, während das des anderen sich die Bestimmungen des Grundgesetzes von der Exekutive interpretieren ließ, ohne zu widersprechen. Ohne große Resonanz machten insbesondere Rechtswissenschaftler, auch Verfassungsrichter, darauf aufmerksam, daß die Selbstdefinition des künftigen deutschen politischen Gemeinwesens davon abhängen werde, ob ihm eine gesamtdeutsche Konstituante oder aber die Annahme einer »der Verfassung vorausliegenden nationalen Identität« zugrunde gelegt werde.[77] Es wäre »nicht das erste Mal«, so riefen sie in Erinnerung, »daß die Deutschen die nationale von der konstitutionellen Frage trennen und die nationale Einheit gefühlsmäßig, logisch und zeitlich vor die Verfassungsfrage setzen«.[78] Im Gegenteil bestehe zum ersten Mal die Chance, nicht primär von ethnischen, kulturellen und historischen Gemeinsamkeiten der (Volks)-Gemeinschaft auszugehen, sondern von demokratischen Verfahren und allgemeinen Prinzipien, auf die die Bürger als citoyens, nicht als Deutsche, ihren gemeinsamen politischen Verband gründen. Das hätte mit der deutschen Tradition gebrochen, Ethnos höher zu schätzen als Demos, einer Tradition, die immer wieder dazu taugte und bis heute taugt, Nicht-Deutsche auszugrenzen, zu entwürdigen und zu entrechten. Dies zumindest wäre aus dem nationalsozialistischen Zivilisationsbruch zu lernen gewesen.[79]

Wenn es überhaupt gelernt wurde, so wurde das Gelernte doch nicht befolgt. Für eine neue Verfassung der DDR entfiel die

Grundlage, und für eine Verfassung des gesamtdeutschen Staates meinte die Exekutive weder Zeit zu haben, noch sah sie die Notwendigkeit. Die Mehrheit des Bundestages war einverstanden oder fügte sich – manche in der Sorge, als vaterlandslos verschrien zu werden. Endete die Revolution daher letztlich eher national als demokratisch? Diese Frage zu beantworten, ist es noch zu früh. Bislang läßt sich sagen, daß die »Wende in der Wende« keine nationalistische Volte war, obwohl eine entsprechende Rhetorik auf beiden Seiten, der ost- wie westdeutschen, zunahm. Was die ostdeutsche Seite betrifft, brachten die vaterländischen Töne die Subalternität zum Ausdruck, die das SED-Regime vorgefunden und reproduziert hatte. Die Subalternität orientierte sich um, sobald Ruhe und Ordnung, Wohlfahrt und Sicherheit schwanden, die zuvor Loyalität und selbst Legitimität im real-existierenden Sozialismus gestiftet hatten. Was lag näher, als sich einem anderen »starken« Staat anzuschließen, der die Leistungen zu liefern versprach, die mit der SED-Herrschaft verlorengingen? Mit der Wut und dem Haß auf alle »Roten« gingen Leugnen der eigenen Verantwortung für und Verdrängen der Vergangenheit einher. Die Euphorie der ersten Wochen der Revolution, in denen die Zukunft offen schien, wich der Verzweiflung, als das Ausmaß des staatlichen und ökonomischen Bankrotts öffentlich bekannt wurde. Nicht nur »die Parteiführer hatten ja die Wirklichkeit abgeschafft und hielten die Theorie für die Wirklichkeit«. Auch das Volk »wußte zwar eigentlich«, »wollte aber nicht wissen«, wie es um das Land und seine Herrscher stand; es hatte »also die Wirklichkeit auch selbst abgeschafft«.[80] Sein Selbstbewußtsein sank auf den Nullpunkt. Die Überwachungspraxis der Stasi provozierte Angst und Frustration just in dem Moment, in dem die Apparate aufgelöst, »die Feinde« endgültig unsichtbar wurden.[81] Diejenigen, die sich gegen das alte Regime beizeiten gewehrt hatten, fielen bei den Wahlen gerade deswegen durch. Die Wähler wählten die bundesdeutsche Option, aber sie wählten mit den Blockparteien auch ihresgleichen – jene, die bis zum Schluß mitgemacht hatten, aber am Ende sofort betonten, sie seien schon immer dagegen gewesen.[82]

Andererseits wäre die »Wende in der Wende« unvollständig beschrieben, betrachtete man sie nur negativ. Wenn, um auf Arendt zurückzukommen, die revolutionäre Innovation der politischen Freiheit wieder verlorengeht, weil die Revolution zu keinem selbstbewußten Abschluß findet, so bleibt doch die Befreiung von der alten Herrschaft. Der Anschluß an die Bundesrepublik setzt die Revolution mit anderen Mitteln fort. Die herkömmlichen Strukturen und personalen Vernetzungen an den Schaltstellen der alten Macht werden auf dem Weg zur Vereinigung zerschlagen. Wenn der Prozeß der Adaption an das westdeutsche Wirtschafts-, Gesellschafts- und Demokratiemodell günstig verläuft, werden an seinem Ende Marktwirtschaft und demokratisch-parlamentarisches Repräsentativsystem stehen. Der jeweils spezifische Eigensinn der gesellschaftlichen Subsysteme, den der real-existierende Sozialismus stillgelegt hatte, wird sich entwickeln, und die Bedingungen der Möglichkeit für gesellschaftliche Vielfalt, politische Pluralität, ökonomische Effizienz und für eine individuell rationale Lebensführung werden eröffnet. Allerdings wird der Weg lang sein, und sein Ausgang ist noch offen.

## 3. Was bleibt?

Die dauerhafteste Folge der Revolution und ihrer Wende ist die deutsche Einheit. Der Prozeß der Vereinigung verlief so rasch, daß »niemand recht weiß, warum und wieso« der zweite deutsche Nationalstaat zustandekam. Bleibt er deshalb »nach innen unvollkommen, nach außen unzuverlässig«?[83] Freilich, die wachsende Ungeduld der Massendemonstrationen in der DDR löste den Prozeß aus, die Regierung in Bonn gab ihm, einem abrupten Kurswechsel folgend, seine politische Gestalt und berief sich auf die Begründung durch das Grundgesetz. Aber vielleicht kam dabei tatsächlich eine »Mesalliance ohne Recht auf Scheidung«[84] heraus. Ein viel zitiertes Bonmot – »Wir sind ein Volk«, rufen die Ostdeutschen, und die Westdeutschen antworten »Wir auch« – umreißt treffend, daß die Gesellschaften der DDR und der Bundesrepublik sich weiter auseinandergelebt haben als ihnen vor der Vereinigung bewußt war. So setzt sich in der Einheit die Teilung zunächst einmal fort. Die Antwort auf die Frage, wie sich das neue politische Gemeinwesen künftig definieren wird – ob primär als ethnisch, kulturell und historisch fundierte Nation oder zuallererst als verfassungsrechtlich konstituierter und gleiche Rechte verbürgender Nationalstaat der Bürger – ist heute noch nicht deutlich.

Die DDR-Gesellschaft bringt politisch-kulturelle Verhaltens-

und Orientierungsmuster in die deutsche Einheit ein, die in der Bundesrepublik nurmehr eine randständige Existenz zu fristen schienen. Während hier obrigkeitsstaatliche, fundamentalistische und harmoniesehnsüchtige Grunddispositionen bis in die achtziger Jahre keineswegs verschwanden, konnte sich die Ansicht, die »Verwestlichung« sei gelungen, auf den Liberalisierungsschub stützen, der sich in den siebzigern durchsetzte. Die hohe Zustimmung, die das politische System genoß (und genießt), war immer eng mit der wirtschaftlichen Leistungsfähigkeit und dem wachsenden Wohlstand verbunden.[85] Die Teilung Deutschlands empfand eine Mehrheit seit längerem nicht mehr als ungelöstes oder gar drängendes nationales Problem; sie erkannte die Bundesrepublik vielmehr als sich selbst genügenden Nationalstaat an.[86] Die Politik selbst der Christdemokraten richtete sich auf eine beständige deutsch-deutsche Koexistenz ein: Teile der Exekutive trugen sich mit dem Gedanken, eine bundesrepublikanische nationale Identität zu fördern und die bündnispolitische Rolle ihres Staates seiner wirtschaftlichen und militärischen Bedeutung entsprechend zu stärken.[87] Im praktischen Gegenentwurf zu einer nationalen Identität wuchs das Selbstbewußtsein der Bürger. Ausgehend von den Rahmenbedingungen, die grundsätzlich akzeptiert wurden, nahm das Bedürfnis nach Partizipation in dem Maße zu, in dem Unzufriedenheit mit der offiziellen Politik, den Verkrustungen des Parlamentarismus und Parteiensystems oder mit den Verflechtungen von Industrie, Interessenverbänden und Politik wuchs. Die politische Eigenständigkeit vieler Bürger und ihre gesteigerte Sensibilität für Probleme der Umwelt, des Friedens oder des politischen Prozesses selbst schwächten herkömmliche Loyalitäten und Bindungen an Großinstitutionen ab, ohne sie prinzipiell in Frage zu stellen. Wählerverhalten veränderte sich zusammen mit der Sozialstruktur einer postindustriellen Gesellschaft. Die Staatsbürgerlichkeit und der Kosmopolitismus insbesondere der Jüngeren prägten trans- oder postnationale Elemente eines Verfassungspatriotismus.[88]

Die Bundesrepublik war, so könnte man sagen, demokratisch und ökonomisch saturiert in dem Sinne, daß Formen und Verfahren gefunden waren, die Erfolg und Offenheit verbürgten. Allerdings war diese Saturiertheit nie frei von Ungerechtigkeit. Insbesondere im vergangenen Jahrzehnt stabilisierte sich die Zweidrittelgesellschaft, ohne daß es gelungen wäre, dieses Skandalon zu einem Dauerthema öffentlicher Auseinandersetzungen zu machen. Der Umstand, daß in der DDR soziale Rechte viel, politische und persönliche Rechte hingegen wenig galten, hielt entweder zur Diffamierung jener her, die soziale Rechte gestärkt wissen wollten, oder das soziale Netz wurde als einzig systemadäquater Auffangmechanismus in einer sozialen Marktwirtschaft dargestellt. Eine weitere Ungerechtigkeit, nämlich die Auswirkung der deutschen Teilung auf die DDR-Gesellschaft, blieb Sonntagsreden anheimgestellt. Das widerspiegelte einerseits den Umstand, daß nationalistische Denkfiguren ihren Einfluß verloren hatten. Unterdrückung und Unfreiheit galten nicht allein als Problem der Ostdeutschen, sondern der Mittelosteuropäer insgesamt. Andererseits erwies sich die Vorstellung, die deutsche sei als Teil der europäischen Frage dann gelöst, wenn freiheitliche Verfassungen in allen Teilen Europas möglich würden – so richtig sie war – in dem Moment als ungenügend, in dem die DDR sich selbst auflöste.

Die Westdeutschen beobachteten die Massenflucht des Sommers 1989 gerührt und die Revolution mit gespannter Sympathie, aber sie meinten, so weiter leben zu können wie zuvor. Sie dachten nur in den seltensten Fällen daran zu teilen; die Politiker, die den Tenor des gesamtdeutschen Wahlkampfes bestimmten, legten es ihnen erst gar nicht nahe. Statt dessen nutzen nun, da die Einheit da ist, viele die unverhoffte Gelegenheit, als ihr Eigentum zu reklamieren, was sie längst verlorengegeben hatten. Sie zeigen sich von der Seite, vor der die SED immer gewarnt hatte: krude materialistisch auf den eigenen Vorteil bedacht. Aber nicht nur eine Vielzahl der Bürger ist wenig bereit, irgend etwas an dem zu ändern, was sich in 40 Jahren bewährt hat. Auch die meisten Repräsentanten der politischen, staatlichen, ökonomischen oder wissenschaftlichen Organisationen und Institutionen betrachten ihre Weise, an die Funktionsvoraussetzungen und Probleme moderner Gesellschaften heranzugehen, unumwunden als optimal.[89]

Die Affirmation des Bestehenden drückt zum einen die Saturiertheit und zum anderen die Nervosität aus, die die Bundesrepublik gleichermaßen charakterisierten. In der Zeit der Zweistaatlichkeit fühlten sich die West- noch mehr als die Ostdeutschen dem besseren Deutschland zugehörig, und dieses Überlegenheitsgefühl sieht sich nun in exorbitanter Weise bestätigt. Indes beginnt diese Haltung sich allmählich zu ändern. Angesichts der tiefen

Krise in den neuen Bundesländern spricht sich herum, daß der Niedergang zwar überwiegend, aber keineswegs ausschließlich aus dem real-existierenden Sozialismus resultiert. Zudem wächst die Erkenntnis, daß die heutige Gestalt der Bundesrepublik nicht mit ihren Anfängen und den Zukunftsvorstellungen jener Zeit in jeder Hinsicht identisch ist, daß es also eine Vielzahl von Zielen, Formen und Verfahren gibt, die sich mit einem funktionstüchtigen demokratischen Gemeinwesen vertragen. Der jedoch noch vorherrschende Mangel an Flexibilität zeigt, daß die Saturiertheit nie frei war von Nervosität. Offiziellen Verlautbarungen zufolge bedroht die neue Situation im vereinten Deutschland die soziale Marktwirtschaft, weshalb man sie nicht, und sei es nur vorübergehend, zu ergänzen wagt. Analog klammert sich die Mehrheit der Westdeutschen an »die Gesamtheit des politischen Gemeinwesens«, die sie für die »einzig akzeptable Grundlage« für die Vereinigung mit der DDR hält. Wenn aber die deutsche Einheit in den Augen dieser Mehrheit die alte Bundesrepublik »nachgerade adelt«[90], obwohl viele ihrer konkreten Ausformungen Anlaß zu berechtigter Kritik waren und sind, kommen doch Zweifel an dem Grad der Internalisierung demokratischer Prinzipien auf. Zeigt solche verfassungspatriotische Rigidität vielleicht primär Stolz auf Erreichtes und Akzeptanz des Gewohnten an, die sich jetzt allesamt als Barrieren vor eine flexible Anwendung der vermeintlich zuverlässig gelernten Prinzipien legen? Drückt sich in dem Leitmotiv, bloß nicht am Grundgesetz und allen anderen Institutionen zu rütteln, nicht die Angst davor aus, daß sich die demokratischen Grundlagen des Gemeinwesens als weniger stabil erweisen könnten als bislang angenommen?[91]

Die Unsicherheit, ob die Demokratisierung tatsächlich gelungen ist und daher der Wiederkehr eines starken deutschen Nationalstaats in der Mitte Europas – die mit dem Ende der Teilung Europas auch wiederkehrt – standhält, rührt aus dem Scheitern des ersten deutschen Nationalstaats und aus der nazistischen Katastrophe. In kaum einem anderen Land ist die Sensibilität, insbesondere der Intellektuellen, für rechten oder linken Autoritarismus, für Radikalismus jeglicher Art, für einen – je nach Gusto – beschönigenden oder selbstkasteienden Umgang mit der Vergangenheit, für Geschichtsbilder und kollektive Identifikationsangebote so ausgeprägt, wie das in der Bundesrepublik der Fall war. Man meinte zwar, die demokratische und die nationale Frage auf einen selbstverständlichen und beständigen gemeinsamen Nenner gebracht zu haben, doch die Nervosität blieb, wie der Historikerstreit zeigte.[92] Angesichts der Politik der deutschen Einheit brach die große Sorge um eine tragfähige Verbindung von Nation und Demokratie erneut auf. Es mag durchaus sein, daß das mit großer Dringlichkeit vorgetragene Argument, ein verfassungsgebender Prozeß habe der nationalen Einheit unbedingt voranzugehen, damit die Bürger beider deutscher Gesellschaften als citoyens eine rationale Basis ihrer künftigen Gemeinsamkeit schüfen, zu skeptisch war und nicht bedachte, daß solches Bewußtsein sich auch durch Gewohnheit einstellen kann – wie in der Bundesrepublik geschehen.[93] Aber andere ließen mit der Gleichsetzung von nationaler Einheit und Auschwitz die Möglichkeit noch weniger gelten, daß ein vernunftgeleiteter Konsens sich herausbilden könne. Wiederum andere sprachen sich – die Sorge gleichsam bestätigend – für die Einheit aus, weil die »Nationsvergessenheit« ihnen schon immer suspekt war. Oder aber der Nationalstaat schien insgesamt überflüssig zu sein, weil künftig ein geeintes Europa Bürgerrechte und Demokratie garantiere. Diese unterschiedlichen Positionen verdeutlichen zweierlei: Bundesdeutsche Intellektuelle hielten sich – wie die ostdeutschen – in relativer Distanz zu der Wirklichkeit, die sich vor ihren Augen abspielte, und nur wenige bestanden auf einem rationalen Konnex zwischen Demokratie, Nation und Nationalstaat.[94]

Aus der DDR kam der Verfassungsentwurf des Runden Tisches, der zwar für die Eigenständigkeit des ostdeutschen Staates konzipiert war, aber die Prinzipien einer zivilen Gesellschaft der citoyens ausbuchstabierte. Seither jedoch sind, von Ausnahmen in der Bürgerrechtsbewegung abgesehen, die Intellektuellen in »unüberhörbares Schweigen« versunken[95], wenn sie nicht in Nostalgie den verlorenen Errungenschaften des realen Sozialismus nachtrauern oder die imaginierten Potenzen eines künftigen »wahren« beschwören. In der kulturellen Sphäre ist bislang insoweit wenig von Aufbruchstimmung zu beobachten, als die vormals etablierte Intelligenz den Umbruch vielfach nicht als Befreiung, eher als Bedrohung, Gefährdung und Identitätsverlust erlebt.[96] Sie entzieht sich der Aufgabe, durch öffentliche Reflexion Kontinuität im Wandel zu verbürgen, sich der Vergangenheit selbstkritisch anzunehmen und so dazu beizutragen, Identität zu bewahren und zugleich neu zu bestimmen. Dabei könnte doch insbesondere die demokratische Revolution Selbstachtung stiften[97], aber mit ihr hadern viele aufgrund ihres Ausgangs. Ihre genuinen Träger, die Bürgerrechtsgruppen, haben weithin Basis und öffentliche Aufmerksamkeit verloren. Obwohl gerade die Selbstbefreiung einen der entscheidenden Unterschiede zwischen 1989 und 1945 markiert, ist das allgemeine Verhalten in mancher Hinsicht ähnlich. Jenseits der Nostalgie oder aber der Reflexion einzelner greift ein geradezu »fanatischer Materialismus« um sich, flankiert von einer entschiedenen Abkehr von jeglichen Idealen.[98] Deren erste Opfer waren die Bürgerrechtsgruppen. Diese trifft überdies – wie alle Parteien – ein Ausmaß an Organisationsverdrossenheit, das jenes der Nachkriegszeit bei weitem übersteigt.

All das hat mit einer doppelten Enttäuschung zu tun. Erst idealisierte man in der DDR den Sozialismus – oder aber den Kapitalismus, den man zumeist nur aus ARD und ZDF kannte und in Umkehr der offiziellen Propaganda zum Paradies stilisierte. Mit dem Richtungswechsel der Revolution setzte bei vielen die Hoffnung ein – von westdeutschen Politikern als alles andere denn als Traumtänzerei bezeichnet – das rettende Ufer einer sowohl effizienten als auch sozialen Gesellschaft in kürzester Zeit erreichen zu können. »Nun ist der Traum vorbei«, konstatierte eine Redakteurin des *Freitag*. »Die Menschen sind genau in dem Moment aus dem Garten Eden vertrieben worden, als sie den Fuß in ihn setzten. Sie müssen jetzt mit der Wirklichkeit und ganz allein mit ihr auskommen. Ersatz gibt es nicht.«[99] Die Hoffnungsvollen fühlen sich betrogen, und in der Tat hatten sie sich noch einmal täuschen lassen. Ohne-mich-Haltung, Verbitterung und Aggression sind die Folge, und dies um so mehr, wo die Voraussetzungen für einen überlebensnotwendigen Pragmatismus fehlen. Sie fehlen allerorten: Das ersehnte Kapital kommt nur zögerlich, ist – vorsichtig ausgedrückt – keine Garantie für Arbeit, die allerdings ohnehin wegfällt, wenn es ausbleibt. Die neuen staatlichen und rechtlichen, wissenschaftlichen und ökonomischen Institutionen, die nun nach westlichem Muster entstehen, entwerten massenhaft kulturelles Kapital. Die wenigsten können anwenden, was sie gelernt haben.[100] Die Gesellschaft ist mit einer Selbstbefreiung konfrontiert, die zum Verlust alles Vertrauten führte. Existentielle Unsicherheit eines Ausmaßes, das den westdeutschen Zeitgenossen trotz einer hohen Arbeitslosenquote unbekannt ist, fällt zusammen mit der Entwertung der subjektiven Vergangenheit und dem Gefühl verlorener Lebenszeit.[101] Mit den zuvor nivellierten Existenzbedingungen und den täglichen Organisationsleistungen, die die sozialistische Mangelwirtschaft den einzelnen abverlangte, zerbricht der soziale Kitt solidarischer Beziehungen endgültig. Gerade in einer Gesellschaft, die Arbeitsplatzsicherheit und eine vormundschaftliche Haltung des Staates gewöhnt war und die entsprechende Kriterien für soziale Gerechtigkeit ausgebildet hat, wird das Verhältnis zu Geld und Eigentum – zum Einkommen aus Eigentum zumal – noch einige Zeit äußerst prekär bleiben.[102] Denn die westliche Gesellschaft, aus der Ferne attraktiv, zeigt sich von nahem bislang in ihrer finstersten Gestalt. Das gibt scheinbar den Ideologen recht, die immer vor dem Kapitalismus gewarnt haben: vor der Geldwirtschaft, die eine personale Ökonomie zerstört, vor den Konflikten, die bestenfalls reguliert, aber nicht gelöst werden, vor der Konkurrenz, die über persönliche Bedürfnisse hinweggeht, vor der formalen Demokratie, die materiale Gleichheit weder voraussetzt noch zum Ziel hat. Aus der »Geborgenheit« des DDR-Alltags fühlen sich die Vereinzelten in die Welt des Interessenverfolgs und der Kalkulation gestoßen, und da bislang nur die wenigsten mithalten können, liegt es nahe, daß sie Vergangenes verklären und Vorurteile stabilisieren.[103]

Doch ist keineswegs zu erwarten, daß die Bewohner der neuen Bundesländer für alle Zeit in ihren herkömmlichen Orientierungen und Verhaltensweisen verharren.[104] Viele wandern weiterhin nach Westen ab oder pendeln, anderen wird es, wenn alles gut geht, über kurz oder lang gelingen, sich in die neuen Strukturen und Institutionen einzufädeln. Eines kann bereits mit Sicherheit gesagt werden: Die großen Verlierer der Umstrukturierung sind die Über-50jährigen; sie werden in ihrer Mehrheit ausgesteuert und haben die geringsten Chancen, sich zur Wehr zu setzen. Ob die frühere DDR zu einem deindustrialisierten Notstandsgebiet wird oder zu einem Kern moderner Hochtechnologien avanciert, darüber wird maßgeblich die künftige Politik entscheiden; beides scheint möglich.[105] Damit ersteres nicht geschieht, bedarf es massiver staatlicher Intervention, insbesondere der Regional- und Strukturpolitik, der Forschungs- und Entwicklungspolitik, des forcierten Verwaltungs- und Infrastrukturausbaus, der Arbeitsförderung und Beschäftigungsgesellschaften, der Steuerreform und Prüfung (im Westen) überkommener Subventionssysteme, der Investitionshilfen und so fort.[106] Die Rolle des Staates wird mithin – aus westlicher Perspektive – wachsen und die in den ostdeutschen Ländern starke Staatsfixiertheit zunächst bestätigen.

Dennoch mag sich dort zur tradierten Obrigkeitsorientierung eine neue Rationalität gesellen. Denn die Erwartungen, die sich auf den Staat richten, sind jetzt insoweit rational, als die Gesellschaft sich gar nicht alleine helfen kann. Neben den individuellen Kompetenzen fehlen vor allem die sozialen Gruppen und Schichten, die die Parteiherrschaft zerstört hat, es fehlen das Eigentum, das mehr ist als eine bloße Summe von Geld, die Infrastruktur und nicht zuletzt die Institutionen, die das komplexe Geflecht einer modernen westlichen Ökonomie ausmachen. All das kann nicht »von unten« geschaffen werden, aus gesellschaftlicher Kraft allein. Es bedarf in der Tat der staatlichen Intervention. Die Gesellschaft wird erneut mit einem starken Staat konfrontiert sein, einem Staat allerdings, der ihr die Sicherheiten nicht bietet, die sie gewöhnt war. Aus dieser Konstellation ergeben sich zum einen die Widerstände, zum anderen aber birgt sie die Chance, daß sich die alte DDR-Gesellschaft allmählich in einer pluralistischen Interessenstruktur und in demokratischen Institutionen zurechtfindet, daß sie solche selbst schafft und lernt, Interessen zu vertreten und abzuwägen. Vielleicht wird sie sich dabei sogar ihrer eigenen demokratischen Revolution besinnen und mit Bürgerbewegungen Korrektive staatlichen Handelns von unten bilden. Auch dafür gibt es inzwischen deutliche Anzeichen.

Was also wird bleiben? Die Traumata der vielschichtigen Krisenerfahrung einer krisenunerfahrenen Gesellschaft. Da ist nicht nur die desolate ökonomische Lage, die der Selbstbefreiung auf dem Fuße folgte, sondern überdies das Desinteresse der saturierten Westdeutschen. Ob das »Wir sind das Volk« nun gesamtdeutsche Euphorie ausdrückte oder einen Ruf nach Hilfe – beides prallte zunächst einmal an der Frage ab, was das alles kosten soll. Auch der Eindruck einer Situation, die nur als Okkupation empfunden werden kann[107], wird noch lange zu spüren sein. Vermutlich war es in den Westzonen nach dem Krieg einfacher, sich von den Besatzungsmächten in die neue Ordnung einweisen zu lassen. Damals war die moralische Verwüstung ungleich größer, aber der Nazismus hatte weder den Markt abgeschafft noch das bürgerliche Recht oder die dazugehörige Sozialstruktur. Die Okkupanten waren immerhin die Sieger und außerdem Fremde; mußte man sich schon Blößen geben, dann besser vor Fremden. Nun aber sind die

Okkupanten die eigenen Leute aus dem anderen Land, zu dem die Unterlegenen auf Dauer gehören und aus dem die neuen Eliten kommen. Die für die alte DDR neue Ordnung der beginnenden 90er Jahre war zwar von einer Mehrheit grundsätzlich erwünscht, sowohl was Markt als auch Demokratie betrifft, aber der Sozialismus zerstörte die Institutionensysteme und die individuellen Kompetenzen gründlicher als die nazistische Diktatur. Es bleibt also neben dem Gefühl der Okkupation auch das der Fremdheit. Hinzukommt die ostdeutsche Erfahrung mit westdeutschen Ansprüchen, die DDR-Vergangenheit zu »bewältigen«, sei es mit den Mitteln der bundesdeutschen Justiz, mit dem Instrument der Abwicklung wissenschaftlicher Einrichtungen oder sei es mit dem Eifer westdeutscher Journalisten. Die eigenen Versäumnisse der späten vierziger und frühen fünfziger Jahre suchen viele in der alten Bundesrepublik offenbar dadurch wettzumachen, daß sie den zweiten deutschen Totalitarismus, den der DDR, nun gleichsam von außen, aber darob um so gründlicher »aufarbeiten«. Die Attitüde des »Was uns mit den Nazis nach 1945 passierte, soll uns mit den Kommunisten nicht noch einmal geschehen« hat nicht nur erkennbar kompensatorische Funktionen; sie enteignet die neuen Bürger. Dies ist allerdings nur möglich, weil bei ihnen Verdrängung und Verleugnung so stark ausgeprägt sind. Das Gefühl, versagt zu haben, wird sich später unweigerlich einstellen.

Gemeinsamkeiten beider deutscher Gesellschaften sind auf den ersten Blick kaum zu erkennen. Wenn es das selbstverständliche Nationalgefühl geben sollte, das Umfragen ausweisen, dann bleibt es merkwürdig abstrakt. Denn »funktionierende Nationen« zeichnen sich »dadurch aus, daß sie im Notfall bereit sind, sich einzusetzen«.[108] Um nichts weniger als einen Nationsbildungsprozeß geht es, und offen ist, wie sich Gemeinsamkeit und Solidarität ausbilden. Die Verfassungsdiskussion, die ansteht, wird wohl eher eine Experten- als eine Bürgerdiskussion sein, wenn der zivilgesellschaftliche Impuls des Verfassungsentwurfs des Runden Tisches sich nicht wiederbeleben läßt. Zusammengehörigkeitsgefühl kann sich dann am ehesten langsam aus alltäglichen Kooperationserfahrungen und aus dem regulären politischen Prozeß ergeben; er kann zu der Erkenntnis beitragen, daß die Neuen im Bund nicht nur eine Klientel des Sozialstaats, sondern gleichberechtigte Bürger mit gleichen Rechten sind. Allerdings ist die Gefahr nicht zu leugnen, daß eine ethnische Selbstdefinition der Deutschen in

Wechselwirkung mit dem mittelosteuropäischen Umfeld wächst, das sich dramatisch nationalisiert. Die Abwehr der Flüchtlingsströme, die zu erwarten sind, wird um den Preis einer »Mentalität der Geschlossenheit«[109] erfolgen. Diese Mentalität ist in der ostdeutschen Gesellschaft stärker als in der westdeutschen, aber auch hier nie verschwunden, wie Ausländerhaß und Asylrechtsdiskussion nicht erst heute zeigen.

Was bleibt von der Revolution? Sie wird, paradox genug, im vereinten Deutschland zum regionalen und vergangenen Ereignis. Denn ihre Handlungsformen waren in der alten Bundesrepublik seit langem bekannt, und Bürgerrechtsgruppen und Bürgerinitiativen tun sich schwer, sich auf gesamtdeutscher Ebene zusammenzuschließen. Aber werden sie nicht zumindest in den ostdeutschen Ländern selbstverständlicher, bringt nicht die Revolution einen Schub für Zivilcourage und Bürgerengagement? Durchaus. Dennoch spricht vieles dafür, daß sie weniger breit streut als die antiautoritäre Revolte der späten sechziger Jahre. Denn während die 68er gegen eine Wirklichkeit rebellierten, die die Elterngeneration geschaffen hatte, während sie bereits eine Generation von der Diktatur entfernt waren und daher auf eine weniger befangene Öffentlichkeit stießen, lebten die revolutionären Akteure des Herbstes 1989 selbst in dem Regime, das sie stürzten, und ihr soziales Umfeld sperrt sich, unmittelbar betroffen, gegen die öffentliche Diskussion seiner eigenen Vergangenheit. So hat die Revolution zwar ein ganzes Regime zu Fall gebracht. Doch ihre politisch-kulturelle Wirkungskraft wird sich allenfalls langsam entwickeln. Daher bleibt zusammen mit der Freude über die Befreiung auch ein Moment der Trauer.

# Abkürzungen von Zeitschriften und Dokumentensammlungen

| | |
|---|---|
| A | Aufbau |
| BZG | Beiträge zur Geschichte der Arbeiterbewegung |
| Dok. Gesch. SED | Dokumente zur Geschichte der SED |
| Dok. Nat. Front | Programmatische Dokumente der Nationalen Front des demokratischen Deutschland |
| Dok. SED | Dokumente der SED |
| DZPh | Deutsche Zeitschrift für Philosophie |
| E | Einheit |
| ND | Neues Deutschland |
| NDL | Neue Deutsche Literatur |
| NJ | Neue Justiz |
| SuR/StuR | Staat und Recht |
| Texte | Texte zur Deutschlandpolitik |
| WiWi | Wirtschaftswissenschaft |
| ZfG | Zeitschrift für Geschichtswissenschaft |

# Anmerkungen

## *Einleitung*

1 Den Ausdruck »klassenlose Gesellschaft« verwendet auch Neubert 1986[1], S. 157. Krüger 1988 bezeichnet die Ausdifferenzierung sozialer Subsysteme und ihrer spezifischen Rationalität als Kern der Modernität des Kapitalismus, woraus auf seine Kritik am real existierenden Sozialismus – an seiner Entdifferenzierung und seinen Modernisierungsblockaden – zu schließen ist. Dazu dann Krüger 1991. Vgl. auch Pollack 1990 für eine Kritik der entdifferenzierten DDR-Gesellschaft. – Analysen außerhalb des DDR-spezifischen Kontexts liefern Arendt 1973; Castoriadis 1984; Fehér/Heller/Márkus 1973; Lefort 1986.

2 Fehér/Heller/Márkus 1983, S. 125, nennen deshalb die gesellschaftliche Homogenität einen »sekundären Mechanismus«.

3 So drückt das Manfred Lötsch in seinen Analysen der achtziger Jahre aus. Die Bezeichnung »Gesellschaft der Staatsangestellten« stammt von Ernst Richert.

4 Tatur 1989, S. 40. Zur Statusinkonsistenz, der fehlenden Korrelation zwischen Arbeit und Leistung, Ausbildung und Beruf, Einkommen und Prestige in Polen vgl. a. a. O. S. 37ff.; für Ungarn Mänicke-Gyöngyösi 1989, S. 340. Die Entwicklung der DDR steht in den folgenden Kapiteln zur Diskussion.

5 Vgl. dazu Glaeßner/Rudolph 1978, S. 32ff.

6 Weber 1988 (1918) unterstellte das Fortbestehen des Marktes und des formalen Rechts; er orientierte sich wohl am Hilferdingschen Generalkartell, als er für den Sozialismus voraussagte, die formal-rationale Bürokratisierung werde zunehmen. Pakulski 1986 schlägt vor, Gesellschaften sowjetischen Typs nicht als bureaucratic, sondern als partocratic systems zu verstehen. Damit spricht er den Umstand an, daß sozialistische Bürokratien nicht primär sich an Recht und Regelhaftigkeit, sondern an politischen Vorgaben orientierten; daß der Grundsatz, ohne Ansehen der Person zu entscheiden, wenig galt; daß politische und Fachbürokratien in eine mono-organisatorische Struktur integriert waren; daß extra-legale Entscheidungen auch insofern eine Notwendigkeit waren, weil Planvorgaben anders nicht zu erfüllen waren, usf. Pakulskis Hinweis auf das instrumentelle Verhältnis zum Recht ist besonders wichtig: Die politische Entscheidung war sowohl ein funktionales Äquivalent zum Markt wie zum formalen Recht; sie diente – wie die Bürokratien – dem unmittelbaren Verfolg der parteipolitisch gesetzten Ziele; und sie war die Antwort auf die Kritik am Rechtsformalismus insgesamt. Während Max Weber befürchtet hatte, im Sozialismus werde die formale Rationalität der Bürokratie und des Marktes politi-

sche Handlungsmöglichkeiten weiter einschränken, geschah das gerade Gegenteil: die politische Prärogative setzte Markt und Recht außer Kraft. – Vgl. für eine analoge Einschätzung des Charakters sozialistischer Bürokratien Rigby 1982; Fehér/Heller/Márkus 1983, S. 167ff.

7 Zur Unterscheidung der Spezialisten des telos und der techné vgl. Konrád/Szelenyi 1981. Der so umrissene Konflikt setzte mit der Entstalinisierung in den fünfziger Jahren ein und hatte in den verschiedenen sozialistischen Gesellschaften eine wechselvolle Geschichte.

8 Die politische Ordnung, die angetreten war, alles zu verändern und in Bewegung zu versetzen, wurde zunehmend immobil. Das läßt sich aus den immer engeren Reformspielräumen – von 1953 über 1963 bis 1971 – zeigen. So Hartmut Zimmermann 1990 in einem Colloquiums-Referat an der Karl-Marx-Universität Leipzig.

9 Dieses in der Geschichte der sozialistischen Länder immer wiederkehrende Konfliktmuster führen Fehér/Heller/Márkus 1983, S. 130, auf den neben anderen sozialen Differenzierungen zentralen Unterschied zwischen commanded labour und labour of commanding zurück.

10 Vgl. dazu Staniszkis 1991.

11 Vgl. zu diesem Verständnis der civil society insbesondere Arato 1989; Cohen/Arato 1989; Rödel/Frankenberg/Dubiel 1989; die Beiträge von Claude Lefort und Marcel Gauchet in Rödel (Hg.) 1990. Aus diesem Verständnis folgt, daß die Entstehung ziviler Gesellschaften in Mitteleuropa nicht allein von neuen sozialen Bewegungen abhängen kann; sie sind nur ein Aspekt unter vielen; vgl. Mänicke-Gyöngyösi 1989, S. 337.

12 So bezeichnet Hanke 1987 den Phänomenbereich, der hier zur Diskussion steht: die traditionsgesättigte politische Kultur der DDR.

13 Dies kommt in Thomas Manns »Betrachtungen eines Unpolitischen« – vgl. Mann 1983 – exemplarisch zum Ausdruck. Vgl. zu den »Ideen von 1914« Lübbe 1963; zur Genesis des bewußten Kontrastierens von Kultur und Zivilisation Bendix 1980 und Elias 1989.

14 Meinecke 1915 (1913). An die Unterscheidung von Kulturnation und Staatsnation knüpfte – mit entgegengesetzter Wertung – Hans Kohn wieder an; vgl. Kohn 1962. Zur Diskussion s. Winkler (Hg.) 1978; Alter 1985; Lepsius 1985.

15 Faulenbach 1981, S. 4. Zur »Ideologie des deutschen Weges«, wie sie sich in der Historiographie und mithin im Bildungsbürgertum artikulierte und festigte, vgl. Faulenbach 1980.

16 Plessner 1974, S. 41.

17 A. a. O. S. 95.

18 Stern 1975, S. 5ff., bezeichnet den deutschen Idealismus als »Religionsersatz«.

19 Krieger 1972 führt die »German idea of freedom« gleichfalls auf die Reformation zurück.

20 Dahrendorf 1965 hat in seiner Analyse von »Gesellschaft und Demo-

kratie in Deutschland« keinen Zweifel daran gelassen, daß die nazistische Revolution auch die moralischen Traditionsbestände des autoritären Illiberalismus zerschlug.

21 Vgl. die vorzügliche Analyse der konservativen Revolution in Weimar und des Nazismus als »reactionary modernism« bei Herf 1984.

22 Vgl. zum folgenden Meuschel 1989.

23 Die beiden kontroversen Positionen, die aus unterschiedlichen Gründen zu dem Ergebnis führen, die Parteiherrschaft sei illegitim – ein Ergebnis, das ich teile –, habe ich am Beispiel der Kontroverse zwischen Habermas und Hennis (beide 1975) diskutiert; vgl. dazu und zum folgenden Meuschel 1985.

24 Weber 1964, S. 157f.

25 Auch im Falle des Legitimitätsglaubens soll nicht unterstellt werden, es herrsche völliger normativer Konsens zwischen Herrschenden und Beherrschten; siehe dazu die kritischen Einwände von Held 1982. Werte wie Frieden, Gleichheit oder Gerechtigkeit sind jedoch so allgemein formuliert und auslegungsfähig, daß i. d. R. erst ihre Konkretisierung Zustimmung oder Ablehnung provozieren wird. Die Begriffe Legitimitätsglauben und Loyalität können auch mit der Unterscheidung von support und compliance (Rose 1969, S. 604) gefaßt werden, solange der Max Weber interessierende Zusammenhang zwischen Legitimitätsanspruch, -glauben und Formen der Herrschaftsausübung nicht geklärt werden kann.

26 Weber 1964, S. 17, 21f.

27 Zimmermann 1978, S. 12.

28 Weber 1988[1], S. 473f.

29 Obwohl sie mit ihrem Antiformalismus Modernisierungsblockaden aufwiesen, an denen sie letztlich scheiterten, sind die Gesellschaften sowjetischen Typs auch deshalb modern zu nennen, weil sie in einem »parasitären« Verhältnis zum »socio-historical universe of capitalism« standen; Castoriadis 1978/9.

30 Fehér/Heller/Márkus 1983, S. 143ff., kritisieren die von Rigby 1982 oder Konrád/Szelenyi 1981 vertretene These, die Parteiherrschaft sei einer »substantive rationality« gefolgt. Sie weisen darauf hin, daß die zentralen Prämissen der materialen Zieldefinition – im Namen des »Proletariats« mit »wissenschaftlichen« Mitteln eine »gerechte« Gesellschaft zu schaffen – allesamt unterbestimmt blieben, was auch gar nicht anders sein konnte. Der parteistaatliche Anspruch auf substantive Rationalität war daher nichts als ein legitimatorischer Mythos, deren sich moderne charismatische Herrschaftsformen vornehmlich in ihrer terroristischen Phase bedienten.

31 Die Qualität des Außeralltäglichen, die nicht rationale, sondern emotionale Hingabe an die gemeinsame Sache und Sendung, die Abgewandtheit von der gegebenen Welt und ihrer Ordnung wie auch das

Loslösen von herkömmlichen normativen Bindungen und von formaler Regelhaftigkeit – alle diese Charakteristika, die Weber (1964, insbes. 180f., S. 836f.) der charismatischen Herrschaft zuschreibt, hafteten der Zielperspektive und der revolutionären Partei gerade vor dem Hintergrund der deutschen Tradition an.

32 Zur Kritik solcher Ansätze vgl. Bensman/Givant 1975.

33 Schluchter 1979, S. 184f., hat weniger die russische Revolution und ihre späteren Auswirkungen in Mittelosteuropa, als vielmehr die französische Revolution in ihrer jakobinischen Phase im Auge, wenn er eine Entwicklungsgeschichte der Versachlichung des Charisma von magischen über religiöse hin zu wissenschaftlichen Begründungen annimmt, wobei die »charismatische Verklärung der Vernunft« die letzte Form sei, bevor die Vernunft reflexiv werde. Nun könnte man in der Tat vermuten, die Vernunft sei seither reflexiv geworden, die irrationalen Legitimitätsansprüche herrschender kommunistischer Parteien seien folglich allenfalls als pseudo-charismatisch zu bezeichnen. Das scheint mir indes plausibler zu sein, als die Behauptung wissenschaftlicher Gewißheit (die Verklärung der Vernunft), die die Parteien ihrem Führungsanspruch zugrundelegten, mit dem Geltungsgrund traditionaler Herrschaftsordnungen gleichzusetzen. Dazu müßte man eine strukturelle Analogie zwischen der (modernen) Hypostasierung angeblich wissenschaftlich erkennbarer und in ihrer Dynamik menschlichem Handeln vorgegebener »historischer Gesetzmäßigkeiten« einerseits und der (vormodernen) Akzeptanz einer göttlichen oder natürlichen Schöpfungsordnung andererseits behaupten; entsprechend werden kommunistische Herrschaftssysteme gelegentlich als »Theokratie« bezeichnet. Ist jedoch der Geltungsgrund traditionaler Legitimität die Pietät gegenüber der Unantastbarkeit der »Präzedenzien der Vergangenheit«, ist also der Glaube an die dem Menschen unverfügbare Ordnung (Weber 1964, S. 180f., 842) gefordert, scheint mir auf der Hand zu liegen, daß eine Analogie zu traditionalen Gesellschaften zu konzipieren untauglich ist. Denn obwohl in Gesellschaften sowjetischen Typs hypostasierte Entwicklungsgesetze der Gattungsgeschichte mystifiziert wurden, zeichnete doch gerade ein gerüttelt Maß an Voluntarismus und direkter Intervention in den Geschichtsablauf die kommunistische Ideologie und Praxis aus.

34 Wolf 1990, S. 134f. Hervorhebung von mir.

## *Kapitel I*

1 Wolf 1990, S. 136.

2 So die Vortragsdisposition 1,2 (1945), S. 1, 3f.

3 Siehe v.a. die Beiträge von Kogon, Dirks und Knappstein in den

Frankfurter Heften. Ansonsten die Frankfurter Leitsätze, Sept. 1945, in: Flechtheim (Hg.) 1963, Bd. II, S. 36ff. Als Kommentare dieses Programms der Frankfurter Christdemokraten s. Gurland 1980, S. 207ff., und Uhl 1973, S. 93ff.

4 Vgl. den Aufruf an das deutsche Volk der CDUD, Berlin, Juni 1945, in Flechtheim (Hg.) 1963, Bd. II, S. 27ff.; die Kölner Leitsätze (Christdemokraten Köln), Juni 1945, a.a.O. S. 30ff.; deren zweite Fassung als Leitsätze der Christdemokraten von Rheinland/Westfalen, Sept. 1945, a.a.O. S. 34ff.; das Programm der CDU der britischen Zone, Neheim-Hüsten, März 1946, a.a.O. S. 48ff.; das Ahlener Programm der CDU Nordrhein-Westfalens vom März 1947, a.a.O. S. 53ff.; schließlich die Düsseldorfer Leitsätze der CDU aller Westzonen, Juli 1949, a.a.O. S. 58ff.

5 Gerade die Kölner Leitsätze waren aus enger Kooperation christlicher Gewerkschaftler mit dem Dominikanerpater Eberhard Welty entstanden. Vgl. zur theologischen Fundierung Welty 1946. Zur Tradition des christlich-sozialistischen Antikapitalismus seit dem späten 19. Jahrhundert mit seiner anti-liberalen, anti-materialistischen und damit auch anti-marxistischen Stoßrichtung siehe Focke 1978, S. 29ff. Auf die weitere Entwicklung des christlichen Sozialismus resp. auf die Entscheidung der CDU für die soziale Marktwirtschaft gehe ich hier nicht ein; vgl. dazu Ambrosius 1977. Man könnte den Übergang vom christlichen Sozialismus zur sozialen Marktwirtschaft als einen Wandel des Konservativismus weg von einem organizistischen Gesellschaftsbild hin zur Akzeptanz einer liberal-kapitalistisch-bürgerlichen Gesellschaft begreifen, die zuvor als formalistisch, mechanisch und westlich abgelehnt worden war. Der Sprung von einer solchen christlich-metaphysischen und zugleich deutsch-konservativen in eine säkularisierte sozialistische Ethik war für die CDU zu groß, zumal in einem Klima des »allgemeinen religiös-christlichen Aufbruchs« der post-nazistischen Gesellschaft; Narr 1966, S. 75.

6 Vgl. Schumachers Leitsätze zum Wirtschaftsprogramm von 1945 in Flechtheim (Hg.) 1963, Bd. III, S. 10, 12. Die Klassengrenzen verliefen nicht länger entlang der Eigentumsgrenze, sondern gemäß »Umfang, Intensität und Anwendung der Eigentumsrechte«, mithin entsprechend dem Kriterium, »ob das Eigentum im Sinne der kapitalistischen Ausbeutung angewendet« werde. Dazu auch die programmatischen Erklärungen Schumachers in Wennigsen und Hannover; Albrecht (Hg.) 1985, S. 304. Siehe auch die Protokolle der SPD-Parteitage von Hannover (1946) und Nürnberg (1947).

7 Flechtheim (Hg.) 1963, Bd. III, S. 23, 26.

8 Albrecht (Hg.) 1985, S. 232. Zur Ablehnung der Einheitspartei und der Betonung, es gebe nur *eine* Demokratie, s. stellvertretend für zahlreiche Passagen a.a.O. S. 220, 229.

9 Wiederum stellvertretend s. a. a. O. S. 204ff., 248ff. Gegen Schumachers Behauptung allerdings, die Sozialdemokraten seien »die eigentlichen Gegenspieler des Nazismus« gewesen und insofern frei von Schuld (a. a. O. S. 215f.), hatte die innerparteiliche Opposition, die dann auch im Widerstand aktiv war, schon vor 1933 angekämpft; vgl. Edinger 1956, S. 78 passim.

10 Zu dieser Problematik vgl. Sühl, 1984, S. 274ff.

11 Zur Argumentation der SPD bezüglich Nation und Volkssouveränität vgl. Matthias 1952.

12 Schwarz 1980, S. 527f.

13 Wie Schumacher erhob er angesichts der schwachen Ausprägung von Liberalismus und Demokratie im deutschen Bürgertum und dessen Kollaboration mit dem Nazismus einen sozialdemokratischen Führungsanspruch für den Neuaufbau. Die Arbeiterklasse »und in ihr« die SPD sei »zuerst dazu berufen«, im Sinne »der Ideen der Freiheit, der Verantwortlichkeit des Staatsbürgers für seinen Staat und der Unterordnung aller Machtinstrumente unter den Willen einer zivilen Staatsgewalt in den Händen der deutschen Arbeiterklasse« den neuen Staat zu errichten. Grotewohl 1945, S. 62.

14 A. a. O. S. 39 resp. 62.

15 Weder würden die westlichen Alliierten die KPD (den undemokratischen Sozialismus), noch die Sowjetunion die bürgerlichen Parteien (die unsozialistischen Demokraten) als »Gesamtvertretung der deutschen Arbeiterklasse und des deutschen Volkes« ansehen können, daher habe die SPD die »Aufgabe, für die politische Willensbildung als Sammellinse zu wirken«; a. a. O. S. 49f.

16 Sie sollte nicht nur die sowjetischen Sicherheitsbedürfnisse befriedigen und der SPD und Deutschland die politische Handlungsfreiheit sichern, sondern die deutsche Ökonomie für den Aufbau des Sozialismus in Osteuropa und in der Sowjetunion einsetzen; vgl. Moraw 1973, S. 96ff.

17 Ein »grandioses Erziehungswerk« sei zu leisten, dessen Erfolg die Änderung der sozio-ökonomischen Strukturen voraussetze; Grotewohl 1945, S. 39, 40ff.

18 Zur Suggestivkraft der »Parole der Einheit« wider alle Erfahrung mit der stalinisierten KPD vgl. Moraw 1973, S. 65ff., 80ff. Zu dem späteren Versuch, die Vereinigung zur SED zu verhindern oder zu verzögern, a. a. O. S. 129ff. Vgl. dazu auch Kaden 1964, S. 181ff. und Gruner/Wilke (Hg.) 1981.

19 Sie sind einerseits auf Adam Stegerwald, andererseits auf Kaisers Verbindung zum antinazistischen Widerstand des Klosters Walberberg und der Kölner Christdemokraten zurückzuführen. Vgl. Conze 1969; Focke 1978, S. 69ff., 109ff.

20 Kaiser 1946, S. 6, 8, 9 und 10.

21 A. a. O. S. 10 und 11. Wirtschaftslenkung, Mitbestimmung, Begrenzung des Privateigentums, Arbeits- und Sozialrecht sollten die Aufgabe haben, materialistischen Interessenverfolg und mechanistischen Individualismus zugunsten der organischen Gliederung der Massen zurückzudrängen; a. a. O. S. 11 ff.

22 Kaiser 1946[1], S. 11, 13. Die völkisch-organizistische Sprache (Aufbau einer »Volksordnung«, Bewahren »ewigen Volksgutes« etc.) ist auch für Kaiser 1946 typisch; vgl. S. 4, 9.

23 Keine Partei sei »so geeignet, an dieser Synthese zu arbeiten, wie die CDU«; a. a. O. S. 21 und 17.

24 A. a. O. S. 9.

25 Aufruf des ZK der KPD an das deutsche Volk (1945), S. 56 ff.

26 So Pieck 1946 vor dem Vereinigungsparteitag.

27 Grundsätze und Ziele der SED (1946), S. 3, 4. Vgl. insbes. Ackermann 1946, S. 31, zur Notwendigkeit der Diktatur des Proletariats und der Möglichkeit eines friedlichen Weges dorthin.

28 Ackermann 1946.

29 Staritz 1982.

30 Grundsätze und Ziele der SED (1946), S. 4.

31 Dieses galt allerdings als Basis, sie später zu erreichen. Die antifaschistisch-demokratische Republik, hieß es, ermögliche die »Vernichtung des Nazismus und Militarismus und das Wachsen der fortschrittlichen Kräfte«; sie leiste die »Umerziehung unseres Volkes« durch »aktive Teilnahme von Millionen Werktätiger in Verwaltung, Wirtschaft und Industrie«; und sie erlaube den Kampf um den Sozialismus unter »günstigen Bedingungen«. Vgl. Die antifaschistisch-demokratische Republik (1946), S. 7 f.

32 Staritz 1982, S. 215, unterscheidet eine »Transformations-Politik« von einer »Deutschland-Politik« der SED. Man kann diesen Unterschied auch mit den Vorschlägen zur Lösung der »sozialen« resp. »nationalen Frage« bezeichnen. Daß beide zusammenhängen, liegt auf der Hand.

33 Ich stütze mich im folgenden auf die Typologie von Schwarz 1980, S. 217 ff.

34 Auf den Vertrag von Rapallo verwies die Sowjetunion in der Folgezeit immer wieder; wie schon damals erinnerte sie auch später überdies gern an »Tauroggen«: wie »Rapallo« ein Kürzel für das deutsch-russische Zusammengehen im jeweiligen nationalen Interesse.

35 Vgl. Hillgruber 1972, S. 307 ff. und Loth 1980, S. 64 ff. zur sowjetischen Deutschlandpolitik; Scheurig 1961, Sywottek 1971 zur Volksfrontpolitik im Nationalkomitee Freies Deutschland und im Bund deutscher Offiziere.

36 Geyer 1972, S. 358 ff., Loth 1980, S. 119 ff., 150 ff.

37 Staritz 1984, S. 103.

38 Seit Beginn 1948 wurde der private Sektor durch die Anwendung des Steuerrechts und die Benachteiligung bei der Zuteilung von Ressourcen unter Druck gesetzt. Trotzdem zeigten Handwerk und Landwirtschaft noch 1950 höhere Beschäftigungszahlen als vor dem Krieg. Kriegszerstörungen, Demontagen und Reparationen wirkten sich in diesen Wirtschaftssektoren weniger stark aus; auch waren kleine Betriebe flexibler als große – jedenfalls was das Handwerk betraf. Vgl. Zank 1987, S. 97ff., 171ff.

39 Auf diese Verschiebung sozialer und ökonomischer Einflußchancen und ihre Bedeutung für die Herausbildung eines neuen sozioökonomischen Systems macht Zimmermann 1956, S. 200f. aufmerksam.

40 Staritz 1984, S. 96. Richert 1958, S. 17ff. untersucht die gesamte Strategie des Machterwerbs unter dem Gesichtspunkt der »machtpolitischen Voraussetzungen für die Einengung des Meinungsspielraums«.

41 Staritz 1984, S. 80ff.

42 Suckut 1986, S. 17f.

43 »Nicht Trennung, sondern Sammlung«, die »Zusammenarbeit der antifaschistisch-demokratischen Parteien«, so meinte Andreas Hermes, Mitglied des Führungsgremiums der CDUD, »muß unsere Lösung sein«; zit. n. Suckut 1986, S. 18. Vgl. zur frühen Entwicklung der CDUD auch Suckut 1982. Die LDPD war die einzige Partei mit einem ausdrücklich nicht-sozialistischen Programm; sie stellte sich in die Tradition der Weimarer Liberalen, der DDP (Deutsche Demokratische Partei) und der DVP (Deutsche Volkspartei). Es gelang der Partei jedoch nicht, die Bedeutung einer liberalen Programmatik für die Nachkriegszeit auszuformulieren. Sie legte sich in ihren Zielen nicht fest, aber diese »taktisch gemeinte Pragmatik« verhinderte gerade nicht, daß die LDPD letztlich allen Maßnahmen der antifaschistisch-demokratischen und schließlich sozialistischen Umwälzung in der SBZ/DDR zustimmte: von der Bodenreform über die Verstaatlichung, die Volkskongreßbewegung, die Wirtschaftsplanung usw. Vgl. Itzerott 1982; v. a. Krippendorff o. J.

44 Kommuniqué über die Bildung des Blocks der antifaschistisch-demokratischen Parteien (1945). Ein Parteienbündnis einzugehen, war den bürgerlichen Politikern offenbar deshalb möglich, weil das Kommuniqué der konstituierenden Sitzung nicht nur die Selbständigkeit der Parteien anerkannte, sondern sich auch für Rechtsstaatlichkeit, Geistes- und Bekenntnisfreiheit aussprach. Die Parteien vereinbarten, ein gemeinsames Aktionsprogramm zu formulieren – was nie geschah – und empfahlen ihren Organisationen, auch auf lokaler, regionaler und Landesebene gemeinsame Ausschüsse zu bilden.

45 Staritz 1984, S. 95f.; Suckut 1986, S. 19f., 21.

46 So meinte der Christdemokrat Ernst Lemmer (1946) nach einem halben Jahr der Blockpolitik, die Kooperation führe in Zeiten des »natio-

nalen Notstands« einen »Gleichklang« der parteipolitischen Anschauungen herbei und erleichtere so die Lösung der »elementaren Lebensfragen« des Volkes. Auch schien Lemmer nach der Weimarer Erfahrung eine »abermalige Chaotisierung der politischen Willensbildung« abträglich.

47 Suckut 1986, S. 22, 23 ff.

48 Zu den Funktionen der Massenorganisationen vgl. Zimmermann 1964, S. 116 ff.

49 Fritsch-Bournazel 1979, S. 33.

50 Die Funktionalisierung der Blockausschüsse wurde allerdings durch den – trotz massiver Behinderung – relativen Erfolg der bürgerlichen Parteien in den Kommunal- und Landtagswahlen erschwert. Völkel 1980, S. 35 ff.

51 Müller 1982, S. 56. Zur DWK s. Niedbalski 1985. Die SED besaß in ihr das Übergewicht; sie war nur der SMAD gegenüber rechenschaftspflichtig.

52 Zank 1987, S. 93 ff.

53 Dimitroff auf dem Parteitag der Bulgarischen Arbeiterpartei im Dezember 1948; vgl. den Ausschnitt aus seiner Rede in E 8 (1949), S. 676 ff.

54 Vgl. die Hefte der *Einheit* seit dem Juni 1947, insbes. E 11 (1947), S. 1074 f.: Hier behauptete Ulbricht, die SED sei »auf dem besten Wege«, zur leninistischen »Partei neuen Typs«, angeleitet von der »wissenschaftlichen Theorie von Marx, Engels, Lenin und Stalin«, zu werden. Max Fechner, früherer Sozialdemokrat, mochte allerdings die Partei neuen Typs nur auf den Boden des »wissenschaftlichen Sozialismus« und des »lebendigen Marxismus« stellen; a. a. O. S. 1087. Dieser Tenor hatte auch noch auf dem 2. Parteitag (1947) vorgeherrscht; vgl. im Protokoll die Beiträge Fechners und Ulbrichts S. 49 und S. 479. Er verlor sich im Verlauf des Jahres 1948 in den offiziellen Verlautbarungen der SED vollständig.

55 Vgl. u. a. E 11 und 12 (1948).

56 So z. B. Ulbricht auf dem Vereinigungsparteitag (1946), vgl. Protokoll, S. 159.

57 Weber 1985, S. 173 ff.; Müller 1982, S. 54 ff.

58 Für Beschlüsse zur Partei neuen Typs vgl. v. a. Protokoll der 1. Parteikonferenz (1949), S. 524 ff. Die Parteikonferenz hob die Parität zwischen Sozialdemokraten und Kommunisten auf, die mit der Gründung der SED eingeführt worden war. Sie führte ferner das Politbüro als Leitungsgremium der Partei und eine Kandidatenzeit ein und bestätigte die Säuberungsmaßnahmen der Parteikontrollkommissionen seit dem Herbst 1948. Beschlüsse von 1948 in Dok. SED Bd. 2, S. 81 f., 83. Zum Tenor der die Säuberungen begleitenden Kampagnen vgl. z. B. Ulbricht 1948 und 1948[1].

59 E 8 (1947), S. 71 ff.; vgl. auch das Sozialistische Bildungsheft 15 (1947).
60 Vgl. zu NDPD und DBD Staritz 1982 und Wernet 1982.
61 Suckut 1986, S. 39 ff.
62 Staritz 1984, S. 157.
63 Diese privilegierte – wie die sowjetische – den Ausbau der Schwerindustrie und beraubte die Gewerkschaften vollends ihrer Vertretungsaufgaben. Zur Interessenidentität von Partei-, Staats- und Gewerkschaftsinteressen vgl. Protokoll 3. Gewerkschaftskongreß FDGB, September 1950, S. 575 ff.
64 Fricke 1979, S. 32. Vgl. zum Problem insgesamt die ersten Kapitel dieses materialreichen Buches.
65 A. a. O. S. 41 f., 44. Die Deutsche Wirtschaftskommission gewann nicht nur hinsichtlich der ökonomischen Planung und Koordinierung, sondern auch im Sinne des Wirtschaftsstrafrechts an Bedeutung. Vgl. die »Verordnung über die Bestrafung von Verstößen gegen die Wirtschaftsordnung«, Oktober 1948; Fricke 1979, S. 45. Diese Verordnung bot eine Handhabe für weitere Enteignungen durch Kriminalisierung vermeintlicher Straftäter und zur Erzwingung der Plandisziplin.
66 Die Auflösung der Länder und die Eingliederung der Kreise und Bezirke in eine demokratisch-zentralistische Staatsstruktur beendete die Gerichtsverfassung und -organisation der Zeit vor dem 30. Januar 1933, die der Alliierte Kontrollrat 1945 wieder in Kraft gesetzt hatte, endgültig. Im Oktober 1952 ordnete ein neues Gerichtsverfassungsgesetz die Aufgaben der Rechtsprechung explizit dem Dienst am sozialistischen Aufbau zu. A. a. O. S. 190 f.
67 A. a. O. S. 168, 197 ff.
68 Fricke 1989, S. 24.
69 Fricke 1989, S. 71 f. Aus den Interviews mit ehemaligen Stasi-Mitarbeitern geht hervor, daß von einem »Staat im Staate« keine Rede sein konnte: Die Stasi verstand sich als Instrument der SED. Vgl. Wilkening 1990.
70 Gniffke 1966, S. 249 ff., berichtet von einem geheimen Treffen von vier SED-Spitzenfunktionären mit Stalin und anderen im Juli 1947 in Moskau, auf dem Stalin der SED Unterstützung im »Kampf um die Gestaltung Deutschlands von innen her« zusagte, da ohne die deutsche Einheit und einen Friedensvertrag der Friede auf Dauer nicht zu sichern sei. Die SED solle den Kampf mit der KPD in den Westzonen gemeinsam und unter Betonung der nationalen Frage führen.
71 Byrnes' Rede von September 1946 markierte den Umschwung der amerikanischen Deutschlandpolitik: Deutschland solle unter den freien Nationen wieder einen »ehrenvollen« Platz einnehmen, Zentralverwaltungen bilden und ein Vorparlament auf föderativer Grund-

lage schaffen können. Byrnes sprach sich gegen die Oder-Neiße-Grenze und die Abtrennung von Rhein und Ruhr aus. Seine Rede deutete an, daß die USA gegen die sowjetischen und für die westdeutschen Interessen zu votieren bereit waren, wie es wenig später mit dem Beschluß zur Bildung der Bizone geschah. Vgl. Meissner 1972, S. 457.

72 Ein alternatives Konzept schlug Jakob Kaiser vor. Auch er wollte eine gesamtdeutsche Vertretung schaffen, die interzonal und international wirksam werden sollte. Im Unterschied zum Volkskongreß sollte nach Kaisers Idee eine »Nationale Repräsentation« aber allein aus Vertretern der Parteien bestehen. Kaiser unterschied eine solche Nationale Repräsentation von einer Nationalversammlung, die später aus allgemeinen Wahlen in allen Zonen hervorgehen und den Friedensvertrag unterzeichnen sollte. Die Nationale Repräsentation war als Instanz nationaler Interessenvertretung während der deutschlandpolitischen Verhandlungen gedacht. Nachdem Kaisers Initiative gescheitert war, widersetzte er sich dem Wunsch der SMAD und der SED, die christdemokratische Partei der SBZ zur Teilnahme am Deutschen Volkskongreß aufzufordern; deshalb wurde er im Dezember 1947 abgesetzt. So Conze 1969, S. 144ff., 185ff.; vgl. auch Schwarz 1980, S. 264ff.; des weiteren Gniffke 1966, S. 267ff.

73 Der Volkskongreß sprach sich in seiner Entschließung für einen »baldigen gerechten und demokratischen Frieden« und für die »Bildung einer zentralen deutschen Regierung aus Vertretern aller demokratischen Parteien« – nicht der Massenorganisationen – aus, die zum Friedensvertrag zu hören sei und ihn unterzeichnen sollte. Anschließend sollten »allgemeine, gleiche, geheime und direkte Wahlen« zur Bildung einer Nationalversammlung führen. Vgl. Entschließung im Protokoll des 1. Deutschen Volkskongresses (1947), S. 103f.

74 Entschließung im Protokoll des 2. Deutschen Volkskongresses (1948), S. 85ff.

75 Der Deutsche Volksrat stelle »gleichsam die Spitze einer Pyramide dar, die von den Volksausschüssen der Kongreßbewegung, den Landes- und Kreisausschüssen, den Orts- und Betriebsausschüssen in ganz Deutschland gebildet« werde, behauptete Gniffke in seinem Vorwort zum Protokoll des 2. Deutschen Volkskongresses, a.a.O. S. 14. In den Worten von Koenen 1958, S. 99, wandte sich das Gremium »als die einzige berufene Vertretung des deutschen Volkes« an den Alliierten Kontrollrat mit der Aufforderung, ein Gesetz zur deutschen Einheit zu erlassen oder einen entsprechenden Volksentscheid in allen Zonen anzuordnen; a.a.O. S. 98f.

76 Im Mai/Juni 1948 hatte der Deutsche Volksrat ein Volksbegehren durchgeführt, das »das Volk« befragte, ob es die Durchführung einer Volksabstimmung über die Einheit Deutschlands verlange. Dem hat-

ten nach Angaben der SED 12 Millionen Ostdeutsche und ungefähr eine Million Westdeutsche zugestimmt; Staritz 1984, S. 166.

77 Zum 3. Volkskongreß (1949) Kopp 1965, S. 123 ff.

78 Richert 1958, S. 53 ff.

79 Zur Bewegung insgesamt, wenn auch eher dem Anspruch als der Wirklichkeit angemessen, Koenen 1958, S. 105 ff.

80 A. a. O. S. 137 ff.

81 Niethammer 1990, S. 256, nennt den Frauenüberschuß ein »wichtiges Polster zur Konfliktdämpfung«: »klaglos und wie selbstverständlich« haben nach seiner (realistischen) Einschätzung die Frauen ihre »dreifache Rolle als Berufstätige, Hausfrau und Betreuerin von Kriegsfolgen« ausgefüllt.

82 A. a. O. S. 258, 259.

83 Richert 1964, S. 169 f.

84 Aufruf an das deutsche Volk (1945), S. 59. Im innerparteilichen Schulungsmaterial verwies die KPD darauf, schon vor dem Krieg die Losung der neuen demokratischen Republik und der Volksfront aller »wahrhaft nationalgesinnten Deutschen« vertreten zu haben; daher seien die Kommunisten die »konsequentesten Kämpfer für die Demokratie«. Vortragsdisposition 1,4 (1945), S. 6.

85 Vgl. Aufruf an das deutsche Volk (1945), S. 5.

86 Sywottek 1971, S. 95 ff.

87 Der neue Weg (Okt. 1935), S. 292 f., 309 ff.

88 Der Weg zum Sturz (Feb. 1939), S. 343 f., 345 f. Eine solche Konzeption, die jener der antifaschistisch-demokratischen Ordnung glich, wie sie dann 1945 vorgestellt wurde, hatte Anton Ackermann schon 1937 entwickelt. Aber im Gegensatz zu Ackermanns Vorstellung einer »demokratischen Volksrepublik« oder »Demokratie neuen Typs« (so der bei Sywottek 1971, S. 74 f., zitierte Artikel von Anton Ackermann, Die Volksfront und die demokratische Volksrepublik, in: Internationale 3/4 (1937), S. 36 ff.), hatten die Brüsseler und die Berner Konferenz der KPD das sozialistisch-revolutionäre Ziel der Partei noch nicht hintangestellt.

89 Der neue Weg (Okt. 1935), S. 304; Der Weg zum Sturz (Feb. 1939), S. 344, 349 f.

90 Pieck, Der Hitlerfaschismus und das deutsche Volk, Moskau 1942, zit. n. Sywottek 1971, S. 118.

91 Friedensmanifest des ZK der KPD (1942), S. 367.

92 Sywottek 1971, S. 175 ff.

93 Stößel 1985 gibt einen breiten Überblick über »Positionen und Strömungen in der KPD/SED« zwischen 1945 und 1954.

94 Vgl. das Aktionsprogramm des ZK der KPD (1944) und die Richtlinien der Parteiführung der KPD (1945) sowie den Aufruf an das deutsche Volk (1945).

95 Abusch 1946, Einleitung (unpaginiert).
96 A.a.O. S. 23, 27, 28.
97 Es war laut Abusch die »entscheidende – wenn auch nicht die einzige – reaktionäre Quelle des Nazigeistes«; a.a.O. S. 30.
98 A.a.O. S. 32ff., 55ff., Zitatnachweis S. 57.
99 A.a.O. S. 63ff.; hier kritisierte Abusch auch die Deutschtümelei vormaliger Demokraten wie Arndt, eine Kritik, die sich in der Propaganda der SED bald verlieren sollte.
100 A.a.O. S. 88ff.
101 Auch Kant, Schiller und Goethe, so meinte er, »entfernten sich vom täglichen deutschen Leben in ihrer Art des Denkens, weil das deutsche Leben ihrer Zeit mit seiner kleinlichen Beschränktheit und dem Fehlen eines selbstbewußt-revolutionären Bürgertums so weit hinter ihrem Denken zurückblieb«, a.a.O. S. 134; zur Kritik der Innerlichkeit, gipfelnd in Nietzsches »Neoromantizismus«, a.a.O. S. 132ff.
102 Die KPD habe lediglich das Einheits- und Volksfrontbündnis zu spät als Mittel der Verteidigung der Republik erkannt; a.a.O. S. 239ff.
103 A.a.O. S. 256, 268f.
104 So z.B. auch Iggers 1974.
105 Mehrings Ansehen als *der* sozialistische Historiker galt auch in der kommunistischen Partei (noch) unangefochten. Seine »Deutsche Geschichte vom Ausgange des Mittelalters«, die »Lessing-Legende«, die Schrift »Über den historischen Materialismus« sowie eine Aufsatzsammlung wurden in der SBZ 1946/47 wieder aufgelegt. Wie Abusch später gab Mehring 1910 eine nüchterne Einschätzung der preußischen Reformen und der Befreiungskriege. Da die französische Herrschaft in den ihr unterworfenen deutschen Ländern bürgerliche Reformen einführte – gründlicher als in Preußen – schätzte er sie, wie vor ihm schon Marx und Engels, positiv ein. Die Niederlage Napoleons bedeutete ihm den Sieg der europäischen Reaktion, wobei die deutsche Bourgeoisie im Befreiungskrieg ihren Befreier bekämpfte, ohne anschließend von der Restauration profitieren zu können (Mehring 1947, S. 92). Auch für Kunst und Literatur folgten, nachdem »mit russischen Barbaren im Bunde« die »sogenannten Freiheitskriege« geführt worden waren, Zeiten trostloser Reaktion (a.a.O. S. 102); doch schon vorher seien die großen Dichter und Denker – Goethe und Schiller inbegriffen – einem Wort Lassalles nach »wie Kraniche« über die bürgerliche Klasse dahingeflogen (a.a.O. S. 98). Ebensowenig wie Mehrings paßte Engels' Einschätzung in die spätere Entwicklung der SBZ/DDR: Auch er beurteilte die Befreiungskriege als rückständigen und nationaldeutschen Unsinn (Engels 1949, zit. n. Kopp 1955, S. 10).
106 Vgl. Berthold 1969.
107 Pieck, zit. n. Berthold 1969, S. 699. Es ging der Parteispitze – ähnlich

übrigens wie der exilierten Führung der SPD – darum, das »andere«, das »bessere« Deutschland hervorzuheben, um zum einen überhaupt ihren Platz in der Komintern behaupten und zum anderen den Plänen, Deutschland nach dem Sieg der Kriegskoalition aufzuteilen, entgegentreten zu können. Daraus erklärt sich auch ein Teil der Emphase, mit der die KPD/SED für die Erhaltung der deutschen Einheit eintrat.

108 Dazu, völlig unkritisch, Berthold 1969, S. 702f.

109 Vgl. das Protokoll des 3. Parteitags (1950), S. 103f.

110 Vgl. das Protokoll der 2. Parteikonferenz (1952), S. 121f. Zur Lage der Geschichtswissenschaft vor diesem Zeitpunkt vgl. Heydemann 1980, S. 139ff.

111 Zu dieser Konzeption vgl. Stern 1952, v.a. S. 14ff. und Stern 1953.

112 Hier nannte Stern eine Unmenge von Ismen: vom Kosmopolitismus über den Objektivismus, Nihilismus, Positivismus bis zum Soziologismus oder auch Modernismus; vgl. Stern 1952, S. 16.

113 Ebd.

114 Dabei wurden Abuschs und Mehrings Einschätzungen ausdrücklich zurückgewiesen; vgl. Lange 1952, S. 5, 7. Nicht nur Lange lobte den »Volkskampf« gegen die (französischen) Okkupanten, die angeblich freudige Begrüßung der russischen Befreiungsarmee, die Generäle und chauvinistischen Dichter; vgl. die Darstellung bei Kopp 1955, S. 24ff., 47ff.

115 Oelßner 1946, Pieck 1946.

116 Pieck 1946[2], S. 159, gelang es z.B., Karl Liebknecht zu seinem 75. Geburtstag zu würdigen, ohne ihn einen sozialistischen Revolutionär zu nennen; er hob statt dessen Liebknechts »reines Wollen im Dienste der Nation und der Menschheit« hervor.

117 Pieck 1946[3]. Bei Lindau 1947 kämpfte die Arbeiterklasse seit Marx und Engels schlicht um »Demokratie«, und daher gelte es jetzt, die bürgerlich-demokratische Revolution von 1848 »auf höherer Stufe« zu verwirklichen; ders. 1947[1], S. 235.

118 Ulbricht 1947; Pieck 1947; Lindau 1947[2].

119 Oelßner 1948, S. 883f., 887f. Die objektiven Faktoren seien »reif und überreif« gewesen und beide Aufgaben daher an subjektiven Faktoren gescheitert: an der Sozialdemokratie zuallererst, aber auch an der kommunistischen Partei. Habe nämlich die SPD schon die Vollendung der bürgerlichen Revolution verhindert, sei der KPD lediglich vorzuwerfen, weder die »Notwendigkeit der Organisierung des revolutionären Kampfes« noch die »des engen Bündnisses mit den werktätigen Bauern« begriffen zu haben; sie sei, kurzum, noch keine leninistische Partei gewesen. A.a.O. S. 890, 892. In diesem Tenor auch Pieck 1948 und Grotewohl 1948.

120 Zur Politik der SED gegenüber der SPD vgl. Spanger 1982, hier S. 40ff.

121 Aufruf des ZK der KPD an das deutsche Volk (1945), S. 58.

122 J. R. Becher war sein Präsident, dem Präsidialrat gehörten Persönlichkeiten aus Wissenschaft, Kunst und Literatur sowie aus den Parteien an. Im Juli/September erschienen die ersten Nummern der kulturpolitischen Monatsschrift *Aufbau* und der Wochenzeitung *Sonntag*. Außerdem wurde der Aufbau-Verlag gegründet, der Kulturbund-Preis gestiftet und der Club der Kulturschaffenden eingerichtet. Es entstanden Landesgruppen und -konferenzen und verschiedene Sektionen für Wissenschaft und Kunst. Der Kulturbund organisierte die Kongresse der Filmautoren, Schriftsteller usw. In den Westzonen wurde er verboten. Vgl. zur Entwicklung des Kulturbunds allgemein (und äußerst polemisch) Friedrich 1952.

123 Auf der 1. Zentralen Kulturtagung der KPD im Februar 1946 erklärte Pieck: Jene, die sich nicht der Verfolgung oder Emigration hatten aussetzen wollen, seien »gezwungen« gewesen, »die Prostituierung, Schändung und Barbarisierung von Kunst und Wissenschaft mitzumachen oder zu fördern«. Um die Erneuerung der deutschen Kultur (1946), S. 13.

124 Pieck, a. a. O. S. 16f.

125 Pieck, a. a. O. S. 20f.

126 Ackermann, a. a. O. S. 36, 48.

127 Ackermann, a. a. O. S. 48.

128 Weimann 1946, S. 17.

129 Ackermann 1946, S. 5.

130 Becher 1946, S. 461f.

131 Becher 1945, S. 11.

132 Zur Diskussion in der unmittelbaren Nachkriegszeit vgl. Glaser 1990, Bd. 1.

133 Becher 1946[1], S. 531f., 541.

134 Becher 1945, S. 4, 6, 8, 9f.

135 Ackermann, in: Um die Erneuerung der deutschen Kultur (1946), S. 37.

136 Dazu Becher 1946[1], S. 536ff.

137 Gustav Radbruch 1922, zit. n. van der Will/Burns (Hrsg.) 1982, S. 41f. Eine Gemeinschaft, die in der gesellschaftlichen Arbeit und im sozialistischen Ziel ihre Basis habe, bringe auch eine »Gemeinschaftskultur« (a. a. O. S. 47), eine »Kultur des Volksganzen« (a. a. O. S. 43) hervor. Allerdings wollte Radbruch Wissenschaft und »Verstandeskultur« – als Lebensformen der »Individualkultur« – in der Gemeinschaftskultur fortbestehen wissen (a. a. O. S. 52), so wie die Gemeinschaftsidee insgesamt die Hoffnung auf Formung und Veredelung »der Masse« zum Ausdruck brachte. Es galt, dem »Chaos gegeneinanderwirkender Einzelinteressen« durch die »selbstgewollte Einordnung und Unterordnung unter das gleiche Ziel« zu wehren.

138 Dazu G.-J. Glaeßner 1986, S. 25 ff.
139 Weimann 1946, S. 14 ff.
140 Trommler 1976; Struve 1957; Rühle 1988.
141 Die emphatisch formulierte Idee des Kollektivs, das nur als »nationales« auch »geschichtlich« handeln könne, bestimmt seine umfangreichen Überlegungen zur »Erziehung zur Freiheit« (1946).
142 A. a. O. S. 612 f., 648, 647, 651.
143 Becher, in: Der Erste Bundeskongreß (1947), S. 62 f.
144 Abusch 1947[1].
145 Hofmann 1945, Lukács 1945, Kurtz 1945, Lukács 1946 und 1946[1], Harich 1946.
146 Lukács 1945[1], Niekisch 1946, Bauer 1946, Huhn 1946, Franck 1946, Krauss 1946, Klemperer 1947.
147 Henselmann 1945, Scharoun 1946.
148 Friedensburg 1946, Meusel 1946[1], Obermann 1947.
149 Hier stritt man sich über die Vor- und Nachteile respektive die Kombinationsfähigkeit der Ideengeschichte und der materialistischen Geschichtsauffassung; vgl. A 3 (1947), S. 243 ff.
150 Vgl. A 4 (1947), S. 305 ff.
151 Vgl. Bechers Ausführungen in: Der Erste Bundeskongreß (1947), S. 56 ff.
152 Becher, a. a. O. S. 56; Abusch, a. a. O. S. 101; Tulpanow, a. a. O. S. 158, 159 f.
153 So Sander 1972, S. 95 f.
154 Gysi 1947.
155 Abusch 1947.
156 So betonte Becher auf dem 1. Deutschen Schriftstellerkongreß (im Oktober 1947) »das Recht und die Pflicht, die Einheit Deutschlands zu fordern«, denn ein geteiltes Deutschland werde, verglichen mit den historischen Teilungen Polens, »erst recht« nicht zum Weltfrieden führen. Daß sich solch kaum verhüllte Drohung – oder Befürchtung –, die Deutschen würden die Teilung nicht hinnehmen, mit der Hypostasierung deutschen Geistes und deutscher Kultur schlecht vertrug, schien nicht weiter zu stören. Bechers Rede wurde abgedruckt in A 11 (1947), S. 322 ff., hier 326. Vgl. auch Gysi 1948, 1948[1] und A 3 (1948) zur Märzrevolution.
157 Heinrich Manns Betrachtungen über »Die Sowjetunion und die Freiheit«, ein Ausschnitt aus »Ein Zeitalter wird besichtigt«, leitete den A 11 (1947) ein. Abusch schrieb die – im *Aufbau* in dieser Form – erste Eloge auf die gesellschaftspolitische und ökonomische Entwicklung der SU.
158 Becher 1947, S. 328. Hermlin 1947, S. 342 f., sprach sich auf dem Schriftstellerkongreß für eine »humanistisch-heroische Dichtung« und »praktisch-politische Literatur im weitesten Sinne« aus. Zur Einschätzung des 1. Schriftstellerkongresses s. Sander 1972, S. 95 ff.

159 Grotewohl, Protokoll der Verhandlungen des Ersten Kulturtages der SED (1948), S. 32 ff., 34. S. a. Ackermann, a. a. O. S. 196.
160 Grotewohl, a. a. O. S. 55 f., 61 f.
161 A. a. O. S. 48, 19, 30.
162 Deiters, der nach Grotewohl das zweite Hauptreferat auf dem ersten Kulturtag der SED hielt, griff nicht nur, wie inzwischen üblich, Existentialismus und Nihilismus an, sondern konstatierte darüber hinaus auch den unaufhaltsamen Niedergang der christlichen Religion und der idealistischen Philosophie. Deiters, a. a. O. S. 81 ff.
163 Deiters, a. a. O. S. 83. Er meinte den US-amerikanischen »kulturellen Imperialismus«, gegen den die deutsche Nationalsprache und »Volkstümlichkeit der Kultur« zu verteidigen sei; a. a. O. S. 84. Ackermann bezeichnete den Kampf »für die politische und wirtschaftliche Einheit Deutschlands und ein einheitliches deutsches Kulturleben« als dringendste Forderung; der westdeutsche »Separatismus« sei »eine wahre Kulturschande«; Ackermann, a. a. O. S. 199.
164 Deiters, a. a. O. S. 92, führte ihn eher beiläufig ein, gleichsam als ästhetisches Prinzip.
165 Ackermann, a. a. O. S. 173, 193, 201 f.
166 Gysi 1948[2], S. 545 f., 549.
167 So explizit dann auch Gysi 1948[3], S. 642: »Der kommende Zweijahresplan formt unausweichlich auch das kulturelle Leben.« Es gelte nun, die »Arbeitsfreude« anzuregen.
168 Vgl. Schubbe (Hrsg.) 1972, Dok. 15, S. 94 ff. Ackermann hatte die sozialistischen Künstler und Schriftsteller aufgefordert, dort zu leben, wo der neue Mensch entstehe: in den volkseigenen Betrieben und »auf dem befreiten Boden des Bauern«. A. a. O. S. 93, Dok. 14.
169 Vgl. die Artikel von Dymschitz in Tägliche Rundschau vom 19. und 24. 11. 48 und von Abusch im Neuen Deutschland vom 19. 12. 48 in Schubbe (Hrsg.) 1972, a. a. O. S. 97 ff., 103 ff., Dok. 18 und 19.
170 Vgl. Kuczynski 1949, Fox 1949, Uhse 1949 und Pollatschek 1949.
171 Sie fand unmittelbar nach der Gründung der DDR einen ersten Höhepunkt in der Verherrlichung Stalins. Vgl. A 12 (1949).
172 Vgl. den Abdruck der »Grundaufgaben« in A 12 (1949), S. 1134 f.; Auszüge aus den Reden Bechers und Wandels, des ersten Ministers für Volksbildung, a. a. O. S. 1138 ff., 1140 ff. Eine Interpretation der Beschlüsse durch Gysi folgte in A 1 (1950), S. 5 ff., v. a. 8 f. und 10 f.
173 So bezeichnet Sander 1972, S. 104 ff., die Durchsetzung des sozialistischen Realismus.
174 Vgl. Lukács zum »höchsten Grad des Realismus«, Wandel zur »wahren deutschen Nationalkultur« und Heymann gegen »Kosmopolitismus und Formalismus«, veröffentlicht im ND am 8. 7., 14. 10. und 1. 12. 1949; abgedruckt in Schubbe (Hrsg.) 1972, Dok. 23, 25, 28,

S. 117ff., 120f., 127ff. Vgl. auch den früheren Aufsatz von Dymschitz vom November 1948, a. a. O. Dok. 18, S. 97ff.

175 Die wissenschaftlichen und Kunstakademien und sonstigen Institute wurden auf Basis der inhaltlichen Festlegung gebaut respektive ausgebaut, die Förderung des Nachwuchses geregelt usw. Vgl. Schubbe (Hrsg.) 1972, Dok. 30, S. 131ff.; s. a. den Kommentar von Gysi in A 5 (1950), S. 389ff.

176 Vgl. Entschließung im Protokoll des 3. Parteitags der SED (1950), S. 263f., 265. Als Kommentar zu dieser Entschließung, der sie richtig als Aufforderung zur »Mobilisierung der geistigen Potenzen«, zum Bündnis von Arbeiterklasse und Intelligenz in der Aktivistenbewegung begriffen hat, s. Heymann 1950. So dann auch Rau 1950 und Abuschs Tiraden gegen die US-imperialistische »Kulturbarbarei«, die kosmopolitische »Zersetzung« der nationalen Kultur, den »volksfeindlichen« Formalismus in: Schubbe (Hrsg.) 1972, Dok. 35, 36, S. 140ff., 144ff.

177 Entschließung in Schubbe (Hrsg.) 1972, Dok. 46, S. 178ff.

178 Zit. n. a. a. O. Dok. 68, S. 237.

179 Becher auf der 2. Parteikonferenz der SED, zit. n. a. a.O. Dok. 72, S. 241.

180 Die These von den zwei Marxismen geht auf Korsch 1923 zurück und findet sich später z. B. bei Merleau-Ponty, Coletti oder Gouldner.

181 Zur erstgenannten Entwicklungsrichtung, die sich vom jungen Lukács zur Kritischen Theorie zog, vgl. Arato/Breines 1979. In »Geschichte und Klassenbewußtsein« sehen sie die intellektuelle Grundlegung des kritischen, von ihnen westlich genannten Marxismus. Für diesen heben sie insbesondere den kulturzentrierten Ansatz hervor, was sich aus ihrer Definition des kritischen Marxismus, die an Lukács' Theorie der Verdinglichung anknüpft, ergibt. Die zweite Entwicklungsrichtung zeichnet Howard 1988 insbesondere an den Arbeiten von Claude Lefort und Cornelius Castoriadis nach.

182 Zur Unterscheidung der Dynamiken vgl. Robert Heiß, zit. n. Miller 1977, S. 272.

183 Zitatnachweise bei Miller 1977, S. 224f.

184 Hassner 1984 kritisiert die empirisch-sozialwissenschaftlichen Analysen à la Friedrich/Brzezinski, behauptet jedoch den Sinn der Kategorie des Totalitarismus im Rahmen einer politischen Philosophie à la Arendt.

185 Howard 1988, S. 316ff., in seiner Darstellung der Arbeiten von Claude Lefort.

186 Pieck 1946.

187 Ulbricht 1946, S. 38, 40; Ackermann 1946; Grundsätze und Ziele der SED (1946).

188 Ulbricht 1946, S. 13ff.

189 Ackermann 1946, S. 24f., 29f., 31.
190 A. a. O. S. 31f.
191 Grundsätze und Ziele der SED (1946), S. 4.
192 Ulbricht 1946², S. 262, 271.
193 A. a. O. S. 263; v. a. Appelt 1946.
194 Die Ordnung in der SBZ trage durchaus schon volksdemokratische Wesenszüge, so wurde aufmerksam gemacht, und sie weise bereits über den Rahmen der »formalen parlamentarischen« Demokratie hinaus. Die Vollendung der Volksdemokratie setze allerdings die Ausdehnung der antifaschistischen Errungenschaften auf ganz Deutschland voraus. A. a. O. S. 352.
195 A. a. O. S. 340ff.
196 Ulbricht 1946², S. 257ff.
197 Es wurde im September 1946 verabschiedet und im November in der *Einheit* publiziert; vgl. Dok. SED, Bd. 1, S. 9ff. und E 6 (1946), S. 336ff.
198 Grotewohl 1946², S. 329f.
199 A. a. O. S. 331 und ff.
200 Vgl. Grotewohl 1947. Der erste Entwurf wurde am 14. 11. 1946 auf einer außerordentlichen Tagung des SED-Parteivorstands verabschiedet; der zweite war Resultat der Beratungen des Verfassungsausschusses des Deutschen Volksrats, die im Herbst 1948 abgeschlossen waren. Zu den Texten vgl. Dokumente der SED, Bd. 1, S. 114ff., und NJ 12 (1948), S. 257ff. Zu den Verfassungsentwürfen insgesamt vgl. Völkel 1980, Travers 1962.
201 Grotewohl 1947, S. 22f.; ders. 1946¹, S. 200f.; Ulbricht 1946², S. 263f.
202 Polak 1946, S. 385ff.; ders. 1948/1952, S. 5ff.
203 Polak 1948/1952, S. 13.
204 Polak 1948¹, S. 243.
205 Schultes 1948², S. 249ff.
206 Acker 1947, S. 46, 50f.
207 Schultes 1948¹, S. 1f.; ders. 1947, S. 189.
208 Schultes 1948¹, S. 3.
209 Ebd. Den Begriff des Rechtsstaates wertete man als »vollkommen inhaltsleer«; »jede politische und historische Formation« könne ihn für sich in Anspruch nehmen. Künftig aber sollten die staatlichen Institutionen »das Entwicklungsgesetz der Geschichte« – dem Ziel sozialer Homogenität entsprechend – berücksichtigen; Polak 1946, S. 399, 401.
210 Im Namen der Emanzipation forderte Steiniger 1949, S. 50, nicht die Betonung individueller Rechte, sondern im Gegenteil »Rechte der Gemeinschaft auf ein bestimmtes positives Verhalten des Bürgers«.
211 Steiniger 1949, Schultes 1948, Polak 1949, S. 29ff.

212 Polak 1946, S. 386. Demokratie sei »der *Prozeß* der Emanzipation der Staatsgewalt durch das Volk; die Verwandlung der Staatsgewalt von einer Macht über dem Volke in eine Macht in der Hand des Volkes. Die Erkenntnis der Bedingungen der Befreiung des Volkes durch die kritische Auflösung einer diese Befreiung hemmenden Staatsgewalt und ihrer Institutionen – das also wäre die Aufgabe einer demokratischen Staatslehre.« Ebd.

213 Polak fuhr fort: »Statt über den Rahmen dieser Beziehungen hinauszugehen, bewegt man sich gern in ihnen. Damit ist aber der Blick gesperrt für die gesellschaftliche Bewegung in ihrer Totalität, die oft zur Überwindung der bestehenden Ordnung tendiert.« Ebd.

214 Ebd.

215 Schließlich habe Montesquieu die Idee der Gewaltenteilung gegen den Absolutismus gerichtet, um die feudale Staatsmacht zu beschränken und das bürgerliche Freiheitsstreben freizusetzen. Rousseau dagegen habe die Staatsmacht nicht formal, sondern inhaltlich definiert, indem er ihr die Aufgabe zuschrieb, soziale Gleichheit herzustellen. Während die Jakobiner sich auf seinen Begriff der volonté générale stützten und Marx in ihrer Tradition die »volle Eroberung der Staatsmacht« durch die »revolutionären Massen« gegen den »faulen Kompromiß« des Konstitutionalismus forderte (a. a. O. S. 390), hätten sich die Idee der unmittelbaren Volksherrschaft und das Ziel gesellschaftlicher Homogenität in Deutschland niemals gegen die bloße gewaltenteilige Beschränkung der Staatsmacht durchgesetzt. Im Gegenteil habe die im 19. Jahrhundert gescheiterte bürgerliche Revolution als »Kehrseite des deutschen Untertanengeistes« die »Staatsvergötterung« hervorgebracht und in der Staats- und Rechtstheorie bis hin zum Neukantianismus festgeschrieben (Polak 1947, S. 4).

216 Polak 1946, S. 392f., ders. 1949, S. 27.

217 Polak 1946, S. 393.

218 Zit. n. Zweiling 1947, S. 76, 78.

219 Schultes 1948[1], S. 7f. Der demokratische Richter, »der dem Gesetz Leben und Wirkung« gebe, habe »in einer realen Demokratie (...) am politischen Leben des Volkes teilzunehmen und für Demokratie und Fortschritt Partei zu ergreifen« (Fechner 1948[1], S. 226). Er dürfe nicht »hinter der wirklichen Entwicklung herhinken«, vielmehr solle er »neue Wege zeigen, die das Volk gehen muß, um sich von den alten obrigkeitlichen Fesseln zu befreien, um ein demokratisches und soziales Bewußtsein zu entwickeln« (Fechner 1948, S. 122). Entweder stehe er »auf Seiten der Reaktion oder auf Seiten einer demokratischen und fortschrittlichen Entwicklung. Ein drittes, eine Haltung zwischen beiden, eine sogenannte politisch-neutrale Haltung« gebe es ebenso wenig, wie es eine unpolitische Justiz in Deutschland jemals gegeben habe (a. a. O. S. 123).

220 Fechner 1948[1], S. 224f.
221 Polak 1946, S. 395, 397f.
222 Zweiling 1947, S. 82.
223 Schultes 1948[1], S. 5.
224 Polak 1948, S. 139.
225 Dieses demagogische Argument wurde sodann wieder prinzipiell eingefangen: Wenn schon »Freiheit ohne Grenzen« in jeder Klassengesellschaft unmöglich sei, könne es um so weniger »gleiche Freiheit für alle« geben, solange die Klassengesellschaft nicht überwunden sei. Der »konkrete Inhalt der Freiheit und ihre Grenzen« wandelten sich mit der gesellschaftlichen Entwicklung und seien »verschieden für verschiedene Klassen«. Es gebe »nur einen«, der über die Modifizierung der Freiheitsbeschränkung unter den jeweils gegebenen gesellschaftlichen Bedingungen bestimmen könne: »das Volk selbst durch das von ihm gewählte Parlament«. Zweiling 1947, S. 81.
226 Grotewohl 1946[2], S. 335.
227 Chwalek 1947, S. 42.
228 Polak 1949, S. 19; ders. 1948[1], S. 243f. Polak bezeichnete sie jetzt auch explizit als »unabdingbar«, wenngleich sie »nur insoweit wirklich« seien, »als die Volksherrschaft selbst wirklich ist«. Polak 1948/1952, S. 50.
229 Er gehe davon aus, »daß die Individualrechte erst durch eine Neugestaltung der Gesellschafts- und Wirtschaftsordnung wirklich gesichert« würden und mache »den sozialen Fortschritt zu einem Grundwert der Bürger und zu einer Grundpflicht des Gesetzgebers und der Regierungen«; Schultes 1948[1], S. 4f.
230 Steiniger 1949, S. 50.
231 Schultes 1950, S. 188f., 191.
232 Polak 1950, S. 282, 283.
233 Polak 1950[1], S. 291. Vgl. auch ders. 1950[2] und 1950[3].
234 Polak 1950[1], S. 292.
235 Ebd.
236 A.a.O. S. 294.
237 Da das Volkseigentum Voraussetzung der Volkssouveränität sei, bringe der Volkswirtschaftsplan den souveränen Volkswillen zum Ausdruck, befand Such 1949, S. 125ff. Logischerweise mußte dann die volle Wucht der »demokratischen Gesetzlichkeit« die »Schädlinge der demokratischen Wirtschaft« treffen; so Fechner 1949, S. 202. Solche Schädlingsbekämpfungsartikel wurden nun in der *Neuen Justiz* üblich.
238 Polak 1952, S. 530. Außerhalb der Rechts- und Verfassungsdiskussion ließ die SED die Auffassung, bei der Volksdemokratie handele es sich um eine »mittlere Form der Demokratie«, die der bürgerlich-formalen schon entwachsen aber der sozialistischen Demokratie (der Dikta-

tur des Proletariats) noch nicht ebenbürtig sei, schon früher fallen. Vgl. zur Diskussion Merker 1947, Ackermann 1947, Behrens 1948, Pieck 1949[1], Hager 1949, Oelßner 1949.

239 Stalins Schrift zu »Marxismus und Fragen der Sprachwissenschaft« erschien 1951 in der DDR. Zum vorgenannten Zitat vgl. Protokoll der Verhandlungen der 2. Parteikonferenz (1952), S. 492.

240 Grotewohl, Protokoll 2. Parteikonferenz, a. a. O. S. 339.

241 So nennt Mampel 1968, S. 43, den Typus von Verfassungen, die vornehmlich in propagandistischer – in der SBZ war es zudem bündnis- und deutschlandpolitische – Absicht entworfen und angenommen werden. Zu der Verfassung von 1949 vgl. Travers 1962; Mampel 1968, S. 85ff.; ders. 1972, S. 56ff. Die »semantische« Verfassung der DDR von 1949 war parlamentarisch-demokratisch, föderalistisch und rechtsstaatlich im Sinne einer normativen Bindung der Staatsgewalt. Das bewußte Anknüpfen an die Weimarer Verfassung war als bündnispolitisch motiviertes Zugeständnis der SED an die bürgerlichen Parteien zu verstehen, aber nicht ohne sowjetischen Druck zustande gekommen: Bereits auf der Moskauer Außenministerkonferenz im Frühjahr 1947 hatte Molotow die Verfassung von 1919 weitaus positiver bewertet als die Verfassungsexperten der SED; Völkel 1980, S. 83.

242 Neumann 1967, S. 45ff., 58ff. In diese Richtung argumentierte Polak selbst, nachdem der Verfassungsentwurf von 1948 die individuellen Grundrechte und die Unabhängigkeit der Justiz aufgenommen hatte; vgl. Polak 1948[1], S. 243f., und ders. 1949, S. 29ff., 37ff.

243 Polak 1947, S. 25.

244 Eine Verfassung, die nur das »positive Gewordene« festschreibe, »würde ja bereits am Tage nach ihrer Verkündung vom Leben überholt und damit zumindest zu einem Teil irreal sein. (...) Wir sprechen deshalb vom sozialistischen Verfassungsrealismus im Gegensatz zur unverbindlichen, von der Wirklichkeit gelösten Pragmatik bürgerlicher Verfassungen«, meinte Steiniger 1948, S. 242. Im Gegensatz dazu schrieb Schultes noch 1950, bei der Verfassung der DDR handele es sich um »eine echte Verfassung und nicht um ein Programm«, denn sie beziehe sich auf die Gegenwart, nicht auf die Zukunft. Die grundsätzliche Veränderung der Wirtschafts- und Gesellschaftsordnung, die das Funktionieren der Verfassung voraussetze, sei vor ihrer Verabschiedung durchgeführt und die feindlichen Kräfte seien von der politischen Willensbildung bereits ausgeschlossen worden; Schultes 1950, S. 189. Diese Versicherung von Schultes (eines ehemaligen Sozialdemokraten, der später in den Westen ging) traf nach Meinung der Parteispitze gewiß nicht zu.

245 Neumann 1967, S. 45ff.

246 Sofern dieses sich aus der Kritik respektive Wahrnehmung des Um-

stands ergibt, daß sich mit der gesellschaftlichen Wirklichkeit die Bedeutung der Verfassungsnormen verändern kann, daß Rechtsverfassung und Verfassungswirklichkeit nicht notwendig in einem Verhältnis der Kongruenz stehen, hält Mampel 1968, S. 44ff., ein dynamisches Verfassungsverständnis keineswegs für eine Eigenart marxistisch-leninistischen Räsonnements.

247 Mampel 1968, S. 49ff. Ihm erscheint weniger die Parteilichkeit des Rechts im Sinne seiner Bezogenheit auf einen materialen Gehalt problematisch als vielmehr dessen in die Zukunft verlagerter Zeithorizont wie auch die parteiliche Festlegung der Kompetenz, das Telos und den Weg zu ihm zu definieren; a.a.O. S. 62ff.

248 Acker 1947, S. 52.

249 Polak 1949, S. 28.

250 Polak 1948, S. 137.

251 »So, und nur so« könne der »verhängnisvolle Widerspruch zwischen Staat und Volk aufgehoben, der alte volksfremde und volksfeindliche Obrigkeitsstaat überflüssig gemacht und das Volk selbst in die Macht gehoben werden«; nur so könnten »Volk und Staat identisch werden«; Polak 1949, S. 29.

252 A.a.O. S. 30, 48.

253 So Neumann 1967, S. 39, 51, 74f. Er macht überdies darauf aufmerksam, daß auch Rousseau auf der Allgemeinheit des positiven Rechts bestand; a.a.O. S. 43, 105. Neumann selbst galt politische Freiheit als »Wahrheit« – also als oberste Norm – politischer Theorie, auch oder gerade wenn sie als vollkommene nie erreicht werden könne; a.a.O. S. 101f.

254 A.a.O. S. 86; für Neumann war dies eine Utopie im schlechten Sinne, weil sie den Abbau selbst eines nur minimalen Schutzes der Individuen vor dem Staat und der Gemeinschaft rechtfertige, a.a.O. S. 130.

255 Das Argument, die SED habe mit ihrer polemischen Gegenüberstellung des schlechten Alten und des vollkommenen Neuen den Boden der dialektischen zugunsten einer bloß kontradiktorischen Negation verlassen und sei in Formen des vormarxistischen, dualistischen Denkens zurückgefallen, ist durchaus plausibel; vgl. Waldrich 1980, S. 96ff., 100ff. Es traf schon, wie wir sahen, auf ihre Dichotomisierung der verwerflichen und bewahrenswerten Teile des bürgerlichen und vorbürgerlichen kulturellen »Erbes« und auf ihre getrennte Betrachtung der Entwicklung von »Geist« und »Macht« in der deutschen Geschichte zu.

256 Die Wiedergabe der Sprach- und Denkformen, die die SED in der Behandlung der nationalen Frage an den Tag legte, wirft ein Problem auf: eigentlich müßte jedes zweite Wort zwischen Gänsefüßchen stehen. Der Lesbarkeit halber ist dies nicht der Fall. Wer das folgende

nicht so recht glauben mag, möge einen Blick in die angegebenen Quellen werfen.

257 Ulbricht 1946, S. 37; Grundsätze und Ziele der SED (1946), S. 4.

258 Manifest an das deutsche Volk (1946), S. 25; Grundsätze und Ziele der SED (1946), S. 4.

259 »Damit Deutschland lebe«, müßten Faschismus und Zwietracht »sterben«, behauptete der Offene Brief an alle Sozialdemokraten und Kommunisten, Dok. SED Bd. 1, S. 32ff. Vor allem könne das deutsche Volk nicht leben ohne die nationale Einheit; Grundrechte des deutschen Volkes, Dok. SED Bd. 1, S. 91. So beschwor man in deutlicher Anspielung an das »Deutschland muß leben, auch wenn wir sterben müssen« früherer Tage den »unbeugsamen Lebenswillen des deutschen Volkes«, seine »Liebe zur Heimat«, dieses »große und klare Gefühl«, oder sprach von der »Neugeburt unseres Volkes«; Fechner 1946, S. 16; Ulbricht 1946, S. 13.

260 Grotewohl 1946[1], S. 200; Ulbricht 1946[2], S. 264; Aufruf des ZK der KPD an das deutsche Volk (1945), S. 60; Grundsätze und Ziele der SED (1946), S. 4. Vgl. auch Ulbricht 1946[2], S. 263f.: »Die Sowjetregierung hat ausdrücklich erklärt, daß sie die Übertragung des Sowjetsystems auf Deutschland für falsch hält, da die innere Ordnung in Deutschland aufgrund der besonderen geschichtlichen Bedingungen in Deutschland gestaltet werden muß.«

261 Ackermann 1946, S. 22ff.

262 So Staritz 1982, S. 224. Er macht – neben einer detaillierten Analyse des Sonderweg-Theorems – die nationale und internationale Funktion desselben in der SBZ und in den entstehenden Volksdemokratien vor dem Hintergrund der sowjetischen Deutschland- und Europapolitik und der Vargaschen Konzeption einer »Demokratie neuen Typs« in der unmittelbaren Nachkriegszeit deutlich und weist auch auf die Vorläufer des Theorems während des Jahres 1945 und auf der Sechziger-Konferenz im Dezember 1945 hin. Er zeigt darüber hinaus, daß der Sonderweg seit der Parteivereinigung für die praktische Politik der SED keine Relevanz hatte, sondern den Überlegungen zur »Demokratie mittleren Typs« und zur Volksdemokratie wich.

263 Vgl. Beschluß des Parteivorstands der SED »Um Deutschlands Einheit und Lebensfähigkeit« (1946) zur Erklärung Molotows auf der Pariser Außenministerkonferenz vom 10. 7. 1946. Molotows Rede findet sich in Um ein antifaschistisch-demokratisches Deutschland (1968), S. 304ff.

264 Deutschland vor der Moskauer Konferenz (1947), S. 153, 155.

265 Bildung einer sozialistischen Arbeitsgemeinschaft (1947); Volksentscheid für die Einheit Deutschlands (1947).

266 Der Marshallplan und Deutschland (1947), S. 208.

267 Vgl. die Resolution im Protokoll des 2. Parteitags (1947), S. 527ff.

268 Vgl. im Protokoll des 2. Parteitags Grotewohl, S. 242, 250, 252; Pieck, S. 79.
269 A. a. O. S. 255, 256f., 273.
270 Vgl. Resolution im Protokoll des 2. Parteitags, a. a. O. S. 527, 528.
271 A. a. O. S. 537.
272 So Pieck im Protokoll des 2. Parteitags, a. a. O. S. 78.
273 Aufruf zu einem deutschen Volkskongreß für Einheit und gerechten Frieden (1947); vgl. auch das Manifest an das deutsche Volk (1947).
274 Grotewohl in Erster Deutscher Volkskongreß für Einheit und gerechten Frieden (1947), S. 21. Überparteilichkeit mache dem Parteienhader ein Ende, nur noch eine Partei zähle, und sie heiße »Deutschland«; a. a. O. S. 22.
275 A. a. O. S. 29, 28 ff. Ähnlich anti-kolonialistisch resp. -imperialistisch hieß es in der Entschließung des Kongresses, das deutsche Volk sei »tief von dem Willen durchdrungen, die Kräfte des Krieges in seinem Lande unschädlich zu machen« und die »demokratischen Kräfte zu stärken«; a. a. O. S. 103. Den übergreifend nationalen Tenor teilten nahezu alle Debattenredner des Kongresses; vgl. Külz für die LDPD, Geske für die SPD und Nuschke für die CDUD, a. a. O. v. a. S. 36f., 40, 45.
276 Staritz 1985, S. 18f.
277 So Kopp 1965, S. 79.
278 Die Teilnahme am nationalen Kampf – nicht das Eintreten für den Sozialismus – wurde mithin zur Eintrittskarte für parteioffizielles Wohlwollen. Vgl. Ulbrichts Stellungnahme zur Auflösung der Entnazifizierungskommissionen (28. 2. 1948) in Um ein antifaschistisch-demokratisches Deutschland (1968), S. 591 ff.
279 Sie waren die beispiellosen nationalen Verräter. So schob Pieck auf der 1. Parteikonferenz (1949) Schumacher, weil er für den Weststaat ein Besatzungsstatut gefordert hatte, in eine »Judasrolle«, die »ihresgleichen in der deutschen Geschichte« (!) suche. Protokoll der 1. Parteikonferenz der SED (1949), S. 89.
280 Ob damit die alten Nazis, die Wehrmachtsoffiziere oder die Unternehmer gemeint waren, die gleichfalls – von westdeutscher Seite – zur Nationalen Front stoßen sollten, blieb offen. Vgl. Die Nationale Front des demokratischen Deutschland und die SED (1949), S. 92f.
281 Für die organisatorische Festigung der Partei und für ihre Säuberung von feindlichen und entarteten Elementen (1948), S. 79f.
282 Die theoretische und praktische Bedeutung der Entschließung des Informationsbüros über die Lage in der KP Jugoslawiens und die Lehren für die SED (1948), S. 94, 95f.
283 Die Novemberrevolution und ihre Lehren für die deutsche Arbeiterbewegung (1948), S. 102, 108 ff.
284 A. a. O. S. 111f., 114.

285 A. a. O. S. 113.
286 Ulbricht 1948, S. 673.
287 Herrnstadt 1948, S. 801.
288 Die Novemberrevolution und ihre Lehren für die deutsche Arbeiterbewegung (1948), S. 115.
289 Vgl. Schirdewan 1948, S. 787; Merker 1948, S. 1022; Hörnle 1948, S. 1030f.; Grotewohl 1948[1], S. 1002f. Völkel 1980, S. 115, begreift die Strategie der 1. Parteikonferenz (1949), die zum Rückzug von der volksdemokratischen Selbsteinschätzung rief, als eine »Strategie der politischen Mitte«. In dieser Richtung interpretiert er auch Hager 1949, der sich gegen die Kräfte in der Partei wandte, denen die soziale Transformation aus Gründen der drohenden Weststaatsgründung zu schnell ging, zugleich aber auch gegen jene, die sofort die Diktatur des Proletariats errichten wollten. Es mag sein, daß die Ernsthaftigkeit der gesamtdeutschen Option innerhalb der SED in der Retrospektive unterschätzt wird. Doch jenseits der verbalen antifaschistisch-demokratischen Selbstdefinition beschloß gerade die 1. Parteikonferenz einen realiter volksdemokratischen Kurs. Von daher liegt die Interpretation von Staritz 1984, S. 158f., näher, daß gesamtdeutsche Überlegungen allenfalls eine sekundäre Rolle spielten.
290 Pieck, Protokoll der 1. Parteikonferenz der SED (1949), S. 75, 53f., 57f.
291 Pieck, a. a. O. S. 58f., 86, 89. Vgl. auch das Manifest und die Entschließung, die die Parteikonferenz verabschiedete, a. a. O. S. 508ff., 514ff. Der »nationale Kampf um Einheit und gerechten Frieden« stand an erster Stelle der »nächsten Aufgaben« der SED.
292 Ulbricht 1949, S. 53f. Dennoch finde diese Politik bei den sozialdemokratischen Führern (der Westzonen) größte Unterstützung; a. a. O. S. 55. Diese Formulierungen, in vielfacher Hinsicht skandalös, tendierten erneut zur Gleichsetzung der Sozialdemokratie mit »Sozialfaschismus.«

Zur »nationalen Rettung Deutschlands« rief man die früheren Nationalsozialisten in die Nationale Front, die parteiübergreifend alle Deutschen vom Arbeiter und Bauern, Fabrikanten und Intellektuellen bis zum früheren Wehrmachtsgeneral und patriotischen Teil der westdeutschen Großbourgeoisie im »nationalen Befreiungskampf« zusammenfassen sollte. A. a. O. S. 46ff.; vgl. auch das Manifest des 3. Deutschen Volkskongresses »Nationale Front für Einheit und gerechten Frieden« (1949), S. 59f., und die Entschließung des Parteivorstandes der SED zur Nationalen Front »Die Nationale Front des demokratischen Deutschland und die SED« (1949), S. 81f. Der Parteivorstand kündigte eine Amnestie für die Pgs an, die keine gerichtlichen Strafen verbüßten, und warb nicht nur um frühere Nazis, sondern zugleich um Offiziere und Generale der Wehrmacht, um kleinere und mittlere Unternehmer und um patriotische Teile der westdeutschen Großbourgeoisie; a.a.O. S. 79, 81f. Derweil liefen die Attacken auf die Sozialdemokratie, respektive auf deren sog. rechte und reformistische westdeutsche Führer, weiter: Sie verhinderten die Sammlung der patriotischen Kräfte, arbeiteten der Überwindung der Spaltung der Arbeiterklasse entgegen und erleichterten so die Teilung Deutschlands. Sie verweigerten sich dem nationalen Kampf, wie es ihrer verhängnisvollen Tradition entspreche, und predigten die imperialistische Ideologie des Kosmopolitismus. Der »unermüdliche Kampf gegen die Sabotage dieser Führer«, so lautete die Schlußfolgerung, sei »unbedingte Aufgabe der patriotischen Kräfte«; a.a.O. S. 85.

293 A.a.O. S. 62 und 89.

294 Oelßner 1949[1], S. 961f.; Die Nationale Front des demokratischen Deutschland (1949), S. 94ff.; Protokoll der Verhandlungen des 3. Parteitags (1950), Bd. 1, S. 36f.

295 Pieck 1949; Grotewohl 1949, S. 516.

296 Pieck, Protokoll 3. Parteitag, Bd. 1, S. 21, 49.

297 Im Januar 1949 veröffentlichte die *Prawda* einen ersten Artikel gegen den Kosmopolitismus; am 16. 3. 1949 berichtete die *Neue Zeit*, 12, über die sowjetische Stellung gegen den Kosmopolitismus. Seit dem November 1949 lag ein Beschluß des Kominform zu diesen Fragen vor; vgl. die Stellungnahme des PB der SED vom 16. 12. 1949 in Matern 1953, Anhang 91ff. In der *Einheit* reagierte ausführlich zuerst Hoffmann 1949[1], 1949[2], 1949[3]. Siehe auch Oelßner 1949[1]; Heymann 1949; Norden 1953, S. 202ff. Vgl. die systematische Aufarbeitung der Argumente zu Patriotismus und proletarischem Internationalismus einerseits, zu Kosmopolitismus und bürgerlichem Nationalismus andererseits, bei Oelßner 1951.

298 Zum Sowjetpatriotismus Oberländer 1967. Zur Gleichsetzung von Antisowjetismus und Chauvinismus seitens der SED vgl. Die Nationale Front des demokratischen Deutschland und die SED (1949), S. 85ff. Das unterscheidende Kriterium verdankte sich der Stalinschen Auffassung, in der Phase des Imperialismus sei die Welt in zwei Lager geteilt und stünden sich bürgerliche und sozialistische Nationen gegenüber. Der Internationalismus als Ideologie der letzteren diene im Unterschied zum bürgerlichen Nationalismus nicht der Feindschaft und Unterdrückung sondern – so die etwas unvermutete Folgerung – der Freundschaft und dem Frieden. Denn der proletarische Internationalismus erkenne das Selbstbestimmungsrecht und die Gleichberechtigung der Nationen an. Überall wachse das Nationalbewußtsein, und das beispielhafte Aufblühen der nationalen Kulturen im Sozialismus gehe mit dem Anwachsen antiimperialistischer Befreiungskämpfe einher. In den bürgerlichen Nationen hingegen entwik-

kele sich der Nationalismus zum Kosmopolitismus, zu einer Position des nationalen Verrats. Die nationale Bourgeoisie kollaboriere mit dem amerikanischen Imperialismus, lasse die nationalen Produktivkräfte verfallen, die nationale Kultur zur Kulturbarbarei verkommen und leiste so der Lähmung des nationalen Widerstandswillens gegen fremde Unterdrückung und Ausbeutung Vorschub. Unter diesen Umständen könnten die USA ihr Ziel verfolgen, ihre Weltherrschaft zu errichten. Sie bedienten sich dabei der kosmopolitischen Losung der Weltgesellschaft – auch der Vereinigten Staaten von Europa – und des Marshall-Plans. So hätten sie das Erbe Hitlers angetreten. Soweit Oelßners (1951) Rekonstruktion des Stalinschen Arguments; die Passagen zum Kosmopolitismus und Hitlererbe, a. a. O. S. 21 ff., 27.

299 Das Manifest des 3. Parteitags erinnerte einerseits an die anglo-amerikanischen Bombardements deutscher Städte. Andererseits behauptete es, das deutsche und das russische Volk hätten im Zweiten Weltkrieg »die größte Kraft entfaltet und die größten Opfer gebracht«; wenn sie nun gemeinsam für den Frieden kämpften, dann sei er gesichert (vgl. auch Dokumente der SED, Bd. 3, S. 185). Wenn diese Formulierung eine deutsch-russische Waffenbrüderschaft in der Retrospektive suggerierte, wurden die USA in eben dieser Rückschau zum gemeinsamen Feind. Sie hätten den Zweiten Weltkrieg gegen Deutschland nur geführt, um Deutschland »zu zerreißen« und eine »möglichst große Aufmarschbasis gegen die Sowjetunion« zu schaffen. So das ZK der SED in Zusammenhang mit der Field-Affäre und dem Parteiausschluß Paul Merkers und anderer. Vgl. Erklärung des ZK und der Zentralen Parteikontrollkommission zu den Verbindungen ehemaliger politischer Emigranten zu dem Leiter des Unitarian Service Committee Noel H. Field (1950), S. 205.

300 Oelßner 1951, S. 33.

301 So illustrierte Oelßner 1951, S. 31 ff., die vier Merkmale einer Nation, die Stalin 1913 genannt hatte: Gemeinsamkeit der Sprache, des Territoriums, der Wirtschaft und der psychischen Wesensart.

302 Hoffmann 1949, S. 611.

303 Den modernen, im Gegensatz zum religiös motivierten, Antisemitismus analysiert Postone 1986 als ein Argumentations- und Wahrnehmungsmuster, das als solches zentraler Bestandteil des Nationalsozialismus war. Im Gegensatz zu Horkheimer 1939 möchte er beide Phänomene, Antisemitismus und Nazismus, nicht per se gegen die Moderne gerichtet verstehen, da sie relevante Bestandteile – z. B. die Technologie – nicht ablehnten (dazu v. a. auch Herf 1984). Postones Erklärungsansatz geht auf den Warenfetischismus und die Dialektik abstrakter und konkreter Arbeit, von Wert und Gebrauchswert zurück. Sie werde in der nazistischen und antisemitischen Wahrnehmung in dem Sinne »aufgelöst«, als die beiden stofflichen Erschei-

nungsformen, Ware und Geld, isoliert betrachtet und nur einseitig abgelehnt würden: die Wertschätzung der konkreten Arbeit, des Gebrauchswerts, der Maschine gehe einher mit der Ablehnung der abstrakten, »unnatürlichen«, anonymen Zirkulation. Die Ablehnung erstrecke sich, über den Zirkulationsprozeß hinaus, auf die abstrakte Vernunft und das allgemeine Gesetz. Diese Analyse antisemitischer und nazistischer Argumentation weist, wie ich meine, interessante Parallelen zu Teilen des wissenschaftlichen Sozialismus (s. o. Abschnitt 4) auf und kann insofern zur Klärung des nichttaktischen Elements kommunistischer Volksfrontpolitik beitragen – ohne daß damit die Unterschiede zwischen Nationalsozialismus und Stalinismus verwischt werden sollen.

304 Paul Merker, Leo Bauer, Bruno Goldhammer, Willy Kreikemeyer, Lex Ende und Maria Weiterer und andere – überwiegend Juden – wurden ausgeschlossen und verurteilt, weil sie Kontakte zu Noel Field gehabt hatten und unter seinem Einfluß angeblich den antinazistischen Widerstand, insbesondere in Frankreich, geschwächt hätten. Field, der als amerikanischer Agent figurierte und später rehabilitiert wurde, diente schon zur Konstruktion der Anklage gegen Rajk. Zur Begründung der Parteiausschlüsse vgl. Erklärung des ZK der SED vom 24. 8. 1950 in Matern 1953, Anhang 71 ff.

305 Vgl. die ZK-Beschlüsse vom 27. 10. 1950 (Überprüfung der Parteimitglieder und Kandidaten sowie Umtausch der Parteimitgliedsbücher und Kandidatenkarten), 17. 3. 1951 (Zu den bisherigen Ergebnissen und Erfahrungen der Überprüfung der Parteimitglieder und Kandidaten) und 20. 10. 1951 (Die Ergebnisse und Lehren aus der Überprüfung der Parteimitglieder und Kandidaten und die sich daraus ergebenden Aufgaben). Nach Abschluß dieses Säuberungsprozesses stellte das ZK fest, es gebe zwar noch immer Sektierer- und Versöhnlertum, Sozialdemokratismus und Nur-Gewerkschaftlertum. Aber insgesamt sei die Partei gefestigt, das ideologische Niveau gestiegen, es bilde sich ein Kaderreservoir heraus und die führende Rolle der Partei sei in den Massenorganisationen durchgesetzt.

306 Vgl. den Beschluß der 2. Parteikonferenz der SED (1952), Protokoll, a. a. O. S. 495 f.

307 Vgl. Lewis 1986, S. 35 ff.; Fejtö 1960.

308 Vgl. den Beschluß des ZK vom 20. 12. 1952 (Lehren aus dem Prozeß gegen das Verschwörerzentrum Slánsky), in Matern 1953, Anhang 48 ff., v. a. S. 55 ff. Entschädigungszahlungen für Juden bezeichnete das ZK als »Verschiebung deutschen Volksvermögens«, denn bei der nazistischen Enteignung der Juden seien lediglich »die Profite ›jüdischer‹ Monopolkapitalisten in die Hände ›arischer‹ Monopolkapitalisten übergewechselt«; es habe sich mithin um deutschen und ausländischen Arbeitern abgepreßte Monopolprofite und nicht um

»Eigentum des jüdischen Volkes« gehandelt. Insofern habe Merker sich nicht für die »werktätigen Juden, sondern v. a. für die reichen jüdischen sogenannten Wirtschaftsemigranten« eingesetzt; a. a. O. S. 55, 56, 57. Indem er überdies einen Unterschied zwischen jüdischen und kommunistischen Opfern des Nazismus gesehen habe, habe er den Zionismus verherrlicht; auch habe er die jüdische Bevölkerung von ihrer Mitschuld am Sieg des Faschismus (!) freigesprochen; a. a. O. S. 57f. Nach seiner Rückkehr aus dem Exil habe er schließlich mit dem Joint kollaboriert und trotzkistische und titoistische Zersetzungsarbeit gefördert; a. a. O. S. 58ff.

309 Rede des Vorsitzenden der Zentralen Parteikontrollkommission, Matern, über die Durchführung der »Lehren« aus dem Slánsky-Prozeß, in Matern 1953, S. 3ff.; Beschluß der 13. Tagung des ZK vom 14. 5. 1953, a. a. O. S. 29ff.

310 Vgl. den Bericht Leo Bauers in Fricke 1989, 94; s. a. Hodos 1990.

311 Brandt 1978, S. 187ff.

312 Sämtliche Gemeindevorsteher verließen die DDR, Hunderte der Gemeindemitglieder flohen. Die antisemitische Verfolgung wurde im Sommer 1953 eingestellt. Vgl. Ostow 1988, S. 14ff.; Silbermann 1981, S. 29ff.

313 Vgl. Ulbricht auf der 2. Parteikonferenz (1952), Protokoll, a. a. O. S. 24ff. Grotewohl hielt auf dem 3. Parteitag (1950), vgl. Protokoll, a. a. O. S. 233f., die ökonomischen Schwierigkeiten der DDR für »Wachstumsschwierigkeiten«, wohingegen Westdeutschland mit »Verfallsschwierigkeiten« konfrontiert sei. Ulbricht, Protokoll 2. Parteikonferenz, a. a. O. S. 56, kündigte an, die Lebenshaltung der kapitalistischen Länder werde auf Grundlage des ersten Fünfjahrplans bis 1955 überholt. Der sozialistische Aufbau werde sich also auf den Kampf um die nationale Einheit günstig auswirken, denn seine Attraktionskraft werde zunehmen; a. a. O. S. 61f., 63.

314 Stammer 1956, S. 83. Er nennt diesen Zustand den Idealtypus der sozialen Kontrolle in Gesellschaften »bolschewistischen« Typs. Alle ökonomische, politische und gesellschaftliche Aktivität ist kanalisiert oder aber die massenorganisatorische Überlagerung der Gesellschaft führt zur Apathie; in jedem Fall ist jeglicher Spontaneität vorgebeugt. Vgl. Zimmermann 1956 und 1988.

315 Eine kritische Analyse zunehmender Irreversibilität der Strukturen und der gesellschaftlichen Veränderungen, die sie auslösten, in dem sie veralltäglicht wurden, findet sich bei Zimmermann 1961, S. 201f. Die im Gegensatz dazu affirmative Konzeption der Irreversibilität, die die SED vertrat, ist Gegenstand der folgenden Überlegungen.

316 Vgl. Ulbricht, Protokoll der 2. Parteikonferenz (1952), S. 31, 59, 160.

317 Ulbricht, a. a. O. S. 58, 129.

318 Die wissenschaftliche Bedeutung der 2. Parteikonferenz (1952), S. 723. Wie gesehen, »löste« die Partei die Aufgabe zunächst noch unter Rekurs auf das Alte: das erwünschte »Wir« erstrebte sie nicht allein in Aktivisten- und Wettbewerbskampagnen, sondern auch mit Hilfe von Anleihen bei den übelsten politisch-kulturellen Traditionen.

319 A. a. O. S. 719.

320 Dieses »Gesetz« unterlegte die 2. Parteikonferenz ihrem Beschluß; vgl. Protokoll, a. a. O. S. 493. Seine vollständige Formulierung lautete: »Sicherung der maximalen Befriedigung der ständig wachsenden materiellen und kulturellen Bedürfnisse der gesamten Gesellschaft durch ununterbrochenes Wachstum und stetige Vervollkommnung der sozialistischen Produktion auf der Basis der höchst entwickelten Technik.« Vgl. Stalin 1952, S. 41. Dieser Text und der XIX. Parteitag der KPdSU, der sich an ihm orientierte, stellten das Sozialismus-Projekt in einen – wie sich zeigen wird – theoretisch recht wenig raffinierten Kontext. Vgl. für die Rezeption in der DDR v. a. Oelßner 1952 und Lemmnitz 1952.

321 Ulbricht, Protokoll 2. Parteikonferenz (1952), S. 59 ff.

322 So Stern 1957, S. 149.

323 Der Ausbau des Staatsapparats und seiner Funktionen, die Verbreitung des sozialistischen Eigentums in der Landwirtschaft – damit die sogenannte Stärkung des Bündnispartners der werktätigen Bauern –, die Entwicklung der Technik und des Neuererwesens in der Industrie und des sozialistischen Bewußtseins standen im Mittelpunkt der Diskussion der Ergebnisse der 2. Parteikonferenz; vgl. Die wissenschaftliche Bedeutung der 2. Parteikonferenz (1952).

324 Dazu und zur Reaktion der KPdSU, die die SED noch vor dem Aufstand zu einer begrenzten Kurskorrektur zwang, vgl. Kap. 2,2. Zum Aufstand siehe Baring 1957 und 1966 und neuerdings insbesondere Diedrich 1991.

325 Ulbricht 1952. »Sparsamkeitsregime« hieß, mit »dem kleinsten Aufwand den größten Nutzen zu erzielen«; so auch der Beschluß des ZK vom 3. 2. 1953, Dok. SED, Bd. 4, S. 266.

326 Zu den Moralkodices vgl. Stammer 1956, S. 96 ff.

327 Zu den aufgezählten Mängeln und den Vorschlägen zu ihrer Korrektur vgl. den ZK-Beschluß »Feldzug für strenge Sparsamkeit« vom 3. 2. 1953, Dok. SED, Bd. 4, S. 263 ff. Die SED blieb mit diesen Therapievorschlägen dem zentralistisch-administrativen System verhaftet. Man verneinte – in Übereinstimmung mit Stalin 1952 – die regulative Funktion des Wertgesetzes, dessen Bejahung den ökonomischen Einheiten einen gewissen eigenlogischen Handlungsspielraum gelassen hätte. Da dieses (unzulängliche) Substitut einer Marktpreisbildung politisch-ideologisch noch undiskutabel war, konnten nur die außer-

ökonomisch gesetzten Normen von der Arbeitsleistung bis zur Produktionsgestaltung die Grundlage des Produktaustauschs und der Kalkulation von Akkumulationsfonds bilden. Vgl. Zimmermann 1981, S. 82f. Eine Wirtschaftstheorie, die nicht mehr ausschließlich von der Stalinära geprägt war und die politischen Normvorgaben durch »ökonomische Hebel« zu ersetzen suchte, begann sich erst 1955/56 zu entwickeln; allerdings eilte die wirtschaftspolitische Praxis dabei der Theoriebildung weit voraus; a. a. O. S. 86, 87ff.

328 So Herrnstadt in seiner Rede auf der 10. ZK-Tagung; vgl. E 12 (1952), S. 1331ff.

329 PB-Beschluß vom 28. 4. 1953, Dok. SED, Bd. 4, S. 365.

330 Dem waren Diskussionen und Beschlüsse des Politbüros zur notwendigen Steigerung der Arbeitsproduktivität, zur Senkung der Selbstkosten und zu den anstehenden Betriebskollektivverträgen vorausgegangen; vgl. E 4 (1953), S. 433ff.; E 5 (1953), S. 675ff.

331 Das PB leugnete diese Politik und ihre Resultate in einer Erklärung vom 5. 8. 1952; Dok. SED, Bd. 4, S. 130. Ulbricht beteuerte die Freiwilligkeit des Zusammenschlusses in Genossenschaften noch auf der – der 2. Parteikonferenz und dem XIX. Parteitag der KPdSU folgenden – 10. ZK-Tagung; vgl. Ulbricht 1952, S. 1306f. In seiner Selbstkritik bei der Einführung des »Neuen Kurses« gegenüber dem Mittelstand am 9. 6. 1953 räumte das PB ein, daß die vorhergehenden Beschlüsse »zur Liquidierung der mittleren privaten Warenproduzenten« hatten führen sollen. Vgl. Kommuniqué des PB, Dok. SED, Bd. 4, S. 428ff., und Ulbrichts Rede auf der 15. Tagung des ZK im Juli 1953, in Der Neue Kurs und die Aufgaben der Partei (1953), S. 62.

332 Zur Politik gegenüber den Kirchen und an den Schulen und Hochschulen s. das Kommuniqué des PB vom 9. 6. 1953, Dok. SED, Bd. 4, S. 430f.

## *Kapitel II*

1 Auf den hier angesprochenen Zusammenhang von Konzeptionen der Transformation, der Reform und des Wandels von Sozialismusvorstellungen macht Zimmermann 1989 aufmerksam.

2 So Fehér 1984, S. 21ff.

3 Miller 1984 sieht in der Rationalisierung der Apparate mit dem Ziel der ökonomischen Effizienzsteigerung den Kern des Chruschtschowismus. Doch diese Programmatik fand an der Spitze der KPdSU keine ungeteilte Unterstützung; zu den unterschiedlichen Vorstellungen Malenkows, Molotows, Berijas und Chruschtschows vgl. Fejtö 1972; zur Innenpolitik Chruschtschows Ulam 1974, S. 53ff.

4 So Glaeßner 1974, S. 143, gegen die These, der Primat der Politik sei verlorengegangen; a. a. O. S. 135 ff. gibt er einen Überblick über die Diskussion in der DDR.

5 Diese These vertrat, für die DDR, vor allem Ludz 1970. Er diagnostizierte einen Wandel der Parteielite, der sich im zunehmenden Einfluß der »institutionalisierten Gegenelite« – der technischen Intelligenz – zu Lasten der »strategischen Clique« – der Ideologen – ausdrücke. Zur Kritik der These des »konsultativen Autoritarismus« vgl. Richert 1968, S. 10 f.; Thomas 1981, S. 33; Baylis 1974, S. 17, sprach – weitaus vorsichtiger als Ludz – von einer Beschränkung willkürlicher Machtausübung.

6 Vgl. Márkus 1982.

7 Zur Ideologie der wissenschaftlich-technischen Revolution vgl. Zimmermann 1976.

8 Trotz der erfolgreichen Gegenbewegungen der ideologischen Elite gegen den Vormarsch der technischen Intelligenz, so meinte Ludz 1970, S. 152, »dürfte der Differenzierungsprozeß in den Führungsgremien der SED nicht zum Stillstand gekommen sein«, weil »mit organisationspolitischen Maßnahmen allein (...) eine gesellschaftlich bedingte Differenzierung nicht aufzuheben« sei. Baylis 1974 war weitaus skeptischer. Nicht nur trug er – anders als Ludz – dem Ende des Prager Frühling Rechnung. Er wies auch nach, daß das Vordringen der technischen Intelligenz in die Führungsgremien der Partei selbst in der Hochphase der Reform der sechziger Jahre äußerst beschränkt blieb.

9 So Baylis 1974, S. x, xii.

10 Vgl. hierzu, was die DDR anbetrifft, Staritz 1985, S. 151 ff., 153, und Irmhild Rudolphs ausführliche Analyse in Glaeßner/Rudolph 1978, insbes. S. 32 ff.

11 Vgl. Touraine 1972; Bell 1979; Gouldner 1979; v. a. Konrád/Szelényi 1981.

12 Für westliche Gesellschaften vgl. dazu Habermas 1968, S. 57 ff.

13 Gouldner 1979, S. 18 f., 24 f.

14 So z. B. Kosta 1974, S. 188.

15 Für gegensätzliche Einschätzungen vgl. Fehér/Heller/Márkus 1983, S. 187 ff. und Marcuse 1964, S. 92 ff.

16 Habermas 1968, S. 76 ff.

17 So Fehér/Heller/Márkus 1983, S. 187 f. Spricht man von Chance und nicht von Gewißheit, liest sich auch die Ludzsche These, die totalitäre gehe zur autoritären Herrschaft über, anders.

18 Siehe vor allem Gouldner 1979 und Konrád/Szelényi 1981.

19 Dazu Rakovski 1978, S. 18 ff.

20 Dies ist die Formulierung von Gouldner 1979, aber sie trifft ebenso die argumentative Intention von Konrád und Szelényi. Auf eine Schwä-

che der Intelligenz-zentrierten Gesellschaftstheorien möchte ich nur kurz hinweisen: Sie unterscheiden nicht zwischen »Intelligenz« und »Bürokratie«.

21 Baylis 1974, S. 239ff.

22 Auf diese Parallele zum technokratischen Denken, die sich bei Marx und Lenin findet, machen Papalekas 1963 und Schelsky 1961 aufmerksam; s. a. Greiffenhagen 1970.

23 Den Zusammenhang zwischen Verschwörungstheorie und Stalinismus sieht Rakovski 1978, S. 122f., in der Unterdrückung klassentheoretischer Analyse und Kritik; dieses Argument läßt sich auch gegen die technokratische Ideologie wenden.

24 Im folgenden stütze ich mich vor allem auf Brzezinski 1981, S. 155ff.

25 So machte Suslow auf dem XX. Parteitag deutlich, daß es zwar unterschiedliche Wege geben mochte, aber nur einen Sozialismus. Vgl. Brzezinski 1981, S. 182f.

26 Brzezinski 1981, S. 239ff., spricht daher nicht von polnischem Nationalkommunismus, sondern bezeichnet Gomulkas Strategie als »domesticism«. Dieser stellte den Blockzusammenhang nicht in Frage und verzichtete auf explizite ideologische Herausforderungen der sowjetischen Führungsmacht. Zur Charakterisierung der entgegengesetzten jugoslawischen und ungarischen Position vgl. a.a.O. S. 185ff., 210ff.

27 Vgl. Brzezinski 1981, S. 271ff. Der Wortlaut findet sich in E 12 (1957), S. 1473ff. Zur entscheidenden Passage vgl. S. 1479.

28 In der Literatur wird häufig die Frage gestellt, ob Malenkow oder Berija, oder letzter allein, so weit hätten gehen wollen, die DDR zugunsten eines bürgerlich-westlichen Gesamtdeutschland zu »opfern«. Vgl. Brandt 1978, S. 211; das in der DDR nicht veröffentlichte Schlußwort Ulbrichts auf dem 15. ZK-Plenum vom 24.-26. Juli 1953, *Aus Politik und Zeitgeschichte* (1957), S. 365; Das Herrnstadt-Dokument (1990), S. 255ff. und 264ff.; Wettig 1982, S. 68, Anm. S. 33; Steininger 1985, S. 84f. Anderen Vermutungen zufolge knüpften derartige Überlegungen an eine möglicherweise auf gesamtdeutsche Neutralität gerichtete Politikvariante Stalins, die zugleich auf eine propagandistisch-außenpolitische Wirkung gezielt habe, wieder an. Sie verweisen dabei auf die sowjetischen deutschlandpolitischen Initiativen des Jahres 1952. Es sei aber auch denkbar, daß sich die Führungsspitze der KPdSU mehrere Optionen offenhielt und die Einführung des Neuen Kurses in der DDR erzwang, um die nicht mehr zu leugnende Versorgungskrise zu beheben und mit der Ablösung Ulbrichts – Sinnbild der verfehlten stalinistischen Politik – das Ansehen der sozialistischen Gesellschaft insgesamt zu erhöhen. Wettig 1982, S. 63ff.; Löwenthal 1966; Meissner/Hoensch 1972, S. 483ff.; Hacker 1982, S. 477ff. Es

ist aber darauf hinzuweisen, daß die sowjetische Führung im eigenen Land sowie in den anderen volksdemokratischen Ländern »Neue Kurse« einführte. Diese hatten – mit Variationen im einzelnen – generell Verbesserungen des Lebensstandards zum Ziel. Offensichtlich suchte die KPdSU-Führung nach Stalins Tod auf diese Weise sich eine eigene Legitimationsbasis zu verschaffen.

29 Vgl. Über die Maßnahmen zur Gesundung der politischen Lage in der DDR (1953) sowie Stöckigt 1990.

30 Über die Maßnahmen zur Gesundung der politischen Lage in der DDR (1953), S. 653, 652.

31 Ebd. und a. a. O. S. 654.

32 Herrnstadt-Dokument (1990), S. 108ff.

33 Vgl. zu den innerparteilichen Auseinandersetzungen, die mit dem Ausschluß Zaissers und Herrnstadts endeten, und zu den Kampagnen gegen sie, die im besten stalinistischen Stil geführt wurden, das Herrnstadt-Dokument (1990) und BZG 5 (1990).

34 Entschließung der 15. ZK-Tagung vom 24.-26. Juli 1953, in Der Neue Kurs und die Aufgaben der Partei (1953), S. 115. Dies war die Tagung, die Herrnstadt und Zaisser aus dem ZK ausschloß.

35 Dazu vgl. Grotewohls Bericht auf der 15. ZK-Tagung vom 24.-26. Juli 1953, a. a. O. S. 15ff.

36 Entschließung der 15. ZK-Tagung, a. a. O. S. 105, 106f., 116ff.

37 A. a. O. S. 121f.

38 A. a. O. S. 133ff.

39 Nach dem 17. Juni, mit dem die Streiks vielerorts nicht beendet waren, fanden vornehmlich in den Großbetrieben Aussprachen mit teils hohen SED-Funktionären statt. Sie wurden häufig sehr offen geführt und verschonten auch die Gewerkschaften nicht mit Kritik. Viele Belegschaften verweigerten zunächst die geforderte Distanzierung von den Streikleitungen oder von aktiven Kollegen, bis die politische Repression – in Form der Entlarvung von »Agenten« und »Provokateuren« – erneut einsetzte und das gerade gewonnene Selbstbewußtsein der Arbeiter brach. Das wurde erleichtert durch nicht unbeträchtliche innerbetriebliche Zugeständnisse in Fragen der Löhne, Arbeitsbedingungen, medizinischen und sonstigen Versorgung. Spätestens im Herbst fanden die Gewerkschaftsvertreter, die, wie auch die Lokalpresse, die Arbeiter in ihren Forderungen oder Beschwerden nicht selten unterstützt hatten, zu ihrer alten Form zurück: Die Wettbewerbs- und Aktivistenkampagnen setzten wieder ein. Vgl. Ewers/Quest 1982, S. 36ff.

40 Die Aufzählung der Mißstände war so aufschlußreich wie folgenlos, weil eine Veränderung auf die bisherigen parteioffiziellen Appelle beschränkt blieb: den Beschwerden der Bevölkerung sei nachzugehen, die Rechte der Bürger seien zu schützen, die Ausschüsse der Volks-

kammer hätten regelmäßig zusammenzutreten, die parlamentarischen Körperschaften hätten ihre verfassungsmäßigen Pflichten zu erfüllen, die Arbeit des Demokratischen Blocks sei zu aktivieren, die demokratische Gesetzlichkeit sei einzuhalten, die Parteifunktionäre sollten aufhören, die staatlichen Verwaltungsfunktionen zu übernehmen und die Administratoren damit zur Verantwortungsscheu zu erziehen. Vgl. Entschließung der 15. ZK-Tagung, a.a.O. S. 120ff., 136f.

41 Beschluß der 14. ZK-Tagung vom 21. Juni 1953, Dok. SED, Bd. 4, S. 436f.; Entschließung der 15. ZK-Tagung, a.a.O. S. 120f.

42 Vgl. Grotewohl auf der 15. ZK-Tagung, a.a.O. S. 28ff.; Entschließung, a.a.O. S. 107ff., 128ff.

43 A.a.O. S. 130.

44 Jänicke 1964, S. 39.

45 Die sowjetische Militärjustiz richtete 18 Menschen hin. Die Strafjustiz der DDR vollstreckte drei Todesurteile und verhängte – nach westlichen Angaben – 1383 Freiheitsstrafen. Fricke 1982; Fricke 1979, S. 287ff.

46 Kommuniqué des PB vom 9. 6. 1953, Dok. SED, Bd. 4, S. 428ff.; Grotewohl auf der 15. ZK-Tagung vom 24.-26. Juli 1953, Der Neue Kurs und die Aufgaben der Partei (1953), S. 28; Entschließung, a.a.O. S. 105. Die Entschließung hob auch die Notwendigkeit hervor, die »Kluft zwischen Ost- und Westdeutschland zu überbrücken« und auf einen Friedensvertrag hinzuarbeiten; a.a.O. S. 123f.

47 Der richtige Kurs des sozialistischen Aufbaus sei, in falschem, zu hohem Tempo gefahren worden. In ihren Grundzügen sei auch die Kollektivierung richtig gewesen, hätte sie nicht das »Prinzip der strengsten Freiwilligkeit« verletzt. Entschließung der 15. ZK-Tagung, a.a.O. S. 126f.

48 Ulbricht, 15. ZK-Tagung, a.a.O. S. 62, 65, 66; vgl. auch Entschließung, a.a.O. S. 123, 124f., 127.

49 Vgl. Ulbricht, Protokoll der Verhandlungen des IV. Parteitags der SED (1954), S. 81ff. Die schon jetzt diskutierten Aufgaben des zweiten Fünfjahrplans sollten – neben der Erhöhung der Konsumgüterproduktion und der Förderung des Wohnungsbaus – in der alten Priorität der Schwerindustrie und der Technisierung der volkseigenen respektive genossenschaftlichen Agrarbetriebe liegen; a.a.O. S. 189ff.

50 Vgl. insbes. a.a.O. S. 192, 878, 176ff.

51 Eine erste war in dem Vorschlag zu sehen, die materielle Interessiertheit der Betriebe zu wecken. Die Planungsmodi sollten vereinfacht, die Zahl der Kennziffern reduziert und die »wirtschaftlich-operative Selbständigkeit« der Betriebe erhöht werden. Der unmittelbare Anlaß dieser Vorschläge war die absehbare Nichterfüllung des 1. Fünfjahrplans; vgl. Ulbricht 1954, S. 15, 17ff. und Oelßner 1955, S. 49ff.

52 Dies geschah, nachdem Malenkow, neben Berija der Hauptinitiator des Neuen Kurses, im Februar 1955 als Ministerpräsident abgesetzt worden war; Stern 1957, S. 173.

53 Oelßner 1955, S. 9, 11. Insbesondere in der Landwirtschaft werde sich der Klassenkampf »gesetzmäßig« verschärfen; Oelßner erinnerte in diesem Zusammenhang an den Kampf gegen die Kulaken in der Sowjetunion; a. a. O. S. 43.

54 A. a. O. S. 9f., 10f., und passim.

55 Man warb wieder für den Beitritt zu den LPG, wenn dies auch einstweilen ohne die Zwangsmaßnahmen der früheren Zeit geschah (so Stern 1957, S. 175; anders Fricke 1979, S. 280ff.), und gab die »Neutralität« gegenüber der bürgerlichen Ideologie und der »Verbreitung von Aberglauben« auf (Ulbricht 1955, S. 86f.), setzte also den Kulturkampf fort. Schon Ende 1954 hatte die Partei den Kampf gegen die Kirche, für die Teilnahme an der Jugendweihe wieder aufgenommen. Im Frühjahr 1955, als sie hoffte, die Streitkräfte der DDR würden in den Warschauer Pakt integriert, verstärkte sie auch die militaristische Propaganda. Sie intensivierte die Tätigkeit der Betriebskampfgruppen, die vormilitärische Ausbildung in der Gesellschaft für Sport und Technik und die Werbung Jugendlicher für die Kasernierte Volkspolizei. Vgl. Stern 1957, S. 174.

56 Ulbricht 1955, S. 100, insbes. S. 55ff.

57 Beschluß der 25. ZK-Tagung (27. Oktober 1955), Dok. SED, Bd. 5, S. 503.

58 So klagte man z. B. auf der 25. ZK-Tagung, die Direktiven der vorherigen Tagung im Juni hätten nicht zur »Einschränkung und Verbilligung des Staatsapparats« geführt. Seine Mitglieder neigten noch immer zur »Mißachtung und Unterdrückung« der Kritik und Initiative der Werktätigen. Die Kompetenzen seien überzentralisiert, die zentralen Instanzen beschäftigten sich mit »unnötigen Fragen«, es bestehe ein »Nebeneinander der Arbeit« der verschiedenen Bürokratien etc. Vgl. Dok. SED, Bd. 5, S. 499.

59 Die Problematisierung von Wissenschaft und Technik begann in der Sowjetunion im Frühjahr 1955, insbesondere aber mit dem XX. Parteitag. Parallel setzte der Prozeß in der DDR mit dem 24. und 25. ZK-Plenum und der 3. Parteikonferenz ein; dazu Zimmermann 1981, S. 87ff., 97ff.

60 Vgl. Beschluß der 3. Parteikonferenz (1956), Protokoll a. a. O. S. 1124 und S. 67ff., 71ff., 113ff., 189ff.

61 Ulbricht, a. a. O. S. 60f., 93ff.

62 A. a. O. S. 76ff.

63 A. a. O. S. 160ff.

64 Grotewohl, a. a. O. S. 657.

65 Daraus ließ sich dann auch folgern, daß nur »wenn der Staat stark« sei,

auch die Rechte der Bürger gesichert seien. Da der Staat seinerseits substantiell definiert war, bedeutete die Pflicht, ihn zu stärken, zugleich die Verpflichtung auf die Gesellschafts- und Eigentumsordnung; Grotewohl, a. a. O. S. 672 f.

66 Grotewohl, a. a. O. S. 673 ff., 683 ff. Selbstverständlich bestand nicht die Absicht, die Partei aus dem Staatsapparat selbst fernzuhalten; dazu Beschluß der 3. Parteikonferenz, a. a. O. S. 1114. Zur Umsetzung der Konferenzbeschlüsse in das Gesetz über die örtlichen Organe der Staatsmacht und das Gesetz über die Rechte und Pflichten der Volkskammer gegenüber den örtlichen Volksvertretungen vgl. unten, Anm. 152 f.

67 Vgl. zum folgenden v. a. Kuppe 1979, S. 179 ff.

68 Sie betonte überdies, es könne »keine Lösung des deutschen Problems ohne Berücksichtigung der DDR« geben, und bis zur Wiederherstellung der Einheit sollten beide deutschen Staaten »gleichberechtigte Teilnehmer des Vertrages über die (...) Sicherheit in Europa« sein. Vgl. den Kommentar zur Berliner Außenministerkonferenz in E 3 (1954), S. 234, 236.

69 Erklärung der Sowjetregierung über die Beziehungen zwischen der Sowjetunion und der DDR, E (1954), S. 337. Die Rechte aus den Viermächteabkommen über Deutschland als Ganzes behielt sich die Sowjetunion vor.

70 Die Souveränitätsthematik leitete den Parteitag ein, vgl. Pieck, Protokoll IV. Parteitag (1954), S. 7 f. Im Referat Ulbrichts wurde sie dann ausgeführt; a. a. O. S. 18 ff.

71 Die Bedeutung des IV. Parteitags der SED, E 5 (1954), S. 433.

72 Fritsch-Bournazel 1979, S. 57 f.

73 Ulbricht 1955 (24. ZK-Tagung, 1.-2. 6. 1955), S. 26.

74 So stellte Oelßner 1955², S. 46, am 18. August 1955 fest: »Bei der Lösung der Deutschlandfrage muß man von den realen Tatsachen ausgehen. Diese Tatsachen bestehen darin, daß sich in den vergangenen zehn Jahren in Deutschland zwei Staaten entwickelt haben, die eine verschiedenartige politische, wirtschaftliche und soziale Ordnung haben.« Beide Staaten seien »mechanisch« nicht zu vereinen; die Wiedervereinigung müsse zum einen den »Weg über ein System der kollektiven Sicherheit« nehmen, zum andern könne sie nur Resultat »allmählicher Annäherung« sein. Um aber diese möglich zu machen, müsse die Bundesregierung die DDR anerkennen und sich zu gemeinsamen Beratungen über die Milderung der bestehenden Spannungen, die Erweiterung der Wirtschaftsbeziehungen und die Förderung der kulturellen Zusammenarbeit und des Verkehrs der Bevölkerung zwischen den Staaten verstehen; a. a. O. S. 51 f., 59. Oelßner stützte sich auf die Regierungserklärung Grotewohls vom 12. 8. 1955; vgl. Anhang zu Die Sowjetunion auf der Genfer Konferenz (1955). Die

Zwei-Staaten-Formel war erstmals von Ulbricht auf der 16. ZK-Tagung im September 1953 verwendet worden. Die Sprachregelung der SED war seitdem uneinheitlich: Die deutschlandpolitischen Dokumente gerade der Jahre 1954/55 erwähnten die beiden »Teile« Deutschlands oder benannten sie als »Ost- und Westdeutschland« respektive als »DDR und Deutsche Bundesrepublik«; auf dem IV. Parteitag und bei anderen Anlässen sprach man von »Teilen« wie auch von »Staaten«. Die Sowjetunion hingegen ging erstmals nach der Genfer Gipfelkonferenz zur »Staaten«-Bezeichnung über. Daran schloß sich Grotewohls Regierungserklärung an, auf die sich wiederum Oelßner stützte. Für die Staats- und Völkerrechtler der DDR war das Problem damit freilich nicht erledigt, solange noch die Denkfigur der »Wiedervereinigung« neben jener der »Vereinigung« bestand. Vgl. Hacker 1974, S. 133ff.

75 Vgl. die Erläuterung zur 24. ZK-Tagung, E 7 (1955), S. 643; Herber.

76 Die DDR verkörpert die Zukunft Deutschlands. Zum 6. Jahrestag der Gründung der DDR, E 10 (1955) v. a. S. 964, 969.

77 Oelßner 1955, S. 30 und 25. ZK-Tagung, E 10 (1955), S. 1052.

78 Oelßner 1955, S. 17ff.; Reinhold 1955, S. 345f.

79 So besonders deutlich in der Programmerklärung der Nationalen Front vom 12./13. November 1955, Dok. Nationale Front, Neef (Hrsg.) 1967, S. 155f., 160ff.

80 Friedliche Koexistenz in dieser Konstellation, meinte Reinhold 1956, käme dem Stillstellen des Klassenkampfes um die Entmachtung der westdeutschen »Militaristen« und »Imperialisten« gleich.

81 Labedz 1962; speziell zur DDR Jänicke 1964 und Lange 1957[2].

82 Vgl. Fejtö 1972, S. 112ff.

83 Vgl. unten, Anm. 117.

84 Das gilt nicht für Teile der Parteibasis und für einzelne Parteifunktionäre und -intellektuelle, von denen noch zu sprechen sein wird.

85 So Ludz 1960/61, S. 353f.

86 So umreißt Jäger 1982, S. 67, die nicht untypische Haltung Bert Brechts. Zur allgemeinen Einschätzung respektive Schilderung der Lage und Einstellung der Intelligenz siehe neben Jäger 1982 v. a. Kersten 1957, S. 139ff.; Jänicke 1964; Croan 1962.

87 Diese Sorge beschreibt Stefan Heym als die seine zu jener Zeit; vgl. Heym 1988, S. 600.

88 Hier mag Ernst Bloch als Beispiel dienen. »Bei noch so kritischen Vorbehalten gegenüber irrigen Maßnahmen« Stalins erschien ihm eine Disjunktion der Sowjetunion vom »Anliegen der menschlichen Befreiung selbst« nicht ratsam; so Bloch 1956, S. 18f. Als »atlantische Unfreiheit« hingegen kritisierte er das politische System der USA. Hier vermochte er ausdrücklich nur eine zum Faschismus pervertie-

rende und folglich zur schieren Ideologie verkommene Idee und Praxis der (Un)Freiheit zu erkennen. Bloch stellte sich zwar auf den Boden des XX. Parteitags, verwahrte sich aber gegen die »Abtrünnigen« von der »großen Sache«, die er weiterhin in der Sowjetunion aufgehoben fand. Vgl. auch Bloch 1956[1], S. 423 f.

89 Mohr 1982 analysiert die hier zusammengefaßten Reaktionen der Schriftsteller Kuba und Kant, Hermlin und Seghers, Heym und Brecht, wie sie sich in den fünfziger oder sechziger Jahren in ihren Werken niedergeschlagen haben. Die letztgenannte Position vertrat bereits unmittelbar nach dem Aufstand am prononciertesten Erich Loest. In seinem Artikel »Elfenbeinturm und rote Fahne« (Börsenblatt für den deutschen Buchhandel, Leipzig, Nr. 27, 4. 7. 1953) wandte er sich gegen die Gleichsetzung der Arbeiter mit faschistischen Provokateuren und sprach die Fehler von Regierung und Partei an; er kritisierte auch die Presse, die Mißstände fast ausnahmslos verschwieg.

90 Weil die Partei, so meinte Brecht, für ihre Politik des sozialistischen Aufbaus der ganzen historischen Entwicklung in Deutschland entsprechend Zustimmung gar nicht erwarten könne, weil sie ihre Politik also zunächst gegen den Widerstand der Arbeiter durchführen müsse, eröffne der 17. Juni erstmals eine Chance der Kommunikation. Jetzt seien die Massen in Bewegung geraten, nun könne und müsse es zur »nötigen großen Aussprache« der Partei mit den Arbeitern über die »allseitig gemachten Fehler« und über die Schwierigkeiten des sozialistischen Aufbaus kommen; aus der bewußten Unterstützung der Arbeiter könne sich schließlich ihre Selbsttätigkeit entwickeln. Vgl. dazu Mohr 1982, S. 88 f.

91 Vgl. die Erklärung der Akademie der Künste (30. 6. 1953) in Schubbe (Hrsg.) 1972, S. 298 f. (Dok. 86); eine ähnliche Erklärung verabschiedete der Kulturbund wenig später (Dok. 87; a. a. O. S. 290 f.); s. a. Rühle 1982, S. 162 ff.

92 So z. B. Stefan Heym und Bert Brecht; Dok. 92 und 93 (vom 29. 7. und 12. 8. 1953), Schubbe (Hrsg.) 1972, S. 298 f., 299 ff. Wolfgang Harich hingegen affirmierte die Staatsfunktion und die kunstpolitischen Grundsätze und kritisierte lediglich die Unkenntnis der Funktionäre der Kunstkommission; Dok. 88 (14. 7. 1953), a. a. O. S. 292 ff.

93 Vgl. Ulbricht auf der 15. ZK-Tagung (24.-26. 7 1953), Der neue Kurs und die Aufgaben der Partei (1953), S. 121 f.

94 Siehe die Aussprache zwischen Otto Grotewohl und führenden Kunst- und Kulturschaffenden der DDR, die am 19. 10. 1953 stattfand; Dok. 97, Schubbe (Hrsg.) 1972, S. 313 ff.

95 Jäger 1982, S. 71; Rühle 1982, S. 166 ff.

96 Die Differenzen zwischen der Argumentation Ulbrichts und Bechers

um die Monatswende März/April 1954 waren sehr deutlich, vgl. Dok. 105 und 106, Schubbe (Hrsg.) 1972, S. 333 ff., 338 ff.

97 Der 4. Schriftstellerkongreß stand unter dem Eindruck des »Nachterstedter Briefs«, eines wohlinszenierten Schreis der Belegschaft des gleichnamigen Braunkohlenbergwerks nach »mehr Büchern über den großen Aufbau« und die »neuen Menschen« in der DDR; Dok. 109, 27. 1. 1955, a. a. O. S. 350ff.; Jäger 1982, S. 73 ff.

98 Vgl. Mayer auf der Konferenz der Literaturwissenschaftler im Mai 1956, Schubbe (Hrsg.) 1972, Dok. 131, S. 437 f., und seinen Rundfunkvortrag Ende November 1956, der nicht mehr gesendet, aber noch gedruckt wurde; Dok. 139, a. a. O. S. 449 f.

99 So Heinz Kahlau auf dem 2. Kongreß Junger Künstler im Juni 1956, Dok. 132, a. a. O. S. 438 f.; vgl. auch die Dok. 133, 136, 137. Brandt 1959, berichtet über die jungen Künstler (neben Kahlau v. a. Manfred Bieler, Jens Gerlach, Günter Kunert, Armin Müller, Manfred Streubel, Paul Wiens und Gerhard Zwerenz), den 2. Kongreß Junger Künstler im Juni 1956 und über die Disziplinierung im Anschluß an die Kulturkonferenz der SED im Oktober 1957. Vgl. auch Kersten 1957, S. 147 ff.

100 Das machten insbesondere die Diskussionsbeiträge deutlich, die sich mit den ebenso dogmatischen wie hölzernen Definitionen der Freiheit als »Einsicht in die Notwendigkeit«, die Alfred Kosing und Klaus Zweiling unermüdlich repetierten, nicht zufrieden geben wollten. Vgl. den Konferenzband Das Problem der Freiheit im Lichte des wissenschaftlichen Sozialismus (1956), S. 325 ff., 328 f., 340 f.

101 Zur Lage an den Universitäten nach dem XX. Parteitag vgl. Stern 1957, S. 212 ff.; Jänicke 1964, S. 148 ff.

102 Die scharfen Angriffe setzten nach der Zerschlagung der ungarischen Revolution ein, als die Partei gegen den Revisionismus insgesamt losschlug. Vgl. dazu Ulbrichts Rede auf dem 30. Plenum des ZK der SED (30. 1.-1. 2. 1957), Grundfragen der Politik der SED (1957), S. 67 ff. Daran anknüpfend Ley 1957; Schulz/Horn 1957; später dann Buhr 1958 und Kurella 1958.

103 Bloch 1956[1], S. 425 ff.

104 Das wird besonders deutlich, vergleicht man das Plädoyer für einen zum Marxismus-Leninismus querliegenden Freiheitsbegriff, das Bloch auf der erwähnten Freiheitskonferenz (Bloch 1956, S. 21 ff., 344 ff.) hielt, mit den Ausführungen des gleichfalls referierenden Kolakowski. In lebhaftem Kontrast – nicht in Gegnerschaft – zu Bloch argumentierte Kolakowski unmittelbar politisch. Er betonte die auch im Sozialismus grundsätzlich unauflösbare Divergenz zwischen gesellschaftlichen und individuellen Interessen und wollte sie in der Konzeption der Freiheit beachtet wissen; Kolakowski 1956, S. 158, 161 f. Weil er die Utopie für unerreichbar hielt und einer »nie zu Ende

geführten Annäherung an den Idealzustand« das Wort redete – alles andere, damit implizit auch die Position Blochs, sei eine Harmonisierung der Interessen »nur im Bereich des Denkens« – ließ er den Sozialismus lediglich als die Voraussetzung für den »unendlichen Prozeß des gesellschaftlichen Fortschritts« gelten, für die beharrliche »Erweiterung der Grenzen menschlicher Freiheit«; Kolakowski 1956, S. 163, 165, 166. Diese Skepsis gegenüber der Realisierbarkeit der Utopie erlaubte Kolakowski die Kritik des jeweils bestehenden Grades der Freiheit, dessen Insuffizienz keinesfalls mit der Vorbereitung der schließlichen und vollständigen Harmonie zu rechtfertigen war.

105 Der Protagonist der revisionistischen Kritik des dialektischen Materialismus in der DDR sprach diesem eine die Einzelwissenschaften übergreifende Leitfunktion ab und reduzierte so zumindest implizit die marxistisch-leninistische Philosophie auf Philosophiegeschichte, Logik und Erkenntnistheorie. Damit bezweifelte er die Existenz allgemeiner Gesetzmäßigkeiten im Bereich der Natur, Geschichte und des Denkens, und das trug ihm den Vorwurf des Positivismus ein. Der Zweifel am Primat der Philosophie hatte jedoch eine politische Implikation. Er stellte die vom Marxismus-Leninismus geleitete Einsicht in den gesellschaftlichen Entwicklungsprozeß in Frage, das Postulat der Bewußtheit, auf das die Partei ihre Herrschaft stützte. Havemann opponierte daher seit den sechziger Jahren auch offen politisch mit dem Ziel einer Demokratisierung der DDR. 1957 kehrte er noch zur parteioffiziellen Affirmation des dialektischen Materialismus zurück, als die Angriffe auf den Revisionismus einsetzten. Zu seiner Position nach dem XX. Parteitag vgl. Havemann 1956. Mit seinem Rückzieher distanzierte Havemann 1957 sich scharf von der Interpretation seiner Kritik des dialektischen Materialismus durch Lange 1957[1]; vgl. auch Lange 1957[2]. In der DZfPh führten Redlow 1957, Ley 1957[1], Klotz 1958 und Seidel-Höppner 1958 die Diskussion um Marxismus-Leninismus, Positivismus und Naturwissenschaften fort.

106 Vgl. Kuczynski 1956, 1957[1], 1957[2].

107 Vgl. Hoffmann 1957, Benser/Streb/Winkler 1958, Schleifstein 1958, Winkler/Fliegner 1958. Zur Kritik an Kuczynskis Geschichtskonzeption s.v.a. Höppner 1958, Heyden 1957, Köhler 1957. Giersipen/Robbe 1957 vertraten eine zwischen Kuczynski und seinen Kritikern vermittelnde Position.

108 Sie hätten ihn als Feind der Partei zu denunzieren gesucht und seine Argumente bis zur völligen Entstellung verdreht; vgl. Kuczynski 1958. Wie zutreffend diese Gegenkritik war, läßt sich – neben den bereits zitierten Aufsätzen insbesondere Hoffmanns und Höppners – an den Beiträgen von Zweiling 1957, den Briefen an die Redaktion, E 7 (1957), S. 893ff., und an den Stellungnahmen der Redaktionsmitglieder, E 9 (1957), S. 1164ff., ablesen.

109 Vgl. zum politischen und theoretischen Kontext der Diskussion der Ökonomen Zimmermann 1981, S. 233ff. In der DDR begann sie mit der theoretischen Konferenz zur Übergangsperiode zwischen Kapitalismus und Sozialismus von 1955. Insbesondere im Beitrag von Brus finden sich die argumentativen Elemente, die Behrens und Benary dann ausarbeiteten. Die Diskussion läßt sich in der Zeitschrift *Wirtschaftswissenschaft* verfolgen; vgl. vor allem Kommentare zur erwähnten Konferenz in WiWi 2 (1955), S. 273ff. und 3 (1955), S. 289ff.; Brus 1955, Richter 1955, Wolf 1955.

110 So Berger 1955, S. 818f.

111 Benary 1957, S. 65ff., 71ff. Zur Funktion des Wertgesetzes im Sozialismus vgl. gesondert Benary 1956; zu gegenteiligen Auffassungen s. Lemmnitz 1956 und 1956[1]; Oelßner 1955[1].

112 Benary 1957, S. 84ff., 87ff.

113 Behrens 1956, 1956[1] und 1957.

114 Die zentralen Gegenargumente erschienen – gemeinsam mit den Aufsätzen Benarys und Behrens' – im 3. Sonderheft der Wirtschaftswissenschaft (Februar 1957). Vgl. dort die Aufsätze von Kampfert, Scheler, Richter und Luck.

115 Vgl. Vieweg 1956; zur Kritik Appelt 1957. Zu den Positionen Oelßners, Selbmanns und Zillers vgl. Jänicke 1964, S. 92ff.; Baylis 1974, S. 195ff.

116 Vgl. die Kritiken und Selbstkritiken der Kulturfunktionäre insbesondere auf dem 33. ZK-Plenum (16.-19. 10. 1957), Wortprotokoll, Hrsg. Bundesministerium für gesamtdeutsche Fragen, Bonn 1957, S. 70ff. Neben Hager und Wandel bezichtigte sich auch Kulturminister J.R. Becher, von seiner Macht keinen Gebrauch gemacht zu haben, wo die Mittel der Überzeugung augenscheinlich versagten; a.a.O. S. 121ff.

117 Joho, Schriftsteller und res publica, Sonntag, 28. 10. 1956, zit. nach Just 1990, S. 85 und 96ff.

118 So Richert 1967, S. 136. Richert, a.a.O. S. 140, 133, erklärt das damit, daß die Mehrzahl der Studenten in der DDR durch das staatliche Stipendienwesen, das sie »faktisch zu Staatsangestellten stempelte«, korrumpiert gewesen sei. Überdies sei an den Universitäten kaum eine Verbindung zwischen Studenten und kritischen Professoren zustandegekommen; dem habe die Organisation des Studiums, v.a. das Kurssystem, entgegengestanden, das die »Resonanzmöglichkeit der einzelnen Wissenschaftler-Persönlichkeiten« stark einschränkte; a.a.O. S. 142. Und schließlich sei der »Beitrag der DDR-Wissenschaftler zur Revision des Stalinismus (...) weit geringer gewesen als etwa der der Wissenschaftler Polens oder (...) der Ungarn.« Dies sei »keineswegs in erster Linie mit dem wissenschaftspolitischen Terror« zu erklären; gerade 1956 und selbst noch 1957 sei dieser »wenig zu

spüren« gewesen; a. a. O. S. 143 f. Richert führt das Ausbleiben revisionistischer Energien vielmehr auf das »Ausmaß der Fortgeschrittenheit der geistigen Sterilität« zurück, das damals bereits erreicht gewesen sei und zu dem die Abwanderung aus den Reihen der Intelligenz in den Westen beigetragen habe; a. a. O. S. 144.

119 Richert 1967, S. 136 ff.; vgl. Wollweber 1990, S. 365, zu den Methoden, mit denen die Demonstration verhindert wurde. Crüger 1990, S. 152 f., 160 f., beschreibt, wie die Humboldt-Universität im Winter 1956/57 diszipliniert wurde. Proteste gegen seine Verhaftung gab es nicht – weder innerhalb noch außerhalb der Universität.

120 Just 1990, der in diesem Zusammenhang sehr lesenswert ist, schreibt wie folgt: »Wir waren nicht völlig unvorbereitet auf das, was sich in den ›5 Tagen, die Polen erschütterten‹, abspielte. Polnische Schriftsteller und Journalisten hatten uns immer wieder besucht. Erst wenige Tage vor dem Plenum berichtete Roman Karst vor dem Vorstand des DSV über Polen, Joho hatte uns darüber informiert. Unsere Schriftsteller kamen jedoch mit dem, was sie von den polnischen Kollegen hörten, nicht mit, das ging ihnen zu weit und war zu kühn. (Ende Januar las ich in einer polnischen Zeitschrift einen Artikel von Roman Karst, in dem er sich sehr bitter über diese Begegnung mit den Berliner Kollegen ausspricht.)« A. a. O. S. 87.

121 Harichs Plattform über den besonderen deutschen Weg zum Sozialismus findet sich in SBZ-Archiv 5 (1957), S. 72 ff. Sie wies alle Defizite der politischen Kopfgeburt eines marxistisch-leninistischen Intellektuellen aus, der den Erfolg seiner Konzeption für historisch notwendig hielt. Zur Kritik vgl. Croan 1962, S. 246 ff.

122 Siehe neuerdings vor allem Crüger 1990; Janka 1989; Just 1990. Außerhalb des intellektuellen Bereichs aber machte die Partei (Schein-) Zugeständnisse; sie kündigte die Einführung der 45-Stunden-Woche und die Gründung von Arbeiterkomitees in den staatlichen Betrieben an. Deren Kompetenzen reichten nicht an jene in Polen oder Jugoslawien heran; sie hatten keinerlei Bedeutung und wurden 1958 wieder aufgelöst. Stern 1957, S. 223 f.

123 So Just 1990, S. 120.

124 Vgl. Zu Fragen des XX. Parteitags der KPdSU (1956), v. a. S. 31 ff.

125 Über die Aufgaben der SED nach dem XX. Parteitag (1956), S. 26 ff.

126 Vgl. Beschluß des 28. Plenums, a. a. O. S. 117 ff. Zugleich allerdings forderte das Zentralkomitee auf, vom marxistisch-leninistischen Standpunkt über den wahrhaft demokratischen Charakter des Arbeiter- und Bauernstaats aufzuklären und der imperialistischen Verfälschung des Freiheitsbegriffs entgegenzuwirken; a. a. O. S. 113 ff.

127 Vgl. Schirdewan 1990 (seine Stellungnahme für das 35. ZK-Plenum im Januar 1958, auf dem er und Wollweber ausgeschlossen wurden) und Wollweber 1990 (ein Manuskript vom Oktober 1964).

128 So Wollweber 1990, S. 371 f. Der V. Parteitag beschloß, den Lebensstandard der Bundesrepublik bis 1961 einzuholen. Auf dem Weg dorthin lag die »Kulturrevolution«, die im nächsten Abschnitt behandelt wird. Was die Reaktion der Parteispitze auf die Fluchtbewegung betrifft, so klingt vor dem Hintergrund der Erfahrungen des Jahres 1989 vertraut, wie beispielsweise Hanna Wolf auf dem 33. Plenum (1957) die Flüchtenden nannte: »Verräter, Überläufer und Schweine«. Vgl. Schirdewan 1990, S. 511.

129 Gemeinsame Erklärung des ZK der SED und der KPTsch, 10. 12. 1956, Dok. SED, Bd. 6, S. 179 ff.

130 Ulbricht 1957, S. 43, 24 f., 28 f.

131 A. a. O. S. 45 ff., 67 ff.

132 So Staritz 1985, S. 119.

133 Vgl. den Leitartikel in der DZfPh 1 (1957), S. 5 ff., 9, 13.

134 Siehe neben der Januar-Ausgabe der DZfPh die Fortsetzung der antirevisionistischen Kritik bis weit in das Jahr 1958, das Jahr des V. Parteitags, hinein. Zu dessen Bedeutung für Philosophie und Wissenschaften vgl. Klein/Kosing 1958.

135 Vgl. dazu den folgenden Abschnitt.

136 Vgl. die Selbstkritiken von Wandel, Hager und Becher auf dem 33. Plenum (16.-19. 10. 1957), Wortprotokoll, a. a. O. S. 70 ff., 121 ff., 129 ff.

137 Zur schrittweisen Entmachtung der »fraktionellen Gruppe« vgl. Jänicke 1964, S. 87 ff.

138 Dies geschah auf dem 35. ZK-Plenum im Februar 1958 und auf dem V. Parteitag. Honecker erhob den Vorwurf der »Fraktions«bildung; vgl. dazu Honecker im Bericht des PB an die 35. ZK-Tagung (3.-6. 2. 1958), ND 8. 2. 1958, S. 5. Matern zog auf dem Plenum eine Parallele zu den innerparteilichen Auseinandersetzungen des Frühjahrs und Sommers 1953; ND 25. 2. 1958, S. 3. Norden behauptete, die fraktionelle Gruppierung habe nicht nur die Autorität des Ersten Sekretärs in Frage gestellt, sondern ihn ablösen wollen; ND 26. 2. 1958, S. 3. Schirdewan und Wollweber, hieß es, hätten in opportunistischer Weise die Bedeutung des XX. Parteitags, die Politik der Entspannung und die Rolle der Partei verkannt sowie die Diversionsarbeit des imperialistischen Gegners und deren logische Konsequenz – die (ungarische) »Konterrevolution« – falsch eingeschätzt. Statt für notwendige Sicherheitsmaßnahmen einzustehen, vertraten sie eine »Taktik des Ventils«: eine Politik der Fehlerdiskussion und des offenen Meinungsstreits. Ohne die DDR »allseitig zu sichern und zu stärken«, so der zentrale Einwand, sei aber gerade »in Deutschland keine Minderung der Spannungen herbeizuführen«. Der Einwand implizierte, die Politik der »fraktionellen Gruppe« habe zur Einheit Deutschlands »um jeden Preis« tendiert. So Honecker auf dem 35. Plenum, ND 8. 2.

1958, S. 5. Jänicke 1964, S. 80ff., vertritt die These, insbesondere Schirdewan sei es vor allem um eine alternative Deutschlandpolitik gegangen. Zöger 1960 behauptet, es hätten – was die Deutschlandpolitik betrifft – Affinitäten zwischen der Plattform Harichs einerseits und der innerparteilichen Opposition Schirdewans und sowjetischen Optionen andererseits bestanden. Zöger, der Kontakt zu Harich gehabt hatte und 1957 verurteilt worden war, führt allerdings keine Belege an. Wahrscheinlicher ist, daß es sich – wie bei Herrnstadt und Zaisser – um eine hypothetische Konstruktion handelte; vgl. Grotewohl, 35. Plenum, ND 25. 2. 1958, S. 3. Die Selbstkritiken der Beschuldigten kamen spät: Schirdewan und Selbmann leisteten sie im März/April 1959 (vgl. Neuer Weg 18 (1959), S. 1237, 1238ff.), Oelßner folgte im September (Neuer Weg 21 (1959), S. 1407f.).

139 Zu dem entsprechenden Beschluß der 30. ZK-Tagung (30. 1.-2. 2. 1957) vgl. Dok. SED, Bd. 6, S. 199.

140 Vgl. dazu insbesondere, was Janka 1989 über das Verhalten Bechers, Weigels und Seghers' schrieb. Ebenso Just 1990.

141 Rodenberg auf dem 33. Plenum, vgl. Wortprotokoll, a. a. O. S. 78ff. Bredel als einziger verteidigte die Schriftsteller: Trotz aller begreiflichen Verunsicherung und »Schwankungen«, die den Enthüllungen des XX. Parteitags und dem polnischen und ungarischen Oktober folgten, hätten sich die Schriftsteller in der DDR in ihrer Mehrheit nicht »mißbrauchen« lassen; a. a. O. S. 113ff.

142 Das ist die zentrale These von Jänicke 1964.

143 Diesen Zweifel formuliert Zimmermann 1981, S. 90.

144 Entschließung der 3. Hochschulkonferenz der SED über die Aufgaben der Universitäten und Hochschulen beim Aufbau des Sozialismus in der DDR, Dok. SED, Bd. 7, S. 32ff.

145 Über diese Konferenz, die im Februar 1957 stattfand, und über Parallelveranstaltungen in den Verbänden der künstlerischen Intelligenz berichtete Abusch auf dem 32. ZK-Plenum (10.-12. 7. 1957), Dok. 152, Schubbe (Hrsg.) 1972, S. 473ff. Zur Restauration der Orthodoxie, der Wiederkehr des Kampfes gegen Formalismus, Dekadenz und imperialistische Kulturbarbarei vgl. den Überblick von Kersten 1957[1].

146 Vgl. Abuschs Rede im Präsidialrat des Kulturbunds (22. 2. 1957), Dok. 144, Schubbe (Hrsg.) 1972, S. 455ff.

147 Vgl. Abuschs Rede auf der Kulturkonferenz der SED, 23.-24. 10. 1957, Dok. 159, a. a. O. S. 498ff. und die Thesen zur Kulturkonferenz, Dok. 161, a. a. O. S. 496ff.

148 Zum Bitterfelder Weg vgl. Jäger 1982, S. 83ff.

149 Ulbricht, Protokoll der Verhandlungen des V. Parteitags (1958), Bd. 1, S. 22f., 24.

150 Ulbricht, a. a. O. S. 119, 119ff.

151 Vgl. die Diskussionsbeiträge auf dem V. Parteitag von Apel, Leuschner oder Rau, Protokoll, Bd. 1, a. a. O. S. 806ff., 534ff., 698ff.

152 Die Gesetze über die örtlichen Organe der Staatsmacht und die Rechte und Pflichten der Volkskammer wurden im Januar 1957 verabschiedet. Sie standen in der Konsequenz der Überlegungen und Beschlüssen der 24. und 25. ZK-Tagung vom Juni und Oktober 1955, v. a. der Beschlüsse der 3. Parteikonferenz vom März 1956; vgl. oben, Abschnitt 2. Zu ihrer Bedeutung vgl. Zimmermann 1957; Völkel 1980, S. 145ff. Das Gesetz über die Vervollkommnung und Vereinfachung der Arbeit des Staatsapparats (11. 2. 1958), das auf die 32. ZK-Tagung vom Juli 1957 zurückging, sah die Konzentration der Planung und Kontrolle beim Ministerrat und den Ministerien vor und verlagerte die operative Leitung auf die VVB, die Bezirks- und Kreisräte. Vgl. Thesen der 32. ZK-Tagung zur Vereinfachung des Staatsapparates und zur Änderung der Arbeitsweise der Mitarbeiter des Staatsapparates (12. 7. 1957), Dok. SED, Bd. 6, S. 281ff.; Ulbrichts Referat auf der 33. ZK-Tagung (16.-19. 10. 1957), Wortprotokoll, Bonn 1957, S. 31ff. Siehe auch die kommentierenden Artikel von Schulze 1957[1]; Spitzner 1957; Polak 1958.

153 Haupt 1957, S. 461f.; ansonsten auch Schulze 1957 und Polak 1957.

154 Vgl. Ulbricht in Staats- und rechtswissenschaftliche Konferenz in Babelsberg (1958), S. 10ff.

155 Ulbricht, a. a. O. S. 26. »Kriterium für die Wissenschaftlichkeit« der Jurisprudenz sei »ihr Nutzen für die Praxis des sozialistischen Aufbaus«; a. a. O. S. 30.

156 Ulbricht, a. a. O. S. 30ff., 39ff., 198f. Konkrete Angriffe richteten sich gegen die rechtsformalistischen Beharrungstendenzen an der Deutschen Akademie für Staats- und Rechtswissenschaften in Babelsberg, daneben auf die wohl eher »revisionistisch« eingestuften Verfehlungen Herrmann Klenners. Ihm wurde v. a. Verunglimpfung der Oktoberrevolution und Sympathie für die »Nagy-Regierung« vorgeworfen. Dazu Ulbricht, a. a. O. S. 28ff., und die Diskussion auf der Konferenz, S. 53ff. Kaum einer der Diskussionsredner unterstand sich, ein gutes Wort für den Kollegen einzulegen; eine Ausnahme war – vorsichtig und indirekt in der Formulierung – der Beitrag Bönningers. Dieser war auch der einzige, der Angriffe auf seine eigene Person zurückwies.

157 Vgl. oben Anm. 27.

158 Ulbricht, a. a. O. S. 20f.

159 So z. B. Weichelt 1957, S. 17.

160 A. a. O. S. 16, 20.

161 Weichelt schwebte, wie er schrieb, »die gesamte sog. neue ökonomische Politik« Lenins vor; a. a. O. S. 17f. Damit war er wohl in der Nähe von Konzeptionen, die Schirdewan und anderen unterstellt

wurden. Gegen den Vorwurf, auf »konterrevolutionäre« Bestrebungen »friedlich« reagieren zu wollen, war Weichelt allerdings schon kraft seines zentralen Arguments gefeit: Aus der Bestimmung des »Wesens« des Staates folge, daß er »objektiv« Staat der »werktätigen Massen« sei; Widerstand sei mithin »Konterrevolution« und legitimiere unmittelbare Repressionsmaßnahmen; a. a. O. S. 22. Nach den Angriffen des 30. Plenums auf Behrens und Benary grenzte sich Weichelt 1957[1] von »revisionistischen« und »anarchistischen« Auffassungen ab; aus seiner Argumentation heraus war das konsequent.

162 Schüßler 1958, S. 193f.

163 Ulbricht in Staats- und Rechtswissenschaftliche Konferenz in Babelsberg (1958), S. 20f., 29f.

164 Ulbricht, a. a. O. S. 23, 197.

165 Die Ausbildung sollte stärker auf den Marxismus-Leninismus bezogen werden; Ulbricht, a. a. O. S. 187ff.

166 Zu Ulbrichts Argument gegen die Trennung von Staats- und Verwaltungsapparat vgl. a. a. O. S. 35; in der Diskussion meldete nur Bönninger, a. a. O. S. 62ff., Bedenken an. Zum politisch-strategischen Interesse der Partei an der Abschaffung des Verwaltungsrechts, am direkten Zugriff auf das Handeln des Staatsapparats vgl. Glaeßner 1977, S. 176ff.; Neugebauer 1978, S. 107ff.; Ziegler 1974. Zur Zunahme der Hervorhebung der ökonomischen Funktionen des Staates seit dem V. Parteitag, insbesondere seit der Verabschiedung des 7-Jahrplans (1959-65) und dem Beginn der weiteren Kollektivierung der Landwirtschaft vgl. Völkel 1980, S. 202ff.

167 »Wie wenig Arbeiten haben wir«, klagte Ulbricht, »die die neue Qualität unserer politischen Macht deutlich werden lassen!«; Staats- und Rechtswissenschaftliche Konferenz in Babelsberg (1958), S. 38; das Referat war von Vergleichen mit der Bundesrepublik geprägt.

168 Ulbricht, a. a. O. S. 190.

169 Leitartikel zu den Beschlüssen des V. Parteitags, E 8 (1958), S. 1096f.

170 Ulbricht, Protokoll des V. Parteitags (1958), Bd. 1, S. 98ff. Nicht an das Heute, an morgen, an die Interessen der Gemeinschaft, an die Übereinstimmung ihrer theoretisch vorbestimmten mit den Interessen des einzelnen – so postulierte die Parteiführung – denke ein sozialistischer Werktätiger; a. a. O. S. 111.

171 Leitartikel zum V. Parteitag, E 8 (1958), S. 1102; siehe auch E 3 (1958), S. 302.

172 Vgl. Vorholzer, E 10 (1958), S. 1465ff.

173 Vgl. die Kommentierung der Beschlüsse des ZK und PB in E 4 (1958), S. 449ff.; die entsprechenden Beschlüsse des PB (4. 3. 1958) und der 34. Tagung des ZK (1. 3. 1958) in Dok. SED, Bd. 7, S. 117ff., 142ff.

174 Zu den zehn Geboten der sozialistischen Moral vgl. Ulbricht, Protokoll des V. Parteitags, Bd. 1, S. 160f.; zur Ethik und Moral insgesamt und zur postulierten Notwendigkeit, sie von seiten der Partei zu formulieren, Ulbricht, a. a. O. S. 148ff., 159ff. Vgl. auch das Protokoll der Ethikkonferenz, Neues Leben, neue Menschen (1957).

175 Dahlem fuhr fort: »Ein Kommunist, der das aus den Augen verliert, hat begonnen aufzuhören, Kommunist zu sein. Wer zudem glaubt, aus einer blut- und schmutztriefenden Welt der Gemeinheit und Lüge, in der das raffinierteste System menschlicher Knechtung ›Freiheit‹ und die Herrschaft der ökonomisch Mächtigen ›Demokratie‹ gepriesen werden, den schweren Weg mit den Menschen aus jener untergehenden Welt in die tatsächliche Freiheit des Kommunismus erkämpfen zu können, ohne hierbei mitunter zu stolpern, zu irren und deshalb zuweilen kurzzeitig auch umkehren zu müssen, der ist kein Kommunist, sondern ein Phantast, wenn nicht Schlimmeres! Das heißt aber nicht, jeden Irrtum für unvermeidbar zu erklären. Das bedeutet noch weniger, daß wir keine revolutionäre Ehre haben oder es uns gleichgültig ist, ob sie beschmutzt oder gar mit Füßen getreten wird. Nein, im Gegenteil, ein Kommunist hat die Pflicht, um der großen Sache willen seine revolutionäre Ehre mit allen gebotenen Mitteln zu verteidigen, wer immer sie antastet. Das bedeutet nur, daß auch das unserem heiligen Krieg gegen Ausbeutung und Unterdrückung, für Frieden, Sozialismus und Kommunismus untergeordnet werden muß.« Dahlem 1990, S. 24.

176 Ulbricht, Protokoll V. Parteitag, Bd. 1, S. 160. Zu den Ideologen des Telos und jenen der Techné vgl. Konrád/Szelényi 1981.

177 Vgl. Apel auf dem V. Parteitag, Protokoll Bd. 1, S. 807.

178 So Zimmermann 1981, S. 123, 167f.

179 A. a. O. S. 152f., 160f.

180 So Stammer 1956, S. 94ff.

181 So schätzt Richert 1960 die Situation in der DDR ein.

182 Richert 1974, S. 959f.; er spricht auch von einer entstehenden »sozialistischen Leistungsgesellschaft«.

183 Vgl. zu den deutschlandpolitischen Aspekten Kuppe 1979, S. 185ff.; zur Vorgeschichte des Mauerbaus Staritz 1985, S. 131ff.

184 Staritz 1985, S. 138.

185 So Richert 1963, S. 283. Nach seinen Angaben belief sich die Zahl der »Staatsbediensteten«, also aller abhängig Beschäftigten Anfang der sechziger Jahre, im Anschluß an die Kollektivierung, auf 87,5 %; ebd.

186 Ulbricht 1961, S. 96. In der DDR hatte Kosel bereits 1957 die These von der Wissenschaft als Produktivkraft vertreten und begründet; er war seinerzeit auf den Beton der Dogmatiker gestoßen. Als die These sich schließlich – über die Sowjetunion – auch in der DDR durch-

setzte, kam ihm dies keineswegs zugute; vgl. die (noch immer recht vorsichtige) Schilderung von Kosel 1989.

187 Vgl. die ausführliche Diskussion der Problematik bei Zimmermann 1976, vor allem S. 35ff.

188 Vgl. Zimmermann 1976, S. 20ff. zum politisch-ideologischen Problemkomplex, den der Begriff wissenschaftlich-technische Revolution aufwarf.

189 Programm der SED (1963), S. 304f.

190 A. a. O. S. 293, 321, 322.

191 Nicht mehr nur »strenge Sparsamkeit«, sondern eine wirtschaftliche Rechnungsführung wurde mit dem Wertgesetz nun assoziiert, die Kategorien wie Gewinn, Preis, Kredit, Kosten–Nutzen etc. umfaßte; vgl. Programm der SED (1963), S. 341f.; Apel/Mittag 1964, S. 106f., und Ulbricht 1966, S. 389ff., hier S. 406f.

192 Programm der SED (1963), S. 324.

193 Ebd.

194 Ulbricht, Protokoll der Verhandlungen des VI. Parteitags (15.-21. 1. 1963), Bd. 1, S. 98.

195 Apel/Mittag 1964, S. 67f.

196 Ulbricht, Protokoll des VI. Parteitags, S. 99f.

197 Ulbricht, a. a. O. S. 100.

198 Ulbricht, a. a. O. S. 111f.

199 Ulbricht, a. a. O. S. 102f., 112f. Vgl. dazu auch Ulbrichts ausführliche Ausführungen auf der Wirtschaftskonferenz im Dezember 1963, Das NÖSPL in der Praxis, in: Ulbricht 1966, S. 129ff., besonders S. 196ff.

200 Dies wurde selbst bei den wissenschaftlichen Urhebern des NÖS deutlich; vgl. Apel/Mittag 1964, S. 82f.

201 A. a. O. S. 74ff.

202 Apel/Mittag 1964, S. 121.

203 Am deutlichsten sprach Ulbricht das NÖS vom Verdacht frei, revisionistischen Charakter zu tragen. Kein »Selbstlauf in der Entwicklung der wirtschaftlichen Kräfte« sei intendiert, sondern eher eine »höhere Planmäßigkeit«, ergänzt um eine »gewisse Selbstregelung im wirtschaftlichen System« – »auf der Grundlage des Planes«. Ulbricht 1966, S. 151, 172, 551.

204 Programm der SED (1963), S. 345ff.

205 Apel/Mittag 1964, S. 50ff.

206 Ulbricht 1966, S. 431ff.

207 A. a. O. S. 410.

208 A. a. O. S. 555, 606f.

209 A. a. O. S. 146.

210 Deren Ziel war die Durchsetzung des NÖS und der wissenschaftlich-technischen Revolution in der ganzen Volkswirtschaft. Diesem Ziel

sollten die höchstmögliche Zuwachsrate des Nationaleinkommens, die Rationalisierung der gesamten Ökonomie und Mobilisierung aller ihrer Ressourcen und Reserven, die höhere Qualität der volkswirtschaftlichen Planung, Prognose und Leitungsmethoden wie auch die Verbesserung des wissenschaftlichen »Vorlaufs« dienen. A.a.O. S. 671ff.

211 A.a.O. S. 668.

212 Die noch längst nicht überwundene Methode des »Administrierens« hatte Ulbricht schon vor dem Parteitag mehrfach gerügt; a.a.O. S. 608f., 695f., 704ff.

213 A.a.O. S. 667; Berger/Reinhold 1966, S. 5.

214 So besonders deutlich bei Berger/Reinhold 1966, S. 67ff., vor allem S. 71f.

215 A.a.O. S. 72ff.

216 Vgl. Ulbrichts Ausführungen zur sozialistischen Menschengemeinschaft, Protokoll der Verhandlungen des VII. Parteitags (1967), Bd. 1, S. 84f., 86.

217 Ulbricht, a.a.O. S. 90 passim.

218 Ulbricht, a.a.O. S. 98f.

219 Ulbricht, a.a.O. S. 117ff., 133ff.

220 Übrigens wurde auch die Landesverteidigung erwähnt – selbstverständlich unter Hinweis auf den »neuesten Stand von Wissenschaft und Technik«. Ulbricht, a.a.O. S. 99.

221 Ulbricht, a.a.O. S. 107, 108f.

222 Ulbricht, a.a.O. S. 110.

223 Ulbricht 1968, S. 530. Diese Formation stellte Ulbricht als System vor, in dem sich der »Zusammenhang der Ökonomie mit der Politik und mit der gesamten Sphäre des geistigen Lebens und der ideologischen Beziehungen der Gesellschaft«, wie er sich ausdrückte, »immer enger« gestalte. Er sprach auch von einem »einheitlichen sozialen Organismus«; a.a.O. S. 529f., S. 556ff.

224 A.a.O. S. 531. Damit war übrigens schon eine Basis für die These gelegt, in Deutschland entwickelten sich nicht nur zwei unterschiedliche Staaten und Gesellschaften, sondern zwei Nationen.

225 Ulbricht, a.a.O. S. 532.

226 Davon ging Ulbricht, a.a.O. S. 516 aus; er hielt die Strukturen der sozialistischen Gesellschaft für hinreichend definiert respektive definierbar.

227 Ulbricht, a.a.O. S. 535.

228 Teßmann 1965, S. 21.

229 Das war auch bei Teßmann 1965[1], 1965[2] und 1967 nicht anders.

230 So besonders deutlich bei Teßmann 1967, S. 308.

231 A.a.O. S. 305; s.a. ders. 1965[2], S. 276.

232 Ein weiteres Beispiel für dieses Syndrom lieferte Döbler; vgl. seinen

Beitrag auf dem Philosophenkongreß »Die marxistisch-leninistische Philosophie und die technische Revolution« (22.-24. 4. 1965), DZfPh, Sonderheft 1965, S. 135: Im Gegensatz zum Kapitalismus würden im Sozialismus die »Werktätigen (...) nicht in einen metaphysischen Gegensatz von Arbeit und Freizeit getrieben, sondern vor allem auf die Verwirklichung und Entwicklung ihrer produktiven Kräfte im entscheidenden Bereich ihrer Lebensäußerung, in der Produktion, orientiert. Und das nicht vereinzelt, sondern als Ganzes, sowohl als ganze Persönlichkeit als auch als Gesellschaft im Ganzen.«

233 So die Thesen zum Philosophenkongreß, DZfPh, Sonderheft 1965, S. 21. Es bedarf keiner weiteren Erwähnung, daß die so definierte »befreiende« Tat unter Führung der Partei stattzufinden hatte, als »Prozeß der Erziehung und Selbsterziehung des sozialistischen Menschen«. »Im Prozeß der technischen Umwälzung«, so die These, »entwickelt und bildet sich weitgehend der neue sozialistische Mensch.« Ebd.

234 Stellvertretend für viele Postulate dieser Art vgl. wiederum die Thesen des Philosophenkongresses, DZfPh, Sonderheft 1965, S. 11 ff.

235 A. a. O. S. 23 ff.; auch Heydens Hauptreferat »Die marxistisch-leninistische Philosophie und die technische Revolution«, a. a. O. S. 37 ff.

236 So Mittag 1966, S. 467, der zu Unrecht in mancher Augen eher als »Technokrat« galt.

237 A. a. O. S. 469 f., 472; so auch Neumann 1966.

238 So Nick/Schulz 1966.

239 A. a. O. S. 739 ff.

240 Baylis 1974, S. 254.

241 Ihre Adressaten waren die wirtschaftsleitenden Kader. Ulbricht 1966, S. 410 f.; siehe auch Apel/Mittag 1964 und die *Einheit* der Jahre 1963/64.

242 Die These von der Produktivkraft Organisation führte man entweder auf Marx und/oder Lenin zurück; vgl. Ulbricht 1968, S. 541; Friedrich 1965; Lassow 1967; Schulz 1966. Eine soziologische Untersuchung des gesamten Problemkomplexes aus kritisch westlicher Sicht liefert von Kondratowitz 1977. Die MLO zielte auf »die Organisierung des bewußten gemeinschaftlichen Handelns der Menschen« schlechthin. In ihrem Mittelpunkt stand »die sozialistische Menschenführung zur rationellen Organisation der Tätigkeit der gesellschaftlichen Gesamtarbeit in allen Phasen des Reproduktionsprozesses«. Systemtheoretisch ausgedrückt sollte die MLO »den Prozeß der Gestaltung des entwickelten gesellschaftlichen Systems des Sozialismus« in seinen »wesentlichen Systemzusammenhängen« beherrschen. Sie galt ihren Befürwortern als das geeignete Instrument, neue Ideen hervorzubringen, effektive Lösungen zu stimulieren und ihre

schnelle wirtschaftliche Verwertung zu sichern; darauf sollte sie die »Initiative und das Schöpfertum der Werktätigen« ausrichten. Da sich die MLO nicht allein auf die Wirtschaftsführung beschränkte, erfaßte sie auch die Arbeit der Partei-, Staats- und Massenorganisationen bei der Durchführung außerökonomischer Aufgaben. Mittag 1970, S. 41 f.

243 Programm der SED (1963), S. 344 ff.

244 Ulbricht, Protokoll des VI. Parteitags, Bd. 1, S. 90 f., 92 ff.

245 Vgl. Hager 1964, S. 43 ff., zu den Aufgaben der Gesellschaftswissenschaften.

246 A. a. O. S. 68 ff.

247 Er ist hier nicht detailliert darzustellen. Als ein Beispiel können die Referate und Diskussionen auf der Konferenz »Das NÖSPL beim umfassenden Aufbau des Sozialismus unter den Bedingungen der technischen Revolution« dienen, die vom 10.-11. 3. 1966 stattfand. Thesen und Hauptreferate von Kalweit, Wolf und Friedrich wie auch Beiträge zur Diskussion wurden in Wirtschaftswissenschaft 2 (1966), S. 177 ff., Wirtschaftswissenschaft 5 und 6 (1966), S. 706 ff. respektive S. 891 ff., abgedruckt. Auf der Konferenz, so kann man aus den Beiträgen schließen, fand eine lebhafte Diskussion statt, die die vielfältigen offenen Probleme nicht verschwieg und sich zugleich gegen dogmatische Positionen behaupten mußte. Ein weiteres Beispiel ist der bereits erwähnte Philosophenkongreß, vgl. DZfPh, Sonderheft 1965.

248 Daher bezeichneten Berger/Reinhold 1966 das NÖS schon im Untertitel ihrer Studie als »wichtigen Beitrag der SED zur marxistisch-leninistischen Theorie«. Die Studie selbst kann als Versuch angesehen werden, diesen Beitrag zu leisten. Er lag dann aber erst 1969 mit der »Politischen Ökonomie des Sozialismus und ihre Anwendung in der DDR« vor. Reinhold 1966 verglich das NÖS mit den ökonomischen Reformen in den anderen sozialistischen Ländern, die sich vor ähnliche Probleme gestellt sahen.

249 Reinhold 1966[1], S. 169 f.

250 Die Diskussion um diese Probleme hatte bereits vor der Verabschiedung des NÖS – mit der Liberman-Debatte – wieder eingesetzt; vgl. Behrens 1961, 1962, die an Behrens anschließenden Aufsätze in E 1963/64 und Nick 1965 oder Kalweit 1966.

251 Ulbricht 1968, S. 548; Koziolek 1966. Die Leitungswissenschaft wies zahlreiche Verbindungen zu anderen Disziplinen auf: zuallererst zur marxistisch-leninistischen Philosophie und politischen Ökonomie, zur Theorie der Volkswirtschaftsplanung und Prognostik, zu Kybernetik und Datenverarbeitung, zur Rechtswissenschaft, marxistischen Sozialpsychologie und Soziologie. Siehe auch Weidauer 1968. Als programmatische Zielsetzung, die der Hochphase systemtheore-

tischer Konzeptualisierung vorherging, die Bedeutung der Leitung als »unmittelbare Produktionsbedingung« aber schon aufgriff und Schwerpunkte der »wissenschaftlichen Führungstätigkeit« in Kybernetik und Organisationswissenschaft sah, vgl. stellvertretend für zahllose Texte aus diesen Jahren Friedrich 1965, 1965[1], 1965[2], Klaus/Schnauß 1965.

252 Koziolek 1966, S. 29, mahnte daher, »Fragen der Bildung nicht philanthropisch (zu) sehen«.

253 Dazu vgl. Glaeßner/Rudolph 1978.

254 Es entsprach damit Ulbrichts Forderung auf dem VI. Parteitag, Protokoll, Bd. 1, S. 196. Dem Gesetz über das einheitliche sozialistische Bildungssystem (1965) folgten Reformen des Hochschulwesens (1966) und der Ausbau der Berufs- und Erwachsenenbildung (1968/70). Zur Entwicklung des einheitlichen sozialistischen Bildungssystems und den entsprechenden Gesetzen vgl. Glaeßner/Rudolph 1978, S. 112ff.; Richert 1967, S. 224ff.; Vogt 1985, S. 318ff.

255 So Richert 1967, S. 232f.

256 Glaeßner/Rudolph 1978, S. 60.

257 Vgl. Programm der SED (1963), S. 207.

258 Dazu Glaeßner/Rudolph 1978, S. 135ff.

259 Siehe Glaeßner 1977, S. 312ff., zur Veränderung von Forschung und Lehre an der DASR seit den frühen sechziger Jahren.

260 Dazu vgl. Koziolek 1966, S. 45ff. Das ZSW war seither das bedeutendste Institut für Fragen der Leitungswissenschaft mit Lehrstühlen respektive Abteilungen für Kybernetik, wirtschaftliche Rechnungsführung, Operationsforschung, EDV, Prognostik, Soziologie und Psychologie.

261 Glaeßner/Rudolph 1978, S. 259.

262 So auch Glaeßner 1977, S. 143. Er betont aber auch, und zu Recht, daß dieser »Einbruch technokratischer Verhaltensweisen« einer Abkehr vom »Primat der Politik« nicht gleichkam, weil die prinzipiell politisch-ideologische Zielsetzung und die Führungsrolle der Partei im gesamtgesellschaftlichen Prozeß niemals aufgegeben wurde.

263 Ludz' Untersuchung der »Parteielite im Wandel« (1970) diagnostizierte einen deutlichen Einflußzuwachs in den Führungsgremien der SED zugunsten der »institutionalisierten Gegenelite« – also der technischen Intelligenz. Selbst wenn Baylis 1974 darin zuzustimmen sein wird, daß die trennscharfe Differenzierung zwischen »institutionalisierter Gegenelite« und den Ideologen der »strategischen Clique« in der SED realiter nicht so gegeben war, wie Ludz unterstellte, widerspiegelt die Ludzsche Analyse doch die Hoffnungen, die weniger politisch als fachspezifisch orientierte Experten in der DDR der sechziger Jahre hegen mochten.

264 Ludz 1970, S. 82ff., 149ff.

265 A. a. O. S. 153 ff.
266 A. a. O. S. 97 ff.
267 A. a. O. S. 236 ff.
268 Auf diesen Umstand, der seinen Thesen zuwiderlief – es sei denn, er betrachtete den »konsultativen Autoritarismus« als unaufhaltsamen Trend –, wies Ludz 1970, S. 230 ff., 244 ff., selbst hin.
269 So ebenfalls der Ausdruck von Ludz. In allen untersuchten Politikbereichen stellte er »Wandlungs- und Beharrungstendenzen« einander gegenüber, jeweils getragen von der »institutionalisierten Gegenelite« respektive von der »strategischen Clique«.
270 So Neugebauer 1978, S. 18, 82 f.
271 So schätzte Baylis 1974, S. 63 ff., die Orientierung der »neuen«, in der DDR erzogenen technischen Intelligenz ein.
272 Nawrocki 1971, S. 348; Baylis 1974, S. 234 ff., 237.
273 Zur Wahl in die Parteileitung sollten nurmehr die »politisch und fachlich besten Funktionäre der Industrie und Landwirtschaft« stehen. Ulbricht, Protokoll VI. Parteitag, Bd. 1, S. 233, 234.
274 Ulbricht, a. a. O. S. 235. Das NÖS sollte im Rahmen des politisch-ideologischen Primats: durch »die Arbeit mit den Menschen und ihre bewußte Gemeinschaftsarbeit« (Ulbricht, a. a. O. S. 233) verwirklicht werden.
275 Ulbricht, a. a. O. S. 242 f., 244 f.
276 Vgl. § 63 der Parteistatute von 1954 respektive 1963; siehe auch Förtsch 1969, S. 45.
277 Förtsch 1969, S. 46 ff., 64; Dohlus 1965; Schön 1965.
278 Ulbricht 1968, S. 590 ff.
279 Vgl. dazu das Statut des VI. Parteitags und Ulbricht, Protokoll des VI. Parteitags, Bd. 1, S. 232 ff. Die SED gab auch in der Zeit, in der das Produktionsprinzip galt, das Territorialprinzip nicht auf. Zwischen 1963 und 1966 wurden einerseits Büros für Industrie und Bauwesen respektive für Landwirtschaft und andererseits Ideologische Kommissionen bei den Parteiorganisationen aller territorialen Ebenen eingerichtet. Das Politbüro verfügte über weitere Kommissionen (z. B. für Agitation). Zum Aufbau nach dem Produktionsprinzip vgl. Ludz 1970, Schaubild S. 73; zur Einführung des Prinzips, a. a. O. S. 74 ff. Des weiteren Herber 1963; Apel/Mittag 1964.
280 Die ideologisch-propagandistische Tätigkeit allerdings wurde den ideologischen Kommissionen überantwortet; Ulbricht, Protokoll VI. Parteitag, S. 245.
281 Ludz 1970, S. 128 ff., beschrieb die Arbeit der ABI und der Produktionskomitees detailliert. Warum er beide als Instrumente v. a. der »strategischen Clique« betrachtete, wird nicht recht deutlich.
282 Ulbricht 1968, S. 591, 596.
283 A. a. O. S. 598 f.

284 Mittag 1970, S. 13f., 47ff.

285 Hinzu kam die Schutzfunktion des Staates, die nun an letzter Stelle genannt wurde; vgl. Ulbricht, Protokoll VI. Parteitag, Bd. 1, S. 175. Im Vordergrund stand jetzt die einheitliche Funktion: In »viel stärkerem Maße, als bisher möglich«, trete die »wirtschaftlich-organisatorische und kulturell-erzieherische Funktion, die Leitung von Wirtschaft, Wissenschaft und Kultur, in den Mittelpunkt der Tätigkeit der Staatsorgane«; a. a. O. S. 177.

286 Ulbricht, a. a. O. S. 178ff. Was die betriebliche Demokratie betraf, so bezog er sich insbesondere auf die Ständigen Produktionsberatungen, die wenig später von den Produktionskomitees abgelöst wurden, und auf die ABI. Die sozialistische Demokratie – Produktionskontrolle in den Betrieben und »Volkskontrolle« auf staatlich-territorialer Ebene – galt als organisatorische Aufgabe der Partei und des Staates; a. a. O. S. 180f.

287 Vgl. Stoph 1963, S. 1345. Stoph bezog sich auf die Richtlinie des NÖS (15. 7. 1963), das Gesetz über den Ministerrat (17. 4. 1963) und die Wirtschaftskonferenz von ZK und Ministerrat (24.-25. 6. 1963).

288 So Egler/Moschütz 1963.

289 So Neugebauer 1978, S. 109f.

290 So Hahn/Schöneburg 1963, S. 6. Siehe auch Poppe/Schüsseler/Weichelt 1964, S. 457. Mitunter, a. a. O. S. 458ff., klingen die Ausführungen der drei Autoren so, als sei der Zustand des Endes der Herrschaft und der Verwaltung von Sachen fast schon angebrochen. Von einer Tendenz zur »völligen Vergesellschaftung des Staates« gingen auch Egler/Moschütz 1963, S. 1441, aus.

291 Hahn/Schöneburg 1963, S. 7ff.

292 So Hochbaum 1963, S. 1828f.

293 Dazu Puchert/Mand/Urban 1963, S. 1375ff.

294 Poppe/Schüsseler/Weichelt 1964, S. 453.

295 So Egler/Moschütz 1963, S. 1435; Hahn 1965, S. 547. Alle diese Autoren hielten – mit den Worten Hahns – »eine ›Bewegung von Massen‹ ohne sachkundigen Effekt« für »nicht vertretbar«.

296 So Hahn 1965, S. 549.

297 Hahn/Schöneburg 1963, S. 13f.

298 Hochbaum 1965, S. 552f., 554ff.

299 Auf Heuers Argumentation gehe ich im III. Kapitel ausführlich ein.

300 Vgl. die Beiträge von Kallabis, Weidig, Schmollack und Mühlberg in DZfPh, Sonderheft 1965.

301 Vgl. Ulbricht, Protokoll des VII. Parteitags, Bd. 1, S. 91, 96f., siehe auch Ulbricht 1968[1].

302 Vgl. Honecker, Protokoll des VII. Parteitags, Bd. 2, S. 7ff.

303 Selbst in Honeckers Ausführungen über die Aufgaben der SED war die Orientierung auf »Staat« und »Vaterland« nicht zu überhören; vgl.

Honecker, a. a. O. S. 5 ff. Wurde argumentiert und nicht nur an Gefühle appelliert, dann galt das Argument in der Regel der Volkssouveränität; dazu Ulbricht in Der Staatsrat der DDR 1960-1970, Dokumentation (1970), S. 416 ff.

304 Im Parteiprogramm der SED von 1963 allerdings stand die Behauptung, die DDR sei, im Gegensatz zur BRD, ein »deutscher Rechtsstaat«, in Verbindung mit »Gerechtigkeit gegen jedermann« und Sicherung der Rechte der Bürger. Dies wird in Zusammenhang mit dem XXII. Parteitag der KPdSU (1961) und seinem erneuten Versuch, zu entstalinisieren, zu sehen sein. Vgl. dazu auch Polak 1963. Vier Jahre später stand die Konzeption deutlicher im Kontext der Reform; vgl. die Erklärung Ulbrichts vor der Volkskammer am 2. 5. 1967 (also nach dem VII. Parteitag), in Der Staatsrat der DDR 1960-70. Dokumentation (1970), S. 291 ff., v. a. S. 296 ff. Hier auch die einschlägigen Passagen aus seinem Referat auf dem VII. Parteitag, a. a. O. S. 278 ff. Zur Rechtsstaatsidee s. a. Meister 1967.

305 Vgl. Programm der KPdSU, verabschiedet auf dem XXII. Parteitag (1961), in Gasteyger (Hrsg.) 1962, S. 226 ff. Als fortgeschrittenste und bestorganisierte Kraft der Gesellschaft werde dennoch die Arbeiterklasse ihre führende Rolle beim umfassenden Aufbau des Kommunismus bewahren, was um so mehr für die kommunistische Partei gelte. Diese Auffassungen waren vor dem Hintergrund des 20-Jahrplans für den Aufbau des Kommunismus zu sehen, den die KPdSU auf ihrem XXII. Parteitag verabschiedete. Bis 1980 sollte die Modernisierung von Ökonomie und Gesellschaft mitsamt der politisch-moralischen Entwicklung des Menschen soweit vorangetrieben sein, daß die USA wissenschaftlich-technisch überflügelt wären und der Kommunismus in der Sowjetunion sich vollendet hätte. Die Konzeption eines Staates »des ganzen Volkes« hatte wohl vornehmlich die Funktion, alle Klassen und Schichten zu mobilisieren, sie in das Modernisierungsprojekt einzubeziehen. Jenseits dieser innersowjetischen Strategie gewannen die neuen theoretischen Setzungen Verbindlichkeit für die anderen sozialistischen Länder und ihre kommunistischen Parteien.

306 Darauf weist Völkel 1980, S. 243 ff. hin, ohne daß seine Erklärungen – z. B. deutschlandpolitischer Art – völlig zu überzeugen vermögen.

307 Vgl. Programm der SED (1963), S. 279, 280.

308 So lesen sich Leichtfuß/Schöneburg 1964; siehe auch Lepeschkin 1962, S. 711 ff.

309 So Ulbricht 1964 auf der Festrede zum 15. Jahrestag der Gründung der DDR, S. 57. Ebenso Lange/Altmann 1965; Schüsseler 1964.

310 Programm der SED (1963), S. 281, 305.

311 So der Leitartikel zum 20. Jahrestag der DDR, »Die DDR und die marxistisch-leninistische Politik unserer Partei«, E 9 (1969), S. 1964.

312 Rodenberg 1969, S. 672.

313 Man denke an die allseitige Entwicklung der sozialistischen Persönlichkeit, die Vereinigung der Menschen in einer Vielzahl sozialistischer Gemeinschaften (von der Familie über Hausgemeinschaften zu Arbeitskollektiven und gesellschaftlichen Organisationen), die sozialistische Gemeinschaftsarbeit und Meisterung der wissenschaftlich-technischen Revolution, die Festigung der politisch-moralischen Einheit des Volkes und ein hohes Maß an Bewußtheit in allen Lebensbereichen: All diese vermeintlichen Qualitäten des evolutionären Potentials der Gegenwartsgesellschaft galten als stetig wachsend und zunehmend, und wären sie nicht verbunden worden mit weiteren Merkmalen, wie vor allem der Festigung der Staatsmacht und des Staatsbewußtseins, wäre die Beschreibung der sozialistischen Menschengemeinschaft mit jener der Utopie identisch gewesen. Vgl. zu den Charakteristika a. a. O. S. 671 ff., und alle nachfolgend genannten Quellen.

314 20 Jahre Deutsche Demokratische Republik – Thesen, ND, 16. 1. 1969, S. 4.

315 Bittighöfer 1969, S. 418. So auch Ulbricht in seiner Schlußbemerkung zum Referat Rodenbergs im Staatsrat, in Der Staatsrat der DDR 1960-1970 (1970), S. 677; und Abusch 1969, S. 1090.

316 Bittighöfer 1969, S. 419.

317 A. a. O. S. 420. Er wiederholte auch die Auffassung der Partei, der Mensch müsse zunehmend »Verantwortungsbewußtsein für das Ganze« entwickeln und »in die schöpferische Tat für das Ganze« umsetzen; a. a. O. S. 424 f. In diese Richtung wiesen auch die »politisch-moralische Einheit des ganzen werktätigen Volkes« und der »Weg vom ›Ich‹ zum ›Wir‹«.

318 A. a. O. S. 423. Bittighöfer spielte gewiß nicht allein auf die Prager Alternative an oder auf die Arbeiten Hegedüs' zum Dualismus von Humanisierung und Optimierung des technologischen Arbeitsprozesses, die auch in der DDR-Soziologie diskutiert wurden. Er wandte sich explizit gegen die »imperialistische Theorie und Praxis der ›Expertokratie‹«; vgl. a. a. O. S. 425 f. Auch Abusch 1969, S. 1086, 1090, wandte gegen »Technokraten, Manager oder ›Expertokraten‹« das Argument, die ökonomischen Siege im Sozialismus seien vornehmlich Mittel der humanistischen Gesellschafts- und Persönlichkeitsentwicklung. Zur Polemik gegen »technokratische« Auffassungen über die versachlichten Funktionen des Staates und gegen »revisionistische« Thesen zur »Entideologisierung« der Politik vgl. des weiteren Mittag 1968,S. 1474 ff.

319 Rodenberg 1969, S. 673; vgl. auch Ulbrichts Gegenüberstellung der sozialistischen Menschengemeinschaft und der Verschärfung der antagonistischen Widersprüche im anderen deutschen Staat, Ulbricht 1968, S. 544.

320 Abusch 1969, S. 1082; Ulbricht 1968, S. 429, 440f.

321 Die Definitionen von Vaterland und Heimat blieben freilich von der Arbeiterklasse bestimmt. Diese substantielle Definition hob man gerade nach der Zerschlagung des Prager Frühling und nach der Abkehr von dem nach »Formalismus« riechenden Rechtsstaatskonzept besonders deutlich hervor. Es begann die Zeit der Remythologisierung der Arbeiterklasse, die – wie im Kap. III zu zeigen sein wird – mit dem Beginn des Amtsantritts von Erich Honecker voll durchbrach. Einen Vorgeschmack lieferten Edeling/Taubert 1969.

322 Vgl. Heuer 1965 und Klaus 1962, 1964. Zu Heuer s. das folgende Kapitel; zu Klaus die Analyse von Ludz 1970, S. 294ff.

323 Dazu s. neuerdings die um Aufsätze und Dokumente ergänzte Vorlesungsreihe »Dialektik ohne Dogma?«, Havemann 1990.

324 Havemann 1970, S. 289.

325 A.a.O. S. 289f.

326 Havemann 1978, S. 92.

327 Havemann 1971, S. 96. Hinzu kamen seiner Meinung nach die ökonomische und politische Rückständigkeit des vorrevolutionären Rußland sowie der Umstand, daß sich kein entwickeltes westliches Land der Oktoberrevolution angeschlossen hatte. S. a. Havemann 1970, S. 58.

328 Havemann 1971, S. 104, 105, 126. Havemann 1978, S. 91, hob hervor, die Revolution werde in Europa demokratisch und parlamentarisch, also »verhältnismäßig friedlich« verlaufen können. Den Widerspruch zur Diktatur des Proletariats erklärte er nicht – ebensowenig wie Anton Ackermann (1946) mehr als 30 Jahre zuvor.

329 Havemann 1971, S. 90.

330 Havemann 1978, S. 86.

331 Havemann 1970, S. 243ff.; ders. 1978, S. 98ff.

332 Havemann 1978, S. 86ff.

333 A.a.O. S. 100ff.

334 Nur Wolfgang Heise, so hebt Havemann mehrfach hervor, weigerte sich, in die Verurteilungsrituale einzufallen. Beispiele für die sich distanzierende oder schweigende Mehrheit finden sich in Havemann 1971, S. 147ff., und ders. 1990, S. 249ff.

335 So Ulbricht auf dem 14. Plenum (23.-26. 11. 1961), das nach dem XXII. Parteitag der KPdSU, dem Beginn der zweiten Entstalinisierung, stattfand; Dok. 230, Schubbe (Hrsg.) 1972, S. 744; siehe auch Wagner, seinerzeit Leiter der Abteilung Kultur beim ZK der SED, Dok. 277, a. a. O. S. 736.

336 Das ging v. a. gegen die Akademie der Künste und den Kulturbund, deren – vor dem Bau der Mauer offiziell unterstützten – Bemühungen um deutsch-deutsche Kontakte die Partei nun mit der Aufkündigung der kulturellen Einheit ein Ende setzte. Vgl. Abuschs Rede vor dem Präsidialrat des Kulturbunds (Dezember 1961), Dok. 231, Schubbe

(Hrsg.) 1972, S. 745 f.; zu den Angriffen auf die Akademie vgl. die Dok. 227 und 230. Der V. Schriftstellerkongreß hatte im Mai noch mit großer Beteiligung von Autoren aus der Bundesrepublik stattgefunden; dazu Jäger 1982, S. 104ff. Zur nationalen Perspektive im Sinne einer sozialistischen vgl. Stoph auf der gemeinsamen Beratung des Ministerrats mit der Akademie der Künste (30. 3. 1962), Dok. 238, a. a. O. S. 763 f. Im neuen Statut der Akademie hieß es, indem sie die »Aufgaben einer sozialistischen Akademie des deutschen Arbeiter- und Bauernstaats erfüllt, wirkt sie als Akademie der Nation«; Dok. 247, a. a. O. S. 776.

337 Vgl. Ulbricht, Protokoll des VI. Parteitags, Bd. 1, S. 219ff. Aus seinen Ausführungen – wie aus den Reden von Fröhlich (a. a. O. S. 265 ff.), Mäde (a. a. O. S. 280 ff.), Grundig (a. a. O. S. 386ff.), Hager (Protokoll des VI. Parteitags, Bd. 2, S. 5 ff.) und Kuba (a. a. O. S. 58 ff.) – ging hervor, daß Schriftsteller und Künstler die formalen wie inhaltlichen Vorgaben des sozialistischen Realismus anfochten.

338 So Hager auf einer Beratung des PB und des Präsidiums des Ministerrats mit Schriftstellern und Künstlern nach dem VI. Parteitag (25.-26. 3. 1963), Dok. 263, Schubbe (Hrsg.) 1972, S. 864, 866.

339 Sie dienten dem Klassenfeind lediglich zu »einer wilden antikommunistischen Hetze«, mit der er einen Keil zwischen Sowjetunion und DDR zu treiben versuche. Vgl. wiederum Hager, Dok. 263, a. a. O. S. 877. Laut Ulbricht (Dok. 267, a. a. O. S. 896 f.) veröffentlichte die SED keine sowjetische Kritik am »Stalinschen« (sic) Terror, weil solche Kritik nur in der Sowjetunion wirksam sein könne.

340 Ulbricht, Protokoll des VI. Parteitag, Bd. 1, S. 216 f.

341 Programm der SED (1963), S. 371 f., 372 f.

342 Ulbricht auf der bereits erwähnten Beratung, Dok. 267, Schubbe (Hrsg.) 1972, S. 885.

343 Ulbricht, a. a. O. S. 892 f.

344 Erklärung der Akademie der Künste (30. 5. 1963), Dok. 269, a. a. O. S. 903.

345 Ulbricht auf der 2. Bitterfelder Konferenz (24.-25. 4. 1964), die von der Ideologischen Kommission des ZK und dem Ministerium für Kultur einberufen worden war, Dok. 283, a. a. O. S. 964, 965.

346 Ulbricht, a. a. O. S. 969, 970.

347 Ulbricht, a. a. O. S. 971, 979.

348 Ulbricht sprach auf dem VII. Parteitag, Protokoll, Bd. 1, S. 264 und 267, von der »Kultur des ganzen Volkes der DDR«, von einer »nationalen Volkskultur«. Neu war die Interpretation, die national-kulturelle Entwicklung sei insofern wesentlicher Bestandteil der Entstehung der sozialistischen Menschengemeinschaft, als mit der Herausbildung beider sich zwei konkurrierende deutsche Kulturen unversöhnlich gegenüberstünden; a. a. O. S. 281.

349 Vgl. den Beschluß des Staatsrats zu den Aufgaben der Kultur bei der Entwicklung der sozialistischen Menschengemeinschaft (30. 11. 1967), Dok. 355, Schubbe (Hrsg.) 1972, S. 1313 f. S. a. die Resolution des VII. Bundeskongresses des Kulturbunds (5.-7. 4. 1968), Dok. 359, a. a. O. S. 1320 ff.; das Referat Abuschs auf diesem Kongreß, Dok. 360, a. a. O. S. 1325 ff. (hier findet sich auch die schöne Aussage »Der sozialistische Staat ist Kultur«) oder die Rede von Norden auf der nämlichen Tagung, Dok. 362, a. a. O. S. 1355 ff. (er kennzeichnete den neuen Menschentypus – in Anlehnung an Heinrich Mann – als »den Deutschen in neuer herrlicher Gestalt«).

350 Abusch, Dok. 360, Schubbe (Hrsg.) 1972, S. 1332 ff.

351 So explizit der Beschluß des Staatsrats zu den Aufgaben der Kultur (30. 11. 1967), Dok. 355, a. a. O. S. 1311.

352 Ulbricht auf dem VII. Parteitag, Protokoll, Bd. 1, S. 268 ff.

353 So Ulbricht auf der 2. Bitterfelder Konferenz, Dok. 283, Schubbe (Hrsg.) 1972, S. 961.

354 Ulbricht, a. a. O. S. 965.

355 Ulbricht, a. a. O. S. 976 ff. In den gesellschaftlichen Bereichen, ergänzte Kuba, in welche die Partei nicht »hineinzureden« habe, habe der Sozialismus noch nicht gesiegt; vgl. Dok. 284, a. a. O. S. 992.

356 Ulbricht auf dem berüchtigten 11. Plenum (15.-18. 12. 1965), ND, 19. 12. 1965, S. 11.

357 Zum 11. Plenum und seinen Folgen vgl. Sander 1972, S. 225 ff.; Jäger 1982, S. 115 ff.

358 Vgl. Honecker, Bericht des PB an die 11. Tagung des ZK der SED (15.-18. 12. 1965), Berlin: Dietz 1966, S. 56 ff.; auch die Diskussionsreden von Fröhlich oder Sindermann, ND, 19. 12. 1965, S. 7, 8.

359 Vgl. hierzu die Lyrik-Debatte, die Rudolf Bahro im *Forum* initiierte, v. a. die Beiträge von Karl Mickel und Heinz Czechowski in Forum 8 (1966) und Günter Kunert, Forum 10 (1966) – hier findet sich übrigens auch Barhos Vorwurf, Kunert befördere mit seiner Technik-Skepsis die »Zerstörung der Vernunft«. Die Literaturwissenschaftler Dieter Schlenstedt und Dieter Schiller interpretierten die gesellschaftliche Situation und ihre Auswirkungen auf die Lyrik zugunsten der Dichter (vgl. Forum 12 (1966)) und wurden damit selbst Ziel der dogmatischen Kritik, die Hans Koch, Horst Haase und Edith Braemer (Forum 15/16 (1966)) vortrugen.

360 Jäger 1982, S. 130.

361 Emmerich 1989, S. 175, nennt v. a. Christa Wolfs »Nachdenken über Christa T.«. Einschlägig ist auch der Briefwechsel Wolfs mit Gerti Tetzner aus den Jahren 1968/69; siehe Was zählt ist die Wahrheit. Briefe von Schriftstellern in der DDR (1975), S. 31 ff.

362 Beispielsweise mahnte Alfred Kurella schon seit den Anfängen der ökonomisch-technischen Ausrichtung der Politik der SED, die gei-

steswissenschaftliche und musische Ausbildung nicht hinter dem polytechnischen und naturwissenschaftlichen Bildungsgang zu vernachlässigen. S. auch Hager 1964, S. 71, zur Relevanz des bürgerlich-humanistischen Erbes.

363 Vgl. Christa Wolfs Plädoyer auf der 2. Bitterfelder Konferenz (1964), S. 229ff. Auch Franz Fühmanns persönlich begründete Weigerung, dem Bitterfelder Weg weiterhin zu folgen, ist hier zu erwähnen. Siehe In eigener Sache. Briefe von Künstlern und Schriftstellern (1964), S. 34ff.

364 Siehe zu dem Kolloquium den Bericht Wolfgang Johos, NDL 3 (1965), S. 90. Der Kritik schlossen sich Stefan Heym, Stephan Hermlin und Christa Wolf an. Hermlins Beitrag erschien in NDL 3 (1965), S. 104ff.; Heym veröffentlichte »Stalin verläßt den Raum« – ohne Chancen in der DDR – schließlich in Die Zeit vom 5. 2. 1965. Zum Kolloquium siehe auch Jäger 1982, S. 110ff.

365 Sander 1972, S. 235, spricht von einer »Finalitätskrise der Bewegung«, ein – wie mir scheint – sehr treffender Ausdruck, weil er den Schock einfängt, der mit dem Utopieverlust einherging.

366 Emmerich 1989, S. 180.

367 So Emmerich 1989, S. 183ff. Sander 1972, S. 214, hingegen hält einen Teil der Literatur dieser Jahre für noch klischeehaft, für »Verfallsprodukte des sozialistischen Realismus«, die »im Verfall noch von ihm gekennzeichnet« seien: »Sie propagieren«. Die Emanzipation, in seinen Worten: die »Normalisierung« der Literatur, setzte nach seiner Auffassung mit der Finalitätskrise ein; vgl. Sander 1972, S. 236ff. Der VI. Schriftstellerkongreß (28.-30. 5. 1969) unterwarf sich zwar formell noch den parteipolitischen Forderungen; in ihren Arbeiten kamen die Autoren ihnen jedoch nicht mehr nach. Vgl. dazu die Schelte von Hans Koch auf der Konferenz, Dok. 400, Schubbe (Hrsg.) 1972,S. 1500ff.

368 Emmerich 1989, S. 203ff.

369 Vgl. Sander 1972, S. 212ff.; Emmerich 1989, S. 176ff.

370 Sander 1972, S. 220.

## *Kapitel III*

1 Zur wirtschaftlichen Situation der DDR am Ende der Reformperiode und dem Abbruch der Reformen vgl. jüngst Roesler 1991 sowie mit zahlreichen Dokumenten Naumann/Trümpler 1990. Zur Rolle Breschnews und der KPdSU-Führung bei der Ablösung Ulbrichts neuerdings die Dokumente bei Przybylski 1991, S. 280-319.

2 Das 14. Plenum – vgl. ND 10. 12. 1970 – bemängelte die Politik der sechziger Jahre; sie habe gegen das ökonomische Gesetz des planmä-

ßig-proportionalen Wachstums verstoßen. Die aufgetretenen Disproportionen sollten durch die Stärkung des demokratischen Zentralismus, durch »Staats- und Plandisziplin« sowie die »Planung der Ware-Geld-Beziehung« (Schilling/Steeger 1971, S. 546, 549) beseitigt werden. Der sog. »Subjektivismus« der ökonomischen Selbstregulierung sollte mithin jenem der politisch planenden Instanzen erneut weichen.

3 Der entsprechende Beschluß des Politbüros vom 15. 4. 1971, E 5 (1971), S. 499ff., nannte als künftige »Hauptaufgabe«, »einen bedeutenden Aufschwung des materiellen und kulturellen Lebensniveaus des Volkes auf der Grundlage eines raschen Entwicklungstempos der sozialistischen Produktion und der Steigerung ihrer Effektivität, des wissenschaftlich-technischen Fortschritts und der beschleunigten Steigerung der Arbeitsproduktivität zu sichern«. Zur »entwickelten sozialistischen Gesellschaft« vgl. die Rede Honeckers auf dem VIII. Parteitag (15.-19. 6. 1971), Protokoll, Bd. 1, S. 57; vor allem aber die Kritik Hagers an der systemtheoretischen Begrifflichkeit, die »das Wesen des Sozialismus und den Sinn unseres Handelns verschleiert« habe; Hager 1971, S. 1214.

4 A. a. O. S. 1207, 1214.

5 Zimmermann 1976, S. 750f., weist darauf hin, daß die wissenschaftlich-technische Revolution »jetzt als eine epochale Erscheinung gesehen (wurde), die gerade erst begonnen habe«. Die SED orientierte nun auf evolutionären Fortschritt in einer »zeitlich ausgedehnten ›Gegenwart‹«.

6 Im Vordergrund stand dabei die führende Rolle der Arbeiterklasse und »ihrer« Partei; vgl. Wolf 1971; Reinhold 1971. In der Konzeption der ökonomischen Entwicklung trat die Bedeutung des Plans eindeutig vor jene »ökonomischer Hebel«. So bezeichneten Herold/Teschner 1971, S. 523f., den Plan als die »größte mobilisierende Kraft« für die Werktätigen und als das »Herzstück der Wirtschaftsleitung«; der Plan (in den fünfziger Jahren hätte man gesagt: die »Methode des nackten Administrierens«) sollte die Übereinstimmung der individuellen, betrieblichen und gesellschaftlichen Interessen herstellen.

7 Zur Sozialpolitik als Gesellschaftspolitik vgl. Zimmermann 1976.

8 Vgl. Marxistisch-leninistische Sozialpolitik (1975), S. 9ff. Die Strategie der Einheit von Wirtschafts- und Sozialpolitik drückte nüchtern betrachtet nicht mehr als die Einsicht aus, daß »Produktionsfortschritte und Wohlstandsmehrung unlösbar miteinander verbunden sind«; so interpretiert Michalsky 1988, S. 406, die »Hauptaufgabe« des VIII. Parteitags (1971), die die Steigerung des materiellen und kulturellen Lebensniveaus an steten wissenschaftlich-technischen Fortschritt, Produktivitäts- und Effektivitätszuwachs band.

9 Die entwickelte sozialistische Gesellschaft (1973), S. 63, 27.

10 Was die Klassenstruktur betrifft, schien dieser Prozeß weit fortgeschritten: Sie war 1970 bereits, wie es hieß, zu 84,5% durch die Arbeiter (zu denen allerdings auch Angestellte gezählt wurden) geprägt; a. a. O. S. 35, 66f.

11 A. a. O. S. 237f. Hager 1971, S. 1212, befand nunmehr, der Begriff der sozialistischen Menschengemeinschaft sei wissenschaftlich »nicht exakt, da er tatsächlich noch vorhandene Klassenunterschiede verwischt und den tatsächlich erreichten Stand der Annäherung der Klassen und Schichten überschätzt«. Der Begriff verwische überdies »die führende Rolle der Arbeiterklasse« und die »Existenz verschiedener kapitalistischer Überreste«; er werde dem »komplizierten, widersprüchlichen und langwierigen Entwicklungsprozeß der sozialistischen gesellschaftlichen Beziehungen nicht gerecht«. Eine »harmonische Gemeinschaft« könne erst »mit dem Werden der kommunistischen Gesellschaft erreicht werden«.

12 In der 2. überarbeiteten Auflage der Ausgabe von Die entwickelte sozialistische Gesellschaft (1976) findet er sich nicht mehr.

13 Die entwickelte sozialistische Gesellschaft (1973), S. 27.

14 A. a. O. S. 26.

15 Honecker, Protokoll des VIII. Parteitags, Bd. 1, S. 113. Der »Mensch mit seinen materiellen und geistigen Bedürfnissen«, betonte Hager 1971, S. 1214, 1222, stehe »im Mittelpunkt der Politik«; die international wirksame Ausstrahlungskraft des Sozialismus habe nicht nur in der Ökonomie, sondern in seinen philosophischen, moralischen und kulturellen Werten« ihre Ursache.

16 Lebensweise und Moral im Sozialismus (1972), S. 196, 199.

17 Zur Definition der sozialistischen Lebensweise vgl. a. a. O. S. 66; s. a. Lebensweise – Kultur – Persönlichkeit (1975).

18 Lebensweise und Moral im Sozialismus (1972), S. 68f., 70ff.

19 A. a. O. S. 172ff., 230f.

20 Es resultiere aus Widersprüchen, produziere sie selbst und wirke insofern dynamisierend. Daher seien die Ungleichheit der Verteilung und die Diskrepanz zwischen wachsenden Bedürfnissen und differentiellen Möglichkeiten, sie zu befriedigen, »mächtige Hebel zur Stimulierung der Produktion«. Die entwickelte sozialistische Gesellschaft (1973), S. 48.

21 Rittershaus/Weidig 1971, S. 564ff.

22 Die entwickelte sozialistische Gesellschaft (1973), S. 59f.

23 Gerade weil es noch Widersprüche und unterschiedliche Bewußtseinslagen gebe, weil die SED über den fortgeschrittensten und bewußtesten Wissensstand verfüge und der Gesellschaft von daher die wissenschaftlich ausgewiesene Perspektive der Homogenität und Gleichheit aufzeigen könne, wachse die Rolle der Partei; a. a. O. S. 40f.

24 So bei Winkler 1980, S. 42.

25 Ebert/Milke 1972; Honecker auf dem VIII. Parteitag, Bd. 1, S. 62ff., und die Direktive zum 5-Jahrplan 1971-75, Prot. des VIII. Parteitags, Bd. 2, S. 322ff., 380ff. Mittag 1973.

26 Winkler 1975, S. 1105f.; Marxistisch-leninistische Sozialpolitik (1975), S. 14ff.

27 Ebert 1977; Marxistisch-leninistische Sozialpolitik (1975), S. 110f.

28 Zu den ökonomischen Problemen und den Versuchen, sie zu lösen, vgl. Cornelsen 1981 und dies. 1988. Die Phase der Konsolidierung, des – wie man sagte – planmäßig-proportionalen Wachstums und des Ausschöpfens bestehender Ressourcen, die in den siebziger Jahren einsetzte, konnte von den Investitionen der vorhergehenden Reformperiode zehren. Doch beanspruchte das sozialpolitische Programm immer mehr finanzielle Mittel, und überdies zwangen exogene Faktoren wie der Ölpreisschock und seine Rückwirkungen auf Handelsbilanz und Wettbewerbsfähigkeit dazu, die ökonomische Modernisierung erneut zu forcieren. Die Politik der Konsolidierung, für die der VIII. Parteitag stand, wurde daher bereits fünf Jahre später – auf dem IX. Parteitag – durch die Notwendigkeit beeinträchtigt, die Importe zu senken, die Exporte zu erhöhen und die Wachstumsrate zu steigern. In den achtziger Jahren – seit dem X. Parteitag – kam die wissenschaftlich-technische Revolution erneut in die Diskussion. Dieser Umstand schlug sich unmittelbar in den Sozialwissenschaften nieder, vgl. unten, Abschnitt 3.

29 Die Förderung der Konsumgüterproduktion hörte zwar Ende der siebziger Jahre auf, und es wurden sogar zunehmend Konsumgüter exportiert, womit sich das Warenangebot verknappte. Soziale Härten jedoch fing die Partei mit ihrer Subventionspolitik auf, die bedeutende Mittel band. Zugleich belasteten das Wohnungsbauprogramm und die anderen sozialpolitischen Maßnahme (Renten- und Transferzahlungen) den Staatshaushalt. Vgl. Michalsky 1988.

30 Vgl. Klinger 1987.

31 Hanf 1990. Zu diesem Problem gibt es in der DDR – und über sie – noch keine soziologischen Untersuchungen. Artur Meier, der termingerecht nach der Revolution verkündete, es sei Aufgabe der Soziologie, »die Welt entzaubern zu helfen« (Meier 1990, S. 4), bekommt das Problem mit dem Begriff der Ständegesellschaft nicht in den Blick. Zwar erfaßt er das Machtgefälle in Gesellschaften sowjetischen Typs, aber nicht das hier angesprochene Problem der Inkonsistenz – Stände wären gerade durch Konsistenz ausgezeichnet – und der mangelnden Autonomie der Subsysteme. Brie 1990, insbesondere S. 20, 23f., hingegen verweist auf das fehlende »Entwicklungsferment moderner Gesellschaftsentwicklung – Eigeninteresse, Eigenverantwortung, Selbstgestaltung«. Weil die »verschiedenen Lebensbereiche wie Wirt-

schaft, Politik, Recht, Bildung, Wissenschaft, kommunale Entwicklung usw.« der »ihnen eigenen Gesetzmäßigkeiten« beraubt wurden, konnten sie »alle Verhältnisse des modernen Marktes, des Rechts, der Demokratie und der Öffentlichkeit« nicht ausbilden. Brie stützt sich in diesen Aussagen auf Krüger 1988. Vgl. v. a. Krüger 1991.

32 Der Nettolohnabstand zwischen Hoch- und Fachschulkadern und Facharbeitern sank zwischen 1984 und 1988 von 122% auf 115%; Sozialreport 1990, S. 120.

33 Vgl. Belwe 1989, S. 136ff.

34 Sozialreport 1990, S. 86ff.

35 Vgl. dazu unten, Abschnitt 3.

36 Infolge des Wohnungsbauprogramms hatte sich die Zahl der Neubau- und modernisierten Wohnungen seit 1971 verdreifacht (zugleich jedoch zerfiel die Altbausubstanz). 92% eines im Januar 1990 befragten Samples maßen der Wohnsituation große Wichtigkeit bei; 77% waren mit der ihren sehr resp. teilweise zufrieden. Aber die Ansprüche der jüngeren Generation waren gewachsen; von den 18-35jährigen waren ca. 64% unzufrieden bzw. sehr unzufrieden. Vgl. Sozialreport 1990, S. 157ff., 161ff.

37 A. a. O. S. 190ff., 210ff. Die Zufriedenheit sank allerdings in den achtziger Jahren, a. a. O. S. 217.

38 Verbesserungen erwarteten Befragte einer Erhebung im Januar 1990 v. a. im Bereich der Demokratie, der Umwelt, des Rechtssystems, der Löhne und Preise, der Gesundheit und Freizeit. Vgl. dazu Sozialreport 1990, S. 266. Selbstverständlich sind die Ergebnisse mit Vorbehalt zu interpretieren, weil sie unmittelbar in der Zeit des revolutionären Umbruchs erhoben wurden.

39 Jeder vierte »Werktätige« und mehr als ein Drittel der Produktionsarbeiter waren, wie es im Sozialreport 1990, S. 91, heißt, »gegenüber pathogenen Arbeitsfaktoren exponiert«.

40 Trotz mehrfacher Verkürzungen traf dies auf die Tages-, Jahres- und Lebensarbeitszeit zu; vgl. Sozialreport 1990, S. 104ff.

41 Die Arbeitsbedingungen und der unregelmäßige Produktionsablauf, das unzulänglich durchgesetzte Leistungsprinzip, die Bürokratie in den Betrieben machten – neben der Versorgung mit Waren und Dienstleistungen, eingeschränkten Reisemöglichkeiten, der Medienpolitik u. a. m. – ein Großteil der Motive der Ausreisewilligen aus; vgl. den Stasibericht in Mitter/Wolle (Hrsg.) 1990, S. 141ff.

42 Cornelsen 1989; Schwartau/Vortmann 1989; Vortmann 1989.

43 Sozialreport 1990, S. 125ff., 149f.

44 Als gravierender erwies sich, daß insbesondere Jugendliche die DDR als »ökologieuntauglich« empfanden. Sozialreport 1990, S. 167ff., 169f.

45 Klinger 1984, S. 25f., Deppe/Hoß 1989.

46 Vgl. dazu Belwe 1990 und die im folgenden Abschnitt diskutierten Versuche insbesondere von Manfred Lötsch, das Beharrungsvermögen der wissenschaftlichen Intelligenz aufzubrechen.

47 Vgl. zu diesen beiden Kulturen und zur Krise des Fortschritts Klinger 1984, 1987 und 1987[1]; Glaeßner/Klinger 1989.

48 Vgl. Der historische Platz des Sozialismus, Etappen und Kriterien seiner Entwicklung (1979); Hager 1971; als Überblick über die Diskussion siehe Völkel 1973.

49 Richert 1975, S. 32.

50 So Hanke 1976, S. 493.

51 So Belwe 1990, S. 8. Hanke 1976, S. 511ff., spricht von »Ontologisierung«, Baylis 1974, S. 256ff., von der Wiederkehr des »Arbeitermythos«.

52 Richert 1975, S. 26f.

53 A. a. O. S. 28ff. Es mag mit dieser veränderten Konstellation zusammenhängen, daß der Marxismus-Leninismus in den Augen seiner Hüter nicht mehr nur als Ideologie sondern als »Weltanschauung« galt.

54 A. a. O. S. 33f. Richert stützte sich bei seiner Unterscheidung von physikalisch-technischer und moralisch-gesellschaftlicher Kultur auf C. P. Snow; vgl. zu dessen Thesen und den Diskussionen, die sie auslösten, Steinbuch 1968, S. 80ff.

55 Alle Zitate bei Richert 1975, S. 40, 44.

56 Dies ist die These von Staritz 1985, S. 203; vgl. auch ders. 1979, S. 101. Sie greift zu kurz, weil sie den Bedarf an Legitimitätsglauben der Parteimitglieder selbst, insbesondere der Intelligenz, die die Begründung der Parteiherrschaft formulieren mußte, außer acht läßt.

57 So wurde es bis zum Sturz der Parteiherrschaft auch vorgestellt, vgl. Winkler (Hrsg.) 1989, S. 153ff.

58 Zur »paternalistischen Fürsorgepflicht«, von der in diesem Kontext häufig die Rede ist, vgl. Meyer 1977, S. 99ff., und Meyer/Rohmeis 1986, S. 108ff., 112ff.

59 So argumentiert Liehm 1975, S. 158, auf den die These vom »new social contract« zurückgeht.

60 Greiffenhagen 1986, S. 111, sprach mit dieser Formulierung eine politische Traditionslinie der deutschen Intelligenz an, wie sie vom 19. Jahrhundert ihren Ausgang genommen hatte.

61 Die Gefahren der Selbstaufgabe der Intellektuellen schildert Liehm 1975, S. 161ff., sehr eindringlich.

62 So Mlynar 1983, S. 78f.

63 Vgl. zu der Tendenz dogmatischer Fiktionalisierung Zaslavsky 1979, S. 174ff.

64 Zaslavsky 1979, S. 173f.

65 Vgl. die Unterscheidung wertorientierten Legitimitätsglaubens und wert- oder interessenorientierter Loyalität in der Einleitung.

66 Neubert 1989, S. 45 ff., von dem ich die zitierten Bemerkungen übernommen habe, beschreibt die Standardisierung des Lebens und die zunehmende Abhängigkeit der Individuen vom Staat im real-existierenden Sozialismus sehr eindringlich. Auf die Folgen, die er nennt: soziale Atomisierung, Selbstzuschreibung durch »Schuld«anerkenntnis (wohl eher die Wahrnehmung eines engagierten Protestanten als ein durchgängiges Phänomen), Entpolitisierung und soziale Distanz, oder aber selbsttätige Suche nach einer nicht staatlich vorgegebenen, neuen Vermittlung zwischen Individuum und Gesellschaft, wird später zurückzukommen sein.

67 Richert 1975, S. 34 ff., nennt vor allem die künstlerische, aber auch die wissenschaftliche Intelligenz.

68 Vgl. dazu insbesondere Hüning 1990 und 1990[1].

69 Niethammer 1990, S. 254, 263 ff.

70 A. a. O. S. 265.

71 Honecker, Protokoll des VIII. Parteitags, Bd. 1, S. 108 ff., 112; Hager 1971, S. 1205, 1207.

72 Zwar war von »höherer Eigenverantwortung« der Universitäten und Hochschulen die Rede, aber den wissenschaftlichen Räten war die Aufgabe zugedacht, den Meinungsstreit »planmäßig« zu organisieren und auf die Zusammenarbeit mit den sowjetischen Wissenschaften zu orientieren. Hager 1971, S. 1236 ff.

73 Vgl. als Überblick Röder 1972; exemplarisch siehe Braunreuther 1968 oder Steiner 1966.

74 Dazu insbesondere Erbe 1982. Das einschwenken der Sozialstrukturforschung auf das Homogenitätspostulat fand auf dem 1. Kongreß der marxistisch-leninistischen Soziologie (25.-27. November 1969) statt.

75 Weidig 1975, S. 41; Lötsch 1975, S. 90.

76 Zimek 1975; Lötsch 1974 und 1975 wie auch Weidig 1974 und 1975.

77 In den Institutionen der sozialistischen Demokratie – Gemeinschaftsarbeit, Wettbewerb usf. – manifestierten sich analoge Strukturverfestigungen. Weidig 1975, S. 42 ff.

78 A. a. O. S. 51 ff. Allerdings widersprachen die empirischen Befunde, sowohl was die Motivationsschwäche Un- und Angelernter wie auch die Reproduktion unqualifizierter Arbeitsanforderungen betrifft, den Therapievorschlägen.

79 Meyer 1974, S. 62; Lötsch 1974, S. 31, 46.

80 Die Anfänge sind um den IX. Parteitag (1976) herum zu lokalisieren, als die Diskussion des Leistungsprinzips sich verstärkte. Der Durchbruch des neuen Paradigmas war jedoch erst dem X. Parteitag (1981) und der Wiederkehr der Rhetorik der wissenschaftlich-technischen Revolution geschuldet. Zur Entstehungsgeschichte des neuen Paradigmas vgl. Lötsch/Lötsch 1985; Lötsch 1988; Lötsch/Lötsch 1989.

Dort finden sich auch die Hinweise auf die parteipolitischen Anregungen, die wissenschaftliche Argumentation zu ändern, die vom X. und XI. Parteitag ausgingen.

81 Die »qualitative Entwicklung der Arbeiterklasse« blieb vorerst noch eine »entscheidende Voraussetzung«. Lötsch 1976, S. 131.

82 Vgl. z. B. Lötsch 1988, S. 15.

83 Lötsch 1982, S. 727f.

84 Lötsch 1975, S. 95ff., Lötsch 1976, S. 221ff.

85 Die »schrittweise Überwindung sozialer Unterschiede innerhalb der Arbeiterklasse«, so Lötsch 1976, S. 136, sei »nicht nur und nicht in erster Linie eine Sache gesellschaftlicher Gerechtigkeit, wenn diese auch eine nicht unbedeutende Rolle« spiele. Die Überwindung sei vielmehr »erforderlich, um das qualitative Wachstum der gesamten Arbeiterklasse voranzubringen und um die führende Rolle der Klasse weiter zu festigen«.

86 Dieser Prozeß sei jedoch keine Tagesaufgabe, sondern werde sich allmählich und nicht ohne »ständig bessere« Durchsetzung des Leistungsprinzips zugunsten des wissenschaftlich-technischen Fortschritts vollziehen; bei der Gestaltung der entwickelten sozialistischen Gesellschaft sei »die Lösung des Problems sozialer Gleichheit« daher »noch nicht vollständig möglich«. Vielmehr müßten die Unterschiede zwischen den und innerhalb der Klassen und Schichten bei der Leitung und Planung »beachtet« werden, um – auf dem Wege ihrer Verringerung – die Vorzüge und Triebkräfte des Sozialismus »immer umfassender zu entfalten«. Lötsch 1976, S. 141f.

87 Lötsch 1982, S. 721. Zwar blieb, wie er meinte, die Reduzierung sozialer Unterschiede weiterhin unbestrittener »Grundprozeß der weiteren Gestaltung der entwickelten sozialistischen Gesellschaft«, ein Prozeß, der »in der Programmatik der Partei einen zentralen Platz« einnehme. Doch seien soziale Strukturen noch genauer auf ihren Charakter als Wachstumsfaktoren hin zu untersuchen, es sei mithin nach der »Dialektik der Reduzierung und der Reproduktion sozialer Unterschiede« zu fragen. Ebd.

88 Lötsch 1982, S. 724ff., stützte sich zumindest indirekt auf Ralf Dahrendorf, Lebenschancen, Frankfurt/Main: Suhrkamp 1979, und polemisierte vor diesem Hintergrund gegen die von Alfred Kosing herausgegebene Dialektik im Sozialismus, Berlin: Dietz 1981. In diesem Buch herrschte noch die alte Auffassung vor, derzufolge die soziale Annäherung der Klassen und Schichten an die Arbeiterklasse, die gesellschaftliche Homogenität also, alleiniges Fortschrittskriterium war. Den Durchbruch lokalisiert Lötsch 1988, S. 15, um den 3. Kongreß der marxistisch-leninistischen Soziologie (1980).

89 Lötsch 1982, S. 725.

90 A. a. O. S. 725, 727.

91 Lötsch 1981[1], S. 65, 67.
92 Lötsch/Lötsch 1985, S. 159ff.; auch Lötsch 1988.
93 Lötsch 1982, S. 728ff.
94 Lötsch 1981[1], S. 66, 67.
95 Lötsch 1981, S. 87.
96 Vgl. Weidig 1980, S. 5ff.; Lötsch 1980, S. 28, 35; Lötsch 1981, S. 86.
97 Vgl. Lötsch/Lötsch 1989, S. 240ff.
98 Lötsch 1988, S. 13f.
99 Lötsch 1982, S. 728f., Lötsch/Lötsch 1989, S. 243f.
100 Lötsch 1988[1], S. 128.
101 Obwohl die Wissenschaft mit dem erneuten Hintanstellen desevolutionären wissenschaftlich-technischen Fortschritts hinter die Zwänge der wissenschaftlich-technischen Revolution ihren Platz als zentraler Wachstumsfaktor zurückeroberte, erwähnte Lötsch die Reformkonzeptionen der sechziger Jahre nicht, so wie überhaupt die Einsicht, es gelte, vom extensiven zum intensiven Wachstum überzuleiten, fälschlich als genuine Erkenntnis des X. und XI. Parteitags ausgegeben wurde. Zu den unverkennbaren Parallelen zu den ersten Zeiten der wissenschaftlich-technischen Revolution – der Orientierung von Wissenschaft und Technik auf Schlüsseltechnologien, Spitzenleistungen und Vorlauffunktionen für beschleunigtes Wachstum – vgl. Honekker, Protokoll des XI. Parteitags, S. 55ff.
102 Während Belwe 1983 Lötsch wegen der Preisgabe dieses alten Ziels kritisierte, wies sie 1990 darauf hin, daß er soziale Gleichheit – bei aller Anerkennung notwendiger und erwünschter Differenziertheit – auf möglichst hohem wissenschaftlich-technischen und ökonomischen Niveau zu erreichen suche. Was sie jedoch übersah, war der sozialtechnologische Charakter seiner parteipolitisch induzierten Wissenschaft.
103 Belwe 1990, S. 17ff.
104 Lötsch 1989, S. 245ff.
105 Goulder 1979; Konrád/Szelenyí 1981.
106 Vgl. dazu Staritz 1983; Klinger 1985; Glaeßner 1988.
107 Vgl. als späten und gleichsam autoritativen Text, der solche Koexistenz demonstriert, Weidig 1988, S. 29ff.
108 Vgl. Lebensweise und Moral im Sozialismus (1972), S. 66ff.; Marxistisch-leninistische Sozialpolitik (1975) S. 110; das SED-Programm (1976), Dokumente der SED Bd. 16, S. 65f.
109 So z. B. Weidig in seinem Hauptreferat auf dem 3. Kongreß der marxistisch-leninistischen Soziologie (25.-27. 3. 1980), der »Lebensweise und Sozialstruktur« thematisierte; Weidig 1981, S. 51f.
110 Weidig 1981, S. 18f. Das Referat dokumentiert – wie wohl alle Ausführungen Weidigs – den verbreiteten Usus, orthodoxe bruchlos neben neue Auffassungen zu stellen. Der Umbruch der Argumentation

auf dem 3. Soziologie-Kongreß stützte sich, wissenschaftlich gesprochen, auf die Sozialstrukturforschung, politisch gesprochen auf Honeckers Ausführungen zur wissenschaftlich-technischen Revolution auf dem 11. ZK-Plenum (13./14. 12. 1979); a.a.O. S. 15f.

111 Weidig 1981, S. 42.

112 Solch weiten Begriff der sozialistischen Lebensweise schlugen z.B. Steiner/Winkler 1983 – unter unermüdlichem Rekurs auf Marx, Engels und Lenin – vor.

113 Vgl. Grundmann 1989; Krambach 1989; Jahrbuch für Soziologie und Sozialpolitik 1988.

114 Auf den Zusammenhang zwischen dem Aufschwung der Territorialsoziologie, die z.B. die Siedlungsstruktur, industrielle Standortverteilung, Infrastruktur, natürliche Ressourcen, Stadt-Land-Beziehungen, Migration, Siedlungs- und Wohngebietstypen, Verhalten von Gruppen, Schichten und Klassen, Demographie etc. umfaßte, mit der Einheit von Wirtschafts- und Sozialpolitik bereits seit Mitte der siebziger Jahre weist Grundmann 1989, S. 125ff. hin.

115 Vgl. dazu den 4. Soziologie-Kongreß (1985) unter dem Thema »Soziale Triebkräfte des ökonomischen Wachstums«, Berlin: Dietz 1986. Siehe auch die den Kongreß vorbereitenden Artikel in der DZPh 1 (1985).

116 Weidig 1986, S. 580ff. Den Vorwurf von »bürgerlicher Seite«, das komme einer »Ökonomisierung der Soziologie« gleich, wies Weidig zurück – wenn auch ohne schlüssiges Argument.

117 Vgl. das Stichwort »sozialistische Lebensweise« im Lexikon für Sozialpolitik (1987), S. 258f.

118 Diese Attacke auf den ökonomistischen Fortschrittsbegriff und die geltende Dominanz der Arbeitssphäre, begonnen mit Kuczynski 1978, löste eine längere Debatte in *Forum* aus. Lemmnitz 1978 vertrat die Orthodoxie, während Kühne 1978 eine vermittelnde Position einnahm: die Persönlichkeit entfalte sich sowohl in der gesellschaftlich notwendigen Arbeit als auch in der Freizeit resp. der selbstbestimmten Tätigkeit. Kontroverse Kurzbeiträge, zumeist in Form von Leserbriefen, finden sich darüber hinaus in den Heften 11, 13, 16, 18 und 20 des 32. Jahrgangs der Zeitschrift. Vgl. auch Kuczynski 1979.

119 Vgl. den Überblick über den Forschungsstand bei Petzold 1989. Die argumentative Entwicklung läßt sich konkret am Beispiel von Kultur und Freizeit (1971), H. Hanke 1979 und H. Hanke 1987 verfolgen.

120 Siehe die gleichnamige Konferenz »Freizeit als Lebensraum arbeitender Menschen im Sozialismus«, besprochen von Petzold 1987; Hervorhebung von mir.

121 Petzold 1989, S. 205.

122 Vgl. Gößler 1983 und Luutz 1985 einerseits und T. Hahn 1986 andererseits.

123 Luutz 1988, S. 636f.
124 Luutz 1988, S. 637, 639f. S. a. Luutz 1987 und Weißpflug 1987 und die unten anschließende Darstellung der Diskussion in den Staats- und Rechtswissenschaften.
125 Vgl. Adler 1985; Weidig 1986, S. 580ff.
126 Dölling 1986, S. 7. Auch sie verweist auf die Impulse, die vom X. Parteitag der SED mit seiner »ökonomischen Strategie der achtziger Jahre« für die weitere Theoriebildung ausgingen.
127 Zur theorie- und politikgeschichtlichen Entwicklung des Persönlichkeits- resp. Menschenbilds vgl. Hanke 1976; Lemke 1980; Schlosser 1981.
128 Vgl. Lebensweise und Moral im Sozialismus (1972), S. 151ff.
129 A. a. O. S. 102ff.
130 Adler/Kretzschmar 1974, 1978.
131 Dölling 1978, S. 972.
132 Kretzschmar 1981, S. 104.
133 Kretzschmar 1985; Dölling 1986.
134 So resümiert Hüning 1990[1], S. 18f., die Lernprozesse der achtziger Jahre.
135 Vgl. Lexikon für Sozialpolitik (1987), Stichwort »Persönlichkeit«, S. 292, 293.
136 So Klinger 1985, S. 169, 171f., zur Lage der parteilichen Sinnstiftung in den achtziger Jahren.
137 Lexikon für Sozialpolitik (1987), S. 294.
138 Zum Themenkomplex »Individuum als Triebkraft« vgl. Schliwa 1988; Teichmann 1988; Wendt 1989.
139 Vgl. Heuer 1965 und 1974.
140 Vgl. zum Unterschied der beiden Konzeptionen Zimmermann 1988, S. 214ff.
141 So Luge/Mand 1979, S. 232. Sie empfahlen, die politische Organisation lediglich als »Teil des politischen Systems« anzusehen, wobei sie sich die politischen und gesellschaftlichen Elemente als »organisch homogen« und »verknüpft« vorstellten. A. a. O. S. 233f.
142 A. a. O. S. 237, 238f.
143 Schöneburg 1981, S. 255f.
144 A. a. O. S. 256.
145 A. a. O. S. 259ff.
146 Im Sinne der Marxschen und Leninschen Interpretation der Pariser Kommune begriff Schöneburg 1981[1], S. 988, das Wesen des sozialistischen Staates in der Perspektive der »Rücknahme der Staatsgewalt durch die Volksmassen selbst«, einer »sich selbst verwaltenden Massenorganisation der Arbeiter«. Gegen diese Auffassung polemisierte wenig später, wie wir sehen werden, U.-J. Heuer.
147 So Baumann 1980, S. 157f., 159.

148 Zu dieser Interpretation des X. Parteitags (1981) vgl. Thomas 1981, S. 270.

149 So Mand/Schulze/Zinnecker 1982, S. 500.

150 A. a. O. S. 501, 503 f. Die Autoren verwiesen auf Konsultationen und Vereinbarungen zwischen staatlichen und gesellschaftlichen Institutionen im Bereich der Wirtschafts-, Jugend-, Kultur- oder Sozialpolitik.

151 A. a. O. S. 501.

152 Weichelt 1986, S. 173, 174; s. a. Weichelt 1979 und 1981.

153 Die Abhandlung Der Staat im politischen System der DDR, unter der Federführung Weichelts von einem Autorenkollektiv geschrieben und 1986 publiziert, brachte keine neuen Gesichtspunkte mehr. Der Systembegriff war zugleich aufgewertet und entschärft worden. Wie Riege 1987, S. 908 f., in seiner Rezension zutreffend bemerkte, faßten die Autoren das politische System eher institutionell und weniger gemäß »der wirklichen Bewegung der Gesellschaft«. Auch thematisierten sie die Beziehung zwischen Bürger und Staat im Sinne der staatlichen Förderung und Aktivierung, nicht aber aus der Perspektive der Bürger selbst; a. a. O. S. 913. Überdies monierte Riege, a. a. O. S. 910, weder Staat noch politisches System der DDR würden hinreichend historisiert, ihre Veränderbarkeit war also allenfalls ein sekundärer Gesichtspunkt.

154 Heuer 1989, S. 372.

155 Vgl. Honecker, Protokoll des VIII. Parteitags, Bd. 1, S. 83. In der Sowjetunion, so die herrschende Annahme, war dieser Zustand bereits erreicht; vgl. Die entwickelte sozialistische Gesellschaft (1973), S. 38 f.

156 Zur Auseinandersetzung um die Konzeption des Staats des ganzen Volkes in der DDR der siebziger Jahre vgl. Völkel 1980, S. 354 ff. Die Verfassung von 1968 hatte noch den »sozialistischen Staat deutscher Nation« kodifiziert; zur Verfassungsänderung siehe Mampel 1974; Egler/Moschütz 1975; zur Staatstheorie des neuen Parteiprogramms vgl. Schüßler/Weichelt 1976; Schöneburg 1976; Weichelt 1976.

157 Schöneburg 1987, S. 33, kritisierte aus selbst zu dieser Zeit noch gegebenem Anlaß, das »Wesen« des sozialistischen Staates werde noch immer aus dem welthistorischen Prozeß, also aus dem Gegensatz zwischen Kapitalismus und Sozialismus, und nicht aus dem »widersprüchlichen Prozeß der Entfaltung sozialistischer Staatlichkeit und sozialistischen Rechts« abgeleitet; die »Realgeschichte« verliere sich »in schemenhaften Abstraktionen«. Haney 1988, S. 946, monierte an den zeitgenössischen Philosophen und Rechtswissenschaftlern, daß sie »ihre Systeme von Betrachtungen realer menschlicher Verhaltensweisen freihalten«.

158 Heuer 1986, S. 187 ff., insbes. 201; ders. 1986[1], S. 6 ff., v. a. 19 f.

159 Vgl. Such 1962 und Heuer 1965.
160 Jetzt kam es auch zu einer expliziten Auseinandersetzung mit der Polakschen Axiomatik selbst. Vgl. als ein Beispiel Poppe/Weichelt 1987, darin allerdings weniger die recht affirmativen Ausführungen dieser beiden, als vielmehr die Beiträge von Schöneburg und Heuer, deren, neben Klenners, staatstheoretische und rechtshistorische Arbeiten überhaupt einschlägig sind.
161 So der Vorwurf von Heuer 1988, S. 865.
162 Heuer 1988, S. 863.
163 Eindrucksvoll dazu Mollnau 1987.
164 Heuer 1989, S. 397.
165 Heuer 1986[1], S. 23. Wie er, a.a.O. S. 23f., zu Recht monierte, hatte die Staats- und Rechtswissenschaft diese Zäsur theoretisch nicht akzeptiert; das heißt, mit meinen Worten, sie hatte den Sozialismus als Gesellschaft sui generis nicht anerkannt. Heuer machte seinen Punkt später, vgl. ders. 1989, S. 368, vollends deutlich: Er verwies auf Ulbrichts Konzeption des Sozialismus als »relativ eigenständiger« Gesellschaftsformation. Von dieser Konzeption sei man zwar 1971 abgerückt, habe dem Sozialismus aber weiterhin eine lange Entwikkungsphase eingeräumt. Neben Heuer siehe dazu auch Lieberam 1987 oder Quilitzsch 1985.
166 Heuer 1986[1], S. 25.
167 Heuer 1982, S. 114.
168 A.a.O. S. 20f.
169 A.a.O. S. 44f.
170 A.a.O. S. 54f., 57.
171 A.a.O. S. 86ff., 103ff.
172 A.a.O. S. 121ff.
173 A.a.O. S. 152, 178ff.
174 A.a.O. S. 183ff., 191ff.
175 Schon Heuer 1965 und 1974 hatte auf die politische Organisationsnotwendigkeit für die Ermittlung gesamtgesellschaftlicher Interessen verwiesen. Heuer 1982, S. 158ff., siedelte sozialistische Demokratie zwar noch in der ökonomischen Sphäre an, überschritt diese jedoch mit der Forderung nach Rechtsförmigkeit auf allen Entscheidungsebenen und -feldern.
176 Heuers Argumentation zeichnete sich bereits in dem oben erwähnten Buch von 1982 ab und konkretisierte sich in den folgenden Jahren; vgl. Heuer 1983; ders. 1986, 1986[1], vor allem 1987. Mit Heuer gemeinsam gegen die orthodoxe Lenin-Interpretation stritt u.a. Lieberam 1987, S. 869, 870f., 873.
177 Zur Polemik gegen Heuer und Lieberam vgl. Benjamin 1987 oder Joseph 1988.
178 Geisler/Wagner 1988, S. 681, 684f.

179 Mit diesem Hinweis wiesen die Autoren, a. a. O. S. 685, die einschlägigen Passagen aus Lenins postrevolutionären Aufsätzen zurück, die Heuer und Lieberam für ihre Interpretation heranzogen.

180 Diese Auffassung von Marx und Engels begriffen Geisler/Wagner, a. a. O. S. 686, natürlich nicht als »Allegorie« oder »Metapher« und schon gar nicht als historisch widerlegt. S. a. Eichhorn in Heuer 1986[1], S. 41 ff. Heuers Replik war scharf. Er wies seinen und Lieberams Kritikern nicht nur Nähe zu Polakschen, sondern zu Stalinschen Positionen vor (was weniger einen Unterschied in der Sache als in der Terminologie ausmachte) und ging (wie bereits zitiert) zum Angriff über: Die »Gefahr einer nicht realisierbaren Utopie« bestehe »immer darin, daß sie in Konvervatismus« umschlage; die Orthodoxen hätten es sich »im Gehäuse der Ideologie bequem gemacht«. Heuer 1988, S. 863, 865.

181 So, stellvertretend für viele, Benjamin 1987, S. 818.

182 Für Schliwa 1984 blieb Demokratie, dem angenommenen Gefälle des Bewußtseins von der Spitze hinunter zur Basis entsprechend, auf das Ausführen von Beschlüssen, die Vorbereitung von Leitungsentscheidungen und die Kontrolle der Leitung in Betrieb und Territorium beschränkt. Zur eminenten Bedeutung, die der Bewußtheit nach wie vor eingeräumt wurde, auch Schumann 1987, S. 48; Weichelt 1987, S. 961 ff.

183 Die Vorstellung eines perfekten Steuerungs- und Regelungsmechanismus, der es historisch erstmalig möglich mache, in Treue zu Lenin die gesamte Ökonomie und Gesellschaft wie »ein Büro und eine Fabrik« zu leiten, hegte vor allem Benjamin.

184 Vgl. Quilitzsch 1985, S. 870, Lieberam 1987, S. 868, 874 f. oder aber Steeger 1987, S. 952.

185 Heuer 1989, S. 373. Er führte das Begriffspaar »Machtapparat und Massenorganisation« auf Stalin (»Fragen des Leninismus«) zurück, lehnte es aber nicht allein deshalb ab.

186 Heuer 1987, S. 310, und ders. 1989, S. 394.

187 Haney 1988, S. 942 ff.; Stiehler 1988.

188 Lieberam/Will 1984, S. 799 f.

189 Quilitzsch 1985, S. 872.

190 Lieberam 1985, S. 14; Will 1985, S. 47.

191 Lieberam 1985, S. 12.

192 Will 1985, S. 46.

193 Quilitzsch/Segert/Will 1987, S. 662.

194 Heuer 1989, S. 355.

195 A. a. O. S. 462. Mit dieser Position faßte Heuer die Dialektik von Form und Inhalt schärfer als früher; vgl. z. B. Heuer 1986 oder 1986[1]. Seine Staats- und Demokratiekonzeption blieb insgesamt substantiell: Das Ende von Ausbeutung von Klassenantagonismen war entschei-

dend, woraus für Heuer letztlich auch folgte, daß die Diktatur des Proletariats ihrem »Wesen« nach demokratisch sei; Heuer 1989, S. 398f.

196 A.a.O. S. 361.

197 A.a.O. S. 401.

198 A.a.O. S. 420ff., 429f., 432ff., 449ff.

199 In seinem wohl schärfsten Angriff auf den Antiformalismus Polakscher Provenienz stellte er fest, die Geringschätzung der Rechtsform führe nicht etwa zu Allseitigkeit, sondern zu Willkür. A.a.O. S. 472.

200 Klenner 1989, S. 39. Im Dezember 1988 hatte das 7. ZK-Plenum der SED den »Sozialismus in den Farben der DDR« erfunden – Klenners Anspielung auf den preußischen Polizeitstaat war deutlich.

201 Schöneburg 1988, S. 803.

202 A.a.O. S. 807. Haney 1988, S. 943, bemängelte ebenfalls die »heute zwar abgeschwächte, aber nicht vollständig aufgegebene These, daß es zwischen bürgerlichem und sozialistischem Staat, zwischen ›sozialistischen und bürgerlichen Rechten des Menschen keine Kontinuität geben kann‹«. Er zitierte aus Staatsrecht der DDR, Berlin 1977, S. 186.

203 Schöneburg 1988, S. 807f. Der Wert, den Schöneburg den Grundrechten – und damit wieder der Kontinuität in der Diskontinuität – beimaß, läßt sich auch an seiner Interpretation der Verfassungsgeschichte der DDR ermessen. Vgl. Schöneburg 1989[1], ders. 1985 und 1987.

204 Schöneburg 1989, S. 4f., 6. Dieses dynamische Verständnis teilte er mit Karl Polak.

205 Marx, kritisierte Schöneburg, a.a.O. S. 9f., mit Recht, habe in seiner Abhandlung »Zur Judenfrage« übersehen, daß die Menschenrechte auch den »Interessen der Plebejer« zugute kommen. Klenner 1988, S. 39, gab im Kontext seiner Diskussion der »Judenfrage« zu bedenken, daß Marx' Kritik der Menschen- und Bürgerrechte, »so berechtigt sie war, (...) uns jedoch nicht vergessen machen (sollte), welch produktive Rolle der Umgang der beginnenden Arbeiterbewegung mit den ihrem Charakter nach bürgerlichen Menschenrechtserklärungen im intellektuellen Verselbständigungsprozeß des Proletariats zunächst gespielt hat«. »Wer diese (...) vorwissenschaftlichen, utopischen Versuche als Jugendsünden (...) abzutun bereit ist, möge bedenken, daß eine Unterbewertung der Vergangenheitserfolge eine Überbewertung der Gegenwartsverdienste nach sich zieht.«

206 Klenner 1989[2], S. 719.

207 A.a.O. S. 719f.

208 A.a.O. S. 725, 728.

209 Berg/Reißig 1988 bezogen sie auch auf die »Menschenrechte in der

Politik des Sozialismus«; ihre Ausführungen ließen allerdings die Klarheit und Eindeutigkeit Klenners missen.

210 Benjamin 1989 verwies in seinem Artikel über den Begriff des sozialistischen Rechtsstaats, der 1988 durch das 6. und 7. ZK-Plenum (9.-10. 6. resp. 1.-2. 12. 1988) aufgegriffen wurde, auf dessen Vorgeschichte in den späten sechziger Jahren.

211 Vgl. Honeckers Ausführungen noch auf dem letzten Parteitag der SED, Protokoll der Verhandlungen des XI. Parteitags (1986), S. 87f.

212 In Vorbereitung des Parteitags war 1985 ein neues Gesetz über die örtlichen Volksvertretungen verabschiedet worden. Dazu vgl. Petzold 1985; K. Heuer 1986 zum XI. Parteitag. Die gerichtliche Nachprüfung von Verwaltungsentscheidungen kündigte Honecker auf dem 7. ZK-Plenum (1.-2. 12. 1988) an; die Volkskammer beschloß das Gesetz am 14. 12. StuR 4 (1989) widmete dem neuen Gesetz einen Themenschwerpunkt. Die »Verordnung über Reisen von Bürgern der DDR nach dem Ausland« war ein zutiefst obrigkeitsstaatliches Dokument. Es setzte der prinzipiell unangefochtenen staatlichen Entscheidungshoheit über die Freizügigkeit der Bürger einige Grenzen, die aber nicht einmal bindenden Charakters waren; es handelte sich um Kann-Bestimmungen. Vgl. die Dokumentation der Verordnung in DA 1 (1989), S. 108ff.

213 Vgl. Hagers Bericht des Politbüros an das 6. ZK-Plenum (9.-10. 6. 1988), dokumentiert in DA 8 (1988), S. 898. Dieses Plenum verabschiedete die Thesen zum 70. Gründungstag der KPD, ein Dokument also, das den Unwillen der Parteiführung gegenüber ernsthaften Reformvorstellungen drastisch zum Ausdruck brachte. Vgl. dazu unten, Abschnitt 4.4.

214 Vgl. Honeckers Bericht des Politbüros an das 7. ZK-Plenum (1.-2. 12. 1988), dokumentiert in DA 2 (1989), S. 24. Auf diesem Plenum prägte der Generalsekretär die Formel vom »Sozialismus in den Farben der DDR«, die, wenn irgend etwas, den Beharrungswillen der SED-Führung unter Beweis stellte.

215 Krenz 1988, S. 1000. Wie Honecker zählte er das gesamte Gesetzgebungswerk seit dem VIII. Parteitag zum »sozialistischen Rechtsstaat DDR« und gab damit zu verstehen, daß qualitative Veränderungen nicht anstanden; a.a.O. S. 1001. Ebenso Wittenbeck 1989 im Themenheft der *Einheit* zur sozialistischen Demokratie und ihrer Entwicklung in der DDR.

216 S.o. Anm. 200.

217 Benjamin 1989, S. 99.

218 Benjamin erinnerte daran, daß Karl Polak in seinem Bemühen um einen radikalen Bruch mit der bürgerlich-formalistischen Vergangenheit den Rechtsstaatsbegriff bekämpft hatte, daß mit Ausnahme einer

kurzen Phase in den sechziger Jahren der Entwurf sozialistischer Staatlichkeit von der Abgrenzung von bürgerlichen Formen und Begründungen gelebt hatte; ebd.

219 A. a. O. S. 100f. Auch Mollnau 1989, S. 393, hob die Verbindung zum Prozeß der »Erneuerung« im »Weltsozialismus« hervor.

220 A. a. O. S. 101.

221 A. a. O. S. 106. Diese Interpretation dürfte, wie ich vermute, unter den Staats- und Rechtswissenschaftlern mehrheitsfähig gewesen sein.

222 Mollnau 1989, S. 396; die anderen Zitate a. a. O. S. 393.

223 Polak 1962, S. 121.

224 Nationales Dokument (1962), S. 225.

225 A. a. O. S. 202f., 204.

226 Bock 1960, S. 1450f.

227 Das Selbstbestimmungsrecht, so hieß es, könne nur im Recht der Nation auf einen Friedensstaat bestehen; Arzinger 1960, S. 1479. Daraus folgte die Behauptung, in der DDR sei das Selbstbestimmungsrecht bereits verwirklicht; Kröger 1961, S. 1342. Die Diskussion um das Selbstbestimmungsrecht verfolge ich nicht weiter; es soll der Hinweis genügen, daß Staats- und Völkerrechtler wenig später von »zwei deutschen Staatsvölkern« in »beiden deutschen Nationalstaaten« ausgingen; vgl. Kuppe 1979, S. 192f. Dieses Argument nahm die Zwei-Nationen-Theorie der siebziger Jahre bereits vorweg.

228 Arzinger 1960, S. 1488f.

229 Polak 1962, S. 119.

230 Kosing 1962, S. 17.

231 Die Schuld an der – wie sie noch sagte: vorübergehenden – Teilung der Nation schob sie weiterhin dem Imperialismus und Militarismus zu; vgl. Hoffmann 1962; Nationales Dokument (1962), S. 200ff.; Polak 1962, S. 106ff.

232 Ulbricht 1962, S. 57.

233 Kosing 1962, S. 14.

234 A. a. O. 1962, S. 15. Die neue Theorie, die in der Sowjetunion ihren Ausgang nahm, richtete sich gegen Stalin 1913.

235 Vgl. Ulbrichts Referat zum »Grundriß der Geschichte der deutschen Arbeiterbewegung«, der als Leitfaden für das gleichnamige Lehrbuch diente; Ulbricht 1962. Siehe auch den »Grundriß« selbst in E 8 (1962), S. 58ff., sowie Berthold/Diehl/Vieillard 1962 und die Diskussionsbeiträge in E 9 (1962), Sonderheft. Die »fortschrittliche Linie« der Entwicklung des deutschen Volkes, seiner »führenden« Klasse und Partei sollte nun vollends im Sinne des Sozialismus nachgezeichnet und – eingebettet in die internationale (kommunistische) Arbeiterbewegung – zu einem »nationalen Geschichtsbild« aufbereitet werden. Ulbricht 1962, S. 9ff. Nachdem die nationale Frage eindeutig und

exklusiv im klassentheoretischen Kontext aufgeklärt schien, hatte die Partei, so macht es den Eindruck, den Rücken frei: eine entsprechend orientierte Geschichtswissenschaft, das neue Parteiprogramm und die ökonomischen Reformen der sechziger Jahre stellten Legitimationsmuster für den weiteren sozialistischen Entwicklungspfad bereit. Unmittelbar an die Diskussion um den »Grundriß der Geschichte der Arbeiterbewegung« schlossen sich die Vorbereitungen des VI. Parteitags an; vgl. E 10 (1962) und die folgenden Hefte zum Parteitag und zum Programm von 1963. Die SED verabschiedete ihr erstes Parteiprogramm (Einheit 1 (1963), S. 3ff.), in dessen Zentrum nicht mehr die gesamtdeutsche Problematik, sondern die sozialistische Entwicklungsperspektive der DDR stand. Das Programm verortete »den ersten sozialistischen Staat auf deutschem Boden« – von 1945 an – als historisch gesetzmäßiges Resultat des Epochenübergangs zum Sozialismus; und es stellte die Lösung der nationalen Frage in diesen – das politische Handeln der SED entlastenden – Zusammenhang. Zwar hielt es an der Konföderation beider Staaten – als der »geeignetsten Form der Verwirklichung der friedlichen Koexistenz in Deutschland« – fest, aber dabei war es der SED vor allem wichtig, nun auch programmatisch festzuschreiben, daß eine Konföderation die Souveränität und Gleichberechtigung beider Staaten voraussetze und solche wechselseitige Anerkennung keinerlei Veränderungen der jeweiligen Gesellschaftsordnung erfordere. Bis zur Wiederherstellung der staatlichen Einheit in recht unbestimmter Zukunft bestehe die »nationale Mission« der DDR darin, durch die »umfassende Verwirklichung des Sozialismus« in ihrem Land die Grundlage seines Sieges in ganz Deutschland zu schaffen.

236 So hieß es auf dem VII. Parteitag (1967), die Wiedervereinigung sei »nicht real«.

237 Vgl. die Verfassungspräambel sowie Art. 1,1 und 8,2, in denen von zwei Staatsvölkern und von der Herstellung völkerrechtlicher Beziehungen zwischen beiden deutschen Staaten, die nur auf sozialistischer Grundlage zu vereinen seien, die Rede ist. Zur Deutschlandpolitik der SED in den sechziger Jahren – Passierscheinabkommen, Diskussion über Rederaustausch, Staatsbürgerschaftsgesetz usf. – vgl. Kupper 1979, S. 242ff.; Kuppe 1979, S. 192ff.

238 Bender 1986, S. 123. Auf die Voraussetzungen der sozial-liberalen Ostpolitik, die Entspannungspolitik der Großmächte, gehe ich hier nicht ein. Zu den entspannungspolitischen Motiven der Sowjetunion, die mit den Forderungen der DDR-Führung – erst völkerrechtliche Anerkennung der DDR, dann Entspannungspolitik – in Konflikt gerieten, vgl. Ludz 1980, S. 144ff.; zur spiegelverkehrten Position der Bundesrepublik und ihren Modifikationen siehe Niclauß 1977, S. 71ff.; Löwenthal 1974.

239 Brandt, zit. nach Meissner (Hrsg.) 1970, S. 415 f., Hervorhebung von mir. Verstand Bahr den Wandel durch Annäherung bis in die späten sechziger Jahre als einen Weg zur Wiedervereinigung in absehbarer Zeit, so betrachtete er Mitte der siebziger Jahre ein »geregeltes Nebeneinander beider Staaten« als einen zeitlich nicht limitierbaren Zustand (Cramer <Hrsg.> 1975, S. 35, 43 ff.), hielt aber dennoch an dem alten Konzept fest: Es gelte nunmehr eben zeitlich unbegrenzt, denn der inzwischen erreichte Zustand, die »Koexistenz auf deutsch«, stelle eine »abnorme Normalisierung« dar (a. a. O. S. 151, 152 f.).

240 Meissner (Hrsg.) 1970, S. 417 ff.

241 A. a. O. S. 442.

242 Niclauß 1977, S. 126 ff.

243 Zimmermann 1980, S. 31 ff., unterscheidet in diesem Sinne eine offensive von einer defensiven Haltung der Partei in der Deutschlandpolitik. Die deutschlandpolitische Defensive kann man dabei durchaus als Offensive in der Hervorhebung der übergeordneten Relevanz des Sozialismus interpretieren. Eine solche Interpretation stimmt auch mit Zimmermanns Hinweis überein, daß die Defensive mit einer Verschärfung der Freund-Feind-Polarisierung gegenüber der Bundesrepublik, einer weiteren Annäherung der DDR an den sozialistischen Block und einer stärkeren politischen Kontrolle der DDR-Gesellschaft einherging.

244 Vgl. Ludz 1980, S. 241.

245 A. a. O. S. 224.

246 ND, 20. 1. 1970, dokumentiert in DA 2 (1970), S. 179 ff. Zum folgenden vgl. Meuschel 1988, S. 79 ff. und Ludz 1980, S. 221 ff. und 242 ff.

247 Honecker, Protokoll des VIII. Parteitages (1971), Bd. 1, S. 55 f.

248 Axen 1973.

249 Oldenburg 1975, S. 3.

250 So Axen 1976, S. 291 ff.

251 Honecker sprach auf dem IX. Parteitag, der das Parteiprogramm verabschiedete, von der »sozialistischen deutschen Nation«, betonte aber zugleich, daß die deutsche Frage »nicht mehr offen« sei. Vgl. Protokoll des IX. Parteitages der SED (1976), Bd. 1, S. 18.

252 Kurt Hager hatte nach dem VIII. Parteitag (1971) die Korrektur aller Positionen verlangt, die in den sechziger Jahren den Reformprozeß flankiert hatten und von der Theoriebildung in der Sowjetunion und in den anderen sozialistischen Ländern abgewichen waren. Positiv forderte er u. a. eine Verbindung von Nationalismus und Internationalismus; die Erforschung der Entwicklung der sozialistischen Nation, Nationalkultur, Gesellschaft usw. in ihrer Abhängigkeit von der gesetzmäßigen gesellschaftlichen Entwicklung; die weitere Ausarbeitung des marxistisch-leninistischen Geschichtsbildes und des revolu-

tionären, progressiven, fortschrittlichen Erbes der deutschen und internationalen Arbeiterbewegung. Vgl. Hager 1971, S. 1203ff.; s. auch Der zentrale Forschungsplan für die marxistisch-leninistischen Gesellschaftswissenschaften bis 1975 (1972). Die vergleichsweise hohe Bedeutung der nationalen Problematik lag angesichts der politischen Kurswende der SED und der kulturnationalen Begründung nahe, die die SPD ihrer Deutschlandpolitik verlieh. In dieser Hinsicht traten denn auch in späteren Forschungsorientierungen und -plänen keine wesentlichen Änderungen ein. Der IX. Parteitag (1976) fügte die Liebe zum Vaterland und den Stolz auf dasselbe hinzu und drängte – nach dem Abschluß des Grundlagenvertrags und des KSZE-Prozesses – die direkten Angriffe auf den »Sozialdemokratismus« zurück. Vgl. Hager 1975, S. 136ff. Vgl. ferner Der zentrale Forschungsplan der marxistisch-leninistischen Gesellschaftswissenschaften 1976 bis 1980 (1975). Er schlug auf die Gesellschaftswissenschaften auch insofern durch, als – da die Sozialdemokraten zu möglichen Partnern im Friedenskampf avanciert waren – die Unvereinbarkeit der ideologischen Positionen die Herausarbeitung der Werte des Sozialismus und eines Geschichtsbewußtseins erforderte, das sich insbesondere auf die Geschichte der SED und der DDR konzentrieren sollte. Vgl. Diehl 1977, S. 261ff. Der X. Parteitag (1981) stand – mehr noch als der IX. – überwiegend im Zeichen der Einheit von Wirtschafts- und Sozialpolitik und der Beschleunigung des wissenschaftlich-technischen Fortschritts und scheint für die Geschichtswissenschaften ebenso wenige Impulse gegeben zu haben wie der XI. (1986).

253 Kosing 1976.

254 Er wandte sich insbesondere gegen die »Materialien zum Bericht zur Lage der Nation« von 1974 und ihre kommunikationstheoretische Konzeption der Kultur- und Bewußtseinsnation; vgl. Kosing 1976, S. 16ff.

255 A.a.O. S. 26f.

256 A.a.O. S. 58. Die These von Ludz 1980, S. 224ff., Kosing habe – ähnlich wie Axen 1976 – das Stalinsche Nationskonzept (1913) zumindest partiell aufgewertet, indem er auf dessen Merkmale zurückgriff, die eine Nation konstituierten, leuchtet deshalb nicht ein, weil Kosing und Axen gerade den Klasseninhalt und die geschichtsphilosophische Einordnung der Nation und ihrer Entwicklung in den Mittelpunkt ihrer theoretischen Mühe stellten. Dies war bei Stalin eben nicht der Fall, wie Ludz selbst, a.a.O. S. 236ff., hervorhebt.

257 So nannte Kosing 1976, S. 59ff., beispielsweise die Herausbildung von Warenproduktion und Markt, die Entstehung von Klassen und die Entwicklung des Nationalstaats.

258 A.a.O. S. 133f.

259 A.a.O. S. 137.

260 A.a.O. S. 138ff.
261 A.a.O. S. 153ff.
262 A.a.O. S. 189ff.
263 A.a.O. S. 195ff.
264 A.a.O. S. 228ff., 247ff., 263ff.
265 A.a.O. S. 280ff.
266 A.a.O. S. 74f.
267 A.a.O. S. 146ff.
268 A.a.O. S. 99, 101ff.
269 A.a.O. S. 305f.
270 Weitere unmittelbare Anlässe waren Honeckers Anregungen zum Luther-Jahr und die Luther- und Preußen-Forschung in der Bundesrepublik. Die tieferliegenden Ursachen, eine Nationalgeschichte für die Nation DDR zu fordern und eine DDR-spezifische nationale Identität fördern zu wollen, lagen aber wohl in dem Versuch, zu der Zeit, in der die Partei erneut auf wissenschaftlich-technische Revolution setzte und soziale Differenzierungen auf Dauer stellen wollte, einen übergeordneten Zusammenhalt zu definieren. Eine Konferenz der Gesellschaftswissenschaftler Ende 1980 folgte der neuen Orientierung. Vgl. Bartel 1981 zu den Anstößen für die konzeptuelle Wende, die er selbst einleitete.
271 Kosing/Schmidt 1979, S. 1072, 1073, 1074.
272 Vgl. Schmidt 1980, S. 58.
273 Honecker, zit. nach ebd.
274 Schmidt/Kosing 1982, S. 206ff.
275 A.a.O. S. 214, 216.
276 A.a.O. S. 220f., 219, 221.
277 Bartel 1981, S. 387, 388.
278 Bartel/Schmidt 1984, S. 111.
279 Naumann 1971, S. 299ff.
280 Meier/Schmidt 1975, S. 463f.
281 Bartel 1981, S. 389f.
282 Dazu Bartel 1981[1]; Lozek 1981; Schmidt 1981.
283 Vgl. Bartel 1981, S. 391.
284 A.a.O. S. 392f.
285 Vgl. dazu Badstübner 1981; Dittrich 1982; Prokop 1983; Benser 1983.
286 Badstübner 1981, S. 325, 314; Bartel/Schmidt 1984, S. 112.
287 Schmidt 1981, S. 401, 402.
288 Vgl. Bartel/Schmidt 1982; Badstübner 1983; Bensing 1984; Hanke 1985.
289 Vgl. Schmidt 1985.
290 Schmidt 1983, S. 332, 333.
291 A.a.O. S. 333ff.

292 So Heitzer 1984, S. 390.

293 Zur Kritik des SPD-Konzepts der Kulturnation vgl. Hexelschneider/John 1984.

294 Schmidt 1985[1], S. 628 ff.

295 Vgl. Hexelschneider/John 1984, S. 51, 67 ff.; Schmidt 1980, S. 68 ff.

296 Vgl. Hager 1984.

297 Vgl. Niclauß 1977, S. 85 ff. 122 ff.

298 Vgl. die erste Regierungserklärung des Kanzlers und seinen ersten Bericht zur Lage der Nation in Texte zur Deutschlandpolitik III/1, S. 9 ff. und 131 ff.

299 Texte III/2, S. 74 ff.

300 So war auch der Minister für innerdeutsche Beziehungen zu verstehen, der in mehreren Reden unterstrich, die Politik der Bundesregierung ziele nicht auf die Wiederherstellung eines einheitlichen deutschen Staates, sondern auf die Durchsetzung des Selbstbestimmungsrechts der Bürger der DDR und der Völker Ost- und Mitteleuropas; vgl. Windelen, Texte III/2, S. 213, 217, 273, 367 ff.
Allerdings hoben immer wieder Abgeordnete der CDU/CSU den Verfassungsauftrag hervor und forderten, den Wiedervereinigungsanspruch zu wahren; so z. B. Waigel, Texte III/2, S. 110 f. Sie erinnerten an den Friedensvertragsvorbehalt der Ostverträge – Mertes, Texte III/2, S. 168 ff. –, interpretierten Kohl in dem Sinne, daß die Nation die »geschichtliche Chance« behalte, »in einem Deutschland Staat zu sein« – Vogel, Texte III/2, S. 241 –, oder verlangten die Integration des wiedervereinigten Deutschland in die westeuropäische Gemeinschaft – Schröder, Texte III/2, S. 261. Und auch diese Positionen fanden Rückhalt in der auslegbaren Allgemeinheit der Formulierungen Kohls.

301 Oppositionsführer Vogel, Texte III/1, S. 150 f. Analog formulierte Kanzler Kohl: »Wir dürfen uns in Deutschland nicht auseinanderleben, wir müssen aufeinander zugehen. (...) Nicht nur in der Gemeinschaft der Geschichte, von Kunst, Sprache und Kultur, von Werten und Tugenden ist Einheit unverlierbar. Dazu kommt ungeachtet vielfältiger Behinderungen der unaufhaltsame Fluß von Informationen und Meinungen, die andauernde Verbindung von Menschen über die Trennungslinie hinweg.« Vgl. Texte III/2, S. 78.

302 Texte III/2, S. 46.

303 Texte III/3, S. 161 (Erklärung vom 12. 3. 1985).

304 Honecker wies in einem Interview mit Robert Maxwell am 4. 7. 1980 darauf hin, daß Helmut Schmidt und er unabhängig voneinander und angesichts der zugespitzten internationalen Lage erklärt hätten, dafür Sorge zu tragen, daß von deutschem Boden nie wieder Krieg ausgehe; vgl. IPW-Berichte 9 (1980), S. 74. Mit diesem Hinweis begann eine friedenspolitische Offensive der SED, die ihren blockinternen Rück-

halt in der Reaktion der kommunistischen Parteien auf den Doppelbeschluß der NATO vom Dezember 1979 hatte. Vgl. Appell der Kommunisten an die Völker Europas. Für Frieden und Abrüstung (1980). Die Friedensoffensive suchte einerseits in nicht unbekannter bündnispolitischer Manier nach Partnern im Westen; andererseits war sie gewiß auch darauf gerichtet, Risse im sowjetischen Block selbst zu überwölben; so Zimmermann 1981[1], S. 23. Seit dem X. Parteitag der SED hatte die Friedenssicherung ihren festen Platz in der Parteipolitik; vgl. Honecker, Protokoll des X. Parteitags (1981), Bd. 1, S. 28, und Bd. 2, S. 210.

305 Grundsätzlich, wenn auch häufig durchbrochen, hielt die SED daher auch nach dem NATO-Doppelbeschluß und über dessen Durchführung 1983 hinaus an einer Politik des Dialogs mit der Bundesrepublik fest; vgl. von Plate 1984 und 1989. Zu den Plädoyers für Schadensbegrenzung, für eine Koalition der Vernunft und des Realismus und für die Wahrnehmung einer gemeinsamen deutschen Verantwortung für den Frieden vgl. Honecker auf der Konferenz »Karl Marx und unsere Zeit – der Kampf um Frieden und sozialen Fortschritt« (1983).

306 Vgl. zum Neuen Denken Bruns 1987; Schulz 1988; Ziegler 1989.

307 Der Streit der Ideologien und die gemeinsame Sicherheit (August 1987).

308 Aufschlußreich in diesem Zusammenhang ist auch der Umstand, daß der Wehrkundeunterricht in den Schulen 1979 eingeführt wurde – »Wachsamkeit« und parteioffizielle Friedensbewegung gingen Hand in Hand.

309 Vgl. Hager 1980. Die marxistisch-leninistische Philosophie wurde stärker als zuvor zu einer »Philosophie des Friedens«, so Scheler 1981, S. 331f. Eine Gesellschaftswissenschaftliche Konferenz des ZK der SED im Dezember 1983 beauftragte die Gesellschaftswissenschaften, den Anforderungen des Friedenskampfes zu genügen; ND 16. 12. 1989, S. 3. Das Institut für Soziologie und Sozialpolitik der Akademie der Wissenschaften veranstaltete im Dezember 1984 ein Symposium zum Thema »Soziologie und Frieden« (vgl. Jahrbuch für Soziologie und Sozialpolitik 1986); der VIII. Historikerkongreß im Januar/Februar 1989 behandelte »Krieg und Frieden und sozialer Fortschritt in der Geschichte« (vgl. ZfG 9 (1988), S. 771ff.); aus den Anfängen der Politikwissenschaften kam der Sammelband von Karl-Heinz Röder (Hg.), Der Frieden und die politische Theorie der Gegenwart, Berlin 1988. Die Akademie der Wissenschaften richtete 1987 einen Wissenschaftlichen Rat für Friedensforschung ein (vgl. IPW-Berichte 1 (1988), S. 41f.); interdisziplinäre Friedensforschung wurde fortan insbesondere an der Akademie für Gesellschaftswissenschaften, am Institut für Internationale Politik und Wirtschaft und an der Humboldt-Universität betrieben.

310 Haftendorn/Wilker 1989, S. 616.

311 Vgl. Die Frage von Krieg und Frieden (1982), S. 1133.

312 Vgl. Schmidt 1980 oder Imperialistische Konfrontations- und Rüstungspolitik (1981).

313 So z. B. Scheler 1981 und Die Frage von Krieg und Frieden (1982).

314 Berg/Reißig 1985, S. 868.

315 Klein 1988, insbes. S. 61 ff., 69 f. Steiner 1988, S. 423, nannte überdies die neue Qualität der internationalen Vergesellschaftung, die Monopolprofite ohne militärische Gewaltanwendung erlaube. Internationale Verflechtungen und Interdependenzen, die »Ganzheitlichkeit der Welt«, führten Schmidt 1987 und 1989 sowie Schmidt/Schwarz 1987 an.

316 So neben Klein 1988 auch Reißig 1988. Klein 1988[1] hob noch einmal die nicht nur politischen, sondern polit-ökonomisch induzierten, objektiven Gegentendenzen im Kapitalismus selbst gegen seine zerstörerischen Potenzen hervor: Gerade die neuen Hochtechnologien verlangten ihrer eigenen Logik gemäß nach friedlichen Bedingungen der Reproduktion. Im Gegensatz zu früheren Phasen des Kapitalismus würde Krieg nunmehr die Produktivkraftentwicklung hemmen resp. ihre Voraussetzungen vernichten. Auch das Rundtischgespräch Aggressivität und Friedensfähigkeit des heutigen Imperialismus (1988) bezeichnete die Aggressivität nicht als alleinige Gesetzmäßigkeit des Imperialismus; es hob jedoch vor allem politische Gegentendenzen – die Möglichkeit politischer Lernprozesse – hervor, die zur Friedensfähigkeit führen könnten. Siehe auch Reinhold 1988 und Kuczynski 1988. Letzterer gab allerdings zu bedenken, daß die Friedensfähigkeit des Imperialismus nicht mit einem Verlust an Aggressivität einhergehen werde; vielmehr werde sie sich vom militärischen auf das ökonomische Feld verlagern.

317 Zu dieser Korrektur explizit Reißig 1985, S. 873. Siehe auch Reinhold 1986, S. 3 f.; Scheler 1987, S. 13.

318 Reißig 1986, S. 309 f., 311 f.

319 A. a. O. S. 312, 317.

320 Reißig/Berg 1987, S. 405. Zur Menschenrechtsproblematik vgl. auch Berg/Reißig 1988.

321 Honecker in der Schlußansprache des X. Parteitags (1981), vgl. Protokoll, Bd. 2, S. 210; vgl. auch Honecker bei Buhr 1984, S. 962.

322 Frieden, so auch Buhr 1984, S. 962, bleibe eine Klassenfrage, die freilich ein klassenübergreifendes Bündnis zulasse. Selbst für Berg/Reißig 1985, S. 866, war der Friedenskampf nicht »klassenneutral«, vielmehr wende er sich gegen »ganz bestimmte Klassenkräfte«, wie er sich auf andere stütze.

323 Scheler 1981, S. 334; Die Frage von Krieg und Frieden (1982), S. 1134; Die Frage von Krieg und Frieden (1984); Hocke 1985; auch Berg/

Reißig 1985, S. 867, sprachen von »Wesenseinheit« von Sozialismus und Frieden. Vgl. Axen 1989 als spätes Zeugnis der Gleichsetzung von Menschheitsinteressen und Klassenstandpunkt.

324 Schmidt/Schwarz 1986, S. 9. Hahn 1985 empfand Frieden und Leben als »gemeinsames Interesse der Gattung«, in dem sich die jeweils »spezifischen Interessen, was den Charakter und Inhalt des Friedens« betreffe, sich »treffen und kreuzen« würden. Das bedeutete, daß die antagonistischen Klasseninteressen nicht verschwinden würden, daß aber ein gemeinsamer Nenner – Frieden – zu finden sei. Vgl. auch Hahn 1988, S. 681f.

325 Schmidt/Schwarz 1986, S. 9; vgl. auch Opitz 1988.

326 Reißig/Berg 1987, S. 405f.

327 Schmidt/Schwarz 1985, S. 3; Burg 1984, S. 963.

328 Die Frage von Krieg und Frieden (1984), S. 1090; Schmidt/Basler 1985, S. 2f.

329 Man war sich der Parallele durchaus bewußt, verwies auf das »Vermächtnis der Antifaschisten«. Schmidt/Basler 1985, S. 7, zitierten in diesem Sinne Honecker. Weidig/Winkler 1986, S. 38, brachten den Friedenkampf mit dem antifaschistischen Bündnis in der Frühphase der Entwicklung der DDR in Zusammenhang.

330 Ihre antifaschistische Geste machte zugleich deutlich, daß man sich, wie schon in früheren Zeiten, an Sozialdemokraten, Christen, Pazifisten und die »vernünftig denkenden Kreise der Bourgeoisie« adressierte. Der gemeinsame Feind saß, wie immer, in den USA. Schmidt/Basler 1985, S. 6f.

331 A.a.O. S. 6.

332 Reinhold 1986, S. 3f. Zum Verhältnis zur Sozialdemokratie und zum Fallenlassen des pejorativen Begriffs »Sozialdemokratismus« vgl. Lübbe 1988; zur Vorgeschichte des immer gespannten Verhältnisses Spanger 1972.

333 Berg/Reißig 1985, S. 872; Scheler 1987, S. 17ff.

334 Berg/Reißig 1985, S. 867. Eine »gleiche Verantwortung der Supermächte« wiesen beide explizit zurück und exkulpierten so die Sowjetunion; ebd.

335 A.a.O. S. 869.

336 Vgl. Der Streit der Ideologien und die gemeinsame Sicherheit (1987). Die zentralen Schwächen aus westlich-demokratischer Sicht scheinen mir darin zu liegen, daß das Papier die Lösung der lebensbedrohenden globalen Probleme zu »gemeinsamen Menschheitsaufgaben« erklärte, die System- und damit die Demokratiefrage aber unterhalb dieser Ebene ansiedelte. Sie erschien so gleichsam als instrumentelles Problem, das sich in der Frage erschöpfe, welches der beiden Systeme die Menschheitsaufgaben besser zu lösen imstande sei. Zwar wurden die unterschiedlichen Sichtweisen darüber, was man unter Demokratie

verstehen wolle, deutlich gemacht, auch sollte wechselseitige Kritik nicht als »Einmischung« abgewiesen werden können. Doch die Streit- und Dialogkultur, die das Papier umriß, akzeptierte stillschweigend die politisch-monokratische Struktur der DDR. So räumte die SPD ein, sie selbst könne nicht für das ganze bundesrepublikanische politische Spektrum sprechen, der SED verlangte sie aber ein solches Eingeständnis nicht ab. Nicht mehr als Glasnost legten die Sozialdemokraten ihrem Dialogpartner nahe: Es müsse möglich sein, in beiden Systemen offen zu diskutieren, auch seien die Bürger umfassend zu informieren.

Aber das soll nicht heißen, die SPD hätte keinen universellen Geltungsanspruch für Menschenrechte und Demokratie erhoben; im Gegenteil betonte sie diesen ausdrücklich gegen die Kritiker des Papiers (vgl. Meyer 1988). Doch da sie davon ausging, ein öffentlicher Diskurs über die Systemfrage, den das Papier auslösen und dessen Regeln es festlegen sollte, müsse in der DDR delegitimierende Folgen nach sich ziehen, und da sie zugleich vor einer Destabilisierung der DDR warnte (Texte zur Deutschlandpolitik III/2, S. 428f.), war die SPD in der Verbalisierung dieses Geltungsanspruchs sehr vorsichtig. Das hat sie im Winter 1987/88 gezeigt, als sie recht zögerlich gegen die Verfolgung und Abschiebung von Mitgliedern der Friedens- und Bürgerrechtsbewegung der DDR protestierte. Von der grünen demokratischen Linken kam daher auch der Einwand, das Papier von SED und SPD verfange sich in den »Fallstricken eines herrschaftsbezogenen Dialogbegriffs«: Es reduziere den Konflikt auf intersystemare Widersprüche, stilisiere die SED zur »idealtypischen Repräsentantin« der DDR und trage zur Unterdrückung kritischer Meinungen in der DDR-Gesellschaft zumindest indirekt bei, da die oppositionellen Gruppen von Dialog und Streitkultur ausgeklammert blieben (vgl. Schnappertz 1988).

Aber ganz zweifellos erfüllte die bloße Existenz des SED-SPD-Papiers, das in der DDR offiziell verbreitet wurde, für die Oppositionsgruppen eine ähnliche Funktion wie die Schlußakte von Helsinki; und es beeinflußte auch innerparteiliche Auseinandersetzungen.

337 Hager, ND 28. 10. 1987; zit. n. DA 1 (1988), S. 98; vgl. auch ders., ND 10. 6. 1988, S. 8 (6. ZK-Plenum der SED).

338 Felfe in Alles zum Wohle des Volkes der DDR (1987), S. 34f.

339 Reinhold, ND 11. 11. 1987, zit. n. DA 1 (1988), S. 99.

340 Vgl. zum Einerseits-andererseits in den zentralen Fragen Ziegler 1989.

341 Vgl. zum Problem der SED angesichts der Reformen in anderen sozialistischen Ländern Süß 1988, 1988[1]; Meuschel 1989.

342 So band Otto Reinhold in einem Interview mit Radio DDR die Exi-

stenz der DDR an ihre »sozialistische Identität«; vgl. taz, 28. 8. 1989.

343 Hager, ND 28. 10. 1987, zit. n. DA 1 (1988), S. 98; Reinhold, 7. ZK-Plenum, ND 3./4. 12. 1988, S. 5.

344 Felfe in Alles zum Wohle des Volkes der DDR (1987), S. 12. Zu dieser Parallelisierung zwischen unterschiedlichen »Reform«politiken, die der Behauptung einer formalen Konformität mit der Politik der KPdSU gleichkam, obwohl sich die SED jeder Reform widersetzte, vgl. Spittmann 1989, S. 241.

345 Reinhold/Banaschak 1987, S. 777.

346 Honecker, 7. ZK-Plenum, ND 2. 12. 1988, S. 3.

347 70 Jahre Kampf für Sozialismus und Frieden, für das Wohl des Volkes (1988).

348 Hager, ND 10. 6. 1988, S. 3 (6. ZK-Plenum).

349 Diehl in Aus den Diskussionsreden des 6. ZK-Plenums, Berlin: Dietz 1988, S. 79. Auf dem 7. Plenum wurde die Bundesrepublik scharf angegriffen und die Bereitschaft zum Dialog nicht mehr eigens erwähnt; vgl. Kuppe 1989[1]. Siehe auch Honecker, ND 2. 12. 1988, S. 8f., 10.

## *Schlußbemerkung: Revolution, Wende und die Frage, was bleibt*

1 Zu den Auswirkungen dieser »Errungenschaften« auf DDR-Identität und -Mentalität vgl. Bialas 1991 und 1991[1]; Koch 1991; Scherer 1991.

2 Vgl. zur Selbsteinschätzung reformorientierter Wirtschaftskader Marz 1991.

3 Vgl. zum XI. Parteitag (1986), der als Wendepunkt massenhafter Loyalitätsbereitschaft betrachtet werden kann, Zimmermann 1986; zur Unzufriedenheit in der SED selbst siehe Reißig 1991.

4 Das machte z. B. Otto Reinhold in einem Interview mit Radio DDR deutlich: Nur der Sozialismus garantiere die Eigenstaatlichkeit der DDR; vgl. taz vom 28. 8. 1989.

5 Knabe 1990.

6 Grunenberg 1989, S. 232f. Dieser Begriff scheint mir zutreffender als der ungleich häufiger verwendete der »Ersatz«- oder »Teil«öffentlichkeit, und zwar ganz einfach deshalb, weil die Literatur zwar informieren und Reflexionsprozesse in Gang setzen konnte, aber keine öffentlichen Diskurse einleiten. – Genau dies aber unterstellt Bathrick 1983, S. 66, wenn er behauptet, die Literatur habe »in ihrer Rolle als Vermittlerin zwischen öffentlichem und privatem Leben (...) einen besonderen Beitrag in Sachen Öffentlichkeit« zu leisten vermocht. Zwar

ist es gewiß zutreffend, daß Leser in der Literatur eine Darstellung ihrer Probleme fanden, aber daraus folgt keineswegs (wie Bathrick mit Robert Weimann übereinstimmend feststellt), die »künstlerische Öffentlichkeit« sei eine »Verkehrsform der Werktätigen« gewesen.

7 Die ersten Jahre unter dem neuen Generalsekretär waren von einer relativ liberalen Kulturpolitik geprägt. Er kündigte an, inhaltliche Tabus der Gestaltung sollten dort entfallen, wo Kunst und Literatur von der »festen Position des Sozialismus« ausgingen; Honecker auf der 4. ZK-Tagung am 16./17. 12. 1971, vgl. Rüß (Hrsg.) 1976, Dok. 56, S. 287. Damit vergrößerten sich die Spielräume, ohne daß allerdings institutionelle Garantien eingeführt worden wären, wie die Ausbürgerung Wolf Biermanns und die Repression jener, die protestierten, drastisch deutlich machten. Der Konsens zwischen Schriftstellern und Parteiführung zerbrach letztlich angesichts der wiederkehrenden Repression und aus denselben Gründen, die der SED einen harten Kurs nahezulegen schienen. So führt Jäger 1982, S. 159ff., die Welle der Repression von 1976 und der folgenden Jahre auf ökonomische und Probleme der »inneren Sicherheit« zurück: auf das sinkende Tempo der Steigerung des Lebensstandards und die Westkontakte, die mit der Normalisierung der deutsch-deutschen Beziehungen zunahmen.

8 Belwe 1986, S. 506ff., schildert die zunehmende zwischenmenschliche Entfremdnung in der DDR und stützt sich dabei vornehmlich auf literarische Texte.

9 So die zentrale These von Hanke 1987.

10 A. a. O., S. 310, 313f.

11 A. a. O., S. 30.

12 Zur »Megapolis« vgl. Neubert 1986[1]; vgl. auch Neubert 1988 zur Lage auf dem Land. Zum Alkoholismus (10% der Bevölkerung sind Gewohnheitstrinker, 6% alkoholkrank) vgl. den Schwerpunktbericht zum Thema Alkoholismus auf der Frühjahrstagung der Landessynode 1988, Dresden (19.-22. 3. 1988), in: epd-Dokumentation 17/88, S. 38. Zur Ausländerfeindlichkeit vgl. die Ökumenische Versammlung für Gerechtigkeit, Frieden und Bewahrung der Schöpfung, Dresden (26.-30. 4. 1989), in: epd-Dokumentation 21/89, S. 24f.

13 Neubert 1986[1], S. 157.

14 So Hans-Jürgen Fischbeck auf der Synode der Evangelischen Kirche in Berlin-Brandenburg, Ostberlin (24.-28. 4. 1987), in: epd-Dokumentation 25/87, S. 31f.

15 Ökumenische Versammlung für Gerechtigkeit, Frieden und Bewahrung der Schöpfung, Dresden (26.-30. 4. 1989), in: epd-Dokumentation 21/89, S. 28.

16 So Schorlemmer 1988, S. 24.

17 Ökumenische Versammlung für Frieden, Gerechtigkeit und Bewah-

rung der Schöpfung, Magdeburg (8.-11. 10. 1988), in: epd-Dokumentation 6/89, S. 3.

18 Bundessynode in Dessau (16.-20. 9. 1988), in: epd-Dokumentation 43/88, S. 49.

19 Ökumenische Versammlung für Frieden, Gerechtigkeit und Bewahrung der Schöpfung, Magdeburg (8.-11. 10. 1988), in: epd-Dokumentation 52/88, S. 2.

20 Vgl. Synode der evangelischen Kirche Berlin-Brandenburg (24.-28. 4. 1987), in: epd-Dokumentation 25/87, S. 27ff.

21 Vgl. die 20 Thesen der Wittenberger Kirchengemeinden, Evangelischer Kirchentag in Halle (Juni 1988), in: epd-Dokumentation 39a/88, S. 22f.

22 Vgl. Bundessynode in Dessau (16.-20. 9. 1988), in: epd-Dokumentation 43/88, S. 41ff.

23 Sie enthielten das Recht auf Informations-, Meinungs- und Versammlungsfreiheit, Rechtssicherheit, Unabhängigkeit der Richter und Rechtsanwälte, Verwaltungsrecht, Trennung der Funktionen von Staat und Partei, Wahlrecht, Reisegesetz, freie Entfaltung von Kunst und Kultur u.a.m. Vgl. Ökumenische Versammlung für Frieden, Gerechtigkeit und Bewahrung der Schöpfung, Magdeburg (8.-11. 10. 1988), in: epd-Dokumentation 6/89, S. 4f.; Ökumenische Versammlung in Dresden (26.-30. 4. 1989), in: epd-Dokumentation 21/89, S. 4ff., 30ff.

24 Laut Bericht der Stasi waren sie seit ihrer Gründung »fast ausschließlich in Strukturen der evangelischen Kirchen eingebunden« und nutzten »die materiellen und technischen Möglichkeiten dieser Kirchen umfassend«. Vgl. Mitter/Wolle (Hrsg.) 1990, S. 47. Dies galt, wie der Bericht detailliert beschreibt, für die Friedensbewegung seit der Wende der siebziger zu den achtziger Jahren, für die Frauen- und Ökologiebewegung seit 1982/3; vgl. a.a.O. S. 56ff. Von der Alternativbewegung, die sich in Form kirchlicher Basisgruppen organisierte, hebt die Stasi Bürger- und Menschenrechtsgruppen wie die Initiative für Frieden und Menschenrechte (seit 1986) ab, weil sie sich außerhalb des kirchlichen Raums bildeten, und sie verweist überdies auf die »spezifischen koordinierenden Funktionen« jener Gruppen, die überregionale Organisationsanstrengungen unternahmen. Dazu gehörten der Fortsetzungsausschuß Konkret für den Frieden (1984), der Arbeitskreis Solidarische Kirche (1986), die Umweltbibliothek (1986), die Kirche von unten (1988), das Grün-ökologische Netzwerk Arche (1988) und wiederum die Initiative für Frieden und Menschenrechte; vgl. a.a.O. S. 68ff.

25 Neubert 1990, S. 705.

26 Dies ist die These von Neubert 1985, 1986, 1986[2]. Er sieht die Ursachen für die Reproduktion von Religion im Sozialismus in einem

unbefriedigten Kommunikationsbedürfnis und – grundsätzlicher – in der »Unabweisbarkeit des Verlangens nach Gewißheit«, dem Problem der Kontingenzbewältigung also; ders. 1985, S. 100.
27 Neubert 1990, S. 706.
28 Grunenberg 1989, S. 228.
29 Vgl. Friedrich 1990, S. 26. Überzeugung wie Abkehr wurden bezüglich der Orientierung am Marxismus-Leninismus, des Glaubens an die globale Überlegenheit des Sozialismus, der Identifikation mit der DDR und der korrespondierenden Distanz zur Bundesrepublik befragt. Stolz, Bürger der DDR zu sein, und Verbundenheit mit dem Staat wuchsen in den siebziger Jahren, seit deren Ende dann die Vorbehalte. »Enorme Abbauprozesse« waren schließlich insbesondere 1988/89 zu verzeichnen; das Ansehen der Staatsmacht zerfiel eher als das der DDR; a. a. O. S. 29f. Studenten konservierten ihr ablehnendes Bild von der Bundesrepublik und ihre Wertschätzung des Sozialismus jeweils länger als junge Arbeiter. Die Sympathie für Gorbatschow einte die Jugendlichen allerdings über alle Qualifikations- und Privilegiengrenzen hinweg. Doch hatte das Regime im Frühjahr 1989 bei der Hälfte der jungen Arbeiter, aber nur bei einem Drittel der Studenten kein Vertrauen mehr; a. a. O. S. 29.
30 So zitiert Hanke 1987, S. 161, aus einer Kurzgeschichte Bernd Ulrichs (1981).
31 Jäger 1982, S. 167ff.; Hanke 1987, S. 166ff., 286ff.
32 Grunenberg 1989, S. 234ff.; dies. 1990.
33 Kaufmann in der Umfrage (1989) der Weimarer Beiträge, S. 1429f.
34 Eine Übersicht über oppositionelle Strömungen in der Honecker Ära gibt Woods 1986. Vgl. v. a. die frühen Studien zur Alternativ-Bewegung von Büscher/Wensierski/Wolschner (Hrsg.) 1982; Haase/Reese/Wensierski 1983; Büscher/Wensierski 1984.
35 Henrich 1989, S. 111.
36 76,6% der Auswanderer des Jahres 1989 waren unter 40, 51,4% ledige Männer zwischen 18 und 30 Jahren. Vgl. Sozialreport 1990, S. 43.
37 Im Sommer 1989 in der Bundesrepublik befragte Übersiedler gaben zu 72% an, ihr Leben nach eigenen Vorstellungen gestalten zu wollen, 69% beklagten die in der DDR fehlenden oder ungünstigen Zukunftsaussichten; vgl. Sozialreport 1990, S. 44.
38 Vgl. Templin 1989 und insbesondere den Nachdruck des Grenzfall, der ersten politischen Samizdat-Zeitschrift in der DDR, in: Hirsch/Kopelew (Hrsg.) 1989.
39 R. Templin 1988, S. 219.
40 Die Kirchen adressierten sich ja an den Staat, damit er Rechte *gewähre*. In nicht zu überbietender Klarheit kam das bei Schröder 1988, S. 178, zum Ausdruck: Er wollte, daß Staat und Recht den »mündigen Bürger« anerkennen sollten, was heiße »klare und unbedingte *Zuwei-*

*sung* von Rechten, die der Bürger *einfordern* kann, und Pflichten, die von ihm *eingefordert* werden können«. (Hervorhebungen von mir.)

41 Dies tat z. B. Richter 1989, S. 68, und konnte sich des Rückhalts vieler Mitglieder der Friedens- und Ökologiebewegung sicher sein.

42 Die meisten Angaben sind Mitter/Wolle (Hrsg.) 1990, S. 47f., entnommen; der Stasi-Bericht datiert vom 1. 6. 1989. Die Schätzung des Einzugsbereichs der Gruppen (1988 ca. 100000) stützt sich auf Wielgohs/Schulz 1990, S. 17; sie nennen für 1988 – abweichend von der Stasi-Angabe – 325 Gruppen.

43 Der Stasi berichtete ausführlich über die Unzufriedenheit mit dem Modus der Kommunalwahlen und den Reaktionen der Behörden auf die anschließenden Proteste – die öffentlichen Briefe, Eingaben, Strafanzeigen, die alle ignoriert bzw. für gegenstandslos erklärt wurden. Vgl. Mitter/Wolle (Hrsg.) 1990, S. 29ff. und passim.

44 Im Juni begann sich der Demokratische Aufbruch zu bilden, im Juli die SDP, im September folgten die Vereinigte Linke, das Neue Forum und Demokratie Jetzt. Vgl. Analysen, Dokumentationen und Chronik (1990); DDR Journal (1990) und DDR Journal 2 (1990); Rein (Hrsg.) 1989; Schüddekopf (Hrsg.) 1990.

45 Zu den institutionellen Aspekten des Revolutionsverlaufs s. Glaeßner 1990.

46 Zur »refolution«, einer Mischung aus Reform und Revolution, vgl. Garton Ash 1989, 1989[1].

47 So Habermas 1990, S. 180, für den Prozeß in Mittelosteuropa im allgemeinen.

48 Im Spiegel (21/1990, S. 34) spricht Ulrich K. Preuß von »widerwilligen Revolutionären«, »deren Bedürfnis nach Kontinuität ganz ausgeprägt ist«. Die sozialistische Perspektive der politischen Opposition – bis hin zu den ersten »Wende«versuchen der vormaligen Blockparteien – betonen auch Knabe 1990, S. 28ff.; Wielgohs/Schulz 1990, S. 19.

49 Jens Reich, SZ vom 24./25. 3. 1990, S. 12.

50 Staniszkis 1991.

51 So Engler 1991, auf dessen Unterscheidung von Parteimitgliedern, Intelligenz und Bewegung der Bürger ich mich hier stütze, S. 60.

52 Vgl. den Aufruf vom 26. 11. 1989 in: DDR Journal (1990), S. 154. Er stieß auf berechtigte Kritik; s. dazu die Stellungnahmen von Günter de Bruyn und Monika Maron, in Naumann (Hrsg.) 1990, S. 28 und DDR Journal 2 (1990), S. 96ff.

53 Engler 1991, S. 53, kommentiert ironisch: »Daß der Machtgewinn gegenüber den Parteizentralen und -führungen mit einem Machtverlust einhergehen sollte, mit abnehmenden Chancen, die Zentralinstitutionen des Staates souverän zu kontrollieren, irritierte die Aktivisten der Mitgliederbewegung. War man doch die ganzen Jahre über in

dieser Partei geblieben, weil man darauf gewartet hatte, das emanzipatorische Projekt eines Tages unverkürzt, ohne Entstellungen *und ohne daß einen andere dabei störten,* verwirklichen zu können.« Hervorhebung von mir.

54 Schmid 1990, S. 41 ff., fuhr fort: Deshalb sei es der Opposition auch nicht gelungen, ein »Programm des demokratischen Minimalismus« zu entwerfen, das die Massen hätte überzeugen können.

55 Mehlhorn (von der Gruppe Demokratie Jetzt) in der SZ vom 7. 12. 1989, S. 14.

56 Vgl. Interview mit Junge Welt, 9./11. 12. 1989, zit. n. Dokumentation zur Entwicklung der neuen Parteien und Bürgerrechtsbewegungen (1990), S. 100. Im Programm des Demokratischen Aufbruch vom 17. 12. 1989 fehlte dann aber ein expliziter Hinweis auf die Rolle von Bürgerbewegungen; vgl. a. a. O. S. 118 ff.

57 Interview in Gewerkschaftliche Monatshefte, 12 (1989), S. 762 ff., zit. n. a. a. O. S. 102 f.

58 Interview mit der Berliner Zeitung, 24. 12. 1989, zit. n. a.a.O. S. 135.

59 Vgl. das Selbstverständnis-Papier der Initiative für Frieden und Menschenrechte vom 28. 10. 1989, a. a. O. S. 152, und das Interview mit Gerd Poppe in Gewerkschaftliche Monatshefte, 12 (1989), S. 169 ff., zit. n. a. a. O. S. 156 f.

60 Gerade Facharbeiter, bäuerliche Bevölkerung und Handwerker drängten z. B. den Demokratischen Aufbruch zu liberal-konservativen Positionen; vgl. Neubert, a. a. O. S. 102. So auch Schorlemmer, taz vom 6. 1. 1990, S. 6.

61 Dokumente dieser und der vorgenannten Beispiele finden sich in Schüddekopf (Hrsg.) 1990.

62 Ludwig Mehlhorn, in: Knabe (Hrsg.) 1989, S. 176.

63 So – in einem anderen Kontext – Wolf Lepenies, Die Zeit, 44 (27. 10. 1989), S. 42.

64 Vgl. die Thesen von André Brie, Michael Brie und Wilhelm Ettl (8. 10. 1989), in: Texte zu Politik, Staat und Recht (1990), S. 84.

65 Brie, Brie, Ettl a. a. O. S. 86.

66 Dieter Segert (17. 10. 1989), a. a. O. S. 72.

67 Michael Brie (30. 11. 1989), a. a. O. S. 29 f.

68 Rainer Land, Rosemarie Will, Dieter Segert (22. 10. 1989), a. a. O. S. 62 ff.

69 Vgl. Rainer Lands Nachtrag (November 1989) zu den veröffentlichten Manuskripten des Projekts Sozialismustheorie, in: Studie zur Gesellschaftsstrategie (1989), S. 107 ff. Diese Position konnte sich freilich nicht durchsetzen; viele der sie befürwortenden Intellektuellen verließen die SED/PDS. Auf die innerparteilichen Plattformen gehe ich hier nicht ein. Vgl. zur innerparteilichen Situation Mitter/Wolle (Hrsg.)

1990, S. 149ff., 204ff.; Analysen, Dokumentationen und Chronik (1990), S. 78ff. Zum außerordentlichen Parteitag der SED/PDS vgl. Dokumentation zum letzten Parteitag der SED (1990).

70 Bei der Unterscheidung von politischer Freiheit (freedom) und Befreiung (liberation) lehne ich mich an Arendt 1979, S. 21ff., an. Die Anregung, an Arendt wieder anzuknüpfen, geht auf Rödel 1989 zurück.

71 Arendt 1979, S. 141ff.

72 Interview in taz, 23. 11. 1989, S. 10.

73 Preuß 1990[1] weist darauf hin, daß Wahlen, und seien sie noch so frei und geheim, einen solchen staatsbürgerlichen Konnex nicht herstellen können.

74 Entwurf – Verfassung der DDR (1990).

75 Preuß 1990[1].

76 Es handelte sich insofern um die von Arendt geforderte Säkularisierung von Politik und Herrschaft, als dem Verfassungsentwurf gemäß niemand mehr »höheres« Wissen um das Wohl und den Willen des Ganzen für sich reklamieren kann. Die Verfassung sollte keiner apriorischen Fortschrittsidee untergeordnet, der Staat, aller marxistisch-leninistischen »Wesens«zuschreibungen bar, nichts als »demokratischer und sozialer Rechtsstaat« sein, Staat durchaus im »eigentlichen Sinne«: konstituiert von den Bürgerinnen und Bürgern, die sich die Verfassung geben.

77 Preuß 1990. Vgl. auch die Verfassungsrichter Dieter Grimm und Ernst-Wolfgang Böckenförde im Spiegel 10 (1990), S. 72ff., und Günter Frankenbreg in FR vom 3. 4. 1990, S. 6.

78 Preuß 1990.

79 So in der Debatte Jürgen Habermas, Die Zeit, 14 (30. 3. 1990), S. 63.

80 Friedrich Schorlemmer, taz vom 9. 2. 1990, S. 12.

81 Diese Reaktion schildert Christian Semler auch aus der Tschechoslowakei, s. taz, 28. 3. 1990, S. 12.

82 So Arno Widmann, taz vom 7. 4. 1990, S. 39f.

83 Dahrendorf 1990[1], S. 825.

84 Lutz Marz, Frankfurter Rundschau vom 22. 1. 1991.

85 Offe 1991.

86 Schweigler 1989.

87 Es scheint in Vergessenheit zu geraten, daß die Mini-Détente, die Bonn und Ostberlin in den achtziger Jahren der gespannten internationalen Situation entgegensetzten, im Innern beider Staaten mit der hoheitlichen Suche nach nationaler Identität einherging; vgl. Meuschel 1988. Das westliche Ausland machte sich Sorgen um einen neuen deutschen »Sonderweg«; vgl. Fritsch-Bournazel 1989; Larrabee (Hrsg.) 1989; Moreton (Hrsg.) 1987.

88 Weidenfeld/Korte 1991, S. 8f., fassen diesen in den letzten Jahren viel-

diskutierten Befund zusammen. Vgl. auch Weidenfeld/Zimmermann 1989.

89 Vgl. die überaus kritischen Bemerkungen von Christian Meier, Frankfurter Rundschau vom 17. 6. 1991.

90 Weidenfeld/Korte 1991, S. 9.

91 Das nicht unbekannte Gedankenexperiment, es könne sich um eine Schönwetterdemokratie handeln, stellt Peter Schneider, FAZ vom 13. 5. 1991, an: »Nach der Maueröffnung konnte man dabei zusehen, wie die Ostdeutschen buchstäblich in ein paar Tagen jahrzehntelang eingeübte Normen und Verhaltensweisen abwarfen. Die eindrucksvolle Häutung löst natürlich die Gegenfrage aus, ob die Westdeutschen im Fall einer ernsthaften Krise ebenso rasch ihre demokratische Identität ›vergessen‹ und auf alte, autoritäre Muster zurückgreifen würden.« Schneiders Einschätzung des ostdeutschen Verhaltens erscheint mir voreilig, und was seine Gegenfrage betrifft, meldet er selbst Einwände an. Aber dennoch: Wer könnte sie mit Sicherheit beantworten?

92 Für eine distanzierte Würdigung, die dennoch ihre Sympathien erkennen läßt, vgl. Maier 1988.

93 So Dahrendorf 1990, S. 130f., zur Habermasschen Position.

94 Vgl. Dahrendorf 1990, S. 126ff., und ders. 1990[1], S. 824ff., zu den Positionen von Günter Grass, Martin Walser, Brigitte Seebacher-Brandt und Peter Glotz.

95 Wolfgang Thierse, FR vom 27. 2. 1991, beklagt das »unüberhörbare Schweigen führender Intellektueller hinsichtlich ihrer und unserer gemeinsamen Vergangenheit«.

96 Ebd.

97 Ebd.

98 Dazu Peter Schneider, FAZ vom 13. 5. 1991, oder Engler 1991: Gerade unter denen, die am längsten gläubig waren, sind das Gefühl, »betrogen« worden zu sein, und ein enttäuschter Antiidealismus verbreitet.

99 Jutta Voigt, ZEITmagazin vom 2. 8. 1991.

100 So schreibt Marz 1991, S. 119, daß die früheren Wirtschaftskader angesichts der Entwertung ihres Herrschafts- und Reformwissens »in eine neue Ohnmacht fielen«. Das läßt sich für die anderen Berufsgruppen verallgemeinern. Nach Koch 1991, S. 322, haben sich die Ostdeutschen in »funktionelle Analphabeten« verwandelt.

101 Hartung 1990, S. 37ff.; Belwe 1991.

102 Koch 1991, S. 323f.

103 Entfremdung resp. Orientierungslosigkeit und Autoritarismus sind wenig erstaunlicherweise im Osten weiter verbreitet als im Westen; vgl. die Ergebnisse einer Berlin-Untersuchung bei Fuchs/Klingemann/Schöbel 1991, S. 40f.

104 Marz, FR vom 22. 1. 1991, unterscheidet eine »Eisschrank«- und eine »Fusionstheorie«. Während die eine davon ausgehe, daß der »realsozialistische Habitus« nichts als eine »äußere Eisschicht« sei, welche im »belebenden Feuer der sozialen Marktwirtschaft« dahinschmelzen werde, unterstelle die andere, die Zerfallszeit dieses Habitus sei länger als die individuelle Lebenszeit. Will man, wie Marz, die Wirkungskraft des Habitus weder bagatellisieren noch dramatisieren, wird man mit seinem plötzlichen Verschwinden ebenso wenig rechnen wie mit seiner Unveränderbarkeit.

105 Lothar Späth, Tagesspiegel vom 30. 6. 1991.

106 Vgl. Kurt Biedenkopf und Björn Engholm in einem mit Vertretern der Gewerkschaften, Unternehmerverbände und Kirchen gemeinsam unterzeichneten »Aufruf zu gemeinsamem Handeln im vereinigten Deutschland«, FAZ vom 15. 7. 1991.

107 Christian Meier, FR vom 17. 6. 1991.

108 Ebd.

109 Ralf Dahrendorf, FR vom 13. 10. 1990.

# Literatur


Abusch, Alexander (1946). Der Irrweg einer Nation. Ein Beitrag zu[illegible]ständnis der deutschen Geschichte. Berlin: Aufbau.

Abusch, Alexander (1947). Die Begegnung. Die innere und die äußere Emigration in der deutschen Literatur. Aufbau, 10, S. 225 ff.

Abusch, Alexander (1947[1]). Die deutsche Katastrophe. Aufbau, 1, S. 2 ff.

Abusch, Alexander (1947[2]). Der große Plan. Aufbau, 11, S. 306 ff.

Abusch, Alexander (1948). Über das Schaffen unserer Schriftsteller. Neues Deutschland (19. 12. 1948), S. 4.

Abusch, Alexander (1969). Das geistig-moralische Antlitz des neuen Menschen in unserer Republik. Einheit, 9/10, S. 1079 ff.

Acker, Heinrich (1947). Zur Soziologie unseres Verfassungsentwurfs. Einheit, 1, S. 46 ff.

Ackermann, Anton (1937). Die Volksfront und die demokratische Volksrepublik. Internationale, 3/4, S. 36 ff.

Ackermann, Anton (1946). Gibt es einen besonderen deutschen Weg zum Sozialismus? Einheit, 1 (Februar), S. 22 ff.

Ackermann, Anton (1946[1]). Der staatsmonopolistische Kriegskapitalismus. Einheit, 3 (April), S. 5 ff.

Ackermann, Anton (1946[2]). Unsere kulturpolitische Sendung. Um die Erneuerung der deutschen Kultur. Erste Zentrale Kulturtagung der KPD vom 3.-5. Februar (S. 35 ff.). Berlin: Neuer Weg.

Ackermann, Anton (1947). Produktions- und Eigentumsverhältnisse in der sowjetischen Besatzungszone Deutschlands. Einheit, 9, S. 844 ff.

Adler, Frank (1985). 4. Soziologie-Kongreß der DDR. Deutsche Zeitschrift für Philosophie, 10, S. 918 ff.

Adler, Frank (1988). Zur stimulierenden Wirkung leistungsgerechter Entlohnung. Einheit, 8, S. 719 ff.

Adler, Frank/Kretzschmar, Albrecht (1974). Sozialistische Persönlichkeitsentwicklung und soziologische Forschung. Deutsche Zeitschrift für Philosophie, 2, S. 154 ff.

Adler, Frank/Kretzschmar, Albrecht (1978). Prozesse und Ebenen der gesellschaftlichen Determination der sozialistischen Persönlichkeit. Deutsche Zeitschrift für Philosophie, 7, S. 827 ff.

Aggressivität und Friedensfähigkeit des heutigen Imperialismus (1988). Rundtischgespräch. IPW-Berichte, 9, S. 11 ff.

Aktionsprogramm des ZK der KPD für einen Block der kämpferischen Demokratie zur antifaschistisch-demokratischen Umgestaltung Deutschlands, 21. Okt. 1944. Dokumente zur Geschichte der SED (Bd. 1, S. 392 ff.). Berlin: Dietz 1981.

Albrecht, Willy (Hrsg.) (1985). Kurt Schumacher, Reden – Schriften – Korrespondenzen, 1945-1952, Berlin, Bonn: J. H. W. Dietz Nachf.

Alles zum Wohle des Volkes der DDR (1987), Berlin: Dietz (5. ZK-Plenum Dez. 1987).
Alter, Peter (1985). Nationalismus. Frankfurt/Main: Suhrkamp.
Ambrosius, Gerold (1977). Die Durchsetzung der sozialen Marktwirtschaft in Westdeutschland 1945-1949. Stuttgart: DVA.
Analysen, Dokumentationen und Chronik zur Entwicklung in der DDR von September bis Dezember 1989 (Januar 1990). Bonn: Gesamtdeutsches Institut, Bundesanstalt für gesamtdeutsche Aufgaben.
Apel, Erich/Mittag, Günter (1964). Wissenschaftliche Führungstätigkeit. Berlin: Dietz.
Apel, Erich/Mittag, Günter (1964[1]). Planmäßige Wirtschaftsführung und ökonomische Hebel. Berlin: Dietz.
Appell der Kommunisten an die Völker Europas. Für Frieden und Abrüstung (1980). Für Frieden und Abrüstung. Treffen kommunistischer und Arbeiterparteien Europas in Paris, 28. und 29. 4. Berlin: Dietz.
Appelt, Rudolf (1946). Ein neuer Typus der Demokratie. Einheit, 6, S. 339ff.
Appelt, Rudolf (1947). Volksdemokratie – ein Weg zum Sozialismus. Einheit, 3, S. 304ff.
Appelt, Rudolf (1947[1]). Wesen und Ziel der Blockpolitik. Einheit, 9, S. 825ff.
Appelt, Walter (1957). Die antisozialistische Konzeption Viewegs. Einheit, 7, S. 802ff.
Arato, Andrew (1981). Civil Society Against the State. Telos, 4, S. 23ff.
Arato, Andrew (1989). Civil Society, History and Socialism: Reply to John Keane. Praxis International, 1/2, S. 133ff.
Arato, Andrew/Breines, Paul (1979). The Young Lukács and the Origins of Western Marxism. New York: Seabury Press.
Arendt, Hannah (1973). The Origins of Totalitarianism. New York, London: Harcourt Brace Jovanovich.
Arendt, Hannah (1979). On revolution. Harmondsworth: Penguin.
Arzinger, Rudolf (1960). Das Recht auf nationale Selbstbestimmung und der Deutschlandplan des Volkes. Einheit, 10, S. 1476ff.
Aufruf des ZK der KPD an das deutsche Volk (1945). Um ein antifaschistisch-demokratisches Deutschland (S. 56ff.). Dokumente aus den Jahren 1945-1949. Berlin: Dietz 1968.
Aufruf zu einem deutschen Volkskongreß für Einheit und gerechten Frieden (1947). Parteivorstand, 26. November. Dokumente der SED (Bd. 1, S. 247ff.). Berlin: Dietz 1948.
Axen, Herrmann (1973). Zur Entwicklung der sozialistischen Nation in der DDR. Berlin: Dietz.
Axen, Herrmann (1976). Die Herausbildung der sozialistischen Nation in der DDR. Probleme des Friedens und des Sozialismus, 3, S. 291ff.
Axen, Herrmann (1989). Sozialistischer Klassenstandpunkt und Menschheitsinteressen – friedliche Koexistenz heute. Einheit, 1, S. 45ff.

Badstübner, Rolf (1981). Das Geschichtsbild vom Werden und Wachsen der DDR. Zeitschrift für Geschichtswissenschaft, 4, S. 314ff.
Badstübner, Rolf (1983). Zu »Erbe und Tradition« in der Geschichte der DDR. Zeitschrift für Geschichtswissenschaft, 5, S. 427ff.
Baring, Arnulf (1957). Der 17. Juni 1953. Bonn: Deutscher Bundes-Verlag.
Baring, Arnulf (1966). Der 17. Juni 1953. Köln, Berlin: Kiepenheuer & Witsch.
Bartel, Horst (1981). Erbe und Tradition in Geschichtsbild und Geschichtsforschung der DDR. Zeitschrift für Geschichtswissenschaft, 5, S. 387ff.
Bartel, Horst (1981[1]). Historisches Erbe und Tradition. Einheit, 3, S. 272ff.
Bartel, Horst/Schmidt, Walter (1982). Historisches Erbe und Tradition – Bilanz, Probleme, Konsequenzen. Zeitschrift für Geschichtswissenschaft, 9, S. 816ff.
Bartel, Horst/Schmidt, Walter (1984). Sozialismus und historisches Erbe in der DDR. Einheit, 2, S. 111ff.
Basler, Gerhard/Hoffmann, Jürgen (1989). Zwei deutsche Staaten und Nationen im europäischen Haus. Einheit, 2, S. 170ff.
Bathrick, David (1983). Kultur und Öffentlichkeit in der DDR. Peter Uwe Hohendahl und Patricia Herminghouse (Hrsg.), Literatur der DDR in den 70er Jahren (S. 53ff.). Frankfurt/Main: Suhrkamp.
Bauer, Arnold (1946). Der Einbruch des Antisemitismus im deutschen Staat. Aufbau, 2, S. 152ff.
Baumann, Herbert (1980). Zu einigen Grundfragen der Theorie der politischen Systeme. Staat und Recht, 2, S. 155ff.
Baylis, Thomas A. (1974). The Technical Intelligentsia and the East German Elite. Berkeley: University of California Press.
Becher, Johannes R. (1945). Deutsches Bekenntnis. Aufbau, 1, S. 2ff.
Becher, Johannes R. (1946). Auferstehen. Gesammelte Werke Bd. 16 (S. 454ff.). Berlin, Weimar: Aufbau Verlag.
Becher, Johannes R. (1946[1]). Erziehung zur Freiheit. Gedanken und Betrachtungen. Gesammelte Werke Bd. 16 (S. 515ff.). Berlin, Weimar: Aufbau Verlag.
Becher, Johannes R. (1947). Vom Willen zum Frieden. Aufbau, 11, S. 322ff.
Becher, Johannes R. (1949). Kunst und Volk. Aufbau, 12, S. 1138ff.
Behrens, Fritz (1948). Wirtschaftplanung und Planwirtschaft. Einheit, 3, S. 229ff.
Behrens, Fritz (1956). Arbeitsproduktivität und Arbeitsintensivität. Wirtschaftswissenschaft, 3, S. 384ff.
Behrens, Fritz (1956[1]). Einige Grundfragen der Arbeitsproduktivität im Lichte der Erfahrungen des ersten Fünfjahrplanes der DDR. Wirtschaftswissenschaft, 2, S. 188ff.

Behrens, Fritz (1957). Zum Problem der Ausnutzung ökonomischer Gesetze in der Übergangsperiode. Wirtschaftswissenschaft, 3 (Sonderheft, Februar), S. 105 ff.

Behrens, Fritz (1961). Produktive Arbeit in der sozialistischen Gesellschaft, Einheit, 11/12, S. 1684 ff.

Behrens, Fritz (1962). Wirtschaftliche Rechnungsführung, Rentabilität und Arbeitsproduktivität. Einheit, 12, S. 65 ff.

Behrens, Fritz/Richter, Gerhard (1964). Theorie und Praxis der Messung des Nutzeffekts der Arbeit. Einheit, 2, S. 48 ff.

Bell, Daniel (1979). Die nachindustrielle Gesellschaft. Reinbek: Rowohlt.

Belwe, Katharina (1983). Annäherung von Arbeiterklasse und Intelligenz. Deutschland Archiv, 2, S. 161 ff.

Belwe, Katharina (1989). Sozialstruktur und gesellschaftlicher Wandel in der DDR. Werner Weidenfeld und Hartmut Zimmermann (Hrsg.), Deutschland-Handbuch. Eine doppelte Bilanz 1949-1989 (S. 125 ff.). Bonn: Bundeszentrale für politische Bildung.

Belwe, Katharina (1990). Entwicklung der Intelligenz innerhalb der Sozialstruktur der DDR in den Jahren 1978-1989 – eine Literaturanalyse. Analysen und Berichte, 1. Bonn: Gesamtdeutsches Institut, Bundesanstalt für gesamtdeutsche Aufgaben.

Belwe, Katharina (1991). Psycho-soziale Befindlichkeit der Menschen in den neuen Bundesländern nach der Wende im Herbst 1989. Pressespiegel. Bonn: Gesamtdeutsches Institut, Bundesanstalt für gesamtdeutsche Aufgaben, II 1-19207.

Benary, Arne (1956). Zur Funktion des Wertgesetzes im System der ökonomischen Gesetze des Sozialismus. Wirtschaftswissenschaft, 1, S. 67 ff.

Benary, Arne (1957). Zu Grundproblemen in der politischen Ökonomie in der Übergangsperiode. Wirtschaftswissenschaft, 3 (Sonderheft, Februar), S. 65 ff.

Bender, Peter (1986). Neue Ostpolitik. München: dtv.

Bender, Peter (1987). Erträgliche Beziehungen. Über die beiden deutschen Staaten und ihr Verhältnis zueinander. Neue Gesellschaft/Frankfurter Hefte, 10, S. 868 ff.

Bendix, Reinhard (1980). Könige oder Volk. Machtausübung und Herrschaftsmandat. Frankfurt/Main: Suhrkamp.

Benjamin, Michael (1987). 70 Jahre W. I. Lenins Schrift »Staat und Revolution«. Staat und Recht, 10, S. 815 ff.

Benjamin, Michael (1989). Zum sozialistischen Rechtsstaat. Staat und Recht, 2, S. 99 ff.

Benser, Günter (1983). Wortmeldung zur Diskussion um die DDR-Geschichte. Zeitschrift für Geschichtswissenschaft, 3, S. 243 ff.

Benser, Günter/Streb, Xaver/Winkler, Gerhard (1958). Partei und Massen

bei Ausbruch des ersten Weltkrieges. Zeitschrift für Geschichtswissenschaft, 1, S. 169ff.
Bensing, Manfred (1984). Erbe und Tradition in der Geschichte der DDR. Zeitschrift für Geschichtswissenschaft, 10, S. 883ff.
Bensman, Joseph/Givant, Michael (1975). Charisma and Modernity. The Use and Abuse of a Concept. Social Research, 4, S. 570ff.
Benz, Wolfgang (1986). Potsdam 1945. Besatzungsherrschaft und Neuaufbau im Vier-Zonen-Deutschland. München: dtv.
Berg, Frank/Reißig, Rolf (1985). Zur Dialektik von Frieden, Sicherheit und sozialem Fortschritt in der Gegenwart. Deutsche Zeitschrift für Philosophie, 10, S. 865ff.
Berg, Frank/Reißig, Rolf (1988). Menschenrechte in der Politik des Sozialismus. Deutsche Zeitschrift für Philosophie, 7, S. 599ff.
Berger, Wolfgang (1955). Die 25. Tagung des ZK der SED und die Aufgaben der Wirtschaftsfunktionäre. Wirtschaftswissenschaft, 6, S. 809ff.
Berger, Wolfgang/Reinhold, Otto (1966). Zu den wissenschaftlichen Grundlagen des neuen ökonomischen Systems der Planung und Leitung. Das NÖSPL – ein wichtiger Beitrag der SED zur marxistisch-leninistischen Theorie. Berlin: Dietz.
Bericht des Genossen Willi Zaisser vor dem Politbüro der SED im März 1952 über die Rolle des Politbüros und das Verhältnis von Politbüro und Sekretariat (1990). Beiträge zur Geschichte der Arbeiterbewegung, 5, S. 669f.
Bericht über den 3. Kongreß der marxistisch-leninistischen Soziologie in der DDR (1980). H. Radtke und D. Wittich. Deutsche Zeitschrift für Philosophie, 8, S. 987ff.
Berthold, Lothar/Diehl, Ernst/Vieillard, Hans (1962). Der »Grundriß der Geschichte der deutschen Arbeiterbewegung«. Einheit, 8, S. 3ff.
Berthold, Werner (1969). Zum Kampf der Führung der KPD gegen die faschistische Geschichtsideologie und Miserekonzeption in der deutschen Geschichte 1939-1945. Zeitschrift für Geschichtswissenschaft, 6, S. 689ff.
Bialas, Wolfgang (1991). Abschied von der DDR. Psychosozial, 1, S. 76ff.
Bialas, Wolfgang (1991[1]). DDR-Identität im Umbruch. Das Argument, 186, S. 257ff.
Bialer, Seweryn (1988). Gorbachev's program of change: Sources, significance, prospects. Political Science Quarterly, 3, S. 403ff.
Bildung einer sozialistischen Arbeitsgemeinschaft (1947). (Parteivorstand der SED und Vertreter der KPD), 14. Februar. Dokumente der SED (Bd. 1, S. 149ff.). Berlin: Dietz 1948.
Bittighöfer, Bernd (1969). Das Menschenbild unserer sozialistischen Gemeinschaft. Einheit, 4, S. 418ff.
Bloch, Ernst (1956). Freiheit, ihre Schichtung und ihr Verhältnis zur Wahr-

heit. Das Problem der Freiheit im Lichte des wissenschaftlichen Sozialismus (S. 16ff.). Konferenz der Sektion Philosophie der Deutschen Akademie der Wissenschaften zu Berlin, 8.-10. März 1956. Berlin: Akademie Verlag.
Bloch, Ernst (1956[1]). Über die Bedeutung des XX. Parteitags. Reinhard Crusius und Manfred Wilke (Hrsg.), Entstalinisierung. Der XX. Parteitag und seine Folgen (S. 423ff.). Frankfurt/Main: Suhrkamp.
Bock, Siegfried (1960). Die DDR – der einzig rechtmäßige deutsche Staat. Einheit, 10, S. 1450ff.
Braemer, Edith (1966). Volksverbundenheit und Parteilichkeit. Forum, 15/16, S. 16ff.
Brandt, Heinz (1978). Ein Traum der nicht entführbar ist. Berlin: Klaus Guhl.
Brandt, Sabine (1959). Die deutschen Rabiaten. SBZ-Archiv, 8, S. 121ff.
Braunreuther, Kurt (1968). Ideologische Gesichtspunkte sozialstruktureller Studien. Peter Chr. Ludz (Hrsg.), Soziologie und Marxismus in der DDR (Bd. 1, S. 238ff.). Neuwied, Berlin: Luchterhand 1972.
Brie, Michael (1990). Die allgemeine Krise des administrativ-zentralistischen Sozialismus. Eine reproduktionstheoretische Skizze. Initial, 1, S. 17ff.
Bruns, Wilhelm (1987). Was ist neu am »neuen Denken« in der DDR? Die Friedens- und Sicherheitspolitik steht im Zentrum. Aus Politik und Zeitgeschichte, B 13.
Brus, Wlodzimierz (1955). Zu einigen Problemen der Einwirkung des Wertgesetzes auf die sozialistische Produktion. Wirtschaftswissenschaft, 4, S. 510ff.
Brus, Wlodzimierz (1975). Sozialisierung und politisches System. Frankfurt/Main: Suhrkamp.
Brus, Wlodzimierz (1986). Geschichte der Wirtschaftspolitik in Osteuropa. Köln: Bund.
Brzezinski, Zbigniew K. (1981). The Soviet Bloc. Unity and Conflict. Cambridge: Harvard University Press.
Buhr, Manfred (1958). Der religiöse Ursprung und Charakter der Hoffnungsphilosophie Ernst Blochs. Deutsche Zeitschrift für Philosophie, 4, S. 576ff.
Buhr, Manfred (1984). Friedenskampf und Philosophie. Deutsche Zeitschrift für Philosophie, 11, S. 961ff.
Burnham, James (1948). Das Regime der Manager. Stuttgart: Union deutsche Verlagsgesellschaft.
Büscher, Wolfgang/Wensierski, Peter/Wolschner, Klaus (Hrsg.) (1982). Friedensbewegung in der DDR. Texte 1978-1982. Hattingen: Edition Transit.
Büscher, Wolfgang/Wensierski, Peter (1984). Null Bock auf DDR. Aussteigerjugend im anderen Deutschland. Hamburg: Springer.

Castoriadis, Cornelius (1978/9). The Social Regime in Russia. Telos, 38, S. 32 ff.
Castoriadis, Cornelius (1984). Gesellschaft als imaginäre Institution. Frankfurt/Main: Suhrkamp.
Chwalek, Roman (1947). Soziale Grundrechte im Verfassungsentwurf der SED. Einheit, 1, S. 41 ff.
Cohen, Jean/Arato, Andrew (1989). Politics and the Reconstruction of the Concept of Civil Society. Axel Honneth, Claus Offe und Albrecht Wellmer (Hrsg.), Zwischenbetrachtungen. Im Prozeß der Aufklärung (S. 482 ff.). Frankfurt/Main: Suhrkamp.
Conze, Werner (1969). Jakob Kaiser, Politiker zwischen Ost und West 1945-1949. Stuttgart: Kohlhammer.
Cornelsen, Doris (1981). Die Industriepolitik der DDR. Veränderungen von 1945-1980. Der X. Parteitag der SED (S. 46 ff.). 35 Jahre SED-Politik. Versuch einer Bilanz. Vierzehnte Tagung zum Stand der DDR-Forschung in der Bundesrepublik, 9.-12. Juni 1981. Köln: Edition Deutschland Archiv.
Cornelsen, Doris (1988). Die Wirtschaft der DDR in der Honecker-Ära. Gert-Joachim Glaeßner (Hrsg.), Die DDR in der Ära Honecker. Politik – Kultur – Gesellschaft (S. 357 ff.). Opladen: Westdeutscher Verlag.
Cornelsen, Doris (1989). Die Volkswirtschaft der DDR: Wirtschaftssystem – Entwicklung – Probleme. Werner Weidenfeld und Hartmut Zimmermann (Hrsg.), Deutschland-Handbuch. Eine doppelte Bilanz 1949-1989 (S. 258 ff.). Bonn: Bundeszentrale für politische Bildung.
Cramer, Dettmar (Hrsg.) (1975). Gefragt: Egon Bahr. Bornheim: Dagmar Zirngibl.
Croan, Melvin (1962). East German revisionism: The spectre and the reality. Leopold Labedz (Hrsg.), Revisionism. Essays in the history of Marxist ideas (S. 239 ff.). New York: Praeger.
Crüger, Herbert (1990). Verschwiegene Zeiten. Vom geheimen Apparat der KPD ins Gefängnis der Staatssicherheit. Berlin: LinksDruck.
Czechowski, Heinz (1966). Beiträge zur Forum-Lyrik-Debatte. Forum, 8, S. 20 f.
Dahlem, Franz (1946). Die neue Kampforganisation des schaffenden Volkes. Einheit, 2 (März), S. 24 ff.
Dahlem, Franz (1990). Nachgelassenes. Ausgelassenes. Über einen Prozeß und die Schwierigkeiten seiner richtigen Beurteilung. Beiträge zur Geschichte der Arbeiterbewegung, 1, S. 17 ff.
Dahrendorf, Ralf (1965). Gesellschaft und Demokratie in Deutschland. München: Piper.
Dahrendorf, Ralf (1979). Lebenschancen. Frankfurt/Main: Suhrkamp.
Dahrendorf, Ralf (1990). Reflections on the Revolution in Europe. New York: Random House.

Dahrendorf, Ralf (1990[1]). Die Sache mit der Nation. Merkur, 10/11, S. 823ff.
Das Herrnstadt-Dokument (1990). Das Politbüro der SED und die Geschichte des 17. Juni 1953. Hrsg. von Nadja Stulz-Herrnstadt. Reinbek: Rowohlt.
Das Nationale Dokument des Nationalrats der Nationalen Front (1962). Die geschichtliche Aufgabe der DDR und die Zukunft Deutschlands. Helmut Neef (Hrsg.), Programmatische Dokumente der Nationalen Front des demokratischen Deutschland (S. 200ff.). Berlin: Dietz.
Das neue Parteiprogramm der KPdSU (1962). Eingeleitet und kommentiert von Stephan Thomas. Köln: Wissenschaft und Politik.
Das Problem der Freiheit im Lichte des wissenschaftlichen Sozialismus (1956). Konferenz der Sektion Philosophie der Deutschen Akademie der Wissenschaften zu Berlin, 8.-10. März 1956. Berlin: Akademie Verlag.
Das Wesen der Blockpolitik (1947). Sozialistische Bildungshefte, Jg. 2, Nr. 15. Berlin: Verlag Einheit.
Dau, Rudolf (1979). Probleme der Geschichte der politischen Organisation der sozialistischen Gesellschaft in der DDR. Staat und Recht, 1, S. 44ff.
DDR Journal (1990). Zur Novemberrevolution, August bis Dezember 1989. Vom Ausreisen bis zum Einreißen der Mauer. Berlin: taz.
DDR Journal 2 (1990). Die Wende in der Wende, Januar bis März 1990. Von der Öffnung des Brandenburger Tores zur Öffnung der Wahlurnen. Berlin: taz.
de Bruyn, Günter (1990). Fromme Wünsche, offene Fragen. Michael Naumann (Hrsg.), »Die Geschichte ist offen«. DDR 1990: Hoffnung auf eine neue Republik (S. 23ff.). Reinbek: Rowohlt.
Deppe, Rainer/Hoß, Dietrich (1989). Arbeitsmarktpolitik im Staatssozialismus. Zwei Varianten: DDR und Ungarn. Frankfurt/Main: Campus.
Deppe, Rainer/Dubiel, Helmut/Rödel, Ulrich (Hrsg.) (1990). Demokratischer Umbruch in Osteuropa. Frankfurt/Main: Suhrkamp.
Der Deutschlandplan des Volkes (1969). Einheit, 5, S. 786ff.
Der erste Bundeskongreß (1947). Protokoll der ersten Bundeskonferenz des Kulturbundes zur demokratischen Erneuerung Deutschlands am 20. und 21. Mai in Berlin. Berlin: Aufbau.
Der historische Platz des Sozialismus, Etappen und Kriterien seiner Entwicklung (1970). Probleme des Friedens und Sozialismus, 12, S. 1649ff.
Der Marshall-Plan und Deutschland (1947). Zentralsekretariat, 23. Juli. Dokumente der SED (Bd. 1, S. 197ff.). Berlin: Dietz 1948.
Der neue Kurs und die Aufgaben der Partei (1953). 15. Tagung des ZK der SED vom 24.-26. Juli. Berlin: Dietz.
Der neue Weg zum gemeinsamen Kampf aller Werktätigen für den Sturz

der Hitlerdiktatur. Resolution, angenommen auf der Brüsseler Konferenz der KPD, Oktober 1935. Dokumente zur Geschichte der SED (Bd. 1, S. 292 ff.). Berlin: Dietz 1981.
Der Staatsrat der DDR 1960-1970. Dokumentation (1970). Berlin: Staatsverlag.
Der Streit der Ideologien und die gemeinsame Sicherheit. (Das Papier der Akademie für Gesellschaftswissenschaften beim ZK der SED und der Grundwertekommission der SPD, 27. April 1987.) Deutschland Archiv, 1, 1988, S. 88 ff.
Der Weg zum Sturz Hitlers und der Kampf um die neue demokratische Republik. Resolution, angenommen auf der Berner Konferenz der KPD, 1. Februar 1939. Dokumente zur Geschichte der SED (Bd. 1, S. 326 ff.). Berlin: Dietz 1981.
Der X. Parteitag der SED. 35 Jahre SED-Politik. Versuch einer Bilanz. Vierzehnte Tagung zum Stand der DDR-Forschung in der Bundesrepublik, 9.-12. Juni 1981. Edition Deutschland Archiv. Köln: Wissenschaft und Politik.
Der XXII. Parteitag der KPdSU weist den Weg zu gesellschaftlichem Fortschritt, Glück und Frieden (1961). Einheit, 11/12, S. 1569 ff.
Der zentrale Forschungsplan der marxistisch-leninistischen Gesellschaftswissenschaften bis 1975 (1972). Einheit, 2, S. 169 ff.
Der zentrale Forschungsplan der marxistisch-leninistischen Gesellschaftswissenschaften 1976 bis 1980 (1975). Einheit, 9, S. 1042 ff.
Der zentrale Forschungsplan der marxistisch-leninistischen Gesellschaftswissenschaften 1981-1985 (1980). Einheit, 12, S. 1209 ff.
Deutschland vor der Moskauer Konferenz (1947). Parteivorstand, 23. Januar. Dokumente der SED (Bd. 1, S. 142 ff.). Berlin: Dietz 1948.
Die antifaschistisch-demokratische Republik (1946). Sozialistische Bildungshefte, 2.
Die DDR im Vierzigsten Jahr (1989). Geschichte, Situation, Perspektiven. 22. Tagung zum Stand der DDR-Forschung in der Bundesrepublik. 16.-19. Mai 1989. Edition Deutschland Archiv. Köln: Wissenschaft und Politik.
Die DDR verkörpert die Zukunft Deutschlands (1955). Einheit, 10, S. 956 ff.
Die entwickelte sozialistische Gesellschaft (1973). Wesen und Kriterien – Kritik revisionistischer Positionen. Berlin: Dietz.
Die entwickelte sozialistische Gesellschaft (1976). (2. überarbeitete Auflage). Berlin: Dietz.
Die entwickelte sozialistische Gesellschaft (1978). (4. überarbeitete Auflage). Berlin: Dietz.
Die Frage von Krieg und Frieden in der weltanschaulichen Auseinandersetzung (1982). Rundtischgespräch. Deutsche Zeitschrift für Philosophie, 9, S. 1133 ff.

Die Frage von Krieg und Frieden in der weltanschaulichen Auseinandersetzung (1982). Rundtischgespräch. Deutsche Zeitschrift für Philosophie, 11, S. 1369 ff.
Die Frage von Krieg und Frieden in der weltanschaulichen Auseinandersetzung (1984). Rundtischgespräch. Deutsche Zeitschrift für Philosophie, 12, S. 1085 ff.
Die Grundrechte des deutschen Volkes (1946). Parteivorstand, 19. September. Dokumente der SED (Bd. 1, S. 85 ff.). Berlin: Dietz 1948.
Die Nationale Front des demokratischen Deutschland (1949). Manifest der 9. Tagung des Deutschen Volksrates vom 7. Oktober. Programmatische Dokumente der Nationalen Front des demokratischen Deutschland (S. 94 ff.). Hrsg. Helmut Neef. Berlin: Dietz 1967.
Die Nationale Front des demokratischen Deutschland und die SED (1949). Aus der Entschließung des Parteivorstands der SED vom 4. Oktober. Programmatische Dokumente der Nationalen Front des demokratischen Deutschland (S. 61 ff.). Hrsg. Helmut Neef. Berlin: Dietz 1967.
Die Novemberrevolution und ihre Lehren für die deutsche Arbeiterbewegung (1948). Parteivorstand, 16. September. Dokumente der SED (Bd. 2, S. 100 ff.). Berlin: Dietz 1950.
Die Sowjetunion auf der Genfer Konferenz (1955). Erklärungen, Kommuniqués, Berichte. Berlin: Dietz.
Die theoretische und praktische Bedeutung der Entschließung des Informationsbüros über die Lage der KP Jugoslawiens und die Lehren für die SED (1948). Parteivorstand, 16. September. Dokumente der SED (Bd. 2, S. 93 ff.). Berlin: Dietz 1950.
Die wissenschaftliche Bedeutung der II. Parteikonferenz (1952). Einheit, 8, S. 714 ff.
Diedrich, Torsten (1991). Der 17. Juni in der DDR. Berlin: Dietz.
Diehl, Ernst (1977). Aufgaben der Geschichtswissenschaft der DDR nach dem IX. Parteitag der SED. Zeitschrift für Geschichtswissenschaft, 3, S. 261 ff.
Dittrich, Gottfried (1982). Zur Geschichte der DDR als Nationalgeschichte. Zeitschrift für Geschichtswissenschaft, 8, S. 711 ff.
Djilas, Milovan (1957). Die neue Klasse. Eine Analyse des kommunistischen Systems. München: Kindler.
Döbler, Martin (1965). Die Bedürfnisse und die Entwicklung der Produktivkräfte. Deutsche Zeitschrift für Philosophie (Sonderheft), S. 134 ff.
Dohlus, Horst (1965). Der demokratische Zentralismus – Grundprinzip der Führungstätigkeit der SED bei der Verwirklichung der Beschlüsse des ZK. Berlin: Dietz.
Dohlus, Horst (1968). Die führende Rolle der marxistisch-leninistischen Partei und ihre Verwirklichung durch die SED. Einheit, 9, S. 1075 ff.
Dokumentation zum letzten Parteitag der SED (8.-9. und 16.-17. Dezem-

ber 1989) (1990). Bonn: Gesamtdeutsches Institut/Bundesanstalt für gesamtdeutsche Aufgaben.
Dokumentation zur Entwicklung der neuen Parteien und Bürgerrechtsgruppen in der DDR (November 1989–Februar 1990) (1990). Bonn: Gesamtdeutsches Institut/Bundesanstalt für gesamtdeutsche Aufgaben.
Dokumente der SED. Bd. 1 ff. Berlin: Dietz 1948 ff.
Dokumente zur Geschichte der SED. Bd. 1, 1847 bis 1945. Berlin: Dietz 1981.
Dölling, Irene (1978). Zur Dialektik von Individuum und Gesellschaft. Deutsche Zeitschrift für Philosophie, 8, S. 970 ff.
Dölling, Irene (1986). Individuum und Kultur. Berlin: Dietz.
Domdey, Horst (1989). Die DDR-Literatur als Literatur der Epochenillusion. Die DDR im vierzigsten Jahr (S. 137 ff.). Edition Deutschland Archiv. Köln: Wissenschaft und Politik.
Drei Jahrzehnte Außenpolitik der DDR (1979). Hans-Adolf Jacobsen/Gert Leptin/Ulrich Scheuner und Eberhard Schulz (Hrsg.). München, Wien: Oldenbourg.
Ebert, Georg (1977). Die Hauptaufgabe in ihrer Einheit von Wirtschafts- und Sozialpolitik. Einheit, 12, S. 1599 ff.
Ebert, Georg/Milke, Harry (1972). Hauptaufgabe und bedarfsgerechte Produktion von Konsumgütern. Einheit, 12, S. 1599 ff.
Edeling, Herbert/Taubert, Horst (1969). Die Entwicklung der Arbeiterklasse und ihrer führenden Rolle in der Deutschen Demokratischen Republik. Einheit, 3, S. 316 ff.
Edinger, Lewis J. (1956). German Exile Politics. Berkeley, Los Angeles: California University Press.
Egler, Gert/Moschütz, Hans-Dietrich (1963). Staatsrechtliche Aspekte der Wirtschaftskonferenz des ZK der SED und des Ministerrats der DDR. Staat und Recht, 9, S. 1442 ff.
Egler, Gert/Moschütz, Hans-Dietrich (1975). Zur Ergänzung und Änderung der Verfassung der DDR. Staat und Recht, 3, S. 357 ff.
Elias, Norbert (1989). Studien über die Deutschen. Frankfurt/Main: Suhrkamp.
Elsner Jr., Henry (1967). The Technocrats. Prophets of Automation. New York: Syracuse Univ. Press.
Emmerich, Wolfgang (1989). Kleine Literaturgeschichte der DDR 1945-1988. Frankfurt/Main: Luchterhand.
Engels, Friedrich (1949). Deutsche Zustände. Berlin: Dietz.
Engler, Wolfgang (1990). Auf dem Weg zu einer Gesellschaft der Individuen? Weimarer Beiträge, 7, S. 1061 ff.
Engler, Wolfgang (1991). Stellungen, Stellungnahmen, Legenden. Ein ostdeutscher Erinnerungsversuch. Rainer Deppe, Helmut Dubiel und Ulrich Rödel (Hrsg.), Demokratischer Umbruch in Osteuropa (S. 48 ff.). Frankfurt/Main: Suhrkamp.

Erbe, Günter (1982). Arbeiterklasse und Intelligenz in der DDR. Opladen: Westdeutscher Verlag.
Erkes, Eduard (1947). Rassetheorien und Völkerkunde. Aufbau, 10, S. 227ff.
Erklärung des Politbüros zur Normenfrage (1953). Beschluß des PB vom 16. Juni. Dokumente der SED (Bd. IV, S. 432f.). Berlin: Dietz 1954.
Erklärung des ZK und der Zentralen Parteikontrollkommission zu den Verbindungen ehemaliger deutscher politischer Emigranten zu dem Leiter des Unitarian Service Committee, Noel H. Field (1950). 24. August. Hermann Matern (1953), Über die Durchführung des Beschlusses des ZK der SED »Lehren aus dem Prozeß gegen das Verschwörerzentrum Slansky« (S. 71ff.). Berlin: Dietz.
Erster Deutscher Volkskongreß für Einheit und gerechten Frieden (1947). Protokoll des Ersten deutschen Volkskongresses für Einheit und gerechten Frieden am 6. und 7. Dezember. Berlin: Kongreß Verlag 1948.
Ewers, Klaus/Quest, Thorsten (1982). Die Kämpfe der Arbeiterschaft in den volkseigenen Betrieben während und nach dem 17. Juni. Ilse Spittmann und Karl Wilhelm Fricke (Hrsg.), 17. Juni 1953 (S. 23ff.). Edition Deutschland Archiv. Köln: Wissenschaft und Politik.
Faulenbach, Bernd (1980). Ideologie des deutschen Weges. München: Beck.
Faulenbach, Bernd (1981). »Deutscher Sonderweg«. Aus Politik und Zeitgeschichte, 33, S. 3ff.
Faulenbach, Bernd (1986). Die Frage nach den Spezifika der deutschen Entwicklung. Zu neueren Interpretationen des 19. Jahrhunderts. Neue Politische Literatur: Die deutsche Frage in der Weltpolitik (Beiheft 3, S. 69ff.). Stuttgart: Steiner.
Fechner, Max (1946). Der Programmentwurf und Deutschlands Einheit. Einheit, 2 (Februar), S. 15ff.
Fechner, Max (1947). Rückblick auf unseren Parteitag. Einheit, 11, S. 1087ff.
Fechner, Max (1948). Aufgaben einer weiteren Demokratisierung der Justiz. Neue Justiz (Sonderheft August), S. 121ff.
Fechner, Max (1948[1]). Gedanken zur Demokratisierung der Justiz. Einheit, 3, S. 223ff.
Fechner, Max (1949). Die demokratische Gesetzlichkeit im Kampf der nationalen Front für die Einheit Deutschlands. Neue Justiz, 9, S. 201ff.
Fehér, Ferenc (1983). The Social Character of Khrushchevism: A Transition or a New Phase? R. F. Miller und Ferenc Fehér (Hrsg.), Khrushchev and the Communist World. London, Sydney: Croom Helm.
Fehér, Ferenc/Heller, Agnes/Márkus, György (1983). Dictatorship over Needs. Oxford: Blackwell.

Feist, Manfred (1988). Neuer Abschnitt – neue Aufgaben im Friedenskampf. Einheit, 2, S. 108 ff.

Fejtö, Francois (1960). Les Juifs et l'Antisémitisme dans les Pays Communistes. Paris: Plon.

Fejtö, Francois (1972). Die Geschichte der Volksdemokratien. 2 Bde. Graz, Wien, Köln: Styria.

Fischer, Alexander (1979). Außenpolitische Aktivität bei ungewisser sowjetischer Deutschland-Politik. Hans-Adolf Jacobsen/Gert Leptin/Ulrich Scheuner und Eberhard Schulz (Hrsg.), Drei Jahrzehnte Außenpolitik der DDR (S. 51 ff.). München, Wien: Oldenbourg.

Fischer, Ernst (1949). Goethe und die deutsche Misere. Aufbau, 8, S. 676 ff.

Flechtheim, Ossip (Hrsg.) (1963). Dokumente zur parteipolitischen Entwicklung in Deutschland seit 1945. Berlin: Wendler.

Florin, Peter (1960). Lenin und die friedliche Koexistenz. Einheit, 5, S. 534 ff.

Focke, Franz (1978). Sozialismus aus christlicher Verantwortung. Wuppertal: Hammer.

Förtsch, Eckart (1969). Die SED. Stuttgart: Kohlhammer.

Förtsch, Eckart (1988). Die bedrohliche Produktivkraft. Zur Pluralisierung des Wissenschaftsverständnisses in der DDR. Gert-Joachim Glaeßner (Hrsg.), Die DDR in der Ära Honecker. Politik – Kultur – Gesellschaft (S. 563 ff.). Opladen: Westdeutscher Verlag.

Foschepoth, Josef (1984). Churchill, Adenauer und die Neutralisierung Deutschlands. Deutschland Archiv, 12, S. 1286 ff.

Fox, Ralph (1949). Der Tod des Helden. Aufbau, 2, S. 130 ff.

Franck, Wolf (1946). Über Stefan George. Aufbau, 4, S. 386 ff.

Franz Kafka aus Prager Sicht (1965). Red. Eduard Goldstücker. Prag: Verlag der Tschechoslovakischen Akademie der Wissenschaften.

Fricke, Karl Wilhelm (1979). Politik und Justiz in der DDR. Zur Geschichte der politischen Verfolgung 1945-1958. Bericht und Dokumentation. Köln: Wissenschaft und Politik.

Fricke, Karl Wilhelm (1982). Juni-Aufstand und Justiz. Ilse Spittmann und Karl Wilhelm Fricke (Hrsg.), 17. Juni 1953 (S. 70 ff.). Edition Deutschland Archiv. Köln: Wissenschaft und Politik.

Fricke, Karl Wilhelm (1984). Opposition und Widerstand. Köln: Wissenschaft und Politik.

Fricke, Karl Wilhelm (1989). Die DDR-Staatssicherheit. Köln: Wissenschaft und Politik.

Friedensburg, Ferdinand (1946). Das Scheitern der Weimarer Republik. Aufbau, 9, S. 923 ff.

Friedensmanifest des ZK der SED an das deutsche Volk über die Aufgaben der nationalen Friedensbewegung, 6. Dezember 1942. Dokumente zur Geschichte der SED (Bd. 1, S. 361 ff.). Berlin: Dietz 1981.

Friedrich, Gerd (1952). Der Kulturbund zur demokratischen Erneuerung. Geschichte und Funktion. Köln: Rote Weißbücher (Bd. 8).
Friedrich, Gerd (1965). Wissenschaftliche Führungstätigkeit setzt klare Zielvorstellungen voraus. Einheit, 2, S. 84ff.
Friedrich, Gerd (1965[1]). Menschenführung und Organisation – wichtige Elemente wissenschaftlicher Führungstätigkeit. Einheit, 3, S. 82ff.
Friedrich, Gerd (1965[2]). Wissenschaftliche Führungstätigkeit stellt hohe Anforderungen an den Arbeitsstil des Leiters. Einheit, 4, S. 104ff.
Friedrich, Gerd (1966). Probleme der Wirtschaftsführung in den VVB und den Betrieben unter Berücksichtigung der differenzierten Reproduktionsbedingungen. Wirtschaftswissenschaft, 6, S. 891ff.
Friedrichs, Walter (1990). Mentalitätswandlungen der Jugend in der DDR. Aus Politik und Zeitgeschichte, B 16-17, S. 25ff.
Fritsch-Bournazel, Renata (1979). Die Sowjetunion und die deutsche Teilung. Die sowjetische Deutschlandpolitik 1945-1979. Opladen: Westdeutscher Verlag.
Fritsch-Bournazel, Renata (1988). Confronting the German Question. Germans on the East-West-Divide. Oxford, New York: Berg.
Fuchs, Dieter/Klingemann, Hans-Dieter/Schöbel, Carolin (1991). Perspektiven der politischen Kultur im vereinten Deutschland. Eine empirische Studie. Aus Politik und Zeitgeschichte, B 32, S. 35ff.
Fuchs, Jürgen (1984). Einmischung in eigene Angelegenheiten. Gegen Krieg und verlogenen Frieden. Reinbek: Rowohlt.
Garton Ash, Timothy (1989). Revolution: The springtime of two nations. New York Review of Books, 10, S. 3ff.
Garton Ash, Timothy (1989[1]). Refolution in Hungary and Poland. New York Review of Books, 13, S. 9ff.
Garton Ash, Timothy (1990). Eastern Europe: The year of truth. New York Review of Books, 2, S. 17ff.
Gasteyger, Curt W. (Hrsg.) (1962). Perspektiven der sowjetischen Politik. Der XXII. Parteitag und das neue Parteiprogramm. Dokumentation. Köln, Bern: Kiepenheuer & Witsch.
Gatowskij, L. (1963). Der Gewinn in der sozialistischen Wirtschaft. Die Presse der Sowjetunion, 15, S. 303ff.
Geisler, Holger/Wagner, Ingo (1988). Methodologisch-Theoretisches zum Begriff des sozialistischen Staates in unserer Zeit. Staat und Recht, 8, S. 680ff.
Geschichte der Sozialpolitik der DDR 1945-1985 (1989). Hrsg. Gunnar Winkler. Berlin: Akademie Verlag.
Geyer, Dietrich (Hrsg.) (1972). Sowjetunion: Außenpolitik I. 1917-1955. Köln, Wien: Böhlau.
Geyer, Dietrich (1972[1]). Von der Kriegskoalition zum kalten Krieg. Sowjetunion: Außenpolitik I. 1917-1955 (S. 343ff.). Köln, Wien: Böhlau.

Giersiepen, Elisabeth/Robbe, Waltraud (1957). Zur Rolle der Volksmassen und der Persönlichkeit in der Geschichte. Zeitschrift für Geschichtswissenschaft, 4, S. 795 ff.

Girnus, Wilhelm (1956). Gedanken über die Wiedervereinigung. Einheit, 11, S. 1053 ff.

Glaeßner, Gert-Joachim (1977). Herrschaft durch Kader. Opladen: Westdeutscher Verlag.

Glaeßner, Gert-Joachim (1982). Sozialistische Systeme. Einführung in die Kommunismus- und DDR-Forschung. Opladen: Westdeutscher Verlag.

Glaeßner, Gert-Joachim (1983). Staat und Recht im »realen Sozialismus« am Beispiel der DDR. Aus Politik und Zeitgeschichte, 20/21, S. 17 ff.

Glaeßner, Gert-Joachim (1986). Wissenschaftlich-technische Revolution – Intelligenz – Politik. Tradition und Fortschritt in der DDR (S. 11 ff.). 19. Tagung zum Stand der DDR-Forschung in der Bundesrepublik, 20.-23. Mai 1986. Edition Deutschland Archiv. Köln: Wissenschaft und Politik.

Glaeßner, Gert-Joachim (1986[1]). Genossenschaftssozialismus oder Staatssozialismus – zum Stellenwert des Gemeinschaftsgedankens in der Arbeiterbewegung. Gert-Joachim Glaeßner, Klaus-Jürgen Scherer, Auszug aus der Gesellschaft? Gemeinschaften zwischen Utopie, Reform und Reaktion (S. 25 ff.). Berlin: Verlag Europäische Perspektiven.

Glaeßner, Gert-Joachim (1988). Am Ende der Klassengesellschaft? Sozialstruktur und Sozialstrukturforschung in der DDR. Aus Politik und Zeitgeschichte, 32, S. 3 ff.

Glaeßner, Gert-Joachim (1990). Vom »realen Sozialismus« zur Selbstbestimmung. Ursachen und Konsequenzen der Systemkrise in der DDR. Aus Politik und Zeitgeschichte, 1-2, S. 3 ff.

Glaeßner, Gert-Joachim (Hrsg.) (1988). Die DDR in der Ära Honecker. Politik – Kultur – Gesellschaft. Opladen: Westdeutscher Verlag.

Glaeßner, Gert-Joachim/Klinger, Fred (1989). The Three Cultures. Social Forces and Socialist Modernization in the GDR. Studies in GDR Culture and Society, 9, S. 1 ff.

Glaeßner, Gert-Joachim/Rudolph, Irmhild (1978). Macht durch Wissen. Zum Zusammenhang von Bildungspolitik, Bildungssystem und Kaderqualifizierung in der DDR. Opladen: Westdeutscher Verlag.

Glaser, Hermann (1990). Die Kulturgeschichte der Bundesrepublik Deutschland. Frankfurt/Main: Fischer.

Glassmann, Ronald (1975). Legitimacy and Manufactured Charisma. Social Research, 4, S. 615 ff.

Glatzeder, Sebastian J. (1980). Die Deutschlandpolitik der FDP in der Ära Adenauer. Baden-Baden: Nomos.

Gniffke, Erich W. (1966). Jahre mit Ulbricht. Köln: Wissenschaft und Politik.

Gößler, Klaus (1983). Karl Marx und die Probleme des Alltagserkennens. Deutsche Zeitschrift für Philosophie, 11, S. 1260ff.
Gouldner, Alvin W. (1979). The Future of Intellectuals and the Rise of the New Class. London: Macmillan.
Gouldner, Alvin W. (1980). The Two Marxisms. Contradictions and Anomalies in the Development of Theory. New York: Seabury Press.
Gransow, Volker (1989). Bocksprung in die Zivilgesellschaft? Blätter für deutsche und internationale Politik, 12, S. 1437ff.
Greiffenhagen, Martin (1970). Demokratie und Technokratie. Claus Koch und Dieter Senghaas (Hrsg.), Texte zur Technokratiediskussion (S. 54ff.). Frankfurt/Main: EVA.
Greiffenhagen, Martin (1986). Von Potsdam nach Bonn. 10 Kapitel zur politischen Kultur Deutschlands. München, Zürich: Piper.
Griffith, William E. (1962). The Decline and Fall of Revisionism in Eastern Europe. Leopold Labedz (Hrsg.), Revisionism. Essays in the History of Marxist Ideas (S. 223ff.). New York: Praeger.
Grotewohl, Otto (1945). Wo stehen wir, wohin gehen wir? Rede vom 14. September. Weimar: Tribüne.
Grotewohl, Otto (1946). Im Kampf um unsere Zukunft. Einheit, 3, S. 185ff.
Grotewohl, Otto (1946[1]). Im Kampf um unsere Zukunft (Teil II). Einheit, 4, S. 200ff.
Grotewohl, Otto (1946[2]). Die Grundrechte des deutschen Volkes und der Weg zur Einheit Deutschlands. Einheit, 6, S. 329ff.
Grotewohl, Otto (1947). Deutsche Verfassungspläne. Berlin: Dietz.
Grotewohl, Otto (1948). Die Fehler von 1918. Einheit, 10, S. 876ff.
Grotewohl, Otto (1948[1]). Die Partei muß führen! Einheit, 11, S. 998ff.
Grotewohl, Otto (1949). Regierungserklärung. Im Kampf um die einige Deutsche Demokratische Republik. Reden und Aufsätze (Bd. 1, S. 509ff.). Berlin: Dietz 1954.
Grotewohl, Otto (1958). Für die marxistisch-leninistische Einheit und die Geschlossenheit der Partei. Neues Deutschland, 25. Februar, S. 3.
Grundaufgaben des Kulturbundes zur demokratischen Erneuerung Deutschlands (1949). Redaktionskommission 25. und 26. November. Aufbau, 12, S. 1134ff.
Grundfragen der Politik der SED (1957). Berlin: Dietz.
Grundmann, Siegfried (1989). Zur Entwicklung der territorial-soziologischen Forschung in der DDR – Versuch einer Bilanz. Jahrbuch für Soziologie und Sozialpolitik, S. 215ff.
Grundriß der Geschichte der deutschen Arbeiterbewegung (1962). Einheit, 8, S. 58ff.
Grundsätze und Ziele der SED (1946). Dokumente der Geschichte der SED (Bd. 1, S. 5ff.). Berlin: Dietz.
Grundsätze und Ziele der SED (1946). Einheit, 2 (Februar), S. 2ff.

Grunenberg, Antonia (1989). Bewußtseinslagen und Leitbilder in der DDR. Werner Weidenfeld und Hartmut Zimmermann (Hrsg.), Deutschland-Handbuch. Eine doppelte Bilanz 1949-1989 (S. 221 ff.). Bonn: Bundeszentrale für politische Bildung.

Grunenberg, Antonia (1990). Aufbruch der inneren Mauer. Politik und Kultur in der DDR 1971-1990. Bremen: Edition Temmen.

Gruner, Gert/Wilke, Manfred (Hrsg.) (1981). Sozialdemokraten im Kampf um die Freiheit. München: Piper.

Gurland, A. R. L. (1980). Die CDU/CSU. Frankfurt/Main: EVA.

Gysi, Klaus (1947). Überparteilichkeit und Diskussion. Aufbau, 6, S. 460 ff.

Gysi, Klaus (1948). 1848-1948. Aufbau, 1, S. 1 ff.

Gysi, Klaus (1948[1]). Diskussion der Jugend. Aufbau, 2, S. 93 ff.

Gysi, Klaus (1948[2]). Neue Entwicklungen. Aufbau, 7, S. 545 ff.

Gysi, Klaus (1948[3]). Symptom. Aufbau, 8, S. 639 ff.

Gysi, Klaus (1950). Jahreswende an einem Jahr der Wende. Aufbau, 1, S. 5 ff.

Gysi, Klaus (1950[1]). Kulturverordnung 1950. Aufbau, 5, S. 389 ff.

Haase, Horst (1966). Lyrik und Klassenkampf. Forum, 15/16, S. 14 ff.

Haase, Norbert/Reese, Lothar/Wensierski, Peter (1983). VEB Nachwuchs. Jugend in der DDR. Reinbek: Rowohlt.

Habermas, Jürgen (1968). Technik und Wissenschaft als Ideologie. Frankfurt/Main: Suhrkamp.

Habermas, Jürgen (1973). Legitimationsprobleme im Spätkapitalismus. Frankfurt/Main: Suhrkamp.

Habermas, Jürgen (1975). Legitimationsprobleme im modernen Staat. Peter Graf Kielmansegg (Hrsg.), Legitimationsprobleme politischer Systeme (S. 39 ff.). Opladen: Westdeutscher Verlag.

Habermas, Jürgen (1976). Können komplexe Gesellschaften eine vernünftige Identität ausbilden? Jürgen Habermas (Hrsg.), Zur Rekonstruktion des historischen Materialismus (S. 92 ff.). Frankfurt/Main: Suhrkamp.

Habermas, Jürgen (1990). Die nachholende Revolution. Frankfurt/Main: Suhrkamp.

Hacker, Jens (1974). Der Rechtsstatus Deutschlands aus der Sicht der DDR. Köln: Wissenschaft und Politik.

Haftendorn, Helga/Wilker, Lothar (1989). Die Sicherheitspolitik der beiden deutschen Staaten. Werner Weidenfeld und Hartmut Zimmermann (Hrsg.), Deutschland-Handbuch. Eine doppelte Bilanz 1949-1989 (S. 605 ff.). Bonn: Bundeszentrale für politische Bildung.

Hager, Kurt (1949). Antifaschistisch-demokratische Zustände. Einheit, 4, S. 299 ff.

Hager, Kurt (1964). Probleme und Aufgaben der Gesellschaftswissenschaften nach dem 5. Plenum des ZK. Einheit, 4, S. 43 ff.

Hager, Kurt (1971). Die entwickelte sozialistische Gesellschaft. Aufgaben

der Gesellschaftswissenschaften nach dem VIII. Parteitag. Einheit, 11, S. 1203 ff.
Hager, Kurt (1975). Aufgaben der Gesellschaftswissenschaften. Einheit, 2, S. 136 ff.
Hager, Kurt (1980). Die Philosophie im Kampf der Gegenwart. Einheit, 4, S. 339 ff.
Hager, Kurt (1984). Gesetzmäßigkeiten unserer Epoche – Triebkräfte und Werte des Sozialismus. Rede auf der Gesellschaftswissenschaftlichen Konferenz des ZK der SED am 15. und 16. Dezember 1983 in Berlin. Berlin: Dietz.
Hahn, Erich (1985). Sozialistischer Humanismus und Frieden. Individuum und Gesellschaft bei der Gestaltung des entwickelten Sozialismus. Sozialismus und Frieden. Humanismus in den Kämpfen unserer Zeit (S. 5 ff.). VI. Philosophiekongreß der DDR, 17.-19. Oktober 1984. Berlin: Dietz.
Hahn, Erich (1988). Menschheitsentwicklung und Klasseninteressen. Deutsche Zeitschrift für Philosophie, 8, S. 673 ff.
Hahn, Rainer (1965). Das neue ökonomische System der Planung und Leitung der Volkswirtschaft und die Entwicklung der Demokratie. Staat und Recht, 4, S. 544 ff.
Hahn, Rainer/Schöneburg, Karl-Heinz (1963). Die wirtschaftlich-organisatorische, kulturell-erzieherische Funktion der Staatsmacht der DDR. Staat und Recht, 1, S. 1 ff.
Hahn, Toni (1986). Umfassende Intensivierung – Inhalt sozialistischen Alltags und Alltagsbewußtseins? Deutsche Zeitschrift für Philosophie, 8, S. 728 ff.
Haney, Gerhard (1988). Rechtsphilosophie und Geschichte oder: Zur Formbestimmtheit der Vernunft. Staat und Recht, 11, S. 942 ff.
Hanf, Thomas (1990). Auf der Suche nach Subjektivität. Thesen zum Fortgang der Sozialstrukturforschung in der DDR. Unveröffentlichtes Manuskript.
Hangen, Welles (1967). Die DDR – der unbequeme Nachbar. München: Piper.
Hanke, Helmut (1979). Freizeit in der DDR. Berlin: Dietz.
Hanke, Helmut (1985). Kulturelle Traditionen im Sozialismus. Zeitschrift für Geschichtswissenschaft, 7, S. 589 ff.
Hanke, Helmut (1987). Freizeit in der DDR – Tendenzen und Perspektiven. Weimarer Beiträge, 7, S. 1061 ff.
Hanke, Irma (1976). Vom neuen Menschen zur sozialistischen Persönlichkeit. Zum Menschenbild der SED. Deutschland Archiv, 5, S. 492 ff.
Hanke, Irma (1987). Alltag und Politik. Zur politischen Kultur einer unpolitischen Gesellschaft. Opladen: Westdeutscher Verlag.
Hanke, Irma (1988). Sozialistischer Neohistorismus? Aspekte der Identitätsdebatte in der DDR. Gert-Joachim Glaeßner (Hrsg.), Die DDR in

der Ära Honecker. Politik – Kultur – Gesellschaft (S. 56ff.). Opladen: Westdeutscher Verlag.
Harich, Wolfgang (1946). Ernst Jünger und der Frieden. Aufbau, 6, S. 556ff.
Harich, Wolfgang (1957). Die politische Plattform Harichs und seiner Freunde. SBZ-Archiv, 5, S. 72ff.
Hartung, Klaus (1990). Der große Radwechsel oder die Revolution ohne Utopie. Frank Blohm und Wolfgang Herzberg (Hrsg.), »Nichts wird mehr so sein, wie es war«. Zur Zukunft der beiden deutschen Republiken (S. 164ff.). Frankfurt/Main: Luchterhand.
Hartung, Klaus (1990[1]). Neunzehnhundertneunundachtzig. Frankfurt/Main: Luchterhand.
Hassner, Pierre (1983). Zwei deutsche Staaten in Europa. Werner Weidenfeld (Hrsg.), Die Identität der Deutschen (S. 294ff.). München: Hanser.
Hassner, Pierre (1984). Le totalitarisme vu de l'Ouest. Guy Hermet, Pierre Hassner und Jaques Rupnik, Totalitarismes (S. 15ff.). Paris: Economica.
Haupt, Lucie (1957). Das Gesetz über die örtlichen Organe der Staatsmacht und die Wahlen stärken die örtlichen Volksvertretungen. Staat und Recht, 5, S. 453ff.
Havel, Wilhelm (1960). Die Entwicklung der Kader des Staatsapparates im Siebenjahrplan. Staat und Recht, 6, S. 935ff.
Havemann, Robert (1956). Meinungsstreit fördert die Wissenschaften. Neues Deutschland, 8. Juli, S. 7.
Havemann, Robert (1956[1]). Rückantworten an die Hauptverwaltung »Ewige Wahrheiten«, Sonntag, 28. Oktober, S. 7.
Havemann, Robert (1957). Unsere Philosophie und das Leben. Neues Deutschland, 20. März, S. 4.
Havemann, Robert (1970). Fragen Antworten Fragen. Aus der Biographie eines deutschen Marxisten. München: Piper.
Havemann, Robert (1971). Rückantworten an die Hauptverwaltung »Ewige Wahrheiten«. Hrsg. Hartmut Jäckel. München: Piper.
Havemann, Robert (1978). Ein deutscher Kommunist. Rückblicke und Perspektiven aus der Isolation. Hrsg. Manfred Wilke. Hamburg: Rowohlt.
Havemann, Robert (1990). Dialektik ohne Dogma? Aufsätze, Dokumente und die vollständige Vorlesungsreihe zu naturwissenschaftlichen Aspekten philosophischer Probleme. Hrsg. Dieter Hoffmann. Berlin: Deutscher Verlag der Wissenschaften.
Heitzer, Heinz (1984). Die Geschichte der DDR – wichtigster Zeitabschnitt der deutschen Geschichte. Zeitschrift für Geschichtswissenschaft, 5, S. 387ff.
Held, David (1982). Crisis Tendencies, Legitimation and the State. David

Held/John B. Thompson (Hrsg.), Habermas. Critical Debates (S. 181 ff.). London: Macmillan.
Hennis, Wilhelm (1975). Legitimität. Zu einer Kategorie der bürgerlichen Gesellschaft. Peter Graf Kielmansegg (Hrsg.), Legitimationsprobleme politischer Systeme (S. 9 ff.). Opladen: Westdeutscher Verlag.
Henrich, Rolf (1989). Der vormundschaftliche Staat. Vom Versagen des real existierenden Sozialismus. Reinbek: Rowohlt.
Henselmann, Hermann (1945). Nazibauten. Aufbau, 2, S. 129 ff.
Herber, Richard (1955). Lenins Lehre von der friedlichen Koexistenz. Einheit, 9, S. 943 ff.
Herber, Richard (1963). Zur Leitung der Parteiarbeit nach dem Produktionsprinzip. Einheit, 5, S. 3 ff.
Herf, Jeffrey (1984). Reactionary Modernism. Technology, Culture and Politics in Weimar and the Third Reich. Cambridge: Cambridge University Press.
Hermlin Stephan (1947). Wo bleibt die junge Dichtung? Aufbau, 11, S. 340 ff.
Herold, Manfred/Teschner, Gertraud (1971). Die Arbeiterklasse – einflußreichste gesellschaftliche Kraft (Ökonomische Effektivität und sozialistische Demokratie in der Sicht des XXIV. Parteitages der KPdSU). Einheit, 5, S. 516 ff.
Herrnstadt, Rudolf (1948). Einige Lehren aus den Fehlern der KP Jugoslawiens. Einheit, 9, S. 788 ff.
Herterich, Frank/Semler, Christian (Hrsg.) (1989). Dazwischen. Ostmitteleuropäische Reflexionen. Frankfurt/Main: Suhrkamp.
Heuer, Klaus (1986). Der XI. Parteitag der SED. Staat und Recht, 6, S. 435 ff.
Heuer, Klaus (1988). Überlegungen zum sozialistischen Rechtsstaat DDR. Neue Justiz, 12, S. 478 ff.
Heuer, Uwe-Jens (1965). Demokratie und Recht im neuen ökonomischen System der Planung und Leitung der Volkswirtschaft. Berlin: Staatsverlag der DDR.
Heuer, Uwe-Jens (1974). Gesellschaftliche Gesetze und politische Organisation. Berlin: Dietz.
Heuer, Uwe-Jens (1982). Recht und Wirtschaftsleitung im Sozialismus. Von den Möglichkeiten und der Wirklichkeit des Rechts. Berlin: Staatsverlag der DDR.
Heuer, Uwe-Jens (1983). Karl Marx über die Wirklichkeit des Rechts. Staat und Recht, 4, S. 287 ff.
Heuer, Uwe-Jens (1986). Zur Geschichte des marxistisch-leninistischen Demokratiebegriffs. Karl-Heinz Röder (Hrsg.), Politische Theorie und sozialer Fortschritt (S. 182 ff.). Berlin: Staatsverlag der DDR.
Heuer, Uwe-Jens (1986[1]). Überlegungen zur sozialistischen Demokratietheorie. Sitzungsbericht der Akademie der Wissenschaften der DDR, 7G/1986. Berlin: Akademie Verlag 1987.

Heuer, Uwe-Jens (1987). Lenins »Staat und Revolution« – heute gelesen. Neue Justiz, 8, S. 307ff.

Heuer, Uwe-Jens (1987[1]). Sozialistische Demokratie und ökonomische Strategie. Staat und Recht, 12, S. 976ff.

Heuer, Uwe-Jens (1988). Noch einmal: Zum Leninschen Staatsbegriff. Staat und Recht, 10, S. 860ff.

Heuer, Uwe-Jens (1989). Marxismus und Demokratie. Berlin: Staatsverlag der DDR.

Hexelschneider, Erhard/John, Erhard (1984). Kultur als einigendes Band? Berlin: Dietz.

Heydemann, Günther (1980). Geschichtswissenschaft im geteilten Deutschland. Frankfurt/Main: Peter Lang.

Heyden, Günther (1957). Was heißt »Geschichte machen«? Zeitschrift für Geschichtswissenschaft, 4, S. 791ff.

Heyden, Günther (1965). Die marxistisch-leninistische Philosophie und die technische Revolution. Deutsche Zeitschrift für Philosophie (Sonderheft), S. 37ff.

Heyden, Günther (1968). Persönlichkeit und Gemeinschaft in der sozialistischen Gesellschaft. Deutsche Zeitschrift für Philosophie, 1, S. 6ff.

Heym, Stefan (1964). Stalin verläßt den Raum. Rede, gehalten auf dem »Internationalen Colloquium der Schriftsteller sozialistischer Länder« im Dezember. Stefan Heym, Stalin verläßt den Raum. Politische Publizistik (S. 106ff.). Leipzig: Reclam 1990.

Heym, Stefan (1988). Nachruf. München: Bertelsmann.

Heymann, Stefan (1949). Ein neuer Mythos des XX. Jahrhunderts. Der »Amerikanismus« – die »Kultur« des sterbenden Imperialismus. Einheit, 11, S. 996ff.

Heymann, Stefan (1950). Mobilisierung der geistigen Potenzen. Aufbau, 9, S. 827ff.

Hillgruber, Andreas (1972). Der Zweite Weltkrieg, 1939-1945. Dietrich Geyer (Hrsg.), Sowjetunion: Außenpolitik I. 1917-1955 (S. 270ff.). Köln, Wien: Böhlau.

Hinckel, Erika (1961). Probleme der deutschen Nationalkultur. Einheit, 11/12, S. 1770ff.

Hirsch, Ralf/Kopelew, Lew (Hrsg.) (1989). Grenzfall. Initiative für Frieden und Menschenrechte. Berlin: Selbstverlag.

Hochbaum, Hans-Ulrich (1965). Staatliche Wirtschaftsleitung und sozialistische Demokratie. Staat und Recht, 4, S. 550ff.

Hocke, Erich (1985). Die Einheit von Sozialismus und Frieden. Deutsche Zeitschrift für Philosophie, 5, S. 385ff.

Hodos, Georg Herrmann (1988). Schauprozesse. Stalinistische Säuberungen in Osteuropa 1948-54. Frankfurt/Main, New York: Campus.

Höppner, Joachim (1958). Zur Kritik der Geschichtsauffassung von Jürgen

Kuczynski in den Fragen des Klassenkampfes und der Parteilichkeit, Zeitschrift für Geschichtswissenschaft, 3, S. 562 ff.
Hörnle, Edwin (1948). Probleme der Agrarpolitik im neuen Deutschland. Einheit, 11, S. 1025 ff.
Hoffmann, Ernst (1946). Zur Vorgeschichte des Faschismus. Aufbau, 12, S. 1187 ff.
Hoffmann, Ernst (1949). Die Stellung des Marxismus zum bürgerlichen Kosmopolitismus. Einheit, 7, S. 606 ff.
Hoffmann, Ernst ($1949^1$). Über die internationale Bedeutung der ideologischen Offensive in der Sowjetunion. Einheit, 8, S. 680 ff.
Hoffmann, Ernst ($1949^2$). Die Bedeutung der ideologischen Offensive in der Sowjetunion für Deutschland. Einheit, 9, S. 793 ff.
Hoffmann, Ernst ($1949^3$). Leninismus und nationale Frage. Einheit, 10, S. 865 ff.
Hoffmann, Ernst (1957). Zum Artikel des Genossen Jürgen Kuczynski. Einheit, 5, S. 612 ff.
Hoffmann, Ernst (1962). Arbeiterklasse, Imperialismus und Nation in Deutschland. Einheit, 4, S. 3 ff.
Hoffmann, Hans-Joachim/Kühn, Werner (1975). Kulturerbe – aktuelle Tradition. Einheit, 10, S. 1139 ff.
Hoffmann, Jürgen (1988). Zur Entwicklung der sozialistischen deutschen Nation in der DDR – Erfahrungen und Perspektiven. Einheit, 8, S. 734 ff.
Hoffmann, Martin (1947). Zum deutschen Weg. Aufbau, 7, S. 13 ff.
Hofmann, Paul (1945). Mitverantwortung. Aufbau, 1, S. 14 ff.
Hohendahl, Peter Uwe/Herminghouse, Patricia (Hrsg.) (1983). Literatur der DDR in den siebziger Jahren. Frankfurt/Main: Suhrkamp.
Honecker, Erich (1958). Aus dem Bericht des Politbüros an das 35. Plenum des Zentralkomitees der SED. Neues Deutschland, 8. Februar, S. 5.
Honecker, Erich (1968). Die führende Rolle der Partei – Wesensmerkmal unserer sozialistischen Ordnung. Neues Deutschland, 8. Juni, S. 6.
Honneth, Axel/McCarthy, Thomas/Offe, Claus/Wellmer, Albrecht (Hrsg.) (1989). Zwischenbetrachtungen. Im Prozeß der Aufklärung. Frankfurt/Main: Suhrkamp.
Horkheimer, Max (1939). Die Juden und Europa. Zeitschrift für Sozialforschung, VIII, S. 115 ff. München: dtv reprint 1980.
Howard, Dick (1988). The Marxian Legacy. Minneapolis: University of Minnesota Press.
Hrbek, Rudolf (1972). Die SPD – Deutschland und Europa. Die Haltung der Sozialdemokratie zum Verhältnis von Deutschlandpolitik und Westintegration (1945-1957). Bonn: Europa Union.
Hüning, Hasko (1990). Individualität und Politik im Sozialismus. Zum Zusammenhang von ökonomisch-sozialistischer Gestaltung und individueller Reproduktion in der DDR. Ralf Rytlewski (Hrsg.), Politik und

Gesellschaft in sozialistischen Ländern. Ergebnisse und Probleme der Sozialistischen Länder-Forschung (S. 351 ff.). Opladen: Westdeutscher Verlag.
Hüning, Hasko (1990[1]). Individualisierung. Unveröffentlichtes Manuskript.
Huhn, Willy (1946). Militaristischer Sozialismus. Aufbau, 4, S. 368 ff.
Iggers, Georg G. (1974). Die deutschen Historiker in der Emigration. Bernd Faulenbach (Hrsg.), Geschichtswissenschaft in Deutschland (S. 97 ff.). München: Beck.
Imperialistische Konfrontations- und Rüstungspolitik stößt auf Widerstand (1981). Rundtischgespräch. IPW-Berichte, 8, S. 1 ff.
Initiative Frieden und Menschenrechte (1989). Grenzfall. Ralf Hirsch und Lew Kopelew (Hrsg.). Vollständiger Nachdruck aller in der DDR erschienenen Ausgaben 1986/87. Berlin: Selbstverlag.
Itzerott, Brigitte (1982). Die Liberal-Demokratische Partei Deutschlands (LDPD). Hermann Weber (Hrsg.), Parteiensystem zwischen Demokratie und Volksdemokratie. Köln: Wissenschaft und Politik.
Jacobsen, Hans-Adolf/Leptin, Gert/Scheuner, Ulrich/Schulz, Eberhard (Hrsg.) (1979). Drei Jahrzehnte Außenpolitik der DDR. München, Wien: Oldenbourg.
Jäger, Manfred (1982). Kultur und Politik in der DDR. Edition Deutschland Archiv. Köln: Wissenschaft und Politik.
Jänicke, Martin (1964). Der dritte Weg. Die antistalinistische Opposition gegen Ulbricht seit 1953. Köln: Neuer Deutscher Verlag.
Jänicke, Martin (1975). Krise und Entwicklung in der DDR. Jänicke, Martin/Elsenhans, Hartmut (Hrsg.), Innere Systemkrise in der Gegenwart (S. 148 ff.). Reinbek: Rowohlt.
Joho, Wolfgang (1965). Notwendiges Streitgespräch. Bericht zu einem internationalen Kolloquium. Neue Deutsche Literatur, 3, S. 88 ff.
Joseph, Detlev (1988). Zum Verhältnis von Ökonomie und Demokratie im Sozialismus. Staat und Recht, 3, S. 246 ff.
Kaden, Albrecht (1964). Einheit oder Freiheit. München: Piper.
Kaiser, Jakob (1946). Deutschlands geschichtliche Aufgaben (Rede vom 13. Februar). Der soziale Staat. Berlin: Union.
Kaiser, Jakob (1946[1]). Um Deutschlands Schicksal (Rede vom 16. Juni). Wege in die neue Zeit, 4. Berlin: Union.
Kallabis, Heinz (1965). Probleme des Menschen in der technischen Revolution. Deutsche Zeitschrift für Philosophie, Sonderheft, S. 152 ff.
Kalweit, Werner (1965). Thesen über das System der ökonomischen Gesetze des Sozialismus. Wirtschaftswissenschaft, 7, S. 1057 ff.
Kalweit, Werner (1966). Über die theoretischen Grundlagen der Messung des Nutzeffekts der gesellschaftlichen Arbeit. Einheit, 7, S. 934 ff.
Kalweit, Werner (1966[1]). Sozialistische Planwirtschaft und Warenproduktion. Wirtschaftswissenschaft, 5, S. 706 ff.

Kalweit, Werner/Wolf, Herbert/Friedrich, Gerd (1966). Thesen zur Konferenz »Das NÖSPL beim umfassenden Aufbau des Sozialismus unter den Bedingungen der technischen Revolution«. Wirtschaftswissenschaft, 2, S. 177ff.

Kalweit, Werner/Wolf, Herbert/Friedrich, Gerd (1966[1]). Sozialistische Planwirtschaft und Warenproduktion. Wirtschaftswissenschaft, 5, S. 706ff.

Kampfert, Karl (1957). Gegen das Aufkommen revisionistischer Auffassungen in der Wirtschaftswissenschaft. Wirtschaftswissenschaft, 3 (Sonderheft Februar), S. 1ff.

Kaplan, Karel (1986). Die Überwindung der Regime-Krise nach Stalins Tod in der Tschechoslowakei, in Polen und in Ungarn. Studie Nr. 11 des Forschungsprojekts »Krisen in den Systemen sowjetischen Typs«. Köln.

Karl Marx und unsere Zeit – der Kampf um Frieden und sozialen Fortschritt (1983). Internationale wissenschaftliche Konferenz in Berlin, 11. bis 16. April. Berlin: Dietz.

Keane, John (1988). Democracy and Civil Society. London, New York: Verso.

Keane, John (Hrsg.) (1988). Civil Society and the State. London, New York: Verso.

Kersten, Heinz (1957). Aufstand der Intellektuellen. Wandlungen in der kommunistischen Welt. Stuttgart: Seewald.

Kersten, Heinz (1957[1]). Zwischen Revolution und Restauration. SBZ-Archiv, 9, S. 133ff.

Kersten, Heinz (1958). Die Partei und die DEFA. SBZ-Archiv, 18, S. 282ff.

Kersten, Heinz (1958[1]). Wandlungen im Kulturbund. SBZ-Archiv, 5, S. 67ff.

Kielmansegg, Peter Graf (1971). Legitimität als analytische Kategorie. Politische Vierteljahresschrift, 3, S. 367ff.

Kielmansegg, Peter Graf (Hrsg.) (1975). Legitimationsprobleme politischer Systeme. Opladen: Westdeutscher Verlag.

Klaus, Georg (1962). Kybernetik aus philosophischer Sicht. Berlin: Dietz.

Klaus, Georg (1964). Kybernetik und Gesellschaft. Berlin: Deutscher Verlag der Wissenschaften.

Klaus, Georg (1970). Kybernetik und ideologischer Klassenkampf. Einheit, 9, S. 1180ff.

Klaus, Georg/Schnauß, Gerda (1965). Kybernetik und sozialistische Leitung. Einheit, 2, S. 93ff.

Kleiber, Günther (1971). Mehr und bessere Konsumgüter für unsere Bevölkerung (Interview). Einheit, 11, S. 1243ff.

Klein, Dieter (1988). Chancen für einen friedensfähigen Kapitalismus. Berlin: Dietz.

Klein, Dieter (1988[1]). Politökonomische Grundlagen für friedensfähigen Kapitalismus. IPW-Berichte, 2, S. 1 ff.

Klein, Matthäus/Kosing, Alfred (1958). Der Sozialismus siegt. Über die historische Bedeutung des V. Parteitages der SED. Deutsche Zeitschrift für Philosophie, 4, S. 497 ff.

Klemperer, Victor (1947). Die deutsche Wurzel. Aufbau, 3, S. 201 ff.

Klenner, Herrmann (1988). The real rights of man – die wirklichen Menschenrechte. Ein weniger bekanntes Kapitel aus der Naturrechtsgeschichte. Staat und Recht, 1, S. 38 ff.

Klenner, Herrmann (1989). Revolution in Paris, Juristenaufklärung in Berlin. Staat und Recht, 1, S. 36 ff.

Klenner, Herrmann (1989[1]). Die Menschenrechte im ideologischen Klassenkampf der Gegenwart. Deutsche Zeitschrift für Philosophie, 7, S. 651 ff.

Klenner, Herrmann (1989[2]). Zweihundert Jahre »Déclaration des droits de l'homme et du citoyen«. Deutsche Zeitschrift für Philosophie, 8, S. 719 ff.

Klinger, Fred (1984). Soziale Auswirkungen und lebensweltliche Zusammenhänge der sozialistischen Rationalisierung. Lebensbedingungen in der DDR. 17. Tagung zum Stand der DDR-Forschung in der Bundesrepublik (12.-15. Juni 1984) (S. 23 ff.). Edition Deutschland Archiv. Köln: Wissenschaft und Politik.

Klinger, Fred (1985). Der stille Vormarsch. Anmerkungen zum 4. Soziologenkongreß und zum Stand der DDR-Soziologie. Deutsche Studien, 90, S. 154 ff.

Klinger, Fred (1987). Die Krise des Fortschritts, Innovationsprobleme und Mikroelektronik in der DDR. Aus Politik und Zeitgeschichte, 3, S. 7 ff.

Klotz, Hans (1958). Über den Gegenstand der marxistischen Philosophie. Deutsche Zeitschrift für Philosophie, 2, S. 225 ff.

Klotz, Hans/Rum, Klaus (1963). Über die Produktivkraft Wissenschaft. Einheit, 2, S. 25 ff.

Klotz, Hans/Rum, Klaus (1963[1]). Über die Produktivkraft Wissenschaft (Teil II). Einheit, 3, S. 40 ff.

Klotzbach, Kurt (1982). Der Weg zur Staatspartei. Programmatik, praktische Politik und Organisation der deutschen Sozialdemokratie 1945 bis 1965. Berlin, Bonn: J. H. W. Dietz Nachf.

Knabe, Hubertus (1990). Politische Opposition in der DDR. Ursprünge, Programmatik, Perspektiven. Aus Politik und Zeitgeschichte, 1-2, S. 21 ff.

Knabe, Hubertus (Hrsg.) (1989). Aufbruch in eine andere DDR. Reformer und Oppositionelle zur Zukunft ihres Landes. Reinbek: Rowohlt.

Koch, Claus/Senghaas, Dieter (Hrsg.) (1970). Texte zur Technokratiediskussion. Frankfurt/Main: EVA.

Koch, Hans (1966). Haltungen, Richtungen, Formen. Forum, 15/16, S. 5 ff.
Koch, Thomas (1991). Deutsch-deutsche Einigung als Kulturproblem: Wird die Bundesrepublik in Deutschland aufgehen? Rolf Reißig/Gert-Joachim Glaeßner (Hrsg.), Das Ende eines Experiments (S. 317ff.). Berlin: J. H. W. Dietz Nachf.
Koenen, Wilhelm (1958). Das ganze Deutschland soll es sein. Zur Geschichte der patriotischen Volksbewegung in Deutschland. Berlin: Kongreß.
Köhler, Fritz (1957). Das werktätige Volk, der wahre Schöpfer der Geschichte. *Zeitschrift für Geschichtswissenschaft,* 3, S. 456ff.
Kohn, Hans (1962). Die Idee des Nationalismus. Frankfurt/Main: Fischer.
Kolakowski, Leszek (1956). Marxismus und personalistischer Freiheitsbegriff. Das Problem der Freiheit im Lichte des wissenschaftlichen Sozialismus (1956). Konferenz der Sektion Philosophie der DAW zu Berlin 8.-10. März (S. 153ff.). Berlin: Akademie-Verlag.
Kommuniqué des Politbüros vom 9. Juni 1953. Dokumente der SED (Bd. IV, S. 428ff.). Berlin: Dietz 1954.
Kommuniqué über die Bildung des Blocks der antifaschistisch demokratischen Parteien (14. Juli 1945). Um ein antifaschistisch-demokratisches Deutschland (S. 91ff.). Berlin: Staatsverlag der DDR 1968.
Konrád, György/Szelényi, Iván (1981). Die Intelligenz auf dem Weg zur Klassenmacht. Frankfurt/Main: Suhrkamp.
Kopp, Fritz (1955). Die Wendung zur »nationalen« Geschichtsbetrachtung in der Sowjetzone. München: Isar.
Kopp, Fritz (1965). Kurs auf ganz Deutschland? Stuttgart: Seewald.
Kosel, Gerhard (1957). Produktivkraft Wissenschaft. Berlin: Verlag die Wissenschaft.
Kosel, Gerhard (1989). Unternehmen Wissenschaft. Erinnerungen. Berlin: Henschel.
Kosing, Alfred (1962). Illusion und Wirklichkeit in der nationalen Frage. Einheit, 5, S. 13ff.
Kosing, Alfred (1962[1]). Die nationale Lebensfrage des deutschen Volkes. Berlin: Dietz.
Kosing, Alfred (1976). Die Nation in Geschichte und Gegenwart. Studie zur historisch-materialistischen Theorie der Nation. Berlin: Dietz.
Kosing, Alfred (1981). Dialektik im Sozialismus. Berlin: Dietz.
Kosing, Alfred/Schmidt, Walter (1979). Geburt und Gedeihen der sozialistischen deutschen Nation. Einheit, 9/10, S. 1068ff.
Kosing, Alfred/Schmidt, Walter (1982). Die Herausbildung der sozialistischen deutschen Nation. Akademie der Wissenschaften (Hrsg.), Erfolgreiche Jahre (S. 209ff.). Berlin: Dietz.
Kosta, Jiri (1974). Sozialistische Planwirtschaft. Theorie und Praxis. Opladen: Westdeutscher Verlag.

Koziolek, Helmut (1966). Zur Theorie und Praxis der sozialistischen Wirtschaftsführung. Sitzungsbericht der DAW, Klasse für Philosophie, Geschichte, Staats-, Rechts- und Wirtschaftswissenschaften, H. 4.

Krambach, Kurt (1989). Zur Geschichte der Agrarsoziologie in der DDR. Jahrbuch für Soziologie und Sozialpolitik, S. 249 ff.

Krauss, Werner (1946). Nationalismus und Chauvinismus. Aufbau, 5, S. 443 ff.

Krenz, Egon (1988). Unsere Arbeiter- und Bauernmacht – das Werk von Generationen. Einheit, 11/12, S. 998 ff.

Kretzschmar, Albrecht (1981). Sozialstruktur und Persönlichkeit. Jahrbuch für Soziologie und Sozialpolitik, S. 102 ff.

Kretzschmar, Albrecht (1985). Soziale Unterschiede – unterschiedliche Persönlichkeiten? Berlin: Dietz.

Kretzschmar, Albrecht (1985). Sozialistische Persönlichkeit und intensiv erweiterte Reproduktion. Deutsche Zeitschrift für Philosophie, 1, S. 21 ff.

Krieger, Leonard (1972). The German Idea of Freedom. Chicago, London: University of Chicago Press.

Krippendorff, Ekkehart (o. J.). Die Liberal-Demokratische Partei Deutschlands in der sowjetischen Besatzungszone 1945/48. Entstehung, Struktur, Politik. Düsseldorf: Droste.

Kröger, Herbert (1961). Friedensvertrag und Völkerrecht. Einheit, 9, S. 1330 ff.

Krüger, Hans-Peter (1988). Die kapitalistische Gesellschaft als die erste moderne Gesellschaft. Philosophische Grundlagen der Erarbeitung einer Konzeption des modernen Sozialismus. Berlin: Humboldt-Universität zu Berlin.

Krüger, Hans-Peter (1991). Strategien radikaler Demokratisierung. Ein normativer Entwurf. Rainer Deppe/Helmut Dubiel und Ulrich Rödel (Hrsg.), Demokratischer Umbruch in Osteuropa (S. 76 ff.). Frankfurt/Main: Suhrkamp.

Kuczynski, Jürgen (1949). Zwei Wissenschaften – zwei Welten. Aufbau 2, S. 99 ff.

Kuczynski, Jürgen (1956). Parteilichkeit und Objektivität in Geschichte und Geschichtsschreibung. Zeitschrift für Geschichtswissenschaft, 5, S. 873 ff.

Kuczynski, Jürgen (1957). Der Ausbruch des ersten Weltkrieges und die deutsche Sozialdemokratie. Berlin: Akademie Verlag.

Kuczynski, Jürgen (1957[1]). Der Mensch, der Geschichte macht. Zeitschrift für Geschichtswissenschaft, 1, S. 1 ff.

Kuczynski, Jürgen (1957[2]). Meinungsstreit, Dogmatismus und »liberale Kritik«. Einheit, 5, S. 602 ff.

Kuczynski, Jürgen (1958). Antwort auf Kritik an meinem Artikel »Meinungsstreit, Dogmatismus und ›liberale Kritik‹«. Einheit, 2, S. 230 ff.

Kuczynski, Jürgen (1978). Was ist gesellschaftlicher Fortschritt? Forum, 8, S. 8f.
Kuczynski, Jürgen (1979). Zur Debatte über das Verhältnis von Technik und Fortschritt. Blätter für deutsche und internationale Politik, 3, S. 346ff.
Kuczynski, Jürgen (1986). Die Analyse des Weltwirtschaftssystems des Kapitalismus auf dem XI. Parteitag der SED. Horizont, 5, S. 8f.
Kuczynski, Jürgen (1988). Können Monopole an Aggressivität verlieren? Horizont, 10, S. 24.
Kuczynski, Jürgen (1989). Soziologie und Alltagsforschung. Jahrbuch für Soziologie und Sozialpolitik, S. 148ff.
Kühne, Lothar (1978). Was ist gesellschaftlicher Fortschritt? (Interview zur Diskussion im Forum). Forum, 22, S. 9ff.
Kultur und Freizeit (1971). Hrsg. Helmut Hanke. Berlin: Dietz.
Kunert, Günter (1966). Gedichte: Notizen in Kreide. Gewesene Größe der Eisenbahn. Forum, 10, S. 23.
Kuppe, Johannes (1979). Phasen. Hans-Adolf Jacobsen/Gert Leptin/Ulrich Scheuner und Eberhard Schulz (Hrsg.), Drei Jahrzehnte Außenpolitik der DDR (S. 173ff.). München, Wien: Oldenbourg.
Kuppe, Johannes (1981). Zur Wechselwirkung von Deutschlandpolitik und Sicherheitspolitik der SED. Der X. Parteitag der SED (S. 124ff.). 35 Jahre SED-Politik. Versuch einer Bilanz. Vierzehnte Tagung zum Stand der DDR-Forschung in der Bundesrepublik, 9.-12. Juni 1981. Edition Deutschland Archiv. Köln: Wissenschaft und Politik.
Kuppe, Johannes (1989). Die deutsch-deutschen Beziehungen aus der Sicht der DDR. Werner Weidenfeld und Hartmut Zimmermann (Hrsg.), Deutschland-Handbuch. Eine doppelte Bilanz 1949-1989 (S. 551ff.). Bonn: Bundeszentrale für politische Bildung.
Kuppe, Johannes (1989[1]). Offensiv in die Defensive. Deutschland Archiv, 1, S. 1ff.
Kupper, Siegfried (1979). Politische Beziehungen zur Bundesrepublik Deutschland 1955-1977. Hans-Adolf Jacobsen/Gert Leptin/Ulrich Scheuner und Eberhard Schulz (Hrsg.), Drei Jahrzehnte Außenpolitik der DDR (S. 403ff.). München, Wien: Oldenbourg.
Kurella, Alfred (1958). Zur Theorie der Moral. Eine alte Polemik mit Ernst Bloch. Deutsche Zeitschrift für Philosophie, 4, S. 599ff.
Kurella, Alfred (1963). Der Frühling, Schwalben und Franz Kafka. Sonntag, 31, S. 10f.
Kurella, Alfred (1968). Lebendige Anwendung der Dialektik durch die Gesellschaftswissenschaft. Neues Deutschland, 30. Oktober, S. 4.
Kurtz, Rudolf (1945). Das tragische Volk der Deutschen. Aufbau, 2, S. 122ff.
Labedz, Leopold (Hrsg.) (1962). Revisionism. Essays in the history of Marxist ideas. New York: Praeger.

Land, Rainer (Hrsg.) (1990). Das Umbaupapier (DDR). Berlin: Rotbuch.
Lange, Arno/Altmann, Rainer (1965). Die Entwicklung der Deutschen Demokratischen Republik zum Staat des gesamten Volkes. Deutsche Zeitschrift für Philosophie, 5, S. 549 ff.
Lange, Fritz (1952). Die Volkserhebung von 1813. Drei Aufsätze über die Notwendigkeit, aus der eigenen Geschichte zu lernen. Berlin: Dietz.
Lange, Max Gustav (1957). Streit um den »Diamat«. SBZ-Archiv, 1, S. 2 ff.
Lange, Max Gustav (1957[1]). Die Philosophie des »Revisionismus«. SBZ-Archiv, 7, S. 98 ff.
Larrabee, Stephen F. (Hrsg.) (1989). The Two German States and European Security. London: Institute for East-West Security Studies.
Lassow, Ekkard (1967). Probleme der Produktivkrafttheorie. Deutsche Zeitschrift für Philosophie, 4, S. 273 ff.
Lebensweise – Kultur – Persönlichkeit (1975). Materialien vom II. Kongreß der marxistisch-leninistischen Soziologie in der DDR, 15.-17. Mai 1974. Hrsg. Wissenschaftlicher Rat für Soziologische Forschung in der DDR. Berlin: Dietz.
Lebensweise und Moral im Sozialismus (1972). Hrsg. Institut für Gesellschaftswissenschaften beim ZK der SED. Berlin: Dietz.
Lebensweise und Sozialstruktur (1981). Materialien des 3. Kongresses der marxistisch-leninistischen Soziologie in der DDR, 25.-27. März 1980. Hrsg. Wissenschaftlicher Rat für Soziologische Forschung in der DDR. Berlin: Dietz.
Lefort, Claude (1986). The Political Forms of Modern Society. Bureaucracy, Democracy, Totalitarianism. Edited and introduced by John B. Thompson, Cambridge: Polity Press.
Leichtfuß, Hans/Schöneburg, Karl-Heinz (1964). Volkssouveränität und Geschichte unseres Arbeiter- und Bauernstaates. Staat und Recht, 10, S. 1689 ff.
Lemke, Christiane (1980). Persönlichkeit und Gesellschaft. Zur Theorie der Persönlichkeit in der DDR. Opladen: Westdeutscher Verlag.
Lemmer, Ernst (1946). Demokratischer Block. Aufbau, 2, S. 117 ff.
Lemmnitz, Alfred (1952). Charakter und Rolle der Warenproduktion und des Wertgesetzes in der Wirtschaft der DDR. Einheit, Sonderheft (November), S. 1234 ff.
Lemmnitz, Alfred (1956). Die marxistische Lehre vom Preis und die Preispolitik der DDR. Wirtschaftswissenschaft, 1, S. 91 ff.
Lemmnitz, Alfred (1956[1]). Wertgesetz und Preise in der DDR. Wirtschaftswissenschaft, 2, S. 272 ff.
Lemmnitz, Alfred (1978). Was ist gesellschaftlicher Fortschritt? Forum, 15, S. 5 f.
Leonhard, Wolfgang (1955). Die Revolution entläßt ihre Kinder. Köln, Berlin: Kiepenheuer und Witsch.

Lepeschkin, A. I. (1962). Das Programm der KPdSU und einige theoretische Fragen des sozialistischen Sowjetstaates. Staat und Recht, 4, S. 707 ff.

Lepsius, M. Rainer (1985). The nation and nationalism in Germany. Social Research, 1, S. 43 ff.

Lewis, Bernard (1986). Semites and anti-semites. An inquiry into conflict and prejudice. New York, London: Norton.

Lexikon der Sozialpolitik (1987). Hrsg. Gunnar Winkler. Berlin: Akademie Verlag.

Ley, Herrmann (1957). Ernst Bloch und das Hegelsche System. Deutsche Zeitschrift für Philosophie, 1, S. 515 ff.

Ley, Herrmann (1957[1]). Die Bedeutung der philosophischen Arbeiten Lenins für die Naturwissenschaft. Einheit, 3, S. 327 ff.

Lieberam, Ekkehard (1985). Zu einigen staatstheoretischen Aspekten der weiteren Vervollkommnung der sozialistischen Demokratie. Vervollkommnung der sozialistischen Demokratie – Triebkraft der sozialistischen Gesellschaft (S. 10 ff.). Berlin: Staatsverlag der DDR.

Lieberam, Ekkehard (1987). Der Leninsche Begriff des sozialistischen Staates und seine Weiterentwicklung. Staat und Recht, 11, S. 867 ff.

Lieberam, Ekkehard/Will, Rosemarie (1984). Marxistisch-leninistisches Interessenverständnis und Pluralismuskonzept. Staat und Recht, 10, S. 795 ff.

Liehm, Antonin J. (1975). The intellectuals on the new social contract. Telos, 23, S. 156 ff.

Lindau, Rudolf (1947). Aus der Geschichte des Kampfes der deutschen Arbeiterklasse um Demokratie. Einheit, 1, S. 98 ff.

Lindau, Rudolf (1947[1]). März 1848. Die bürgerliche Revolution und ihre Lehren. Einheit, 3, S. 225 ff.

Lindau, Rudolf (1947[2]). Zur Vorgeschichte und Geschichte der deutschen Novemberrevolution. Einheit, 11, S. 1075 ff.

Lippmann, Heinz (1957). Die Opposition in der Sowjetzone am 17. Juni 1953 und heute. Aus Parlament und Zeitgeschichte (12. 6. 1957), S. 301 ff.

Loest, Erich (1953). Elfenbeinturm und rote Fahne. Börsenblatt für den Deutschen Buchhandel, 4. Juli, S. 27.

Lorenz, Richard (1956). Auf den Grund gehen. Sonntag, 45, S. 12.

Loth, Wilfried (1980). Die Teilung der Welt 1941-1955. München: dtv.

Lötsch, Ingrid/Lötsch, Manfred (1985). Soziale Strukturen und Triebkräfte: Versuch einer Zwischenbilanz und Weiterführung der Diskussion. Jahrbuch für Soziologie und Sozialpolitik (S. 159 ff.). Berlin: Akademie Verlag.

Lötsch, Ingrid/Lötsch, Manfred (1989). Kontinuität und Wandel in der Sozialstrukturforschung der DDR. Jahrbuch für Soziologie und Sozialpolitik (S. 213 ff.). Berlin: Akademie Verlag.

Lötsch, Manfred (1974). Über die Entwicklung der Klassenstruktur und der Struktur der Arbeiterklasse beim Aufbau der entwickelten sozialistischen Gesellschaft. Zur Sozialstruktur der sozialistischen Gesellschaft (S. 26ff.). Hrsg. Wissenschaftlicher Rat für Soziologische Forschung in der DDR. Berlin: Dietz.

Lötsch, Manfred (1975). Über die soziale Struktur der Arbeiterklasse. Einige Schwerpunkte und Probleme der soziologischen Forschung. Soziologische Probleme der Klassenentwicklung in der DDR (S. 89ff.). Hrsg. Wissenschaftlicher Rat für Soziologische Forschung in der DDR. Berlin: Dietz.

Lötsch, Manfred (1976). Grundprozesse der Entwicklung der Struktur der Arbeiterklasse in der DDR. Zur Entwicklung der Arbeiterklasse und ihrer Struktur in der DDR (S. 129ff.). Hrsg. Wissenschaftlicher Rat für Soziologische Forschung in der DDR. Berlin: Dietz.

Lötsch, Manfred (1980). Probleme der Reduzierung wesentlicher Unterschiede zwischen körperlicher und geistiger Arbeit. Deutsche Zeitschrift für Philosophie, 1, S. 26ff.

Lötsch, Manfred (1981). Zur Dialektik der Annäherung von Arbeiterklasse und Intelligenz. Lebensweise und Sozialstruktur. Materialien des 3. Kongresses der marxistisch-leninistischen Soziologie in der DDR, 25.-27. März 1980. Hrsg. Wissenschaftlicher Rat für Soziologische Forschung in der DDR (S. 82ff.). Berlin: Dietz.

Lötsch, Manfred (1981[1]). Sozialstruktur und Wirtschaftswachstum. Überlegungen zum Problem sozialer Triebkräfte des wissenschaftlich-technischen Fortschritts. Wirtschaftswissenschaft, 1, S. 56ff.

Lötsch, Manfred (1982). Soziale Strukturen als Wachstumsfaktoren und als Triebkräfte des wissenschaftlich-technischen Fortschritts. Deutsche Zeitschrift für Philosophie, 6, S. 721ff.

Lötsch, Manfred (1988). Sozialstruktur der DDR – Kontinuität und Wandel. Aus Politik und Zeitgeschichte, 8, S. 13ff.

Lötsch, Manfred (1988[1]). Die soziale Schicht der Intelligenz. Sozialstruktur der DDR. Autorenkollektiv unter der Leitung von Rudi Weidig (S. 125ff.). Berlin: Dietz.

Lötsch, Manfred/Wörner, Gerhard (1983). Materielle Lebensbedingungen und Annäherungsprozesse. Theoretisch-methodologische Überlegungen. Jahrbuch für Soziologie und Sozialpolitik, S. 161ff.

Löwenthal, Richard (1963). Chruschtschow und der Weltkommunismus. Stuttgart: Kohlhammer.

Löwenthal, Richard (1966). Vorwort zu Arnulf Baring, Der 17. Juni 1953. Köln, Berlin: Kiepenheuer & Witsch.

Löwenthal, Richard (1974). Vom kalten Krieg zur Ostpolitik. Richard Löwenthal und Hans-Peter Schwarz (Hrsg.), Die zweite Republik. 25 Jahre Bundesrepublik Deutschland – eine Bilanz (S. 604ff.). Stuttgart: Seewald.

Löwke, Udo F. (1969). Für den Fall, daß... SPD und Wehrfrage, 1949-1955. Hannover: Verlag für Literatur und Zeitgeschehen.
Lozek, Gerhard (1981). Die Traditionsproblematik in der geschichtsideologischen Auseinandersetzung. Zeitschrift für Geschichtswissenschaft, 5, S. 395 ff.
Lübbe, Herrmann (1963). Politische Philosophie in Deutschland. Basel, Stuttgart: Schwabe.
Lübbe, Peter (1988). Wandelt sich das »sozialreformistische« Feindbild in der DDR? Deutschland-Archiv, 11, S. 1178 ff.
Luck, Herbert (1957). Bemerkungen zum Artikel Behrens »Zum Problem der Ausnutzung ökonomischer Gesetze in der Übergangsperiode«. Wirtschaftswissenschaft, 3 (Sonderheft, Februar), S. 85 ff.
Ludwig, Harald (1971). Die SED vor dem VIII. Parteitag. Deutschland Archiv, 6, S. 584 ff.
Ludz, Peter Christian (1960/61). Revisionistische Konzeptionen von 1956/57 in der »DDR«. Moderne Welt, 4, S. 353 ff.
Ludz, Peter Christian (1970). Parteielite im Wandel. Köln/Opladen: Westdeutscher Verlag.
Ludz, Peter Christian (1976). Ideologiebegriff und marxistische Theorie. Ansätze zu einer immanenten Kritik. Opladen: Westdeutscher Verlag.
Ludz, Peter Christian (1980). Die DDR zwischen Ost und West. München: Beck.
Ludz, Peter Christian (Hrsg.) (1964). Studien und Materialien zur Soziologie der DDR. Kölner Zeitschrift für Soziologie und Sozialpsychologie (Sonderheft 8). Köln: Westdeutscher Verlag.
Ludz, Peter Christian (Hrsg.) (1972). Soziologie und Marxismus in der DDR (2 Bände). Neuwied, Berlin: Luchterhand.
Luge, Carola/Mand, Richard (1979). Politisches System im Sozialismus, Recht, Demokratie, gesellschaftliche Organisationen. Staat und Recht, 3, S. 232 ff.
Lukács, Georg (1945). Das innere Licht ist die trübste Beleuchtungsart. Aufbau, 1, S. 52 ff.
Lukács, Georg (1945[1]). Der Rassenwahn als Feind des menschlichen Fortschritts. Aufbau, 2, S. 100 ff.
Lukács, Georg (1946). Deutsche Soziologie vor dem ersten Weltkrieg. Aufbau, 5, S. 476 ff.
Lukács, Georg (1946[1]). Deutsche Soziologie zwischen dem ersten und dem zweiten Weltkrieg. Aufbau, 6, S. 585 ff.
Lukács, Georg (1949). Zur Entstehungsgeschichte des Faust. Aufbau, 8, S. 712 ff.
Luutz, Wolfgang (1985). Alltag und Alltagsbewußtsein. Deutsche Zeitschrift für Philosophie, 4, S. 348 ff.
Luutz, Wolfgang (1987). Noch einmal zum Alltag. Deutsche Zeitschrift für Philosophie, 9, S. 828 ff.

Luutz, Wolfgang (1988). Probleme der Vermittlung von individuellen und gesellschaftlichen Interessen im Sozialismus. Deutsche Zeitschrift für Philosophie, 7, S. 636ff.

Maier, Charles S. (1988). The Unmasterable Past. History, Holocaust, and German National Identity. Cambridge: Harvard University Press.

Maier, Helmut/Schmidt, Walter (1975). Die DDR – Verkörperung der besten Traditionen der deutschen Geschichte. Einheit, 4/5, S. 463ff.

Mampel, Siegfried (1968). Herrschaftssystem und Verfassungsstruktur in Mitteldeutschland. Die formelle und die materielle Rechtsverfassung der »DDR«. Köln: Wissenschaft und Politik.

Mampel, Siegfried (1972). Die sozialistische Verfassung der DDR. Text und Kommentar. Frankfurt/Main: Metzner.

Mampel, Siegfried (1974). DDR-Verfassung fortgeschrieben. Deutschland-Archiv, 11, S. 1152ff.

Mand, Richard/Schulze, Carola/Zinnecker, Peter (1982). Aktuelle Probleme des Zusammenwirkens von sozialistischem Staat und gesellschaftlichen Organisationen bei der weiteren Gestaltung der entwickelten sozialistischen Gesellschaft in der DDR. Staat und Recht, 6, S. 499ff.

Mänicke-Gyöngyösi, Krisztina (1989). Sind Lebensstile politisierbar? Zu den Chancen einer »zivilen« Gesellschaft in Ost- und Ostmitteleuropa. Ralf Rytlewski (Hrsg.), Politik und Gesellschaft in sozialistischen Ländern (PVS, Sonderheft 20, S. 335ff.). Opladen: Westdeutscher Verlag.

Mänicke-Gyöngyösi, Krisztina (1990). Zum Wandel städtischer Lebensstile in der Sowjetunion. Krisztina Mänicke-Gyöngyösi und Ralf Rytlewski (Hrsg.), Lebensstile und Kulturmuster in sozialistischen Gesellschaften (S. 160ff.). Köln: Wissenschaft und Politik.

Manifest an das deutsche Volk (1946). Dokumente der Geschichte der SED (Bd. 1, S. 24ff.). Berlin: Dietz.

Manifest an das deutsche Volk (1949). Protokoll der Verhandlungen der I. Parteikonferenz der SED (Januar 1949). Berlin: Dietz.

Manifest an das deutsche Volk (1950). Protokoll der Verhandlungen des III. Parteitags der SED, 20.-24. Juli 1950 (Bd. 2, S. 201ff.). Berlin: Dietz.

Manifest an das deutsche Volk zur Londoner Konferenz (1947). Dokumente der SED (Bd. 1, S. 254ff.). Berlin: Dietz.

Mann, Thomas (1983). Betrachtungen eines Unpolitischen. Frankfurt/Main: Fischer.

Marcuse, Herbert (1964). Die Gesellschaftslehre des sowjetischen Marxismus. Neuwied: Luchterhand.

Márkus, Mária (1982). Overt und Covert Modes of Legitimation in East European Societies. T.H. Rigby und Ferenc Fehér (Hrsg.), Political Legitimation in Communist States (S. 82ff.). London: Macmillan.

Marz, Lutz (1991). Der prämoderne Übergangsmanager. Die Ohnmacht des »real sozialistischen« Wirtschaftskaders. Rainer Deppe/Helmut

Dubiel/Ulrich Rödel (Hrsg.), Demokratischer Umbruch in Osteuropa (S. 104ff.). Frankfurt/Main: Suhrkamp.
Marxistisch-leninistische Sozialpolitik (1975). Hrsg. Gewerkschaftshochschule »Fritz Heckert« beim Bundesverband des FDGB. Berlin: Verlag Tribüne.
Matern, Hermann (1953). Über die Durchführung des Beschlusses des ZK der SED »Lehren aus dem Prozeß gegen das Verschwörerzentrum Slansky« (13. Tagung des ZK der SED, 13.-14. 5. 1953). Berlin: Dietz.
Mathias, Erich (1952). Sozialdemokratie und Nation. Ein Beitrag zur Ideengeschichte der sozialistisch-demokratischen Emigration in der Prager Zeit des Parteivorstandes 1933-1938. Stuttgart: DVA.
Mehlhorn, Ludwig (1989). Berlin – Warschau. Hubertus Knabe (Hrsg.), Aufbruch in eine andere DDR. Reformer und Oppositionelle zur Zukunft ihres Landes (S. 171ff.). Reinbek: Rowohlt.
Mehring, Franz (1947). Deutsche Geschichte vom Ausgang des Mittelalters. Berlin: Dietz.
Meier, Artur (1990). Abschied von der sozialistischen Ständegesellschaft. Aus Parlament und Zeitgeschichte, 16-17, S. 3ff.
Meier, Helmut/Schmidt, Walter (1975). Die DDR – Verkörperung der besten Traditionen der deutschen Geschichte. Einheit, 4/5, S. 463ff.
Meinecke, Friedrich (1915). Weltbürgertum und Nationalstaat. München, Berlin: Oldenbourg.
Meissner, Boris (Hrsg.) (1970). Die deutsche Ostpolitik 1961-1970. Kontinuität und Wandel: Dokumentation. Köln: Wissenschaft und Politik.
Meissner, Boris/Hoensch, Jörg K. (1972). Deutschland und Österreich. Dietrich Geyer (Hrsg.), Sowjetunion: Außenpolitik I. 1917-1955 (S. 448ff.). Köln, Wien: Böhlau.
Meister, Roland (1967). Die Funktion der bürgerlichen Rechtsstaatsideologie in der formierten Gesellschaft des staatsmonopolistischen Kapitalismus und der Kampf für einen demokratischen und sozialen Rechtsstaat in Westdeutschland. Staat und Recht, 9, S. 1483ff.
Merker, Paul (1947). Über die Sowjetdemokratie. Einheit, 11, S. 1038ff.
Merker, Paul (1948). Der Klassenkampf im Dorfe. Einheit, 11, S. 1019ff.
Meuschel, Sigrid (1985). Integration durch Legitimation? Zum Problem der Sozialintegration in der DDR. Ideologie und gesellschaftliche Entwicklung in der DDR (S. 15ff.). 18. Tagung zum Stand der DDR-Forschung in der Bundesrepublik, 28.-31. Mai. Edition Deutschland Archiv. Köln: Wissenschaft und Politik.
Meuschel, Sigrid (1988). Kulturnation oder Staatsnation? Zur Renaissance der Suche nach nationaler Identität in beiden deutschen Staaten. Leviathan, 3, S. 406ff.
Meuschel, Sigrid (1988[1]). Auf der Suche nach Madame l'Identité? Gert-

Joachim Glaeßner (Hrsg.), Die DDR in der Ära Honecker. Politik – Kultur – Gesellschaft (S. 77ff.). Opladen: Westdeutscher Verlag.
Meuschel, Sigrid (1989). Die SED zwischen Eigenständigkeit und Konformität. Die DDR im vierzigsten Jahr. Geschichte – Situation – Perspektiven (S. 27ff.). 22. Tagung zum Stand der DDR-Forschung in der Bundesrepublik, 16.-19. Mai. Edition Deutschland Archiv. Köln: Wissenschaft und Politik.
Meuschel, Sigrid (1989[1]). Politisch-kulturelle Kontinuität in Nachkriegsdeutschland und die Legitimationsansprüche der SED, 1945-1949. Ralf Rytlewski und Krisztina Mänicke-Gyöngyösi (Hrsg.), Lebensstile und Kulturmuster in sozialistischen Gesellschaften (S. 25ff.). Köln: Wissenschaft und Politik.
Meuschel, Sigrid (1990). Revolution in der DDR. Die DDR auf dem Wege zur deutschen Einheit. Probleme – Perspektiven – offene Fragen (S. 1ff.). 23. Tagung zum Stand der DDR-Forschung in der Bundesrepublik, 5.-8. Juni. Edition Deutschland Archiv. Köln: Wissenschaft und Politik.
Meuschel, Sigrid (1991). Wandel durch Auflehnung. Thesen zum Verfall der bürokratischen Herrschaft in der DDR. Rainer Deppe, Helmut Dubiel und Ulrich Rödel (Hrsg.), Demokratischer Umbruch in Osteuropa (S. 26ff.). Frankfurt/Main: Suhrkamp.
Meuschel, Sigrid (1991[1]). Revolution in der DDR. Versuch einer sozialwissenschaftlichen Interpretation. Wolfgang Zapf (Hrsg.), Zur Modernisierung moderner Gesellschaften. Verhandlungen des 25. Soziologentages in Frankfurt am Main 1990. Frankfurt/Main: Campus.
Meusel, Alfred (1946). Nationale Probleme in der deutschen Revolution von 1848. Aufbau, 8, S. 771ff.
Meusel, Alfred (1946[1]). Der Pfeifer von Niklashausen. Aufbau, 11, S. 1099ff.
Meusel, Alfred (1952). Thomas Müntzer und seine Zeit. Berlin: Aufbau.
Meyer, Gerd (1977). Bürokratischer Sozialismus. Stuttgart: Friedrich Frommann.
Meyer, Gerd/Rohmeis, Kirsten (1986). »Kontrollierte Emanzipation«. Thesen zu Patriarchalismus und Paternalismus im politischen System der DDR. Tradition und Fortschritt in der DDR. 19. Tagung zum Stand der DDR-Forschung in der Bundesrepublik, 20.-23. Mai (S. 102ff.). Edition Deutschland Archiv. Köln: Wissenschaft und Politik.
Meyer, Hansgünter (1974). Theoretische Probleme und empirische Ergebnisse soziologischer Untersuchungen der Struktur der Arbeiterklasse. Zur Sozialstruktur der sozialistischen Gesellschaft (S. 55ff.). Hrsg. Wissenschaftlicher Rat für Soziologische Forschung in der DDR. Berlin: Dietz.
Meyer, Thomas (1988). Dokument der Hoffnung, nicht Garantie des Gelingens. Erläuterungen und Argumente zum gemeinsamen Papier von SPD und SED. Deutschland Archiv, 1, S. 32ff.

Michalsky, Helga (1988). Soziale Sicherheit ist nicht genug! Konzeptionen und Leistungen der sozialistischen Sozialpolitik. Gert-Joachim Glaeßner (Hrsg.), Die DDR in der Ära Honecker. Politik – Kultur – Gesellschaft (S. 402 ff.). Opladen: Westdeutscher Verlag.

Mickel, Karl/Czechowski, Heinz (1966). Beitrag zur Forum–Lyrik–Debatte. Forum, 8, S. 20 ff.

Miller, Robert F. (1984). Khrushchev and the Soviet Economy: Management by Re-Organisation. R. F. Miller und Ferenz Fehér (Hrsg.), Khrushchev and the Communist World. London, Sydney: Croom Helm.

Miller, Susanne (1977). Das Problem der Freiheit im Sozialismus. Freiheit, Staat und Revolution in der Programmatik der Sozialdemokratie von Lassalle bis zum Revisionismusstreit. Berlin, Bonn-Bad Godesberg: J. H. W. Dietz Nachf.

Mittag, Günter (1966). Die schöpferische Arbeit der Partei bei der Gestaltung des sozialistischen Wirtschaftssystems. Einheit, 4, S. 466 ff.

Mittag, Günter (1968). Demokratischer Zentralismus, sozialistische Planwirtschaft und wissenschaftlich-technische Revolution. Einheit, 12, S. 1471 ff.

Mittag, Günter (1970). Die Bedeutung des Buches »Politische Ökonomie des Sozialismus und ihre Anwendung in der DDR«. Berlin: Dietz.

Mittag, Günter (1973). Hauptaufgabe – Intensivierung – Effektivität. Einheit, 3, S. 273 ff.

Mitter, Armin/Wolle, Stefan (Hrsg.) (1990). Ich liebe euch doch alle! Befehle und Lageberichte des MfS Januar–November 1989. Berlin: Basis Druck.

Mlynař, Zdenek (1983). Krisen und Krisenbewältigung im Sowjetblock. Köln: Bund.

Mohr, Heinrich (1982). Der 17. Juni als Thema der Literatur in der DDR. Ilse Spittmann und Karl Wilhelm Fricke (Hrsg.), 17. Juni 1953. Arbeiteraufstand in der DDR (S. 87 ff.). Edition Deutschland Archiv. Köln: Wissenschaft und Politik.

Mollnau, Karl A. (1987). Wirkungsgeschichtliche Anmerkungen zum Werk Karl Polaks. Eberhard Poppe und Wolfgang Weichelt (Hrsg.), Karl Polaks Beitrag zur Herausbildung einer marxistisch-leninistischen Staats- und Rechtswissenschaft in der DDR (S. 44 ff.). Sitzungsbericht der Akademie der Wissenschaften zu Berlin, 11 G/1986.

Mollnau, Karl A. (1989). Sozialistischer Rechtsstaat – Versuch einer Charakterisierung. Neue Justiz, 10, S. 393 ff.

Moraw, Frank (1973). Die Parole der Einheit und die Sozialdemokratie. Bonn, Bad Godesberg: Neue Gesellschaft.

Moreton, Edwina (Hrsg.) (1987). Germany Between East and West. Cambridge: Cambridge University Press.

Mühlberg, Dietrich (1965). Technische Revolution und einige Aspekte der

marxistischen Kulturtheorie. Deutsche Zeitschrift für Philosophie, Sonderheft, S. 205 ff.
Müller, Werner (1982). Der Transformationsprozeß der SED. Hermann Weber (Hrsg.). Parteiensystem zwischen Demokratie und Volksdemokratie (S. 51 ff.). Köln: Wissenschaft und Politik.
Müller-Enbergs, Helmut (1989). Rudolf Herrnstadt. Fallstudie zur Rolle des Intellektuellen in der SBZ/DDR. Diplomarbeit, Freie Universität Berlin.
Narr, Wolf-Dieter (1966). CDU – SPD. Stuttgart: Kohlhammer.
Nationale Front für Einheit und gerechten Frieden (1949). Manifest an das deutsche Volk. Beschluß des 3. deutschen Volkskongresses für Einheit und gerechten Frieden vom 29. und 30. Mai. Programmatische Dokumente der Nationalen Front des demokratischen Deutschland (S. 57 ff.). Berlin: Dietz 1967.
Naumann, Gerhard (1990). Beschluß des Politbüros des ZK der SED vom 12. Juli 1960. Beiträge zur Geschichte der Arbeiterbewegung, 4, S. 513 ff.
Naumann, Gerhard/Trümpler, Eckhard (1990). Von Ulbricht zu Honekker. 1970 – ein Krisenjahr der DDR. Berlin: Dietz.
Naumann, Manfred (1971). Das Erbe und die sozialistische Kultur. Einheit, 3, S. 299 ff.
Naumann, Michael (Hrsg.) (1990). »Die Geschichte ist offen«. DDR 1990: Hoffnung auf eine neue Republik. Reinbek: Rowohlt.
Nawrocki, Joachim (1971). Vom NÖS zum Computer-Stalinismus. Deutschland Archiv, 4, S. 345 ff.
Neef, Helmut (Hrsg.) (1967). Programmatische Dokumente der Nationalen Front des demokratischen Deutschland. Berlin: Dietz.
Neubert, Ehrhart (1985). Religion in der DDR-Gesellschaft. Nichtreligiöse Gruppen in der Kirche – ein Ausdruck der Säkularisierung? Kirche im Sozialismus, 3, S. 99 ff.
Neubert, Ehrhart (1986). Religion in Soziologie und Theologie. Ein Vermittlungsversuch für den Gebrauch des Religionsbegriffes in der DDR. Kirche im Sozialismus, 2, S. 71 ff.
Neubert, Ehrhart (1986[1]). Megapolis DDR und die Religion. Konsequenzen aus der Urbanisierung. Kirche im Sozialismus, 4, S. 155 ff.
Neubert, Ehrhart (1988). Eine Woche der Margot Triebler. Zur Soziologie des »schönen und produktiven Dorfes«. Kirche im Sozialismus, 3 und 4, S. 102 ff., S. 148 ff.
Neubert, Ehrhart (1989). Gesellschaftliche Kommunikation im sozialen Wandel. Ausgewählte Aspekte einer Bewegung. Die DDR im vierzigsten Jahr (S. 38 ff.). Geschichte, Situation, Perspektiven. 22. Tagung zum Stand der DDR-Forschung in der Bundesrepublik, 16.-19. Mai. Edition Deutschland Archiv. Köln: Wissenschaft und Politik.
Neubert, Ehrhart (1990). Eine protestantische Revolution. Deutschland Archiv, 5, S. 704 ff.

Neues Leben – neue Menschen (1957). Konferenz des Lehrstuhls Philosophie des Instituts für Gesellschaftswissenschaften beim ZK der SED über theoretische und praktische Probleme der sozialistischen Moral am 16. und 17. April. Berlin: Dietz.

Neugebauer, Gero (1978). Partei und Staatsapparat in der DDR. Aspekte der Instrumentalisierung des Staatsapparats durch die SED. Opladen: Westdeutscher Verlag.

Neumann, Alfred (1966). Grundfragen der sozialistischen Rationalisierung. Einheit, 4, S. 476ff.

Neumann, Franz L. (1967). Demokratischer und autoritärer Staat. Studien zur politischen Theorie. Frankfurt/Main: EVA.

Nick, Harry (1965). Wertrechnung oder Zeitrechnung. Einheit, 7, S. 82ff.

Nick, Harry (1971). Wissenschaftlich-technischer Fortschritt in der sowjetischen Wirtschaftsliteratur. Einheit, 5, S. 530ff.

Nick, Harry/Schulz, Gerhard (1966). Die Veränderung der materiell-technischen Basis durch die wissenschaftlich-technische Revolution. Einheit, 6, S. 734ff.

Niclauß, Karlheinz (1977). Kontroverse Deutschlandpolitik. Die politische Auseinandersetzung in der Bundesrepublik Deutschland über den Grundlagenvertrag mit der DDR. Bundesministerium für innerdeutsche Beziehungen (Hrsg.), Dokumente zur Deutschlandpolitik (Beihefte, Bd. 3). Frankfurt/Main: Metzner.

Niedbalski, Bernd (1985). Zur zentralen Wirtschaftsplanung in der SBZ 1945-1948. Vierteljahreshefte für Zeitgeschichte, 3, S. 456ff.

Niekisch, Ernst (1946). Im Vorraum des Faschismus. Aufbau, 2, S. 122ff.

Niethammer, Lutz (1988). Annäherung an den Wandel. Auf der Suche nach der volkseigenen Erfahrung in der Industrieprovinz der DDR. Bios, 1, S. 19ff.

Niethammer, Lutz (1989). Posthistorei – ist die Geschichte zu Ende? Reinbek: Rowohlt.

Niethammer, Lutz (1990). Das Volk der DDR und die Revolution. Charles Schüddekopf (Hrsg.), »Wir sind das Volk!« Flugschriften, Aufrufe und Texte einer deutschen Revolution (S. 251ff.). Reinbek: Rowohlt.

Norden, Albert (1953). Um die Nation. Beiträge zu Deutschlands Lebensfrage. Berlin: Dietz.

Oberländer, Erwin (1967). Sowjetpatriotismus und Geschichte. Dokumentation. Köln: Wissenschaft und Politik.

Obermann, Karl (1947). Am Vorabend der Revolution von 1848. Aufbau, 5, S. 402ff.

Oelßner, Fred (1946). Die SED – die Erbin der deutschen Arbeiterbewegung. Einheit, 2 (März), S. 26ff.

Oelßner, Fred (1948). Über den Charakter der Novemberrevolution. Einheit, 10, S. 883ff.

Oelßner, Fred (1949). Die Diktatur des Proletariats – Die Hauptfrage des Leninismus. Einheit, 8, S. 723ff.

Oelßner, Fred (1949[1]). Ein neuer Abschnitt im Befreiungskampf der deutschen Nation. Einheit, 11, S. 961ff.

Oelßner, Fred (1951). Die heutige Bedeutung der nationalen Frage. Berlin: Dietz (4. Auflage 1954).

Oelßner, Fred (1952). Über den Charakter der Gesetze der politischen Ökonomie. Einheit, Sonderheft (November), S. 1201ff.

Oelßner, Fred (1955). Die Übergangsperiode vom Kapitalismus zum Sozialismus in der Deutschen Demokratischen Republik. Berlin: Akademie Verlag.

Oelßner, Fred (1955[1]). Die Werttheorie und unsere Preispolitik. Einheit, 12, S. 1172ff.

Oelßner, Fred (1955[2]). Über die Bedeutung der Genfer Konferenz. Berlin: Dietz.

Oelßner, Fred (1959). Erklärung. Neuer Weg, 21, S. 1407f.

Offe, Claus (1970). Das politische Dilemma der Technokratie. Claus Koch und Dieter Senghaas (Hrsg.), Texte zur Technokratiediskussion (S. 156ff.). Frankfurt/Main: EVA.

Offe, Claus (1991). Wohlstand, Nation, Republik. Aspekte des deutschen Sonderwegs vom Sozialismus zum Kapitalismus. Manuskript.

Oldenburg, Fred (1975). Blick zurück nach vorn. Deutschland Archiv, 1, S. 1ff.

Opitz, Heinrich (1986). Frieden – Vernunft – Realismus. Gedanken zur Friedenspolitik der SED. Deutsche Zeitschrift für Philosophie, 4, S. 299ff.

Opitz, Heinrich (1988). Der Sozialismus – die Gesellschaft, die Frieden braucht und Frieden schafft. Einheit, 2, S. 114ff.

Ostow, Robin (1988). Jüdisches Leben in der DDR. Frankfurt/Main: Jüdischer Verlag, Athenäum.

Pakulski, Jan (1986). Bureaucracy and the Soviet System. Studies in Comparative Comunism, 1, S. 3ff.

Papalekas, Johannes C. (1963). Herrschaftsstruktur und Elitenbildung. Jahrbuch für Sozialwissenschaft, 3, S. 59ff.

Petzold, Siegfried (1985). Das Gesetz über die örtlichen Volksvertretungen in der DDR – ein bedeutsamer Schritt zur weiteren Stärkung der sozialistischen Staatsmacht und zur Vervollkommnung der sozialistischen Demokratie. Staat und Recht, 10, S. 787ff.

Petzoldt, Gerlinde (1987). Besprechung der Konferenz »Freizeit als Lebensraum arbeitender Menschen im Sozialismus«. Weimarer Beiträge, 7, S. 1195ff.

Petzoldt, Gerlinde (1987[1]). Zeitliga und Chronokarte. Erinnerungen an ein frühes Konzept sozialistischen Umgangs mit der Zeit. Weimarer Beiträge, 7, S. 1089ff.

Petzoldt, Gerlinde (1989). Zeitverhalten in der DDR als Gegenstand wissenschaftlicher Forschung. Jahrbuch für Soziologie und Sozialpolitik, S. 202ff.
Pieck, Wilhelm (1946). Die Einheit der Arbeiterklasse und die Einheit der Nation. Einheit, 1 (Februar), S. 1ff.
Pieck, Wilhelm (1946[1]). Der deutsche Imperialismus – Die Lehren aus seiner Entwicklung. Einheit, 2, S. 65ff.
Pieck, Wilhelm (1946[2]). Karl Liebknecht zu seinem 75. Geburtstag am 13. August. Einheit, 3, S. 146ff.
Pieck, Wilhelm (1946[3]). Zwei Revolutionen – zwei Ergebnisse. Der 7. und der 9. November. Einheit, 6, S. 321ff.
Pieck, Wilhelm (1947). Zwei Revolutionen – zwei Wege. Einheit, 11, S. 993ff.
Pieck, Wilhelm (1948). Die Novemberrevolution. Einheit, 10, S. 868ff.
Pieck, Wilhelm (1949). Antrittsrede des Präsidenten der DDR (11. Okt.). Berlin: Deutscher Zentralverlag.
Pieck, Wilhelm (1949[1]). Lehren der Parteikonferenz. Einheit, 3, S. 193ff.
Pinkus, Benjamin (1984). The Soviet Government and the Jews 1948-1967: A documented study. Cambridge, Jerusalem.
Plessner, Hellmuth (1974). Die verspätete Nation. Frankfurt/Main: Suhrkamp.
Polak, Karl (1946). Gewaltenteilung, Menschenrechte, Rechtsstaat. Zur Kritik der Weimarer Verfassung. Einheit, 7, S. 385ff.
Polak, Karl (1947). Marxismus und Staatslehre. Zur Kritik der deutschen Rechtsideologie. Einheit, 2, S. 4ff.
Polak, Karl (1948). Klassenkampf und Rechtsgestaltung. Einheit, 2, S. 134ff.
Polak, Karl (1948[1]). Volkssouveränität und Staatsgestaltung im kommenden Deutschland. Neue Justiz, 12, S. 243ff.
Polak, Karl (1948/1952). Die Weimarer Verfassung. Ihre Errungenschaften und Mängel. Berlin: Kongreß Verlag (3., verb. Auflage; erste Fassung 8. 4. 1948).
Polak, Karl (1949). Volk und Verfassung. Beitrag zur Begründung des Entwurfs der Verfassung der Deutschen Demokratischen Republik. Berlin: Kongreß Verlag.
Polak, Karl (1950). Der Weg zu einem neuen Staatsrecht. Neue Justiz, 8, S. 282ff.
Polak, Karl (1950[1]). Staatsform und Verfassungsstruktur der Volksdemokratie. Neue Justiz, 8, S. 291ff.
Polak, Karl (1950[2]). Staatsform und Verfassungsstruktur der Volksdemokratie. Neue Justiz, 9, S. 327ff.
Polak, Karl (1950[3]). Staatsform und Verfassungsstruktur der Volksdemokratie. Neue Justiz, 10, S. 381ff.

Polak, Karl (1952). Zu neuen Höhen der Staats- und Rechtswissenschaft. Neue Justiz, 13, S. 529ff.
Polak, Karl (1957). Die Volksvertretungen als politische Leitungsorgane. Staat und Recht, 5, S. 437ff.
Polak, Karl (1958). Die neue Etappe in der Entwicklung unseres Arbeiter- und Bauernstaates. Staat und Recht, 3, S. 225ff.
Polak, Karl (1961). Sozialismus, Imperialismus und die nationale Frage in Deutschland (Teil I). Einheit, 11/12, S. 1605ff.
Polak, Karl (1962). Sozialismus, Imperialismus und die nationale Frage in Deutschland (Teil II). Einheit, 1, S. 106ff.
Polak, Karl (1963). Die DDR – der wahre deutsche Rechtsstaat. Neue Justiz, 9, S. 260ff.
Pollack, Detlev (1990). Das Ende einer Organisationsgesellschaft. Systemtheoretische Überlegungen zum gesellschaftlichen Umbruch in der DDR. Zeitschrift für Soziologie, 4, S. 292ff.
Pollatschek, Walter (1949). Von Lessing zu Kerr und darüber hinaus. Aufbau, 3, S. 236ff.
Poppe, Eberhard/Schüsseler, Rolf/Weichelt, Wolfgang (1964). Über die Weiterentwicklung der Tätigkeit der örtlichen Volksvertretungen in der DDR unter den Bedingungen der Leitung der Volkswirtschaft nach dem Produktionsprinzip. Staat und Recht, 3, S. 452ff.
Poppe, Eberhard/Weichelt, Wolfgang (1987). Karl Polaks Beitrag zur Herausbildung einer marxistisch-leninistischen Staats- und Rechtswissenschaft in der DDR. Sitzungsbericht der Akademie der Wissenschaften zu Berlin, 116, 1986.
Postone, Moishe (1986). Anti-Semitism and National Socialism. Anson Rabinbach/Jack Zipes (Hrsg.), Germans and Jews since the Holocaust (S. 302ff.). New York, London: Holmes & Meier.
Preuß, Ulrich K. (1990). Grundgesetz-Chauvinismus oder neue gesamtdeutsche Verfassung. taz (3. 3. 1990). S. 2ff.
Preuß, Ulrich K. (1990[1]). Auf der Suche nach der Zivilgesellschaft. Frankfurter Allgemeine Zeitung (28. 4. 1990), S. 32.
Programm der SED (1963). Einheit, 1, S. 3ff.
Programm der SED (1976). Dokumente der SED (Bd. 16, S. 30ff.). Berlin: Dietz 1980.
Programmatische Dokumente der Nationalen Front des demokratischen Deutschland (1967). Hrsg. Helmut Neef. Berlin: Dietz.
Prokop, Siegfried (1983). Geschichte der DDR als Nationalgeschichte. Zeitschrift für Geschichtswissenschaft, 1, S. 55ff.
Protokoll der ersten Bundeskonferenz des Kulturbundes zur demokratischen Erneuerung Deutschlands am 20. und 21. Mai in Berlin (1947). Der erste Bundeskongreß. Berlin: Aufbau.
Protokoll des Vereinigungsparteitages der SPD und KPD. 21.-22. April 1946. Berlin: Dietz.

Protokoll der Verhandlungen des 3. FDGB-Kongresses, 30. 8.-3. 9. 1950. Berlin: Tribüne.
Protokoll der Verhandlungen des Ersten Kulturtages der SED, 5. bis 7. Mai 1948 in der Deutschen Staatsoper zu Berlin. Berlin: Dietz 1948.
Protokoll der Verhandlungen der 1. Parteikonferenz der SED, 25.-28. Januar 1949, Berlin: Dietz (2. Auflage 1950).
Protokoll der Verhandlungen der 2. Parteikonferenz der SED, 9.-12. Juli 1952. Berlin: Dietz.
Protokoll der Verhandlungen der 3. Parteikonferenz der SED, 24.-30. März 1956. Berlin: Dietz.
Protokoll der Verhandlungen des II. Parteitages der SED, 20.-24. September 1947. Berlin: Dietz.
Protokoll der Verhandlungen des III. Parteitages der SED, 20.-24. Juli 1950. Berlin: Dietz.
Protokoll der Verhandlungen des IV. Parteitages der SED, 30. März-6. April 1954. Berlin: Dietz.
Protokoll der Verhandlungen des V. Parteitages der SED, 10.-16. Juli 1958. Berlin: Dietz.
Protokoll der Verhandlungen des VI. Parteitages der SED, 15.-21. Januar 1963. Berlin: Dietz.
Protokoll der Verhandlungen des VII. Parteitages der SED, 17.-22. April 1967. Berlin: Dietz.
Protokoll der Verhandlungen des VIII. Parteitages der SED, 15.-19. Juni 1971. Berlin: Dietz.
Protokoll der Verhandlungen des IX. Parteitages der SED, 18.-22. Mai 1976. Berlin: Dietz.
Protokoll der Verhandlungen des X. Parteitages der SED, 11.-16. April 1981. Berlin: Dietz.
Protokoll der Verhandlungen des XI. Parteitages der SED, 17.-21. April 1986. Berlin: Dietz.
Protokoll der Verhandlungen des Parteitages der SPD vom 9. bis 11. Mai 1946 in Hannover. Hamburg: Phönix 1947.
Protokoll der Verhandlungen des Parteitages der SPD vom 29. Juni bis 2. Juli 1947 in Nürnberg. Hamburg: Auerdruck.
Protokoll des 1. Deutschen Volkskongresses für Einheit und gerechten Frieden am 6. und 7. Dezember 1947. Erster Deutscher Volkskongreß für Einheit und gerechten Frieden. Berlin: Kongreß Verlag.
Protokoll des 2. Deutschen Volkskongresses für Einheit und gerechten Frieden am 17. und 18. März 1948. Berlin: Kongreß Verlag.
Przybylski, Peter (1991). Tatort Politbüro. Die Akte Honecker. Berlin: Rowohlt.
Quilitzsch, Gerd (1985). Zum Verhältnis von Staat und Demokratie im Sozialismus. Staat und Recht, 11, S. 867ff.
Quilitzsch, Gerd/Segert, Dieter/Will, Rosemarie (1987). Interessenwider-

sprüche und politisches System. U.-J. Heuer zum 60. Geburtstag. Staat und Recht, 8, S. 656ff.

Radbruch, Gustav (1922). Kulturlehre des Sozialismus. Ideologische Betrachtungen von Gustav Radbruch. Stuttgart: J. H. W. Dietz.

Rakovski, Marc (1978). Toward an East European Marxism. London: Allison & Busby.

Rau, Heinrich (1950). Die Intelligenz und der Plan. Aufbau, 11, S. 1041 ff.

Redlow, Götz (1957). Über Stellung und Rolle des dialektischen Materialismus im System der Wissenschaften. Deutsche Zeitschrift für Philosophie, 2, S. 133ff.

Rein, Gerhard (Hrsg.) (1989). Die Opposition in der DDR. Entwürfe für einen anderen Sozialismus. Berlin: Wichern.

Reinhold, Otto (1955). Ein Schritt vorwärts. Zur Wirtschaftswissenschaftlichen Konfenz über »Die Übergangsperiode vom Kapitalismus zum Sozialismus in der DDR«. Einheit, 4, S. 344ff.

Reinhold, Otto (1956). Das Leninsche Prinzip der friedlichen Koexistenz und die Beziehungen zwischen den beiden deutschen Staaten. Einheit, 5, S. 438ff.

Reinhold, Otto (1966). Neue Etappe erfordert neue Wirtschaftsmaßnahmen. Einheit, 1, S. 33ff.

Reinhold, Otto (1966[1]). Die politische Ökonomie in unserer Zeit. Einheit, 2, S. 168ff.

Reinhold, Otto (1968). Die Rolle des Staates im politischen System des Sozialismus. Einheit, 2, S. 153ff.

Reinhold, Otto (1985). Aktuelle Probleme der weiteren Gestaltung der entwickelten sozialistischen Gesellschaft in der DDR. Informationsbulletin des wissenschaftlichen Kommunismus, 1, S. 4ff.

Reinhold, Otto (1986). Den Frieden miteinander sichern. Horizont, 4, S. 3f.

Reinhold, Otto (1988). Der Streit der Ideologien und die gemeinsame Sicherheit. Horizont, 5, S. 8f.

Reinhold, Otto (1989). Der Sozialismus als Leistungsgesellschaft. Einheit, 8, S. 700ff.

Reinhold, Otto/Manfred Banaschak (1987). Der Streit der Ideologien und die gemeinsame Sicherheit. Einheit, 9, S. 771 ff.

Reißig, Rolf (1986). Sozialismus und Systemauseinandersetzung. Deutsche Zeitschrift für Philosophie, 4, S. 309ff.

Reißig, Rolf (1988). Die Notwendigkeit des Friedens und der heutige Kapitalismus. Einheit, 2, S. 120ff.

Reißig, Rolf (1991). Der Umbruch in der DDR und das Scheitern des »realen Sozialismus«. Rolf Reißig/Gert-Joachim Glaeßner (Hrsg.), Das Ende eines Experiments (S. 12ff.). Berlin: Dietz.

Reißig, Rolf/Berg, Frank (1987). Das Recht auf ein Leben in Frieden. Einheit, 5, S. 405ff.

Rexin, Manfred (1964). Veränderungen der Berufs- und Beschäftigungsstruktur und Probleme der Arbeitskräftelenkung in der DDR. Peter Christian Ludz (Hrsg.). Studien und Materialien zur Soziologie der DDR. Kölner Zeitschrift für Soziologie und Sozialpsychologie, Sonderheft 8: S. 59ff., Köln: Westdeutscher Verlag.
Richert, Ernst (1958). Agitation und Propaganda. Berlin: Franz Vahlen.
Richert, Ernst (1960). Zur Frage der Konsolidierung des Regimes in der DDR. Neue Gesellschaft, 7, S. 216ff.
Richert, Ernst (1963). Macht ohne Mandat. Der Staatsapparat in der SBZ. Köln, Opladen: Westdeutscher Verlag.
Richert, Ernst (1964). Das zweite Deutschland. Ein Staat der nicht sein darf. Gütersloh: Sigbert Mohn.
Richert, Ernst (1967). »Sozialistische Universität«. Die Hochschulpolitik der SED. Berlin: Colloquium Verlag.
Richert, Ernst (1968). Die neue Gesellschaft zwischen Ost und West. Gütersloh: Sigbert Mohn.
Richert, Ernst (1974). Zwischen Eigenständigkeit und Dependenz. Zur Wechselwirkung von Gesellschafts- und Außenpolitik in der DDR. Deutschland Archiv, 9, S. 955ff.
Richert, Ernst (1975). Revolutionäre und evolutionäre Tendenzen im DDR-Gesellschaftsprozeß. Sozialstruktur und Sozialplanung in der DDR. 8. Tagung zum Stand der DDR-Forschung in der Bundesrepublik, 20.-23. Mai 1975 (S. 19ff.). Deutschland-Archiv (Sonderheft 8).
Richter, Edelbert (1989). Demokratische Umgestaltung. Ein Versuch, sie zu buchstabieren. Kirche im Sozialismus, 2, S. 60ff.
Richter, Helmut (1955). Über die bewußte Ausnutzung des Wertgesetzes bei der Festlegung der Preise für Produktionsmittel. Wirtschaftswissenschaft, 5, S. 685ff.
Richter, Helmut (1957). Wertgesetz und Spontaneität in der Übergangsperiode. Wirtschaftswissenschaft, 3 (Sonderheft Februar), S. 44ff.
Richtlinien der Parteiführung der KPD für die Arbeit der Antifaschisten in dem von der Roten Armee besetzten deutschen Gebiet, 5. April 1945. Dokumente zur Geschichte der SED (Bd. 1, S. 398ff.). Berlin: Dietz 1981.
Riege, Gerhard (1987). Der Staat im politischen System der DDR. Gedanken zum gleichnamigen Buch. Staat und Recht, 11, S. 906ff.
Rigby, T.H. (1982). Introduction: Political Legitimacy, Weber and Communist Monoorganizational Systems. T.H. Rigby/Ferenc Fehér (Hrsg.), Political Legitimation in Communist States (S. 1ff.). London: Macmillan.
Rigby, T.H./Fehér, Ferenc (Hrsg.) (1982). Political Legitimation in Communist States. London: Macmillan.
Rittershaus, Jochen/Weidig, Rudi (1971). Triebkräfte der sozialistischen Gesellschaft zielstrebig entfalten. Einheit, 5, S. 561ff.

Rödel, Ulrich (1989). Hannah Arendt und die Gefährdungen der Freiheit in einer säkularisierten politischen Ordnung. Forum für Philosophie Bad Homburg (Hrsg.), Die Ideen von 1789 in der deutschen Rezeption (S. 205 ff.). Frankfurt/Main: Suhrkamp.
Rödel, Ulrich (Hrsg.) (1990). Autonome Gesellschaft und libertäre Demokratie. Frankfurt/Main: Suhrkamp.
Rödel, Ulrich/Frankenberg, Günter/Dubiel, Helmut (1989). Die demokratische Frage. Frankfurt/Main: Suhrkamp.
Rodenberg, Hans (1969). Fragen der Entwicklung der sozialistischen Menschengemeinschaft. Der Staatsrat der DDR 1960-1970, Dokumente. Berlin: Staatsverlag 1970.
Röder, Horst (1972). Abschied vom Klassenbegriff? Opladen: Westdeutscher Verlag.
Röder, Karl-Heinz (Hrsg.) (1986). Politische Theorie und sozialer Fortschritt. Berlin: Staatsverlag der DDR.
Röder, Karl-Heinz (Hrsg.) (1988). Der Frieden und politische Theorie der Gegenwart. Berlin: Staatsverlag der DDR.
Roesler, Jörg (1991). Zwischen Plan und Markt. Die Wirtschaftsreform 1963-1970 in der DDR. Berlin: Haufe.
Rose, Richard (1969). Dynamic Tendencies in the Authority of Regimes. World Politics, 4, S. 602 ff.
Rosenthal, Rüdiger (1987). Größere Freiräume für Basisgruppen. Interview mit Matthias Hartmann. Kirche im Sozialismus, 5, S. 189 ff.
Rudolph, Herrmann (1972). Die Gesellschaft der DDR – eine deutsche Möglichkeit? München: Piper.
Rühle, Jürgen (1982). Der 17. Juni und die Intellektuellen. Ilse Spittmann und Karl Wilhelm Fricke (Hrsg.), 17. Juni 1953 (S. 156 ff.). Edition Deutschland Archiv. Köln: Wissenschaft und Politik.
Rühle, Jürgen (1988). Literatur und Revolution. Die Schriftsteller und der Kommunismus in der Epoche Lenins und Stalins. Köln: Kiepenheuer & Witsch.
Rüß, Gisela (Hrsg.) (1976). Dokumente zur Kunst-, Literatur- und Kulturpolitik der SED 1971-1974. Stuttgart: Seewald.
Rytlewski, Ralf (Hrsg.) (1989). Politik und Gesellschaft in sozialistischen Ländern. Ergebnisse und Probleme der Sozialistischen Länder-Forschung. Opladen: Westdeutscher Verlag.
Rytlewski, Ralf/Voigt, Dieter (1979). Soziale und politische Struktur der DDR im Wandel. 30 Jahre DDR. 12. Tagung zum Stand der DDR-Forschung in der Bundesrepublik, 5.-8. Juni. Deutschland Archiv (Sonderheft), S. 155 ff.
Sander, Hans-Dietrich (1964). Der Streit um den Dichter Kafka. SBZ-Archiv, 14, S. 215 ff.
Sander, Hans-Dietrich (1964[1]). Abwehrschlacht wider die Entfremdung. SBZ-Archiv, 24, S. 372 ff.

Sander, Hans-Dietrich (1965). Helden oder Sprachröhren der Zeit? SBZ-Archiv, 15, S. 227ff.
Sander, Hans-Dietrich (1969). Der VI. Schriftstellerkongreß. Deutschland-Archiv, 7, S. 787ff.
Sander, Hans-Dietrich (1972). Geschichte der schönen Literatur in der DDR. Ein Grundriß. Freiburg: Rombach.
Scharfschwerdt, Jürgen (1975). Die Klassik-Ideologie in der Kulturwissenschafts- und Literaturpolitik. Hans-Jürgen Schmitt (Hrsg.), Einführung in Theorie, Geschichte und Funktion der DDR-Literatur (S. 109ff.). Stuttgart: Metzler.
Scharoun, Hans (1946). Fragen des Bauens vor, während und nach der Naziherrschaft. Aufbau, 1, S. 40ff.
Scheler, Herrmann (1957). Über das Verhältnis von Spontaneität und Bewußtheit. Wirtschaftswissenschaft, 3 (Sonderheft, Februar), S. 20ff.
Scheler, Wolfgang (1981). Die marxistisch-leninistische Philosophie und der Kampf um den Frieden. Deutsche Zeitschrift für Philosophie, 3/4, S. 331ff.
Scheler, Wolfgang (1987). Neues Denken über Krieg und Frieden. Deutsche Zeitschrift für Philosophie, 1, S. 12ff.
Schellenberger, Alfred (1948). Zu dem Artikel des Genossen Herrnstadt. Einheit, 12, S. 1204ff.
Schelsky, Helmut (1961). Der Mensch in der wissenschaftlichen Zivilisation. Köln, Opladen: Westdeutscher Verlag.
Scherer, Klaus-Jürgen (1991). Gab es eine DDR-Identität? Rolf Reißig/Gert-Joachim Glaeßner (Hrsg.), Das Ende eines Experiments (S. 296ff.). Berlin: Dietz.
Scheurig, Bodo (1960). Freies Deutschland. Das Nationalkomitee und der Bund deutscher Offiziere in der Sowjetunion 1942-1945. München: Nymphenburger Verlag.
Schiller, Dieter (1966). Über die Verständlichkeit von Gedichten. Forum, 12, S. 20f.
Schilling, Gerhard/Steeger, Horst (1971). Proportionalität in unserer sozialistischen Planwirtschaft. Einheit, 5, S. 539ff.
Schirdewan, Karl (1948). Der Funktionär in der sozialistischen Partei. Einheit, 9, S. 738ff.
Schirdewan Karl (1959). Erklärung. Neuer Weg, 18, S. 1237.
Schirdewan, Karl (1990). Fraktionsmacherei oder gegen Ulbrichts Diktatur? Eine Stellungnahme vom 1. Januar 1958. Beiträge zur Geschichte der Arbeiterbewegung, 4, S. 498ff.
Schleifstein, Josef (1958). Die deutsche Sozialdemokratie bei Ausbruch des ersten Weltkrieges. Zeitschrift für Geschichtswissenschaft, 1, S. 190ff.
Schlenstedt, Harald (1966). Analyse zu Karl Mickels Gedicht »Der See«. Forum, 12, S. 18f.

Schliwa, Harald (1984). Demokratie und Freiheit für die Werktätigen. Staat und Recht, 10, S. 779 ff.
Schliwa, Harald (1988). Vom Stellenwert der Persönlichkeitsentwicklung und der Individualität in der entwickelten sozialistischen Gesellschaft. Deutsche Zeitschrift für Philosophie, 8, S. 704 ff.
Schlosser, Herta (1981). Wandel in der marxistisch-leninistischen Auffassung vom Menschen. Zur Entwicklung der Persönlichkeitstheorie (2 Bände). Königsstein/Ts.: Forum Academicum, Athenäum.
Schluchter, Wolfgang (1979). Die Entwicklung des okzidentalen Rationalismus. Tübingen: Mohr.
Schmid, Thomas (1990). Oppositionsschelte. Vom Vorrang der zivilen Gesellschaft vor Sozialismus, Kapitalismus, Nation und Ökonomie. Kommune, 3, S. 41 ff.
Schmidt, Max (1980). Militärstrategisches Gleichgewicht, politische und militärische Entspannung. IPW-Berichte, 10, S. 1 ff.
Schmidt, Max (1987). Die Erde – gemeinsames Haus der Menschheit. Einheit, 2, S. 116 ff.
Schmidt, Max (1989). Von der Vision zur Realität. Einheit, 2, S. 156 ff.
Schmidt, Max/Basler, Gerhard (1985). Koalition der Vernunft und des Realismus. Zusammenwirken für die Bewahrung des Lebens. IPW-Berichte, 5, S. 1 ff.
Schmidt, Max/Schwarz, Wolfgang (1986). Frieden und Sicherheit im nuklear-kosmischen Zeitalter. IPW-Berichte, 9, S. 1 ff.
Schmidt, Max/Schwarz, Wolfgang (1987). Neue Anforderungen an Sicherheitsdenken und Sicherheitspolitik. Umfassende internationale Sicherheit als Erfordernis unserer Zeit. IPW-Berichte, 9, S. 3 ff.
Schmidt, Walter (1980). Nation und deutsche Geschichte in der bürgerlichen Ideologie der BRD. Berlin: Akademie Verlag.
Schmidt, Walter (1981). Nationalgeschichte der DDR und das territorialstaatliche historische Erbe. Zeitschrift für Geschichtswissenschaft, 5, S. 399 ff.
Schmidt, Walter (1983). Deutsche Geschichte als Nationalgeschichte der DDR. Beiträge zur Geschichte der Arbeiterbewegung, 3, S. 332 ff.
Schmidt, Walter (1985). Zur Entwicklung des Erbe- und Traditionsverständnisses in der Geschichtsschreibung der DDR. Zeitschrift für Geschichtswissenschaft, 3, S. 195 ff.
Schmidt, Walter (1985[1]). Zur Geschichte der DDR-Geschichtswissenschaft vom Ende des Zweiten Weltkriegs bis zur Gegenwart. Beiträge zur Geschichte der Arbeiterbewegung, 5, S. 628 ff.
Schmidt, Walter/Kosing, Alfred (1982). Die Herausbildung der sozialistischen deutschen Nation. Akademie der Gesellschaftswissenschaften der DDR (Hrsg.), Erfolgreiche Jahre (S. 206 ff.). Berlin: Dietz.
Schmitz, Kurt Thomas (1978). Deutsche Einheit und Europäische Integration. Bonn: Neue Gesellschaft.

Schmollack, Jürgen (1965). Sozialistisches Menschenbild und technische Revolution. Deutsche Zeitschrift für Philosophie, Sonderheft, S. 168 ff.
Schnappertz, Jürgen (1988). Dialog als unendliche Geschichte oder als Lernprozeß? Über die Ambivalenzen des SED-SPD-Papiers. Deutschland Archiv, 1, S. 47 ff.
Schön, Otto (1965). Die höchsten Organe der SED. Berlin: Dietz.
Schöneburg, Karl-Heinz (1976). Die gesetzmäßige Vervollkommnung der sozialistischen Demokratie und Aufgaben der staats- und rechtswissenschaftlichen Forschung. Staat und Recht, 8, S. 789 ff.
Schöneburg, Karl-Heinz (1981). Methodologie staatstheoretischer Forschungen über politische Systeme sozialistischer Macht. Staat und Recht, 3, S. 254 ff.
Schöneburg, Karl-Heinz (1981[1]). Hegel: Erbe und Tradition in der Staats- und Rechtstheorie. Staat und Recht, 11, S. 980 ff.
Schöneburg, Karl-Heinz (1985). Wesen und Wirken der DDR-Verfassung vom 7. Oktober 1949. Karl-Heinz Schöneburg (Hrsg.), Unsere Verfassung – Geschichte und Gegenwart (S. 5 ff.). Berlin: Staatsverlag der DDR.
Schöneburg, Karl-Heinz (1987). Karl Polak und die marxistisch-leninistische Staats- und Rechtstheorie in der DDR. Eberhard Poppe und Wolfgang Weichelt (Hrsg.) (1987), Karl Polaks Beitrag zur Herausbildung einer marxistisch-leninistischen Staats- und Rechtswissenschaft in der DDR (S. 30 ff.). Sitzungsbericht der Akademie der Wissenschaften zu Berlin, 11 G, 1986.
Schöneburg, Karl-Heinz (1988). Novemberrevolution und Demokratie. Staat und Recht, 10, S. 803 ff.
Schöneburg, Karl-Heinz (1989). Revolutionäre Demokratie – Historizität und Aktualität. Staat und Recht, 1, S. 4 ff.
Schöneburg, Karl-Heinz (1989[1]). Die marxistisch-leninistische Verfassungstheorie und die historische Entwicklung der Verfassung der DDR. Staat und Recht, 6, S. 455 ff.
Schöneburg, Karl-Heinz/Stüber, Richard (1969). Führende Rolle der Arbeiterklasse und sozialistischer Staat. Staat und Recht, 5, S. 666 ff.
Schorlemmer, Friedrich (1988). Wir sitzen oft hinter Barrikaden und tuscheln über andere. epd-Dokumentation, 39a (26. 9. 1988), S. 23 f.
Schröder, Richard (1988). Was kann DDR-Bürger verbinden? Gefährdungen und Möglichkeiten einer »DDR-Identität«. Kirche im Sozialismus, 5, S. 177 ff.
Schubbe, Elimar (Hrsg.) (1972). Dokumente zur Kunst-, Literatur- und Kulturpolitik der SED. Stuttgart: Seewald.
Schüddekopf, Charles (Hrsg.) (1990). »Wir sind das Volk!« Flugschriften, Aufrufe und Texte einer deutschen Revolution. Reinbek: Rowohlt.
Schüsseler, Rolf (1964). Diktatur des Proletariats und Volksstaat. Staat und Recht, 9, S. 1628 ff.

Schüßler, Gerhard (1958). Einige Gedanken zu den Funktionen des sozialistischen Staates. Staat und Recht, 2, S. 193ff.
Schüßler, Gerhard/Weichelt, Wolfgang (1976). Zur Staatsfrage in den Dokumenten zur Vorbereitung des IX. Parteitages der SED. Staat und Recht, 4, S. 350ff.
Schütte, Hans-Dieter (1985). Zeitgeschichte und Politik. Bonn: Neue Gesellschaft.
Schultes, Karl (1947). Die Entwicklung der Diktatur im Schoße der Weimarer Republik. Einheit, 2, S. 189ff.
Schultes, Karl (1948). Um die deutsche Verfassung. Neue Justiz, 9, S. 177ff.
Schultes, Karl (1948[1]). Rechtsstaat und Gerichtsbarkeit im Verfassungssystem der realen Demokratie. Neue Justiz, 1/2, S. 1ff.
Schultes, Karl (1948[2]). Staatsgewalt und Volksvertretung. Neue Justiz, 12, S. 249ff.
Schultes, Karl (1950). Zur deutschen Verfassungsentwicklung. Neue Justiz, 6, S. 186ff.
Schulz, Eberhard (1982). Die deutsche Nation in Europa. Internationale und historische Dimensionen. Bonn: Europa Union Verlag.
Schulz, Gerhard (1966). Wandel im System der gesellschaftlichen Produktivkräfte. Einheit, 9, S. 1142ff.
Schulz, Robert/Horn, Johannes-Heinz (1957). Kritisches zum Fortschrittsbegriff Ernst Blochs. Deutsche Zeitschrift für Philosophie, 1, S. 82ff.
Schulze, Gerhard (1957). Die Gesetze zur breiteren Entfaltung der Demokratie in der Deutschen Demokratischen Republik. Staat und Recht, 1, S. 1ff.
Schulze, Gerhard (1957[1]). Das 32. Plenum und der Weg zur weiteren Stärkung der Arbeiter- und Bauern-Macht. Staat und Recht, 8/9, S. 785ff.
Schumann, Michael (1987). Politisches Schöpfertum der Volksmassen und Volkssouveränität im geschichtlichen Prozeß. Deutsche Zeitschrift für Philosophie, 1, S. 41ff.
Schwarz, Hans Peter (1980). Vom Reich zur Bundesrepublik. Stuttgart: Klett-Cotta.
Schweigler, Gebhard (1973). Nationalbewußtsein in der BRD und in der DDR. Düsseldorf: Bertelsmann.
Schweigler, Gebhard (1989). German Questions or the Shrinking of Germany. F. Stephen Larrabee (Hrsg.), The Two German States and European Security (S. 73ff.). London: Institute for East-West Security Studies.
Seidel-Höppner, Waltraut (1958). Zur Kritik der Auffassung des Positivismus über das Verhältnis von Philosophie und Naturwissenschaft. Deutsche Zeitschrift für Philosophie, 5, S. 708ff.

Selbmann, Fritz (1959). Erklärung. Neuer Weg, 18, S. 1238ff.
Senghaas, Dieter (1970). The technocrats. Rückblick auf die Technokratiebewegung in den USA. Claus Koch und Dieter Senghaas (Hrsg.), Texte zur Technokratiediskussion (S. 282ff.). Frankfurt/Main: EVA.
Sering, Paul (1977). Jenseits des Kapitalismus. Ein Beitrag zur sozialistischen Neuorientierung. Berlin, Bonn-Bad Godesberg: J. H. W. Dietz Nachf.
70 Jahre Kampf für Sozialismus und Frieden, für das Wohl des Volkes (1988). Thesen des ZK der SED zum 70. Jahrestag der Gründung der KPD. Einheit, 7, S. 586ff.
Siegler, Heinrich (1961). Dokumentation zur Deutschlandfrage von der Atlantik-Charta 1941 bis zur Berlin-Sperre 1961 (3 Bände). Bonn, Wien, Zürich: Siegler.
Silbermann, Rosemarie (1981). Fragen an Deutschland. Dieter Bednarz und Michael Lüders (Hrsg.), Blick zurück ohne Haß (S. 14ff.). Köln: Bund.
Skilling, Gordon/Griffith, Franklyn (1971). Interest Groups in Soviet Politics. Princeton: Princeton University Press.
Soziale Triebkräfte ökonomischen Wachstums (1986). Materialien des 4. Kongresses der marxistisch-leninistischen Soziologie in der DDR, 26.-28. März 1985. Hrsg. Wissenschaftlicher Rat für Soziologische Forschung in der DDR. Berlin: Dietz.
Sozialismus und Frieden. Humanismus in den Kämpfen unserer Zeit (1985). VI. Philosophiekongreß der DDR, 17.-19. Oktober 1984. Berlin: Dietz.
Sozialismus – Wissenschaft – Produktivkraft (1963). Hrsg. Institut für Gesellschaftswissenschaften beim ZK der SED. Berlin: Dietz.
Sozialreport 1990 (1990). Institut für Soziologie und Sozialpolitik der Akademie der Wissenschaften der DDR. Manuskriptdruck.
Sozialstruktur der DDR (1988). Autorenkollektiv unter der Leitung von Rudi Weidig. Berlin: Dietz.
Soziologische Probleme der Klassenentwicklung in der DDR (1988). Materialien vom II. Kongreß der marxistisch-leninistischen Soziologie in der DDR, 15.-17. Mai 1974. Hrsg. Wissenschaftlicher Rat für Soziologische Forschung in der DDR. Berlin: Dietz.
Spanger, Hans-Joachim (1982). Die SED und der Sozialdemokratismus. Ideologische Abgrenzung in der DDR. Köln: Wissenschaft und Politik.
Spanger, Hans-Joachim (1989). Initiativen der DDR zur Vertrauensbildung und Rüstungskontrolle in Europa. Das Profil der DDR in der sozialistischen Staatengemeinschaft. 20. Tagung zum Stand der DDR-Forschung in der Bundesrepublik, 9.-12. Juni 1987 (S. 164ff.). Edition Deutschland Archiv. Köln: Wissenschaft und Politik.
Spittmann, Ilse (1989). Sozialismus in den Farben der DDR. Deutschland Archiv, 3, S. 241ff.

Spittmann, Ilse/Fricke, Karl Wilhelm (Hrsg.) (1982). 17. Juni 1953. Arbeiteraufstand in der DDR. Edition Deutschland Archiv. Köln: Wissenschaft und Politik.
Spitzner, Osmar (1957). Die Vereinfachung unseres Staatsapparates. Staat und Recht, 10, S. 1024ff.
Staats- und rechtswissenschaftliche Konferenz in Babelsberg am 2. und 3. April 1958. Protokoll. Berlin: Deutscher Zentralverlag.
Stalin, Josef W. (1950). Marxismus und nationale Frage. Werke (Bd. 2, S. 266ff.). Berlin: Dietz.
Stalin, Josef W. (1952). Ökonomische Probleme des Sozialismus in der UdSSR. Berlin: Dietz.
Stammer, Otto (1956). Sozialstruktur und System der Werthaltungen in der Sowjetischen Besatzungszone Deutschlands. Schmollers Jahrbuch, 1, S. 55ff.
Staniszkis, Jadwiga (1991). Dilemmata der Demokratie in Osteuropa. Rainer Deppe/Helmut Dubiel und Ulrich Rödel (Hrsg.), Demokratischer Umbruch in Osteuropa (S. 326ff.). Frankfurt/Main: Suhrkamp.
Staritz, Dietrich (1979). Formen und Wandlungen der Austragung innerer Konflikte in der DDR. 30 Jahre DDR. 12. Tagung zum Stand der DDR-Forschung in der Bundesrepublik, 5.-8. Juni. Deutschland Archiv, Sonderheft, S. 91ff.
Staritz, Dietrich (1982). Die National-Demokratische Partei Deutschlands (NDPD). Hermann Weber (Hrsg.), Parteiensystem zwischen Demokratie und Volksdemokratie (S. 215ff.). Köln: Wissenschaft und Politik.
Staritz, Dietrich (1982[1]). Funktion, Ausprägung und Schicksal des »besonderen deutschen Wegs« zum Sozialismus. Studien und Materialien des Arbeitsbereichs Geschichte und Politik der DDR (Bd. 1, S. 199ff.). Universität Mannheim.
Staritz, Dietrich (1983). DDR: Herausforderung der 80er Jahre. Die DDR vor den Herausforderungen der 80er Jahre. 16. Tagung zum Stand der DDR-Forschung in der Bundesrepublik, 24.-27. Mai (S. 21ff.). Edition Deutschland Archiv. Köln: Wissenschaft und Politik.
Staritz, Dietrich (1984). Die Gründung der DDR. München: dtv.
Staritz, Dietrich (1985). Geschichte der DDR 1949-1985. Frankfurt/Main: Suhrkamp.
Staritz, Dietrich (1987). Von der »Befreiung« zur »Verantwortungsgemeinschaft«. Die Deutschlandpolitik der Bundesrepublik und der DDR. Aus Politik und Zeitgeschichte, 14, S. 37ff.
Stärkung der DDR und Bändigung des westdeutschen Militarismus – die Lebensfragen unserer Nation (1961). Einheit, 9, S. 1281ff.
Steeger, Horst (1987). Die aktuelle Bedeutung der leninschen Konzeption des sozialistischen Staates bei der weiteren Gestaltung der entwickelten sozialistischen Gesellschaft in der DDR. Staat und Recht, 12, S. 947ff.

Steinbuch, Karl (1968). Falsch programmiert. Stuttgart: DVA.
Steiner, Helmut (1966). Methodologische Voraussetzungen für die Analyse der Gesellschaftsstruktur. Peter Ch. Ludz (Hrsg.), Soziologie und Marxismus in der DDR (Bd. 1, S. 432 ff.). Neuwied, Berlin: Luchterhand 1972.
Steiner, Helmut (1988). Soziologie in der interdisziplinären Friedensforschung (10 Thesen). Deutsche Zeitschrift für Philosophie, 5, S. 420 ff.
Steiner, Helmut/Winkler, Gunnar (1983). Das soziologische Erbe von Karl Marx in seiner Bedeutung für die Erforschung der Sozialstruktur und Lebensweise in der Gegenwart (Thesen). Jahrbuch für Soziologie und Sozialpolitik, S. 19 ff.
Steiniger, Alfons (1948). Eine realistische Verfassung. Neue Justiz, 12, S. 241 ff.
Steiniger, Alfons (1949). Zwei Verfassungsentwürfe. Neue Justiz, 3, S. 49 ff.
Steininger, Rolf (1985). Eine Chance zur Wiedervereinigung? Die Stalin-Note vom März 1952. Bonn: Neue Gesellschaft.
Stern, Carola (1957). Portrait einer bolschewistischen Partei. Entwicklung, Funktion und Situation der SED. Köln: Verlag für Politik und Wissenschaft.
Stern, Carola (1963). Ulbricht. Eine politische Biographie. Köln, Berlin: Kiepenheuer und Witsch.
Stern, Fritz (1975). The Failure of Illiberalism. Chicago, London: University of Chicago Press.
Stern, Leo (1952). Gegenwartsaufgaben der deutschen Geschichtsforschung. Wissenschaftliche Zeitschrift der Martin-Luther-Universität Halle-Wittenberg, 3, S. 1 ff.
Stern, Leo (1953). Zur geistigen Situation der bürgerlichen Geschichtswissenschaft der Gegenwart. Zeitschrift für Geschichtswissenschaft, 6, S. 837 ff.
Stiehler, Gottfried (1988). Sozialistische Demokratie und Individuum. Staat und Recht, 11, S. 889 ff.
Stöckigt, Rolf (1990). Ein Dokument von großer historischer Bedeutung vom Mai 1953. Beiträge zur Geschichte der Arbeiterbewegung, 5, S. 648 ff.
Stößel, Frank (1985). Positionen und Strömungen in der KPD/SED 1945-1954. Köln: Wissenschaft und Politik.
Stoljarow, Vitali (1963). Die Entwicklung der Wissenschaft zur unmittelbaren Produktivkraft. Deutsche Zeitschrift für Philosophie, 7, S. 826 ff.
Stoph, Willi (1963). Die Funktion des Ministerrats im neuen ökonomischen System der Planung und der Leitung der Volkswirtschaft der DDR. Staat und Recht, 9, S. 1353 ff.
Struve, Gleb (1957). Geschichte der Sowjetliteratur. München: Goldmann.
Stüber, Michael (1988). Der Leninsche Begriff des Staates und seine Wei-

terentwicklung. Eine Betrachtung zum gleichnamigen Artikel von E. Lieberam. Staat und Recht, 5, S. 408 ff.
Studie zur Gesellschaftsstrategie (1989). Sozialismus in der Diskussion 1, Forschungsprojekt Sozialismustheorie, Humboldt-Universität zu Berlin. Berlin: Dietz.
Such, Heinz (1949). Das Volkseigentum. Neue Justiz, 6, S. 125 ff.
Such, Heinz (1949[1]). Recht und Rechtswissenschaft im Zweijahresplan. Neue Justiz, 8, S. 178 ff.
Such, Heinz (1962). Gegen Erscheinungen des Dogmatismus und Rechtsnihilismus in der Staats- und Rechtswissenschaft. Staat und Recht, 1, S. 122 ff.
Suckut, Siegfried (1982). Zum Wandel von Rolle und Funktion der CDUD im Parteisystem der SBZ/DDR (1945-1952). Hermann Weber (Hrsg.), Parteiensystem zwischen Demokratie und Volksdemokratie (S. 117 ff.). Köln: Wissenschaft und Politik.
Suckut, Siegfried (1986). Blockpolitik in der SBZ/DDR 1945-1949. Köln: Wissenschaft und Politik.
Sühl, Klaus (1984). Arbeiterbewegung, SPD und deutsche Einheit. Rolf Ebbighausen/Friedrich Tiemann (Hrsg.), Das Ende der Arbeiterbewegung in Deutschland (S. 274 ff.). Opladen: Westdeutscher Verlag.
Süß, Walter (1988). Die Gesellschaftspolitik der SED vor den Herausforderungen der sowjetischen Reformdiskussion. Veränderungen in Gesellschaft und politischem System der DDR. Ursachen, Inhalte, Grenzen. 21. Tagung zum Stand der DDR-Forschung in der Bundesrepublik, 24.-26. Mai 1988 (S. 25 ff.). Edition Deutschland Archiv. Köln: Wissenschaft und Politik.
Süß, Walter (1988[1]). Größere Eigenständigkeit im Dienste des Status quo. Die DDR und ihre Blockführungsmacht. Gert-Joachim Glaeßner (Hrsg.), Die DDR in der Ära Honecker. Politik – Kultur – Gesellschaft (S. 186 ff.). Opladen: Westdeutscher Verlag.
Süß, Walter (1989). Perestrojka oder Ausreise. Abwehrpolitik der SED und gesellschaftliche Frustration. Deutschland Archiv, 3, S. 286 ff.
Sywottek, Arnold (1971). Deutsche Volksdemokratie. Studien zur politischen Konzeption der KPD 1935-1946. Düsseldorf: Bertelsmann.
Talmon, J. L. (1961). Ursprünge der totalitären Demokratie. Köln: Wissenschaft und Politik.
Tatur, Melanie (1989). Solidarnosc als Modernisierungsbewegung. Frankfurt/Main, New York: Campus.
Teichmann, Werner (1988). Brauchen wir eine philosophische Theorie der Persönlichkeit? Deutsche Zeitschrift für Philosophie, 12, S. 1065 ff.
Templin, Regine (1988). Demokratisierung der Gesellschaft. Interview von Peter Wensierski. Kirche im Sozialismus, 6, S. 219 ff.
Templin, Wolfgang (1989). Zivile Gesellschaft – Osteuropäische Emanzipationsbewegung und unabhängiges Denken in der DDR seit Beginn

der 80er Jahre. Die DDR im vierzigsten Jahr. Geschichte, Situation, Perspektiven. 22. Tagung zum Stand der DDR-Forschung in der Bundesrepublik, 16.-19. Mai (S. 58 ff.). Edition Deutschland Archiv. Köln: Wissenschaft und Politik.

Teßmann, Kurt (1965). Technische Revolution und Sozialismus. Einheit, 2, S. 15 ff.

Teßmann, Kurt (1965[1]). Technische Revolution und Sozialismus (Schluß). Einheit, 4, S. 36 ff.

Teßmann, Kurt (1965[2]). Mensch, Produktion und Technik in der wissenschaftlich-technischen Revolution. Deutsche Zeitschrift für Philosophie, 3, S. 262 ff.

Teßmann, Kurt (1967). Die wissenschaftlich-technische Revolution und das System des Sozialismus. Deutsche Zeitschrift für Philosophie, 3, S. 291 ff.

Texte zu Politik, Staat, Recht (1990). Sozialismus in der Diskussion 2, Forschungsprojekt Sozialismustheorie, Humboldt-Universität zu Berlin. Berlin: Dietz.

Texte zur Deutschlandpolitik, Reihe III, Bde. 1-4, Hrsg. Bundesministerium für innerdeutsche Beziehungen, Bonn: Deutscher Bundesverlag 1985-87.

Thaa, Wilfried (1989). Die Demokratiekonzeption der SED im Umbruch? Auflösungstendenzen des kooperativen Demokratiebegriffs in der neueren sozialwissenschaftlichen Diskussion der DDR. Die DDR im vierzigsten Jahr. Geschichte, Situation, Perspektiven. 22. Tagung zum Stand der DDR-Forschung in der Bundesrepublik, 16.-19. Mai. (S. 149 ff.). Edition Deutschland Archiv. Köln: Wissenschaft und Politik.

Thomas, Rüdiger (1981). Mit altem Kompaß zu neuen Ufern. DDR-Report, 5, S. 270 ff.

Thomas, Rüdiger (Hrsg.) (1971). Wissenschaft und Gesellschaft in der DDR. München: Hanser.

Touraine, Alain (1972). Die postindustrielle Gesellschaft. Frankfurt/Main: Suhrkamp.

Travers, Detlef A. (1962). Entwicklung und ideologische Hintergründe der Verfassungsarbeiten in der SBZ bis zur Gründung der »Deutschen Demokratischen Republik«. Freiburg/Breisgau: Juristische Dissertation vom 8. Nov. 1962.

Trommler, Frank (1976). Sozialistische Literatur in Deutschland. Ein historischer Überblick. Stuttgart: Kröner.

Über die Aufgaben der SED nach dem XX. Parteitag (1956). Bericht des Politbüro an das 28. ZK-Plenum (27.-29. 7. 1956). Berlin: Dietz.

Über die Maßnahmen zur Gesundung der politischen Lage in der DDR. Beschluß des ZK der KPdSU (Mai 1953). Beiträge zur Geschichte der Arbeiterbewegung, 5 (1990), S. 651 ff.

Über die Überwindung des Personenkultes und seiner Folgen (1956). Beschluß des ZK der KPdSU vom 30. Juni. Zu Fragen des XX. Parteitages der KPdSU (S. 3 ff.). Berlin: Dietz.

Uertz, Rudolf (1981). Christentum und Sozialismus in der frühen CDU. Stuttgart: DVA.

Uhl, Bernd (1973). Die Idee des christlichen Sozialismus in Deutschland, 1945-1947. Dissertation, Universität Freiburg im Breisgau.

Uhse, Bodo (1949). Von der Bedeutung des Auftrages. Aufbau, 3, S. 224 ff.

Ulam, Adam B. (1973). The Russian Political System. New York: Random House.

Ulbricht, Walter (1946). Plan des demokratischen Neuaufbaus. Berlin: Verlag Neuer Weg.

Ulbricht, Walter (1946[1]). Die Gegenwartsforderungen der SED. Einheit, 2, S. 17 ff.

Ulbricht, Walter (1946[2]). Strategie und Taktik der SED. Einheit, 5, S. 257 ff.

Ulbricht, Walter (1947). Die große Lehre. Einheit, 11, S. 1072 ff.

Ulbricht, Walter (1947[1]). Ein neuer Typus der demokratischen Ordnung. Neues Deutschland (16. 1. 1947), S. 3.

Ulbricht, Walter (1948). Zur Bedeutung des großen Planes. Einheit, 8, S. 673 ff.

Ulbricht, Walter (1948[1]). Die Partei des neuen Typs. Einheit, 9, S. 769 ff.

Ulbricht, Walter (1949). Warum Nationale Front des demokratischen Deutschland? Helmut Neef (Hrsg.), Programmatische Dokumente der Nationalen Front des demokratischen Deutschland (S. 35 ff.). Berlin: Dietz.

Ulbricht, Walter (1952). Die Lehren des XIX. Parteitags. Einheit, 12, S. 1303 ff.

Ulbricht, Walter (1954). Fragen der politischen Ökonomie in der Deutschen Demokratischen Republik. 21. Tagung des ZK der SED, 12.-14. November. Berlin: Dietz.

Ulbricht, Walter (1955). Die Warschauer Konferenz und die neuen Aufgaben in Deutschland. 24. Tagung des ZK der SED, 1. und 2. Juni. Berlin: Dietz.

Ulbricht, Walter (1958). Die Staatslehre des Marxismus-Leninismus und ihre Anwendung in Deutschland. Staats- und rechtswissenschaftliche Konferenz in Babelsberg, 2. und 3. April (S. 7 ff.). Berlin: Deutscher Zentralverlag.

Ulbricht, Walter (1961). Der XXII. Parteitag der KPdSU und die Aufgaben in der DDR. Berlin: Dietz.

Ulbricht, Walter (1961[1]). Die Aufgaben zur weiteren ökonomischen Stärkung der DDR und zur Festigung der sozialistischen Demokratie. 12. Tagung des ZK der SED, 16.-19. März. Berlin: Dietz.

Ulbricht, Walter (1962). Zum »Grundriß der Geschichte der deutschen Arbeiterbewegung«. Einheit, 8 (Sonderheft).

Ulbricht, Walter (1964). Der Weg zur Vollendung des sozialistischen Aufbaus in der DDR. Schriftenreihe des Staatsrats (Nr. 7). Berlin: Staatsverlag der DDR.

Ulbricht, Walter (1966). Zum neuen ökonomischen System der Planung und Leitung. Berlin: Dietz.

Ulbricht, Walter (1968). Zum ökonomischen System des Sozialismus in der DDR (2 Bde.). Berlin: Dietz.

Ulbricht, Walter (1968[1]). Die Rolle des Staates bei der Gestaltung des entwickelten gesellschaftlichen Systems des Sozialismus. Der Staatsrat der DDR 1960-1970, Dokumente (S. 425 ff.). Berlin: Staatsverlag der DDR.

Ulbricht, Walter (1971). Staat und Revolution und die SED. Staat und Recht, 4, S. 517 ff.

Um Deutschlands Einheit und Lebensfähigkeit (1946). Beschluß des Parteivorstandes, 17. Juli. Dokumente der SED (Bd. 1, S. 74 f.). Berlin: Dietz 1948.

Um die Erneuerung der deutschen Kultur (1946). Erste Zentrale Kulturtagung der KPD vom 3. bis 5. Febr. in Berlin. Berlin: Verlag Neuer Weg.

Um ein antifaschistisch-demokratisches Deutschland. Dokumente aus den Jahren 1945-1949 (1968). Berlin: Staatsverlag der DDR.

Umfrage zur Literatur und Kunst der DDR (1989). Weimarer Beiträge, 9, S. 1411 ff.

van der Will, Wilfried/Burns, Rob (1982). Arbeiterkulturbewegung in der Weimarer Republik. Eine historisch-theoretische Analyse der kulturellen Bestrebungen der sozialdemokratisch organisierten Arbeiterschaft. Frankfurt/Main, Berlin, Wien: Ullstein.

van der Will, Wilfried/Burns, Rob (Hrsg.) (1982). Arbeiterkulturbewegung in der Weimarer Republik. Texte, Dokumente, Bilder. Frankfurt/Main, Berlin, Wien: Ullstein.

Verfassung der DDR (1968). Dokumente, Kommentar. Hrsg. Klaus Sorgenicht, Wolfgang Weichelt, Tora Riemann, Hans-Joachim Semler. Berlin: Staatsverlag der DDR 1969, 2 Bde.

Vervollkommnung der sozialistischen Demokratie – Triebkraft der sozialistischen Gesellschaft (1985). Berlin: Staatsverlag der DDR.

Vidich, Arthur J./Glassmann, Ronald M. (Hrsg.) (1979). Conflict and control. Challenge to legitimacy of modern governments. Beverly Hills, London: Sage.

40 Jahre DDR-Literatur (1989). Rundtischgespräch vom 21. 4. Weimarer Beiträge, 9, S. 1452 ff.

Vieweg, Kurt (1956). Ein Beitrag zur Ausarbeitung der Ökonomik der LPG. Einheit, 9, S. 853 ff.

Völkel, Walter (1973). Das Problem der ideologischen Integration. Die DDR vor den Aufgaben der Integration und der Koexistenz. 6. Tagung zum Stand der DDR-Forschung in der Bundesrepublik, 13.-16. Juni. Deutschland Archiv (Sonderheft), S. 61 ff.

Völkel, Walter (1980). Zur Geschichte der Staatskonzeption der SED. Unveröffentlichtes Manuskript.

Völkel, Walter (1989). Staatstheorie und Reformdiskussion. Referat auf der Tagung »Reformkonzeptionen und Reformerfahrung in der DDR«, 23.-25. 1. Zentralinstitut für Sozialwissenschaftliche Forschung, Freie Universität Berlin.

Volksentscheid für die Einheit Deutschlands (1947). Parteivorstand, 1. März. Dokumente der SED (Bd. 1, S. 153 ff.). Berlin: Dietz 1948.

von Kondratowitz, Hans Joachim (1977). Produktivkraft Organisation. Soziologische Aspekte von Organisation und Leitung in Wissenschaft und gesellschaftlicher Praxis in der DDR. München: Dissertations- und Fotodruck Frank.

von Krockow, Christian (1985). Probleme kollektiver Identität in der modernen Industriegesellschaft. Werner Weidenfeld (Hrsg.), Nachdenken über Deutschland. Materialien zur politischen Kultur der deutschen Frage (S. 83 ff.). Köln: Wissenschaft und Politik.

von Plate, Bernard (1984). Deutsch-deutsche Beziehungen und Ost-West-Konflikt. Aus Politik und Zeitgeschichte, 15, S. 27 ff.

von Plate, Bernard (1989). Die Außenpolitik und internationale Einordnung der DDR. Werner Weidenfeld und Hartmut Zimmermann (Hrsg.), Deutschland-Handbuch. Eine doppelte Bilanz 1949-1989 (S. 589 ff.). Bonn: Bundeszentrale für politische Bildung.

von Thadden, Rudolf (1983). Das schwierige Vaterland. Werner Weidenfeld (Hrsg.), Die Identität der Deutschen (S. 51 ff.). München: Hanser.

Vorholzer, Jörg (1958). Über das sozialistische Staatsbewußtsein und seine Entwicklung in der Deutschen Demokratischen Republik. Einheit, 10, S. 1465 ff.

Vortmann, Heinz (1989). Die soziale Sicherheit in der DDR. Werner Weidenfeld und Hartmut Zimmermann (Hrsg.), Deutschland-Handbuch. Eine doppelte Bilanz 1949-1989 (S. 326 ff.). Bonn: Bundeszentrale für politische Bildung.

Wagenhaus, Gerhard/Zielke, Gerhard (1961). Einige Bemerkungen zur weiteren Qualifizierung der Lehr- und Erziehungstätigkeit an der Deutschen Akademie für Staats- und Rechtswissenschaft »Walter Ulbricht«. Staat und Recht, 9, S. 1709 ff.

Waldrich, Hans-Peter (1980). Der Demokratiebegriff der SED. Ein Vergleich zwischen der älteren deutschen Sozialdemokratie und der SED. Stuttgart: Klett.

Wandel, Paul (1949). Kunst und Volk. Aufbau, 12, S. 1140 ff.

Weber, Hermann (1985). Geschichte der DDR. München: dtv.
Weber, Hermann (1988). Wandlungen im Selbstverständnis der SED unter Honecker. Gert-Joachim Glaeßner (Hrsg.), Die DDR in der Ära Honecker (S. 284 ff.). Opladen: Westdeutscher Verlag.
Weber, Hermann (Hrsg.) (1982). Parteiensystem zwischen Demokratie und Volksdemokratie. Köln: Wissenschaft und Politik.
Weber, Max (1964). Wirtschaft und Gesellschaft. Berlin: Kiepenheuer und Witsch.
Weber, Max (1988). Der Sozialismus [1918]. Max Weber, Gesammelte Aufsätze zur Soziologie und Sozialpolitik (S. 492 ff.). Tübingen: Mohr.
Weber, Max (1988[1]). Gesammelte Aufsätze zur Wissenschaftslehre. Tübingen: Mohr.
Weichelt, Wolfgang (1957). Zu einigen Fragen der Funktionen des sozialistischen Staates. Staat und Recht, 1, S. 13 ff.
Weichelt, Wolfgang (1957[1]). Über die Rolle des sozialistischen Staates in der Übergangsperiode vom Kapitalismus zum Sozialismus. Staat und Recht, 3, S. 221 ff.
Weichelt, Wolfgang (1964). Die Tätigkeit des Instituts für staats- und rechtswissenschaftliche Forschung der Deutschen Akademie für Staats- und Rechtswissenschaft »Walter Ulbricht«. Staat und Recht, 10, S. 1863 ff.
Weichelt, Wolfgang (1969). Über das Wesen der sozialistischen Staatsmacht im entwickelten gesellschaftlichen System des Sozialismus in der DDR. Staat und Recht, 9, S. 1405 ff.
Weichelt, Wolfgang (1976). Hauptrichtungen der Forschungsarbeit: Qualifizierung der staatlichen Leitung und Entwicklung der sozialistischen Demokratie. Staat und Recht, 9, S. 910 ff.
Weichelt, Wolfgang (1979). Zur Rolle des Staates im politischen System des Sozialismus. Staat und Recht, 9, S. 780 ff.
Weichelt, Wolfgang (1981). Zur Realisierung der gesamtgesellschaftlichen Interessen durch die politische Organisation des Sozialismus. Staat und Recht, 4, S. 290 ff.
Weichelt, Wolfgang (1986). Politisches System und Entfaltung der Triebkräfte des Sozialismus bei der weiteren Gestaltung der entwickelten sozialistischen Gesellschaft. Karl-Heinz Röder (Hrsg.), Politische Theorie und sozialer Fortschritt (S. 164 ff.). Berlin: Staatsverlag der DDR.
Weichelt, Wolfgang (1987). Die Oktoberrevolution, Lenin und die Entwicklung der sozialistischen Demokratie in der DDR. Staat und Recht, 12, S. 961 ff.
Weidauer, Rudi (1968). Sozialistische Wirtschaftsführung. Ein Beitrag zur Theorie und Praxis. Berlin: Verlag Die Wissenschaft.
Weidenfeld, Werner/Zimmermann, Hartmut (Hrsg.) (1989). Deutschland-Handbuch. Eine doppelte Bilanz 1949-1989. Bonn: Bundeszentrale für politische Bildung.

Weidenfeld, Werner/Korte, Karl-Rudolf (1991). Die pragmatischen Deutschen. Zum Staats- und Nationalbewußtsein in Deutschland. Aus Politik und Zeitgeschichte, 32, S. 3 ff.
Weidig, Rudi (1965). Die Schöpferkraft der Werktätigen in der technischen Revolution. Deutsche Zeitschrift für Philosophie, Sonderheft, S. 160 ff.
Weidig, Rudi (1975). Die Entwicklung der Arbeiterklasse und der Persönlichkeit bei der Gestaltung der entwickelten sozialistischen Gesellschaft in der DDR. Soziologische Probleme der Klassenentwicklung in der DDR. II. Kongreß der marxistisch-leninistischen Soziologie in der DDR, 15.-17. Mai 1974 (S. 9 ff.). Hrsg. Wissenschaftlicher Rat für Soziologische Forschung in der DDR. Berlin: Dietz.
Weidig Rudi (1976). Die neue soziale Stellung und die führende Rolle der Arbeiterklasse in der DDR. Zur Entwicklung der Arbeiterklasse in ihrer Struktur in der DDR (S. 18 ff.). Hrsg. Wissenschaftlicher Rat für Soziologische Forschung in der DDR. Berlin: Dietz.
Weidig, Rudi (1980). Zur Dialektik der Entwicklung von Sozialstruktur und sozialistischer Lebensweise in der DDR. Deutsche Zeitschrift für Philosophie, 1, S. 5 ff.
Weidig, Rudi (1981). Sozialstruktur und Lebensweise bei der Gestaltung der entwickelten sozialistischen Gesellschaft in der DDR. Lebensweise und Sozialstruktur (S. 18 ff.). Materialien des 3. Kongresses der marxistisch-leninistischen Soziologie in der DDR, 25.-27. März 1980. Hrsg. Wissenschaftlicher Rat für Soziologische Forschung in der DDR. Berlin: Dietz.
Weidig, Rudi (1985). Soziale Bedingungen und Triebkräfte hoher Arbeitsleistungen. Deutsche Zeitschrift für Philosophie, 1, S. 1 ff.
Weidig, Rudi (1986). Soziologische Forschung in der DDR – eine Bilanz. Deutsche Zeitschrift für Philosophie, 7, S. 577 ff.
Weidig, Rudi (1988). Grundlagen und Hauptrichtungen der Entwicklung der sozialen Struktur in der DDR. Sozialstruktur der DDR (S. 13 ff.). Autorenkollektiv unter der Leitung von Rudi Weidig. Berlin: Dietz.
Weidig, Rudi/Winkler, Gunnar (1982). Soziologie in der DDR: Theorie und Praxiswirksamkeit. Deutsche Zeitschrift für Philosophie, 6, S. 709 ff.
Weidig, Rudi/Winkler, Gunnar (1986). Soziologie und Frieden. Jahrbuch für Soziologie und Sozialpolitik (S. 26 ff.). Berlin: Akademie Verlag.
Weimann, Richard (1946). Kultur- und Erziehungsaufgaben der sozialistischen Einheitspartei. Einheit, 3 (April), S. 14 ff.
Weißpflug, Hannes (1987). Zu einigen Aspekten der Dialektik von materiellen und ideologischen Triebkräften der sozialistischen Gesellschaft. Deutsche Zeitschrift für Philosophie, 3, S. 223 ff.
Wellmer, Albrecht (1986). Ethik und Dialog. Elemente des moralischen Urteils bei Kant und in der Diskursethik. Frankfurt/Main: Suhrkamp.

Welty, Eberhard (1946). Die Entscheidung in die Zukunft. Heidelberg: Kerle.

Wendt, Helge (1989). Der wissenschaftlich-technische Fortschritt – Herausforderung zur Entfaltung des subjektiven Faktors. Deutsche Zeitschrift für Philosophie, 1, S. 15 ff.

Wernet, Bernhard (1982). Zur Rolle und Funktion der VdgB und DBD im Parteiensystem der SBZ/DDR (1945-1952). Hermann Weber (Hrsg.), Parteiensystem zwischen Demokratie und Volksdemokratie (S. 241 ff.). Köln: Wissenschaft und Politik.

Wertz, Rudolf (1981). Christenum und Sozialismus in der frühen CDU. Stuttgart: DVA.

Wettig, Gerhard (1982). Die sowjetische Deutschland-Note vom 10. März 1952. Wiedervereinigungsangebot oder Propagandaaktion? Deutschland Archiv, 2, S. 130 ff.

Wettig, Gerhard (1982[1]). Die sowjetische Deutschlandpolitik am Vorabend des 17. Juni. Ilse Spittmann und Karl Wilhelm Fricke (Hrsg.), 17. Juni 1953 (S. 56 ff.). Edition Deutschland Archiv. Köln: Wissenschaft und Politik.

Wielgohs, Jan/Schulz, Marianne (1990). Reformbewegung und Volksbewegung. Politische und soziale Aspekte im Umbruch der DDR-Gesellschaft. Aus Politik und Zeitgeschichte, 16-17, S. 15 ff.

Wilkening, Christina (1990). Staat im Staate. Auskünfte ehemaliger Stasi-Mitarbeiter. Berlin, Weimar: Aufbau.

Will, Rosemarie (1985). Interessen und staatlicher Entscheidungsprozeß. Vervollkommnung der Sozialistischen Demokratie – Triebkraft der sozialistischen Gesellschaft (S. 44 ff.). Berlin: Staatsverlag der DDR.

Will, Rosemarie/Wippold, Werner (1980). Staatsform und Form der politischen Organisation der sozialistischen Gesellschaft. Staat und Recht, 10, S. 877 ff.

Winkler, Erwin/Fliegner, Heinz (1958). Zur Methode in J. Kuczynskis Buch: »Der Ausbruch des ersten Weltkrieges und die deutsche Sozialdemokratie«. Zeitschrift für Geschichtswissenschaft, 3, S. 578 ff.

Winkler, Gunnar (1975). Zum Wesen unserer Sozialpolitik. Einheit, 10, S. 1104 ff.

Winkler, Gunnar (1980). Sozialpolitik und Lebensweise. Deutsche Zeitschrift für Philosophie, 1, S. 38 ff.

Winkler, Gunnar (Hrsg.) (1989). Geschichte der Sozialpolitik 1945-1985. Berlin: Akademie Verlag.

Winkler, Heinrich August (Hrsg.) (1978). Nationalismus. Königstein: Athenäum.

Wistrich, Robert S. (1979). The Left Against Zionism: Communism, Israel, and the Middle East. London: Weidenfeld Nicolson.

Wittenbeck, Siegfried (1989). Zur Entwicklung unserer sozialistischen Rechtsordnung. Einheit, 3, S. 216 ff.

Wolf, Christa (1990). Im Dialog. Aktuelle Texte. Frankfurt/Main: Luchterhand.
Wolf, Hanna (1971). Die SED – eine leninistische Kampfpartei. Einheit, 5, S. 503 ff.
Wolf, Herbert (1955). Begrenzung und Erfordernisse der regulierenden Rolle des Wertgesetzes auf dem Konsumtionsmittelmarkt im Sozialismus. Wirtschaftswissenschaft, 6, S. 877 ff.
Wolf, Herbert (1966). Probleme der Entwicklungslinien der wissenschaftlichen Planung beim umfassenden Aufbau des Sozialismus. Wirtschaftswissenschaft, 5, S. 729 ff.
Wollweber, Ernst (1990). Aus Erinnerungen. Ein Porträt Walter Ulbrichts. Beiträge zur Geschichte der Arbeiterbewegung, 3, S. 350 ff.
Woods, Roger (1986). Opposition in the GDR under Honecker, 1971-1985. London: Macmillan.
Zank, Wolfgang (1987). Wirtschaft und Arbeit in Ostdeutschland 1945-1949. München: Oldenbourg (Studien zur Zeitgeschichte Bd. 31).
Zaslawsky, Victor (1979). The Problem of Legitimation in Soviet Society. Arthur J. Vidich und Ronald M. Glassman (Hrsg.), Conflict and Control. Challenge to Legitimacy of Modern Governments (S. 159 ff.). Beverly Hills, London: Sage.
Ziegler, Uwe (1975). Zur Diskussion um Verwaltungsrecht und Verwaltungswissenschaft in der DDR. Deutschland Archiv, 10, S. 1036 ff.
Ziegler, Uwe (1989). Abschied vom internationalen Klassenkampf? Wandel in der Haltung der DDR zur »Systemauseinandersetzung«. Bonn: Friedrich-Ebert-Stiftung, Forschungsinstitut.
Zimek, Manfred (1975). Die Produktionsarbeiter – soziale Hauptgruppierung der Arbeiterklasse. Soziologische Probleme der Klassenentwicklung in der DDR (S. 111 ff.). Materialien vom II. Kongreß der marxistisch-leninistischen Soziologie in der DDR, 15.-17. Mai 1974. Hrsg. Wissenschaftlicher Rat für Soziologische Forschung in der DDR. Berlin: Dietz.
Zimmermann, Hartmut (1956). Die Leninsche Theorie der gesellschaftspolitischen Funktion der »Massenorganisationen« und die tatsächliche Bedeutung dieser Verbände in der SBZ. Diplomarbeit, Hochschule für Politik, Berlin.
Zimmermann, Hartmut (1957). Demokratisierung und Dezentralisierung. SBZ-Archiv, 11, S. 161 ff.
Zimmermann, Hartmut (1961). Probleme der Analyse bolschewistischer Gesellschaftssysteme. Ein Beitrag zur Frage der Anwendbarkeit des Totalitarismusbegriffs. Gewerkschaftliche Monatshefte, 4, S. 193 ff.
Zimmermann, Hartmut (1964). Der FDGB als Massenorganisation und seine Aufgaben bei der Erfüllung der betrieblichen Wirtschaftspläne. Peter Christian Ludz (Hrsg.). Studien und Materialien zur Soziologie

der DDR. Kölner Zeitschrift für Soziologie und Sozialpsychologie, Sonderheft 8: (S. 115 ff.), Köln: Westdeutscher Verlag.
Zimmermann, Hartmut (1976). Sozialpolitik als Gesellschaftspolitik? DDR-Report, 12, S. 749 ff.
Zimmermann, Hartmut (1976[1]). Politische Aspekte in der Herausbildung, dem Wandel und der Verwendung des Konzeptes »wissenschaftlich-technische Revolution« in der DDR. Wissenschaftlich-technische Revolution und industrieller Arbeitsprozeß. 9. Tagung zum Stand der DDR-Forschung in der Bundesrepublik, 8.-11. Juni. Deutschland Archiv, Sonderheft, S. 17 ff.
Zimmermann, Hartmut (1978). The GDR in the 70's. Problems of Communism, 2, S. 1 ff.
Zimmermann, Hartmut (1980). Die DDR in den siebziger Jahren. Politik, Wirtschaft und Gesellschaft in der DDR (S. 13 ff.). Opladen: Westdeutscher Verlag.
Zimmermann, Hartmut (1981). Wissenschaftlich-technische Revolution in der DDR. Studien zur Entwicklungs- und Problemgeschichte des gesellschaftspolitischen Konzepts der SED seit Mitte der 50er Jahre. Dissertation, Freie Universität Berlin.
Zimmermann, Hartmut (1981[1]). Zu einigen politischen Aspekten des X. Parteitags der SED. Der X. Parteitag der SED. 35 Jahre SED-Politik. Versuch einerBilanz (S. 21 ff.). Vierzehnte Tagung zum Stand der DDR-Forschung in der Bundesrepublik, 9.-12. Juni. Edition Deutschland Archiv. Köln: Wissenschaft und Politik.
Zimmermann, Hartmut (1986). Innenpolitische Aspekte des XI. Parteitags der SED. DDR-Report, 5-6, S. 286 ff.
Zimmermann, Hartmut (1988). Machtverteilung und Partizipationschancen. Zu einigen Aspekten des politisch-sozialen Systems in der DDR. Gert-Joachim Glaeßner (Hrsg.), Die DDR in der Ära Honecker. Politik – Kultur – Gesellschaft (S. 214 ff.). Opladen: Westdeutscher Verlag.
Zimmermann, Hartmut (1989). Überlegungen zu Reformbegriff, Reformkonzeption und Sozialismusvorstellung in der DDR. Referat auf der Tagung »Reformkonzeptionen und Reformerfahrungen in der DDR« (23.-25. 1. 1989). Zentralinstitut für sozialwissenschaftliche Forschung der Freien Universität Berlin.
Zöger, Heinz (1960). Die politischen Hintergründe der Harich-Prozesse. SBZ-Archiv, 13, S. 198 ff.
Zu Fragen des XX. Parteitages der KPdSU (1956). Berlin: Dietz.
Zur Diskussion über den XX. Parteitag der KPdSU und die 3. Parteikonferenz der SED (1956). Stellungnahme des Politbüros des ZK der SED. Zu Fragen des XX. Parteitages der KPdSU (S. 29 ff.). Berlin: Dietz.
Zur Entwicklung der Arbeiterklasse und ihrer Struktur in der DDR

(1976). Hrsg. Wissenschaftlicher Rat für Soziologische Forschung in der DDR. Berlin: Dietz.
Zweiling, Klaus (1947). Was ist »Parlamentsabsolutismus«? Einheit, 1, S. 76ff.
Zweiling, Klaus (1957). Einige Bemerkungen über Meinungsstreit und Dogmatismus. Einheit, 7, S. 879ff.
Zweite Bitterfelder Konferenz (1864). Protokoll der von der ideologischen Kommission beim Politbüro des ZK der SED und dem Ministerium für Kultur am 24. und 25. April abgehaltenen Konferenz. Berlin: Dietz.
Zwerenz, Gerhard (1956). Revoluzzer oder Revolutionär? Forum, 14, S. 8f.
Zwerenz, Gerhard (1956[1]). Leipziger Allerlei. Sonntag, 21. Oktober, S. 10f.

## Politische Ökonomie und Wirtschaftsgeschichte in der edition suhrkamp

Abelshauser, Werner: Wirtschaftsgeschichte der Bundesrepublik Deutschland 1945-1980. NHB. es 1241

Baran, Paul A. / Paul M. Sweezy: Monopolkapital. Ein Essay über die amerikanische Wirtschafts- und Gesellschaftsordnung. Aus dem Amerikanischen übersetzt von Hans-Werner Saß. es 636

Berghahn, Volker: Unternehmer und Politik in der Bundesrepublik. NHB. es 1265

Busch, Klaus: Die multinationalen Konzerne. Zur Analyse der Weltmarktbewegung des Kapitals. es 741

Dobb, Maurice: Wert- und Verteilungstheorien seit Adam Smith. Eine nationalökonomische Dogmengeschichte. Aus dem Englischen von Cora Stephan. es 765

Esser, Josef / Wolfgang Fach / Werner Väth: Krisenregulierung. Zur politischen Durchsetzung ökonomischer Zwänge. es 1176

Eßer, Klaus: Lateinamerika. Industrialisierungsstrategien und Entwicklung. es 942

Heimann, Eduard: Soziale Theorie des Kapitalismus. Theorie der Sozialpolitik. Mit einem Vorwort von Bernhard Badura. es 1052

Held, Karl / Theo Ebel: Krieg und Frieden. Politische Ökonomie des Weltfriedens. es 1149

Huffschmid, Jörg: Die Politik des Kapitals. Konzentration und Wirtschaftspolitik in der Bundesrepublik. es 313

Imperialismus und strukturelle Gewalt. Analysen über abhängige Reproduktion. Herausgegeben von Dieter Senghaas. es 563

Jaeger, Hans: Geschichte der Wirtschaftsordnung in Deutschland. NHB. es 1529

Kiesewetter, Hubert: Industrielle Revolution in Deutschland 1815-1914. NHB. es 1539

Knieper, Rolf: Weltmarkt, Wirtschaftsrecht und Nationalstaat. es 828

Mandel, Ernest: Marxistische Wirtschaftstheorie. 1. Band. Aus dem Französischen von Lothar Boepple. es 595

– Der Spätkapitalismus. Versuch einer marxistischen Erklärung. es 521

Menzel, Ulrich: Auswege aus der Abhängigkeit. Die entwicklungspolitische Aktualität Europas. es 1312

Menzel, Ulrich / Dieter Senghaas: Europas Entwicklung und die Dritte Welt. Eine Bestandsaufnahme. es 1393

Neumann, Franz L.: Wirtschaft, Staat, Demokratie. Aufsätze 1930-1954. Herausgegeben von Alfons Söllner. Die Übersetzung der in diesem Band enthaltenen englisch geschriebenen Aufsätze haben Sabine Gwinner und Alfons Söllner besorgt. es 892

306/1/6.90

## Politische Ökonomie und Wirtschaftsgeschichte in der edition suhrkamp

Pankoke, Eckart: Arbeitslosigkeit und Wohlfahrtspolitik. NHB. es 1538

Peripherer Kapitalismus. Analysen über Abhängigkeit und Unterentwicklung. Herausgegeben von Dieter Senghaas. es 652

Radkau, Joachim: Technik in Deutschland. Vom 18. Jahrhundert bis zur Gegenwart. NHB. es 1536

Ribeiro, Darcy: Unterentwicklung, Kultur und Zivilisation. Ungewöhnliche Versuche. Aus dem Portugiesischen von Manfred Wöhlcke. es 1018

Ronge, Volker: Bankpolitik im Spätkapitalismus. Politische Selbstverwaltung des Kapitals? Von Volker Ronge unter Mitarbeit von Peter J. Ronge. es 996

Schubert, Alexander: Die internationale Verschuldung. Die Dritte Welt und das transnationale Bankensystem. es 1347

– Die spekulative Weltökonomie. es 1471

Senghaas, Dieter: Von Europa lernen. Entwicklungsgeschichtliche Betrachtungen. es 1134

– Weltwirtschaftsordnung und Entwicklungspolitik. Plädoyer für Dissoziation. es 856

Strukturveränderungen in der kapitalistischen Weltwirtschaft. Margaret Fay, Ernest Feder, Andre Gunder Frank, Folker Fröbel, Jürgen Heinrichs, Otto Kreye, Anne-Marie Münster, Barbara Stuckey. Starnberger Studien. es 982

Sweezy, Paul M.: Theorie der kapitalistischen Entwicklung. Eine analytische Studie über die Prinzipien der Marxschen Sozialökonomie. Aus dem Amerikanischen von Gertrud Rittig-Baumhaus. Herausgegeben von Gisbert Rittig. es 433

Vobruba, Georg: Politik mit dem Wohlfahrtsstaat. Mit einem Vorwort von Claus Offe. es 1181

Wirz, Albert: Sklaverei und kapitalistisches Weltsystem. NHB. es 1256

Ziebura, Gilbert: Weltwirtschaft und Weltpolitik 1922/24–1931. Zwischen Rekonstruktion und Zusammenbruch. NHB. es 1261

306/2/6.90

316/1/6.90

316/2/6.90

edition suhrkamp
Eine Auswahl



316/3/6.90

316/4/6.90

edition suhrkamp
Eine Auswahl

Kroetz: Nicht Fisch nicht Fleisch. Verfassungsfeinde. Jumbo-Track. es 1094
– Oberösterreich. Dolomitenstadt Lienz. Maria Magdalena. Münchner Kindl. es 707
– Stallerhof. Geisterbahn. Lieber Fritz. Wunschkonzert. es 586
Krolow: Ausgewählte Gedichte. es 24
Laederach: Fahles Ende kleiner Begierden. es 1075
– Der zweite Sinn. es 1455
Lehnert: Sozialdemokratie zwischen Protestbewegung und Regierungspartei 1848-1983. NHB. es 1248
Lem: Dialoge. es 1013
Lenz, H.: Leben und Schreiben. es 1425
Leroi-Gourhan: Die Religionen der Vorgeschichte. es 1073
Leutenegger: Lebewohl, Gute Reise. es 1001
– Das verlorene Monument. es 1315
Lévi-Strauss: Das Ende des Totemismus. es 128
– Mythos und Bedeutung. es 1027
Die Listen der Mode. es 1338
Löwenthal: Mitmachen wollte ich nie. es 1014
Lohn: Liebe. es 1225
Lukács: Gelebtes Denken. es 1088
Maeffert: Bruchstellen. es 1387
Marcus: Umkehrung der Moral. es 903
Marcuse: Ideen zu einer kritischen Theorie der Gesellschaft. es 300
– Konterrevolution und Revolte. es 591
– Kultur und Gesellschaft 1. es 101
– Kultur und Gesellschaft 2. es 135
– Versuch über die Befreiung. es 329
Maruyama: Denken in Japan. es 1398
Mattenklott: Blindgänger. es 1343
Mayer: Anmerkungen zu Brecht. es 143
– Gelebte Literatur. es 1427
– Versuche über die Oper. es 1050
Mayröcker: Magische Blätter. es 1202
– Magische Blätter II. es 1421
McKeown: Die Bedeutung der Medizin. es 1109
Meckel: Von den Luftgeschäften der Poesie. es 1578
Medienmacht im Nord-Süd-Konflikt: Die neue Internationale Informationsordnung. Friedensanalysen Bd. 18. es 1166
Meier, Chr.: Die Ohnmacht des allmächtigen Dictators Caesar. es 1038
Menninghaus: Paul Celan. es 1026
Menzel / Senghaas: Europas Entwicklung und die Dritte Welt. es 1393
Miłosz: Zeichen im Dunkel. es 995
Mitscherlich: Freiheit und Unfreiheit in der Krankheit. es 505

316/5/6.90

edition suhrkamp
Eine Auswahl

Schleef: Die Bande. es 1127
Schönhoven: Die deutschen Gewerkschaften. NHB. es 1287
Schrift und Materie der Geschichte. es 814
Schröder: Die Revolutionen Englands im 17. Jahrhundert. NHB. es 1279
Schubert: Die internat ionale Verschuldung. es 1347
Das Schwinden der Sinne. es 1188
Sechehaye: Tagebuch einer Schizophrenen. es 613
Segbers: Der sowjetische Systemwandel. es 1561
Senghaas: Europa 2000. es 1662
– Konfliktformationen im internationalen System. es 1509
– Von Europa lernen. es 1134
– Die Zukunft Europas. es 1339
Sieferle: Die Krise der menschlichen Natur. es 1567
Simmel: Schriften zur Philosophie und Soziologie der Geschlechter. es 1333
Sloterdijk: Der Denker auf der Bühne. es 1353
– Eurotaoismus. es 1450
– Kopernikanische Mobilmachung und ptolemäische Abrüstung. es 1375
– Kritik der zynischen Vernunft. es 1099
Söllner, W.: Kopfland. Passagen. es 1504
Staritz: Geschichte der DDR 1949-1985. NHB. es 1260
Stichworte zur ›Geistigen Situation der Zeit‹. 2 Bde. es 1000
Struck: Kindheits Ende. es 1123
– Klassenliebe. es 629
Szondi: Theorie des modernen Dramas. es 27
Techel: Es kündigt sich an. es 1370
Tendrjakow: Sechzig Kerzen. es 1124
Thiemann: Kinder in den Städten. es 1461
– Schulszenen. es 1331
Thompson: Die Entstehung der englischen Arbeiterklasse. es 1170
Thränhardt: Geschichte der Bundesrepublik Deutschland. NHB. es 1267
Todorov: Die Eroberung Amerikas. es 1213
Treichel: Liebe Not. es 1373
Vargas Llosa: Gegen Wind und Wetter. es 1513
– La Chunga. es 1555
Vernant: Die Entstehung des griechischen Denkens. es 1150
– Mythos und Gesellschaft im alten Griechenland. es 1381
Vom Krieg der Erwachsenen gegen die Kinder. es 1190
Vor der Jahrtausendwende: Berichte zur Lage der Zukunft. es 1550
Walser, M.: Ein fliehendes Pferd. es 1383
– Geständnis auf Raten. es 1374
– Selbstbewußtsein und Ironie. es 1090
– Über Deutschland reden. es 1553
– Wie und wovon handelt Literatur. es 642
Weiss, P.: Abschied von den Eltern. es 85

316/7/6.90

edition suhrkamp
Eine Auswahl



316/8/6.90